HISTOIRE DU DROIT PRIVÉ

DE LA

RÉPUBLIQUE ATHÉNIENNE

PAR

Ludovic BEAUCHET

PROFESSEUR A LA FACULTÉ DE DROIT DE NANCY
ANCIEN MEMBRE (HORS CADRE) DE L'ÉCOLE FRANÇAISE D'ATHÈNES

LE DROIT DE PROPRIÉTÉ

III

PARIS

LIBRAIRIE MARESCO AINÉ

CHEVALIER-MARESCO ET Cⁱᵉ, ÉDITEURS

20, RUE SOUFFLOT, 20

1897

HISTOIRE DU DROIT PRIVÉ

DE LA

RÉPUBLIQUE ATHÉNIENNE

HISTOIRE DU DROIT PRIVÉ

DE LA

RÉPUBLIQUE ATHÉNIENNE

PAR

Ludovic BEAUCHET

PROFESSEUR A LA FACULTÉ DE DROIT DE NANCY
ANCIEN MEMBRE (HORS CADRE) DE L'ÉCOLE FRANÇAISE D'ATHÈNES

LE DROIT DE PROPRIÉTÉ

III

PARIS

LIBRAIRIE MARESCQ AINÉ
CHEVALIER-MARESCQ et Cie, ÉDITEURS
20, RUE SOUFFLOT, 20

1897

LIVRE II

DROIT DE PROPRIÉTÉ

INTRODUCTION

Les choses comprennent, à l'exception des hommes libres, tout ce qui existe réellement, soit les êtres animés, soit les objets inanimés, soit même les simples conceptions de l'intelligence que l'on peut à cet égard qualifier de choses incorporelles [1]. Si l'homme libre ne peut être compris parmi les choses, c'est que, comme l'observe très bien Accarias, « le point de vue du droit consiste précisément à opposer les choses aux personnes, à considérer l'homme comme un être supérieur, à la fois désireux et capable d'utiliser à son profit toutes les forces et toutes les créations de la nature et qui, à ce titre, se comporte comme si le monde était fait pour lui seul. D'où il suit que le jurisconsulte n'étudie pas les choses en elles-mêmes, mais seulement dans leurs rapports avec l'homme et à l'effet de déterminer les droits dont elles peuvent être l'objet » [2].

Ces droits peuvent être soit des droits réels, soit des

---

(1) Les Athéniens ne paraissent pas avoir connu le droit que nous désignons aujourd'hui sous le nom de propriété littéraire. V. Caillemer, *Propriété littéraire*, qui conclut ainsi : « Les Athéniens n'admettaient pas au profit de l'auteur un droit exclusif de reproduction, mais ils lui garantissaient la seule véritable propriété qui puisse exister, à mon avis, sur les produits de l'intelligence, en lui assurant que son œuvre resterait perpétuellement attachée à son nom, et que nul ne pourrait l'augmenter par des additions imprudentes, ou s'en attribuer injustement l'honneur. »

(2) Accarias, t. I, n° 189.

droits de créance. Nous ne voulons pas indiquer ici les caractères spéciaux de ces droits qui, par la force des choses, sont les mêmes dans toutes les législations. Nous observerons seulement que les droits réels et les droits de créance présentent un caractère commun, les distinguant nettement des droits sur les personnes, c'est qu'ils sont appréciables en argent, et, considérés comme tels, ils composent le patrimoine, de sorte qu'en définitive l'étude des choses a pour objet l'étude du patrimoine. Logiquement, celle-ci devrait se subdiviser en deux parties : la première ser it consacrée à la recherche des éléments qui entrent dans la composition active ou passive du patrimoine, à l'analyse des droits réels et des droits de créance, à l'étude de leurs modes d'acquisition, d'aliénation ou d'extinction. La seconde aurait pour objet les modes de transmission du patrimoine dont nous aurions par avance déterminé les éléments. Nous préférons toutefois, pour plusieurs raisons qu'il est sans intérêt d'indiquer ici, étudier en dernier lieu la théorie des droits de créance ou des obligations et, après avoir exposé la théorie des droits réels (propriété et démembrements de la propriété), indiquer immédiatement celle de la transmission du patrimoine. D'autre part, avant d'aborder la matière des droits réels, nous croyons devoir exposer les principales divisions des choses qui, comme nous l'avons dit, peuvent être l'objet soit d'un droit réel, soit d'un droit de créance.

TITRE I

§ 1. — Des meubles et des immeubles.

La division des choses en mobilières et immobilières, division qui domine la plupart des législations modernes, où elle présente un intérêt juridique considérable, n'a guère, dans le droit attique, comme du reste dans le droit romain, qu'une importance de fait. Aussi les sources ne la signalent-elles jamais d'une manière principale et se bornent-elles toujours à l'indiquer par occasion.

Il est d'abord assez difficile de savoir ce que l'on considérait à Athènes comme biens immeubles, οὐσία ἔγγειος, par opposition aux biens meubles, ἔπιπλα [1]. L'Etymologicum mag-

---

(1) Il faut observer tout d'abord que cette division des biens en ἔπιπλα par opposition à l'οὐσία ἔγγειος ne se rencontre point dans les auteurs de l'époque classique, mais seulement bien plus tard, dans les grammairiens, les lexicographes et les scholiastes. Chez les orateurs, le mot ἔπιπλα ne désigne pas les biens meubles d'une manière générale, mais seulement une catégorie d'objets mobiliers par opposition à d'autres de même nature. Ainsi, dans le discours de Lysias contre Euthynos, § 2, les ἔπιπλα sont opposés aux esclaves et à l'argent : τοὺς δ' οἰκέτας ἔξω τῆς γῆς ἐξέπεμψε, τὰ δ' ἔπιπλα ὡς ἐμὲ ἐκόμισε, τρία δὲ τάλαντα ἀργυρίου Εὐθύνῳ φυλάττειν ἔδωκεν. Cf. Lysias, C. Eratosth., § 19 ; C. Diogit., § 15; De Aristoph. bonis, §§ 29 et 31; Isée, De Cir. her., § 35; De Hagn. her., §§ 41 et 43 ; Démosthène, C. Aphob., I, § 10 ; Eschine, C. Timarch., § 97. Lorsque le mot ἔπιπλα se trouve opposé aux biens immobiliers tels que les maisons et les fonds de terre, c'est tout à fait accidentellement, comme dans le discours

num [1] donne des meubles la définition suivante : τὰ ἐξ ἐπιπολῆς σκεύη· οἷον ἐπιπόλαιος κτῆσις καὶ ὅση δυνατὴ πλωΐζεσθαι, ἀλλ' οὐκ ἔγγειος· ἢ τὰ σκεύη τὰ ἐν χερσὶ καὶ χρειώδη· οἷον τὰ ἐπιπόλαια καὶ ἐπιπολάζοντα ἐν τῇ οἰκίᾳ, διὰ τὸ ἑκάστοτε ἐν χερσὶν εἶναι. ἢ ἔπιπλα, τὰ ἱμάτια. ἀπὸ τοῦ πέπλου, ἔπιπλον. καὶ τὰ ἐλαφρότατα τῶν κτημάτων οὕτω φασὶ παρὰ τὸ ἐπιπολάζειν [2]. Cette définition permet de dire que les Grecs comptaient parmi les meubles, non-seulement les choses qui se meuvent par elles-mêmes, comme les esclaves et les animaux, ou celles qui, naturellement inertes, peuvent être déplacées par l'action d'une force extérieure, comme une table ou un bijou (ὅση δυνατὴ πλωΐζεσθαι), mais encore les bâtiments élevés sur le sol (ἐπιπόλαιος κτῆσις), que les codes modernes considèrent, au contraire, comme des immeubles par nature [3]. On pourrait enfin ajouter en ce sens que les bâtiments sont, en définitive, formés de matériaux qui, par leur nature sont meubles et qui ne deviennent immeubles que par suite de leur incorporation au sol [4]. Nous hésitons toutefois à croire que les Grecs aient admis relativement aux bâtiments une semblable notion, car elle suppose un sens juridique beaucoup plus développé que celui que possédaient leurs jurisconsultes. Les bâtiments sont formés

---

de Lysias sur les biens d'Aristophane, § 21. Le mot ἔπιπλα paraît plus particulièrement usité, à l'époque classique, pour désigner τὰ σκεύη κατὰ τὴν οἰκίαν. Cf. Isée, *De Cir. her.*, § 35 : καὶ ἔπιπλα δι' ἂν ᾤκει τὴν οἰκίαν. Xénophon, *De Vectig.*, IV, 7 : καὶ γὰρ δὴ ἔπιπλα μὲν ἐπειδάν τις κτήσηται τῇ οἰκίᾳ. Il ne paraît comprendre toutefois ni les esclaves, ni les animaux, car ces choses sont nommées souvent à côté des ἔπιπλα. Cf. Isocrate, Lysias, Démosthène et Isée, *loc. cit.* Au surplus, la portée de ce mot ne paraît pas avoir été bien limitée et, sur ce point comme sur bien d'autres, la terminologie juridique manque de précision. Cf. Willenbücher, p. 17 et s.

(1) V° ἔπιπλα.

(2) Cf. Harpocration, v° ἔπιπλον : Ἰσαῖος ἐν τῷ πρὸς Διοκλέα. τὰ κατὰ τὴν οἰκίαν σκεύη ἔπιπλα λέγουσι, τὴν οἷον ἐπιπόλαιον κτῆσιν καὶ μετακομίζεσθαι δυναμένην. Σοφοκλῆς Ἀθάμαντι. *Epit.* : ἔπιπλα τὰ ἐξ ἐπιπολῆς σκεύη, οἷον ἡ ἐπιπόλαιος κτῆσις καὶ ὅση δυνατὴ πλοΐζεσθαι, ἀλλ' οὐκ ἔγγειος. Cf. Suidas et Hesychius, v° ἔπιπλα ; Pollux, X, 1. Cf. les autres autorités citées par Willenbücher, p. 18-19.

(3) V. Code civil, art. 518.

(4) Cf. en ce sens : Caillemer, *in* Daremberg et Saglio, v° *Bona*.

sans doute par la réunion de choses mobilières par leur
nature, mais une fois converties en une maison, ces choses
sapiunt quid immobile, et l'on ne peut leur appliquer le
criterium auquel les Grecs distinguent les meubles : ὅσῃ
δυνατὴ πλωΐζεσθαι. Eustathius définit aussi les meubles τὰ μὴ
ἔγγαια κτήματα [1] : or il est difficile de ne pas voir dans les
bâtiments des ἔγγαια κτήματα, en prenant cette épithète dans
son sens large et étymologique [2]. Ce qui prouve enfin,
selon-nous, que les bâtiments étaient plutôt assimilés à des
immeubles qu'à des meubles, c'est qu'ils sont très souvent
grevés d'hypothèques ; de nombreux ὅροι mentionnent l'engagement d'une οἰκία à côté de celui d'un χωρίον. Or ce rapprochement montre que les bâtiments avaient aux yeux des
Grecs la même nature que les fonds de terre. La question
que nous venons d'examiner n'a du reste, comme nous le
verrons, qu'un intérêt purement scientifique.

On s'est demandé, d'autre part, si le droit attique a connu
ce que nous nommons les immeubles par destination, c'est-
à-dire des objets qui, tout en étant meubles de leur nature,
sont fictivement immobilisés en raison du lien qui les unit
à l'immeuble dont ils sont l'accessoire et à l'exploitation duquel ils sont destinés : tels sont les instruments de culture,
les bestiaux, les pailles ou engrais [3]. On cite à l'appui de
l'affirmative un passage du *Traité des Lois* de Platon où le
philosophe, prévoyant le cas où une famille sera condamnée
au bannissement, décide qu'elle aura le droit d'emporter avec

(1) Eustathius, *ad Homer. Od.*, III, 302, p. 1469, 28 : ἔπιπλα κατὰ Παυσανίαν
τὰ μὴ ἔγγαια κτήματα, ἀλλ᾽ ἡ κατ᾽ οἶκον κτῆσις ἡ δυναμένη πλεῦσαι.

(2) V. toutefois Keelhoff, *in Revue de Philologie*, XV, p. 116, pour qui le mot
ἔπιπλα signifie rigoureusement les choses qui sont à la surface, par opposition
au mot ἔγγαια, désignant alors les choses qui sont au-dessous. D'après Keelhof,
c'est par extension seulement que le mot ἔπιπλα a été employé pour désigner les
choses meubles.

(3) Cf. Code civil, art. 524.

(4) Platon, *Leges* IX, 856, d : ἔχοντας τὴν αὐτῶν οὐσίαν, πλὴν ὅσον κατεσκευασ-
μένου τοῦ κλήρου παντελῶς.

elle tous ses biens mobiliers, « sauf ceux qui font partie de
la garniture de son κλῆρος ». Or, dit-on, ces objets incorporés au fonds de terre inaliénable et transmissibles exclusivement avec lui, ne peuvent être que des immeubles par destination. On argumente dans le même sens du premier plaidoyer de Démosthène contre Onétor. L'orateur, créancier
hypothécaire d'Aphobos, combat les prétentions d'Onétor
qui allègue de son côté l'existence d'une hypothèque à son
profit sur les biens d'Aphobos. Démosthène, pour établir la
simulation de son adversaire, dit qu'Aphobos a enlevé de la
terre, qu'il soutient avoir hypothéquée, les fruits et les instruments de culture [1]. L'absence de toute protestation de la
part d'Onétor prouve bien, suivant l'orateur, que son droit
hypothécaire sur l'immeuble est purement fictif. Cette argumentation, dit-on, montre clairement que l'hypothèque instituée sur un fonds rural frappait en même temps le matériel
d'exploitation, considéré comme faisant corps avec lui.
Aussi les plaidoyers des orateurs, de même que les inscriptions hypothécaires, témoignent-ils que les esclaves attachés
à un fonds de terre ou à une fabrique étaient souvent affectés, concurremment avec l'immeuble, à la garantie d'un
prêt [2]. De même enfin, la vente d'un domaine ou d'une maison emportait celle des accessoires de l'immeuble, σκεύη, et
l'on disait même de ceux-ci qu'ils étaient non pas « dans la
propriété, ἐν τοῖς χωρίοις », mais qu'ils en faisaient partie in-
tégrante, ὅσα ἐστὶ τῶν χωρίων [3]. On voit, en conséquence, dans
ces différents textes autant d'indices que les Grecs connaissaient les immeubles par destination et qu'ils considéraient

(1) Démosthène, *C. Onet.*, I, §§ 28, 29.
(2) Démosthène, *C. Pantœn.*, § 4 : ἐδανείσαμεν πέντε καὶ ἑκατὸν μνᾶς... Πανται-
νέτῳ τούτῳ ἐπ' ἐργαστηρίῳ... καὶ τριάκοντ' ἀνδραπόδοις. Dareste, Haussoulier et
Reinach, p. 112, n° 26 : ὅρος ἐργαστηρίου πεπραμένου ἐπὶ λύσει καὶ ἀνδραπόδων. P. 114, n° 40 : ὅρος κήπου καὶ ἀνδραπόδων.
(3) Dareste, Haussoulier et Reinach, p. 84, l. 112 : τὴν οἰκίαν καὶ τὰ σκεύη
ὅσα ἐστὶ τῶν χωρίων.

comme tels les instruments aratoires, les esclaves et probablement les bestiaux [1].

Cette conclusion ne nous paraît point suffisamment démontrée, et nous sommes plutôt disposé à admettre que les Grecs
ont considéré comme étant de nature mobilière les choses
que nous rangeons aujourd'hui dans la classe des immeubles
par destination. C'est ce qui ressort, à notre avis, des différentes définitions que les lexicographes nous donnent des
meubles : ὅση δυνατὴ πλωΐζεσθαι, disent l'Etymologicum magnum et Suidas [2]. Pollux comprend également parmi les
meubles, σκεύη, les meubles meublants renfermés dans les
maisons et ceux qui servent dans les champs, τὰ κατ'οἰκίαν
χρήσιμα ἢ κατ'ἀγροὺς [3]. Aristote paraît encore plus explicite
dans le passage de sa *Rhétorique* où, énumérant les différents biens, il met d'un côté la terre, et de l'autre les esclaves, les bestiaux et le mobilier [4], confondant ainsi avec les
meubles les prétendus immeubles par destination. On ne
saurait écarter le témoignage d'Aristote en disant qu'il ne
parle point ici en juriste. En effet, dans un autre traité, où
il expose le projet de constitution de Phaléas de Chalcé-
doine, Aristote reproche à ce dernier de croire que la propriété se compose exclusivement de choses immobilières, et
il s'exprime ainsi : περὶ γὰρ τὴν τῆς γῆς κτῆσιν ἰσάζει μόνον, ἔστι
δὲ καὶ δούλων καὶ βοσκημάτων πλοῦτος καὶ νομίσματος, καὶ κατα-
σκευὴ πολλὴ τῶν καλουμενῶν ἐπίπλων [5]. Aristote oppose ainsi nettement aux propriétés foncières les esclaves et les troupeaux,
et c'est parmi les ἔπιπλα qu'il range ces deux dernières catégories de biens. Nous reconnaissons que l'hypothèque cons-

(1) Guiraud, p. 171-173.
(2) V. *supra*, p. 5 et 6. Cf. également la définition précitée d'Eustathius, p. 7, note 1.
(3) Pollux, X, 10.
(4) Aristote, *Rhetor.*, I, 5, § 7 : πλούτου δὲ μέρη νομίσματος πλῆθο:, γῆς· χωρίων, κτῆσις. ετι δὲ ἐπίπλων κτῆσις καὶ βοσκημάτων καὶ ἀνδραπόδων.
(5) Aristote, *Politic.*, II, 4, §12.

tituée sur un immeuble s'étend à ses accessoires, et cela, à notre avis, même en l'absence de toute clause spéciale [1]. Mais il n'en résulte pas nécessairement que ces accessoires soient envisagés comme des immeubles par destination. S'ils sont atteints par l'hypothèque qui frappe le fonds, ce n'est point en vertu de leur nature immobilière, mais de l'intention présumée des parties. L'hypothèque, dans le droit attique, pouvant porter sur les meubles aussi bien que sur les immeubles, il n'est point nécessaire, pour justifier l'extension de l'hypothèque aux accessoires d'un fonds, de *réputer immeubles* ces accessoires, ainsi que le fait l'art. 2118 du Code civil. Cette question n'offre, au surplus, de même que la précédente, qu'un intérêt purement théorique.

Nous ne croyons pas, en effet, que la distinction des biens en meubles et en immeubles ait présenté à Athènes, du moins à l'époque classique, un intérêt pratique bien considérable. Ainsi d'abord, comme nous venons de l'observer, les différentes formes du gage, *lato sensu*, sont applicables, dans le droit attique, aux meubles et aux immeubles indifféremment, et nous établirons ultérieurement que, si le *pignus* proprement dit est plutôt employé pour les meubles, ceux-ci peuvent néanmoins être l'objet d'une hypothèque aussi bien que les immeubles [2]. On a prétendu aussi qu'il existait entre les meubles et les immeubles une différence concernant le pouvoir de tester du père de famille : les legs mobiliers lui auraient été seuls permis, tandis que les immeubles auraient été indisponibles et auraient été nécessairement réservés aux enfants. Mais nous démontrerons que cette distinction est purement arbitraire et ne résulte nullement du texte d'Isée [3] sur lequel on a voulu la fon-

(1) V. *infra*, tit. III, chap. II, De l'hypothèque.
(2) Nous avons vu précédemment (t. I, p. 290) que la constitution de dot a généralement pour objet des meubles et porte très rarement sur des immeubles.
(3) Isée, *De Philoct. her.*, § 30.

der [1]. Nous verrons enfin, en étudiant la théorie des hypothèques et celle de la δίκη εξούλης, que cette action peut
être exercée aussi bien en matière mobilière qu'en matière
immobilière. Peut-être la distinction des biens en meubles et
en immeubles présentait-elle un intérêt au point de vue de
l'usucapion. Mais, comme nous le démontrerons, l'existence
de cette institution est fort incertaine dans le droit attique
et, pour notre compte, nous ne l'admettons pas. On peut
seulement conjecturer que l'action en revendication des meubles était soumise à une prescription plus courte que l'action en revendication des immeubles [2]. Le seul intérêt vraiment
sérieux de la distinction des biens en meubles et immeubles
a trait à la publicité des ventes. Les formalités prescrites
à cet égard par la loi attique ne concernent, en principe, que
les immeubles, et certains auteurs ont même voulu les limiter absolument aux immeubles. Mais nous établirons ultérieurement que la vente de certaines choses mobilières, des
esclaves, est soumise aux mêmes formalités [3].

La propriété foncière avait toutefois, en Grèce, comme
du reste à Rome, une importance de fait bien supérieure à
celle de la propriété mobilière. C'est ce que démontre notamment le passage précité de la *Politique* d'Aristote. Il fut
même un temps où la condition juridique des immeubles
était profondément différente de celle des meubles, à savoir sous le régime de la propriété familiale, quand la
loi prohibait le contrat de vente. L'indisponibilité qui frappait les immeubles ne s'étendait point alors aux meubles,
sinon la vie économique aurait été complètement paralysée.
Cette importance relative de la propriété immobilière dut
disparaître peu à peu avec le développement du commerce et
de l'industrie. Le législateur athénien semble néanmoins, de

---

(1) V. *infra*, tit. VI, chap. I, sect. III, Des testaments.
(2 V. *infra*, tit. II, chap. II, sect. V, De l'usucapion.
(3) V. *infra*, tit. IV, Publicité des mutations de propriété.

même que les rédacteurs de notre code civil, avoir considéré les meubles comme une *vilis possessio* relativement aux immeubles. On a pu se demander, en conséquence, si la loi attique n'obligeait par le tuteur à réaliser toute la fortune mobilière du mineur pour la placer en immeubles. C'est là une question que nous avons précédemment examinée et résolue affirmativement [1].

Parmi les immeubles on peut en distinguer, en fait, plusieurs catégories. Les unes comme les forêts, les pâturages, les mines ou les carrières, produisent des fruits naturels. D'autres ne produisent que des fruits industriels. Ces derniers se subdivisent eux-mêmes en deux classes, à savoir les terres ψιλαί et les terres πεφυτευμέναι. Les premières, suivant la définition de l'Etymologicum magnum [2], sont les terres sans arbres, qu'on laboure et qui sont destinées à la culture des céréales. Quant à la terre πεφυτευμένη, c'est celle qui est plantée d'arbres fruitiers, d'oliviers, par exemple [3], ou de vignes [4]. Quelquefois aussi les textes opposent, mais sans y attacher d'importance juridique, les immeubles ruraux aux immeubles urbains, c'est-à-dire aux maisons [5]. Les jardins (κῆπος), qui devaient naturellement être rangés dans la γῆ πεφυτευμένη [6], étaient considérés comme les accessoires des maisons auxquels ils attenaient et généralement hypothéqués avec elles [7]. Les mines formaient en Attique une classe importante d'immeubles.

---

(1) V. *supra*, t. II, p. 227.

(2) Etymologicum magnum, v° ψιλός : ψιλὴν ἄρουραν, τὴν ἄδενδρον χώραν, τὴν πρὸς τὸ σπείρεσθαι καὶ ἀροῦσθαι ἐπιτηδείαν.

(3) Lysias, *Pro sacra olea*, § 7.

(4) Homère, *Il.*, IX, 579.

(5) Cf. Isée, *De Cir. her.*, § 35. Ciron avait laissé ἀγρὸν μὲν ἐν Φλυῆσι, οἰκίας δ' ἐν ἄστει δύο. Cf. Büchsenschütz, p. 39.

(6) Caillemer, *in* Daremberg et Saglio, v° *Bona*.

(7) Dareste, Haussoulier et Reinach, p. 110 et s., n°ˢ 15, 24, 31, 63, 64, 65. On voit toutefois au n° 40 (p. 114) une enseigne hypothécaire mentionnant un jardin sans la maison.

Mais elle n'étaient point considérées comme appartenant en pleine propriété à ceux qui les exploitaient. Le domaine éminent en était réputé réservé à l'Etat, qui les amodiait seulement par un bail héréditaire moyennant une redevance modérée [1].

§ 2. — *Biens ostensibles et inostensibles.*

La distinction des biens dont il est le plus souvent question dans les sources, et qui paraît avoir eu une grande importance dans le droit attique, est celle qui les classe en biens ostensibles φανερὰ οὐσία, d'une part, et en biens inostensibles, ἀφανὴς οὐσία, d'autre part. On est loin toutefois d'être d'accord sur la portée de cette distinction, car les lexicographes et les orateurs ne l'ont point entendue dans le même sens.

Si l'on s'en tient aux définitions données par les lexicographes des expressions οὐσία φανερά et οὐσία ἀφανής, la première désignerait les biens immeubles et la seconde les biens meubles. Ainsi Harpocration dit, d'une manière formelle : ἀφανὴς μὲν ἐν χρήμασι καὶ σώματι καὶ σκεύεσι, φανερὰ δὲ ἡ ἔγγειος, et il invoque en ce sens l'autorité de Lysias dans son plaidoyer contre Hipporthersès [2]. Certains auteurs décident, en conséquence, que la distinction des biens dont nous nous occupons correspond à celle des jurisconsultes romains en *res immobiles* (τὰ φανερά) et en *res mobiles*

---

(1) Cf. sur les mines : Bœckh, I, p. 377 et s.; Büchsenschütz, p. 98 et s.; Hermann-Blümner, p. 97.

(2) Harpocration, v° ἀφανὴς οὐσία καὶ φανερά. La même définition est reproduite dans Bekker, *Aneed.*, I, p. 468, 23. Cf. Suidas, v° οὐσία φανερὰ καὶ ἀφανής : Λυσίας ἐν τῷ ὑπὲρ Φερενίκου λέγει. εἰ μὲν γὰρ ἀγροὺς κατέλιπεν Ἀνδροκλείδης ἢ ἄλλην φανερὰν οὐσίαν, ἐξῆν ἂν εἰπεῖν τῷ βουλομένῳ, ὅτι οὐδὲν μὲν ψεύδεται, αὐτῷ δὲ δίδοται περὶ ἀργυρίου καὶ χρυσίου καὶ ἀφανοῦς οὐσίας. δηλονότι ὅστις ἔχων αὐτὰ φαίνεται, τούτῳ δίδωκεν.

(τὰ ἀφανῆ). A l'appui de cette interprétation ils invoquent encore un passage du plaidoyer de Lysias contre Diogiton où l'orateur dit, au § 4, en parlant de la conduite de Diodotos et de Diogiton après la mort de leur père : τὴν μὲν ἀφανῆ οὐσίαν ἐνείμαντο, τῆς δὲ φανερᾶς ἐκοινώνουν, c'est-à-dire qu'ils partagèrent la fortune mobilière de leur père, ne conservant indivis que les immeubles [1].

Dans une seconde interprétation, vraisemblablement inspirée par nos idées modernes, mais qui ne repose sur aucun texte, la division du droit attique répondrait à celle des biens en corporels (οὐσία φανερά) et incorporels (οὐσία ἀφανής). Les biens incorporels, en effet, les créances, ne sont pas ostensibles, dans le sens ordinaire de ce mot, tandis que tous les biens corporels, même le numéraire, sont ostensibles, apparents [2].

Dans une troisième opinion, proposée par Koutorga [3], la distinction des biens en ostensibles et inostensibles n'aurait aucune portée juridique, elle indiquerait un état de fait bien plus qu'un état de droit, et les dénominations ostensibles et et inostensibles, appliquées aux différents biens compris dans le patrimoine, ne se référeraient point aux choses possédées en elle-même mais à la manière dont elles sont possédées. Pour établir que la φανερὰ οὐσία ne correspond point, comme le prétend la première opinion, aux biens immeubles, on invoque d'abord le témoignage d'Isée, qui est on ne peut plus formel. L'orateur, énumérant les différents biens qui composaient la succession de Ciron, indique un domaine rural (ἀγρός), deux maisons (οἰκίας), des

<hr/>

(1) Cf. en ce sens : Wachsmuth, t. II, p. 93 ; Büchsenschütz, p. 38 ; Bœckh, t. I, p. 574 ; Meier, *De lit. att.*, p. 490 ; Hermann-Blümner, p. 96 ; Schœmann, *Griech. altert.*, 3ᵉ éd., I, p. 191 ; Mayer, t. II, p. 141.

(2) Giraud, Observations présentées à l'Académie des sciences morales et politiques sur le mémoire de Koutorga et imprimées à la suite de ce mémoire, p. 26.

(3) *Essai sur les trapézites*, p. 6-11.

esclaves (ἀνδράποδα) et du mobilier (ἔπιπλα), et il ajoute : tous
ces biens étaient φανερά, et il y avait en outre des capitaux
prêtés à intérêt [1]. Voilà donc des esclaves et des meubles
meublants, c'est-à-dire des choses mobilières, rangés dans
la φανερὰ οὐσία à côté des immeubles. Démosthène comprend
de même les esclaves parmi la propriété ostensible [2]. On
ne peut donc dire que les immeubles seuls constituent
l'οὐσία φανερά : celle-ci comprend également des meubles, et
l'οὐσία ἀφανής ne renferme que des capitaux. L'οὐσία ἀφανής ne
comprend même pas tous les capitaux, car une somme
d'argent, une créance, peuvent, suivant les cas, être ostensibles ou non. C'est qu'en effet, la division dont il s'agit
n'avait guère d'intérêt qu'en ce qui concerne la détermination des impôts dûs à l'Etat ou l'estimation des valeurs
sujettes à confiscation. A Athènes, les impôts publics se pré-
levaient exclusivement sur la propriété ostensible. Toutes
les fois qu'il ne s'agissait pas d'une propriété certaine, dont
il était facile de déterminer l'importance et le possesseur,
l'administration ne s'en préoccupait pas : or c'est ce qui
arrivait ordinairement pour l'argent comptant et pour les
créances. Mais lorsqu'un capital avait été juridiquement
constaté ou que le possesseur le déclarait lui-même, ce
capital était considéré comme propriété ostensible et soumis
dès lors à l'impôt. En définitive, toute propriété peut être
ostensible ou inostensible selon le degré d'évidence qui en
établit la possession. C'est ce qui explique ce passage de
la propriété inostensible à la propriété ostensible auquel
font allusion les orateurs, et qu'Isée désigne par l'expression
ἐμφανίζειν τὰ χρήματα [3]. C'est dans le même sens qu'à plusieurs reprises Démosthène et Isée emploient le mot φανερός.

---

(1) Isée, *De Ciron. her.*, § 35 : σύμπαντα δὲ ὅσα φανερὰ ἦν... χωρὶς δὲ τούτων
δανείσματα οὐκ ὀλίγα, ἀφ᾽ ὧν ἐκεῖνος τόκους ἐλάμβανε.

(2) Démosthène, *C. Nausim.*, § 7 ; *C. Aphob.*, II, §§ 7, 8.

(3) Isée, *Pro Eumathe*, *in* Denys d'Halicarnasse, V, p. 596 R (Didot, p. 334,
n° 62) : Εὐμάθης ἐφάνισε τὰ χρήματα.

Ainsi Démosthène, en parlant de lui-même, affirme qu'il n'avait que des capitaux ostensibles [1]. Il emploie de même l'expression ἀργύριον φανερόν pour indiquer que Conon avait placé des fonds chez le banquier Héraclide [2]. Isée enfin, dans son plaidoyer sur l'héritage d'Hagnias, énumérant en détail les divers biens compris dans la succession, mentionne une terre, une maison, des bestiaux, du mobilier, de l'argent comptant, des capitaux placés à intérêt ou déposés dans un éranos, et il conclut en disant : « Je ne fais point mention des autres choses laissées par Stratoclès, et que mes adversaires dissimulent, mais seulement des choses ostensibles et avouées par eux » [3]. Isée considère donc les capitaux comme pouvant rentrer dans la propriété ostensible quand la possession en est avouée et que l'on peut en préciser le montant. Cependant, en principe, grâce à la facilité avec laquelle on peut les dissimuler, les capitaux étaient le plus souvent compris dans la propriété inostensible. Aussi voit-on que, pour échapper aux charges publiques, des citoyens vendaient leurs propriétés foncières, terres ou maisons, afin de pouvoir dissimuler le prix qu'ils en retiraient. Une propriété φανερά devenait alors ἀφανής, au détriment de l'Etat, et cette transformation était caractérisée par les expressions ἀφανίζειν τὰ ὄντα [4].

---

(1) Démosthène, *Epist.*, III, *De Lycur. lib.*, § 10 : οὐ γὰρ δὴ χρήματά γ'εἶναι μοι προσδοκᾶτε ἔξω τῶν φανερῶν, ὧν ἀφίσταμαι·

(2) Démosthène, *C. Olympiod.*, § 12.

(3) Isée, *De Hagniæ her.*, § 43 : καὶ οὔπω λέγω περὶ τῶν ἄλλων ἃ κατελείφθη μὲν, οὗτοι δ'οὐκ ἀποφαίνουσιν, ἀλλὰ τὰ φανερὰ καὶ τὰ ὑπὸ τούτων ὁμολογούμενα.

(4) Ainsi, dans le plaidoyer d'Isée sur l'héritage d'Hagnias, l'adversaire prétend que Théopompe dissimule sa fortune pour se soustraire aux charges publiques, § 47 : ὡς ἐγὼ ἀφανίζω τὴν οὐσίαν, ἵν' ὡς ἐλάχιστ' ὑμεῖς αὐτῶν ἀπολαύητε. De même, dans le plaidoyer d'Isée sur l'héritage d'Apollodore, il est dit au § 35 : ὃ τὰ ὄντα ἀφανίσαι (Bekker, *pro* ἀφεῖναι) ἔμελλον, et le sens de ce passage est bien indiqué par ces mots qui suivent : ἀλλὰ βουλησόμενον καὶ τριηραρχεῖν καὶ πολεμεῖν καὶ πάνθ' ὑμῖν τὰ προστατιόμενα ποιεῖν. Démosthène, *De pace*, § 8, emploie dans le même sens l'expression ἐξαργυρίζειν οὐσίαν φανεράν. A l'inverse, on dit de celui qui paye les impôts et accomplit les liturgies conformément à sa fortune réelle : φανερὰ τὰ ὄντα καταστήσας. Isée, *De Apoll. her.*, § 39. Cf. Démos-

L'interprétation que nous venons d'exposer est, sans doute, moins simple que la première, mais elle paraît beaucoup plus conforme aux textes de l'époque classique qui nous sont parvenus, textes qui évidemment doivent être bien plus décisifs pour la solution de notre question que les témoignages des lexicographes. Harpocration, qui écrivait longtemps après la conquête romaine, ne nous a rapporté que le sens qu'avaient les expressions οὐσία φανερά καὶ ἀφανής à une époque où, sous l'influence de la jurisprudence romaine, elles avaient cessé de désigner le mode de possession pour exprimer la chose possédée elle-même. Quant au témoignage de Lysias qu'il invoque, et qui malheureusement ne nous est pas parvenu, Harpocration n'en aura point probablement saisi le véritable sens [1].

Nous estimons également, avec Koutorga, que la division des biens en ostensibles et inostensibles se réfère à un état de fait plutôt qu'à un état de droit, seulement nous n'admettons pas, avec cet auteur, que les expressions οὐσία φανερά et ἀφανής aient, dans les sources attiques, une signification unique. Selon nous, au contraire, la terminologie est ici, comme en beaucoup d'autres points, assez indécise; ces mêmes expressions peuvent, suivant les cas, être prises dans des sens différents, et l'on aurait tort de leur attacher une signification unique et technique [2].

Ainsi d'abord l'οὐσία φανερά peut désigner cette partie du

thène, *C. Aphob.*, II, § 3 : τὴν ἄλλην οὐσίαν καὶ τέτταρα τάλαντα καὶ τρισχιλία; φανερὰς ἐποίησεν. L'orateur dit dans le même sens, *ibid.* : οὐκ ἀποκέκρυπται τὴν οὐσίαν, ἀλλὰ χορηγεῖ καὶ τριηραρχεῖ κτλ. Démosthène, *C. Steph.*, I, § 66 : ἐπὶ τῷ τὴν πόλιν φεύγειν καὶ τὰ ὄντα ἀποκρύπτεσθαι προήρηται πράττειν, ἵν' ἐργασίας ἀφανεῖς διὰ τῆς τραπέζης ποιῆται καὶ μήτε χορηγῇ κτλ.

(1) Cf. en ce sens: Dareste, *Plaid. civ.*, t. II, p. 291, note 16 ; Caillemer, *in* Daremberg et Saglio, v° *Aphanès ousia* ; Guiraud, p. 173 ; Meier, Schœmann et Lipsius, p. 670, note 519.

(2) C'est ce qu'a très bien démontré Willenbücher, *De nonnullis scriptorum græcorum locis difficilioribus*, Gissen, 1883, p. 4 et s. Cf. également : Philippi, *Symbolæ*, p. 12 et s.

patrimoine dont une personne, sur l'interrogation qui lui en
est faite, avoue (ὁμολογεῖσθαι) avoir la possession, tandis q ̔ ̓
l'οὐσία ἀφανής est la partie qu'elle peut dissimuler (ἀφανίζειν ou
ἀποκρύπτεσθαι). Nous sommes d'accord sur ce point avec Koutorga, et cette proposition résulte notamment du passage précité d'Isée sur la succession d'Hagnias où l'orateur oppose
aux choses que ses adversaires οὐκ ἀποφαίνουσιν, celles qui sont
φανερὰ καὶ τὰ ὑπὸ τούτων ὁμολογούμενα [1]. De même Lysias, dans
son plaidoyer contre Erastosthène, lorsqu'il parle de la confiscation des χρήματα φανερά de son adversaire, entend par là,
non point évidemment les seuls biens immobiliers, car il ne
saurait se contenter d'une confiscation partielle, mais les
biens qu'on connaît à Eratosthène, par opposition aux biens
ἀφανῆ, dissimulés par lui pour les soustraire à la confiscation
qui les menaçait [2]. L'argument du plaidoyer de Démosthène
contre Olympiodore oppose également l'οὐσία φανερὰ καὶ ὡμολογημένη aux choses ἀφανῆ [3]. On peut enfin citer dans le même
sens un passage d'Isocrate où l'orateur, distinguant entre
l'argent prêté (τὰ ἔξω δεδομένα) et celui qui est conservé à la
maison (τὰ ἔνδον κειμένα), dit, en parlant de celui qui renferme sa fortune chez lui, ἀπεκρύπτετο τὴν οὐσίαν [4]. Voilà donc un
premier sens à la distinction de l'οὐσία en φανερά et ἀφανής.
Il faut toutefois observer à ce sujet que les efforts faits par
une personne pour rendre une partie de son patrimoine
ἀφανής n'empêcheraient point qu'elle fût en fait φανερά [5].

Si, dans ce premier sens, l'argent n'est point nécessaire-

(1) *Supra*, p. 16, note 3.
(2) Lysias, *C. Eratosth.*, § 83 : ἀλλὰ γὰρ εἰ τὰ χρήματα τὰ φανερὰ δημεύσαιτε,
καλῶς ἂν ἔχοι ἢ τῇ πόλει ἧς οὗτοι πολλὰ εἰλήφασι ἢ τοῖς ἰδιώταις, ὧν οἰκίας ἐξεπόρ-
θησαν. Willenbücher rapproche des χρήματα τὰ φανερά d'Eratosthène τὰ ἐμφανῆ χρήματα dont parle Xénophon, *Hellen.*, V, 2, § 10.
(3) Démosthène, *C. Olymp.*, arg. : νείμασθαι μὲν ἐξ ἴσης τὴν οὐσίαν τοῦ τελευτήσαντος, ὅση φανερά τε ἦν καὶ ὡμολογημένη, κοινῇ δὲ ζητεῖν τὰ ἀφανῆ. Cf. les
§§ 9, 33 et 35 du plaidoyer qui y correspondent.
(4) Isocrate, *Areopag.*, §§ 33-35.
(5) V. Isée, *De Dicæog. her.*, § 35. Cf. Willenbücher, p. 7.

ment la seule chose qui puisse être ἀφανής, néanmoins, en
raison de la grande facilité avec laquelle le numéraire peut
être dissimulé, les orateurs ont été naturellement amenés à
le désigner par l'expression οὐσία ἀφανής, en l'opposant alors
à toutes les autres choses comprises dans l'expression οὐσία
φανερά. Cela est manifeste notamment dans le plaidoyer
d'Isée sur la succession de Philoctémon où l'orateur, opposant l'ἀργύριον à la φανερὰ οὐσία, ne comprend évidemment que
l'argent dans l'οὐσία ἀφανής [1]. Dans le passage précité du
plaidoyer de Lysias contre Diogiton [2], on doit voir également
l'argent comptant dans l'οὐσία ἀφανής que Diodotos et Diogiton se sont partagé après la mort de leur père.

A *priori* cependant, l'argent devait être compris parmi
les biens ostensibles, et il ne devenait ἀφανής que par suite de
la dissimulation de son propriétaire. Or, un des moyens les
plus usités pour l'ἀφανίζειν étant de le prêter ou de le déposer
chez un banquier, les orateurs ont pu quelquefois désigner
l'argent prêté ou déposé par l'expression οὐσία ἀφανής, en
considérant alors l'argent comptant comme οὐσία φανερά.
C'est ainsi que, dans un de ses plaidoyers, Isocrate, exposant la manière dont un individu s'y est pris pour dissimuler
une partie de sa fortune menacée par la colère du roi Saty-
ros, oppose τὰ φανερὰ τῶν χρημάτων aux deniers qui ont été
confiés au banquier Pasion, τὰ παρὰ τούτῳ (sc. τῷ τραπεζίτῃ)
κείμενα [3]. De même, dans le plaidoyer d'Isée pour Eumathès,
il est dit de ce banquier que ἐφάνισε l'argent déposé chez lui
et qui, par conséquent, était suparavant réputé ἀφανής [4]. Pareillement enfin, dans son plaidoyer pour l'héritage de Ciron,

(1) Isée, *De Philoct. her.*, § 30 : τῆς γὰρ φανερᾶς οὐσίας οὐδένα κύριον ἔσεσθαι τελευτήσαντος... εἰ δὲ ἀποδόμενός τι τῶν ὄντων ἀργύριον καταλίποι κτλ. Les différents biens compris dans la succession et énumérés au § 33 (ἀγρὸς, οἰκία, βαλα-
νεῖον, αἶγες, ζεύγη, δημιουργοί) sont, pour l'orateur, les éléments de l'οὐσία φανερά
par opposition à l'ἀργύριον.
(2) *Supra*, p. 14.
(3) Isocrate, *Trapez.*, § 7.
(4) V. *supra*, p. 15, note 3.

Isée oppose à l'οὐσία φανερά, dont il énumère les divers éléments, l'argent prêté, δανείσματα, considérant ainsi cet argent comme l'οὐσία ἀφανής du *de cujus* [1]. Il est vrai que, dans son plaidoyer contre Olympiodore, Démosthène qualifie d'ἀργύριον φανερόν l'argent laissé par Conon et déposé chez un banquier [2], mais c'est qu'ici le mot φανερόν est pris dans l'autre sens précédemment indiqué et comme synonime d'ὡμολογημένον [3] [4].

L'οὐσία φανερά peut enfin correspondre à la propriété ostensible, soumise aux impôts, tandis que l'οὐσία ἀφανής comprend les biens qui n'y sont pas soumis par suite de la dissimulation de leur propriétaire. Or, à cet égard, on a observé très justement qu'à l'origine, quand les charges se répartissaient entre les citoyens d'après l'importance de leurs propriétés foncières, comme on n'avait intérêt à rendre ἀφανείς que les immeubles, ceux-ci seuls étaient comptés au nombre des choses φανερά, les autres étant ἀφανῆ ou exemptes. Mais plus tard, quand cette répartition ne fut plus exclusivement basée sur la propriété foncière, les immeu-

---

(1) V. *supra*, p. 14-15.

(1) V. *supra*, p. 16.

(3) Willenbücher, p. 10. Suivant Philippi (*loc. cit.*, p. 14, note), le texte de Démosthène peut s'expliquer par le motif que cet argent seul était susceptible d'estimation. Aussi, bien qu'étant ἐπὶ τῇ τραπέζῃ il a pu être qualifié de φανερόν, surtout par opposition aux choses qu'il était impossible d'estimer. Philippi cite en ce sens le premier plaidoyer de Démosthène contre Stéphanos, où on lit, au § 66 : ταῦτα... ἐπὶ τῷ τὴν πόλιν φεύγειν καὶ τὰ ὄντα ἀποκρύπτεσθαι προῄρηται κράτειν, ἵν' ἐργασίας ἀφανεῖς διὰ τῆς τραπέζης ποιῆται καὶ μήτε χορηγῇ μήτε τριηραρχῇ κτλ. On y voit la raison pour laquelle on ne pouvait qualifier d'ἀφανές l'argent laissé par Conon.

(4) Andocide (*De Myst.*, § 118) semble comprendre les sommes reçues à titre de prêt, c'est-à-dire les dettes, parmi l'οὐσία ἀφανής. Voici, en effet, comment il divise le patrimoine d'un nommé Epilykos : τὰ δὲ πράγματα τὰ οἵκοι πονήρως εἶχε· τὴν μὲν γὰρ φανερὰν οὐσίαν οὐδὲ δυοῖν ταλάντοιν κατέλιπε, τὰ δὲ ὀφειλόμενα πλέον ἦν ἢ πέντε τάλαντα. Cf. Willenbücher, p. 12. Ce serait toutefois, à notre avis, une exagération que de voir ici une opposition entre les dettes considérées comme ἀφανὴς οὐσία et l'οὐσία φανερά composée de deux talents. La division de l'οὐσία en ostensible et inostensible s'applique exclusivement, croyons-nous, aux éléments actifs du patrimoine.

bles cessèrent d'être seuls φανερά et l'on comprit dans l'estimation d'autres biens, comme l'argent comptant. Toutefois les orateurs, tenant compte d'une longue tradition, et aussi de ce fait que l'argent peut être rendu ἀφανής beaucoup plus facilement que les immeubles, ont pu continuer à qualifier ces derniers de φανερὰ οὐσία. C'est ainsi que, dans le plaidoyer de Démosthène contre Polyclès, Apollodore se vante d'avoir fait à l'Etat une avance considérable parce que sa fortune était ostensible et qu'il était propriétaire d'immeubles dans trois dèmes différents, identifiant ainsi ces immeubles avec sa φανερὰ οὐσία [1]. Dans son plaidoyer sur la paix, le même auteur reproche à Néoptolème d'avoir converti en argent des immeubles qu'il avait achetés à Athènes, et il les désigne précisément par l'expression οὐσία φανερά [2]. Dinarque, dans son plaidoyer contre Démosthène, oppose également l'argent à l'οὐσία φανερά, par laquelle il entend les immeubles seuls [3]. Il n'y a, dès lors, rien d'étonnant à ce que des lexicographes, comme Harpocration et Suidas, aient été amenés à confondre la φανερὰ οὐσία avec les immeubles, en généralisant à tort ce qui pouvait n'être vrai que pour le cas spécial visé par l'orateur dont ils s'inspiraient pour établir leurs définitions.

(1) Démosthène, C. Polyclem, § 8 : προσαπηνέχθη μου τοὔνομα ἐν τριττοῖς δήμοις διὰ τὸ φανερὰν εἶναί μου τὴν οὐσίαν.

(2) Démosthène, De Pace, § 8 : ἣν ἐνθάδ' ἐκέκτητο οὐσίαν φανερὰν, ταύτην ἐξαργυρίσας.

(3) Dinarque, C. Demosth., § 70 : καὶ ποῦ τοῦτ' ἐστι δίκαιον... τοὺς μὲν φανερὰν κεκτῆσθαι τὴν οὐσίαν καὶ ἀπὸ ταύτης εἰσφέρειν, σὲ δὲ πλείω ἢ πεντήκοντα καὶ ἑκατὸν τάλαντα... εἰληφέναι, μηδὲν δὲ φανερὸν ἐν τῇ πόλει κεκτῆσθαι Willenbücher, p. 14, cite encore en ce sens le passage suivant du plaidoyer de Lysias pour Polystrate, § 33 : ἕως μὲν γὰρ εἰρήνη ἦν, ἡμῖν φανερὰ οὐσία καὶ ἦν ὁ πατήρ ἀγαθὸς γεωργός.

§ 3. — *Biens productifs et improductifs.*

Les textes font plusieurs fois allusion à une distinction
des biens en productifs, ἀργά, par opposition à ceux qui sont
improductifs, ἐνεργά [1]. C'est cette même distinction que l'on
exprime aussi par l'opposition des expressions κάρπιμα et
ἄκαρπα, χρήσιμα et ἀπολαυστικά [2]. Les biens productifs sont
considérés comme une source de richesses : ils produisent
des revenus [3], tandis que les biens improductifs ne procu-
rent que des jouissances voluptuaires. On range alors au
nombre des biens productifs la terre cultivée, les usines [4],
et même les instruments de travail [5]. On comprend, au contraire, parmi les biens improductifs la terre inculte [6].

On n'est pas d'accord sur le caractère des créances au point
de vue de la distinction qui nous occupe. Il faut mettre à part
évidemment les simples dépôts d'argent chez un banquier ou
chez un particulier : cet argent, qui ne rapporte aucun inté-

---

(1) Démosthène, *C. Aphob.*, I, § 7, dit en parlant de son patrimoine : δεῖ δὲ
καθ' ἕκαστον ὑμᾶς ἀκοῦσαι τὰ τ' ἐνεργὰ αὐτῶν καὶ ὅσα ἦν ἀργὰ καὶ ὅσου ἦν ἄξια
ἕκαστα. Cf. *ibid.*, § 10.

(2) Aristote, *Rhet.*, I, 5, p. 1361 a, 17 : ἔστι δὲ χρήσιμα μὲν μᾶλλον τὰ κάρπιμα
ἐλευθέρια δὲ τὰ πρὸς ἀπόλαυσιν· κάρπιμα δὲ λέγω ἀφ' ὧν αἱ πρόσοδοι, ἀπολαυσ-
τικὰ δὲ ἀφ' ὧν μηδὲν παρὰ τὴν χρῆσιν γίγνεται, ὅτι καὶ ἄξιον. *Ibid.*, l. 23 : ὅλως
δὲ τὸ πλουτεῖν ἐστιν ἐν τῷ χρῆσθαι μᾶλλον ἢ ἐν τῷ κεκτῆσθαι· καὶ γὰρ ἡ ἐνέργεια
ἐστι τῶν τοιούτων καὶ ἡ χρῆσις πλοῦτος. Aristote, *Polit.*, I, 2, 5, établit une
antithèse semblable entre le ποιητικὸν ὄργανον et le κτῆμα πρακτικὸν, et il l'é-
claire par l'exemple suivant : ἀπὸ μὲν γὰρ τῆς κερκίδος ἕτερον τι γίνεται παρὰ
τὴν χρῆσιν αὐτῆς· ἀπὸ δὲ τῆς ἐσθῆτος καὶ τῆς κλίνης ἡ χρῆσις μόνον.

(3) Le profit donné par le capital porte le nom de τόκος, et souvent aussi celui
plus expressif et plus exact de ἔργον : le capital est réputé travailler. On peut
rapprocher de cette expression le mot français *action*, dans son sens commercial. Cf. Brandts, *Les sociétés commerciales à Athènes*, p. 112.

(4) Démosthène, *loc. cit.*

(5) Aristote, *Polit.*, loc. cit.

(6) Xénophon, *Econom.*, 4, 8 et *Cyrop.*, III, 2, 19.

rêt [1], est un capital improductif. Quant aux créances de sommes placées à intérêt, doit-on les considérer également comme des biens improductifs ? On l'a prétendu [2] en se fondant sur un passage de Démosthène où l'orateur, voulant montrer à ses juges quels étaient, dans l'héritage paternel, les biens productifs, d'une part, et les biens improductifs d'autre part, énumère parmi ces derniers, à côté des matières premières nécessaires aux industries exercées par son père, des créances pour prêts maritimes, des sommes déposées chez des banquiers ou chez des amis et enfin un talent prêté à diverses personnes.[3] Mais, ainsi que nous l'avons démontré en exposant les règles de l'administration tutélaire [4], ce passage ne comporte point nécessairement l'interprétation qu'on lui donne, et nous avons vu que Démosthène comprend, au contraire, parmi ses capitaux productifs, une créance d'un talent portant intérêts à 12 pour 100 par an. Il serait, du reste, contraire au sens naturel de l'expression ἐνεργά que de l'argent placé à intérêts ne fût point considéré comme un capital productif [5]. L'intérêt de la distinction dont nous nous occupons ne paraît guère être que de fait, et il se présente notamment à propos des comptes de tutelle, comme dans le cas de Démosthène.

§ 4. — *Propres et acquêts.*

Le droit hellénique a connu, de même que l'ancien droit français, une division des biens d'après leur origine. Il les distinguait en propres et acquêts [6]. Les biens propres, ou

---

(1) Nous supposons que ce dépôt ne produise pas d'intérêts. Mais le contraire pouvait aussi arriver. V. *infra*, Contrat de dépôt.
(2) Dareste, *Plaid. civ.*, t. I, p. 30, note 24.
(3) Démosthène, *C. Aphob.*, I, §§ 7-10.
(4) V. *supra*, t. II, p. 229.
(5) Cf. Guiraud, p. 318.
(6) Cauer, *Delectus*, 148, I, l. 32 : αὐτοκτήτοις χωρίοις.

que l'on avait reçus en héritage, se divisaient eux-mêmes en deux catégories, suivant qu'on les avait recueillis dans la succession d'un ascendant, τὰ πατρῷα, τὰ παππῷα [1], ou qu'ils provenaient de tout autre héritage [2].

Il est difficile de dire si la coutume primitive distinguait en Grèce les propres et les acquêts. Le principal intérêt de cette distinction a trait, en effet, au pouvoir de disposer, qui varie suivant qu'il s'agit de l'une ou de l'autre espèce de biens. Or, nous ne possédons que des renseignements très incertains quant au point de savoir si la défense d'aliéner la terre soit par vente, soit par donation ou testament, s'étendait originairement à toutes les propriétés foncières de la famille ou seulement à une partie d'entre elles [3]. La distinction entre les propres et les acquêts ne tarda pas à s'introduire dans le droit dès que le sentiment individualiste eut pénétré dans les mœurs. On considéra qu'il était juste de reconnaître à l'individu le droit de disposer librement des biens qui lui provenaient non point de sa famille, mais de son travail et de son industrie. Les propres, ou biens héréditaires, continuèrent à faire corps avec la famille et à demeurer indivis et inaliénables ; mais les acquêts devinrent disponibles. Ce patrimoine familial, qui ne se démembre jamais et qui passe intact d'une génération à l'autre, c'est, dans les cités doriennes, à Sparte et en Crète, le κλῆρος [4].

---

(1) Cf. Isée, *De Ciron. her.*, § 34 ; Pollux, VIII, 45.

(2) *Corp. inscr. græc.*, 2694 B, l. 3 : πατρικὸν καὶ κληρονομικῶν.

(3) Héraclide, l'abréviateur d'Aristote, dit, en parlant des Lacédémoniens (II, 7, *Fragm. hist. græc.*, II, p. 221, Didot) : πωλεῖν δὲ γὴν Λακεδαιμονίοις αἰσχρὸν νενόμισται· τῆς δ' ἀρχαίας μοίρας οὐδὲν ἔξεστιν. L'ἀρχαία μοῖρα qu'il était interdit de vendre constituait-elle le bien patrimonial, que la famille avait reçu à l'origine, tandis que le surplus des immeubles formaient les acquêts, moins étroitement unis à la famille, et dont l'aliénation, sans être prohibée, était seulement condamnée par les mœurs ? On ne peut faire que des conjectures à cet égard. Cf. Guiraud, p. 59-60.

(4) Aristote, *Polit.*, II, 4, 4 : τοὺς παλαιοὺς κλήρου: διασώζειν. Cf. Fustel de Coulanges, *Nouv. Recherches*, p. 96 ; Guiraud, p. 96 et 228. Le κλῆρος est, à proprement parler, le lot de terre assigné par le sort à chacun des conquérants. Platon

Le morcellement en est interdit soit par vente, soit par tes-tament. Quant aux acquêts, au contraire, les pouvoirs de leur possesseur s'élargissent chaque jour davantage. On dut lui reconnaître d'abord le droit de les vendre, puis d'en dis-poser par testament, originairement, peut-être, dans des limites assez étroites, c'est-à-dire dans l'intérieur de la fa-mille, puis sans aucune restriction. La réforme ne s'arrêta pas là et l'on finit par abandonner complètement l'ancienne conception de la propriété familiale en assimilant les propres aux acquêts, c'est-à-dire en accordant au propriétaire un droit de disposition aussi étendu à l'égard des premiers qu'à l'égard des seconds.

Il est assez difficile de marquer exactement les phases de l'évolution dont nous venons d'indiquer les grands traits. Tout ce que l'on peut dire, c'est que l'indisponibilité des propres se maintint beaucoup plus longtemps dans les lois doriennes que dans celles des autres cités grecques, notam-ment que dans les cités ioniennes [1]. Le testament d'Epictéta de Théra, dont la date se place vers la fin du III° siècle avant J.-C., et par lequel la testatrice confère une hypothè-que sur ses acquêts (αὐτοχτήτοις) [2], peut laisser supposer que les propres étaient encore considérés par la loi de Théra comme appartenant à la famille entière et qu'ils ne pou-vaient être librement aliénés ou hypothéqués [3].

La loi athénienne, du moins après les réformes de Solon, ne connaît plus de différence entre les propres et les acquêts; les uns et les autres sont également disponibles entre les mains de leur propriétaire. Il reste cependant soit dans le droit public, soit dans le droit privé, certaines traces de

(*Leges* V, p. 744 d, IX, p. 585 a, XI, p. 923 d), admet également, dans sa répu-blique idéale, l'institution d'un κλῆρος familial et indivdis, considéré même si peu comme une propriété individuelle, qu'il n'est point sujet à confiscation.

(1) V. sur le droit de Sparte, Fustel de Coulanges, *loc. cit.*, p. 52 et s. ; sur le droit crétois, Dareste, Haussoulier et Reinach, p. 425-426; Guiraud, p. 228.

(2) V. *supra*, p. 23, note 5.

(3) Cf. Dareste, *in Nouvelle Revue historique*, 1882, p. 252.

l'ancienne distinction et de l'indisponibilité des propres.
Ainsi d'abord celui qui dissipe la succession paternelle, τὰ
πατρῷα, ses propres, est frappé de certaines incapacités.
Lors de la docimasie, il est assimilé à celui qui s'est pros-
titué ou à celui qui a maltraité ses parents [1] ; il est exclu
en conséquence des magistratures et il lui est défendu de
monter à la tribune. Toutefois cette pénalité procédait moins
d'une raison juridique tenant au caractère des propres que
de considérations de moralité publique. Eschine nous dit, en
effet, pour la justifier, que « le législateur a pensé qu'on ne
ne pouvait gérer sagement les intérêts de la cité quand on
s'était montré incapable de gérer ses intérêts privés » [2].
Aussi, au témoignage d'Athènée [3], Démocrite fut-il acquitté
lorsque, traduit en justice de ce chef, il se défendit en
alléguant qu'il n'avait dissipé ses biens que pour se livrer
à l'étude de la philosophie [4]. On a prétendu que la dissipation du patrimoine paternel pouvait donner lieu contre
le prodigue à une action publique nommée γραφὴ τὰ πατρῷα κατεδηδοκέναι, action qui aurait été de la compétence
de l'Aréopage et qui aurait entraîné l'atimie [5]. Mais, à notre
avis, rien ne démontre l'existence de règles aussi rigoureuses dans le droit attique, et tout ce qui résulte avec cer-
titudes des sources précitées, c'est l'exclusion des fonctions
publiques prononcées contre le prodigue [6].

---

(1) Pollux, VIII, 45 : εἰ ἡταιρηκότες εἶεν ἢ τὰ πατρῷα κατεδηδοκότες ἢ τοὺς
γονέας κεκακωκότες. Cf. Eschine, C. Timar., § 30 ; Diogène Laërce, I, 2, 55.

(2) Eschine, loc. cit.

(1) Athénée, IV, p. 168 b.

(4) Athénée (IV, 64, 65, 139) raconte également, d'après Hégésandre, qu'un
débauché célèbre, Démétrius, petit-fils de Démétrius de Phalère, comparut devant
l'Aréopage en raison de ses prodigalités et de ses désordres. Mais, malgré l'aveu
de ses dissipations, il fut acquitté parce qu'il prouva que les revenus qui lui
étaient restés suffisaient à ses dépenses.

(5) Meier, De bonis damn., p. 130 et Attisch. Process, 1re éd., p. 299.

(6) Cf. en ce sens : Platner, Process, II, p. 153 ; Philippi, Areopag., p. 164 et
s.; Lelyveld, De infamia ; Lipsius, sur Meier et Schœmann, p. 365 ; Thonissen,
p. 366. — Ce n'était point seulement à Athènes que la prodigalité était réprimée,

Le caractère patrimonial de certains biens se manifeste plus clairement, au point de vue du droit privé, dans l'institution dont nous avons précédemment parlé, de l'interdiction pour cause de prodigalité. Nous avons admis, en effet, que cette interdiction, si elle a été reçue dans le droit attique, ne pouvait être prononcée qu'en cas de dissipation des biens paternels, πατρῷα καὶ παππῷα, mais non en cas de dissipation des acquêts [1].

Un texte de Lysias pourrait laisser supposer qu'il existe, au point de vue de la transmission des biens aux enfants, une différence entre les propres et les acquêts. Ce texte fait allusion à un partage entre vifs opéré par un père entre ses enfants des biens qu'il avait lui-même reçus de son père : παρὰ τοῦ πατρὸς παραλαβὼν τοῖς παισὶ διένειμεν, et il oppose ces biens propres aux acquêts que le père possédait (εἴ τις μὴ κτησάμενος) [2]. Ce passage de Lysias, a-t-on dit, donnerait lieu de croire que le père avait, en principe, non seulement la faculté, mais même le devoir de partager de son vivant entre ses enfants les biens venus de ses ancêtres, autrement le conseil donné par l'orateur, à savoir qu'un père ne doit pas se dépouiller entièrement au profit de ses enfants, s'appliquerait aussi bien à l'égard des acquêts [3]. Nous ne pouvons, pour notre compte, attribuer une telle portée au texte précité, et nous estimons que la distribution aux enfants des propres plutôt que des acquêts est un pur fait sans corrélation avec une disposition légale quelconque.

---

ainsi que le prouve l'exemple précité de Démocrite cité devant le tribunal des Abdéritains. De même, à Milet, une loi interdisait d'ensevelir dans la cité celui qui avait dissipé son patrimoine. Diogène Laërce, *Démocrite*, IX, 7.

(1) V. *supra*, t. II, p. 389.
(2) Lysias, *De bonis Aristoph.*, § 37.
(3) Boissonade, p. 50.

§ 5. — *Des choses publiques* [1].

Dans le droit romain, comme, du reste, dans les législations modernes, les choses publiques, c'est-à-dire celles qui appartiennent à l'Etat ou aux subdivisions de l'Etat, se distinguent en deux grandes classes. Les unes, telles que les terres conquises sur l'ennemi ou les biens provenant d'une confiscation ou recueillis dans une succession vacante, ne diffèrent des propriétés particulières qu'en ce qu'elles appartiennent à l'Etat, considéré comme personne morale. Ces choses forment ce que l'on nomme le domaine privé de l'Etat et celui-ci en jouit et en dispose comme le ferait un particulier, si elles lui appartenaient. Les autres, au contraire, sont affectées à un usage public, « soit qu'elles profitent à tous par l'effet d'une jouissance directe et immédiate, comme les places publiques et les rues des villes, ou seulement par une conséquence de leur destination, comme les arsenaux et les forteresses » [2]. Ces choses, qui constituent ce que l'on appelle le domaine public, sont placées hors du commerce ; elles sont inaliénables, ou, du moins, ne peuvent être aliénées qu'après qu'elles ont été légalement désaffectées de leur destination. Cette distinction ne se rencontre point dans le droit attique ni, d'une manière plus générale, dans le droit grec. Tous les biens domaniaux y ont le même caractère ; ils sont soumis aux mêmes règles et il n'existe entre eux qu'une différence de fait provenant de la diversité de la destination.

Abstraction faite des biens que nous rangeons aujourd'hui dans le domaine public, les biens domaniaux, en Grèce,

---

(1) Cette matière touchant au droit public non moins qu'au droit privé, nous nous bornerons à des notions générales.

(2) Accarias, t. I, n° 197.

provenaient à l'Etat de différentes sources. Ils se composaient d'abord de terres réservées lors de la fondation de la cité et demeurées dans l'indivision. C'est cet usage généralement suivi en Grèce, qu'Aristote adopte également pour sa république idéale, en disant que le territoire doit être divisé en deux portions, l'une publique, l'autre appartenant aux particuliers [1]. De même, en cas de conquête, les terres des vaincus pouvaient être soit partagées entre les citoyens de l'Etat vainqueur, soit réservées à l'Etat. Ainsi les Athéniens, après s'être emparés de Chalcis, en 506, firent trois parts de son territoire : l'une fut consacrée à la divinité, la seconde répartie entre les colons et la troisième affermée au profit de l'Etat vainqueur [2].

Une des principales sources du domaine de l'Etat, c'est, dans les cités grecques, le confiscation, car celle-ci n'est pas seulement une peine régulière appliquée par la loi pénale à de nombreux délits, c'est aussi une mesure politique à laquelle on recourt fréquemment. Aussi Aristophane peut-il dire avec raison que les confiscations sont une des ressources normales du budget athénien [3]. Lysias, de son côté, moins suspect d'exagération que le poète comique, dit également que, tant que le Sénat a les fonds nécessaires pour l'administration, il épargne les particuliers, mais que, s'il est dans le besoin, il faut évidemment qu'il prête l'oreille aux délations et qu'il confisque les biens des citoyens [4]. Par contre, l'Etat, en Grèce, ne s'enrichit point, comme aujourd'hui, au moyen des successions en déshérence. Nous verrons, au contraire, que lorsqu'une famille était menacée de s'éteindre faute d'héritiers légitimes, l'archonte éponyme, à Athènes, se préoccupait de trouver un successeur du dé-

---

(1) Aristote, *Polit.*, IV, 9, 7. Cf. Guiraud, p. 344.
(2) Elien, *Hist. var.*, VI, 1. Cf. Guiraud, p. 345.
(3) Aristophane, *Vesp.*, 659.
(4) Lysias, *Adv. Nicom.*, § 22. Cf. Aristote, *Polit.*, VIII, 4, 3; Guiraud, p. 348 ; Caillemer, *in* Daremberg et Saglio, v° *Demioprata*.

funt et un continuateur de son culte [1]. Mais si l'Etat n'héritait pas, il était apte à recevoir des donations et des legs,
et quelquefois il recueillait à ce titre des sommes importantes. C'est ainsi qu'au dire d'Andocide, le riche Athénien
Callias, craignant que sa fortune n'excitât les convoitises et
qu'il n'en fût dépouillé par suite d'une confiscation prononcée sous le plus léger prétexte, institua le peuple son légataire universel pour le cas où il mourrait sans enfants [2].

Le domaine public peut enfin s'accroître par l'effet d'acquisitions réalisées par l'Etat lui-même avec ses revenus ou
avec les sommes provenant des ressources extraordinaires [3].
L'acquisition est aussi quelquefois indirecte par l'effet de
prêts hypothécaires consentis par la cité et suivis de
l'expropriation des biens du débiteur. Denys d'Halicarnasse mentionne à ce sujet un discours d'Isée où il était
question d'un champ hypothéqué à un dème attique [4]. En
cas de location des domaines de l'Etat, le fermier, s'il ne
constitue pas une hypothèque au profit du bailleur, consent
du moins la clause exécutoire qui permet à celui-ci de
pratiquer une prise de gage sur les biens du locataire en
cas de retard dans le payement des fermages. Telle est la
clause que l'on rencontre dans le contrat de louage des
Aixonéens [5] et dans celui des Dyaliens [6].

Par l'effet des différentes causes que nous venons de signaler, la propriété publique avait acquis, en Grèce, et spé-

(1) V. *infra*, tit, VI, chap. I, sect. II, Successions *ab intestat*.
(2) Andocide, *C. Alcib.*, § 15. V. les autres exemples cités par Guiraud, p. 346.
(3) V. les cas cités par Guiraud, p. 347.
(4) Denys d'Halicarnasse, V, p. 603, R, Didot, n° 15.
(5) Dareste, Haussoulier et Reinach, p. 238, § 2.
(6) *Corp. insc. att.*, II, 600, l. 35.
(7) Nous verrons, en étudiant le contrat de prêt à la grosse, que l'on ne saurait compter parmi les sources de la propriété du fisc, le droit de naufrage sur
les objets échoués dont le maître était connu.

cialement à Athènes, une assez grande importance [1]. Il n'y avait, avons-nous dit, aucune différence, quant à leur condition juridique, entre les divers éléments dont elle se composait. En conséquence, tous les biens domaniaux étaient aliénables directement ou indirectement. Les inscriptions attiques mentionnent de nombreuses ventes consenties par la cité [2]. A Athènes, comme nous l'apprend Aristote [3], c'étaient les polètes qui désignaient les terres et les maisons qui devaient être vendues en justice. Le prix des maisons n'était exigible qu'au bout de cinq ans et celui des terres au bout de dix ans; mais l'acquéreur devait probablement verser tous les ans un acompte dans la neuvième pytanie [4].

L'aliénation régulièrement accomplie des biens de l'Etat se distingue des aliénations ordinaires en ce qu'elle confère à l'acquéreur un droit irrévocable, et à l'abri de toutes chances d'éviction totale ou partielle. Elle purge, en d'autres termes, tous les droits réels existant sur la chose, si légitimes qu'ils puissent être, et notamment celui du véritable propriétaire dont la chose aurait été indûment comprise dans la vente effectuée par les agents de l'Etat. Une loi athénienne, relatée dans le discours de Démosthène contre Timocrate, dispose formellement à ce sujet que « toutes les fois qu'il y a une vente à la diligence du trésor public, il ne sera pas permis d'introduire pour le même objet une action devant les tribunaux, ni à aucun magistrat de mettre la question aux voix, ni à personne d'accuser malgré la défense portée par les lois » [5]. De même, dans un autre plai-

---

(1) Certains dèmes de l'Attique paraissent avoir été assez pauvres en biens fonciers. Ainsi celui de Plothéia n'avait de ce chef qu'un revenu assez maigre. *Corp. inscr. att.*, II, 570, l. 10. Cf. Guiraud, p. 357.

(2) *Corp. inscr. att.*, I, 274, l. 1, 15-18; I, 276, l. 4; II, 779; IV, p. 35, 177.

(3) Aristote, *Const. des Athén.*, c. 47.

(4) Guiraud, p. 352.

(5) Démosthène, *C. Timocr.*, § 54 : ὅσων... τὸ δημόσιον ἀπέδοτο, μὴ εἰσάγειν περὶ τούτων εἰς τὸ δικαστήριον, μηδ' ἐπιψηφίζειν τῶν ἀρχόντων μηδένα, μηδὲ κατηγορεῖν ἐώντων ἢ οὐκ ἐῶσιν οἱ νόμοι. L'authenticité de cette loi a été contestée, il

doyer, Démosthène dit que, sans doute, on peut soutenir
qu'une vente faite par l'Etat a eu lieu à tort, qu'elle a porté
indûment sur tel ou tel objet, mais que la loi refuse toute
action pour soutenir une pareille prétention [1]. Ces textes
sont conçus en termes si généraux que le refus d'action doit
s'appliquer non seulement aux réclamations de démembrements de la propriété et d'autres droits réels, mais encore
à la revendication formée par le véritable propriétaire [2].

On a paru limiter cette irrévocabilité des aliénations consenties par l'Etat aux ventes des biens confisqués, δημίσπρατα.
Ces biens, a-t-on dit, s'adjugeaient souvent à vil prix, dans
la crainte qu'une révolution ne ramenât au pouvoir ceux
dont les biens avaient été confisqués la veille et que ces
biens ne leur fussent restitués. C'est pour remédier à cette
dépréciation des δημίσπρατα que, par une faveur particulière,
on mit les acheteurs à l'abri de toute éviction [3]. Sans vouloir contester la valeur de cette raison en ce qui concerne
la vente des biens confisqués, nous observerons que l'irrévocabilité de l'acquisition n'existait point seulement en faveur des adjudicataires de δημίσπρατα, mais, d'une manière
générale, en faveur de tout acquéreur d'un bien de l'Etat,
ὅτων τὸ δημόσιον ἀπέδοτο, comme le dit la loi citée dans le discours contre Timocrate. Pollux accorde de même la δίκη
ἐξούλης à tout acheteur d'un bien domanial [4]. La faveur

est vrai. Mais l'existence de la règle que nous étudions ne saurait être mise
en doute, car elle est attestée par d'autres textes.

(1) Démosthène, C. Pantœn., § 19.
(2) Cf. Platner, Process, t. II, p. 337 ; Caillemer, Contrat de vente, p. 655.
De même, en droit romain, une constitution impériale avait décidé que les acheteurs traitant avec l'ærarium seraient, dès le moment de la tradition, à l'abri
de toute action in rem, dominii vel hypothecæ gratia. Mais le fisc demeurait
soumis pendant quatre ans au recours du propriétaire ou des créanciers hypothécaires. L. 2, C. De quadr. præscr., VII, 37 ; Instit., § 14, De usucup., II, 6,
— Cf. Accarias, t. I, n° 242.
(3) Caillemer, in Daremberg et Saglio, v° Démioprata.
(4) Pollux, VIII, 59 : ἡ δὲ τῆς ἐξούλης δίκη γένεται, ὅταν τις τὸν ἐκ δημοσίου
πριάμενον μὴ ἐᾷ καρποῦσθαι ἃ ἐπρίατο.

accordée aux acheteurs s'étendait même, d'après une loi citée par Démosthène dans un autre plaidoyer, à ceux qui avaient reçu du peuple une donation [1] : celle-ci doit être κυρία [2], expression dont le sens n'est pas douteux quand on la rapproche d'un décret de Mylasa qui édicte également l'irrévocabilité des ventes opérées par la cité [3]. C'est qu'en effet, la règle de la loi athénienne paraît avoir été généralement admise dans le droit grec, et une inscription de Chio décide encore qu'il n'y avait aucune action possible (οὐδὲν πρῆχμα) contre les acquéreurs des biens de l'Etat [4].

Les intéressés, dont les biens sont compris indûment dans une adjudication faite par l'Etat, ne peuvent donc s'adresser qu'à ce dernier, soit pour empêcher l'aliénation, si elle n'a pas encore été effectuée, soit peut-être aussi pour lui réclamer des dommages-intérêts, si l'adjudication est consommée [5]. Mais aucune action n'est possible contre l'acquéreur qui, suivant l'expression consacrée, peut se mettre en possession ἀναμφισβητήτως. Il peut même, s'il rencontre des obstacles à sa prise de possession, ou s'il est troublé dans sa

(1) Les donations venaient fréquemment diminuer le domaine public. Ainsi le fils d'Aristide reçut du peuple une dizaine d'hectares de terres, sur la proposi ion d'Alcibiade. Plutarque, *Aristide*, 27. Apollodore de Mégare, un des meurtriers de Phrynicos, fut également gratifié d'un domaine par le peuple athénien. Lysias, *Pro sacra olea*, § 4. V. les exemples cités pour les autres villes grecques par Guiraud, p. 355. Les donations faites par l'Etat étaient ordinairement perpétuelles. Mais quelquefois elles consistaient seulement en une concession d'usufruit. V. Plutarque, *Dion*, 37 ; *Dialekt-Inschriften*, 3198 : τάδε ἐμφρίατο ἀ πόλις τοῖς προξένοις, χαρεύειν ὅσα ἐπιτάδειοι ἔντι.

(2) Démosthène, *C. Lept.*, § 97 : κυρίας εἶναι τὰς δωρεὰς ὁ δῆμος ἔδωκε.

(3) *Corp. inscr. graec.*, 2691 : τὰ κτήματα ἐπώλησεν ἡ πόλις δημοσίηι ἐπαρὰς ποιησαμένη, τούτων τὰς ὠνὰς τοῖς πριαμένοι; κυρίας εἶναι, καὶ μήτε προτιθέναι μήτε ἐπιψηφίζειν μηδένα.

(4) *Bulletin*, 1879, p. 280 s. : ἢν δέ τις τοὺς πριαμένους ἀποκληίῃ, ἢ δικάζηται, τοὺς ἀποκληθομένους ἡ πόλις δεξαμένη δικαζέσθω, κἂν ὄφλῃ, ὑπεραποδότω· τῷ δὲ πριαμένῳ πρῆχμα ἔστω μηδέν.

(5) G. A. Leist, p. 46; Guiraud, p. 352. Cf. Caillemer, *Revue de législation*, 1873, p. 19.

jouissance, employer la δίκη ἐξούλης [1]. Son titre est ainsi assimilé à celui d'un héritier ou d'un créancier hypothécaire [2].

Les biens du domaine public, ainsi susceptibles d'aliénation directe par vente ou donation, le sont également d'aliénation indirecte par suite d'affectation hypothécaire, comme
nous le verrons en exposant les règles des hypothèques [1].

Le domaine de l'Etat était naturellement l'objet de nombreuses tentatives d'usurpation de la part des particuliers.
La cité prenait soin, sans doute, de faire planter des ὅροι
autour de ses propriétés, en y faisant graver des inscriptions
très apparentes pour attester ses droits [3]. Mais on ne se
gênait pas pour déplacer ces bornes et englober une parcelle du domaine national, même d'un chemin public [4]. A
Athènes, les démarques avaient probablement pour mission
de dénoncer les empiètements commis au préjudice de la
cité [5]. De plus, de temps à autre, on instituait des magistrats

---

(1) Pollux, VIII, 59, supra, p. 32 note 4. V. infra, tit. V, Actions garantissant l'exercice des droits réels.

(2) Ce n'est point seulement lors de l'aliénation des biens domaniaux que l'E-
tat cherche a rendre inattaquable la situation de son contractant. On retrouve
la même préoccupation dans la location de ces mêmes biens. Ainsi le dème attique d'Aixoné, en louant un fonds rural pour quarante ans, décrète que si, avant
l'expiration de ce délai, quelque démote fait ou met aux voix une proposition
contraire aux clauses du contrat, les fermiers auront le droit de lui intenter une
action en dommages-intérêts. Dareste, Haussoulier et Reinach, p. 240, § 9,
l. 29-31.

(3) V. infra, tit. III, chap. II, De l'hypothèque. On rencontre encore, dans les
contrats d'hypothèque, cette même préoccupation que nous avons signalée à la
note précédente. Ainsi la ville d'Arkésiné, en affectant tous ses immeubles domaniaux à la garantie d'un emprunt qu'elle contracte, décide que si un magistrat
apporte des obstacles à la saisie pratiquée par le créancier après l'échéance, il
aura à lui payer 30 drachmes d'argent. Dareste, Haussoulier et Reinach, p. 318,
§ 6, l. 38.

(4) Corp. inscr. att., II, 1075, IV, p. 121, n° 499 b, n° 519 a, n° 521 a ; Corp,
inscr. gr., n° 3752 ; Dittenberger, Syll., 309. Cf. Hermann-Thalheim, p. 59,
note 6.

(5) Démosthène, C. Callicl., § 22.

(6) Guiraud, p. 358.

spéciaux, nommés ζητηταί, afin de rechercher les biens usurpés
au détriment soit du domaine sacré, soit du domaine de l'Etat [1].
On cherchait, d'autre part, à prévenir les usurpations par les
conséquences rigoureuses de l'action en revendication
intentée par l'Etat. Si celui qui détenait indûment un bien
du domaine public ne le rendait pas à la première sommation, et obligeait les tribunaux à intervenir, il était, en cas
de condamnation, assimilé aux débiteurs du trésor. Il devait,
en conséquence, payer une somme double de la valeur de
l'immeuble usurpé et, jusqu'à sa libération, il était frappé
d'atimie. S'il n'avait pas payé à la neuvième prytanie, il
était incarcéré et ses biens confisqués jusqu'à concurrence
de la dette [2]. Enfin le vol des choses appartenant à l'Etat est
sévèrement réprimé au moyen de la γραφὴ κλοπῆς δημοσίων
χρημάτων, qui entraînait pour le coupable une condamnation au décuple de la valeur des choses soustraites [3].

§ 6. — Des choses sacrées.

La propriété religieuse a eu, dans le droit hellénique, une
importance au moins aussi considérable que les *res sacræ*
dans le droit romain. Abstraction faite de ce droit de propriété que les mœurs, plutôt que la loi, attribuaient aux
dieux sur toute l'étendue du territoire où ils étaient vénérés,

(1) Démosthène, *C. Timocr.*, § 11 : ἑλέσθαι ζητητὰς, εἰ δέ τις οἶδε τιν᾽ ἢ τῶν
ἱερῶν ἢ τῶν ὁσίων χρημάτων ἔχοντά τι τῆς πόλεως, μηνύειν πρὸς τούτους. Cf.
Harpocration, vº ζητητής. — Cf. sur les fonctionnaires investis de semblables
fonctions dans les autres cités grecques, Guiraud, p. 358-359.

(2) Démosthène, *C. Timocr.*, §§ 11-15. Cf. Guiraud, p. 359-360. V. *ibid.*, les
prescriptions pénales édictées dans le même but par d'autres cités grecques.
V. *infra*, titre V, Actions garantissant l'exercice des droits réels.

(3) Aristote, *Constit. des Athén.*, c. 54 ; Démosthène, *C. Timocr.*, §§ 112 et 127.
Cf. Meier, Schœmann et Lipsius, p. 454-455; Hermann-Thalheim, p. 56.

(4) Nous nous bornerons pour les choses sacrées à des notions générales, et
cela pour la même raison que nous avons indiquée à propos des choses publiques, *supra*, p. 28, note 1.

droit de propriété purement fictif, et qui se superposait, *honoris causa*, aux droits des particuliers sans les amoindrir en aucune façon [1], les dieux étaient propriétaires au même titre et sous les mêmes conditions que les mortels. Ils possédaient, de même que les simples citoyens, des biens de différente nature, meubles ou immeubles, dont ils avaient la propriété exclusive.

L'origine de la propriété sacrée est très diverse. Cette propriété a été constituée soit par les libéralités de l'Etat, soit par celles des particuliers, soit enfin par les acquisitions réalisées par les dieux eux-mêmes. Ainsi d'abord, lorsque l'on fondait une ville, l'usage était de mettre à part, (ἐξαρεῖν) des terres pour les dieux à la garde de qui on confiait la nouvelle cité. Cette règle, qu'énoncent Platon et Aristote [2], était encore suivie par les Athéniens au 1er siècle avant notre ère dans les colonies [3]. On avait également l'habitude de réserver aux dieux, en récompense de l'appui qu'ils avaient prêté au vainqueur, une part du butin ou des terres conquises [4]. La loi reconnaissait enfin aux dieux une certaine part dans le produit des confiscations. Ainsi un grand nombre de décrets athéniens portent que si un individu commet tel ou tel délit, Athéna aura le dixième des biens confisqués [5]. Un texte de Démosthène [6] semble même indiquer qu'outre le dixième attribué à Athéna, un cinquantième était prélevé pour les autres divinités. Voilà pour la part de l'Etat.

Les libéralités des particuliers n'étaient pas une source

---

(1) Cf. Hermann-Stark, *Gottesdienstlichen Alterth*, (2e éd.), p. 106, note 1 ; Guiraud, p. 362, et les autorités citées par ces auteurs.

(2) Platon, *Leges*, p. 738, D; Aristote, *Politique*, IV, 9, 7.

(3) *Corp. inscr. att.*, I, 31, l. 9-11.

(4) V. Homolle, *in* Daremberg et Saglio, v° *Donarium*, p. 365.

(5) Andocide, *De myster.*, § 96; Xénophon, *Hellen.*, I, 7, 10, et 20 ; *Corp. inscr. att.*, I, 31, l. 24-25.

(6) Démosthène, *C. Timocr.*, § 120. Cf. les autres textes cités par Guiraud, p. 363-364.

moins importante de la propriété sacrée. Le citoyen élevé
à une fonction publique ou religieuse [1], le membre d'une
association qui reçoit un honneur [2] ne manquent point de
faire tout d'abord aux dieux une offrande nommée ἀπαρχή.
D'une manière générale, tout évènement heureux est l'occasion d'une offrande [3]. Les libéralités privées peuvent
même être provoquées uniquement par le sentiment de la
piété religieuse, et se transformer de simples offrandes en
véritables donations soit entre-vifs, soit testamentaires. C'est
ainsi que Conon laissa par testament cinq milles statères à
Athéna et à Apollon delphien [4]. Le plus souvent, on préférait
faire une donation de terres ou de maisons [5].

La donation faite aux dieux est soumise aux règles du
droit commun, notamment en ce qui concerne la quotité disponible [6] et la nécessité de l'autorisation du kyrios, si elle
émane d'une femme en tutelle [7]. Elle peut, d'autre part,
être pure et simple, ou surbordonnée à certaines conditions,
charges ou réserves. Ainsi le donateur peut stipuler que
les revenus de l'immeuble donné seront affectés à perpétuité à un sacrifice, à des jeux, à une cérémonie quelconque
que : la donation revêt alors le caractère d'une fondation [8].
Le donateur peut également se réserver un avantage, non
seulement à son profit personnel, mais encore à celui de ses
enfants. Ainsi Démon donne à Asclépios une maison et un
jardin, sous réserve qu'il aura la prêtrise du sanctuaire,

---

(1) *Corp. inscr. att.*, II, n° 985.

(2) *Ibid.*, II, n° 1329.

(3) Cf. Homolle, *loc. cit.*, p. 365.

(4) Lysias, *De bon. Aristoph.*, § 39. V. *infra*, tit. VI, chap. I, sect. III, Tes
taments. Cf. le testament d'Epictéta, *Corp. inscr. gr.*, n° 2448.

(5) Guiraud, p. 364. Cf. les textes cités par cet auteur, note 6.

(6) V. *infra*, tit. VI, chap. I, sect. III, Testaments.

(7) Le Bas et Foucart, n° 323, 324, 415 ; *Bulletin*, 1881, p. 39. V. *supra*,
t. II, p. 367.

(8) V. *Corp. inscr. gr.*, n° 3599. Cf. Homolle, *loc. cit.*, p. 367 , Guiraud.
p. 364.

c'est-à-dire qu'il en percevra les bénéfices [1]. En pareil cas, le dieu n'a que la nue propriété de l'immeuble et le donateur en conserve l'usufruit total ou partiel [2]. Quelquefois même le don est purement fictif : tel est le cas, que nous avons précédemment indiqué [3], de l'affranchissement d'un esclave par voie de consécration à la divinité : le *manumissor* stipule ordinairement qu'il gardera l'esclave à son service jusqu'à sa mort et qu'il ne sera libre de fait qu'après.

Une dernière source de la propriété sacrée, ce sont les acquisitions réalisées par les dieux eux-mêmes. Ceux-ci pouvaient, avec les capitaux qui leur avaient été donnés ou avec les économies réalisées sur leurs revenus, acquérir des biens de toute nature. Souvent aussi ils se contentaient de placer leurs capitaux disponibles, mais en exigeant alors de solides garanties [4], et les hypothèques qu'ils prenaient en pareil cas pouvaient les conduire indirectement à acquérir la propriété des immeubles hypothéqués, lorsque le débiteur ne remplissait point ses obligations à l'échéance.

La propriété sacrée comprend toutes sortes de biens, meubles ou immeubles. Parmi les biens immobiliers des dieux on voit figurer des temples, des maisons, des bois, des terres labourables, des pâturages, des vignes, des plantations. Les biens mobiliers comprennent les rentes constituées dès la fondation du sanctuaire pour l'entretien du culte, les créances sur les particuliers provenant des placements faits par les administrateurs du temple, les objets composant le matériel du culte ou destinés à la décoration du sanctuaire, les animaux et les esclaves attachés au service du dieu [5].

(1) V. *Corp. inscr. att.*, II, n° 1654.
(2) Guiraud, p. 365 ; Homolle, *loc. cit.*
(3) V. *supra*, t. II, p. 493.
(4) *Corp. inscr. att.*, II, 578, l. 28 : δανείζειν τοὺς ἱερέας ἀπιοχραίων ἐπὶ χωρίοι ἢ οἰκίᾳ. Cf. Guiraud, p. 365.
(5) V. dans Homolle, *loc. cit.*, p. 369 et s., l'énumération détaillée de ces divers éléments de la propriété sacrée.

A Rome, une chose ne revêtait le caractère de *res sacra* que par une *consecratio* ou *dedicatiō* accomplie suivant les rites prescrits par les pontifes; il fallait, en outre, pour les immeubles, une loi ou un sénatus-consulte [1]. En était-il de même dans le droit grec? Les textes parlent, sans doute, d'une cérémonie religieuse analogue à la *consecratio*, et qui est nommée ἀνιέρωσις, ἀφιέρωσις, ἀνάθεσις, ἵδρυσις ou τελείωσις. Mais il est difficile de savoir, d'après les textes que nous possédons, si l'accomplissement de cette cérémonie était nécessaire pour qu'une chose fût réputée sacrée, ἱερόν [2]. La question, au surplus, a beaucoup moins d'importance dans le droit hellénique que dans le droit romain, car, comme nous le verrons, la condition des choses sacrées n'était point, en Grèce, aussi distincte qu'à Rome de celle des choses publiques ou même des choses privées.

La propriété religieuse présentait, en Grèce, un caractère tout à fait original, qui tenait au caractère même de la religion hellénique. Ainsi que l'observe très bien Homolle, « la différence absolue qui existe de notre temps entre le temporel et le spirituel n'existait pas dans les cités anciennes; l'antagonisme de l'Eglise et de l'État n'a pas été connu d'elles et ne pouvait pas se produire. Il n'y a pas chez elles de clergé composant un ordre distinct dans la société, ayant ses traditions et ses intérêts, mais des magistrats qui administrent le culte comme une branche de l'administration publique, la fortune sacrée, comme une partie de la fortune publique » [3]. Il en résultait que la propriété sacrée était considérée, en Grèce, comme une annexe, une dépendance de la fortune publique. On allait même, en fait, jusqu'à les confondre l'une avec l'autre. C'est ainsi que Dion Chrysostome qualifie de δημόσια les offrandes faites aux dieux et conservées dans les

(1) Accarias, t. I, n° 191.

(2) V. à ce sujet l'article de Pottier, *in* Daremberg et Saglio, v° *Consideratio*.

(3) Homolle, *loc. cit.*, p. 35a. Cf. Guiraud, p. 368 et s.

temples [1]. De même, un décret athénien du [II]e siècle avant
J.-C. parle de terrains qui ont été de tout temps la propriété « des dieux, des héros et du peuple » [2].

L'autorité religieuse n'avait, en conséquence, que des
pouvoirs insignifiants relativement à l'administration du temporel des temples. Cette administration se trouvait, en fait
comme en droit, entre les mains des magistrats élus par
la cité. Ainsi, à Athènes, les trésors des dieux étaient
gérés par deux collèges de fonctionnaires spéciaux, ταμίαι τῶν
ἱερῶν χρημάτων [3], désignés par le sort et soumis, comme tous
les agents comptables de l'Etat, au contrôle des légistes [4].
Lorsqu'on avait à louer un terrain sacré, c'était le peuple
athénien qui fixait les conditions du bail, et c'étaient des
magistrats de la cité, l'archonte-roi et les polètes, qui trai-
taient avec le fermier [5]. Spécialement, lorsqu'en 321 les
Piréens mettent en location les biens de leurs sanctuaires,
les parties contractantes sont le preneur et les habitants du
dème, mais aucun prêtre n'est mentionné dans l'acte [6].

Les dieux n'avaient donc, en quelque sorte, que la nue
propriété de leurs biens, et si les revenus en étaient affectés avant tout au sanctuaire, la gestion en était exercée par
les agents de l'Etat. Aussi, dans l'administration qui leur
était confiée, ces agents ne se préoccupaient-ils point
exclusivement de l'intérêt personnel des dieux, mais
aussi de l'intérêt de l'Etat. Celui-ci, d'autre part, à force d'administrer les domaines sacrés, était naturellement
amené à les considérer comme siens, et plus d'une fois les

---

(1) Dion Chrysostôme, XXXI, p. 364.

(2) Ἐφημερὶς ἀρχαιολογική, 1884, p. 167, l. 4. Cf. Guiraud, p. 374.

(3) V. Bœckh, t. I, p. 196; Guiraud, p. 369. Cf. Homolle, *Les archives de
Délos.*

(4) Cf. Aristote, *Constit. des Athén.*, c. 47; Harpocration, v° ταμίαι ; *Corp.
inscr. att.*, I, 3 , A, l. 18 et s.

(5) Aristote, *loc. cit.*; *Corp. inscr. att.*, IV, 53 a.

(6) *Corp. inscr. att.*, 1059. Cf. Dareste, Haussoulier et Reinach, p. 262; Homolle, *in Bulletin*, XIV, p. 438 et s. ; Guiraud, p. 370 et s.

Athéniens ont puisé dans les trésors des dieux pour subvenir à des dépenses publiques. En théorie, toutefois, les biens des dieux demeuraient distincts des biens de l'Etat et, dans les cas que nous venons de signaler, il y avait un véritable emprunt contracté par la cité, emprunt dont elle remboursait ultérieurement le capital avec les intérêts [1].

Ce qui caractérise, en droit romain, la condition des *res sacræ*, c'est que, d'un côté, elles sont hors du commerce et absolument inaliénables et que d'un autre côté, elles sont plus rigoureusement protégées contre toute violation ou usurpation que les *res humani juris* [2]. Dans le droit hellénique, et spécialement à Athènes, la propriété religieuse a bien eu le second de ces caractères, mais elle n'a pas eu le premier. Pour assurer efficacement la protection de cette propriété, la loi athénienne édictait des pénalités rigoureuses contre ceux qui y portaient atteinte. Le vol sacrilège (ἱεροσυλία), perpétré dans l'intérieur du sanctuaire, était assimilé à la trahison envers la patrie, et le coupable puni de mort avec confiscation de ses biens [3]. Si le vol avait lieu hors de l'enceinte sacrée, on appliquait les pénalités ordinaires, mais avec cette différence que l'amende attachée au vol simple était toujours du décuple de la valeur des choses soustraites [4]. Le simple fait d'arracher des oliviers consacrés à Athéna entraînait l'exil et la confiscation des biens [5]. Le dernier supplice était infligé à ceux qui abattaient des bois consacrés aux héros éponymes [6].

---

(1) *Corp. inscr. att.*, I, 32, 273. Cf. Guiraud, p. 375.

(2) Cf. Accarias, t. I, n° 191.

(3) Xénophon, *Hellen.*, I, 7, 22 et *Mémor. Socr.*, I, 2 ; Isocrate, *C. Lochit.*, § 6. On poursuivait ce crime par la γραφὴ ἱεροσυλίας. Pollux, VIII, 40. Cf. Meier, Schœmann et Lipsius, p. 458-459.

(4) Démosthène, *C. Timocr.*, § 111. Il y avait lieu alors à la γραφὴ κλοπῆς ἱερῶν χρημάτων. Cf. Meier, Schœmann et Lipsius, p 454 ; Hermann-Thalheim, p. 56.

(5) Lysias, *Pro sacra olea*, §§ 3, 15.

(6) Elien, *Hist.*, V, 17. Cf. Thonissen, p. 182 et s. ; Guiraud, p. 379.

La loi civile couvrait également d'une protection spéciale la propriété religieuse, et les biens des dieux étaient imprescriptibles. Ce principe, bien que n'étant formulé nulle part, se dégage néanmoins avec certitude de certains textes [1]. C'est ainsi qu'à Athènes un décret du peuple décida de restituer aux dieux tous les immeubles qui leur appartenaient depuis l'origine, ἐξ ἀρχῆς [2]. L'usurpateur pouvait, en outre, toujours craindre qu'une accusation d'impiété (γραφὴ ἀσεβείας) ne vînt se joindre à la revendication civile dont il était l'objet [3]. Les administrateurs des domaines sacrés avaient soin, du reste, de prévenir toute usurpation soit par des ὅροι qu'ils plaçaient sur les immeubles sacrés pour indiquer leur propriétaire [4], soit par des inscriptions gravées sur les offrandes [5].

Les biens des dieux ne sont nullement hors du commerce et les administrateurs des temples peuvent valablement les aliéner, et cela qu'il s'agisse d'objets mobiliers ou d'immeubles compris dans les domaines des dieux [6]. Il n'y a même pas à distinguer entre les immeubles affectés spécialement à un usage religieux et formant ce que l'on nommait le ἱερόν [7] et les autres immeubles qui, bien qu'également sacrés, étaient susceptibles d'un usage profane, comme des pâturages ou des vignes. Cette distinction était de pur fait et les immeubles de l'une et de l'autre catégorie pouvaient également être aliénés [8]. Une inscription attique pourrait

---

(1) Guiraud, p. 38o.

(2) Ἐφημερὶς ἀρχαιολογικ́η, 1883, p. 167, l. 4.

(3) *Ibid.*, l. 7.

(4) *Corp. inscr. att.*, I, 504 : ὅρο; Δίος ; 526 : ὅρος Ἀρτέμιδος τεμένους Ἀμαρυσίας. V. les autres cas cités, *in* Hermann-Thalheim, p. 58, note 4. Cf. Hermann, *De terminis eorumque religione apud Graecos*, p. 8 ; Boetticher, *Tektonik der Hellenen*, 4, p. 17 s.

(5) Homolle, *in* Daremberg et Saglio, *loc. cit.*, p. 38o ; Hermann-Stark, *loc. cit.*

(6) Homolle, *loc. cit.*, p. 381.

(7) V. sur le ἱερόν, Homolle, *loc. cit.*, p. 3o9.

(8) Guiraud, p. 368.

néanmoins laisser croire que les terrains sacrés étaient à jamais inaliénables . Mais ce serait, croyons-nous, en exagérer la portée que de l'entendre en ce sens. Elle signifie seulement qu'il est interdit d'aliéner sans les formalités légales aucune parcelle des terrains sacrés; mais elle n'entend point prohiber l'aliénation que le peuple en ferait par décret [2]. Ce que nous venons d'admettre pour l'aliénation des choses sacrées doit s'appliquer également à tout acte de disposition, notamment à une constitution d'hypothèque sur ces choses. Nous rencontrons dans le droit grec un exemple d'un semblable engagement [3]. Si toutefois les lois ne s'opposaient point à l'aliénation ou à l'engagement des domaines sacrés, en fait on pratiquait rarement des actes de ce genre, et les immeubles n'étaient guère vendus qu'à l'instant même où ils devenaient la propriété des dieux, notamment à la suite d'une confiscation [4]. Mais ceux qui étaient définitivement incorporés aux domaines sacrés n'en étaient plus détachés, car le démembrement de ces domaines eût paru aux Grecs un acte d'impiété [5].

Abstraction faite de l'expropriation pour cause d'utilité publique dont les biens des dieux peuvent être l'objet de la part de la cité pressée d'argent [6], le domaine sacré peut être diminué par l'effet des lois d'intérêt général, comme la loi d'Ephèse de 87 avant J.-C., loi qui, pour conjurer la crise qui menace la cité décharge de leurs dettes les débiteurs de sommes d'argent prêtées par les temples [7].

---

(1) Ἐφημερὶς ἀρχαιολογική, 1884, p. 167, l. 8-9 : ἀποδόσθαι τι τῶν ἱερῶν τεμενῶν κατὰ μηδένα τρόπον, μηδὲ ὠνήσισθαι μηδὲν... κατὰ τῶν ἀποδομένων γραφὰς ἀσεβείας καὶ ὀφλλειν τῆι Ἀθηναῖ τὸ χρῆμα ὅσου ἀπέδοτο.

(2) Guiraud, p. 377.

(3) Dareste, Haussoulier et Reinach, p. 162, B, l. 9 et p. 166. V. infra, tit. III, chap. II, De l'hypothèque.

(4) Dittenberger, Sylll., 6.

(5) Guiraud, p. 377.

(6) Homolle, loc. cit., p. 382.

(7) Dareste, Haussoulier et Reinach, p. 24, § 3.

A côté des *res sacræ*, le droit romain admettait des *res religiosæ* [1], c'est-à-dire suivant la définition de Gaïus, des choses abandonnées aux dieux mânes, ou, en d'autres termes, les sépultures des morts. Les *res religiosæ*, hors du commerce et inaliénables comme les *res sacræ*, forment toutefois, à la différence de celles-ci, l'objet d'un véritable droit privé connu sous le nom de *jus sepulcri*. Les tombeaux des Grecs paraissent également avoir été l'objet d'une réglementation analogue. Ils formaient l'objet d'une sorte de copropriété de famille, qui ne pouvait être employée à un autre usage que celui de donner la sépulture aux membres de la famille. La protection en avait été spécialement assurée par une loi de Solon [2], et l'on rencontre dans le droit grec, à une époque toutefois assez récente, une action τυμβωρυχίας donnée contre ceux qui violaient les tombeaux pour les piller [3]. Au point de vue du droit privé, nous verrons qu'à Athènes comme à Rome le *jus sepulcri* conférait aux parents du défunt une servitude de passage sur les fonds voisins pour se rendre au tombeau afin d'y accomplir les rites funèbres [4].

§ 7. — *Des choses* in commercio *ou* extra commercium.

La division des choses fondées sur le fait qu'elles sont ou non dans le commerce présente son principal intérêt en matière de vente. Aussi en examinerons-nous la portée en étudiant l'objet du contrat de vente. Cette division offre, du reste, dans le droit attique, un intérêt relativement minime.

(1) Gaïus, II, § 4.
(2) Cicéron, *De legib.*, II, 26, 64.
(3) V. les documents cités à ce sujet, *in* Hermann-Thalheim, p. 46, note 5.
(4) V. *infra*, tit. III, ch. I. Des servit..des. Cf. au surplus sur l'emplacement, la forme, l'orientation, etc., des tombeaux en Grèce : Schœmann-Galuski, t. II, p. 663 et s.; Hermann-Blümner, p. 377 et s.

TITRE II

CHAPITRE I

NOTIONS GÉNÉRALES SUR LE DROIT DE PROPRIÉTÉ

SECTION I

Analyse de la propriété, ses caractères généraux.

Le droit de propriété peut être défini « celui en vertu duquel les avantages que peut procurer une chose corporelle sont attribués tout entiers à une personne déterminée » [1]. Ces avantages, l'analyse les a réduits à trois que l'on nomme *jus utendi* ou *usus*, c'est-à-dire droit de se servir de la chose telle qu'elle est, *jus fruendi* ou *fructus*, c'est-à-dire droit aux produits quelconques de la chose et enfin *jus abutendi* ou *abusus*, c'est-à-dire, droit de disposition consistant dans la faculté de transformer, d'aliéner et même de dégrader ou de détruire. La propriété ainsi définie apparaît à la fois comme exclusive et absolue, exclusive

---

(1) Accarias, t. I, n° 200.

en ce sens qu'elle est essentiellement individuelle et qu'elle
est l'antithèse de toute communauté plus ou moins étendue,
absolue, en ce sens que le propriétaire fait de sa chose,
comme de sa personne, ce qu'il veut [1].

A Athènes, du moins à l'époque classique, le droit de propriété présente ces caractères que nous venons d'indiquer [2]. Il comporte d'abord l'*usus* et le *fructus*, droits qui
toutefois n'apparaissent pas comme bien distincts aux yeux
des philosophes et des jurisconsultes [3]. Les droits d'usage
et de jouissance sont considérés comme des éléments si
essentiels du droit de propriété, qu'aux yeux d'Aristote la
richesse consiste surtout ἐν τῷ χρῆσθαι [4]. De même, Démosthène, voyant Aphobos toujours ἔχοντα καὶ γεωργοῦντα τὴν γῆν [5],
peut en conclure que celui-ci est toujours demeuré propriétaire. C'est là, du reste, une manière de voir généralement
admise dans le droit hellénique, car une inscription crétoise
signale parmi les principales prérogatives du propriétaire le
droit d'occuper un immeuble et d'en percevoir les fruits [6].

Le droit de propriété renferme, d'autre part, à Athènes
le *jus abutendi*. Celui-ci comporte d'abord la faculté d'aliénation. Aristote enseigne même que l'on n'est réellement
propriétaire d'un bien que si on a le droit de l'aliéner [7]. Si

---

(1) Cf. Accarias, t. I, nᵒˢ 201, 202.

(2) D'après Meier, Schœmann et Lipsius (p. 670), on chercherait en vain l'idée
que les Athéniens ont pu se faire de la propriété. D'après ces auteurs, la propriété athénienne peut cependant être considérée comme renfermant tous les
droits possibles sur une chose de manière à pouvoir en disposer arbitrairement.

(3) Ces deux éléments du droit de propriété paraissent réunis dans l'expression χρῆσις. V. la note suivante. Le mot χρῆσις, dans un sens plus restreint,
désigne le commodat. Cf. Hermann-Thalheim, p. 91, note 1.

(4) Aristote, *Rhetor.*, I, 5, § 7, p. 1361 : ὅλως δὲ τὸ πλουτεῖν ἐστιν ἐν τῷ χρῆσθαι μᾶλλον ἢ ἐν τῷ κεκτῆσθαι. καὶ γὰρ ἡ ἐνέργειά ἐστι τῶν τοιούτων καὶ ἡ χρῆσις
πλοῦτος.

(5) Démosthène, C. Onet., I, 8 sq.

(6) *Museo di antichita classica*, III, p. 576, l. 79 : ἔχωσιν κατέχωσίν τε καρπί-
ζωνται.

(7) Aristote, *loc. cit.* : ὅρος τοῦ οἰκεῖα εἶναι ὅταν ἐφ' αὐτῷ ᾖ, ἀπαλλοτριῶσαι ἢ
μή.

toutefois ce principe était incontestable au IVᵉ siècle, il n'a-
vait pas toujours été admis dans le droit attique et nous
verrons, en étudiant les caractères spéciaux de la propriété
immobilière, qu'à l'époque où le sol était considéré comme
le patrimoine commun de la famille, le droit d'aliénation
n'était point un des éléments du droit de propriété. Même
au IVᵉ siècle, la faculté d'aliéner n'était pas encore universellement admise dans le droit grec. Ainsi Aristote parle,
comme étant encore en vigueur [1], de certaines législations
qui, telles que celle des Locriens, interdisent de vendre son
bien [2] à moins que l'on n'y soit contraint par une nécessité
invincible, dont l'appréciation appartenait probablement à
l'autorité publique. Dans d'autres cités, comme à Sparte, le
lot de terres primitivement assigné à chaque famille demeurait encore inaliénable [3].

Le *jus abutendi* emporte non-seulement le droit de vendre ou de donner, c'est-à-dire le droit d'aliénation totale,
mais encore le droit d'aliénation partielle, de démembrer la
propriété en constituant sur la chose, par exemple, un usufruit, une servitude, une hypothèque. La jouissance et l'usage
peuvent ainsi être détachés par la volonté du propriétaire.
Celui-ci a, d'autre part, la plus grande liberté pour administrer sa chose. Il peut l'exploiter soit par lui-même, soit par
l'intermédiaire d'un fermier qu'il se substitue. Le propriétaire a également tout pouvoir pour cultiver ses champs à
sa guise. Il peut, notamment, y planter des arbres ou les
arracher, y creuser des puits ou des carrières, et extraire
de celles-ci des matériaux quelconques. Il a enfin le droit de
détruire ou de dégrader sa chose : propriétaire d'une maison, il est libre de la démolir, d'un champ, il peut négliger
de le fumer ou de l'ensemencer. Xénophon nous rapporte le

(1) Aristote, *Polit.*, II, 4, 4 : οἱ νόμοι κωλύουσιν. V. *infra*, p. 67, note 1.
(2) Cette prohibition n'était probablement applicable qu'aux biens patrimo-
niaux. Cf. Guiraud, p. 178.
(3) Héraclide, II, 7, *Fragm. hist. grœc.*, II, p. 211 (Didot).

langage suivant qu'on entendait souvent à Athènes : « Un tel ne récolte pas de blé, parce qu'il n'a pas soin d'ensemencer ses terres ni de les fumer. Un tel n'a pas de vin, parce qu'il néglige ses vignes. Il n'a pas d'olives ni de figues, parce qu'il ne fait rien pour en avoir ». Il ajoute que l'on rencontrait en Attique nombre de terres improductives par la faute de leurs propriétaires [1]. Si la conduite de ces derniers paraissait répréhensible, l'État n'intervenait point, du moins en principe, pour la réprimer [2].

La propriété d'une chose comprend, dans le droit grec comme dans le droit moderne, celle des accessoires qui en forment des dépendances nécessaires. Certains interprètes du droit romain admettent, en conséquence, un mode spécial d'acquisition qu'ils nomment l'accession et qui consisterait à acquérir une chose comme accessoire d'une autre chose qui nous appartient déjà. Cette manière de voir, qui est fort contestable pour le droit romain, doit être rejetée pour le droit grec. Si, en Grèce, le propriétaire d'une chose a droit aux accessoires de cette chose, ce n'est point par l'effet d'un mode particulier d'acquisition auquel les sources ne font pas la moindre allusion, c'est seulement par une application naturelle de son droit de propriété.

Ainsi, dans le droit grec, l'île qui se forme dans le lit d'un cours d'eau par voie de dessèchement ou d'atterrissement appartient aux riverains les plus proches. C'est par application de ce principe qu'à Héraclée le dieu Dionysos devint propriétaire d'un îlot né des atterrissements de la rivière Auris [3]. A plus forte raison doit-on dire que les riverains sont propriétaires de l'accroissement, nommé alluvion, qui enrichit insensiblement leurs fonds.

De même, la propriété d'un champ entraîne à titre d'ac-

---

(1) Xénophon, *Econom.*, XX, 4 et 12.
(2) V. *infra*, section II.
(3) Dareste, Haussoullier et Reinach, p. 196, l. 38-39.

cessoires, celles des conduites qu'on y a établies soit pour y
amener de l'eau, soit au contraire pour la faire écouler. C'est
pour cela que la vente d'un fonds comprend les conduites [1]
qui l'alimentent d'eau et qui ont vraisemblablement leur origine
en dehors de l'immeuble [2]. Un ἔρος attique nous montre également que l'hypothèque constituée sur un domaine s'étend à
l'eau qui en dépend, c'est-à-dire aux canaux, considérés
comme l'accessoire du fonds, qui amènent l'eau sur le
domaine [3].

Les fruits et autres produits d'une chose, lorsqu'ils ne
sont pas séparés de celle-ci, appartiennent évidemment au
propriétaire de la chose avec laquelle ils font corps. Lorsqu'ils en sont séparés, ils continuent également de lui appartenir, mais sans qu'il y ait lieu d'admettre ici l'existence
d'un titre spécial d'acquisition. Le droit aux fruits est la
conséquence naturelle du droit de propriété, car le fait qui
donne aux fruits une existence distincte ne consiste, en définitive, que dans le fractionnement d'une chose unique en
plusieurs choses distinctes [4]. Le droit aux fruits existe non-
seulement lorsque la chose qui les produit est mobilière,
comme s'il s'agit d'un animal ou d'un esclave, mais encore
et surtout lorsqu'ils proviennent d'un immeuble. Aussi,
comme nous le verrons en étudiant les actions protectrices
du droit de propriété, certains auteurs enseignent-ils [5] que
lorsqu'on revendiquait une maison ou un champ, on commençait par réclamer les loyers ou les fruits indûment perçus
par l'usurpateur, et la décision sur la propriété des fruits
préjugeait la question de la propriété du fonds, car à moins

---

(1) *Ibid.*, p. 74, § 22, l. 56 et p. 84, § 43, l. 112 : ὕδατος ἀγωγὰς ὅσαι εἰσὶν
τῶν χωρίων.

(2) Platon, *Leges*, VIII, p. 844, a. Cf. Guiraud, p. 176.

(3) Dareste, Haussoulier et Reinach, p. 106, n° 5 : ὅρος χωρίων καὶ οἰκίας καὶ
τοῦ προσόντος τοῖς χωρίοις. V. *infra*, tit. III, ch. II, De l'hypothèque.

(4) Accarias, t. I, n° 252.

(5) V. *infra*, tit. V, ch. II.

de supposer une situation exceptionnelle créée par la volonté
du propriétaire, le droit aux fruits implique nécessairement
le droit au fonds qui les produit.

Le droit romain, considérant le trésor comme étant en
quelque sorte un produit extraordinaire du sol, l'attribuait en totalité ou en partie au propriétaire, suivant qu'il
était trouvé par celui-ci ou par un tiers [1]. Il en était autrement dans le droit attique, qui voyait dans le trésor un dépôt
confié à la terre et appartenant à celui qui l'avait fait. Une
loi de Solon disait, à ce sujet : « Si ce n'est pas toi qui as
fait le dépôt, tu n'as pas le droit de le prendre » [2]. La peine
était la mort, l'enlèvement du trésor étant assimilé à un vol.
A qui dès lors le trésor était-il attribué lorsque l'inventeur
n'en était pas le maître ? Les sources sont muettes sur ce
point. Platon, dans son *Traité des Lois* [3], attribue le trésor
à Hécate, la divinité des chemins, et il s'est probablement
inspiré sur ce point des dispositions du droit positif.

Lorsqu'il s'agit des biens fonciers, le principe admis dans
le droit hellénique, comme dans le droit moderne, c'est que
la propriété du sol emporte normalement la propriété du
dessus et du dessous. Ainsi d'abord le propriétaire d'une
terre peut revendiquer tout ce qui adhère à la surface,
comme les maisons, les plantations. Il peut même prétendre
non seulement à ce que les Romains nomment la *superfi-
ciès*, mais encore à la partie de l'espace aérien qui se trouve
au-dessus du sol qu'il possède. Le propriétaire d'un terrain
peut donc s'opposer à ce que les constructions ou les arbres du voisin viennent le surplomber. C'est probablement par application de ce principe qu'Hippias, tyran d'A-
thènes, confisqua les escaliers, les galeries, les portes et
les barrières en saillie sur la voie publique, c'est-à-dire

---

(1) V. Accarias, t. I, n° 259.
(2) Diogène Laërce, I, 57 : ἃ μὴ ἔθου μὴ ἀνέλῃ· εἰ δὲ μὴ, θάνατος ἡ ζημία.
(3) Platon, *Leges*, XI, p. 913.

sur le domaine de l'Etat et força les particuliers à les racheter [1]. Cette mesure devait être l'exercice d'un droit légitime, car, au IVᵉ siècle, Iphicrate suggéra aux Athéniens
d'y recourir une seconde fois [2]. C'est encore par application de la même règle que Condalos, préfet de Mausole, se
crut autorisé à vendre les fruits des arbres dont les branches se projetaient sur les routes royales [3]. La propriété du
sol emporte également la propriété du dessous ; elle entraîne, par exemple, le droit de faire des fouilles, d'exploiter
les carrières et les gisements, de creuser des conduits
souterrains. C'est ce qui résulte notamment de certains contrats de bail qui accordent un semblable droit au fermier et
qui, par suite, en supposent nécessairement l'existence chez
le bailleur [4]. Ces principes peuvent, du reste, comporter
des exceptions que nous indiquerons ultérieurement [5].

La propriété étant, comme nous l'avons dit, exclusive de
sa nature, il en résulte que le propriétaire a le droit de
revendiquer pour lui seul et de s'assurer effectivement
l'exercice exclusif de ses prérogatives dans toute l'étendue
de son domaine. Il peut, en conséquence, établir une clôture autour de ses terres de manière à en interdire l'accès
à ses voisins, mais à la condition de respecter les servitudes
établies, comme celle de passage. On ne rencontre pas, en
Grèce, de droit analogue à celui de vaine pâture. L'ἐπινομία
dont parlent les textes, et dont la concession est faite aux
étrangers à titre de faveur, n'existe que sur les terres du
domaine public. Dès lors, tout propriétaire a le droit d'en-

---

(1) Aristote, *Econom.*, II, 2, 4 : τὰ ὑπερέχοντα τῶν ὑπερῴων εἰς τὰς δημοσίας
ὁδοὺς καὶ τοὺς ἀναβαθμοὺς καὶ τὰ προρρήγματα καὶ τὰς θύρας τὰς ἀνοιγομένας
ἔξω ἐπώλησεν.

(2) Polyen, *Strategica*, III, 9, 30.

(3) Aristote, *loc. cit.*, II, 2, 14 : τῶν τε δένδρων τὰ ὑπερέχοντα ἢ πίπτοντα
εἰς τὰς ὁδοὺς τὰς βασιλικὰς ἐπώλει.

(4) Guiraud, p. 174-175. V. *infra*, Contrat de louage.

(5) V. *infra*, p. 54 et s.

tourer ses champs d'un mur ou d'une haie, afin, comme le
dit Démosthène « d'empêcher les voisins d'y passer et d'y
faire pâturer leurs troupeaux » [1]. La clôture d'un terrain
fait aussi probablement obstacle à l'exercice de la chasse
par des étrangers. On voit, sans doute, dans un passage de
Xénophon [2], que les Grecs favorisaient la chasse qu'ils considéraient comme la meilleure de toutes les préparations au
service militaire et qu'ils permettaient sur tous les terrains,
quel qu'en fût le propriétaire. Mais on a observé, et avec raison selon nous, que ce devait être seulement sous réserve des
dommages et à l'exception des terrains clos. La pêche ne
devait pas non plus être permise dans les eaux qui appartenaient privativement à des particuliers, comme les
étangs [4].

Avant d'indiquer les restrictions que peut comporter le
droit de propriété dont nous venons d'indiquer les éléments,
nous devons observer que la langue grecque ne paraît pas
avoir d'expression juridique pour désigner ce droit [5]. On a,
il est vrai, voulu la trouver dans le mot οὐσία qui, dit-on,

---

(1) Démosthène, C. Callicl., § 11 : τῶν γειτόνων ἐπινεμόντων ἅμα καὶ βαδιζόν-
των διὰ τοῦ χωρίου τὴν αἱμασιὰν περιφκοδόμησε ταύτην. Cf. Dareste, Plaid. civ.,
t. I, p. 180, note 4. Le droit qui appartient à un propriétaire de se clôre résulte
encore de cette observation que fait l'orateur dans le même plaidoyer, au § 8,
que son père n'a fait aucune entreprise illicite lorsqu'il a enclos son domaine,
ὁ πατὴρ οὐδὲν ἠδίκει περιτοικοδομῶν τὸ χωρίον.

(2) Xénophon, Cynegit., XII, 6 et 7.

(3) Dareste, Science du droit, p. 68 ; Guiraud, p. 180. — Platon, dans son
Traité des Lois, VII, p. 823, b et s., réglemente le droit de chasse d'une manière très détaillée.

(4) Platon (loc. cit.), permet la pêche partout, excepté dans les ports et dans
les eaux qui appartiennent à des temples.

(5) Harpocration, v° διαμαρτυρία : Ἰσαῖος δ'ἐν τῷ πρὸς Πύθωνα ἀποστασίου
φησὶν ὅτι οὐκ οἷόν τε διαμαρτυρεῖν οὐσίαν. Heffter, p. 266 et 346 interprète ce
texte en disant que, dans une diamartyrie, il ne suffit pas de dire : « Je suis
propriétaire de la chose, » il faut de plus articuler les titres sur lesquels on
prétend fonder son droit de propriété. Hermann-Thalheim (3° éd., p. 114, note)
avait également admis, comme Heffter, que le mot οὐσία désigne la propriété ou
le droit de propriété (Eigenthumsrecht).

est employé en ce sens dans un fragment d'Isée, cité par Harpocration. Mais on ne peut attacher aucune importance à un texte qui, comme on le reconnaît aujourd'hui, est manifestement corrompu [1] et dont, d'ailleurs, à le supposer authentique, l'isolement ne permettrait pas de déterminer le véritable sens.

Dans le droit grec, le mot οὐσία désigne plutôt les éléments du patrimoine, au point de vue économique (οὐσία φανερά, οὐσία ἀφανής) que le droit réel exercé sur les biens dont il se compose. Il vaut donc mieux reconnaître l'absence dans le droit hellénique d'expressions analogues au *dominium* ou à la *proprietas* des Romains [2].

Cette absence d'un mot grec spécial pour désigner le droit de propriété peut, du reste, s'expliquer dans une certaine mesure, si l'on considère que le droit attique n'a pas admis et ne pouvait pas admettre une notion de la propriété aussi absolue que le droit romain. A Athènes, en effet, lorsque l'on revendiquait un bien quelconque, il n'était pas possible de formuler ses prétentions d'une manière aussi affirmative qu'à Rome, en disant, par exemple : *aio hunc fundum meum esse ex jure quiritium*. La raison en est que le droit attique, comme nous le démontrerons, ne connaît pas l'institution de l'usucapion. Or, sans l'usucapion, il est presque impossible de fournir une preuve absolue de son droit de propriété et, dès lors, la revendication du droit attique avait un caractère bien distinct de la *rei vindicatio* romaine. Il s'agissait, pour le demandeur athénien, non point d'établir qu'il était propriétaire légitime de la chose, mais que ses titres à la possession de la chose étaient supérieurs à ceux de son

---

(1) Sauppe, *Orat. att.*, II, p. 241, n° 118 a ainsi restitué le texte en question : Ἰσαῖος δ'ἐν τῷ πρὸς Πύθωνα ἀποστασίου φησὶν ὅτι οὐχ οἷόν τε διαμαρτυρεῖν ξένους· ἀλλ' Ὑπερείδης ἐν τῷ κτλ. Cf. en ce sens, Meier, Schœmann et Lipsius, p. 846, note 222 et p. 969 note.

(2) Cf. en ce sens : Platner, *Process*, t. II, p. 291 ; G. A. Leist, p. 42 ; Hermann-Thalheim, 4° éd., p. 131, note.

adversaire : c'était l'objet de la diadicasie dont nous étudierons ultérieurement le caractère et la procédure. Celui qui, à Rome, aurait succombé s'il avait dû intenter une *rei vindicatio* et prouver son droit de propriété, pouvait, au contraire, triompher à Athènes, dans la diadicasie, où il s'agissait simplement de démontrer l'infériorité des titres de l'adversaire. Sous la réserve de ces observations, nous estimons cependant que l'on peut employer, dans l'étude du droit attique, le mot droit de propriété pour désigner celui en vertu duquel les divers avantages que nous avons énumérés sont attribués à une personne déterminée [1].

Restrictions au droit de propriété. — Si, comme nous l'avons montré, la propriété est exclusive, cela n'implique point nécessairement la réunion dans les mains d'une même personne de tous les droits qui constituent la propriété. Le partage de ces droits peut, au contraire, se rencontrer dans différentes situations. Tel est d'abord le cas où une même chose appartient simultanément à plusieurs personnes. Les divers ayants droit, que nous nommons copropriétaires et que les Grecs qualifient de κοινωνικοί, ont alors sur la chose un droit limité par le droit égal des autres : c'est le cas de communauté ou d'indivision (κοινωνία) [2] qui se présente en matière de succession ou de société [3].

La chose peut, d'autre part, se trouver grevée d'un droit réel, comme, par exemple, d'un usufruit. Dans cette situation, qui dérive presque toujours de la volonté du propriétaire actuel ou d'un ancien propriétaire, les avantages du droit de propriété se trouvent répartis entre deux personnes ; une partie s'en trouve détachée au profit d'un tiers sous le nom de servitude, et le surplus demeure au propriétaire. Une situation analogue peut se rencontrer lorsque la pro-

---

(1) Cf. G. A. Leist, p. 43, 58 et 61.
(2) V. Harpocration, v° κοινωνικῶν.
(3) V. *infra*, tit. VI, ch. II, sect. II, Successions ab intestat.

priété du dessus ne se trouve pas réunie à celle du dessous.
Rien ne s'oppose, en effet, juridiquement, à la séparation
du dessus et du dessous. Nous possédons des contrats de
vente où le vendeur déclare qu'il ne se réserve rien, « ni
arbres, ni vignes, ni cabanes » [1]. C'est donc qu'il aurait pu
retenir, par exemple, la propriétaire des arbres tout en aliénant le sol dans lequel ils étaient plantés [2]. Il existait de
même, en Attique, des oliviers sacrés qui étaient la propriété
particulière d'Athéna et que le maître du champ où ils
étaient plantés ne pouvait, sous peine de mort, ni déraciner
ni abattre [3]. Il ne serait point non plus juridiquement impossible que l'emplacement d'une maison appartînt à une personne différente de celle qui a la propriété de la construction [4]. Dans ces différentes hypothèses, il y a dérogation à la
règle *superficies solo cedit*, et l'on se trouve en présence
d'un droit semblable à celui que les Romains qualifiaient de
superficies. La propriété du dessous peut enfin être distincte
de celle de la superficie. C'est ce qui arrive pour les mines
dont l'État se réserve toujours la propriété, alors même

(1) Dareste, Haussoulier et Reinach, p. 244, XIII, *quater*, A, l. 8 : σὺν τοῖς
ἐνοῦσιν ἀμπέλων ὄρχοις... καὶ τοῖς ἄλλοις δίνδρεσι πᾶσι, οὐθὲν ὑπολειπομένου
ἐαυτῷ Θρασίου.

(2) Guiraud, p. 175.

(3) Lysias, *Pro sacra olea* ; Aristote, *Const. des Ath.*, § 60.

(4) Guiraud (p. 167) induit cette solution d'une inscription de Ténos où l'on
voit une femme acheter, à un premier endroit, τὸ μετέωρον καὶ ὑπότυπον τῆς οἰκίας; et à un second, τὸ μετέωρον οἴκημα (Dareste, Haussoulier et Reinach, p. 78,
l. 77 et p. 86, l. 123). Le mot μετέωρον désignerait une chose qui est en l'air, et
le mot ὑπότυπον une chose apparente, qu'on a devant les yeux. Cf H. Estienne
Thesaurus linguae graecae, v° μετέωρον et ὑποτυπόω. Dareste, Haussoulier et
Reinach traduisent, au contraire, en disant, pour le premier passage : « la
propriété incertaine et litigieuse d'une maison », et pour le second, « le droit
éventuel de propriété sur une construction. » Nous reconnaissons que le mot
μετέωρα, éveille l'idée de quelque chose qui est en l'air. Mais précisément, en
raison de son étymologie, ce mot peut présenter des sens bien différents. V. notamment les μετέωρα, dettes en l'air. probablement les dettes chirographaires,
par opposition aux dettes hypothécaires, et dont il est question dans une inscription d'Ephèse. Dareste, Haussoulier et Reinach, p. 34, l. 42 et p. 41.

que la superficie appartient à un particulier. Celui-ci n'a
même pas droit à une redevance de la part de celui à qui
l'Etat a concédé l'exploitation de la mine moyennant un prix
fixe et une taxe proportionnelle au produit annuel [1]. Si donc,
comme on l'a observé [2], on suppose un champ planté d'oliviers sacrés et situé au-dessus d'un gisement minier, il y
aura là trois propriétaires superposés l'un à l'autre, l'Etat
pour le tréfonds, Athéna pour les oliviers et le maître du
champ pour la surface.

Si d'autre part, le droit de propriété est absolu en principe, la liberté du propriétaire peut souffrir néanmoins certaines restrictions de natures différentes. Les unes sont fondées sur l'intérêt général et résultent directement de la loi.
Telles sont celles qui résultent du voisinage de deux fonds
et qui sont relatives, par exemple, aux plantations, aux fouil·
les ou aux eaux. Elles constituent ce que l'on nomme dans
notre droit des servitudes légales [3]. D'un autre côté, quand
des travaux d'utilité publique à exécuter par l'Etat exigent
l'occupation d'un fonds privé, si le propriétaire refuse de
consentir une cession amiable, il peut être exproprié par
l'autorité publique moyennant le payement d'une indemnité [4].

Le second ordre de restrictions à la liberté du propriétaire provient de ce que celui-ci n'est pas toujours seul
à avoir des droits sur la chose. Elles se présentent d'abord
dans des situations que nous avons déjà signalées à un autre
point de vue. Ainsi, en cas d'indivision, aucun des copropriétaires ne peut faire seul un acte de nature à compromettre la chose commune, soit par une transformation, soit
par une aliénation. De même, lorsque la chose est grevée
d'une servitude ou de tout autre droit réel, le propriétaire
ne peut rien faire qui tende à diminuer l'utilité de ce droit.

(1) Cf. Bœckh, t. I, p. 377 et s.
(2) Guiraud, p. 175.
(3) V. *infra*, tit. III, ch. I, sect. I, § 1, Servitudes légales.
(4) V. *infra*, p. 79.

Spécialement, comme nous le verrons en étudiant la théorie des hypothèques, le propriétaire de la chose hypothéquée ne peut ni constituer sur cette chose une nouvelle hypothèque, ni l'aliéner.

Le *jus abutendi* peut enfin se trouver limité par l'inaliénabilité de la chose provenant soit de la loi, soit de la volonté de l'homme. Il est certain d'abord qu'à Athènes, à l'époque classique, aucune portion des biens n'était légalement inaliénable, car le caractère familial de la propriété avait disparu, du moins au point de vue de son indisponibilité. On peut seulement se demander s'il n'était pas permis à un particulier de stipuler dans un testament ou dans une donation que tel immeuble, objet de la libéralité, ne pourrait pas être aliéné. Il est difficile de se prononcer sur ce point. Le testament de Platon, rapporté par Diogène Laërce, renferme bien une clause d'inaliénabilité relativement à l'un des immeubles du testateur. Mais on ne peut rien en induire, car la défense d'aliéner s'adresse seulement aux tuteurs qui, à Athènes, avaient le droit d'aliéner les biens du pupille à moins de disposition contraire insérée dans le testament [1]. On a enseigné que la clause d'inaliénabilité ne pouvait, dans le droit attique, être valable que lorsqu'il s'agissait d'une fondation [2]. Mais c'est là une simple conjecture qui ne s'appuie sur aucun document.

SECTION II

Caractères particuliers de la propriété immobilière.

La propriété immobilière a présenté à Athènes, comme dans toute la Grèce, certains caractères tout spéciaux, un

(1) V. *supra*, t. II, p. 231.
(2) Gui.aud, p. 179.

caractère fam lial, un caractère politique et un caractère
religieux. Ces caractères sont, il est vrai, assez effacés à
l'époque classique. Mais il est essentiel de les connaître
afin de bien pénétrer l'esprit des institutions attiques.

§ I. — *Caractère familial.*

Ainsi que le dit très bien Fustel de Coulanges, la terre
peut être soumise soit au régime de l'indivision, soit à celui
de la propriété : « Dans le régime de l'indivision, la terre
appartient à toute la tribu ou à tout le peuple, sans distinction d'individus ni de famille. Pour la mise en pratique de
ce régime, deux procédés sont employés : ou bien tous cul-
tivent en commun, et se partagent la récolte suivant le
nombre de bras qui ont travaillé ; ou bien c'est le sol qui
est partagé, soit annuellement, soit à des intervalles périodiques. Chacun cultive son lot et en jouit, puis on change
de lot au terme fixé. Dans l'un et l'autre cas, ni l'individu ni
la famille n'exerce un droit de propriété ; la vente de la
terre est inconnue ; il n'y a pas plus d'hérédité qu'il n'y a
de testament. Quant à la propriété, elle est de deux sortes ;
il y a un régime de propriété privée, dans lequel le sol appartient spécialement à l'individu. On le reconnaît à ce signe
que non seulement le même homme possède le même
champ toute sa vie, mais qu'il peut encore le vendre ou le
donner ; on le reconnaît mieux encore à cet autre signe
que l'homme peut disposer de la terre pour le temps même
qui suivra sa mort : il peut léguer à qui il veut cette terre
dont il est personnellement le maître. Mais il existe aussi
un autre mode de propriété, qui se distingue nettement du
précédent. C'est celui où le sol n'appartient pas à l'individu,
mais appartient à la famille et lui est attaché de telle sorte
que la famille le possède comme un bien patrimonial et
héréditaire sans le partager entre ses membres et sans se

partager elle-même. Les signes auxquels ce régime se reconnaît sont : 1° que la possession est héréditaire de plein droit et nécessairement ; 2° qu'elle ne passe pas aux femmes lorsque celles-ci sont transportées par le mariage dans une autre famille ; 3° que la vente et le testament sont interdits ou qu'ils sont au moins entourés de formalités qui les rendent difficiles, comme, par exemple, si l'aliénation n'est permise qu'avec l'assentiment de la famille tout entière » [1].

Il est certain qu'à Athènes, vers l'époque de Périclès ou de Démosthène, c'est le second de ces régimes, celui de la propriété privée, qui est seul pratiqué. C'est également celui qui est admis dans l'œuvre de Solon, ainsi que le prouve notamment la distribution des citoyens en quatre classes d'après l'étendue des propriétés foncières de chacun. La propriété privée était donc reçue dans l'Attique au commencement du VI° siècle, et elle y était même fort inégale. Il est généralement admis, d'autre part, qu'avant les réformes de Solon, la propriété foncière présentait un caractère nettement familial que nous exposerons ultérieurement. Mais si l'on remonte plus haut encore, arrive-t-on à rencontrer le premier des régimes que nous avons indiqués, celui de la communauté du sol ? C'est un problème très délicat que celui de savoir si les Grecs ont commencé par la propriété collective ou par la propriété familiale. Nous ne voulons pas entrer ici dans l'examen de cette question qui comporterait des développements hors de proportion avec le cadre de ce travail et qui, du reste, a été magistralement traitée soit dans un sens, soit dans l'autre, par des esprits éminents [2].

---

(1) Fustel de Coulanges, *Nouvelles Recherches*, p. 7 et 8.
(2) V. pour l'existence de la propriété collective à l'origine de la société hellénique : Viollet, *Du caractère collectif des premières propriétés immobilières*, in *Bibliothèque de l'École des Chartes*, 1872 ; De Laveleye, *De la propriété et de ses formes primitives*, 4° éd., p. 369 et s. — *Contra :* Fustel de Coulanges, *Questions historiques*, p. 65 et s.; *Recherches sur quelques problèmes d'histoire*, p. 233 ; *Nouvelles Recherches*, p. 7 et s.; Guiraud, p. 1 et s.

Il nous paraît assez difficile de prendre parti dans cette controverse. Les arguments que l'on invoque pour établir que le communisme agraire était en vigueur à l'origine de la société hellénique n'ont point, sans doute, une grande valeur. Mais comme les documents sur lesquels on se fonde de part et d'autre ne remontent pas à une très haute antiquité, rien ne démontre que, si l'on pouvait pousser plus loin les informations, on ne découvrirait pas chez les premiers Hellènes des traces de cette propriété collective que l'on rencontre dans d'autres sociétés primitives. Tout ce qu'il y a de certain, c'est, selon nous, que ce régime avait disparu à l'époque historique.

Les Grecs ont vécu, au contraire, très longtemps sous le régime de la propriété familiale. Nous avons indiqué, dans la première partie de ce traité, le caractère patriarcal des anciennes familles grecques [1]. Un des traits les plus saillants de l'organisation du γένος, c'était la propriété collective de toute la famille, le sol ne pouvant être possédé à titre personnel par aucun de ses membres. Le chef du γένος avait la gestion du patrimoine commun, mais à titre de représentant de la famille. Ce patrimoine n'était en quelque sorte qu'un dépôt entre ses mains, et la terre appartenait en réalité à la famille, et non pas seulement à la famille actuellement vivante, mais à la famille déjà morte ou encore à naître. Comme le dit Platon dans son *Traité des Lois*, en exprimant fidèlement sur ce point les idées des anciens Grecs : « Je ne vous regarde ni vous, ni vos biens comme étant à vous-mêmes ; c'est à toute votre famille qu'ils appartiennent, à vos ancêtres et à vos descendants » [2]. Pourquoi la propriété ne pouvait être personnelle chez les Grecs, qui ne considéraient comme la source de la propriété ni l'occupation, ni le travail, et pour qui l'origine du droit de propriété sur le

(1) V. supra, t. I, p. 6 et s.
(2) Platon, Lois, p. 923, a.

sol était, soit la religion héréditaire du γένος, soit le tirage
au sort accompli au nom des dieux, c'est ce qu'a indiqué en
excellents termes l'éminent historien qui a si bien pénétré
l'esprit de la cité antique : « D'une part, dit-il, un foyer
sacré avait été allumé et protégeait de père en fils la famille
et la maison ; des bornes sacrées avaient été enfoncées en
terre et marquaient la limite immuable et inviolable du
domaine ; surtout une sépulture avait été creusée dans ce
champ, tous les ancêtres y reposaient ensemble et les descendants devaient y apporter chaque année leurs offrandes
et leur culte. Ce foyer, ces bornes saintes, ce tombeau, tous
ces objets sacrés, tous ces dieux domestiques, tout cet
ensemble de croyances et de devoirs attachait à tout
jamais la famille au même sol. L'individu vivant n'était
qu'un anneau dans la série de la famille ; il était placé
entre les ancêtres et les descendants pour transmettre à
ceux-ci le culte que ceux-là lui avaient légué ; or la propriété était tellement liée au culte, qu'on ne pouvait transmettre l'un sans l'autre. Le γένος avait sa propriété comme
il avait sa religion. D'autre part, lorsque, au moment de la
fondation d'une colonie, la propriété foncière avait été constituée, on avait employé le tirage au sort, c'est-à-dire la
forme d'assignation la plus sainte, et les hommes avaient
compris par là que la volonté des dieux attachait chaque
champ à chaque famille pour n'être jamais séparé d'elle.
Comment l'esprit, dominé par de telles pensées, aurait-il
attribué le droit de propriété à la personne individuelle ? Il
l'attribuait à la famille, ou plutôt, sans se rendre compte de
ces distinctions abstraites, il était amené naturellement à
exiger que chaque famille se perpétuât sur sa terre, et il
n'admettait pas la pensée que le caprice de la personne
vivante pût dissoudre le lien sacré entre la famille et la
terre » [1].

(1) Fustel de Coulanges, *Nouvelles recherches*, p. 29, 30. Brandts (*Propriété
et communauté dans le droit Athénien*, in *Muséon de Louvain*, t. I, p. 304) se

Dans les cités grecques, qui se sont établies pour la plupart à la suite d'émigration, de conquête et de colonisation, l'appropriation du sol, qui était contemporaine de la fondation de la cité, s'opérait au moyen d'un partage par la voie du sort en lots de propriété attribués à chaque chef de famille : cette opération s'appelait κληρδοσία ou κληρουχία [1]. On s'est demandé si ces partages étaient, à l'origine, définitifs ou provisoires, et l'on a prétendu qu'ils avaient simplement pour effet de conférer un simple droit de jouissance. La cité demeurait toujours propriétaire du sol; mais elle le divisait pour l'exploitation en un certain nombre de lots répartis entre les diverses familles, soit pour un an, soit pour un délai plus long à l'expiration duquel la famille devait restituer son lot à la communauté, afin qu'il fût procédé à un nouveau partage des terres. Nous ne nous attarderons pas à rechercher si cette institution des partages périodiques, que l'on rencontre chez un grand nombre de nations primitives, et même chez des peuples modernes, a été pratiquée dans le droit hellénique. Ce n'est guère qu'à

parait pas admettre l'existence de la copropriété de famille dans le droit attique : « A Athènes, dit-il, sans doute, comme dans toute la Grèce, l'intérêt politique et familial maintiat de très fortes restrictions a la liberté du domaine. Mais cela tient à l'idée même de l'État ancien, à cette subordination générale des intérêts privés à l'intérêt national. Encore en les examinant de près ne sont-elles guère plus nombreuses que celles du régime féodal. Peut-on conclure de là à la copropriété de famille ? Point, il y a là, comme au moyen-âge, l'influence d'une idée sociale et de circonstances particulières qui ont donné naissance à une législation civile différente de la nôtre, mais dont on ne peut conclure à la thèse que l'on soutient. L'absence primitive de testament, l'inaliénabilité du patrimoine, et tout ce régime grec, moins attique cependant que dorien, de conservation forcée, ne peut être un argument sérieux en faveur de la communauté familiale dans le sens où on veut l'entendre. La préférence accordée aux mâles rentre dans le même ordre d'idées. C'est en vain, au moins nous le croyons, qu'on chercherait en Grèce les communautés taisibles ou associations de famille de l'ancienne France. »

(1) Cf. Diodore de Sicile, V, 53, 59, 81, 83. V. Fustel de Coulanges, *loc. cit.*, p. 21.

(2) V. en ce sens Esmein, *in Nouvelle Revue historique du droit*, 1890, p. 821 et s.

l'époque homérique que l'on pourrait saisir les traces d'une semblable coutume, et encore sont-elles fort contestables. Il est certain, dans tous les cas, qu'à l'époque historique, cette prétendue périodicité des partages agraires a complètement disparu, même dans les cités d'origine dorienne où se sont perpétuées beaucoup plus longtemps que dans les cités ioniennes les institutions primitives, notamment celle de l'inaliénabilité du lot attribué par le sort à chaque famille conquérante [1].

Quel que soit le fondement de la propriété familiale dans le droit hellénique, point sur lequel nous reviendrons en exposant le caractère religieux de la propriété immobilière, la propriété collective du γένος, en Attique comme dans le reste de la Grèce, présente deux caractères essentiels. Elle est, d'une part, strictement héréditaire, et, d'autre part, inaliénable. Elle est d'abord strictement héréditaire, en ce sens qu'à la mort du chef de famille elle se transmet *ipso jure* à ceux qui sont appelés à le remplacer dans la gestion du patrimoine commun. Au fond même, on peut dire qu'il n'y a pas de dévolution héréditaire, de succession dans le sens moderne du mot. Il y a seulement substitution d'un chef à un autre dans l'administration du patrimoine de la corporation familiale, corporation qui, à cet égard, reste toujours identique à elle-même bien que ses membres changent. Nous nous réservons d'approfondir ce caractère en étudiant la théorie des successions [2]. L'interdiction du testament assurait, d'autre part, la dévolution du patrimoine aux membres de la famille appelés à le recueillir. Elle empêchait même de favoriser l'un de ces membres au détriment de l'autre et, à plus forte raison, de transmettre la moindre parcelle de ce patrimoine à un étranger. Le testament ne fit son apparition qu'assez tard dans le droit hellénique. Il ne pénétra dans la

(1) V. contre la périodicité des partages agraires: Fustel de Coulanges, *loc. cit.*, p. 21 et s.; Guiraud, p. 36 et s.; Braadts, *loc. cit.*, p. 598.
(2) V. *infra*, tit. VI, ch. I, Des successions.

législation athénienne que sous l'archontat de Solon, et il ne
fut reçu à Sparte qu'après la guerre du Péloponèse. Jusque
là, suivant l'expression de Plutarque, les biens devaient absolument ἐν τῷ γένει κατεμένειν [1].

L'intégrité du patrimoine familial était enfin assurée par
l'interdiction de la vente. Aristote nous dit, à ce sujet,
qu'une ancienne loi en vigueur dans un grand nombre de
cités défendait de vendre le κλῆρος patrimonial [2]. Cette règle
était appliquée notamment chez les Locriens, à Leucade, à
Sparte, à Thèbes et à Corinthe [3]. La prohibition de la vente
était complétée par celle de l'hypothèque, car celle-ci aurait pu amener indirectement le démembrement de la propriété familiale [4]. Nous ne possédons aucun document qui
puisse indiquer si la vente était également interdite à Athènes. Il y a lieu cependant de se prononcer plutôt pour l'affirmative, car Aristote présente cette interdiction comme
ayant été à peu près générale en Grèce aux époques antiques [5]. On peut alléguer aussi en ce sens le décret de Solon
qui interdit l'acquisition illimitée des terres [6]. Cette limitation

---

(1) Plutarque, *Solon*, c. 21.

(2) Aristote, *Polit.*, VI, 2, 5, p. 1319 *a* : ἦν τό γε ἀρχαῖον ἐν πολλαῖς πόλεσι
νενομοθετημένον μηδὲ πωλεῖν ἐξεῖναι τοὺς πρώτους κλήρους. La vente du sol
paraît inconnue dans Homère. Hésiode en parle au contraire, *Op. et dies*, 341.
Cf. Guiraud, p. 101.

(3) Aristote, *ibid.*, II, 4, 4; Héraclide, 10, 7 (*Fragm. hist. græc.*, II, p. 221,
Didot). A Sparte, l'interdiction a pour objet la vente de l'ἀρχαία μοῖρα, v.
supra, p. 24, note 3. La législation de Phidon, à Corinthe, et celle de Philolaos, à Thèbes, visaient à ce que le nombre des propriétés restât invariable, de
même que celui des citoyens (Aristote, *Polit.*, II, 3, 7; II, 9, 7). Or ce but n'aurait pu être atteint si la vente avait été permise. Cf. Fustel de Coulanges, *Nouvelles recherches*, p. 34, note 4; Guiraud, p. 57; Hermann-Thalheim, p. 57,
note 4.

(4) Aristote, *Polit.*, VII, 2, 5 : μὴ δανείζειν εἴς τι μέρος τῆς ὑπαρχούσης ἑκάστῳ
γῆς.

(5) V. *supra*, note 2. Cf. Aristote, *Polit.*, II, 4, 4 : τὴν οὐσίαν πωλεῖν οἱ
νόμοι κωλύουσιν, ὥσπερ ἐν Λόκροις νόμος ἐστὶ μὴ πωλεῖν, ἔτι δὲ τοὺς παλαιοὺς
κλήρους.

(6) Aristote, *Polit.*, II, 4, 4. V. *infra*, sect. III, Capacité de posséder et d'acquérir, p. 86.

du droit d'acheter et, par suite, du droit de vendre, succéda peut-être à une prohibition absolue, conformément à l'esprit général de la législation solonienne, qui était d'adoucir les rigueurs du droit antérieur et d'affirmer davantage le droit de l'individu à l'encontre de celui de la communauté [1]. Platon ne faisait donc que rappeler une ancienne coutume de sa patrie, lorsqu'il disait, dans son *Traité des Lois* : « Ne méprisez pas le lot qui vous est échu, ne le faites pas entrer dans un contrat de vente ; sinon ni le dieu qui a présidé au partage, ni le législateur ne ratifieront une semblable convention » [2].

Le régime de la propriété familiale, qui a eu probablement une assez longue durée en Grèce, a à peu près disparu à l'époque classique et, à Athènes, il est entièrement remplacé par le régime de la propriété individuelle. Cette transformation fut vraisemblablement l'œuvre du temps plutôt que celle de la loi, et celle-ci n'intervint qu'après coup pour sanctionner les réformes qui s'étaient déjà effectuées dans les mœurs. Le changement ne s'opéra point non plus d'une manière uniforme et simultanée dans toutes les cités ; certaines d'entre elles, notamment les cités d'origine dorienne, restèrent plus longtemps fidèles à la conception patriarcale et à la communauté de propriété familiale qui en est un corollaire. On peut même supposer que, dans l'intérieur d'une même cité, les idées nouvelles étaient quelquefois reçues dans une famille sans l'être dans l'autre, car chacun des γίνη constitutifs de la cité vivait de sa vie propre et indépendante et avait ses règlements spéciaux aussi bien en ce qui concerne le régime de ses biens qu'en toute autre matière de sa compétence.

Il est assez difficile d'indiquer comment s'est effectuée la substitution de la propriété individuelle à la propriété fami-

[1] Guiraud, p. 57.
[2] Platon, *Leges*, V, p. 741 *b*.

liale. On a dit que le droit de propriété individuelle s'appli-
qua d'abord aux objets mobiliers, c'est-à-dire non seulement
aux meubles qui garnissaient l'habitation, aux vêtements et
aux bijoux, mais encore au bétail [1]. Mais nous croyons
plutôt que, sauf en ce qui concerne les meubles destinés à
l'exploitation du domaine familial, comme les bestiaux et les
instruments de culture, chaque membre de la famille devait
avoir un droit exclusif sur les meubles qu'il s'était acquis
par son travail [2]. On a aussi conjecturé qu'un nouveau pro-
grès consista à confier soit à un individu isolé, soit à un
ménage, l'exploitation et la jouissance exclusive, mais temporaire, d'une portion des terres de la communauté [3]. Enfin,
comme nous l'avons précédemment observé [4], la distinction
des biens en propres et en acquêts, qui s'introduisit dans le
droit hellénique à mesure que le sentiment individualiste
pénétrait dans les mœurs, contribua à l'émancipation de la
propriété immobilière et amena la consécration du droit de
disposition absolue de l'individu sur les biens compris dans
son patrimoine.

Sans insister davantage sur les détails de cette transformation, nous dirons que, dans le droit attique, elle apparaît
comme accomplie vers la fin du viie siècle ou au commencement du vi[e]. A cette époque, l'ancienne indivision a
cessé d'être dans les mœurs; le vieux régime du γένος, auquel la cité était restée si longtemps fidèle, n'a plus aucune
force, et la famille a pris une forme nouvelle. La propriété
devait donc nécessairement se diviser, comme le γένος [5].
Solon consacra en conséquence dans son code la liberté
de tester, innovation considérable qui, malgré les restric-

---

(1) Guiraud, p. 93.
(2) A Rome également la propriété individuelle paraît avoir été admise dès le
principe a l'égard des meubles. Accarias, t. I, n° 203.
(3) De Laveleye, loc. cit., p. 468; Guiraud, p. 94.
(4) V. supra, p. 24.
(5) V. supra, t. I, p. 10 et s.

tions qui l'entouraient, renversait l'antique principe de la propriété familiale. La vente était-elle déjà permise à l'époque où le célèbre réformateur donna de nouvelles lois à la cité? Cela est probable, car les auteurs ne signalent nulle part que la liberté de la vente ait été introduite dans le droit attique par Solon, et ce contrat heurte beaucoup moins que le testament la notion de la copropriété familiale. La liberté de la vente n'a dû d'ailleurs s'introduire que par degrés dans la législation. On peut conjecturer, d'après ce que nous dit Aristote sur les lois des Locriens [1], qu'elle ne fut d'abord permise que dans le cas où la famille se trouvait absolument contrainte de réaliser une partie de son patrimoine, par exemple, lorsqu'elle avait une forte amende à payer. Peut-être même l'intéressé était-il obligé d'obtenir préalablement l'autorisation de la cité [2]. Dans tous les cas, après Solon, la vente de la terre est entièrement libre et ne dépend que de la seule volonté du propriétaire. Ni la loi, ni les mœurs n'exigent que la famille soit préablement consultée au sujet de la vente que veut faire un de ses membres, ni qu'elle ait à donner une autorisation quelconque. Le contrat devint même une opération si aisée et si fréquente que Xénophon nous montre des spéculateurs athéniens passant leur vie à acheter et à vendre des terres [3] [4].

(1) D'après Aristote (*Polit.*, II, 4, 4), la vente était interdite par les lois des Locriens à moins que φανερὰν ἀτυχίαν δείξῃ συμβεβηκυῖαν. V. *supra*, p. 47.

(2) Guiraud, p. 102. D'après Théophraste (*in* Stobée, *Flor.*, XLIV, 22, § 1), il existait des règlements de Charondas relatifs à la vente des immeubles; or ce législateur paraît avoir vécu au milieu du VIIᵉ siècle. En Crète, le contrat de vente était très usité à l'époque où fut rédigée la loi de Gortyne. Mais nous ignorons la date de la rédaction de cette loi.

(3) Xénophon, *Econom.*, XX, 22, 26. Le registre des ventes immobilières de Ténos (Dareste, Haussoulier et Reinach, p. 63 et s.) montre également que dans cette localité la propriété foncière était très mobile et se déplaçait fréquemment. Ainsi dans cette île, d'une superficie d'environ 22,000 hectares, il se fit, dans l'espace de dix-neuf mois, 47 ventes immobilières auxquelles participèrent une centaine de personnes. Cf. Guiraud, p. 276.

(4) A Sparte, la prohibition de la vente se maintint beaucoup plus longtemps. Héraclide, II, 7. Cf. Guiraud, p. 101.

Si, à l'époque classique, le système individualiste s'était substitué au système familial en ce qui concerne le régime de la propriété immobilière, la conception primitive laissa cependant des traces assez sensibles dans le droit. Nous avons déjà eu l'occasion de les signaler en étudiant l'institution de l'épiclérat, destinée à maintenir les biens dans la famille. Nous en rencontrerons d'autres en exposant la théorie des testaments et des successions.

§ 2. — *Caractère religieux.*

Le caractère religieux de la propriété immobilière a été peut-être plus profondément marqué dans le droit grec que dans le droit romain. La raison principale en tient à l'origine du droit de propriété foncière en Grèce. Aujourd'hui nous concevons généralement le droit de propriété sur le sol comme dérivant du travail ou comme se fondant à la longue par l'occupation continue du sol. Or telle ne paraît pas avoir été la pensée des Grecs. D'une part, ils n'ont jamais attribué une grande importance à l'occupation, considérée comme mode légal d'acquisition [1]. D'autre part, il leur était impossible de voir dans le travail le fondement du droit de propriété, puisque c'étaient presque toujours des esclaves qui cultivaient la terre [2]. La propriété découlait à leurs yeux d'une autre source et était légitimée par un autre principe, à savoir par la religion. Nous ferons à ce sujet un dernier emprunt à Fustel de Coulanges qui, à différentes reprises, a développé avec une grande force l'idée que nous venons d'exprimer : « Les ancêtres ensevelis, dit-il, recevaient un culte de leurs descendants. Les offrandes devaient être portées, aux jours fixés, pour la

_____

(1) Guiraud, p. 29.
(2) Fustel de Coulanges, *Nouvelles recherches*, p. 15, note 2 ; Guiraud, p. 33.

nourriture et pour la joie du mort. Le tombeau, dans la
pensée des anciens, n'était pas un simple dépôt pour un
corps qui avait vécu ; c'était une sorte de temple où conti-
nuait à vivre un être sacré qui était honoré comme un dieu.
Aussi les tombeaux étaient-ils indestructibles et inviolables
à perpétuité. Or, si l'on observe les règles et les rites de ce
culte des tombeaux, on remarquera qu'il était en rapport
étroit, d'une part, avec l'organisation de la famille, d'autre
part, avec la propriété foncière. En effet, d'une part, le
tombeau était essentiellement attaché à la famille, tous les
membres du γένος devaient y être ensevelis et y reposer
ensemble et, par contre, il était interdit d'y ensevelir aucun
homme d'un γένος étranger ; c'était même commettre une
faute contre la religion que de marcher sur le tertre sacré
qui servait de sépulture à une autre famille. D'autre part,
les règles relatives au tombeau étaient, au moins dans l'âge
antique, en rapport étroit avec la propriété foncière ; en
effet, les tombeaux, dans cés vieux âges, n'étaient pas ag-
glomérés en façon de cimetières ou groupés à l'entrée des
villes. Le lieu de sépulture de chaque famille était situé
dans la terre de cette famille. Une phrase de Démosthène
atteste cet antique usage. On reprochait à son client,
Tisias, d'avoir construit sur un terrain qu'on prétendait
être du domaine public. Démosthène répond, sous le nom de
Tisias : « Non, ce terrain n'a jamais été du domaine public,
et ce qui le prouve, c'est qu'il contient une ancienne sépulture ; puisqu'on a trouvé là le tombeau d'une famille,
c'est que le sol était propriété privée »[1]. Ainsi, dans la pensée de Démosthène et des Athéniens qui l'écoutaient, l'exis-
tance d'une ancienne sépulture suffisait à prouver que le
terrain où on la trouvait n'était pas terre publique, mais
était de temps immémorial la propriété d'une famille. C'est
donc que l'usage antique avait été de placer le tombeau de

[1] Démosthène, C. Callicl., §§ 13, 14.

chaque famille dans le champ qui lui appartenait. Il était
d'ailleurs presque nécessaire, d'après les règles religieuses
des anciens, que le tombeau fût placé dans la propriété de
la famille ; car, d'une part, les descendants devaient s'y
rendre d'année en année, à perpétuité, pour y porter
des offrandes et, d'autre part, la religion interdisait à
l'homme d'une autre famille d'en approcher. Dans l'âge
où ces deux règles avaient eu leur pleine vigueur, il est
clair qu'elles n'avaient pu être observées que si les morts
reposaient dans une terre appartenant à leur famille. Les
ancêtres étaient à perpétuité en possession du tertre sacré ;
les descendants aussi devaient, suivant la règle antique, se
perpétuer sur le domaine qui entourait ce tertre. Il fallait
de toute nécessité que chaque famille eût son tombeau près
d'elle, chez elle et sur un terrain qui fût toujours à elle » [1].
Si donc les Grecs, après s'être approprié le sol, en firent
un bien patrimonial et héréditaire, c'est surtout pour assurer
à leurs ancêtres une place immuable où ils pourraient à
perpétuité recevoir le culte de leurs descendants [2].

Le caractère religieux de la propriété immobilière tient
aussi, dans une certaine mesure, à la manière dont s'est
opéré l'allotissement primitif lors de la fondation de la cité,
c'est-à-dire par la voie du tirage au sort. Il ne faut point,
sans doute, exagérer la signification religieuse de cette opération. Néanmoins on doit reconnaître que, pour nombre
d'actes auxquels le sort présidait, les Grecs voyaient dans
le résultat du tirage non point l'effet du hasard mais plutôt
une manifestation de la volonté divine. On peut donc admettre
que la propriété attribuée à chaque famille par le tirage
au sort pouvait être réputée lui venir de l'arrêt des
dieux [3].

---

(1) Fustel de Coulanges, *Nouvelles recherches*, p. 18-20. Cf. *Cité antique*,
liv. II, c. 6.

(2) Cf. Guiraud, p. 32.

(3) Fustel de Coulanges, *Nouvelles recherches*, p. 24 et s. V. toutefois, Guiraud, p. 34.

Des idées religieuses très puissantes sont donc associées, dans l'esprit des Grecs, à la constitution de la propriété foncière, qui, originairement est une propriété familiale. Aussi les dieux de la propriété, θεοὶ κτήσιοι sont-ils les mêmes que les dieux de la famille θεοὶ πατρῷοι [1]. L'enclos que les Athéniens nomment ἕρκος [2], a son dieu protecteur, Ζεὺς ἕρκειος [2], et comme chaque famille a le sien, l'expression « être du même Ζεὺς ἕρκειος » était devenue synonyme d' « être de la même famille » [3]. La jouissance des droits de famille étant la condition de la jouissance des droits de cité, Hypéride a pu dire que ceux-là seuls participaient de la cité qui avaient un Ζεὺς ἕρκειος [4].

Le caractère religieux de la propriété immobilière se manifestait surtout, dans le droit romain classique, par le culte du dieu Terme, et l'établissement de ce culte accompagne vraisemblablement la création de la propriété individuelle [5]. Rencontre-t-on quelque chose de semblable dans le droit grec ? Il est certain que les bornes, ὅροι, qui entouraient les propriétés des temples, participaient du caractère sacré de la terre qu'elles protégeaient contre les usurpations des voisins [6]. En était-il de même des bornes qui étaient plantées

---

(1) Cf. Denys d'Halicarnasse, *Antiq. rom.*, I, 67 : τοὺς θεοὺς τούτους ῾Ρωμαῖοι μὲν *Penates* καλοῦσιν· οἱ δ' ἐξερμηνεύοντες εἰς τὴν ῾Ελλάδα γλῶσσαν τοὔνομα, οἱ μὲν Πατρῴους ἀποφαίνουσιν, οἱ δὲ Γενεθλίους, εἰσὶ δ' οἱ Κτησίους. Le même auteur, VIII, 41, traduit l'expression *penates* ou *lares domestici* par θεοὶ κτήσιοι. Cf. Fustel de Coulanges, *Nouvelles recherches*, p. 17, note 1 ; Hermann-Blümner, p. 151, note 1.

(2) Etymol. magn., v° ἕρκος : τὸν φύλακα τοῦ οἴκου ῞Ερκειον Δία καλοῦσι. Cf. Homère, *Odyss.*, XXII, 334 ; Hérodote, VI, 68 ; Platon, *Respubl.*, I, p. 328 c.

(3) Sophocle, *Antigone*, v. 487 : ἀλλ' εἴτ' ἀδελφῆς, εἴθ' ὁμαιμονεστέρας τοῦ παντὸς ἡμῖν Ζηνὸς ῾Ερκείου κυρεῖ.

(4) Harpocration, v° ῞Ερκειος Ζεύς : ὅτι δὲ τούτοις μετῆν τῆς πολιτείας, οἷς εἴη Ζεὺς ἕρκειος, δεδήλωκε καὶ ῾Υπερίδης ἐν τῷ ὑπὲρ δημοποιήτου.

(5) Cf. Accarias, t. I, n° 204.

(6) *Corp. inscr. Græc. sept.*, n° 4178 : ὅρος ἱαρῶ ; *Inscr. gr. antiq.*, n° 346 : ὅρος ἱαρὸς τᾶς ᾿Ακρίας. Cf. Hermann, *De terminis eorumque religione apud Græcos*, p. 4 et s. ; Guiraud, p. 186.

sur les terres des particuliers ? L'affirmative paraît résulter
de ce passage des Lois de Platon où le philosophe prescrit
le respect des bornes, disant qu'elles sont consacrées par
l'autorité de la religion et placées sous la protection de Ζεὺς
ὅριος, que tout déplacement de bornes est un crime à la
fois contre les dieux et contre l'Etat et donne lieu à une
action publique [1]. On a toutefois prétendu que la loi édictée
par Platon est de son invention, attendu qu'il n'y en a point
trace dans les documents du v⁰ et du ιv⁰ siècle. On a
ajouté en ce sens que la ville de Chio, lorsqu'elle vendit un
jour des parcelles de terre, multiplia les précautions pour
que les terres fussent respectées [2]. Or c'eût été le cas de
rappeler que la garantie des dieux les rendait inviolables, si
vraiment elles avaient joui d'un semblable avantage. Le
silence du document sur ce point prouve, dit-on, que ce privilège ne s'étendait pas aux bornes des terres privées et
publiques [3]. Nous ne saurions être aussi affirmatif. Le Ζεὺς
ὅριος dont, abstraction faite du passage de Platon, il est
plusieurs fois question dans les anciens auteurs [4], nous semble avoir le même caractère que le dieu Terme des Romains. Aussi Denys d'Halicarnasse, lorsqu'il rapporte la loi
que les Romains attribuaient à Numa Pompilius sur le
culte du dieu Terme et le respect des bornes, traduit-il le
nom du dieu romain en se servant de l'expression Ζεὺς
ὅριος [5]. Le caractère sacré des ὅραι servant de limites aux

(1) Platon, *Leges*, VIII, p. 842, 843 : Διὸς ὁρίου μὲν πρῶτος νόμος ὅδε εἰρήσ-
θω· μὴ κινείτω γῆς ὅρια μήτε οἰκείου πολίτου γείτονος μήτε ὁμοτέρμονος κτλ.

(2) *Inscr. græc. antiq.*, n⁰ 381.

(3) Guiraud, p. 187.

(4) Démosthène (Hégésippe), *Or. de Halonn.*, § 39, p. 86 (Reiske) : καίτοι
Χερρονήσου οἱ ὅρ εἰσὶν οὐκ Ἀγορὰ, ἀλλὰ βωμὸς τοῦ Διὸς τοῦ ὁρίου. Pollux,
IX, 8 : ἀπὸ μὲν τῶν ὅρων Ζεὺς ὅριος. Elien, *Epist. rust.*, 15, p. 648 : θεοὶ
ὅριοι.

(5) Denys d'Halicarnasse, II, 74 : κελεύσας ἑκάστῳ περιγράψαι τὴν αὐτοῦ
κτῆσιν καὶ στῆσαι λίθους ἐπὶ τοῖς ὅροις, ἱεροὺς ἀπέδειξεν ὁρίου Διὸς τοὺς λίθους·
εἰ δέ τις ἀφανίσειεν ἢ μεταθείη τοὺς ὅρους, ἱερὸν ἐνομοθέτησεν εἶναι τοῦ θεοῦ τὸν
τούτων τι διαπραξάμενον.

domaines des particuliers paraît d'autant plus naturel chez les anciens Grecs que le culte de Ζεὺς ἕρχειος est commun à chaque famille. Le fait de s'approprier, en enlevant ou en déplaçant les ὅροι, une partie de l'enclos familial, du domaine qui était la propriété non seulement des membres de la famille mais aussi des ancêtres et de tous les dieux domestiques, devait être considéré comme un sacrilège dont les dieux de la famille ainsi dépouillée ne manquaient pas de tirer vengeance [1].

Mais quand la religion domestique, sans disparaître entièrement se fut peu à peu affaiblie sous l'action d'autres croyances plus fortes, la propriété ne tarda pas à perdre son caractère sacré. La même révolution qui est très nettement marquée dans la législation romaine, dut se produire dans le droit grec. Ainsi qu'on l'a très exactement observé à propos du culte vieilli de Terminus, on peut dire de l'ὅρος sacré, que « l'idée humaine qu'il enveloppait d'une forme grossière, l'idée de l'inviolabilité de la propriété survécut seule » [2]. Dès la fin de la république romaine, la violation des limites avait cessé d'être un sacrilège et elle n'était punie que de peines pécuniaires. De même, en Grèce, à l'époque classique, la religion avait cessé de prendre sous sa sauvegarde les bornes privées et la loi civile seule réprimait les atteintes que leur enlèvement ou leur déplacement pouvait causer au droit du propriétaire.

Le déplacement des bornes avait été prévu et puni par une des nombreuses dispositions de Solon qui formaient en quelque sorte son code rural [3]. Mais nous ignorons la sanction édictée par ce code ou par les lois postérieures qui étaient venues étendre et développer les préceptes de Solon.

---

(1) Cf. en ce sens : Hermann, *loc. cit.*, p. 15 ; Fustel de Coulanges, *Nouvelles recherches*, p. 18.

(2) Accarias, t. I, n° 204.

(3) ὅρον μὴ παραβαίνειν, dit une loi de Solon, citée par Gaius, l. 13, D. *De fin. regund.*, X, 1.

Platon, dans un langage qui laisse supposer que le philosophe s'est inspiré des règles en vigueur dans sa patrie, s'occupe également de réprimer, dans sa cité modèle, les déplacements de bornes et les usurpations de terrains. En ce qui concerne d'abord le premier de ces délits, il décide que toute personne peut le dénoncer aux propriétaires et que ceux-ci traduiront le coupable devant les juges qui fixeront la peine corporelle ou pécuniaire qu'il doit subir. Cette peine était ainsi livrée à l'arbitraire des juges. L'autre infraction, qui est moins grave, peut se commettre de deux manières, soit en labourant au-delà de la limite, soit en faisant paître son troupeau sur le terrain du voisin. Le premier de ces deux délits (ἐπεργασία) entraîne réparation au double, le second (ἐπινομία) n'entraîne que la réparation au simple [1]. Le jugement de l'infraction appartient dans les deux cas aux agronomes [2].

Dans la plupart des cités grecques il existait des fonctionnaires chargés de veiller spécialement sur les bornes des propriétés. Tels étaient, à Chio, les οὐροφύλακες, dont le nom indique bien la fonction [3]. A Athènes, les épimélètes des tribus remplissaient le même rôle pour les terres que celles-ci possédaient [4]. On peut conjecturer aussi que les grands

---

(1) Des inscriptions de Tégée et de Chio nous montrent que, dans ces localités, le délit de dépaissance était puni d'une amende. V. *Bulletin*, 1889, p. 281 ; *Revue des études grecques*, t. III (1890), p. 210. Cf. Démosthène, *C. Callicl.*, § 11.

(2) Platon, *Leges*, VIII, p. 843, b, c, d. Cf. Guiraud, p. 311 ; Dareste, *Science du droit*, p. 70-71.

(3) *Inscr. grœc. antiq.*, n° 381, l. 8 et s. Ces magistrats sont également chargés de veiller à l'application des peines encourues pour violation des bornes.

(4) *Corp. inscr. att.*, II, 564 : οἱ ἐπιμεληταὶ οἱ ἀεὶ καθιστάμενοι κατ' ἐνιαυτὸν βαδίζοντες ἐπὶ τὰ κτήματα δὶς τοῦ ἐνιαυτοῦ ἐπισκοπῶνται τά τε χωρία εἰ γεωργεῖται κατὰ τὰς συνθήκας καὶ τοὺς ὅρους εἰ ἑστήκασιν κατὰ τὰ αὐτά. — Aristote (*Polit.*, VII, 5, 3-4), signale parmi les fonctions de police urbaine celles qui ont pour objet le règlement des limites de chaque propriété afin de prévenir les contestations dans les campagnes ; il attribue ces fonctions à des magistrats qu'il nomme ἀγρονόμοι et ὑλωροί, sortes de gardes champêtres ou forestiers.

propriétaires avaient sur leurs domaines des gardes particuliers [1].

A Rome, l'opération du bornage avait un caractère religieux, et comme elle exigeait non-seulement des connaissances géométriques, mais aussi une initiation particulière aux rites de l'art augural, elle était confiée à des personnages spéciaux, nommés *agrimensores* [2]. On ne rencontre, en Grèce, aucune corporation de ce genre : les abornements y étaient effectués par de simples praticiens, dépourvus de tout caractère officiel, et l'on ne voit point que ces opérations aient été accompagnées, du moins à l'époque classique, de sacrifices ou de solennités religieuses. Les ὁρισταί que l'on rencontre dans certaines cités grecques et qui sont chargés quelquefois de délimiter les biens des temples ou des villes [3], n'avaient qu'un office temporaire et étaient élus par le peuple [4].

Les *agrimensores* romains, après avoir effectué l'abornement, dressaient de chaque terre mesurée un plan (*res* ou *forma*) dont l'original était déposé aux archives publiques et faisaient foi à l'égard de tous [5]. On ne rencontre rien de semblable dans le droit hellénique, et cela par la raison que le bornage était une opération purement privée. Les textes font cependant de nombreuses allusions sinon à des regis-

Mais l'existence de semblables magistrats n'est nullement démontrée à Athènes. L'inscription précitée laisse même supposer que l'on sentait le besoin de remédier à l'absence de police rurale par des mesures privées. Cf. Hermann-Thalheim, p. 56, note 4.

(1) Guiraud, p. 187, qui cite en ce sens Théopompe, fr. 94 (Didot) : Κίμων ἐν τοῖς ἀγροῖς καὶ τοῖς κήποις οὐδένα τοῦ καρποῦ καθίστα φύλακα.

(2) V. Accarias, t. I, n° 204.

(3) Bekker, *Anecd.*, I, p. 287 : ὁρισταί : ἀρχή τίς ἐστιν, ἥτις ἀφώριζε τὰ ἴδια καὶ τὰ δημόσια οἰκοδομήματα πρὸς τὰ οἰκεῖα ἑκάστου μέτρα, ὡς γάρ τινες ὄντες γεωμέτραι καὶ ὁριοδεῖκται. On rencontre des ὁρισταί notamment à Héraclée (*Corp. inscr. graec.*, III, 5774), à Chio (*Bulletin*, III, 244) et à Mylasa (Le Bas-Waddington, *Asie-Mineure*, 423). Les ὁρισταί οἱ πεντήκοντα dont parle Hypéride (*Pro Euxen.*, § 16, Didot, p. 277) ne sont pas non plus des fonctionnaires permanents. Cf. Blass, *Att. Bereds.*, III, 2, p. 54 ; Hermann-Thalheim, p. 59, note 2.

(4) V. Accarias, *loc. cit.*

tres analogues à nos cadastres et tenus par des fonctionnaires de la cité. C'est ainsi qu'à Athènes le démarque est
chargé d'établir un cadastre des biens fonciers situés dans
le dème [1]. Mais ces registres avaient principalement un but
politique ou fiscal et servaient, soit à déterminer les droits
politiques, lorsqu'ils étaient fondés sur la fortune des
citoyens, soit à fixer le montant des contributions ou liturgies proportionnées à l'importance du patrimoine. C'est pour
ce motif qu'à Athènes on ne se contenta point d'un registre
foncier et que l'on établit dans la suite un registre où
étaient inscrits les différents éléments du patrimoine, meubles ou immeubles [2].

Les registres tenus par l'autorité publique pouvaient aussi
avoir une autre utilité. On a dit que « quand cette autorité
avait noté l'étendue d'un terrain, les bornes qui, à cet égard,
l'entouraient, le nombre des pieds de vigne et d'oliviers qui
l'entouraient, ce relevé équivalait à un titre de propriété,
d'autant plus qu'on ne manquait pas d'y joindre le nom du
propriétaire » [3]. Cette proposition peut être exacte en ce qui
concerne les biens des villes ou des dieux pour lesquels on
dressait souvent des plans gravés sur pierre et indiquant

---

(1) Harpocration, vᵒ δήμαρχος : οὗτοι δὲ τὰς ἀπογραφὰς ἐποιοῦντο τῶν ἑκάστῳ
(ou plutôt ἐν ἑκάστῳ) δήμῳ χωρίων. Une scholie d'Aristophane (Nubes, 37),
porte : οἱ δὲ δήμαρχοι οὗτοι τὰς ἀπογραφὰς ἐποιοῦντο τῶν ἐν ἑκάστῳ δήμῳ
χρεῶν. Mais il faut évidemment lire χωρίων au lieu de χρεῶν. Le démarque
n'avait, en effet, à se préoccuper en aucune façon des dettes qui pesaient sur les
citoyens ou qui grevaient les immeubles situés dans le dème, car il n'y avait
pas à Athènes de registres hypothécaires. Le démarque était seulement chargé
de recouvrer les créances du dème ou d'assurer les droits de l'Etat vis-à-vis
des débiteurs publics. A cet effet le démarque pouvait dresser une ἀπογραφή.
Etym. magn., vᵒ δήμαρχος : ἀπεγράφετο τὰς οὐσίας ἑκάστῳ πρὸς τὰ δημόσια
ὀφλήματα. Cf. Lexic. Seg., (Bekker), vᵒ ἀπογράφειν. V. Bœckh, t. I, p. 596, 597 ;
Meier, Schœmann et Lipsius, p. 305, note 308 ; Hermann-Thalheim, p. 57,
note 1.

(2) Platon, Leges, V, p. 745 d et VIII, p. 850 d ; Corp. inscr. att., II, 1055,
1058, 1059 ; Aristote, Econom., II, p. 1347, a 18. Cf. Bœckh, t. I, p. 594 ; Hermann-Thalheim, p. 56.

(3) Guiraud, p. 299.

exactement leur contenance. Ces plans avaient vraisemblablement un caractère officiel en raison de la manière dont on y avait procédé, comme dans le cas que signalent les tables d'Héraclée où se trouvent rapportés les cadastres très détaillés des terrains de Dionysos et d'Athéna. On n'avait alors qu'à se référer au cadastre pour réprimer les usurpations des voisins. Ainsi voit-on, dans les tables précitées, que les délimitateurs élus par le peuple pour reconstituer les domaines des dieux, s'aperçurent que certaines parcelles ne présentaient plus la consistance consignée dans les anciens cadastres, et ils firent rentrer en conséquence les terres usurpées κὰτ τὰ ἀρχαῖα [2]. Quant aux cadastres relatifs aux biens des particuliers, sur la confection desquels nous ne possédons pas de renseignements pour l'époque classique, ils ne pouvaient avoir la même autorité, et ils ne devaient servir, de même que les autres titres, que comme simples éléments de preuve dans les questions de propriété [3].

§ 3. — *Caractère politique.*

Le droit de propriété qui, comme nous l'avons montré précédemment, se trouvait intimement lié à l'organisation de la famille et à la religion, était également en rapport très étroit avec la cité. On peut même dire que chez les anciens Grecs, la cité, la religion, la famille et la propriété formaient un ensemble indivisible [4]. Le caractère politique de la propriété

(1) V. Dareste, Haussoulier et Reinach, p. 194 et s. V. aussi; pour le temple de Delphes, le monument bilingue publié par Wescher, *in Mémoires présentés à l'Académie des inscriptions*, t. VIII, 1re partie; pour le temple de Délos, *Bulletin*, XIV, p. 421.

(2) Dareste, Haussoulier et Reinach, p. 114, l. 19-20.

(3) Cf. Guiraud, p. 300.

(4) Cf. Fustel de Coulanges, *Nouvelles Recherches*, p. 45.

immobilière tient à la manière dont se sont fondées la plupart des cités grecques et à la conception qui présida si
longtemps à leur organisation. Au moment de la fondation
de la cité, on procède ordinairement à un partage du sol
entre les citoyens, qui sont le plus souvent des conquérants.
Or, même en écartant cette idée que la cité, en procédant à
ce partage, n'institue pas le droit de propriété et qu'elle ne
fait qu'en régler l'application, on doit reconnaître que les
premiers Grecs devaient être tentés de faire dériver leur
propriété de l'omnipotence de l'Etat, ou tout au moins
d'établir un lien très étroit entre cette propriété et les pouvoirs publics. D'autre part, la cité était en Grèce « une
association religieuse entre hommes qui adoraient les mêmes divinités poliades ; c'était une association politique
entre hommes qui avaient mêmes tribunaux et mêmes chefs.
Les propriétés, comme les familles, entraient dans cette
double association. Les divinités poliades avaient sous leur
protection les terres aussi bien que les hommes. De même
que le domaine de la famille était entouré des saintes limites, des θεοί ἔριοι de cette famille, de même l'ensemble du
territoire était entouré et défendu par les saintes limites de
la cité. Enfin, le droit de la cité, qui était étroitement uni à
cette religion, veillait sur les terres et sur les familles associées et ne veillait que sur elles » [1].

De cette conception dérivent, en ce qui concerne le régime de la propriété foncière, certaines règles qui se rencontrent non-seulement à Athènes, mais encore dans les autres
cités grecques. La première, que nous nous bornons à
indiquer ici et sur laquelle nous reviendrons dans le chapitre suivant, c'est que le droit de propriété foncière est inhé-
rent au droit de cité, de sorte que le citoyen seul peut être

---

(1) Fustel de Coulanges, *Nouvelles Recherches*, p. 43-44. Cf. *Cité antique*,
liv. III.

propriétaire du sol situé sur le territoire de la cité. En conséquence sont exclus de la propriété de ce sol les esclaves et les étrangers, même domiciliés.

L'Etat s'arroge, d'autre part, sur les propriétés particulières, des droits beaucoup plus étendus que ceux que lui reconnaissent les législations modernes. Ainsi l'Etat confisque fréquemment les propriétés privées, et cela non-seulement en temps de révolution, mais encore d'une manière normale et par application des lois pénales ordinaires. La confiscation est une peine qui est appliquée à d'assez nombreux crimes de droit commun, comme le meurtre, l'incendie et le vol sacrilège. Elle est attachée également à certaines condamnations politiques, prononcées souvent à la suite de véritables procès de tendance, comme ceux qui avaient pour objet de punir le crime très vague d'injustice, ἀδικία, envers le peuple athénien. La confiscation était enfin usitée comme moyen de coërcition à l'égard des contribuables qui ne payaient pas l'impôt et des autres débiteurs du fisc. Ces confiscations avaient sans doute très souvent un caractère odieux et elles atteignaient non-seulement le coupable ou le citoyen prétendu tel, mais encore les membres innocents de sa famille. Elles pouvaient néanmoins se justifier, dans une certaine mesure, par ce motif que l'Etat ne faisait que reprendre ce qu'il était réputé avoir primitivement concédé. Nous reviendrons, du reste, sur la confiscation considérée comme mode d'acquisition à titre universel.

Le droit supérieur de l'Etat se manifeste encore par la faculté qu'il possède d'exproprier les biens des particuliers pour des travaux d'utilité publique, mais la dépossession n'a lieu alors que moyennant une indemnité.

Dans d'autres circonstances, c'est-à-dire dans les moments de crise, l'Etat se croit même autorisé à s'emparer des biens des particuliers ou du moins à leur imposer des sacrifices extraordinaires. Une mesure célèbre de ce genre est celle qu'édicta Solon par la seisachthie dont nous avons précé-

demment indiqué la portée [1]. L'histoire d'Ephèse en offre un
autre exemple fort intéressant. Une première loi de l'an 87
avant J.-C., rendue afin « de faire régner la plus grande
harmonie dans l'Etat en présence du danger commun, » porta
abolition générale des dettes particulières. Le sacrifice des
créanciers fut volontaire en apparence, mais en réalité il
fut obligatoire, car le texte nous dit qu'ils s'y résignèrent
« pour se conformer au désir du peuple », c'est-à-dire à la
loi d'abolition [2]. Une seconde loi de l'an 84 imposa des sacrifices considérables aux créanciers hypothécaires afin de prévenir le danger social qui serait résulté de l'expropriation
en masse des débiteurs [3]. La propriété individuelle cessait
donc d'être respectée le jour où l'intérêt public l'exigeait [4].

Sous cette réserve du droit supérieur de l'Etat, on était
d'accord, en Grèce, pour reconnaître le caractère inviolable
de la propriété. Aussi, dans la plupart des cités, comme la
plénitude des pouvoirs législatif et judiciaire appartenait au
peuple, on obligeait les citoyens à jurer personnellement
qu'ils ne porteraient jamais atteinte au droit de propriété.
A Athènes notamment, le serment des héliastes renfermait
la formule suivante : οὐ πείσομαι οὐδὲ τῶν χρεῶν τῶν ἰδίων ἀπο-
κοπὰς οὐδὲ γῆς ἀναδασμὸν τῆς Ἀθηναίων οὐδ' οἰκιῶν [5]. De même,
l'archonte éponyme, avant d'entrer en charge, annonce ἕσα
τις εἶχεν πρὶν αὐτὸν εἰσελθεῖν εἰς τὴν ἀρχήν, ταῦτ' ἔχειν καὶ κρατεῖν

(1) V. supra, t. II, p. 539 et s.
(2) V. Dareste, Haussoulier et Reinach, p. 22-29.
(3) Ibid., p. 30 et s. On peut citer dans le même sens les dispositions de certains emprunts contractés par des cités où l'on voit ou bien de simples particuliers obligés de cautionner ces emprunts, et déclarés personnellement responsables de leur remboursement, ou bien la ville conférer au créancier une
hypothèque générale, non-seulement sur les biens communaux, mais encore sur
les biens de tous les citoyens, avec faculté pour le créancier de les exproprier
tous à l'échéance. Cf. Dareste, Haussoulier et Reinach, p. 299 et 330.
(4) Cf. Guiraud, p. 206-208.
(5) Démosthène, C. Timocr., § 149. Cette formule figurait peut-être, suivant
Guiraud (p. 206, note 2), non pas dans le serment des héliastes, mais dans quelque autre serment civique.

μέχρι ἀρχῆς τέλους [1]. Dans d'autres cités, on rencontre des serments analogues [2].

Le droit d'usage du propriétaire (*jus utendi*) peut également se trouver restreint par l'Etat pour des raisons d'utilité générale. Ces restrictions se conçoivent parfaitement lorsqu'il s'agit de terres directement assignées par l'Etat aux citoyens [3]. L'Etat impose alors quelquefois aux concessionnaires un certain mode de culture. C'est ainsi qu'en pareille circonstance, les Çrétois s'engagèrent, sous peine d'amende, à planter sur leurs lots un olivier chacun [4]. De même, comme l'ont fait plusieurs fois les Athéniens dans les concessions de terres à leurs colons, l'Etat pouvait interdire aux concessionnaires de louer leur lot, et cela afin que l'émigration des colons fût réelle et que ceux-ci s'implantassent définitivement dans la colonie. Telle est la clause qui se trouvait dans le décret voté par les Athéniens dans le cours du vi⁰ siècle au sujet de la colonie de Salamine [5]. A plus forte raison, lorsqu'existait cette interdiction de louer, le colon se trouvait-il dans l'impossibilité d'aliéner, sinon le but du décret aurait été complètement manqué [6]. On a même prétendu que les Grecs avaient pour règle de n'octroyer aux citoyens envoyés dans les colonies que la jouissance héréditaire du sol, la propriété en étant réservée à l'Etat [7]. Mais les arguments que l'on a invoqués en ce sens ne sont nullement décisifs, et, sans vouloir entrer dans l'examen de cette

(1) Aristote, *Constit. des Athén.*, § 56.

(2) V. Guiraud, p. 205-206.

(3) Ranyabé, *Antiquités helléniques*, 2477, l. 152-160.

(4) Cf. Gompers, *Archæol. Epigr. Mitth. aus Œsterreich*, XII, p. 62; Foucart, *in Bulletin*, XII, p. 3; Guiraud, p. 196-198. V. toutefois Kœhler, *Mittheilunger*, IX, p. 117.

(5) Guiraud, p. 198. C'est ainsi que lors de l'établissement de colons achéens à Orchomène, il fut décrété que ceux qui auraient obtenu à Orchomène un lot de terre ou une maison n'auraient pas le droit de les aliéner avant vingt ans. *Dialekt-Inschriften*, 1634.

(6) Foucart, *in Mémoires présentés à l'Académie des inscriptions*, 1ʳᵉ série, t. IX, 1ʳᵉ partie, p. 342 et s.

controverse, nous dirons seulement, avec Guiraud [1], que rien ne prouve que, dans les concessions des terres publiques, le droit de propriété privée ait été limité par un droit de propriété qui aurait été reconnu à l'Etat. Les droits que ce dernier pouvait avoir sur les fonds concédés se conciliaient très bien avec la propriété individuelle, car ils se retrouvent dans les législations modernes.

L'Etat se réservait le droit de réglementer l'exploitation du sol même dans les terres qui ne venaient pas de lui, ou qui, du moins, avaient fini par perdre leur caractère primitif de terres concédées. C'est ainsi que, au témoignage de Dion Chrysostome [2], Pisistrate prescrivit de planter des oliviers dans l'Attique qu'il voyait nue et sans arbres, et il rendit probablement un décret en ce sens [3]. Une fois d'ailleurs que l'on avait planté des oliviers, la loi, afin d'assurer le maintien de cette source de la richesse publique, prenait ces arbres sous sa protection spéciale. D'après une loi citée par Démosthène, celui qui arrachait des oliviers devait payer au trésor cent drachmes par pied arraché, et le dixième en plus au profit d'Athéna. Le coupable payait, en outre, à l'accusateur cent drachmes par pied d'arbre. La loi permettait toutefois d'abattre deux oliviers par an sur le même domaine pour construction d'un temple, pour des usages domestiques ou pour le service des sépultures [4]. Un passage de Lysias laisse également supposer qu'il était permis de couper les oliviers, pourvu qu'ils ne fussent pas déracinés et

---

(1) Guiraud, p. 202.

(2) Dion Chrysostome, I, p. 311 (Dindorf) : τὴν Ἀττικήν, πρότερον ψιλὴν καὶ ἄδενδρον οὖσαν, ἐλάαις κατεφύτευσαν, Πεισιστράτου προστάξαντος.

(3) Un passage du traité d'Aristote sur la *Constitution des Athéniens* pourrait laisser croire que Pisistrate s'est borné à effectuer des avances d'argent à ceux qui n'avaient pas les ressources suffisantes pour effectuer ces plantations, § 14 : τοῖς ἀπόροις προεδάνειζε χρήματα πρὸς τὰς ἐργασίας. A Syracuse, le tyran Gélon prescrivit également des plantations. Plutarque, *Moralia*, I, p. 208 (Didot) : ἐξῆγε πολλάκις τοὺς Συρακουσίους ὡς ἐπὶ τὴν στρατείαν, τὴν φυτείαν.

(4) Démosthène, *C. Macart.*, § 71.

qu'ils pussent repousser [1]. Au surplus, il ne faut point confondre ces règles avec celles qui, pour des motifs tout différents, frappaient de peines très sévères ceux qui arrachaient des oliviers consacrés à Athéna [2], ou ceux qui abattaient des bois consacrés aux héros éponymes [3]. Il faut en dire autant de la défense édictée sous peine d'amende de labourer le Pélasgicon qu'un oracle antique avait voué à la solitude et à la stérilité [4].

Pour terminer ce qui est relatif au caractère politique de la propriété foncière dans le droit attique, nous devons signaler le rôle important qu'elle a joué dans la constitution solonienne. Le grand réformateur l'a prise pour base de la répartition qu'il a faite des citoyens en quatre classes, pentacosiomédimnes, chevaliers, zeugites et thètes ou mercenaires [5]. Ces privilèges de la richesse immobilière ne disparurent qu'avec les réformes d'Aristide, cent vingt ans après la promulgation de la constitution solonienne. Les quatre classes subsistèrent sans doute, mais uniquement comme division financière et militaire [6]. Toutefois, même après la réforme d'Aristide, la propriété foncière continua de conférer certains avantages politiques. En effet, au témoignage de Dinarque, la possession d'immeubles en Attique était une condition de l'accès de certaines fonctions publiques [7].

---

(1) Lysias, *Pro sacra olea*, § 14. Thonissen (p. 310) induit de ce même plaidoyer, § 24, que la protection de la loi s'étendait également, et pour un motif analogue, aux pins résineux.

(2) V. *supra*, p. 55, note 3.

(3) Élien, *Hist. div.*, V, 17.

(4) Pollux, VIII, 101; Thucydide, II, 17.

(5) Sur la base de cette division, v. *supra*, t. I, p. 479, note 1. Les zeugites étaient ainsi appelés de ce que leur domaine comportait un attelage de mulets.

(6) Cf. Fustel de Coulanges, *in* Daremberg et Saglio, v° *Attica respublica*, p. 536 et s.

(7) Dinarque, *C. Demosth.*, § 71 : καὶ τοὺς μὲν νόμους προλέγειν τῷ ῥήτορι καὶ τῷ στρατηγῷ... γῆν ἐντὸς ὅρων κεκτῆσθαι.

SECTION III

De la capacité de posséder et d'acquérir.

Les législations anciennes, sous l'empire de préoccupations diverses, ont toutes admis des restrictions plus ou moins considérables à la capacité de posséder et d'acquérir. Nous en rencontrons également dans le droit grec, et notamment à Athènes. Parmi ces incapacités, les unes sont absolues, les autres relatives.

Une incapacité absolue frappe les esclaves. L'esclave, en effet, étant lui-même un objet de propriété, une simple chose, ne saurait juridiquement être propriétaire. Le pécule même qu'il a pu amasser à force de labeur et d'économie, et qui peut lui servir à racheter sa liberté, appartient théoriquement au maître de l'esclave, en quelque sorte par voie d'accession [1]. Par exception, les esclaves publics seuls, δημόσιοι, ont le privilège d'avoir un patrimoine et d'en disposer librement [2].

Conformément à cette idée reçue dans l'ancien monde hellénique, que les droits individuels, absorbés et confondus dans l'état de citoyen, n'existent qu'avec lui et par lui [3], une incapacité absolue de posséder et d'acquérir frappe celui qui a été exclu du nombre des citoyens soit par l'effet de la peine nommée ἀτιμία, soit par le bannissement. D'abord quiconque a été frappé d'une sentence d'atimie totale est privé de tous ses droits civiques. La loi lui ferme absolument l'accès de l'agora, de sorte que, s'il est victime de

---

(1) V. *supra*, t. Iᵉʳ, p. 444 et s.
(2) V. *supra*, t. II, p. 463 et s.
(3) Fustel de Coulanges, *Nouvelles recherches*, p. 44.

quelque injustice, il se trouve dans l'impossibilité d'action-
ner le coupable devant les tribunaux [1]. Ne trouvant plus
aucune protection dans la cité, il se trouve déjà, en fait,
incapable de rien posséder. De plus, il en est le plus souvent juridiquement empêché, car la confiscation générale
des biens est habituellement attachée à l'atimie totale [2].

De même, en cas de bannissement, le coupable, retranché
de la cité et dépouillé de son patrimoine, ne peut plus
rien posséder. Mais il ne faut pas confondre avec cette
peine l'éloignement momentané du sol national que la loi
impose à l'auteur d'un homicide accidentel et dont la durée
ne peut excéder une année. A son retour, le délinquant,
dont les biens n'ont point été confisqués, récupère la
pleine possession de ses droits de citoyens [3]. Il ne faut pas
non plus assimiler au bannissement l'ostracisme politique :
le citoyen frappé d'ostracisme conserve la jouissance de
ses biens [4].

Dans le droit hellénique, la femme n'est frappée d'aucune
incapacité de posséder. Si elle ne peut remplir les fonctions
civiques, elle n'en a pas moins la qualité de citoyenne et,
par suite, la propriété lui est aussi accessible qu'aux hommes, qu'il s'agisse de meubles ou d'immeubles. Aucune restriction ne l'atteint en ce qui concerne le droit d'acquérir
des immeubles, et Aristote nous apprend même qu'à Sparte
les deux cinquièmes des terres étaient possédés par des
femmes [5]. Il est probable qu'à Athènes, par l'effet des lois
de succession qui donnaient la préférence aux mâles sur les

---

(1) Lysias, C. Andoc., § 24 : αὐτὸν εἴργεσθαι τῆς ἀγορᾶς καὶ τῶν ἱερῶν, ὥστε
μηδ' ἀδικούμενον ὑπὸ τῶν ἐχθρῶν δύνασθαι δίκην λαβεῖν. Démosthène, C. Midiam, § 87 : καθάπαξ ἄτιμος γίγονε, καὶ οὔτε λαχεῖν ἀδικηθέντα.

(2) Guiraud, p. 149; Fustel de Coulanges, loc. cit.; Thonissen, p. 107.

(3) Thonissen, p. 101 et s.

(4) Thonissen, p. 104.

(5) Thonissen, p. 105.

(6) Aristote, Polit., II, 6, 11.

femmes à égalité de degré, celles-ci ne possédaient qu'une faible partie de la richesse nationale.

Les incapacités relatives de posséder et d'acquérir sont elles-mêmes de deux sortes, selon qu'elles ont trait à la quotité ou à la nature des biens dont on peut être propriétaire. Une incapacité de la première espèce est celle qui dérive de la loi de Solon, rapportée par Aristote, et aux termes de laquelle il n'était pas permis d'acquérir des terres en aussi grande quantité qu'on le voulait [1]. Quelle était cette quantité qu'on ne pouvait excéder ? Nous l'ignorons. Quant au but de la prohibition, il paraît avoir été, d'après Aristote, d'assurer autant que possible l'égalité des biens considérée comme favorable à l'association politique. Peut-être aussi, ainsi que nous l'avons précédemment observé [2], cette interdiction de l'acquisition illimitée des terres est-elle une mesure de transition destinée à assurer la conservation des biens dans les familles en restreignant indirectement le droit d'aliéner [3]. En tous cas, la règle restrictive de Solon, a dû tomber d'assez bonne heure en désuétude [4], et nous savons qu'à l'époque des orateurs [5] il y avait des propriétés foncières

(1) Aristote, *Polit.*, II, 4, 4, p. 1266 b : διότι μὲν οὖν ἔχει τινὰ δύναμιν εἰς τὴν πολιτικὴν κοινωνίαν ἡ τῆς οὐσίας ὁμαλότης, καὶ τῶν πάλαι τινὲς φαίνονται διεγνωκότες, οἷον καὶ Σόλων ἐνομοθέτησε, καὶ παρ' ἄλλοις ἐστὶ νόμος, ὃς κωλύει κτᾶσθαι γῆν ὅσην ἄν βούληταί τις. Cf. VI, 2, 5, p. 1319 a : τῶν τε νόμων τινὲς τῶν παρὰ τοῖς πολλοῖς κειμένων τὸ ἀρχαῖον χρήσιμοι πάντες, ἢ τὸ ὅλως μὴ ἐξεῖναι κεκτῆσθαι πλείω γῆν μέτρου τινὸς ἢ ἀπὸ τινὸς τόπου πρὸς τὸ ἄστυ καὶ τὴν πόλιν. Une loi de ce genre existait à Thurium, ainsi que cela résulte du même traité, V, 6, 6, p. 1307 a.

(2) V. *supra*, p. 64.

(3) Cf. Caillemer, *in* Daremberg et Saglio, v° *Egktésis*, p. 495.

(4) Dans son domaine d'Herchia, Alcibiade ne possédait encore que moins de 300 plèthres (28 hectares environ). Platon, *Alcib.*, I, p. 123 c. Cf. Bœckh, t. I, p. 79 et s.

(5) Démosthène, *C. Aristocr.*, § 208 : τινὲς μὲν αὐτῶν πολλῶν δημοσίων οἰκοδομημάτων σεμνοτέρας τὰς ἰδίας κατεσκευάκασιν οἰκίας, γῆν δ' ἔνιοι πλείω πάντων ὑμῶν τῶν ἐν τῷ δικαστηρίῳ συνεώνηνται. Cf. *De rep. ordin.*, § 30 : οἱ δὲ γῆν συνεωνημένοι γεωργοῦσιν, ὅσην οὐδ' ὄναρ ἤλπισαν πώποτε.

très importantes [1] et qui témoignaient d'une très grande inégalité dans la répartition de la richesse immobilière [2].

Une autre incapacité relative a trait à la nature des biens dont on peut être propriétaire. A Athènes, comme dans toute la Grèce, les étrangers ne peuvent posséder que des biens meubles ; la propriété immobilière leur est, en principe, inaccessible. En énonçant ce principe dans son traité de la *Politique*, Aristote [3] ne faisait que consacrer une règle du droit hellénique. Dans les cités où l'appropriation du sol procédait de la conquête, la règle peut s'expliquer par ce motif que les non citoyens, n'ayant point participé à la conquête, ne pouvaient en recueillir les bénéfices [4]. Il y eut aussi à l'origine un motif religieux. On considérait que l'homme qui ne faisait pas partie de l'association religieuse et politique de la cité ne devait posséder aucune part de la terre qui se trouvait sous la protection spéciale des divinités poliades et du droit civil [5]. Ailleurs, et d'une manière générale, on a pu redouter de donner à l'élément étranger le moyen d'influence qui résulte naturellement de la possession du sol, motif qui a fait encore admettre une semblable restriction dans quel-

(1) Les grandes propriétés foncières étaient néanmoins l'exception et, au v° siècle, la propriété était très divisée dans l'Attique. Il y avait même très peu de domaines d'un seul tenant et le sol était très morcelé. Cf. Haussoulier, *Vie municipale*, p. 67; Guiraud, p. 391 et s.

(2) La même prohibition, à supposer qu'elle ait existé en Crète, a dû y disparaître d'assez bonne heure, ainsi que cela résulte d'un passage de Polybe, VI, 46, 1. Cf. Hermann-Thalheim, p. 58, note 2; Meier, Schœmann et Lipsius, p. 672, note 522; Tittmann, *Griech. Staatsw.*, p. 340 et s.

(3) Aristote, *Politique*, IV, 9, 5 : ὅτι μὲν οὖν δεῖ τὴν χώραν εἶναι... τῶν τῆς πολιτείας μετεχόντων. — Platon n'admet pas non plus qu'un étranger possède des immeubles en dehors de son pays. Lorsqu'il décide, dans son *Traité des Lois* (VIII, 842 e), qu'un propriétaire ne peut déplacer les bornes de son champ, même quand le propriétaire voisin est un étranger, il ajoute que cette hypothèse ne peut se réaliser que si les immeubles respectifs sont situés sur la frontière de deux pays limitrophes, ἐπ' ἐσχατιᾶς.

(4) Cf. Accarias, t. I, n° 203.

(5) Fustel de Coulanges, *Nouvelles recherches*, p. 44.

ques législations modernes. Cependant, même dans l'antiquité grecque, la loi qui édictait cette incapacité contre les
étrangers avait été l'objet de critiques sévères de la part
de certains philosophes qui la jugeaient contraire à la fois à
l'intérêt général et à l'intérêt privé. Xénophon, notamment,
dit à cet égard : « Nous avons, à l'intérieur des murs de la
ville, beaucoup de terrains nus, sur lesquels il conviendrait
de construire des maisons. Si l'on accordait l'ἔγκτησις aux
étrangers, les habitants riches des cités voisines seraient
attirés en plus grand nombre à Athènes. La population de
l'Attique augmenterait sensiblement et le développement de
la fortune publique serait la conséquence naturelle de cette
augmentation. Si, en outre, les prêts consentis par les métèques pouvaient être garantis par des sûretés réelles, telles
que des hypothèques sur les immeubles, beaucoup de capitaux, qui demeurent inutiles, seraient mis à la disposition
des citoyens. La défense de posséder des immeubles ayant
pour conséquence l'impossibilité d'avoir des hypothèques
assises sur ces immeubles, les métèques hésitent à se des-
saisir de leur argent » [1].

L'incapacité de posséder des immeubles sur le territoire
d'une ville autre que celle à laquelle ils appartenaient était
donc le droit commun des étrangers non-seulement en Attique, mais dans toute la Grèce [2]. Cette incapacité ne cessait

---

(1) Xénophon, *De vectig.*, II, 6.

(2) A Sparte, où l'on se montrait plus rebelle qu'ailleurs à la concession de l'ἔγκτησις, ce privilège était accordé aux proxènes sous le nom de γᾶς καὶ οἰκίας ἔγκτασις (*Corp. insc. gr.*, nᵒˢ 1334, 1335). Les Spartiates n'établissaient jamais les
étrangers dans la portion de leur territoire nommée la πολιτικὴ χώρα ; les étrangers ne pouvaient être propriétaires que dans les cantons périèques (Polybe, VI,
45, 3. Cf. Guiraud, p. 152). On retrouve également en Béotie l'institution dont
nous nous occupons, soit sous le nom d'ἔγκτησις ou d'ἔγκτασις, comme à Orope
(*Corp. inscr. græc.*, nᵒˢ 1566, 1567), soit sous le nom de γᾶς καὶ Fοικίας ἔκκασις
ou ἔκασις, comme à Thèbes. à Orchomène et à Tanagre (*ibid.*, 1563, 1564, 1565).
A Mégare, l'expression usitée est celle de γᾶς καὶ οἰκίας ἐπαρχά (Rangabé, *Antiq.
hell.*, t. II, p. 288). Nous en trouvons aussi des exemples dans les inscriptions

que lorsqu'ils avaient acquis l'ἔγκτησις ou droit de posséder des immeubles. Les biens dont ils étaient alors propriétaires ἐν ἀλλοτρίᾳ γῇ étaient appelés ἐγκτήματα, par opposition aux biens possédés ἐν οἰκείᾳ γῇ, ἐν πατρικῇ γῇ, qui étaient nommés κτήματα [1].

Des décrets spéciaux pouvaient lever l'incapacité qui frappait les étrangers d'être propriétaires fonciers sur le territoire de l'Attique. Les exemples de semblables concessions sont très nombreux, généralement en les termes suivants : εἶναι αὐτῷ ἔγκτησιν γῆς καὶ οἰκίας. On trouve aussi les expressions ἔγκτησιν γηπέδων καὶ οἰκίας καὶ οἴκησιν Ἀθήνησι, ἔγκτησιν οἰκίας, ἔγκτησιν χωρίου [2]. Le privilège de l'ἔγκτησις est, du reste, rarement accordé seul et ordinairement il fait partie de l'ensemble de privilèges que l'on nomme l'isotélie et la proxénie. Les inscriptions attiques ne font connaître qu'un cas où

de Phocide, d'Acarnanie, de Corcyre, de Thrace, des îles de la mer Egée ou de l'Asie-Mineure (*ibid.*, 1771, 1772, 1773, 1793, 1841, 2056, 2267, 2268, 2269, 2272, 2333, 2352 à 2357, 2556, 2558, 3052, 3523, 3596, 3723, etc.). Nous signalerons enfin le décret des Byzantins, dont le texte nous a été conservé dans un discours de Démosthène (*Pro coron.*, § 91) et qui accorde l'ἔγκτησις en bloc à tous les Athéniens en récompense des services rendus à Byzance et à Périnthe dans la guerre soutenue par ces villes contre la Macédoine. Cf. Anthes, p. 19. Dans un acte d'emprunt fait par la ville d'Arkésiné, on voit celle-ci donner en garantie au prêteur une hypothèque générale sur les biens de tous les habitants, y compris ceux des métèques (Dareste, Haussoulier et Reinach, p. 313, l. 8-9 et p. 316, XV B, § 2, l. 10). Mais on ne saurait en conclure que les métèques aient eu à Amorgos la faculté de posséder des immeubles. Là, comme dans les autres cités grecques, une concession préalable d'ἔγκτησις était nécessaire, ainsi que le prouve un décret d'Arkésiné où cette faveur est accordée à deux étrangers (Ἀθήναιον, X, p. 535, n° 3, l. 14). L'hypothèque conférée par la ville d'Arkésiné devait donc s'entendre d'une hypothèque frappant les biens des métèques situés sur mer (ὑπερπόντια), c'est-à-dire leurs navires avec les cargaisons qu'ils renfermaient. Dareste, Haussoulier et Reinach, p. 331.

(1) Bekker, *Anecd.*, I, p. 251 et 260.

(2) Cf. les inscriptions citées par Hermann-Thumser, p. 429 note 6. Pollux (VII, 15) dit à ce sujet : ἐν δὲ τοῖς Ἀττικοῖς ψηφίσμασιν, ἃ τοῖς ξένοις ἐπί τι μέγα ἐγράφετο, ἔστιν εὑρεῖν « εἶναι αὐτῷ καὶ οἰκίαν ὤνησιν. » Mais on a proposé de corriger ce passage en lisant : ἃ τοῖς ξένοις ἐπιτίμια ἐγράφετο εἶναι αὐτῷ γῆς καὶ οἰκίας ἔγκτησιν. Cf. Meier et Schœmann et Lipsius, p. 672, note 521.

le droit d'acquérir des immeubles ait été accordé à des métèques sans être accompagné d'autres privilèges [1].

On s'est demandé si l'ἔγκτησις n'était point virtuellement
comprise dans ces privilèges que nous venons de citer, à
savoir l'isotélie et la proxénie. En ce qui concerne d'abord
l'isotélie, on admet généralement qu'elle renfermait le droit
d'acquérir des immeubles, et l'on se fonde, pour le décider
ainsi, sur l'exemple de Lysias et de Polémarque [2] qui, dit-
on, jouissaient seulement de l'isotélie et qui ne paraissent pas
avoir été dotés d'une faveur exceptionnelle ; néanmoins ils
étaient propriétaires de maisons à Athènes [3]. Mais cette
solution est contestable, car on voit plusieurs décrets conférer à des métèques en même temps l'isotélie et le droit de
posséder des immeubles à Athènes [4]. Or la mention de l'ἔγκτησις serait inutile si ce privilège était compris dans l'isotélie. Si Lysias possédait des maisons à Athènes, ce n'était
point vraisemblablement par le seul effet de sa qualité d'iso-
tèle, mais parce que le décret qui lui avait conféré l'isotélie
lui avait octroyé en même temps le droit de propriété. Il
paraît donc plus sûr de limiter les effets de l'isotélie, conformément à l'étymologie de ce mot [5], à la dispense des taxes
particulières aux métèques, ou, en d'autres termes, à l'assimilation au point de vue de l'impôt des isotèles aux citoyens.
Il est probable qu'en fait, l'ἔγκτησις était ordinairement conférée en même temps que l'isotélie, mais celle-ci pouvait être
donnée sans l'ἔγκτησις et réciproquement [6].

On a enseigné, d'autre part, que la concession de la proxénie entraînait celle de l'ἔγκτησις. Les décrets de proxé-

(1) *Corp. inscr. att.*, I, 59. Cf. Clerc, p. 195.

(2) Lysias, *C. Eratosth.*, § 18.

(3) Bœckh, t. I, p. 177, 379 et 617; Caillemer, *loc. cit.* Cf. Schenkl, *De me-
tœcis atticis*, in *Wiener Studien*, t. II (1880), p. 223, 225.

(4) *Corp. inscr. att.*, II, 413 ; Δελτίον, 1888, p. 224 ; 1889, p. 91.

(5) Bekker, *Anecd.*, I, p. 267 : ἰσοτελεῖς· μέτοικοι τὰ μὲν ξενικὰ τέλη μὴ τελοῦντες, τὰ δὲ ἴσα τοῖς ἀστοῖς τελοῦντες. Cf. Hesychius, Photius et Suidas, v° ἰσοτελεῖς.

(6) Clerc, p. 206 ; Gilbert, I, p. 202.

nie, a-t-on dit, se réfèrent quelquefois non-seulement
à la coutume ¹ mais bien à une loi positive, κατὰ τὸν
νόμον ². Cela signifie que la collation de la proxénie implique
celle du droit de propriété. Cela est, du reste, tout naturel,
quand on songe que les proxènes étaient les plus favorisés
parmi tous ceux qui n'avaient pas obtenu le droit de cité ³.
Nous ne pensons point cependant que la proxénie ait l'effet
qu'on prétend lui attribuer. Les mots κατὰ τὸν νόμον qui se
rencontrent dans les décrets de proxénie ont trait, en effet,
non point à une loi qui attacherait l'ἔγκτησις à la proxénie,
mais aux restrictions légales que peut comporter l'ἔγκτησις
et que nous indiquerons ultérieurement ⁴. La preuve que la
collation de la proxénie n'entraîne point forcément celle de
l'ἔγκτησις résulte, à notre avis, d'une manière décisive, d'une
inscription relatant un décret de proxénie en faveur d'Evé-
nor. On y voit que le Conseil avait proposé simplement de
lui décerner la proxénie et l'évergésie à titre héréditaire,
mais que le peuple y ajouta, outre des éloges et une cou-
ronne de feuillage, l'ἔγκτησις complète et également à titre
héréditaire ⁵. C'est donc que cette dernière faveur n'était
point comprise dans celle de la proxénie. On peut citer dans
le même sens d'autres décrets qui, à côté de la proxénie,

(1) Comme dans la formule suivante : « Un tel aura le droit de propriété et
tous les honneurs que l'on décerne communément aux proxènes de la cité. »
Corp. inscr. Græc. sept., 246 : τὰ ἀλλὰ πάντα καθάπερ καὶ τοῖς ἄλλοις προξένοις
καὶ εὐεργέταις γίγραπτοι. Cf. ibid., 504, 1664, 1731.
(2) Corp. inscr. att., II, 208 : καὶ γῆς καὶ οἰκίας ἔγκτησιν αὐτοῖς κατὰ τὸν
νόμον. — Cf. Corp. inscr. Græc. sept., n° 223, où se trouve un décret décidant
qu'Apollodore de Mégare aura l'ἔγκτησις et πάντα ὅσα καὶ τοῖς ἄλλοις προξένοις ὁ νόμος κελεύει.
(3) Moiceaux, Les proxénies grecques, p. 96, 98; Dittmar, in Leips. Studien, XII, p. 9 et s. Cf. Guiraud, p. 154.
(4) Cf. Kœhler, Mittheilungen, VIII, p. 278 ; A. Wilhelm, in Hermes, XXIV,
p. 328. Peut-être aussi les mots κατα τὸν νόμον se référaient-ils à la restriction
édictée par Solon d'acquérir des terres indéfiniment. V. supra, p. 86. Cf. Gilbert, I, p. 202, note 1.
(5) Corp. inscr. att., II, 186.

confèrent l'ἔγκτησις [1], mention qui, comme nous l'avons dit à propos de l'isotélie, serait inutile si le droit de propriété était compris dans la proxénie [2].

L'ἔγκτησις ne résulte de plein droit que de la concession du droit de cité, soit dans le cas de naturalisation en bloc, comme cela a eu lieu plusieurs fois dans l'histoire de la république athénienne [3], soit dans celui de naturalisation individuelle. Ce résultat était même si naturel que l'on voit plusieurs fois, dans l'histoire du droit grec, l'Etat assigner des terres aux nouveaux citoyens afin d'encourager le peuplement de la cité [4].

Le droit de posséder des immeubles peut être octroyé sans limites [5]. Mais c'est l'exception et, en principe, le décret d'ἔγκτησις détermine la quantité maxima de terres que l'étranger pourra acquérir. Jusque dans ces derniers temps on ne possédait qu'un seul décret édictant une semblable restriction. Il décernait à un métèque, nommé Apollagoras ou Apollas, qui avait fourni une épidosis considérable pour la réfection des fortifications du port de Zéa, la proxénie et l'ἔγκτησις γῆς καὶ οἰκίας, mais en fixant à deux talents la valeur maxima des immeubles qu'il pourrait acquérir [6]. On a depuis découvert certains textes analogues [7] d'où l'on a pu induire l'existence d'une loi athénienne limitant à 3.000 drachmes la valeur des maisons et à deux talents la valeur des

---

(1) *Corp. inscr. att.*, II, 380 ; *Mittheilungen*, VIII, 211.

(2) Hermann-Thumser, p. 431, note 2 ; Bœckh, t. I, p. 177 ; Gilbert, I, p. 201, note 1. Cf. les auteurs cités *supra*, p. 91, note 4.

(3) V. Caillemer, *in* Daremberg et Saglio, vᵒ *Démopoiétos*, p. 73.

(4) V. les différents cas cités par Guiraud, p. 150.

(5) *Corp. inscr. att.*, II, 186 ; *Mittheilungen*, VIII, 211.

(6) *Corp. inscr. att.*, II, 380. Monceaux (*loc. cit.*, p. 99) croit à tort qu'il s'agit dans ce décret de donner au personnage honoré une terre de la valeur de deux talents. Cf. Clerc, p. 196, note 1.

(7) *Hermes*, XXIV, p. 332 : ἔγκτησιν οἰκίας μὲν ἐντὸς XXX, γῆς δὲ TT. *Ibid.*, p. 335 : ἔγκτησιν γῆς μὲν ἐντὸς TT τιμῆς, οἰκίας δὲ ἐντὸς XXX δραχμῶν. A. Wilhem (*loc. cit.*) propose de restituer de même *Corp. inscr. att.*, II, nᵒˢ 369 et 370.

terres qu'un étranger peut acquérir après avoir été gratifié
de l'ἔγκτησις. Lorsque ces chiffres ne sont pas reproduits
dans l'inscription, on a soin de mentionner que le droit d'acquisition s'exercera κατὰ τὸν νόμον [1], c'est-à-dire dans les limites fixées par la loi dont nous venons de parler [2]. Une autre
restriction à l'ἔγκτησις que l'on voit figurer dans une inscription attique, est celle de fixer son domicile à Athènes [3].

A l'inverse, dans certains pays d'élevage de la Grèce, la
concession de l'ἔγκτησις se trouve quelquefois complétée par
celle de l'ἐπινομία ou droit de pâture sur les terrains communaux. Le plus souvent ceux qui obtiennent le privilège de
l'épinomie sont les proxènes, mais la collation de la proxénie ne paraît pas avoir pour conséquence nécessaire celle de
l'épinomie. On voit, en effet, ce dernier privilège formellement spécifié, par voie d'amendement, dans un décret conférant la proxénie [4].

Les descendants de celui qui avait été gratifié de l'ἔγκτησις
avaient ordinairement le même droit que leur auteur et
pouvaient, en conséquence, acquérir des terres ou des maisons nouvelles. Mais il fallait pour cela une clause spéciale
dans le décret de concession, αὐτῷ καὶ τοῖς ἐκγόνοις [5]. Lorsque cette clause est absente, comme cela se présente dans
un certain nombre d'inscriptions [6], il faut dire que la concession d'ἔγκτησις est personnelle, c'est-à-dire restreinte à

1) *Corp. inscr. att.*, II, 208, 414, 423; *Hermes, loc. cit.* p. 329. Cf. Δελτίον, 1888, p. 184, n° 3 : ἔγκτησις οἰκίας μέχρι δραχμῶν χ.

(2) Cf. Wilhelm, *loc. cit.* ; Hermann-Thumser, p. 431, notes 2 et 3 ; Guiraud, p. 153.

(3) *Corp. inscr. att.*, II, 44 : γῆς καὶ οἰκίας ἔγκτησιν Ἀθήνησι οἰκοῦντι. Cf. *Hermes*, XXIV, p. 120. Une restriction semblable se rencontre dans un décret de proxénie et d'ἔγκτησις de Sparte. Cauer, *Delectus*, 27.

(4) Le Bas, Foucart, *Mégar. et Pélop.*, n° 12 : εἶμεν δὲ αὐτῶι ἔγκτησιν, γᾶς καὶ οἰκίας καὶ τὰ ἄλλα πάντα ὅσα καὶ τοῖς ἄλλοις προξένοις ὁ νόμος κελεύει. εἶμεν δὲ αὐτῶι καὶ ἐπινομίαν. Cf. sur l'épinomie, Monceaux, *in* Daremberg et Saglio, vᵒ *Epinomia*.

(5) *Corp. inscr. att.*, II, 41 : εἶναι δὲ καὶ γῆς ἔγκτησιν καὶ οἰκίας Ἐπιχάρει αὐτῷ καὶ ἐκγόνοις.

la personne même de celui qui l'a obtenue. Mais elle demeure héréditaire, à un autre point de vue, en ce sens que les
héritiers continuent à jouir en pleine propriété des acquisitions faites par leur auteur [1]. L'ἔγχτησις peut, au surplus,
être conférée pour une durée plus courte que la vie du
concessionnaire. C'est ainsi que des réfugiés acarnaniens
et thessaliens l'obtinrent à Athènes « jusqu'à leur retour » [2].

L'ἔγχτησις peut résulter non seulement de concessions
individuelles par voie de décret, mais aussi, d'une manière
générale et en bloc, d'un traité entre deux Etats qui met
réciproquement sur le même pied les sujets de chaque Etat
en ce qui concerne le droit de propriété. L'histoire du droit
international grec en fournit plusieurs exemples [3]. Spécialement, dans les relations d'Athènes avec les autres cités,
on trouve un décret par lequel les Byzantins et les Périn-
thiens octroient aux Athéniens l'ἔγχτησις γᾶς καὶ οἰκίας pour
prix d'un secours que ceux-ci leur ont fourni contre Philippe [4]. Mais il n'apparaît pas ici que la concession ait été
réciproque [5].

On s'est demandé si, dans les confédérations qui se nouèrent
à diverses reprises entre des cités grecques, les citoyens
de chaque Etat avaient le droit de propriété dans toutes les
villes confédérées ou si, au contraire, ils étaient, en dehors
de leur cité, considérés comme étrangers au point de vue
qui nous occupe. Il est difficile de poser une règle générale à ce sujet. Cela devait dépendre des stipulations spéciales de chaque traité. Il semble toutefois qu'en principe la
confédération avait uniquement un but politique [6]. En ce qui

---

(1) Cf. Clerc, p. 207 ; Guiraud, p. 154.
(2) *Corp. inscr. att.*, II, 121 et 222. Cf. Guiraud, p. 154.
(3) Xénophon, *Hist. gr.*, V, 2, § 19 ; Elien, *De nat. anim.*, V, 9 ; Cauer, *Delectus*, 45 et 119 ; *Corp. inscr. græc.*, 2354, l. 65 et 5. Cf. Guiraud, p. 154.
(4) V. *supra*, p. 88, note 2.
(5) Guiraud, p. 155.
(6) Guiraud, p. 155 et les exemples cités par cet auteur.

concerne notamment les rapports des Athéniens avec leurs
alliés, il est certain qu'au vᵉ siècle les Athéniens possédaient des terres dans les villes de ces derniers, mais on
ne sait si ce droit leur appartenait à tous indifféremment en
vertu des statuts de la confédération ou si, au contraire, il
résultait de concessions individuelles. Quoi qu'il en soit, les
alliés ne jouissaient pas, en Attique, du même droit. D'autre part, lorsque les Athéniens formèrent, en 378, une nouvelle confédération maritime, ils prirent l'engagement formel de délaisser, vraisemblablement moyennant une indemnité, les biens qui avaient été antérieurement acquis sur les
territoires des alliés, soit par l'Etat athénien, soit par de
simples citoyens. De plus, une autre clause des statuts portait que désormais nul Athénien ne pourrait, soit à titre particulier, soit à titre public, posséder une maison ou un fonds
de terre dans les territoires des alliés, que la possession
dérivât d'une vente, d'une constitution d'hypothèque ou de
toute autre cause. Toute acquisition faite contrairement à
cette clause était nulle, la moitié du bien indûment acquis
étant attribuée au dénonciateur et l'autre moitié au trésor
de la confédération [1]. La prohibition d'acquérir ne paraît
pas toutefois avoir été scrupuleusement respectée [2].

Le droit de posséder des immeubles en Attique, qui n'appartient, en principe, comme nous venons de le voir, qu'aux
seuls citoyens, ne se perd point par l'émigration, pourvu que
l'on conserve le droit de cité. Tel est le cas des colons
qu'Athènes répandit dans toutes les directions au vᵉ et au
ivᵉ siècle. Bien que groupés en communautés autonomes,
les clérouques conservaient, eux et leurs descendants, le

(1) *Corp. inscr. att.*, II, nᵒ 17, l. 35 et s. : ἀπὸ δὲ Ναυσινίκου ἄρχοντος μὴ
ἐξεῖναι μήτε ἰδίαι μήτε δημοσίαι Ἀθηναίων μηδενὶ ἐγκτήσασθαι ἐν ταῖς τῶν συμ-
μάχων χωρίαις μήτε οἰκίαν μήτε χωρίον μήτε πριαμένωι μήτε ὑποθεμένωι μήτε
ἄλλωι τρόπωι μηδενί κτλ.

(2) Caillemer, *in* Daremberg et Saglio, vᵒ *Egtésis*; Büchsenschütz, p. 68
Bœckh, t. I, p. 559 ; Hermann-Thalheim, p. 6, note 1.

titre de citoyens d'Athènes. Si, par le fait de leur éloignement de la cité, ils ne peuvent exercer leurs droits politiques
à Athènes, ils y conservent néanmoins la jouisssance de
tous leurs droits civils et peuvent, en conséquence, y posséder des immeubles sans autorisation spéciale [1]. Il est
probable que les biens des clérouques (τὰ κληρουχικὰ) dont
parle Démosthène dans un de ses discours [2], sont ceux situés en Attique et compris dans l'évaluation officielle des
propriétés imposables [3].

L'incapacité qui frappait les étrangers de posséder des
immeubles en Attique s'étendait également aux concessions
de mines. On a prétendu, en se fondant sur un passage de
Xénophon [4], que les métèques isotèles étaient à cet égard
assimilés aux citoyens [5]. Mais cette conclusion est fort contestable, et le passage en question dit seulement que l'Etat
avait donné l'isotélie à tous les étrangers qui consentaient à
travailler dans les mines [6].

L'impossibilité d'être propriétaires fonciers entraînait pour
les étrangers celle de consentir des prêts garantis par des
hypothèques immobilières, car l'hypothèque, même sous la
forme qu'elle a conservée dans le droit moderne, conférait au
créancier le droit de prendre possession de l'immeuble à l'é-
chéance faute de payement, et il en devenait propriétaire par
l'effet de l'embateusis. Cette règle, qui est attestée par Démosthène [7] présentait, au dire de Xénophon [8], plus d'inconvénients que d'avantages, car elle détournait de l'Attique les

(1) Cf. Foucart, *Mémoire sur les colonies athéniennes*, p. 300 ; Clerc, p. 276;
Bulletin, VIII, p. 153.
(2) Démosthène, *De class.*, § 16.
(3) Guiraud, p. 148 ; Foucart, p. 355-357.
(4) Xénophon, *De vectig.*, IV, 12.
(5) Bœckh, t. I, p. 379.
(6) Cf. Thumser, *loc. cit.*, p. 66 ; Schubert, *De proxenia attica*, p. 53; Gilbert, t. I, p. 202, note 3.
(7) Démosthène, *Pro Phorm.*, § 6.
(8) V. *supra*, p. 88.

capitaux étrangers. Les étrangers n'avaient qu'un moyen pour garantir les prêts qu'ils faisaient à des Athéniens, c'était de se faire donner un gage ou une hypothèque mobilière [1].

Ce n'étaient point seulement les fonds de terre, mais aussi, comme cela résulte des termes des décrets octroyant l'ἔγκτησις aux étrangers, les maisons que ceux-ci étaient incapables de posséder à Athènes. Les métèques devaient donc habiter des maisons de loyer, et, comme ils étaient fort nombreux, le louage des maisons était devenu une véritable industrie. De riches spéculateurs faisaient construire de vastes édifices renfermant plusieurs appartements (συνοικίαι). Ils les louaient à un locataire principal, nommé ναύκληρος ou σταθμοῦχος [2], lequel réalisait ordinairement de beaux bénéfices en sous-louant à des étrangers ou à des métèques [3].

Les affranchis qui, comme nous l'avons vu, sont juridiquement assimilés aux métèques, se trouvent en conséquence frappés de la même incapacité de posséder des immeubles en Attique et de faire des prêts sur hypothèque immobilière [4].

On doit enfin ranger dans la même catégorie que les métèques les νόθοι *ex cive peregrina*, du moins depuis le décret de Périclès qui, sans interdire les mariages mixtes, a privé du droit de cité les enfants issus de ces unions. Ces enfants sont bien légitimes, à notre avis du moins, et, comme tels, ils possèdent, en principe, tous les droits attachés à la légitimité. Mais ils n'ont pas la qualité de citoyen et, par suite, l'ἔγκτησις leur fait défaut, à moins d'une concession spéciale

(1) Cf. Bœckh, t. I, p. 176 ; Schubert, *loc. cit.*, p. 40 et s. Cette incapacité de prêter sur hypothèque existait également dans d'autres cités grecques. V. Aristote, *Econom.*, II, 2, 3. Cf. Meier, *De proxenia*, p. 19. V. *infra*, tit. III, ch. II. De l'hypothèque.

(2) Cf. Ammonius, Harpocration, Lexic. Rhet., Hésychius, v° ναύκληρος.

(3) Cf. Bœckh, t. I, p. 177 ; Caillemer, *Louage*, p. 8.

(4) V. *supra*, t. II, p. 484 et s.

III   7

qu'ils devaient, du reste, obtenir plus facilement que les métèques [1].

Par l'effet des différentes incapacités que nous venons d'énumérer, le nombre des individus aptes à posséder le sol était relativement assez restreint dans l'Attique. On s'est livré à cet égard à des calculs assez problématiques. Suivant Guiraud, en admettant que le recensement de l'an 309 avant J.-C. ait constaté une population de 400.000 âmes à Athènes, le nombre des individus admis à posséder le sol ne devait guère être que de 65.000 environ, dont 60.000 citoyens et 5.000 étrangers admis à l'ἔγκτησις [2].

On peut rapprocher de l'incapacité qui frappait les étrangers de posséder des immeubles en Attique celle qui existait, en une certaine mesure, dans les rapports des habitants d'un dème avec ceux d'un autre dème. La propriété étant très divisée, un citoyen possédait souvent des biens sur le territoire d'un dème autre que celui dont il faisait partie. On désignait par le mot οἱ ἐγκεκτημένοι [3], les citoyens qui se trouvaient dans ce cas. C'est qu'en effet, en vertu d'une règle qui avait probablement son origine dans l'indépendance respective des dèmes primitifs [4], un citoyen étranger au dème devait, en quelque sorte, acheter à celui-ci le droit de posséder un immeuble sur son territoire (ἔγκτησις) en payant une taxe nommée τὸ ἐγκτητικόν [5]. Cet impôt qui, de même que l'εἰσφορά, portait vraisemblablement sur les biens en proportion de leur valeur, était levé par le démarque. Mais, par une faveur exceptionnelle, analogue à l'ἔγκτησις accordée aux métèques,

---

(1) Cf. Hermann-Thalheim, p. 8, note 3.

(2) Guiraud, p. 159. Cf. Büchsenschütz, p. 41.

(3) Démosthène, C. Polycl., § 8, où le mot ἐγκεκτημένοι est opposé au mot δημόται.

(4) On en trouve des traces en matière de mariage. V. supra, t. I, p. 213, le fait rapporté par Plutarque, Thésée, c. 13.

(5) Ainsi que l'observe Haussoulier (Vie municipale, p. 68), la terminaison de cet adjectif indique une aptitude à... de sorte que ceux qui paient l'ἐγκτητικόν sont aptes à posséder.

le conseil du dème accordait quelquefois à un propriétaire, bien qu'étranger à l'association, l'exemption de l'ἐγκτητικόν en récompense des services par lui rendus au dème. Nous avons un décret de ce genre voté en faveur d'un nommé Callidamos, du dème de Challidæ, par le dème du Pirée [1].

SECTION IV

De la possession ou exercice du droit de propriété.

Dans certaines législations, la possession a une importance juridique considérable. Ainsi, à Rome, la possession sert de base à deux des modes les plus importants d'acquisition de la propriété, à savoir la tradition et l'usucapion. Jointe ou non à la propriété, qu'elle fait d'ailleurs présumer, la possession est protégée pour elle-même à l'aide de diverses procédures nommées interdits, et elle constitue ainsi un véritable droit. Le possesseur troublé ou dépossédé peut, à l'aide de ces voies de droit, faire cesser le trouble ou obtenir la restitution, sans avoir autre chose à prouver qu'une possession régulière. Ainsi maintenu ou réintégré, il trouve dans sa situation de possesseur ce grand avantage que son adversaire, s'il élève des prétentions à la propriété de la chose, doit se porter demandeur dans une action en revendication et faire, en conséquence, la preuve de son droit; le possesseur, au contraire, défendeur à cette action, a un rôle très facile : il n'a qu'à détruire les moyens allégués à l'appui de la demande et, le plus souvent, il triomphe grâce à leur insuffisance.

Dans le droit attique, la possession, envisagée en elle-mê-

---

(1) *Corp. inscr. att.*, II, 586, l. 26 et s. : μὴ ἐγλέγειμ παρ' αὐτοῦ τὸν δήμαρχον τὸ ἐγκτητικόν. Sur l'exemption de l'ἐγκτητικόν (ἀτέλεια), Cf. Thumser, *De civium atheniensium muneribus eorumque immunitate*, p. 146.

me n'a joué, au contraire, qu'un rôle très effacé. Sans doute,
l'usage et la jouissance, qui sont les manifestations de la
possession, sont considérés par les Grecs comme des éléments essentiels du droit de propriété [1]. Mais ni le législateur, ni même les jurisconsultes n'admettent l'existence
d'une *possessio separata a proprietate*, constituant un droit
distinct du droit de propriété et protégée comme telle par
des voies de droit spéciales. On a voulu voir, il est vrai,
dans les actions καρποῦ et ἐνοικίου quelque chose d'analogue
aux interdits ou à nos actions possessoires. Mais, comme nous
le démontrerons en étudiant les actions qui garantissent le
droit de propriété [2], la δίκη καρποῦ et la δίκη ἐνοικίου ne sont
point des préliminaires de l'action en revendication et elles
sont plutôt des voies d'exécution. On a voulu, d'autre part,
faire jouer à la δίκη ἐξούλης le rôle de l'interdit *unde vi* pour
protéger le possesseur contre une dépossession violente.
Mais cette application de la δίκη ἐξούλης est elle-même fort
contestable [3]. On peut donc dire que la possession, quelque
régulière qu'elle puisse paraître, n'est, dans le droit attique,
l'objet d'aucune protection semblable à celle qu'assurent nos
actions possessoires.

Un des principaux intérêts de l'exercice des actions possessoires ne se rencontre point, du reste, dans le droit attique ; nous voulons parler de l'avantage que, chez nous
comme à Rome, procure au possesseur sa situation de défendeur dans l'action en revendication. Nous établirons, en
effet, que dans la diadicasie qui sert à trancher à Athènes
les procès de propriété, les deux parties sont mises sur le
même pied au point de vue de la preuve et que le possesseur
est tenu, aussi bien que son adversaire, de produire ses
titres à la possession de la chose litigieuse. Aussi, à notre

(1) V. *supra*, p. 46.
(2) V. *infra*, lit. V, ch. II.
(3) V. *infra*, *ibid*.

avis du moins, le législateur ne s'est-il point préoccupé de l'attribution de la possession à l'un des plaideurs en ce qui concerne la question de preuve. Tout ce que l'on peut admettre, c'est que, s'il y avait lieu au règlement du possessoire dans l'action en revendication, c'était uniquement en ce qui concerne les avantages que pouvait procurer la possession de la chose pendant la durée de l'instance. La possession peut, il est vrai, présenter certains avantages même au point de vue de l'action en revendication, mais comme nous le verrons à propos de la diadicasie [1], ces avantages sont d'ordre tout à fait secondaire à côté de celui que le droit romain classique et le droit moderne reconnaissent au possesseur dans la question de preuve. Le seul vraiment sérieux c'est que, dans le cas où aucune des deux parties n'arrive à démontrer la supériorité de ses titres sur ceux de son adversaire, le juge doit naturellement se prononcer en faveur du possesseur conformément à la règle *in pari causa melior est causa possidentis.*

La possession, qui n'offre qu'un intérêt minime dans la procédure, ne peut servir, d'autre part, à fonder la propriété par sa prolongation pendant un certain temps. L'institution de l'usucapion ou prescription acquisitive est, en effet, comme nous l'établirons [2], demeurée étrangère au droit attique. La possession n'a point enfin, à Athènes, l'importance qu'elle possède à Rome au point de vue de la tradition dont elle est la base, car la tradition n'est point admise dans le droit attique comme un mode spécial d'acquisition [3].

(1) V. *infra*, tit. V, ch. II.
(2) V. *infra*, p. 142 et s.
(3) V. *infra*, p. 105.

CHAPITRE II

DE L'ACQUISITION DE LA PROPRIÉTÉ

SECTION I

Notions générales.

La propriété s'acquiert ou bien à titre particulier, lorsque l'acquisition a pour objet unique la propriété d'une ou plusieurs choses individuellement déterminées, ou bien à titre universel, lorsque l'acquisition a pour objet le patrimoine entier ou une quote-part du patrimoine d'une personne vivante ou morte. Ces modes d'acquérir *per universitatem* ne sont point toutefois spéciaux à la propriété. Lorsque, en effet, nous recueillons tout ou partie du patrimoine d'un tiers, non seulement nous devenons propriétaires de tous les objets compris dans ce patrimoine, mais encore nous succédons à tous les droits, réels ou personnels, dont ce tiers était titulaire, sauf à ceux que leur nature ou une disposition de la loi rendent intransmissibles. Réciproquement, toutes les obligations qui grevaient ce tiers deviennent nôtres, tantôt d'une manière absolue, tantôt dans les limites de son actif. L'étude des modes d'acquisition *per universitatem* se confond donc avec celle de la transmission du patrimoine et nous nous proposons, en conséquence, de la réserver pour une section spéciale, quand nous aurons exposé toute la théorie de la propriété.

Quant aux modes d'acquisition à titre particulier, les seuls dont nous nous occupons maintenant, le nombre en varie suivant les temps et les lieux. C'est ainsi qu'à Rome ces modes qui, à l'époque classique, étaient au nombre de sept, ne sont plus que cinq au temps de Justinien. Abstraction faite de leur nombre, les modes d'acquérir à titre particulier peuvent, dans presque toutes les législations, se diviser en deux groupes, comprenant l'un l'occupation, ou mode originaire d'acquisition, et le second les divers autres modes qualifiés de modes dérivés. L'occupation porte sur des choses qui n'appartiennent à personne et elle implique acquisition sans aliénation. Les modes dérivés, au contraire, s'appliquent à des choses qui sont déjà la propriété d'un individu et ils renferment aliénation ou transmission. Au point de vue pratique, il importe de distinguer l'occupation des modes dérivés. En cas d'occupation, l'acquisition, portant sur une chose qui ne constituait pas encore un bien, dans le sens juridique du mot, nous donne nécessairement une propriété franche et libre. En cas d'acquisition par un mode dérivé, comme nous succédons à un précédent propriétaire, nous ne pouvons avoir plus de droits qu'il n'en avait lui-même, et la propriété ne nous est transmise que sous la charge des droits réels qui pouvaient la grever entre les mains de notre auteur [1].

L'insuffisance des sources du droit grec ne nous permet pas de savoir si les jurisconsultes grecs ont parfaitement saisi la distinction que nous venons de faire entre les divers modes d'acquisition à titre particulier. Aristote paraît cependant s'en être rendu compte lorsque, dans son traité de la *Politique*, il expose sa théorie de l'acquisition des biens. Il oppose, en effet, aux modes d'acquisition naturelle (κτητικὴ κατὰ φύσιν), comme la chasse, la pêche, la guerre, les modes qu'il considère comme artificiels, c'est-à-dire comme ne venant pas de la nature, mais étant plutôt le pro-

---

(1) La législation attique apporte une exception remarquable à ce principe en ce qui concerne l'acquisition des biens du fisc. V. *supra*, p. 31.

duit de l'art et de l'expérience, et il parle ensuite de l'é-
change, mode primitif d'acquisition complété plus tard par
la vente, quand on connut l'usage de la monnaie [1]. Il y a
là une opposition bien marquée entre ce que nous avons
appelé les modes originaires et les modes dérivés d'acquisition.

Les jurisconsultes subdivisent ordinairement les modes
dérivés en volontaires et non volontaires. Les premiers
consistent en des actes dont l'accomplissement n'exige que
des conditions qu'il dépend de nous de réaliser avec plus
ou moins de facilité; les autres, au contraire, opèrent dans
des circonstances plus ou moins indépendantes de notre
volonté. Cette distinction, qui était très nettement marquée
dans le droit romain [2], est également possible dans le droit
attique. On peut ranger parmi les modes volontaires ceux
qui reposent sur une convention, à savoir : la vente, l'échange, la donation et l'hypothèque, et parmi les seconds l'usucapion, si l'on en admet l'existence dans le droit attique, et
la confiscation spéciale. L'usucapion suppose, en effet, une
possession prolongée pendant un certain temps, et la confiscation implique la perpétration d'un délit.

La théorie des modes volontaires d'acquisition était, dans
le droit romain, bien différente de ce qu'elle a été dans le
droit attique. Il existait, en effet, à Rome, des modes solen-
nels d'acquisition, à savoir la *mancipatio* et l'*in jure cessio*,
ayant par eux-mêmes une vertu translative, indépendamment de toute tradition. Or, à Athènes, on ne rencontre
rien de semblable. Si, dans quelques autres cités de la
Grèce, la vente est accompagnée de formalités rappelant
celles de la mancipation, elle est, dans le droit attique, un
contrat purement consensuel et translatif *ipso jure* de la

---

(1) Aristote, *Polit.*, I, 3, § 10 : ἔστι δὲ γένος ἄλλο κτητικῆς, ἣν μάλιστα καλοῦσι
καὶ δίκαιον αὐτὸ καλεῖν, χρηματιστικήν... ἔστι δ' ἡ μὲν φύσει ἡ δ' οὐ φύσει αὐτῶν,
ἀλλὰ δι' ἐμπειρίας τινὸς καὶ τέχνης γίνεται μᾶλλον.

(2) Cf. Accarias, t. I, n° 219.

propriété *inter partes*. D'un autre côté, la tradition qui joue un si grand rôle à Rome comme mode de translation de la propriété, n'a, dans le droit attique, que la valeur d'un simple fait ; elle y est dépourvue de toute qualité translative et n'apparaît que comme un simple moyen d'exécution des obligations, l'acquisition de la propriété étant déjà antérieurement réalisée par l'effet de la convention.

Les jurisconsultes romains avaient admis une autre classification des modes d'acquisition à titre particulier, les uns, comme l'occupation et la tradition, appartenant au droit des gens, les autres, comme la mancipation et l'*in jure cessio*, étant du droit civil. Cette distinction avait une importance pratique assez grande, car les modes du premier groupe étaient accessibles à toutes personnes, tandis que ceux du second groupe étaient réservés aux citoyens romains et à ceux des pérégrins qui avaient obtenu le *jus commercii*. Nous ne trouvons aucune distinction semblable dans le droit attique, beaucoup plus large, à cet égard, que le droit romain. Les étrangers, à Athènes, étaient sans doute, privés du *jus commercii*, en ce sens qu'il leur était interdit, en principe, d'acquérir des immeubles sur le territoire de la cité. Mais en ce qui concerne les objets dont la propriété leur était accessible, il n'existait entre eux et les citoyens aucune différence relativement à l'usage des modes d'acquisition reconnus par la législation.

Abstraction faite de l'usucapion, dont l'existence est fort contestable dans le droit attique, et de la confiscation spéciale que nous envisagerons plutôt comme un mode d'extinction de la propriété par rapport au condamné, les modes dérivés d'acquisition peuvent, à Athènes, se réduire à un seul, la convention. Ce peut être une convention soit d'échange, soit de vente, soit de donation, soit enfin d'hypothèque. Nous n'exposerons point ici la théorie spéciale de la vente et de l'échange, qui appartient plutôt à la matière des obligations, et nous nous bornerons à examiner la question, fort controversée du reste,

de savoir si la propriété peut, à Athènes, se transférer par
le seul effet de la convention, comme dans notre droit moderne [1]. Quant à la convention d'hypothèque, qui peut
avoir pour effet de transférer au créancier la propriété de la
chose hypothéquée faute de payement par le débiteur à
l'échéance, nous nous en occuperons en étudiant les droits
réels. Nous n'aurons donc qu'à poser les règles de la convention de donation. Quant au mode d'acquisition de la propriété que certains jurisconsultes nomment accession, nous
avons précédemment montré qu'il n'est pas reconnu par
le droit attique et que le propriétaire d'une chose a droit
aux accessoires de cette chose non par l'effet d'un mode spécial d'acquisition, mais seulement par une extension naturelle de son droit de propriété [2].

Nous signalerons, pour terminer ces notions générales,
un texte d'Isée où l'orateur semble faire une énumération
des divers modes d'acquisition reconnus par le droit attique,
ou plus exactement des *justi tituli possessionis*. Ce texte
porte : τῶν ἀμφισβητησίμων χωρίων δεῖ τὸν ἔχοντα ἢ θέτην ἢ πρατῆρα
παρέχεσθαι ἢ καταδεδικασμένον φαίνεσθαι [3]. Le possesseur doit
établir qu'il tient l'immeuble ou d'un débiteur hypothécaire,
ou d'un vendeur ou d'une adjudication prononcée par le
juge. Le texte d'Isée prête toutefois à la critique à un double
point de vue. D'abord, en effet, il omet des titres d'acquisi-

(2) V. *supra*, p. 48.
(3) Cf. Isée, *De Arist. her.*, § 24. Schœmann (sur Isée, p. 445), interprète
ainsi ce texte : Quum de fundo certatur, quem quis tamquam suum a possessore
vindicat, ostendat possessor (ὁ ἔχων) necesse est, quo titulo possideat, ita ut aut
auctorem nominet a quo fundum illud vel pignori acceperit vel emerit (θέτην ἢ
πρατῆρα παρέχεσθαι) aut adjudicatum sibi eum demonstret (καταδεδικασμένον
φαίνεσθαι). Cf. en ce sens, Hudtwalcker, p. 142, note ; Meier, Schœman et Lipsius, p. 672; Lipsius, *Bedeutung d. griech. Rechts*, p. 31, note 34. — Heffter,
p. 436, Platner, *Process*, II, p. 292, G. A. Leist, p. 37 et Mitteis, p. 502, entendent
autrement les mots ἢ καταδεδικασμένον φαίνεσθαι, en ce sens que le possesseur
sera condamné s'il n'établit point l'existence d'un titre résultant d'une hypothèque ou d'une vente.

tion résultant de la convention, à savoir la donation (τὸν δόντα). Aussi Platon lorsque, dans sa théorie de la revendication, il permet au défendeur de s'y soustraire personnellement en nommant son auteur, cite-t-il la donation à côté de la vente comme un *justus titulus* [1]. On peut douter, d'autre part, que le titre *pro adjudicato* doive, comme paraît le dire Isée, constituer un titre distinct des autres que mentionne l'orateur, *pro empto* et *pro oppignerato*. L'adjudication prononcée par le juge n'est, en effet, que déclarative de la propriété, et elle présuppose un titre antérieur, comme la vente, lorsqu'il s'agit d'une acquisition à titre particulier, ou la qualité d'héritier, la loi, si l'on veut, lorsqu'il s'agit d'une acquisition à titre universel. Ce qui est vrai seulement, c'est que le possesseur qui détient une chose en vertu d'une sentence du juge n'a qu'à produire le jugement qui lui a attribué cette chose, et ce jugement équivaut pour lui à un autre titre d'acquisition [2].

SECTION II

De l'occupation.

On peut dire qu'il y a occupation, dans le sens large du mot, toutes les fois que spontanément et sans le fait ni la volonté d'autrui une personne appréhende *animo domini* un objet susceptible de propriété privée mais actuellement non approprié [3]. L'occupation a-t-elle constitué chez les Grecs

(1) Platon, *Leges*, XI, p. 915 c. : ἐὰν δὲ ὡς αὐτοῦ ἐφάπτηται ζῴου καὶ ὁτουοῦν ἢ τινος ἑτέρου τῶν αὐτοῦ χρημάτων, ἀναγέτω μὲν ὁ ἔχων εἰς πρατῆρα ἢ τὸν δόντα ἀξιόχρεών τε καὶ ἔνδικον ἤ τινι τρόπῳ παραδόντα ἄλλῳ κυρίως. Dans Platon, l'expression ἀνάγειν εἰς πρατῆρα correspond à l'expression d'Isée παρέχεσθαι πρατῆρα.

(2) V. toutefois Meier, Schœmann et Lipsius, p. 672-673.

(3) Cf. Accarias, t. I, p. 220.

un mode légal d'acquisition ? On a enseigné qu'elle n'avait eu ce caractère ni à l'époque classique, ni à l'époque patriarcale. Une pareille conception, a-t-on dit, est l'effet d'une jurisprudence raffinée et d'un état juridique avancé. Lorsque le droit de propriété est bien entré dans les mœurs, les esprits en arrivent à se figurer que tout objet a nécessairement un propriétaire. Mais « il en était tout autrement à l'origine des sociétés, quand il y avait une grande quantité de terres vacantes, de biens sans maître. La raison principale qui permit plus tard à l'occupation d'engendrer le droit de propriété n'existait pas encore. On n'avait pas alors la conviction que tout objet matériel, que toute parcelle de terrain devait appartenir à un individu. C'était un motif pour que l'occupation eût à ce moment une valeur juridique moindre que dans la suite, et dans la suite elle n'en eut aucune, du moins chez les Grecs » [1].

Cette théorie, tout en renfermant une part de vérité, est, à notre avis, exagérée. Il est vrai que les anciens n'ont pas été portés à croire, comme les modernes, que le droit de propriété dérive de l'occupation et du travail, et nous avons précédemment montré que ce fut la religion qui, en Grèce, servit de principal fondement à la propriété foncière. On ne saurait admettre cependant que l'occupation n'ait joué aucun rôle dans la constitution de la propriété foncière, surtout à l'époque patriarcale. Même après la conquête, nombre de domaines ont dû se former par l'occupation, par le défrichement des terrains vagues et non cultivés qui étaient considérés comme n'appartenant à personne [2]. Seulement, aussitôt après la prise de possession, le caractère religieux de la propriété a prédominé et l'on a pu faire abstraction de l'appropriation primitive pour ne plus voir que cette base religieuse. D'autre part, à mesure que les populations sont

---

(1) Guiraud, p. 29-30.
(2) V. à ce sujet Guiraud, p. 134-135.

devenues plus denses et plus fixes, le nombre des choses
non appropriées a diminué et, par suite, l'occupation a perdu
beaucoup de son importance originaire. Ce résultat a dû se
produire en Attique plus tôt encore que dans les autres
républiques de la Grèce, et c'est ce qui peut expliquer pourquoi les jurisconsultes grecs ne font point allusion à cette
manière d'acquérir. Néanmoins il y avait toujours des choses
nullius, ne fût-ce que le gibier et le poisson, et dès lors
l'occupation restait le mode normal d'acquérir cette espèce
de choses. Si, d'ailleurs, les textes juridiques ne parlent
point de l'occupation, Aristote, comme nous l'avons vu [1],
a très bien saisi le caractère de ce mode d'acquisition lorsqu'il le qualifie de naturel, par opposition aux modes dérivés.

Parmi les moyens naturels d'acquérir la propriété, Aristote compte d'abord la chasse et la pêche. En ce qui concerne spécialement la chasse, il n'y a pas à distinguer suivant que la capture s'opère sur le terrain du capteur ou sur
le terrain d'autrui, car les Grecs avaient permis la chasse
sur tous les terrains, quel qu'en fût le propriétaire, à l'exception des terrains clos [2]. Du reste, au point de vue juridique, on peut dire que les animaux qui passent sur un fonds
ou qui y vivent habituellement ne peuvent point pour cela
être considérés comme des produits du fonds réservés au
propriétaire du terrain. Quant à la pêche, elle ne peut être un
mode légal d'acquisition par voie d'occupation que dans la
mer, les fleuves et les rivières mais non dans les eaux
appartenant à des particuliers, comme les étangs [3].

Aristote considère également la guerre comme un moyen
naturel d'acquérir, c'est-à-dire comme un cas d'occupation,
et c'est pour lui un mode aussi légitime que la chasse don-

(1) V. *supra*, p. 103.
(2) V. *supra*, p. 52.
(3) V. *supra*, p. 52.

née aux bêtes fauves. On peut donc appliquer au droit grec la règle posée par Justinien : *ea quæ ex hostibus capimus, jure gentium statim nostra fiunt, adeo quidem ut et liberi homines in servitutem nostram deducantur* [1]. En temps de guerre, la propriété ennemie est considérée comme *res nullius* [2] et les ennemis eux-mêmes comme des animaux qui nés pour obéir, refusent de se soumettre [3]. Le droit du peuple vainqueur sur les immeubles conquis n'est pas douteux. C'est ainsi que les Athéniens, vainqueurs des Chalcidiens, partagèrent leur territoire en deux mille lots qu'ils distribuèrent à des colons, consacrant une autre partie des domaines à Athéna et louant le reste [4]. Quant aux meubles et aux individus, il est difficile de savoir s'ils étaient attribués au capteur lui-même, comme premier occupant, ou au peuple [5]. Dans tous les cas, la propriété ennemie étant acquise par voie d'occupation entre dans le patrimoine de l'acquéreur franche et libre de toutes charges, car celui-ci n'est pas le successeur de l'ennemi dépouillé ; l'acquisition ne suppose aucune transmission.

Les jurisconsultes romains avaient appliqué les principes généraux de l'occupation à la solution de la question de savoir à qui appartient l'essaim qui se détache d'une ruche. *Apium natura fera est*, disaient-ils [6] ; c'est donc par l'occupation seulement que les abeilles peuvent devenir une propriété, mais dès que le maître cesse de les tenir sous sa main, c'est-

---

(1) *Inst.*, § 17, *De divis. rer.*, II, 1.

(2) Le jurisconsulte Paul assimile le butin fait sur l'ennemi aux îles nées dans la mer ou aux objets trouvés sur le rivage. L. 1, § 1, D. *De acq. vel amitt. poss.*, XLI, 2.

(3) Aristote, *Polit.*, I, 3, § 8. Xénophon dit de même (*Cyrop.*, VIII, 5, 73) : νόμος γὰρ ἐν πᾶσιν ἀνθρώποις ἀΐδιός ἐστιν ὅταν πολεμούντων πόλις ἀλῷ, τῶν ἑλόντων εἶναι καὶ τὰ σώματα τῶν ἐν τῇ πόλει καὶ τὰ χρήματα. Cf. Polybe, II, 58, 9.

(4) Elien, *Hist. var.*, VI, 1. Cf. Guiraud, p. 200-201 ; Foucart, *Mémoires présentés à l'Académie des inscriptions*, t. IX, 1re partie, p. 342 et s.

(5) V. pour les esclaves par suite de captivité, *supra*, t. II, p. 409 et s.

(6) *Inst.*, § 14, *De divis. rer.*, II, 1.

à-dire enfermées dans la ruche, elles redeviennent *res nul-lius* et appartiennent au premier occupant. Quand elles essaiment, le maître peut les poursuivre et les ramener tant qu'il ne les a pas perdues de vue. Chez les Grecs, à qui le miel tenait lieu de sucre, ces questions avaient également une grande importance, et l'on a conjecturé avec assez de vraisemblance que l'on suivait les mêmes principes qu'à Rome [1]. Dans son Code rural, Solon s'était occupé des abeil-les, mais, du moins par ce que nous savons, seulement pour défendre d'établir de nouvelles ruches à moins de trois cents pieds de celles qu'un autre aurait déjà établies [2]. Platon s'intéresse également, dans son *Traité des Lois*, à ce point de l'économie rurale. D'après la loi qu'il pose, le voisin ne peut s'approprier les essaims d'autrui, ni les attirer chez lui, à peine de payer le dommage [3].

SECTION III

Des conventions et spécialement de la vente.

A Rome, la simple convention ne suffisait point à transfé-rer la propriété. Le contrat de vente, notamment, n'entraînait point par lui seul la translation à l'acheteur de la propriété de la chose vendue; il fallait, en outre, une tradition. C'est ce que l'on exprimait par l'adage bien connu : *traditioni-bus dominia rerum, non nudis pactis transferuntur* [4]. Cette règle a été en vigueur dans notre droit français jusqu'au

(1) Dareste, *Science du droit*, p. 72.
(2) Plutarque, *Solon*, 23 : καὶ μελισσῶν σμήνη καθιστάμενον ἀπέχειν τῶν ὑφ' ἑτέρου πρότερον ἱδρυμένων πόδας τριαχοσίους. Les mots τῶν ἱδρυμένων employés par Plutarque pourraient également s'appliquer aux constructions élevées par le voisin. Mais l'ensemble de la phrase indique plutôt qu'il s'agit des ruches. Cf. Guiraud, p. 189.
(3) Platon, *Leges*, VIII, 9.
(4) L. 20, C. *De pactis*, II, 3.

Code civil qui, renversant l'ancienne théorie, décida que désormais la propriété serait transférée, *erga omnes*, par la simple convention et qui en fit spécialement application au contrat de vente [1]. Mais une loi postérieure au Code, celle du 23 mars 1855, est venue décider qu'à l'égard des tiers la seule convention ne suffirait plus pour opérer le transfert de la propriété immobilière et qu'il faudrait en outre l'accomplissement d'une formalité destinée à avertir les tiers des déplacements de la propriété, à savoir de la transcription. C'est ce système, ou un système analogue, qui prévaut aujourd'hui dans la plupart des législations.

Quel a été le système du droit attique? Nous ne possédons sur ce point que des renseignements fort peu précis, notamment un fragment du traité de Théophraste sur les contrats, où l'auteur s'occupe particulièrement de la vente, des conditions de sa perfection et des effets qu'elle entraîne [2]. Nous allons examiner la question du transfert de la propriété par l'effet de la convention en envisageant successivement les rapports des parties contractantes et la situation des tiers.

En ce qui concerne d'abord les parties elles-mêmes, la difficulté provient d'un passage de Théophraste où l'auteur se demande, sans résoudre d'ailleurs la question, quelle est théoriquement la meilleure des deux solutions qu'il indique, et dont l'une, celle qui veut que le contrat de vente soit immédiatement exécuté, a pour elle l'autorité de Charondas et de Platon, et dont l'autre, celle dont le sens est obscur, a été consacrée par la plupart des législations positives. Voici en quels termes s'exprime Théophraste : πότε-ρον δὲ ἕως ἂν κομίσηται κύριον εἶναι τοῦ κτήματος; οὕτω γὰρ οἱ πολ-

---

(1) Code civil, art. 1583.
(2) Ce fragment nous a été conservé par Stobée, *Floril.*, XLIV, 22. Il a été traduit et commenté par Dareste, *Revue de législation*, 1870-1871, p. 277 et s., par Hermann-Thalheim, p. 146 et s. et par Hofmann, p. 79 et s. Cf. Dareste, *Science du droit*, p. 305 et s.

λεί νομοθετοῦσιν· ἡ ὥσπερ Χαρώνδας καὶ Πλάτων, οὗτοι γὰρ παρα-
χρῆμα κελεύουσι διδόναι καὶ λαμβάνειν, ἐὰν δέ τις πιστεύσῃ, μὴ εἶναι
δίκην· αὐτὸν γὰρ αἴτιον εἶναι τῆς ἀδικίας. On est d'accord pour
reconnaître qu'il s'agit du vendeur dans la première phrase
de ce texte et que l'auteur recherche le moment à partir
duquel le vendeur cessera d'être propriétaire et où la propriété de la chose sera en conséquence transférée à l'acheteur. Mais il s'agit de savoir quelle est la signification des
mots ἕως ἂν κομίσηται. On peut les entendre de plusieurs
manières différentes, soit du payement du prix, soit de la
tradition de la chose vendue, soit même des deux à la fois.
Dans une opinion, qui a eu pour principal défenseur Hofmann [2], on traduit les mots ἕως ἂν κομίσηται par : « jusqu'à
ce que le contrat ait été entièrement exécuté de part et
d'autre », c'est-à-dire que le vendeur demeure propriétaire
jusqu'à ce que l'acheteur ait payé son prix et que le vendeur ait fait délivrance. Voici comment Hofmann justifie cette
interprétation. Il est certain, dit-il, que la loi de Charondas,
adoptée par Platon dans sa république idéale, prescrivait
l'exécution immmédiate des obligations nées du contrat de
vente. Platon est formel à ce sujet dans son *Traité des
Lois*, où le mot κομίσηται qu'il emploie se refère à la fois aux
deux obligations [2]. Le mot πιστεύειν, dont se sert Théophraste,
vise donc aussi bien l'acheteur que le vendeur [3]. L'expression ἕως ἂν κομίσηται a trait, par conséquent, aussi bien à la

(1) *Beitraege*, p. 57 et s. Cf. dans le même sens : Heyne, *Opuscula academica*,
t. II, p. 154. Hofmann (p. 59, note 44) cite dans le même sens une ancienne traduction latine de Stobée (de 1555) portant : « Utrum venditor dominus esse rei
debet, donec emptor eam acceperit. »

(2) Platon, *Leges*, VIII, p. 849, e : ἐν τούτοις ἀλλάτεσθαι νόμισμα τε χρημάτων
καὶ χρήματα νομίσματος, μὴ προΐμενον ἄλλον ἑτέρῳ τὴν ἀλλαγήν· ὁ δὲ προέμι-
νος ὡς πιστεύων, ἐάν τε κομίσηται καὶ ἂν μή, στεργέτω ὡς οὐκέτι δίκης οὔσης
τῶν τοιούτων περὶ συναλλάξεων.

(3) Hofmann (p. 57) cite en ce sens l'observation de Cujas sur notre texte
(*Observat.*, liv. XI, c. 19, *in* t. III, p. 310 de l'éd. de Naples) : Sed si fidem ha-
buerit quis alteri (puta venditor emptori vel contra), non esse actionem.

solutio pretii qu'à la *traditio rei*. Le sens du passage en question serait donc le suivant : « Le vendeur doit-il rester propriétaire de la chose jusqu'à l'entière exécution du contrat ? C'est ce que décident la plupart des législations. Ou bien Charondas et Platon n'ont-ils pas plutôt raison, lorsqu'ils décident que le contrat doit être immédiatement exécuté de part et d'autre, et que si l'un des contractants fait crédit à l'autre (qu'il s'agisse de la chose ou du prix), il n'a point d'action contre son cocontractant ? Car il est lui-même cause d'une telle injustice (dont il a fait naître l'occasion). » Charondas et Platon, qui connaissaient la *fides græca* de leurs compatriotes, voulaient, par ce refus d'action, les détourner de *fidem sequi*, et ils le décidaient ainsi non seulement dans un but utilitaire, afin de tarir une source de procès, mais aussi dans un but moral, afin de supprimer autant que possible les occasions de péché. Il est facile dès lors de déterminer la portée de la règle admise par la plupart des législations (οἱ πολλοί) où n'existait point la défense de faire crédit. Théophraste, en disant que le vendeur est κύριος τοῦ κτήματος ἕως ἂν κομίσηται, veut indiquer : 1° que le vendeur demeure propriétaire de la chose jusqu'au complet paiement du prix, (c'est du reste ce que nous savions déjà par un paragraphe précédent, le § 4), et 2° que la propriété n'est point transférée à l'acheteur tant que la chose ne lui a pas été livrée. Le droit commun de la Grèce (οἱ πολλοί), y compris le droit attique, admettait donc, en définitive, la règle romaine : *traditionibus dominia rerum, non nudis pactis transferuntur*. Interpréter autrement le texte de Théophraste et entendre les mots ἕως ἂν κομίσηται uniquement du paiement du prix, ce serait donner au passage en question un double emploi avec un des paragraphes précédents (§ 4), où l'auteur avait déjà dit que la propriété de la chose vendue demeure sur la tête du vendeur jusqu'au paiement du prix, ὅταν ἡ τιμὴ δοθῇ. Il est donc plus rationnel d'appliquer le mot κομίσηται sinon simultanément aux objets des deux obligations nées de la vente (*merx* et *pretium*), du moins à la chose vendue.

Nous estimons, au contraire, conformément à l'opinion générale [1], que, dans le droit attique, la propriété de la chose vendue est transférée à l'acheteur, du moins *inter partes*, par le seul effet du contrat de vente. C'est l'interprétation qui, à notre avis, découle du texte de Théophraste et que viennent confirmer plusieurs passages des anciens auteurs. Il nous paraît d'abord plus sûr d'entendre les mots ἕως ἂν κομίσηται, dans le fragment de Théophraste, du payement du prix plutôt que de la tradition de la chose vendue. L'auteur, en effet, dans le paragraphe qui précède immédiatement, vient de parler du droit que certaines législations accordent à l'acheteur pour contraindre le vendeur à recevoir le payement du prix, παρ' ἐνίοις δὲ δικάσασθαι κελεύουσι τῷ μὴ δεχομένῳ τὴν τιμήν. Lors donc qu'il ajoute aussitôt : πότερον δὲ ἕως κομίσηται, il est tout naturel de référer le mot κομίσηται au payement du prix, τὴν τιμήν, plutôt qu'à la délivance de la chose. Il est vrai qu'ainsi entendu le § 7 de Théophraste paraît faire double emploi avec le § 4, mais il faut observer qu'au § 4 le philosophe s'exprimait d'une manière tout à fait incidente, sans examiner spécialement la difficulté, et c'est seulement au § 7 qu'il compare sérieusement les deux solutions entre lesquelles le législateur pourrait choisir. Au surplus, l'opinion adverse, en traduisant les mots ἕως ἂν κομίσηται par « jusqu'à l'entière exécution du contrat de vente » [2], ce qui comprend le paiement du prix aussi bien que la tradition de la chose vendue, n'échappe pas elle-même au reproche

---

(1) V. en ce sens : Casaubon, *Comm. sur les ἠθικοὶ χαρακτῆρες de Théophraste* (Lyon, p. 1599), p. 301, 302 ; Büchsenschütz, p. 526, note 5 ; Caillemer, *Contrat de vente*, p. 638 et s. Dareste, *Traité des Lois*, p. 266 et *Science du droit*, p. 310 ; Anthes, p. 30 ; Lipsius, *in Bursians Jahresbericht*, II, p. 1403; Hermann-Thalheim, p. 87, note 3 ; Hitzig, p. 74, note 1 ; Guiraud, p. 271 ; Meier, Schœmann et Lipsius, p. 715, texte et note 672.

(2) Hofmann, p. 58.

de double emploi, au moins partiel. Nous préférons donc
traduire, avec Caillemer [1], le passage litigieux de la manière
suivante : « Doit-on dire que, jusqu'au paiement du prix,
le vendeur conserve la propriété de la chose vendue ? Ou
bien vaut-il mieux suivre l'exemple de Charondas et de Platon
qui, enjoignant à l'acheteur de payer et au vendeur d'exiger
le paiement au moment même de la convention, refusent
toute action au vendeur qui fait crédit et suit la foi de l'acheteur ? »

Si, dans le droit grec, la tradition avait été autre chose
qu'une livraison pure et simple, on trouverait certainement,
ne serait-ce qu'incidemment, des traces de cette idée dans
les anciens auteurs. Or, nous n'en rencontrons aucune, ou
plutôt c'est toujours l'idée contraire qu'implique leur langage. Ainsi, dans un passage d'Aristote, l'auteur, qui certes
connnaissait les lois athéniennes et n'ignorait pas la valeur
des termes de droit, se demande quel est le signe auquel
on reconnaît qu'une chose est ou n'est pas la propriété
d'une personne, et il propose le criterium suivant : « On
reconnaît, dit-il, qu'une chose est ou non la propriété d'une
personne au signe suivant : est-il au pouvoir de cette personne de l'aliéner? Et lorsque je parle d'aliénation, j'ai en
vue la vente et la donation : λέγω δὲ ἀπαλλοτρίωσιν ὅσιν καὶ
πρᾶσιν [2]. Pour Aristote, c'est donc le fait même de la vente
ou de la donation qui emporte aliénation de la chose vendue
ou donnée, et le transfert de la propriété sur la tête de
l'acheteur ou du donataire ne suppose nullement une formalité postérieure au contrat, à savoir une tradition. La
même solution résulte encore d'un texte de Pollux où le
grammairien traite l'hypothèse de la vente d'un immeuble
consentie par l'Etat à une personne qui ne peut pas jouir
de son acquisition parce que la chose vendue se trouve

(1) Loc. cit., p. 638.
(2) Aristote, Rhétorique I, 5, § 7, Didot, I, p. 321.

possédée par un tiers. Pollux décide que l'acheteur peut agir contre le tiers au moyen de la δίκη ἐξούλης. Or cette action correspond, comme nous le verrons, sinon exactement à l'action en revendication, du moins à l'action *judicati*, exercée à la suite d'un procès qui aurait reconnu la propriété au demandeur [1]. La δίκη ἐξούλης supposant ainsi la qualité de propriétaire chez celui qui l'intente, on doit en conclure que le contrat de vente consenti par l'Etat a suffi, malgré l'absence de prise de possession par l'acheteur, pour transférer à celui-ci la propriété de la chose vendue. On peut dire enfin, en ce sens, avec Dareste, que « l'insistance avec laquelle les jurisconsultes romains posent la célèbre règle : *traditionibus dominia rerum non nudis pactis transferuntur*, suffirait au besoin pour suggérer cette pensée que la règle dont il s'agit était contraire au droit des gens. Et ce fut, sans doute, une réaction du droit des gens qui amena une dérogation à la règle, d'abord pour les hypothèques (l'hypothèque n'était-elle pas grecque d'origine), et ensuite pour les servitudes, lorsqu'on admit que les unes et les autres pouvaient être constituées *pactis et stipulationibus* » [2].

Certains documents pourraient faire douter que la règle du transfert de la propriété *solo consensu inter partes* ait été reçue dans tout le droit grec. On y voit, en effet, que la prise de possession par l'acheteur est entourée quelquefois d'une certaine solennité rappelant la *scotatio* de la vente scandinave [3]. Cette prise de possession solennelle, nommée ἔμβασις, est signalée par des inscriptions de Mylasa et d'Olymos en Asie-Mineure comme accompagnant le contrat de vente. L'une relate un procès-verbal de l'acte par lequel un vendeur avait devant témoins livré l'immeuble aux agents

---

(1) V. *infra*, tit. V, Actions garantissant l'exercice du droit de propriété.
(2) Dareste, *Traité des Lois*, p. 286.
(3) V. notre *Loi de Westrogothie*, p. 219, note 2.

du dieu qui en était devenu acquéreur [1]. L'autre, à l'occasion d'une vente accompagnée de bail emphytéotique, porte que « les trésoriers feront graver dans le temple de Zeus le procès-verbal de la vente, de l'entrée en possession et de la mise en location » [2]. Mais nous ignorons les usages suivis pour cette prise de possession et la nature des solennités accomplies ; on voit seulement que des témoins assistaient à l'ἔμβασις. Dans tous les cas, cette formalité ne paraît nullement avoir été nécessaire pour le transfert de la propriété *inter partes*, et on ne l'observait vraisemblablement que pour mieux assurer la preuve de l'aliénation. Peut-être même n'y recourait-on que dans le cas où l'une des deux parties contractantes était un dieu, hypothèse à laquelle se réfèrent les inscriptions précitées [3]. Cette dernière supposition peut se fortifier par le rapprochement des formalités analogues qui se pratiquaient à Delphes lors des affranchissements d'esclaves sous forme de vente à la divinité, formalités correspondant à l'ἔμβασις, bien qu'elles ne soient pas désignées de ce nom [4].

Le transfert de la propriété par l'effet de la convention a lieu, du reste, quel que soit le mode d'aliénation, qu'il soit à titre onéreux, comme dans le cas de vente ou d'échange, ou à titre gratuit, comme dans le cas de donation. Il n'y a aucune raison de distinguer et d'exiger la tradition dans ce dernier cas plutôt que dans les premiers. Aussi Aristote, dans le passage précité, assimile-t-il la donation, δόσις, à la

(1) Le Bas-Waddington, III, 415, l. 12 : ἔσονται κατὰ ταῦτα ἐμβεβατευμένοι κυρίως κατὰ τήνδε τὴν ἔμβασιν· ἐνεβίβασιν δὲ αὐτοὺς ἐναντίον μαρτύρων.

(2) *Bulletin*, V, p. 112 : τόν τε τῆς ὠνῆς καὶ τῆς ἐμβάσεως καὶ τῆς μισθώσεως χρηματισμόν. Cf. *Mittheilungen*, XIV (1889), p. 373 s.

(3) Cf. Anthes, p. 35-36 ; Guiraud, p. 271.

(4) Wescher et Foucart, n° 345, 376, 384, 407, etc. : ταῦτα (c'est-à-dire l'affranchissement de l'esclave) δὲ ἐγένετο ἀναμέσον τοῦ ναοῦ καὶ τοῦ βωμου. Cf. Anthes, p. 36.

vente, πρᾶσις, au point de vue de l'aliénation réalisée par le contrat même.

Il n'y a point, d'autre part, à se préoccuper de la nature de la chose aliénée. On a voulu faire une distinction suivant que l'aliénation a pour objet un bien de l'Etat ou un bien d'un simple particulier. Dans le premier cas seulement la propriété pouvait être transférée à l'acheteur par le seul effet de la convention, tandis que dans le second une tradition était nécessaire pour opérer le déplacement de la propriété au profit de l'acquéreur. Cette solution résulte, dit-on, du texte précité de Pollux, qui n'accorde la δίκη ἐξούλης qu'à l'acquéreur d'un bien de l'Etat. C'est donc, *a contrario*, qu'un acquéreur ordinaire était moins favorisé et devait être mis en possession [1]. Cet argument ne nous paraît nullement concluant. C'est d'abord un simple argument *a contrario*, dont il faut toujours se défier quand il s'agit d'établir une dérogation à une règle générale. Nous reconnaissons bien que la situation de l'acquéreur d'un bien de l'Etat est préférable, à certains égards, à celle d'un acheteur ordinaire. Le titre de cet acquéreur est, ainsi que nous l'avons précédemment indiqué [2], assimilé à celui d'un héritier sien et sa jouissance est protégée contre toute usurpation et même contre la revendication du légitime propriétaire au moyen de la δίκη ἐξούλης. Mais la différence s'arrête là, et le texte de Pollux, lorsqu'il dispense l'acquéreur d'un bien de l'Etat d'en avoir pris possession pour pouvoir agir en revendication, ne fait, à notre avis, qu'appliquer le droit commun en matière d'aliénation. Les raisons que nous avons données pour établir le transfert de la propriété *solo consensu*, s'opposent

(1) Platner, *Process*, t. II, p. 296; Mayer, t. II, p. 181, § 167, note 11. — Caillemer (p. 640, note 3) observe que cette distinction en rappelle une autre que l'on rencontre dans le droit romain. Ainsi le *bonorum emptor*, à l'époque classique n'acquérait pas le domaine quiritaire et avait seulement la chose *in bonis* Gaius, III, 180). Le *bonorum sector* (qui publica bona emit), devenait, au contraire, légitime propriétaire. Cf. Varro *De re rustica*, II, 10, 4.

(2) V. *supra*, p. 33-34.

d'ailleurs à toute distinction semblable à celle que nous critiquons [1].

Si, à notre avis du moins, le droit attique diffère profondément du droit romain en ce qu'il n'exige point la tradition
pour la translation de la propriété, solution qui est, du
reste, conforme à l'esprit général de la législation athénienne, plus spiritualiste que la législation romaine, le droit
d'Athènes et celui de Rome se ressemblent par contre en
un point, à savoir quant à la suspension du transfert de la
propriété de la chose vendue sur la tête de l'acheteur tant
que celui-ci n'a pas payé son prix. Mais c'est là une règle
que nous étudierons en examinant les effets du contrat de
vente.

Dans les rapports des parties, la translation de propriété
s'opère par le seul effet du contrat, indépendamment de l'accomplissement des formalités de publicité. On a, il est vrai,
enseigné le contraire, et cette manière de voir paraît trouver
un appui sérieux dans un autre passage du même fragment de
Théophraste portant : κυρία δὲ ἡ ὠνὴ καὶ ἡ πρᾶσις εἰς μὲν κτῆσιν, ὅταν
ἡ τιμὴ δοθῇ καὶ τὰκ τῶν νόμων ποιήσωσιν, οἶον ἀναγραφὴν ἢ ὅρκον ἢ
τοῖς γείτοσι τὸ γιγνόμενον [2]. D'après ce texte, la vente ne paraît
être parfaite, en ce qui concerne le transfert de la propriété,
d'une manière générale, qu'après le paiement du prix et
l'accomplissement des formalités de publicité [3]. Nous ne

_____

(1) Caillemer (loc. cit., p. 641-642) invoque à l'appui de sa théorie, qui est la
nôtre, un rapprochement historique fort intéressant. A Marseille, au XIII⁰ siècle
encore, malgré l'influence croissante du droit romain, qui était dep. is longtemps
le droit de cette ville et de tout le Midi de la France, on persistait à admettre,
dans la cité phocéenne, que la convention des parties, dès qu'elle était prou-
vée, soit par la *percussio manus*, soit par la remise du denier à Dieu, rendait
l'acheteur propriétaire indépendamment de toute délivrance. Statuts du Livre
Rouge, III, c. 6. Cf. De Fresquet, *Etude sur les statuts de Marseille au* XIII⁰
siècle, 1865, p. 95. Il y avait là vraisemblablement un vestige de la législation
grecque antérieure à la conquête romaine.

(2) Théophraste, loc. cit., § 4.

(3) Dareste, *Traité des Lois*, p. 282 et lettre citée par Caillemer, *Contrat de
vente*, p. 635, note 1 ; Hermann-Thalheim, p. 87. Dans son livre sur la *Science*

pouvons cependant admettre une semblable interprétation, car elle détourne complètement de leur but les formalités dont parle Théophraste, transcription, serment, présence des voisins, etc. Ces formalités ne sont évidemment édictées, ainsi que l'observe expressément l'auteur du fragment précité, que dans l'intérêt des tiers, « pour qu'ils puissent savoir si les biens sont libres et sans charges et si le vendeur en est réellement propriétaire » [1]. On ne voit pas ce que leur accomplissement aurait à faire dans les rapports du vendeur et de l'acheteur, pas plus que, dans notre droit moderne, la transcription à ce même égard. On comprendrait que la propriété ne fût transférée *inter partes* que par une tradition effectuée en exécution du contrat, mais on n'aperçoit nullement la nécessité d'une transcription ou de formalités analogues. Quant au texte de Théophraste, il n'a pas nécessairement la portée qu'on lui attribue. Résumant, dans une phrase très concise, les règles concernant le transfert de la propriété, εἰς κτῆσιν, le philosophe s'occupe à la fois de l'effet translatif vis-à-vis du vendeur et vis-à-vis des tiers. Dans ses rapports avec le vendeur, l'acheteur ne devient propriétaire que lorsqu'il a payé le prix, ὅταν ἡ τιμὴ δοθῇ, et il ne le devient, à l'égard des tiers, que lorsque les formalités légales ont été accomplies, καὶ τὰ τῶν νόμων ποιήσωσιν. Avec cette distinction, chacune des parties du texte s'explique d'une manière très rationnelle [2].

Si, comme nous l'admettons, l'accomplissement des formalités de publicité n'est point requis pour le transfert de la propriété *inter partes*, il est indispensable, au contraire,

---

du droit (p. 3ro, note), Dareste est moins affirmatif, et il s'exprime ainsi : « Entre les parties, la translation était-elle différée jusqu'après l'accomplissement des formalités de publicité, ou bien s'opérait-elle immédiatement par l'effet du contrat ? De ces deux solutions, la seconde paraît probable, mais le texte de Théophraste peut être interprété dans les deux sens. » Anthes, p. 3o, ne s'explique pas nettement à ce sujet.

(1) Théophraste, *loc. cit.*, § 2.
(2) Cf. en ce sens : Caillemer, *loc. cit.*, p. 634 ; Guiraud, p. 271.

et tout le monde est d'accord sur ce point, pour le transfert
de la propriété à l'égard des tiers [1]. Cette solution résulte
non seulement du texte précité de Théophraste, mais de la
nature même de ces formalités, qui autrement manqueraient
leur but. Quelles sont alors précisément les règles de publicité ? Elles varient notablement suivant les différentes législations grecques, et nous aurons à les exposer et à indiquer
leur sanction dans un chapitre spécial [2].

SECTION IV

Des donations

§ 1. — *Des donations entre-vifs en général.*

La donation entre-vifs n'était point une institution inconnue au droit grec. On en trouve, au contraire, des exemples assez fréquents dans le droit public. Ainsi d'abord les
dieux recevaient souvent des libéralités de ce genre. Les
anciens, convaincus de l'intervention incessante des dieux
dans les affaires humaines, se croyaient tenus de leur donner une marque matérielle de leur reconnaissance à l'occasion des évènements heureux qui leur arrivaient. Aussi,
lorsqu'une cité avait remporté une victoire, ne manquait-
elle point de consacrer à la divinité soit une portion du butin, soit même une partie du territoire conquis, comme le
firent les Athéniens vainqueurs des Chalcidiens [3]. Les
offrandes soit gratulatoires, soit propitiatoires faites par les
simples particuliers étaient également très fréquentes et

(1) V. Caillemer, *loc. cit.*, p. 646 et s.; Hermann-Thalheim, p. 87 ; Dareste,
Traité des Lois, p. 282 et *Science du droit*, p. 310, note 1 ; Dareste, Haussoulier et Reinach, p. 104.
(2) V. *infra*, tit. IV, ch. I.
(3) Élien, *Hist. var.*, VI, 1.

revêtaient les formes les plus diverses [1]. D'un autre côté, l'Etat récompensait assez souvent les services d'un citoyen ou même d'un étranger par une donation en argent ou par une concession de terres [2].

Mais, entre particuliers, les donations entre-vifs, surtout les donations immobilières étaient assez rares, et les Grecs, qui ont fait un usage si fréquent du testament, paraissent avoir éprouvé une grande répugnance à se dépouiller entre-vifs d'une partie de leur patrimoine [3]. Aussi les législateurs grecs, et notamment ceux d'Athènes, qui ont édicté des règles très minutieuses relativement à l'exercice du droit de disposer par testament, ne semblent-ils point s'être préoccupés de la donation entre-vifs. Les orateurs sont également muets sur ce mode d'acquisition et, comme nous l'avons observé [4], Isée, dans son énumération des différents titres de possession, omet de mentionner la donation à côté de la vente. On ne trouve même pas dans la langue juridique de terme spécial pour désigner la donation entre-vifs. Le mot δόσις, que l'on rencontre dans certains textes, désigne la disposition testamentaire [5]; il y est pris comme synonyme de διαθήκη, le mot διδόναι équivalant lui-même à διατίθεσθαι, et la succession κατὰ δόσιν, ou testamentaire, étant opposée à la succession κατὰ γένος, ou ab intestat [6]. Quant aux mots δῶρον, δωρεά, ils sont employés indifféremment pour

(1) V. Homolle, in Dar nberg et Saglio, v° *Donarism*, p. 3o4 et s.

(2) V. Lysias, *Pro sacra olea*, § 4; Démosthène, *Adv. Lept.*, § 115; Diodore, XXI, 17; Cornelius Nepos, XVI, 5; *Corp. inscr. att.*, II, 36; *Mittheilungen*, IX, p. 6o.

(3) On en rencontre néanmoins certains exemples. C'est ainsi qu'au témoignage de Plutarque, Dion, quand il retourna en Sicile, donna à Speusippe une propriété d'agrément qu'il avait achetée en Attique. Plutarque, *Dion*, 17. V. les autres cas cités par Guiraud, p. 236.

(4) *Supra*, p. 106.

(5) Plutarque (*Solon*, 21) dit, en parlant des restrictions apportées par Solon à la liberté de tester : οὐ μὲν ἀνέδην γε πάλιν οὐδ᾽ ἁπλῶς τὰς δόσεις ἐφῆκεν.

(6) Cf. Aristote, *Polit.*, V, 7, 12; Isée, *De Pyrrhi her.*, §§ 42 et 68.

désigner toute libéralité à titre particulier, soit entre-vifs, soit testamentaire. En matière de disposition à cause de mort, les legs sont appelés ἑωρεαί, par opposition aux institutions d'héritier, κληρονομία κατὰ δόσιν.

En droit romain, la donation entre-vifs, considérée comme mode de transmission, supposait pour sa perfection, c'est-à-dire pour le transfert de la propriété, l'emploi d'un des modes translatifs de la propriété comme la mancipation ou la tradition : c'était l'application de la règle générale : *traditionibus et usucapionibus, non nudis pactis rerum dominia transferuntur.* Dans le droit grec, au contraire, la donation [1], de même que la vente, a par elle-même, ainsi que nous l'avons vu [2], une vertu translative. Aussi Platon, plus complet qu'Isée, assimile-t-il le titre *pro donato* au titre *pro empto* [3]. La donation paraît d'autre part, avoir été assimilée, au point de vue de la forme, aux contrats ordinaires, notamment à la vente, et elle ne comporte, à notre connaissance, dans le droit attique, aucune de ces solennités que l'on rencontre dans d'autres législations anciennes ou modernes [4].

La donation n'exige-t-elle également chez le donateur et chez le donataire que la capacité de droit commun requise dans les autres contrats ? On a enseigné qu'un propriétaire n'est aucunement limité dans son droit de disposer entre-vifs de ses biens soit au profit de l'un de ses héritiers présomptifs, soit au profit d'un étranger. On ne trouve, a-t-on dit, aucune trace de restrictions de ce genre dans les plaidoyers. C'est seulement contre les libéralités testamen-

---

(1) Cf. *Corp. insc. att.,* II, 1298, 1455, 1526, IV, 3736; Démosthène, *C. Aphob.,* III, § 44 ; *C. Callipum,* § 23 ; *C. Phænippum,* § 19. Cf. Schœmann, sur Isée, p. 250-251 ; Hermann-Thalheim, p. 73, note 3.

(2) V. *supra,* p. 118.

(3) V. *supra,* p. 5. Cf. Diodore de Sicile, I, 79, § 3 : δεῖν εἶναι τὰς μὲν κτήσεις τῶν ἐργασαμένων ἢ παρὰ κυρίου τινὸς ἐν δωρεαῖς λαβόντων κτλ.

(4) Cf. Caillemer, *in* Daremberg et Saglio, v° *Donation.*

taires que le législateur protège la famille. Il ne permet
pas qu'un descendant soit arbitrairement dépouillé de la
qualité d'héritier et remplacé au foyer domestique par le
premier venu. Mais les donations entre-vifs n'altèrent pas
les vocations héréditaires et laissent intacte l'unité du patrimoine. Aussi le législateur n'y apporte-t-il aucune entra-
ve [1].

Cette théorie nous paraît fort contestable. Nous verrons,
en étudiant la matière des testaments, qu'un père de famille
n'est point libre de diposer de tous ses biens au détriment
de ses enfants. La jurisprudence, sinon la loi, avait établi
une quotité disponible qu'il ne pouvait dépasser. Or il nous
semble bien difficile d'admettre qu'un père ait eu toute liberté pour dépouiller ses enfants par des donations entre-
vifs, faites, par exemple, quelques jours avant sa mort qu'il
sent prochaine, et qu'il n'ait pu leur enlever par testament
que la moitié au plus de son patrimoine. La jurisprudence
aurait été bien inconséquente en n'établissant une réserve
que contre les legs et non contre les donations entre-vifs.
La théorie que nous critiquons serait, d'autre part, peu conciliable avec les règles du droit attique concernant l'interdiction des prodigues. Disposer, au profit d'étrangers, de la
plus grande partie de ses biens πατρῷα, devait être considéré
comme un acte de prodigalité inadmissible. En vain dit-on
que les donations entre-vifs n'altèrent point la vocation
héréditaire et laissent intacte l'unité du patrimoine. L'objection n'aurait de valeur que si les dispositions testamentaires
prohibées étaient seulement les institutions d'héritiers. Mais
ce sont aussi les legs à titre particulier, lorsqu'ils dépassent
la quotité disponible, et cependant les legs de ce genre, de
même que les donations entre-vifs, n'altèrent point la
vocation héréditaire. On ne saurait non plus objecter que l'on
ne trouve dans les orateurs aucune trace de restrictions à

(1) Caillemer, *loc. cit.* Cf. Cauvet, p. 179.

à la liberté de disposer entre-vifs. La raison en est que les
donations entre-vifs étaient peu pratiquées. Mais nous estimons que si, par exception, un père de famille voulait faire
des libéralités de son vivant, il devait se renfermer dans les
mêmes limites que celles qui étaient imposées au testateur [1].

On a enseigné, d'autre part, qu'il n'y avait pas pour les
libéralités faites à des temples ou à des congrégations religieuses de restrictions analogues à celles que certains codes
modernes ont édictées pour protéger les familles contre des
influences spirituelles ou contre les entraînements spontanés
d'une piété excessive. Platon pose, il est vrai, certaines
limites au luxe des offrandes faites aux dieux. Il ne permet
que celles de peu de valeur, proscrivant l'or, l'argent et
l'ivoire, et même le fer et l'airain. Si l'on veut faire une
offrande aux dieux, ἀνάθημα, on devra se contenter d'objets
où il n'entre que du bois ou de la pierre. On pourra encore
offrir un tissu, n'ayant pas coûté à une femme plus d'un
mois de travail, ou enfin des imitations d'oiseaux et des
peintures du genre de celles qu'un peintre peut achever en
un jour [2]. Mais ce sont là de simples conseils donnés par le
philosophe, et les inventaires des temples prouvent, au contraire, que les fidèles ne se contentaient pas de présents
aussi modestes et qu'ils donnaient aux dieux non seulement
des meubles précieux, mais encore des sommes considérables et des immeubles importants. Nous ne croyons pas
néanmoins que la qualité du donataire ait pu conférer au
père de famille un pouvoir de disposition illimité. Ce qu'on

(1) Boissonade (p. 53-54) paraît admettre que les donations entre-vifs étaient
entièrement libres quand elles avaient pour objet des meubles ou choses non
apparentes, tandis que les biens fonds (τὰ ὄντα) ou choses apparentes (φανεραὶ
οὐσίαι, devaient, en principe, être réservés aux enfants. Mais cette distinction
ne nous semble fondée sur aucun texte. Nous aurons, du reste, occasion de critiquer une distinction semblable que l'on a voulu faire pour déterminer les biens
disponibles par testament. V. infra, tit. VI, ch. I, sect. III, Des testaments.

(2) Platon, Leges, XII, 955 et s. Cf. Hermann-Thalheim, p. 14.

peut seulement admettre, c'est que le caractère pieux de la
disposition pouvait, pour les donations comme pour les legs,
continuer à faire étendre dans certains cas une quotité disponible dont le taux n'était probablement pas fixé par la loi,
mais abandonné, dans chaque espèce, à l'appréciation des
tribunaux [1].

Le père de famille est libre, du reste, en se conformant
aux lois sur la quotité disponible, de faire des donations
entre-vifs à ses propres enfants aussi bien qu'à des étrangers.
Il peut notamment procéder à ce que nous nommons un
partage d'ascendants. Les discours des orateurs nous en
fournissent des exemples. Ainsi Démosthène, dans son
plaidoyer contre Macartatos, mentionne le cas de Bouselos
qui distribua ainsi ses biens entre-vifs à tous ses enfants,
« exactement et justement comme il convenait » [2]. Lysias
parle aussi, d'une manière incidente, d'un partage entre-vifs
fait par un père entre ses enfants. Mais ici le partage ne
porte que sur les biens propres du père de famille (περὶ τοῦ
πατρὸς παραλαβών) et celui-ci se réserve les acquêts [3]. L'orateur observe même à ce sujet que les pères agissent pru-
demment en se réservant une partie de leurs biens par le
motif que « chacun désire être l'objet des soins de ses
enfants, à cause des biens qui lui restent, plutôt que d'avoir,
dans le dénûment, besoin de leurs secours » [4].

(1) On a prétendu encore, que les donations piuses dérogeaient au droit
commun en ce qui concerne la capacité de la femme, qui aurait pu les faire sans
l'assistance de son kyrios ; mais nous avons vu ce qu'il fallait penser de cette
doctrine. V. *supra*, t. II, p. 367.

(2) Démosthène, *Adv. Macart*, § 19 : δείνειμεν αὐτοῖς τὴν οὐσίαν ὁ πατὴρ
Βουσέλος ἅπασι καλῶς καὶ δικαίως, ὥσπερ προσῆκεν.

(3) Ce partage des propres, ainsi que nous l'avons précédemment observé, ne
nous parait point avoir un caractère obligatoire pour le père de famille. V.
supra, p. 27.

(4) Lysias, *De bon. Aristoph*., § 37 : βούλονται γὰρ πάντες ὑπὸ τῶν παίδων
θεραπεύεσθαι ἔχοντες χρήματα μᾶλλον ἢ ἐκείνων δεῖσθαι ἀπορούντες. Ainsi que le
remarque Boissonade (p. 50), cette maxime offre une ressemblance frappante
avec ce conseil de l'Ecclésiaste : « Filio ne des potestatem super te in vita tua,

La capacité de figurer dans un contrat de donation diffé-
re, à d'autres points de vue, de la capacité requise dans
les contrats ordinaires. Certaines personnes sont spécialement incapables de faire des donations. Ainsi le comptable
qui n'a pas rendu ses comptes, incapable de καθιερῶν τὴν
οὐσίαν, ne doit pas plus pouvoir consacrer ses biens aux dieux
par donations entre-vifs que par testament. La loi qui le
déclare incapable même de faire des offrandes aux dieux,
ἀνάθημα ἀναθεῖναι, doit, à plus forte raison, lui enlever le droit
de faire une donation au profit d'un particulier . Une autre
incapacité de disposer peut frapper l'affranchi à qui son
maître n'a accordé la liberté que sous la condition de ne
point aliéner ce qu'il possède. Comme nous l'avons vu en
étudiant la situation des affranchis, une pareille défense est
licite, et la sanction en est non seulement dans la nullité de
la donation faite en violation de l'acte d'affranchissement,
mais encore dans la révocation de la liberté ².

Quant aux incapacités de recevoir, nous avons déjà signalé celle des enfants naturels. Incapables de recevoir par
testament de leur père une somme supérieure à la νοθεία,
ils ne peuvent légalement rien recevoir par donation entre-
vifs au-delà de cette même somme, et les membres de la
famille légitime sont autorisés à faire réduire la donation qui
excède le taux légal. Mais, comme nous l'avons précédemment observé, la prohibition légale n'étant établie que dans
l'intérêt de la famille légitime, les membres de celle-ci peuvent renoncer à s'en prévaloir. Il ne semble pas, d'autre
part, que le droit attique ait établi ici des présomptions d'interposition de personne. Au surplus, la prohibition édictée contre les enfants naturels pouvait être éludée, en

---

ne forte pœniteat te et deprecaris pro illis ; melius est enim ut filii tui te rogent
quam te respicere in manus eorum. » C. XXXIII, 10, 11, 14.

(1) Eschine, C. Ctesiph., § 21 : ὑπεύθυνον οὐκ ἐᾷ τὴν οὐσίαν καθιεροῦν οὐδὲ
ἀνάθημα ἀναθεῖναι. Cf. Hermann-Thalheim, p. 34, note 2.

(2) V. supra, t. II, p. 497.

fait, au moyen de dons manuels qui ne laissent pas de
traces [1].

Une autre incapacité de recevoir des donations frappait
tous ceux qui étaient appelés à jouer un rôle dans l'organisation politique ou judiciaire d'Athènes. Pour prévenir ou
réprimer la corruption dans l'exercice des fonctions publiques, la loi athénienne prohibait sévèrement tout don à des
personnes investies ou appelées à être investies d'une semblable fonction, et elle avait établi, en conséquence, deux
actions spéciales, l'une la δεκασμοῦ γραφή, ouverte contre celui qui avait fait ou promis le don prohibé, l'autre, la δώρων
ou δωροδοκίας γραφή, contre celui qui l'avait accepté. La simple tentative de corruption était assimilée au délit consommé,
de telle sorte que des manœuvres ayant pour but de corrompre par des offres d'argent les membres des tribunaux
ou de l'assemblée du peuple pouvaient être punies de mort,
même lorsqu'elles n'avaient pas reçu un commencement
d'exécution [2]. Il n'était même pas nécessaire, pour que les
actions précitées fussent ouvertes, que celui qui recevait
des présents eût l'intention de nuire aux intérêts de la république ou des particuliers, et les rigueurs de la loi athénienne frappaient même les fonctionnaires qui acceptaient
des dons ou des présents pour un acte juste de leurs fonctions [3]. Platon allait jusqu'à proposer que l'on punît de mort
tout fonctionnaire qui recevait des présents, même lorsque
le donateur se proposait seulement de l'exciter au bien [4].
C'est par application de ces principes que Callias, fils d'Hipparque, fut condamné à une amende de cinquante talents
pour avoir accepté les présents d'Artaxerxès Longue-Main,
alors même qu'il négociait un des traités les plus hono-

---

(1) V. *supra*, t. I, p. 499.
(2) Eschine, *C. Timarch.*, §§ 86-88 ; Démosthène, *C. Stephan.*, II, § 26.
(3) Démosthène, *De falsa legat.*, § 7.
(4) Platon, *Leges*, XII, p. 955.

rables que la république ait jamais conclu [1]. Les deux actions δώρων γραφή et δεκασμοῦ γραφή, qui rentraient dans l'hegémonie des thesmothètes, entraînaient contre le donateur et contre le donataire des peines très sévères, mais sur la détermination desquelles les interprètes ne sont pas d'accord. La libéralité faite contrairement aux prohibitions de la loi était naturellement annulée [2].

Nous verrons, en étudiant spécialement les donations entre époux que la loi attique, à notre avis du moins, a admis une prohibition semblable à celle du droit romain.

La donation entre-vifs, de même que tout autre contrat, produit les effets que les parties désirent y attacher. Elle peut d'abord être plus ou moins étendue et le donateur peut, à son gré, conférer au donataire, soit la pleine propriété de la chose donnée, soit un simple droit d'usufruit. Nous trouvons, en dehors de l'Attique, plusieurs cas de donations ayant uniquement pour objet un usufruit. Ainsi la ville de Corcyre donna un jour à plusieurs proxènes des vignes et des maisons « avec faculté d'en jouir suivant leurs besoins » [3]. De même Philippe de Macédoine donna à Apollonidès de Cardia le droit de recueillir les fruits d'un certain territoire [4].

Le donateur peut aussi grever sa libéralité de certaines conditions ou charges. Il peut d'abord insérer dans l'acte une condition résolutoire. On a cité à ce sujet le cas de Callias qui, craignant de voir sa fortune un jour confisquée, la donna au peuple athénien pour le cas où il mourrait sans enfants [5]. Toute condition résolutoire, même celle dont

---

(1) Démosthène, loc. cit., §§ 273-277.

(2) V. sur les actions δεκασμοῦ et δώρων : Meier, De bonis, p. 111 ; Meier, Schœmann et Lipsius, p. 444 ; Platner, Process, II, p. 155 ; Lelyveld, De infamia jure attico, p. 78 ; Thonissen, p. 213 ; Caillemer, in Daremberg et Saglio, v° Dekasmou graphê.

(3) Dialekt-Inschriften 3198 : καρπεύειν ὅσα ἐπιταδείοι ὦντι.

(4) Démosthène (Hégésippe), Halon., 39 : δίδωκι καρποῦσθαι. Cf. Guiraud, p. 237.

(5) Andocide, C. Alcib., § 15 : τὰ χρήματα τῷ δήμῳ ἔδωκεν, εἴ πως τελευτή-

l'accomplissement dépendait en partie de la volonté du
donateur était-elle autorisée dans la donation? Ou bien, au
contraire, le droit attique avait-il admis une règle analogue
à celle de notre Code civil ¹? Il est difficile de se prononcer
sur ce point, mais nous serions plutôt porté à admettre la
première solution.

Le donateur est libre, d'autre part, de régler l'emploi de
la chose donnée ou de grever sa libéralité de charges plus
ou moins lourdes. Ainsi, lorsqu'il donne une certaine somme
à la cité, le donateur peut spécifier que cette somme sera
appliquée à telle ou telle destination. Les inscriptions ou les
auteurs anciens nous ont transmis un grand nombre d'exemples de semblables libéralités. On voit notamment, dans un
plaidoyer de Démosthène, le plaideur rappeler aux juges que
son père a donné autrefois à la République mille boucliers
et cinq trières et qu'il a fourni la solde des équipages ².
Démosthène lui-même donna huit talents pour l'expédition
d'Eubée, trois pour la réfection des murs et un pour les
approvisionnements ³.

Lorsque la charge stipulée par le donateur affecte les
revenus et en absorbe tout ou partie, la libéralité revêt le
caractère d'une fondation ⁴, et l'on en trouve également de
nombreux exemples. Telle est notamment la donation d'immeubles faite par Nicias au temple de Délos, à charge d'instituer en son honneur un sacrifice solennel suivi d'un repas
public, et d'appeler sur lui par des prières la bénédiction

τι εν ἄπαις. Cf. Guiraud, p. 237. Mais il y a plutôt là, croyons-nous, un legs
conditionnel.

(1) Code civil, art. 944.

(2) Démosthène, C. Stephan., I, § 85.

(3) Plutarque, Moralia, p. 1036 (Didot). Cf. les autres exemples cités par Guiraud, p. 237-238.

(4) Les fondations, étant perpétuelles, étaient habituellement établies non pas
au profit d'un individu, mais au profit d'une personne morale qui ne mourait
jamais, comme un dieu, une cité, une corporation.

du ciel [1]. Lorsque la donation absorbe la plus grande
partie du revenu des biens donnés, le gratifié n'est guère
que l'administrateur de ces biens et l'exécuteur des volontés
généreuses du disposant. Au surplus, l'inexécution par le
donataire des conditions ou charges apposées à la donation [2] a pour conséquence l'annulation de la donation [3].

Outre ce cas de révocation pour cause d'inexécution des
conditions, la donation est-elle sujette à résolution pour
d'autres causes que l'on rencontre dans le droit romain ou
dans les législations modernes? Ainsi d'abord la révocation
de la libéralité pour cause d'ingratitude est-elle admise dans
le droit attique? La question est assez délicate. Pollux [4] et
certains rhéteurs [5] mentionnent l'existence d'une δίκη ἀχαριτ-
τίας, qui fait naturellement songer à l'action en révocation
des donations pour cause d'ingratitude [6]. On peut alléguer
à l'appui de cette interprétation le témoignage de Lucien,
suivant qui les lois donnent une action ἀχαριστίας contre ceux
qui ne montrent pas à leurs bienfaiteurs la reconnaissance
qui leur est due [7]. On peut se prévaloir enfin dans le même
sens d'un passage de Valère-Maxime, où cet auteur nous dit
que l'on avait organisé à Athènes une action contre les in-

(1) Plutarque, *Nicias*, 3. V. les autres cas cités par Guiraud, p. 338.
(2) Ces conditions étaient reproduites sur la stèle élevée en mémoire du donateur, et c'est ainsi qu'elles nous sont parvenues.
(3) *Dialekt-Inschriften*, 3206, l. 30-37; *ibid.*, 3207 : εἰ δέ τι τῶν ἐν ταῖς
ταῖ δόσει γεγραμμένων μὴ ποιήσαι ἁ πόλις, καθὼς γίγραπται, τὰ περιόντα (δοθέντα?)
πάντα ἔστω Βαθύου.
(4) Pollux, VIII, 31.
(5) Sopater, διχιρ. ζητ., p. 175, 333 w; Cyrus, π. διαφ. στ. 5 M.
(6) Cf. en ce sens, Petit, VII, 8, p. 645.
(7) Lucien, *Abdicat.*, 19 : οἱ νόμοι καὶ ἀχαριστίας διχάζεσθαι διδόασι κατὰ τῶν
τοὺς εὐεργέτας μὴ ἀντευποιούντων. — Peut-être le plaidoyer de Lysias περὶ τῶν
ἰδίων εὐεργεσιῶν, qui ne nous est guère connu que par son titre (Didot, II,
p. 271), avait-il trait à une action ἀχαριστίας, à moins que, ce qui est plus vraisemblable, on ne l'identifie avec le plaidoyer du même orateur contre Archi-
nos. Cf. Sauppe, *Or. att.*, II, p. 187; Meier, Schœmann et Lipsius, p. 669.

grats ¹. L'existence d'une semblable action dans le droit
attique nous paraît cependant fort douteuse. Xénophon
affirme, en effet, d'une manière très nette, qu'à Athènes
l'Etat ne se préoccupait point de l'ingratitude et n'appelait
pas les tribunaux à la réprimer, si ce n'est dans le cas où
il s'agissait de l'ingratitude des enfants envers leurs parents ². Ailleurs, en parlant des Perses, il dit que chez ce
peuple on réprima l'ingratitude, qui n'était point poursuivie
dans sa patrie ³. Enfin le témoignage de Sénèque vient confirmer celui de Xénophon, lorsqu'il nous dit qu'à l'exception
des Mèdes, on n'a chez aucune nation admis d'action fondée
sur l'ingratitude ⁴. Il nous est difficile, en présence de ces
textes, d'admettre que le droit attique ait permis d'une manière générale l'exercice d'une action ἀχαριστίας contre toute
personne coupable d'ingratitude. Cette action, à supposer
que l'on doive accorder quelque autorité au témoignage de
Lucien et des rhéteurs, n'a pu être admise que fort tard et,
à l'époque classique, la seule ingratitude réprimée par la
loi, est celle dont les enfants peuvent se rendre coupables
envers leurs parents ⁵, mais elle l'est au moyen soit de
l'action κακώσεως γονέων, soit de la docimasie et non au moyen
d'une action ἀχαριστίας.

La loi de Gortyne prononce formellement la révocation

---

(1) Valère-Maxime, V. 3, Ext. 3 : Athenis... in qua urbe adversus ingratos
actio constituta est.

(2) Xénophon, *Memor. Socr.*, II, 2, 13 : οὐκ οἶσθ' ὅτι καὶ ἡ πόλις ἄλλης μὲν
ἀχαριστίας οὐδεμιᾶς ἐπιμελεῖται οὐδὲ δικάζει, ἀλλὰ περιορᾷ τοὺς εὖ πεπονθότας
χάριν οὐκ ἀποδιδόντας.

(3) Xénophon, *Cyrop.*, I, 2, 7 : δικάζουσι δὲ καὶ ἐγκλήματος οὗ ἕνεκα ἄνθρωποι
μισοῦσι μὲν ἀλλήλους μάλιστα, δικάζονται δὲ ἥκιστα, ἀχαριστίας, οἴονται γὰρ
τοὺς ἀχαρίστους καὶ περὶ θεοὺς... καὶ περὶ γονέας καὶ πατρίδα καὶ φίλους.

(4) Sénèque, *De benef.*, III, 6 : Excepta Macedonum (Medarum) gente non
est in ulla data adversus ingratum actio.

(5) Cf. en ce sens : Telfy, p. 574, nº 116ν; Heffter, p. 171, note 4; Meier,
Schœmann et Lipsius, p. 669. — Suivant Mayer (I, p. 58), l'existence d'une
action ἀχαριστίας serait tout à fait conforme à l'esprit de la législation solonienne, mais cette action n'aurait plus été en usage à l'époque de Xénophon.

des donations faites en fraude des créanciers, et répute, en
conséquence, accomplies en fraude des créanciers les donations faites : 1° par le débiteur d'une somme d'argent (en
vertu d'un contrat); 2° par l'individu frappé d'une condamnation pécuniaire ; 3° dans le cours d'un procès. La donation n'est toutefois annulée qu'autant que les biens restant
au donateur sont insuffisants pour acquitter la dette [1]. Ce
système, qui offre une analogie frappante avec celui de l'action paulienne, a-t-il également été reçu dans le droit attique? Nous n'avons, à ce sujet, aucun renseignement, mais
l'affirmative est possible.

La donation emportant, comme la vente, translation de la
propriété, est soumise également à certaines mesures de
publicité, que nous indiquerons ultérieurement [2].

§ 2. — Des donations propter nuptias et des donations entre époux.

A côté de la constitution de dot et en formant pour ainsi
dire le pendant [3], le droit romain admet la donation propter
nuptias faite à la femme soit par un tiers, soit, comme c'est
le cas ordinaire, par le mari lui-même. Cette donation demeure entre les mains du mari pendant le mariage, et c'est
seulement à sa dissolution que le droit de la femme peut
devenir définitif [4]. Bien que cette institution n'ait fait son
apparition qu'assez tard dans les sources du droit romain, il
est certain qu'elle était connue et pratiquée depuis longtemps

(1) Loi de Gortyne, X, 20-25. Cf. Bücheler et Zitelmann, p. 176; Dareste,
Haussoulier et Reinach, p. 481.
(2) V. infra, tit. IV, ch. I. Nous avons exposé précédemment les règles de
la constitution de dot, qui n'est qu'une variété de la donation entre-vifs. V.
supra, t. I, p. 259 et s.
(3) C'est ce qui résulte bien de l'expression ἀντίφερνα par laquelle Justinien
désigne la donation propter nuptias. L. 20, pr. C. De donat. ant. nupt., V, 3.
(4) V. Accarias, I, n° 316.

dans les provinces orientales de l'Empire. Était-elle reçue
dans le droit attique? On n'en voit aucune trace à l'époque
des orateurs, et il est probable que si elle avait été dans les
usages, les plaidoyers et les autres sources qui nous sont
parvenus et où il est souvent question de la dot apportée par
la femme auraient parlé de la contre-dot fournie par le mari
ou au moins y auraient fait allusion. Mais peut-être est-ce
une institution analogue à la donation *propter nuptias* que
celle que consacre la loi de Gortyne lorsqu'elle parle d'une
donation à cause de mort faite par le mari à la femme et qui,
de même que la constitution de dot, doit avoir lieu en présence de témoins [1]. La donation crétoise diffère cependant à
un point de vue de la donation *propter nuptias* du droit
romain. A Rome, en effet, du moins dans le dernier état de
la législation, le droit de la femme à cette donation s'ouvre
en cas de divorce imputable au mari. A Gortyne, au contraire, la femme n'a jamais droit à la donation qu'en cas de
dissolution du mariage par la mort du mari : cette donation
a donc exclusivement le caractère d'une donation *mortis
causa* [2].

Abstraction faite de la *donatio propter nuptias*, dont l'existence est incertaine dans le droit attique, il peut intervenir, outre la dot, plusieurs autres espèces de libéralités faites à l'occasion du mariage et en faveur de la femme : ce
sont les ἀνακαλυπτήρια, les διαπαρθένια et les ἐπαύλια [3].

(1) V. Loi de Gortyne, III, 20 à 22, 29.
(2) Cf. Bücheler et Zitelmann, p. 125 ; Dareste, Haussoulier et Reinach, p. 456 et 480.
(3) Les orateurs n'attachent aucune importance, en ce qui concerne la preuve du mariage, à ces donations qui interviennent à l'occasion du mariage. Ainsi Isée (*De Ciron. her.*, § 18), pour démontrer la conclusion du mariage, parle seulement de la dot, du banquet nuptial et de la gamélia. Cf. Mitteis, p. 272. Les présents dont nous nous occupons n'ont donc aucune signification juridique. Peut-être seulement sont-ils une forme dégénérée de l'ancien prix d'achat de la femme par le mari.

Les ἀνακαλυπτήρια [1] sont les présents offerts à la femme par
son mari ou par les amis de celui-ci le jour où pour la première fois elle se montre à visage découvert [2]. Suivant Hésychius [3], cette cérémonie avait lieu le troisième jour du mariage, tandis qu'un des lexiques de Séguier [4], la place dans
le festin nuptial. Les διακαρθένια, correspondant au *Morgen-
gabe* des Germains, sont les donations faites par le mari à
sa femme le lendemain de ses noces, à la suite de la νὺξ μυσ-
τική [5]. Enfin les ἐπαύλια [6] sont les présents faits aux nouveaux
époux, et spécialement à la femme, le second jour du mariage par le père ue la femme et peut-être aussi par les
membres de sa famille [7]. Ces présents sont conduits en
grande pompe au domicile conjugal, et quelquefois on profite
de la cérémonie pour remettre la dot au mari [8].

Les libéralités dont nous venons de parler sont plutôt des
cadeaux ou présents d'usage faits par le mari ou par d'autres personnes à la femme à l'occasion des noces, ἕνεκα τοῦ
γάμου, et nous avons à nous demander si les conjoints peuvent se faire pendant le mariage des donations proprement
dites, ou s'il existe, au contraire, dans le droit attique, une
prohibition analogue à celle qui avait fini par être consacrée
par le droit romain. On a voulu attribuer à une loi de Solon

(1) On les nomme aussi προσφθεγκτήρια (Pollux, III, 36) et ὀπτήρια (Pollux,
II, 59, III, 36 ; Hésychius, II, 772 ; Mœris, p. 205, 24). Plus tard on les appela
θεώρετρα (Harpocration, 17). Quelquefois même le mot ἐπαύλια est pris comme
synonyme d'ἀνακαλυπτήρια (Suidas, v° ἀνακαλυπτήρια).

(2) Le voile de la femme était ordinairement consacré à Héra. Schœmann-Galuski, II, p. 648.

(3) Hésychius, I, p. 325.

(4) Bekker, *Anecd.*, I, 390. Cf. en ce sens Caillemer, *in* Daremberg et Saglio,
v° *Anakalypteria*.

(5) Pollux, III, 36, les définit : δῶρα τὰ ὑπὲρ τοῦ τὴν παρθενίαν ἀφελέσθαι. Cf.
Mitteis, p. 273.

(6) Nommés aussi ἀπαύλια. Cf. Pollux, III, 39.

(7) Suidas, v° ἐπαύλια ; Hésychius, I, 131. Cf. Caillemer, *loc. cit.*

(8) V. sur ces diverses libéralités : Schœmann-Galuski, I, p. 647; Meier, Scha-
mann et Lipsius, p. 517 ; Hermann-Blümner, p. 266 ; Becker, *Chariclès*, III,
p. 377 et s.

l'origine de cette défense introduite à Rome, par la coutume, *moribus* [1]. Mais rien ne prouve l'existence d'une semblable loi [2]. Faut-il en conclure que les donations entre époux étaient autorisées par le droit attique? On l'a prétendu en se fondant sur la loi de Gortyne [3]. Cette loi, en cas de dissolution du mariage par la mort du mari, permet à la femme de reprendre « ce que le mari lui aura donné, conformément à la loi, devant trois témoins majeurs et libres [4]. » Toutefois, dans cette hypothèse, il ne s'agit pas d'une donation proprement dite, mais en réalité d'une donation à cause de mort se rapprochant plus du legs que de la donation entre-vifs. La femme, en effet, ne peut s'en prévaloir que dans le cas où le mariage se dissout par la mort du mari donateur, et elle n'y a aucun droit si le mariage est rompu par le divorce [5]. Au surplus, une loi adoptée vers le vi⁰ siècle, tout en maintenant les libéralités plus considérables faites sous l'empire du droit antérieur, décida que ces libéralités à cause de mort ne pourraient pas excéder cent statères [6].

Quant aux donations entre-vifs proprement dites, la loi de Gortyne renferme à ce sujet une disposition ainsi conçue : « Le mari pourra, s'il le veut, permettre à la femme et la femme au mari d'emporter soit un vêtement, soit douze statères, soit un objet du prix de douze statères, pas plus [7]. » Le sens de cette règle sur les libéralités faites ainsi, d'après le texte, à titre de κόμιστρα, est fort douteux, car la signifi-

---

(1) L. 1, D. *De donat. int. vir. et ux.*, XXIV, 1. — Denys Godefroy dit, en effet, sur cette loi (*Corp. jur. civ.*, 1619) : Est enim una ex legibus Solonis, et, ut arbitror, ex duodecim, ut pleraque alia, quæ moribus constant.

(2) Cf. Mayer, II, p. 367.

(3) Cf. Guiraud, p. 239.

(4) III, 20-22.

(5) II, 45 et s.

(6) X, 15 et s. Le statère, d'après Hultsch (*Griechische und rœmische Metrologie*, p. 199), valait 2 fr. 71. Cf. sur la sanction de cette prohibition : Dareste, *La loi de Gortyne*, p. 16 ; Guiraud, p. 239 ; Bûcheler et Zitelmann, p. 126.

(7) III, 19 et s.

cation du mot κόμιστρα est restée très obscure [1]. Quoi qu'il en soit, et même en voyant dans ces libéralités des donations entre-vifs proprement dites [2], il nous paraît que, si l'on considère la modicité des libéralités ainsi autorisées par la loi de Gortyne, le droit crétois prohibait plutôt qu'il ne permettait les donations entre époux.

Cette prohibition devait, à notre avis, être également admise dans le droit attique. Une première raison en est, à notre avis, que si les donations entre époux avaient été permises, nous en trouverions certainement la trace dans les nombreux documents qui nous sont parvenus relativement à la restitution de la dot, restitution à laquelle serait venu s'ajouter le montant des libéralités faites pendant le mariage par le mari à sa femme. Les seuls textes qui nous offrent de véritables avantages entre époux se rapportent à des legs et non à des donations. C'est ainsi que le banquier Pasion, voulant faciliter le subséquent mariage de sa femme Archippé avec son affranchi Phormion, lui lègue deux talents d'argent, une exploitation rurale de cent mines, des esclaves et des bijoux [3].

La prohibition des donations entre époux se justifie d'ailleurs dans le droit attique par des considérations analogues à celles qui l'avaient fait admettre dans le droit romain. Il y a d'abord cette raison, qui n'est point du reste spéciale aux législations anciennes, et tirée de la nécessité de prévenir

---

(1) Suivant Dareste, Haussoulier et Reinach (p. 459), dont l'explication nous paraît la plus plausible, l'étymologie de ce mot et le contexte indiquent qu'il s'agit d'une donation *divortii causa*, telle que la connaissait également le droit romain (l. 60, 61, D. XXIV, 1), et qui suppose, en principe, une séparation faite d'un consentement mutuel. On comprend sans peine, disent ces auteurs, que la loi ait dû limiter le montant de libéralités de ce genre et qu'elle l'ait fixé à un chiffre très inférieur à celui de la *donatio mortis causa* du mari, qui intervient d'ordinaire après une longue vie commune et restée unie jusqu'au bout.

(2) Caillemer, *in* Daremberg et Saglio, v° *Donatio*, p. 383.

(3) Démosthène, *In Stephan.*, I, § 28.

des libéralités trop facilement consenties dans l'entraîne-
ment de la passion, *ne mutuo amore invicem spoliarentur*,
comme disait Ulpien [1]. Il y a, en outre, ce motif déjà signalé
par les interprètes du droit romain, et qui a même une plus
grande force dans le droit attique en raison de l'extrême facilité du divorce, c'est qu'on pouvait craindre qu'un conjoint ne
se dépouillât trop facilement sous une menace de divorce.
On doit donc admettre que, dans le double but d'assurer la
liberté réciproque des époux et d'empêcher que le maintien
du mariage s'achetât à prix d'argent, la coutume, à défaut
d'une loi, a dû faire prohiber les donations entre époux à
Athènes aussi bien qu'à Rome. Nous ajouterons qu'en ce qui
concerne spécialement les donations faites par la femme au
mari, donations qui n'auraient guère pu avoir pour objet que
la nue-propriété des biens dotaux dont le mari avait la jouissance, la faculté de consentir de pareilles libéralités aurait
été contraire à la notion de la dot dans le droit attique, où,
comme nous l'avons vu, les biens dotaux sont en quelque
sorte des biens substitués destinés à parvenir aux petits-
enfants par l'intermédiaire de leur mère.

En l'absence de tout document sur cette matière, nous nous
abstiendrons de rechercher si la prohibition des donations
entre époux était absolue ou si, au contraire, certaines donations n'étaient pas exceptées, ainsi qu'on l'avait admis en
droit romain. Peut-être aussi le droit attique a-t-il subi sur
ce point une évolution analogue à celle du droit romain, où
la donation entre époux a fini par devenir valable, si le donateur venait à décéder le mariage durant encore et sans
avoir révoqué sa libéralité [2]; ce ne sont là, du reste, que de
simples conjectures.

---

(1) Cf. l. 1, D. *De donat. int. vir. et ux.*, XXIV, 1.
(2) Cf. May, II, p. 203.

§ 3. — *Des donations à cause de mort.*

Entre les donations entre-vifs et les testaments, le droit romain avait admis une disposition participant à la fois du caractère de la donation et de celui du testament, et qu'il nommait la *donatio mortis causa*. On peut la définir celle qu'une personne fait dans la prévision d'un danger de mort déterminé, mais sans vouloir se dépouiller irrévocablement, comme dans le cas d'une donation entre-vifs : le donataire ne conserve l'objet donné que si le donateur succombe ; mais si, au contraire, le donateur échappe au péril qu'il redoute, la donation cessera de produire son effet [1]. Le droit grec a également connu les libéralités de ce genre. Les jurisconsultes romains eux-mêmes [2] en avaient trouvé un premier exemple dans la donation que Télémaque, craignant de succomber dans sa lutte contre les prétendants, fait à Pirée des trésors qu'il doit à la générosité de Ménélas et qu'il dépose entre les mains du donataire : « Si, dit-il à Pirée, les fiers prétendants m'ayant tué traîtreusement dans le palais, se partagent tous les biens de mon père, j'aime mieux que ces objets t'appartiennent que de passer à aucun d'eux ; mais si je fais tomber sur eux le carnage et la mort, alors vivants tous les deux, tu me les rapporteras dans mon palais » [3].

La donation *mortis causa* était également pratiquée en Grèce à l'époque classique, ainsi que cela résulte notamment d'un plaidoyer de Démosthène où l'orateur met dans la bouche de son client Apollodore le raisonnement suivant : « Si Lycon aimait Callipe et le traitait en ami, comme Callipe le prétend, et s'il avait l'intention de lui donner l'argent en

---

(1) Institutes, § 1, *De donat.*, II, 7. Cf. Accarias, t. I, n° 307.
(2) Institutes, *loc. cit.* : Sic et apud Homerum donat Piræo.
(3) *Odyssée*, XVII, 78-83.

question pour le cas où il viendrait à mourir, n'aurait-il pas
mieux fait de déposer cet argent chez Callipe devant
témoins? De la sorte, s'il revenait sain et sauf, il reprenait
son argent sans difficulté, des mains d'un ami, du proxène
de sa nation ; si, au contraire, il venait à mourir, il se trouvait avoir donné en présence de témoins; ses intentions
étaient remplies » [1]. Il s'agit là manifestement d'une donation *mortis causa* [2]. On rencontre également des exemples
de donations à cause de mort en dehors d'Athènes. Ainsi
une inscription de Corcyre porte que « Aristodamas donne
à Polytimos, s'il meurt le premier, la terre sise en tel
lieu » [3].

La donation à cause de mort peut quelquefois, dans la
forme, se confondre assez facilement avec la donation sous
réserve d'usufruit. Tel est le cas de l'inscription de Myconos, dont nous avons précédemment parlé à propos de la
constitution de dot [4]. On y voit un nommé Tharsagoras
donner en dot à sa petite-fille une maison avec cette clause
ὥστ' εἶναι κύριον τῆς οἰκίας Θαρσαγόραν ἕως ἂν ζῆι [5]. Nous avons
admis que le constituant se réservant ici la propriété même
de la maison (κύριον εἶναι) et non simplement l'usufruit, on
se trouve en présence d'une donation à cause de mort, et
nous avons montré l'intérêt pratique qu'il a à distinguer cette
donation de celle qui est faite sous réserve d'usufruit.

Dans le droit romain, la donation *mortis causa* était soumise à une double cause de révocation, d'abord celle dont
nous venons de parler, à savoir le prédécès du donataire et,

(1) Démosthène, *C. Callip.*, §§ 23, 24.

(2) Dareste, *Plaid. civ.*, t. II, p. 185, note 17 ; Caillemer, *in* Daremberg et
Saglio, v° *Donatio* ; Guiraud, p. 236 ; Barilleau, *Constitution de dot*, p. 164.
On peut rapprocher de ce texte le § 36 du plaidoyer d'Isée sur l'héritage de
Pyrrhus.

(3) *Dialekt-Inschriften*, 3213 : Ἀριστοδάμας... δίδωτι... Πολυτίμωι... αἴ κάτι
πίσχη, τὰν γᾶν.

(4) Dareste, Haussoulier et Reinach, p. 50, l. 25 et s.

(5) V. *supra*, t. I, p. 291.

en second lieu, celle qui provenait d'un changement de
volonté chez le donateur [1]. On peut se demander si le droit
grec a admis cette seconde cause de révocation. Nous estimons qu'il faut plutôt résoudre cette question négativement
lorsqu'il n'y a point dans l'acte de donation de clause spéciale réservant au donateur la faculté de révoquer sa libéralité. La donation *mortis causa* ne fait songer, en effet,
par elle-même, qu'à une seule cause de révocation, celle qui
provient du prédécès du donataire. C'est la seule également
qui soit indiquée dans les exemples de donations *mortis
causa* qui nous ont été conservés, notamment dans ceux de
Télémaque et de Lycon. Nous dirons, en conséquence, que
dans le cas de l'inscription de Ténos, Tharsagoras, demeuré
propriétaire de la maison constituée en dot, pourra bien
l'aliéner ou la grever de droits réels ; mais les droits ainsi
concédés par lui s'évanouiront le jour où s'ouvrira le droit
du donataire, c'est-à-dire le jour du prédécès du donateur, car celui-ci n'a pas pu évidemment donner plus qu'il
n'avait lui-même [2].

SECTION V

De l'usucapion.

La plupart des législations anciennes et modernes ont
admis un mode d'acquisition de la propriété par l'effet de la
possession prolongée pendant un certain temps et sous certaines conditions, à savoir l'usucapion ou prescription acquisitive. Bien qu'elle semble se résoudre en une consécration
légale de l'usurpation, l'usucapion se justifie facilement

(1) V. Accarias, t. I, n° 307.
(2) Cf. Barilleau, *loc. cit.*

par des considérations d'ordre supérieur qui doivent incontestablement prévaloir sur quelques injustices accidentelles. Elle tend, en effet, à prévenir l'incertitude de la propriété et elle supprime les causes de procès en fournissant au légitime propriétaire le moyen d'établir facilement son droit, car sans l'usucapion il lui faudrait prouver, non seulement qu'il a fait une acquisition régulière en la forme, mais encore que son auteur était propriétaire, que l'auteur de son auteur l'était lui-même, et ainsi de suite : c'est là une preuve que l'on a qualifiée à juste titre de *diabolica*.

Ces considérations n'ont pas échappé aux jurisconsultes grecs. Ainsi, dans son plaidoyer pour Archidamos, Isocrate dit que, dans l'opinion commune, une possession privée ou publique, qui s'est perpétuée pendant longtemps, se transforme en propriété et donne au possesseur un véritable patrimoine. Isocrate semble ainsi envisager la prescription acquisitive comme une institution de droit naturel. Démosthène [2] vante également l'excellence de la loi de Solon concernant la prescription extinctive, et les motifs qu'il en donne s'appliquent aussi bien à l'usucapion qu'à la prescription libératoire [3].

Faut-il admettre, en conséquence, que le droit attique a, de même que le droit romain, admis la théorie de l'usucapion ? La question doit être examinée successivement en ce qui concerne les meubles et les immeubles. A l'égard des meubles, nous n'avons d'autre source qu'un passage du *Traité des Lois* de Platon, où le philosophe pose un certain nombre de règles destinées à mettre un terme aux procès

---

(1) Isocrate, *Pro Archid.*, § 26 : τὰς κτήσεις καὶ τὰς ἰδίας καὶ τὰς κοινὰς, ἄν ἐπιγίνηται πολὺς χρόνος, κυρίας καὶ πατρῴας ἅπαντες εἶναι νομίζουσιν.

(2) Démosthène, *Pro Phorm.*, § 25. Cf. Démosthène, *C. Pantæn.*, § 2.

(3) Cf. Caillemer, *Prescription*, p. 5. V. *infra*, Liv. III, tit. III, Extinction des obligations.

dans l'intérêt des possesseurs ¹. La prescription qu'il établit
pour les meubles est en même temps extinctive et acquisitive, car elle suppose, d'un côté, la négligence du propriétaire pendant un certain temps et, d'un autre côté, de la part
du détenteur, une possession prolongée pendant un certain
temps. La durée de la prescription varie suivant les différentes hypothèses qui peuvent se présenter. Il faut distinguer
d'abord selon que la possession a été publique (φανερῶς) ou non
(ἐν ἀφανεῖ), c'est-à-dire selon qu'elle s'est exercée à l'extérieur
ou à l'intérieur des habitations. Dans le premier cas, le
délai de la prescription est d'un an si le possesseur du meuble s'en est servi dans la ville, sur les places publiques ou
dans les temples, sans que personne soit venu le troubler
dans sa possession, et le délai est de cinq ans si la possession s'est manifestée à la campagne (κατ' ἀγρούς). Lorsque la
possession est occulte, le délai de la prescription est de
trois ans à la ville et de dix ans à la campagne. Toutefois,
si l'usage de la chose a eu lieu seulement en pays
étranger, ἐν ἀλλοδημίᾳ, il n'y a pas de prescription possible et
le propriétaire est toujours autorisé à reprendre sa chose,
en quelque lieu et en quelque temps qu'il la trouve ².

Les règles posées par le philosophe sont, sans doute, très
rationnelles, mais il s'agit de savoir si Platon les a empruntées à la législation positive qu'il avait sous les yeux ou si,
au contraire, ces règles ont été posées par lui de toutes
pièces. Suivant Caillemer ³, il n'est pas défendu d'admettre,
en laissant de côté les détails d'application d'une importance
secondaire, que les principes posés par l'auteur du *Traité*

(1) Platon, *Leges*, XII, 7, p. 954 e : τῶν ἀμφισβητησίμων χρόνου ὅρος, ὅν
ἐάν τις ᾖ κεκτημένος, μηκέτ' ἀμφισβητεῖν ἐξεῖναι.
(2) On a rapproché de cette dernière disposition celle de la loi des XII Tables :
Adversus hostem æterna auctoritas esto. Dareste, *Science du droit*, p. 153.
(3) *Loc. cit.*, p. 7, 8. Cf. Viollet, p. 570, note 2 ; Meier, Schœmann et Lipsius,
p. 673, note 524 ; Hofmann, p. 24 et s. ; Viehbahn, *Remedia recuperandæ possessionis in jure attico romano*, p. 13, 14.

des Lois étaient conformes à ceux de la législation athénienne. D'après d'autres auteurs, dont nous serions plutôt
porté à partager l'opinion, les règles indiquées par Platon
sont uniquement le fruit de son imagination. Elles sont, en
effet, beaucoup trop complexes pour avoir été reçues dans
le droit positif. La législation romaine qui, sur cette matière,
était beaucoup plus développée que le droit attique, avait admis
un délai uniforme d'un an pour la prescription des meubles.
Il est difficile de croire que la loi athénienne ait édicté à ce
sujet des dispositions qui, pour être rationnelles, seraient
contraires à l'esprit simpliste des législations anciennes [1].

Il y a controverse également pour l'usucapion des immeubles. Pour établir que la possession prolongée d'un immeuble
engendrait le droit de propriété, on a argumenté de ce
même passage du *Traité des Lois* où Platon dit, après
avoir posé le principe général précédemment cité [2] : χωρίων
μὲν οἰκήσεων τε τῆδε οὐκ ἔστ' ἀμφισβήτησις. Cette phrase, a-t-on
dit, peut se traduire ainsi : « A Athènes, il n'y a aucune
controverse sur les conditions de la prescription pour les
fonds de terre et les maisons ». On peut argumenter, dans
le même sens, des passages précités d'Isocrate et de Démosthène, surtout du premier où il s'agit manifestement de la
prescription acquisitive. Aucun texte n'indique, il est vrai, le
délai pour l'usucapion des immeubles, mais il y a lieu de
supposer que l'on appliquait ici la règle suivie en matière
de prescription des actions : ὁ νόμος πέντε ἐτῶν τὴν προθεσμίαν
ἔλωσι [3].

Nous estimons, au contraire, que le droit attique n'a point
admis l'usucapion des immeubles. Les raisons que l'on a

---

(1) V. en ce sens : Hermann, *De vestigiis institutorum veterum*, Marbourg,
1836, p. 66. Cf. Hermann-Thalheim, p. 123.
(2) *Supra*, p. 144, note 1.
(3) Démosthène, *Pro Phorm.*, § 26; *C. Nausim.*, § 27. Cf. en ce sens, Caillemer, *loc. cit.*, p. 8.

données à l'appui de l'opinion adverse ne résistent pas à un
examen attentif. Le passage de Platon n'a nullement le sens
qu'on lui prête. Il est clair, d'abord, que le principe posé par
le philosophe se réfère non point à la ville d'Athènes, mais à
la cité idéale dont il retrace l'organisation. Cela résulte du
mot τῆδι. Si, d'autre part, les immeubles ne peuvent, dans
cette cité idéale, donner lieu à une contestation de propriété,
ἀμφισβήτησις, cela tient à la manière dont Platon y organise
le régime de la propriété foncière, la terre étant divisée en
lots inaliénables et indivisibles répartis entre les diverses
familles [1]. Quant au texte d'Isocrate, il est beaucoup trop
général pour qu'on puisse en argumenter sérieusement.
L'orateur ne s'y préoccupe point, du reste, de la prescription juridique. Son but, ainsi que cela résulte de la suite
du discours [2], est simplement de justifier les prétentions des
Spartiates sur la Messénie et, à cet effet, il invoque cette
idée courante qu'une possession immémoriale ne peut plus
guère être remise en question. Enfin le texte de Démosthène
et la loi de Solon se réfèrent manifestement à la prescription extinctive et non à la prescription acquisitive. Voici,
du reste, des preuves, décisives à notre avis, que la possession prolongée ne pouvait, à Athènes, conduire à l'acquisition de la propriété. Nous verrons, en étudiant les règles
de la pétition d'hérédité [3], que celui qui a possédé une succession pendant de longues années sur le fondement d'une
sentence d'adjudication de l'archonte, par conséquent d'un
titre des plus légitimes, peut néanmoins voir ses droits contestés par un tiers qui invoque, par exemple, un lien de
parenté plus étroit avec le *de cujus*. Il y a même un exemple
d'une semblable revendication intentée après vingt-deux ans
de possession par l'héritier [4]. Or, de semblables actions,

---

(1) Platon, *Leges*, V, p. 739, c et s.
(2) Isocrate, *loc. cit.*, § 28.
(3) *Infra*, tit. VI, ch. 1, sect. II.
(4) Isée, *De Dicæog. her.*, §§ 7 et 35.

auxquelles le défendeur ne songe nullement à opposer l'usucapion, sont inconciliables avec l'existence de cette institution dans le droit attique. Cette manière de voir est confirmée par le langage de l'orateur du discours contre Macartatos qui, lorsque ses adversaires, Théopompe et Macartatos,
s'étonnent qu'après tant d'années de possession on ose leur
disputer l'héritage, leur répond en ces termes : « Pour moi, je
pense que celui qui possède injustement le bien d'autrui n'a
pas à se plaindre d'avoir possédé si longtemps, qu'il doit, au
contraire, savoir gré, non pas à nous, mais à la fortune, des
empêchements nombreux, insurmontables, qui se sont élevés
dans l'intervalle et qui ont retardé le procès jusqu'à ce
jour » [1]. Cela revient à dire que la possession ne peut jamais
par elle seule rendre le possesseur propriétaire et qu'elle
n'a de valeur qu'autant qu'elle n'est pas attaquée. Nous trouvons une nouvelle preuve en ce sens dans un plaidoyer
d'Isée, où l'orateur, énumérant les divers moyens dont le
possesseur peut se prévaloir pour repousser une revendication dirigée contre lui, s'exprime ainsi : ὥσπερ τῶν ἀμφισβη-
τημῶν χωρίων δεῖ τὸν ἔχοντα ἢ θέτην, ἢ πρατῆρα παρέχεσθαι ἢ καταδεδικασμένον φαίνεσθαι [2]. Si l'usucapion avait été reçue dans le
droit attique, Isée n'aurait pas manqué de mentionner ce
moyen de défense, si simple relativement [3]. D'une manière
générale, le silence gardé par les orateurs à l'égard de l'institution qui nous occupe et du délai dans lequel la prescription acquisitive se serait accomplie, nous semble une preuve
convaincante que les Athéniens n'ont pas connu l'usucapion [4].

(1) Démosthène, C. Macart., § 67.

(2) Isée, De Arist. her., § 24.

(3) Meier, Schœmann et Lipsius (p. 672, note 523) considérant, au contraire,
que l'énumération faite par Isée n'est point limitative, estiment qu'on ne peut en
tirer aucun argument contre l'existence de l'usucapion à Athènes.

(4) Cf. en ce sens : Dareste, Plaid. civ., t. I, p. XXXIV, t. II, p. 57, note 3, et
Traité des lois de Théophraste, p. 290; Hermann-Thalheim, p. 123 ; G. A. Leist,
P. 60 ; Guiraud, p. 308 et s. Dareste (Traité des lois, loc. cit.) observe que si

En admettant, par hypothèse, l'existence de la prescription
acquisitive dans le droit attique, il y aurait lieu de se demander si la bonne foi était exigée de la part du possesseur qui
voulait prescrire, et si, par suite, le voleur se trouvait dans
l'impossibilité d'usucaper la chose volée. A Rome, une loi
Atinia prohibait l'usucapion des choses volées [1]. On a prétendu trouver dans un passage du discours de Démosthène
pour Phormion [2] la preuve que les lois de Solon renfermaient
une disposition analogue. On a dit, dans le même sens que
si, pour l'action en pétition d'hérédité, le délai de la prescription ne commençait à courir qu'à partir de la mort du
premier envoyé en possession, c'est que celui-ci pouvait toujours être considéré comme un possesseur de mauvaise foi
à l'égard des héritiers dont le droit était supérieur au sien [3].
Caillemer [4] estime, avec plus de raison, selon nous, qu'il n'y
a pas trace dans les textes d'une distinction entre le possesseur de bonne foi et le possesseur de mauvaise foi. Le
texte de Démosthène est étranger à la question, car l'orateur n'a en vue que les demandeurs et non les défendeurs.
Quant à la règle spéciale relative au point de départ de la
prescription de l'action en pétition d'hérédité, elle peut parfaitement, ainsi que nous le démontrerons ultérieurement,
s'expliquer autrement que par une présomption de mauvaise
foi chez le premier envoyé en possession.

Si, à notre avis, l'usucapion est étrangère au droit attique, faut-il du moins admettre que la possession prolongée
faisait présumer le droit de propriété jusqu'à preuve con-

l'usucapion est étrangère au droit athénien, c'est à ce droit que les Romains ont
emprunté la *longi temporis præscriptio* en la transformant et en la mêlant à
l'usucapion.

(1) Inst., § 2, *De usucap.*, II, 6.

(2) Démosthène, *Pro Phorm.*, § 27 : τοῖς μὲν γὰρ ἀδικουμένοις τὰ πέντε ἔτη
ἱκανὸν ἡγήσατ' (ὁ Σόλων) εἶναι εἰσπράξασθαι, κατὰ δὲ τῶν ψευδομένων τὸν
χρόνον ἐνόμισε σαφέστατον ἔλεγχον ἔσεσθαι.

(3) Hermann, *Privatalterthümer*, 1e éd., § 71, note 6.

(4) *Loc. cit.*, p. 9.

traire? Le passage précité [1] du plaidoyer contre Macartatos semble bien démontrer, a-t-on dit, que la longue possession, si elle ne constituait pas un moyen de droit, pouvait
fournir une considération de fait abandonnée à l'appréciation
du juge [2]. Mais il faut se garder, selon nous, d'attacher une
trop grande importance à la possession, au point de vue de
la preuve, étant donné que, comme nous le démontrerons
ultérieurement en exposant les règles de la diadicasie, le
possesseur actionné en revendication n'est pas dispensé, plus
que le demandeur, de prouver son droit à la possession de
la chose litigieuse.

On arrivait, d'autre part, à consolider indirectement les
possessions au moyen de la prescription extinctive (προθεσμία),
qui s'appliquait vraisemblablement aux actions réelles comme aux actions personnelles. Nous voyons, en effet, que la
pétition d'hérédité, donnée pour la protection d'un des droits
qui paraissent les plus forts aux yeux des Athéniens, puisqu'il est garanti par la δίκη ἐξούλης [3], est sujette à une prescription qui s'accomplit par un délai de cinq années [4]. Une
semblable prescription paraît avoir été admise pour la *vindicatio in servitutem* [5]. On peut donc généraliser et étendre à toutes les actions réelles la règle admise pour celles
que nous venons de signaler, et dire qu'elles se prescrivaient
par cinq ans [6]. Il est même possible que la revendication des
meubles ait été soumise à une prescription plus courte d'un
an, par exemple, comme celle qui était admise à l'égard des

(1) *Supra*, p. 147.
(2) Dareste, *Plaid. civ.*, t. I, p. XXXIV et t. II, p. 57, note 35. Cf. Guiraud,
p. 308.
(3) Alors du moins qu'il s'agit d'un héritier sien. V. *infra*, tit. II, chap. I,
sect. II.
(4) Isée, *De Pyrrhi her.*, § 58.
(5) V. *supra*, t. II, p. 523.
(6) Dareste, *Science du droit*, p. 152. Guiraud (p. 309) admet également cette
solution en se fondant sur le § 27 du plaidoyer de Démosthène pour Phormion.
Mais il ne s'agit, dans ce texte, du moins en apparence, que des actions personnelles.

cautions [1]. Mais ce n'est là qu'une simple conjecture [2]. En
définitive, le droit attique, tout en se refusant à considérer la
prescription comme un mode d'acquisition, est arrivé à lui
reconnaître indirectement ce caractère en faisant d'elle un
mode d'extinction des actions réelles. Ainsi qu'on l'a justement observé, « dans la pratique, sinon en droit strict, la
chose revenait au même, vu qu'on n'aperçoit guère de différence entre un objet de pleine propriété et un objet à l'abri
de toute revendication. Ce fut là, sans doute, une réforme
assez tardive, née des abus qu'avait provoqués le système de
l'imprescriptibilité absolue des immeubles [3]. »

La prescription de l'action en revendication comporte toutefois certaines exceptions. Ainsi, comme nous l'avons vu,
les biens des dieux sont imprescriptibles de même que les
biens du domaine public, c'est-à-dire qu'aucune exception,
προθεσμία, n'est opposable à la revendication qui en est exercée [4]. Le droit romain classique déclarait imprescriptibles
non-seulement les biens du fisc, mais encore certains biens
des pupilles qui ne pouvant, en principe, être aliénés directement, ne pouvaient non plus l'être indirectement par la
voie de la prescription. Dans le droit attique, au contraire,
les immeubles du mineur étant parfaitement aliénables par
le tuteur [5], on doit en conclure qu'ils sont également pres-
criptibles [6].

_____

(1) Démosthène, C. Apat., § 27.
(2) Cf. Dareste, loc. cit.
(3) Guiraud, p. 311. Cet auteur, se fondant sur le témoignage de Démosthène,
attribue à Solon la réforme en question. Mais c'est là une proposition fort contestable parce que, comme nous l'avons observé (supra, p. 146, note 6), Démosthène semble ne viser que la prescription des actions personnelles.
(4) V. supra, p. 35 et 42.
(5) V. supra, t. II, p. 231 et s.
(6) Un papyrus grec du Musée de Turin (v. Peyron, in Mémoires de l'Académie de Turin, 1826) contient tout un procès en revendication plaidé en Égypte
sous les Ptolémées et où la prescription et la longue possession sont invoquées
en des termes laissant supposer qu'il y avait des règles fixes sur la suspension et l'interruption de cette dernière. Mais, comme l'observe Dareste (Traité

CHAPITRE III

DE L'EXTINCTION DU DROIT DE PROPRIÉTÉ.

Le droit de propriété est perpétuel de sa nature, c'est-à-dire qu'il n'est pas dans sa destinée de s'éteindre autrement que par la perte de la chose qui en est l'objet. Il peut bien changer de titulaire, mais sa transmission n'est point contraire à sa permanence; elle en est, au contraire, l'affirmation, puisque le nouveau propriétaire est substitué à l'ancien. Il y a toutefois certains cas où le dépouillement du propriétaire n'a point pour corrélatif et pour conséquence l'acquisition par un tiers. Tel est d'abord le cas où une chose cesse d'exister, c'est-à-dire perd son individualité matériellement ou juridiquement [1]. Le droit de propriété s'éteint également purement et simplement lorsque la chose sur laquelle il porte sort du commerce, comme dans le cas où un esclave est affranchi, ou lorsqu'elle devient *nullius*, par l'effet de ce que les Romains nommaient le *postliminium*, comme dans le cas où un animal sauvage recouvre sa liberté.

Le droit de propriété peut s'éteindre, en dehors de toute renonciation volontaire ou conventionnelle de son titulaire, par certaines causes indépendantes de sa volonté. Une première cause de ce genre est la confiscation soit générale soit spéciale. Nous exposerons ultérieurement la théorie de la confiscation générale considérée comme mode de trans-

---

des lois de Théophraste, p. 291), il résulte de ce texte même que les Ptolémées avaient fait des édits sur la matière. On ne peut donc en tirer aucune induction en ce qui concerne le droit attique.

1) Cf. Accarias, t. I, n° 263.

mission du patrimoine, car elle a pour effet de dépouiller au profit de l'Etat le condamné de la totalité des biens qu'il possède.

Outre la confiscation générale, le droit attique admettait la confiscation spéciale de certains objets déterminés et n'entraînant, par conséquent, l'extinction du droit de propriété que relativement à ces objets. La confiscation spéciale devait être prononcée dans des cas assez nombreux qui ne nous sont point tous parvenus. D'après les sources que nous possédons, la confiscation spéciale pouvait avoir pour objet : 1° les créances de ceux qui avaient fait un prêt à la grosse à un capitaine de navire sans lui imposer l'obligation de rapporter à Athènes des céréales ou d'autres marchandises [1] : on voulait ainsi empêcher que les capitaux du pays ne fussent employés au profit d'une autre place [2] ; 2° les marchandises vendues en contravention aux règlements sur la police des marchés, c'est-à-dire le blé que les habitants de l'Attique exposaient en vente ailleurs qu'au marché de la ville ou à celui de leur dème [3], et probablement aussi le blé importé de l'étranger que l'on exposait ailleurs qu'à l'emporium du Pirée [4]; 3° les marchandises que les négociants cherchaient à importer dans l'Attique sans payer les droits de douane [5]; 4° celles que l'on mettait en vente en se servant de faux poids ou de fausses mesures [6] ; 5° le droit d'exploitation des mines lorsque le concessionnaire manquait aux obligations imposées par la loi ou contractées envers l'Etat [7].

---

(1) Démosthène, *C. Lacrit.*, § 51 ; *C. Theocr.*, § 13.

(2) Cf. Thonissen, p. 400 ; Bœckh, t. I, p. 70.

(3) Lycurque, *C. Leocr.*, § 27.

(4) Thonissen, p. 128 et 398.

(5) Ἀτελώνητον. Zenob., I, 74 ; Diogenian., II, 21 ; Pollux, IX, 31. — Cf. Démosthène, *C. Midiam*, § 133 : χλανίδες δὲ καὶ κύμβια καὶ κάδου; ἔχων, ὧν ἐπελαμβάνοντο οἱ κινῇ κοστολόγοι.

(6) *Corp. inscr. gr.*, n° 123. Cf. Platon, *Leges*, XI, p. 917; Thonissen, p. 404.

(7) Démosthène, *C. Phænip.*, § 3. Cf. Bœckh, *Staatshaush.*, t. I, p. 467 et *Abh. über die Laurischen Silbergruben*, in *Klein. Schrif.*, V, p. 31 et s.

Une autre cause d'extinction du droit de propriété indépendante de la volonté du titulaire est l'expropriation pour cause d'utilité publique. Mais, à la différence de ce qui se passe en cas de confiscation, le droit de propriété n'est perdu ici que moyennant une compensation pécuniaire. Le principe paraît avoir été, en effet, dans le droit grec, comme dans le droit moderne, que l'expropriation n'a lieu que sous le paiement d'une indemnité représentative de la valeur du bien dont le propriétaire est dépouillé. C'est probablement à ce principe que Dion Chrysostome faisait allusion lorsqu'il écrivait : « Partout la loi veut que celui à qui l'on prend quelque bien reçoive de ceux qui le lui prennent l'argent dont il l'a payé »[1]. Ce principe est appliqué notamment dans le contrat que la ville d'Erétrie a passé avec Chærophanès pour le dessèchement de son marais. En autorisant l'entrepreneur à fouiller des puits pour le conduit souterrain dans les terrains appartenant à des particuliers, la ville décide que les fouilles ne pourront avoir lieu sans que Chærophanès ait payé le prix de ces terrains. Le contrat autorise, en outre, l'entrepreneur à s'emparer de toutes les terres dont il aura besoin autour des marais, en payant aux propriétaires une indemnité que la ville fixe elle-même à l'avance et d'une manière uniforme[2]. On peut conclure de ce document que si l'expropriation n'a lieu en Grèce que moyennant une indemnité, celle-ci, sans être, comme chez nous, déterminée par une autorité impartiale et indépendante de l'Etat, est le plus souvent fixée par l'Etat lui-même, ce qui rend l'expropriation beaucoup plus préjudiciable aux propriétaires qu'aujourd'hui. A Athènes, après le rétablissement de la démocratie, en 403, certains propriétaires d'Eleusis furent contraints par la loi de céder leurs maisons à des particu-

---

(1) Dion Chrysostome, I, p. 365 (Dindorf) : οὐχὶ νενόμισθαι... τὸν ἀπεστερευμένον τινος κτήματος ὃ γοῦν κατατέθεικε, κομίζεσθαι παρὰ τῶν εἰληφότων.

(2) Dareste, Haussoulier et Reinach, p. 146, l. 17 et s. — Cf. Réglement de Tégée, § 6, in Le Bas et Foucart, Voy. Archéol., Peloponèse, n° 340, § 2.

liers, et, en cas de désaccord sur le prix, celui-ci devait être fixé par des experts [1]. L'intérêt des propriétaires expropriés est ici mieux sauvegardé.

Le droit de propriété peut également s'éteindre sans la volonté du propriétaire, soit par l'usucapion, si l'on admet l'existence de cette institution dans le droit attique, soit, du moins, par la prescription extinctive de l'action réelle [2].

Nous signalerons enfin un dernier mode d'extinction de la propriété résultant de la capture par l'ennemi. Le droit de prise était admis dans le droit international grec [3] aussi bien au profit des nationaux que contre eux. Un passage de Démosthène [4] laisse supposer qu'en cas de reprise sur l'ennemi on suivait, relativement à la revendication du propriétaire dépouillé, des principes analogues à ceux qui régissent les sociétés modernes [5].

(1) Aristote, *Constit. des Athén.*, c. 39.
(2) V. *supra*, p. 142 et s.
(3) Cf. Démosthène, *C. Timocr.*, § 12.
(4) Démosthène, (Hégésippe), *Or. de Halon.*, § 1 et s.
(5) Cf. en ce sens : Pardessus, I, p. 49.

TITRE III

_____

CHAPITRE I

DES SERVITUDES.

On comprend généralement sous la dénomination générale de servitudes deux espèces de démembrements de la propriété : les uns, que les Romains nommaient *servitutes rerum* ou *prædiorum*, et que nous appelons servitudes réelles ou prédiales, ou encore services fonciers, consistent dans l'attribution à un fonds déterminé d'une portion des avantages compris dans la propriété d'un autre fonds ; les autres, nommés à Rome *servitutes hominum* ou *personales* et, dans le langage moderne, servitudes personnelles, consistent dans l'attribution à une personne déterminée d'une portion des avantages compris dans la propriété d'un meuble ou d'un immeuble [1]. Le droit attique a également connu ces deux sortes de démembrements de la propriété. Malheureusement la matière des servitudes est une de celles sur

(1) Accarias, t. I, n° 264.

lesquelles les sources sont les plus pauvres [1]. Il est en conséquence bien difficile, non seulement de connaître les règles
relatives aux différentes servitudes qui pouvaient être admises et pratiquées à Athènes, mais encore de reconstituer
une théorie générale des servitudes comme l'avaient fait
les jurisconsultes romains avec un sens juridique remarquable.

Nous dirons seulement qu'à Athènes, de même qu'à
Rome, une servitude, une fois établie, constitue un rapport
défini et invariable entre la chose asservie et le fonds ou la
personne à qui elle appartient: tant que subsistent les deux
termes du rapport, la servitude persiste également [2]. Il en
résulte que les servitudes réelles sont naturellement perpétuelles, car elles ont pour sujet actif et pour sujet passif
des immeubles, c'est-à-dire des choses qui périssent difficilement. Les servitudes personnelles, au contraire, sont via-
gères, car elles ne peuvent survivre à la disparition de la
personne qui en était le sujet actif. Une autre conséquence du
même principe général, c'est que l'aliénation de la chose
asservie n'empêche point le maintien de la servitude : celle-
ci suit la chose quelques mains qu'elle passe et, à ce
point de vue, on peut dire que toute servitude, qu'elle soit
établie au profit d'un fonds ou d'une personne, est *in rem*.
A l'inverse, s'il s'agit d'une servitude prédiale, l'aliénation
du fonds dominant n'entraîne point l'extinction de la servitude. Nous déduirons enfin de ce même principe cette
dernière conséquence que la servitude ne peut faire l'objet

---

(1) Cf. Platner, *Process*, t. II, p. 309 ; G. A. Leist, p. 7; Voigt, *Ueber den
Bestand und die hist. Entwick. der Servitut.*, p. 45, note 95 ; B. W. Leist,
p. 505 ; Biagio Brugi, p. 13; Meier, Schœmann et Lipsius, p. 675. Nous ne possédons aucun renseignement sur les servitudes dont l'existence est signalée par
Dareste (*Plaid. civ.* I, p. XXXIV) à savoir la servitude d'égout, χειμαρρούς, et
celle œdificandi, ἐπιτειχισμό;. Quant à l'ἐπινομία rangée par le même auteur au
nombre des servitudes ce n'en est point une en réalité. Cf. Meier, Schœmann et
Lipsius, *loc. cit.*, note 528.

(2) Accarias, *ibid*.

d'une aliénation distincte. Spécialement, s'il s'agit d'une
servitude prédiale, celle-ci, envisagée comme une qualité du
fonds au profit duquel elle est établie, ne peut être aliénée
indépendamment de ce fonds. Par contre, l'aliénation du
fonds emporte celle des servitudes actives qui y sont attachées [1]. De même l'hypothèque constituée sur un fonds
s'étend aux servitudes actives existant au profit de ce
fonds [2].

SECTION I

Des servitudes réelles.

Certains codes modernes, comme le code civil français,
qualifient du nom de servitudes certaines restrictions apportées par la loi elle-même à l'exercice du droit de propriété,
comme celles qui obligent un propriétaire à recevoir les
eaux qui coulent des terrains supérieurs, ou qui l'empêchent
d'ouvrir des jours ou de faire des plantations si ce n'est à
une certaine distance du fonds voisin. On a contesté, il est
vrai, cette qualification et l'on a dit que, dans les cas que
nous venons d'indiquer, il ne peut pas y avoir servitude
puisque les restrictions en question sont le droit commun
de la propriété et que le mot servitude implique une dérogation au droit commun. On a répondu qu'il y a véritablement servitude toutes les fois qu'un propriétaire se trouve
empêché soit par la loi, soit par le fait de l'homme de faire
sur son fonds tout ce qui lui est permis par le droit naturel.
Quoi qu'il en soit au point de vue rationnel et philosophique,
il nous semble qu'il y a une certaine utilité à réunir dans
un même cadre des dispositions qui ont entre elles un grand

(1) Dareste, Haussoulier et Reinach, p. 78, § 32, l. 79.
(2) Dareste, Haussoulier et Reinach, p. 108, n° 5. V. infra, chap. II.

rapport de ressemblance et qui affectent avant tout les héritages eux-mêmes. Aussi traiterons-nous dans une même
section, mais en deux paragraphes distincts, les deux ordres
de restrictions au droit de propriété que notre code appelle,
les unes servitudes établies par la loi, les autres servitudes
établies par le fait de l'homme et que le droit attique a
également connues, mais sans rechercher si elles étaient
d'une nature différente.

§ 1. — *Des servitudes établies par la loi.*

Le législateur athénien s'était occupé de très bonne heure
de régler les rapports entre les fonds contigus de manière
à prévenir autant que possible les difficultés et les inimitiés
qui seraient nées fréquemment de l'état de voisinage, si chacun des deux propriétaires voisins avait voulu user de son
droit absolu de disposition et d'usage sur son propre fonds.
Solon, ainsi que nous le savons par Plutarque [1] et par
Gaïus [2], avait compris dans ses lois les objets les plus importants de la police rurale touchant les rapports de voisinage. Le même sujet a également attiré l'attention de Platon qui, dans son *Traité des Lois*, pose un certain nombre
de règles tirées ou inspirées des lois de Solon ou de la législation postérieure qui était venue étendre et développer les
lois soloniennes [3].

A. — *Du bornage.* —Certaines législations ont considéré,
dans divers cas, le bornage comme obligatoire et ont donné
au propriétaire le droit d'y contraindre son voisin par la
voie judiciaire. C'est ce qui avait lieu notamment à Rome,
où la loi des XII Tables avait établi l'action *finium regundorum* comme sanction de l'obligation de borner. Il ne semble

(1) Plutarque, *Solon*, 23, 24.
(2) Gaïus, l. 13, D. *Fin. reg.*, X, 1.
(3) Platon, *Leges*, VIII, 9, p. 842 et s.

pas qu'en Grèce et notamment à Athènes le bornage ait
jamais eu un caractère obligatoire. On procédait généralement avec un soin minutieux à la délimitation des propriétés, surtout lorsqu'il s'agissait de terrains appartenant à
l'Etat ou aux dieux. Les particuliers n'étaient pas moins
attentifs à délimiter leurs domaines et nous avons eu déjà
l'occasion de signaler les ὅροι qui les entouraient et qui
avaient vraisemblablement un caractère sacré. Pour établir
une ligne certaine de démarcation, on pouvait, au lieu de
planter simplement des bornes, environner un terrain d'un
fossé qui l'isolait des fonds voisins [1], ou créer tout autour
un chemin circulaire [2]. On voit aussi les séparations des
domaines consister soit en un mur de grosses pierres, comme
en avait élevé un autour de son champ l'Athénien Calliclès,
soit en un mur de pierres sèches, comme l'avait fait Tisias [3].
Mais le plus souvent la délimitation s'opérait simplement au
moyen de bornes [4].

Lors de l'établissement d'une clôture, il y avait lieu de
suivre certaines prescriptions légales. Dans une de ses
lois, citée par Gaïus, Solon décidait que si quelqu'un plante
une haie le long d'un fonds étranger, il ne pourra pas dépasser la ligne des bornes, s'il construit un mur, il devra
laisser la distance d'un pied et s'il creuse un fossé, une distance égale à la profondeur du fossé [5]. Il résulte de ce texte
que la clôture, haie, mur ou fossé, doit se trouver entière-

(1) Thucydide, I, 106 : χωρίον ἰδιώτου, ᾧ ἔτυχεν ὄρυγμα μέγα ,περιεῖργεν καὶ
οὐκ ἦν ἔξοδο;.
(2) Lysias, Pro sacra olea, § 28 : κυκλόθεν δὲ ὁδὸς περιέχει.
(3) Démosthène, C. Callicl., §§ 11 et 30.
(4) V. notamment : Dareste, Haussoullier et Reinach, p. 32, § 8, l. 20 ; p. 78,
§ 32, l. 79-82 ; p. 244, l. 10 ; Bulletin, IV, p. 138 ; Théophraste, Caractères, 10.
Cf. Guiraud, p. 184.
(5) Gaïus, loc. cit. : ἐάν τ.ς αἱμασίαν παρ' ἀλλοτρίῳ χωρίῳ ὀρύγῃ, τὸν ὅρον
μὴ παραβαίνειν· ἐὰν τειχίον, πόδα ἀπολίπειν· ἐὰν δὲ οἴκημα, δύο πόδας· ἐὰν δὲ
τάφον ἢ βόθρον ὀρύττῃ, ὅσον τὸ βάθος ᾖ, τοσοῦτον ἀπολίπειν· ἐὰν δὲ φρέαρ, ὀργυιάν.
ἐλαίαν δὲ καὶ συκῆν ἐννέα πόδας ἀπὸ τοῦ ἀλλοτρίου φυτεύειν· τὰ δὲ ἄλλα δένδρα
πέντε πόδας. Gaïus observe que les règles de la loi romaine ont été imitées des

ment sur le terrain de celui qui l'établit et, par conséquent, il ne saurait être question de mitoyenneté dans cette hypothèse [1]. La loi de Solon ne concerne toutefois que les clôtures établies par la volonté d'un seul des deux propriétaires voisins. Ceux-ci pouvaient très bien se mettre d'accord pour construire un mur ou pour creuser un fossé à frais communs, et alors la clôture pouvait être établie sur la ligne même de démarcation et être mitoyenne [2]. D'autre part, lorsqu'il s'agissait de creuser un fossé de séparation, le voisin, s'il se refusait à prêter son concours, avait tout intérêt à autoriser l'établissement du fossé sur la ligne même des bornes, afin d'en devenir le riverain et de pouvoir y faire écouler ses eaux [3]. Il résulte enfin d'un plaidoyer de Démosthène que les distances à observer dans les cas que nous venons de signaler ne concernaient pas les murs de clôture élevés sur la voie publique : il n'était point nécessaire alors qu'il y eût un intervalle quelconque.

B. — *Des plantations et des fouilles.* — La loi de Solon précitée fixait la distance qui devait être observée entre les plantations faites sur un fonds et la limite des fonds voisins.

---

lois de Solon : « Sciendum est in actione finium regundorum illud observandum esse quod ad exemplum quodammodo e_jus legis scriptum est quam Athenis Solonem dicitur tulisse : ἐάν τις etc., » Platon (*Leges*, VIII, p. 843 e) fait allusion à ce règlement de Solon, lorsqu'il dit : καὶ ἐὰν φυτεύων μὴ ἀπολείπῃ τὸ μέτρον τῶν τοῦ γείτονος χωρίων, καθάπερ εἴρηται καὶ πολλοῖς, νομοθεται ἱκανῶς.

(1) Le registre de Ténos indique, en conséquence, que Mélisson avait bâti sur son propre terrain le mur destiné à l'enclore : Dareste, Haussoullier et Reinach, p. 78, l. 80. Guiraud (p. 185) observe, à ce sujet, que c'est pour une raison analogue qu'à Héraclée on a laissé deux bandes de terre larges de 20 pieds sur les côtés du domaine de Dionysos qui touchaient à des terres privées. Cf. Dareste, Haussoullier et Reinach, p. 222.

(2) Guiraud, p. 185.

(3) Guiraud, p. 180.

(4) Démosthène, *C. Callicl.*, § 27. L'orateur dit, en effet, que le riverain, en avançant son mur, a rendu le chemin plus étroit. C'est donc qu'il pouvait le construire le long du chemin à condition de ne pas empiéter sur celui-ci. Cf. Guiraud, p. 185.

Cette distance était de cinq pieds pour les arbres ordinaires et de neuf pieds pour les figuiers et les oliviers. Plutarque, qui relate également la loi de Solon, explique cette différence par le motif que les arbres de la seconde catégorie poussent très loin leurs racines et que leur voisinage ne convient pas à toutes les plantes [1]. Pour les constructions, la distance était réduite à deux pieds. La loi ne dit pas ce qui avait lieu lorsque les règles en question n'étaient pas observées. On pourrait croire que le propriétaire dont les droits étaient lésés avait le droit de faire abattre les arbres ou les bâtiments trop rapprochés. Le doute est permis toutefois, car Platon, qui fait allusion à ces réglements de Solon, se borne à dire que le contrevenant sera condamné par les magistrats à payer une indemnité égale au dommage [2]. Le propriétaire lésé pouvait, en tout cas, couper les racines ou les branches qui empiétaient sur son terrain, conformément au principe précédemment indiqué que la propriété du sol emporte celle du dessus et celle du dessous. On pourrait même supposer, d'après ce qu'Aristote nous rapporte sur ce qui se passait en Carie [3], que les branches qui dépassaient l'alignement appartenaient au propriétaire du terrain au-dessus duquel elles se trouvaient et que celui-ci pouvait en récolter les fruits.

La loi de Solon se préoccupait également des fouilles. Pour éviter que le curage d'un fossé ne provoquât des éboulements au détriment du fonds voisin, elle exigeait que le propriétaire qui creusait un fossé sur son terrain ne l'établît qu'à une distance égale à la profondeur du fossé. S'il s'agissait de creuser un puits, il fallait même laisser un intervalle d'une orgye (six pieds environ). Les monuments épigraphiques

---

(1) Plutarque, *Solon*, 23.

(2) Platon, *Leges*, VIII, p. 843, e : τὴν δόξασαν ζημίαν τοῖς ἄρχουσι ζημιούσθω, καὶ ἐὰν φυτεύων μὴ ἀπολείπῃ τὸ μέτρον τῶν τοῦ γείτονος χωρίων καθάπερ εἴρηται πολλοῖς νομοθέταις ἱκανῶς.

(3) V. *supra*, p. 51, note 3. Cf. Guiraud, p. 188.

émoignent, d'autre part, que pour empêcher des fouilles trop rapprochées de tarir les sources publiques, on traçait quelquefois autour d'elles avec des bornes une sorte de périmètre de protection [1]. Mais, en dehors de ces limites, toutes les fouilles étaient permises, même si elles avaient pour résultat de détourner au profit de leur auteur des eaux jaillissant sur un fonds voisin et n'ayant point de destination publique [2].

C. — *Régime des eaux.* — Les eaux, bien que n'étant pas employées par les Grecs comme force motrice et ne leur servant que pour les usages domestiques et pour l'irrigation, étaient néanmoins très précieuses, en raison de leur rareté. Il avait été publié à cet égard des réglements dont Platon vante la sagesse et dont quelques-uns nous sont parvenus.

En ce qui concerne d'abord les eaux pluviales, il existait une servitude résultant de la situation naturelle des lieux, et d'après laquelle les fonds inférieurs étaient tenus de recevoir celles qui descendaient naturellement des fonds supérieurs, sauf à leur ménager une issue vers un chemin ou un fossé. Le fils de Tisias, à qui l'on reprochait de se débarrasser de ces eaux au préjudice du fonds inférieur, répondait à son adversaire : « On ne me forcera sans doute pas à les boire » [4]. Platon [5] ajoute toutefois que le propriétaire

---

(1) *Corp. inscr. att.*, p. 51, n° 499 a, et p. 128 n° 499 b ; *Inscr. Sic. et Ital.*, 352, I, l. 7.

(2) Guiraud, p. 188.

(3) Platon, *Leges*, VIII, p. 844 a : τῶν ὑδάτων πέρι γεωργοῖσι παλαιοὶ καὶ καλοὶ νόμοι.

(4) Démosthène, *C. Callicl.*, § 18.

(5) Platon, *Leges*, VIII, p. 844 c : ἐὰν δὲ ἐκ Διὸς ὕδατα γιγνόμενα, τὸν ἐπάνω γεωργοῦντα ἢ καὶ ὁμότοιχον οἰκοῦντα τῶν ὑποκάτω βλάπτῃ τις μὴ διδοὺς ἐκροήν, ἢ τοὐναντίον ὁ ἐπάνω μεθιεὶς εἰκῇ τὰ ῥεύματα βλάπτῃ τὸν κάτω, καὶ περὶ ταῦτα μὴ ἐθέλωσι διὰ ταῦτα κοινωνεῖν ἀλλήλοις, ἐν ἄστει μὲν ἀστονόμον ἐν ἀγρῷ δὲ ἀγρονόμον ἐπάγων ὁ βουλόμενος· ταξάσθω, τί χρὴ ποιεῖν ἑκάτερον· ὁ δὲ μὴ ἐμμένων ἐν τῇ τάξει φθόνου θ' ἅμα καὶ δυσκόλου ψυχῆς ὑπεχέτω δίκην, καὶ ὄφλων διπλάσιον τὸ βλάβος· ἀποτινέτω τῷ βλαφθέντι, μὴ ἐθελήσας τοῖς ἄρχουσι πείθεσθαι. Il est

du fonds supérieur [1], doit faire son possible pour atténuer la charge qui pèse sur le fonds inférieur. Si les propriétaires voisins ne peuvent s'entendre [2], ils s'adressent au magistrat (à l'astynome à la campagne et à l'agronome dans les villes) qui déterminera leurs obligations respectives. Si l'une des parties n'observe point ensuite ce règlement, elle doit, d'après Platon, être condamnée, en raison de sa désobéissance au magistrat, à payer le double du dommage causé [3].

Pour se protéger contre les eaux pluviales provenant des fonds supérieurs, pouvait-on bâtir des murs et faire sur son terrain tous les travaux de défense nécessaires, même s'ils étaient de nature à favoriser l'inondation des terres d'autrui. On a enseigné l'affirmative [4] en se fondant sur cer-

intéressant de rapprocher de cette règle la disposition de la loi romaine relative à l'action *aquæ pluviæ arcendæ* : « Item sciandum est hanc actionem vel superiori adversus inferiorem competere, ne aquam, quæ natura fluat, opere facto inhibeat per suum agrum decurrere, et inferiori adversus superiorem, ne aliter aquam mittat, quam fluere natura solet. » L. 1, § 13, D. *De aq. et aq. pluv. arc.*, XXXIX, 3.

(1) Peu importe, d'après Platon, que ce fonds supérieur soit un champ (τὸν ἐπάνω γεωργοῦντα) ou un édifice (ὁμότοιχον οἰκοῦντα). Le droit romain admettait à ce sujet deux actions différentes, l'action *aquæ pluviæ arcendæ* dans le premier cas, et l'action *de flaminibus et stillicidiis* dans le second. Cf. Biagio Brugi, p. 10.

(2) Ἐὰν μὴ ἐθέλωσι διὰ ταῦτα κοινωνεῖν ἀλλήλοις. Ce passage est ainsi traduit dans l'édition Didot : « Ideoque nolunt hæc communia inter se habere. » Nous préférons traduire par : « Et convenire inter se nequeunt. » Cf. Biagio Brugi, p. 11.

(3) En droit romain, l'*actio aquæ pluviæ arcendæ* a pour but de faire remettre les choses dans leur état antérieur et de réparer le dommage, si quid post litem contestatam contigit. Cf. Biagio Brugi, p. 10.

(4) Guiraud, p. 189. L'argumentation de cet auteur ne tient pas compte de cette circonstance que le fonds du fils de Tisias était séparé de celui de Calliclès par un chemin. « Un cercle formé par la montagne les entoure, dit Démosthène, et l'eau qui en découle se porte en partie sur le chemin, en partie sur les terres. L'eau qui tombe ainsi sur le chemin en suit la pente si la voie est libre, mais s'il se rencontre un obstacle, elle déborde forcément sur les terres (§ 10). » C'est pour prévenir ce débordement que le père de Tisias éleva une clôture en pierres sèches le long du chemin.

tains passages du discours de Démosthène contre Calliclès [1].
Dans une autre opinion, on décide que le propriétaire du
fonds inférieur ne peut pas élever de digue pour rejeter les
eaux du fonds supérieur. On argumente en ce sens des
règles posées par Platon dans son *Traité des Lois*, ainsi
que de ce même plaidoyer de Démosthène contre Calliclès.
Celui-ci, dit-on, se plaignait que Tisias eût entouré son
fonds d'un mur qui faisait obstacle au passage des eaux.
La prétention de Calliclès manquait de base, en réalité, car les fonds n'étaient point contigus mais séparés
par une voie publique pouvant servir à l'écoulement des
eaux. Mais, en tout cas, si la règle en question, n'avait
point été admise, le procès n'aurait pas eu de raison d'être [2].
Il est difficile, à notre avis, de raisonner d'après le plaidoyer contre Calliclès dans lequel l'orateur a pu, comme
cela arrivait souvent, dénaturer les règles de droit admises
en notre matière. Toutefois, la dernière opinion nous paraît
la plus exacte, autrement la servitude aurait pu être éludée
par le propriétaire du fonds inférieur. Au surplus, il paraît
certain que, dans leurs rapports respectifs, les propriétaires
voisins devaient s'abstenir d'exhausser ou de rétrécir les
chemins publics par lesquels les eaux s'écoulaient [3]. Ils
pouvaient seulement se servir de ces chemins pour l'écoule-

---

(1) Au § 29 de ce plaidoyer, le fils de Tisias dit à son adversaire : « S'il vous
est permis d'enclore votre terrain, assurément nous avions bien le même droit
pour le nôtre. Et si mon père vous faisait tort en élevant sa clôture, vous aussi
vous me faites le même tort en élevant la vôtre. En effet, votre mur étant construit de grosses pierres, il est clair que l'eau sera rejetée sur mon terrain, et
qu'à la première occasion elle renversera ma clôture à l'improviste. » Au 20, il
s'exprime ainsi : « Ce même Calliclès qui, pour défendre son terrain contre
l'irruption des eaux, fait voiturer de grosses pierres et élever des constructions,
intente contre moi l'action de dommage fondée sur ce que mon père aurait fait
une entreprise illi.ite en protégeant son terrain par une clôture, après un acci-
dent du même genre » (Traduction Dareste, t. 1, p. 177, et 174). »

(2) Caillemer, *in* Daremberg et Saglio, v° *Aqua*.

(3) Démosthène, *loc. cit.*, § 22. Cf. Guiraud, p. 189.

ment des eaux provenant des fonds riverains ¹. Les propriétaires de fonds contigus pouvaient, d'autre part, s'entendre pour creuser un fossé destiné à faciliter l'écoulement des eaux, les différents fonds recevant alors celles-ci par transmissions successives. En pareil cas, l'un des propriétaires ne pouvait arbitrairement détruire le canal commun ².

Quant aux sources, elles sont propriétés privées ou publiques suivant la nature du terrain dans lequel elles se trouvent. Les sources privées appartiennent exclusivement au propriétaire du terrain où elles naissent. Platon range, en conséquence, parmi les délits ruraux le fait de corrompre, de soustraire et de dérober l'eau des sources et des réservoirs privés ³. L'eau qui coulait dans un aqueduc communal ne pouvait non plus être dérivée par les particuliers, sous peine d'amende ⁴. Il existait du reste, à Athènes, des fonctionnaires spéciaux pour veiller aux fontaines publiques et, d'une manière générale, pour assurer l'exécution des règlements de Solon relatifs à l'usage des eaux ⁵.

Les sources publiques et, généralement, les eaux courantes du domaine public sont à l'usage de tous. Les riverains peuvent s'en servir notamment pour irriguer leurs propriétés ⁶. Platon décide même, à cet égard, que les propriétaires non riverains ont le droit de dériver une cer-

(1) Démosthène, *loc. cit.*, § 26. Cf. Code civil, art. 681.
(2) Démosthène, *loc. cit.*, § 19. Cf. Caillemer, *loc. cit.*
(3) Platon, *Leges*, VIII, p. 845 e. D'après Platon, la partie lésée a une action devant les astynomes en réparation du dommage. Le coupable peut en outre être condamné à nettoyer les sources ou réservoirs, conformément aux prescriptions du droit religieux édictées par le règlement des exégètes.
(4) Plutarque, *Thémistocle*, § 31.
(5) Cf. Glotz, *in* Daremberg et Saglio, vᵒ *Epimélètai*, p. 668.
(6) Une inscription de Gortyne consacre formellement ce droit des riverains : « Si quelqu'un, dit-elle, place une prise d'eau au milieu du fleuve pour faire couler l'eau sur son propre fonds, il n'encourra pas d'amende de ce fait. » Cf. Dareste, *Revue des études grecques*, 1888, p. 86 et s. ; Dareste, Haussoulier et Reinach, p. 402, col. II, nᵒ 2.

taine quantité de ces eaux au moyen d'aqueducs et qu'ils
sont autorisés à les faire passer sur le terrain d'autrui,
excepté à travers les maisons, les lieux consacrés et les
tombeaux, à la charge de payer le dommage [1]. Il devait
alors intervenir des règlements pour concilier et fixer les
droits respectifs des riverains [2]. C'est un règlement de ce
genre qui est mentionné dans l'inscription crétoise précitée [3].
On y voit que le barrage établi par un riverain à l'effet
d'irriguer ses propriétés ne pourra dépasser le milieu de la
rivière. D'autre part, afin de laisser, dans l'intérêt général,
à la rivière un débit d'eau minimum, le règlement décide que
« l'on devra laisser dans la rivière tout le volume d'eau que
mesure le pont qui est à la hauteur de l'agora ou davantage
mais pas moins ». Il y avait sans doute un point de repère
marqué sur les piles du pont [4].

(1) Platon, *Leges*, p. 844, a : ἀλλ' ὁ βουληθεὶς ἐπὶ τὸν αὐτοῦ τόπον ἄγειν ὕδωρ
ἀγέτω μὲν ἀρχόμενος ἐκ τῶν κοινῶν ναμάτων, μὴ ὑποτέμνων πηγὰς φανερὰς ἰδιώτου μηδενός, ἢ δ' ἂν βούληται ἄγειν πλὴν δι' οἰκίας ἢ ἱερῶν τινῶν ἢ καὶ μνη-
μάτων ἀγ'τω, μὴ βλάπτων πλὴν αὐτῆς τῆς ὀχεταγωγίας. D'après ces derniers mots,
celui qui établit l'aqueduc est tenu de ne causer aux propriétaires des terrains
traversés que le moins de dommage possible. Cousin (*Œuvres de Platon*, VIII,
p. 129) traduit ces mots en disant : « Ne disposant que du terrain nécessaire
pour l'écoulement d'un ruisseau ». Cf. Biagio Brugi, p. 14. Il y a lieu de rapprocher de la règle posée par Platon la disposition de notre loi du 29 avril 1843
qui exempte de la servitude légale d'aqueduc pour l'irrigation des propriétés
« les maisons, cours, jardins, parcs et enclos attenant aux habitations. » — Guiraud (p. 190) observe que lorsqu'on mit en location, à Héraclée, les biens sacrés
de Dionysos, on s'arrangea de manière à ce que les quatre lots longeassent la
rivière Aciris. Q ant aux lots affermés par Athèna, qui ne touchaient pas tous à
la rivière, on eut soin que les détenteurs des parcelles les plus reculé s pussent
y accéder par les chemins que l'on construisit à cet effet. Cf. Dareste, Haussoulier et Reinach, p. 222, 223.

(2) Hésychius (II, p. 686) appelle νομή la part d'eau, μέρις ὕδατος, attribuée
à chaque propriétaire.

(3) *Supra*, p. 165, note 6.

(4) Dareste, Haussoulier et Reinach, p. 402 et 492; Guiraud, p. 190. — Le contrat de location d'Héraclée porte également (l. 130) : « Quant aux fossés et rigo-
les qui traversent les terrains, les preneurs ne devront ni les approfondir, ni
les saigner, ni pratiquer de barrage soit pour accumuler les eaux, soit pour les
dériver. » Dareste, Haussoulier et Reinach, p. 206.

En ce qui concerne enfin les eaux de puits, Solon avait, au témoignage de Plutarque, établi à ce sujet certaines servitudes légales : « L'Attique, dit l'historien, n'a pas de ces fleuves qui ne tarissent jamais ; on y trouve très peu de lacs ou de fontaines et presque partout on n'y a d'autre eau que celle des puits creusés à la main. Solon fit donc une loi qui permettait à ceux qui ne seraient éloignés d'un puits public que de quatre stades (640 mètres) d'y aller puiser de l'eau. S'ils en étaient à une plus grande distance, ils devaient commencer par chercher l'eau dans leur propre sol ; mais si après avoir creusé jusqu'à la profondeur de dix brasses, ils n'en découvraient point, ils pouvaient demander au voisin de leur en donner sur son puits, deux fois par jour, une cruche de six conges (40 litres environ) » [1]. Platon édicte un règlement à peu près semblable. Il décide, que dans les terrains secs et non irrigables, le propriétaire devra creuser jusqu'à la couche d'argile qui forme le sous-sol et, s'il ne rencontre pas l'eau à cette profondeur, il pourra prendre chez ses voisins l'eau nécessaire pour donner à boire à toutes les personnes de sa maison. Si les voisins en ont eux-mêmes très peu, les magistrats fixeront l'ordre dans lequel chacun fera sa provision [2]. Ainsi, d'après Platon comme d'après Solon, la servitude légale de puisage ne peut avoir pour but que de procurer l'eau nécessaire à la consommation des hommes, et peut-être aussi à celle des bestiaux, mais non à l'irrigation [3]. Celui qui puisait de l'eau chez le voisin était-il tenu de lui donner une indemnité ? La négative est probable, car les textes précités ne font aucune allusion à une indemnité.

En cas d'infraction aux divers règlements établis par les lois de Solon ou par d'autres lois postérieures, le contreve-

(1) Plutarque, *Solon*, 23. Cf. Biagio Brugi, p. 7.
(2) Platon, *Leges*, VIII, p. 844 a.
(3) Guiraud, p. 193. Cf. Biagio Brugi, p. 7 8.

nant encourait vraisemblablement une amende [1]. Quel en était le montant ? Il devait varier suivant les cas [2]. On voit, dans le plaidoyer contre Calliclès, que le fils de Tisias avait été condamné à une amende de mille drachmes pour avoir porté atteinte au libre écoulement des eaux [3]. Le contrevenant pouvait en outre être poursuivi par la δίκη βλάβης; ou même par la δίκη βιαίων, le cas échéant [4].

D. — *Droit de passage*. — Toutes les législations admettent une servitude légale de passage pour cause d'enclave [2]. L'existence de cette servitude dans le droit attique n'est pas contestable [5]. Platon, qui s'en occupe, la règle de la manière suivante. Pour l'enlèvement et le transport des récoltes, on peut passer partout, même sur les fonds appartenant à autrui, à la condition qu'il n'en résulte aucun dommage pour les propriétaires de ces fonds, ou que du moins celui qui y passe n'y gagne trois fois plus que les autres n'y perdent. Il y a lieu dans tous les cas à une indemnité pour le tort causé par le passage ; l'évaluation en est faite sur les lieux par les agronomes et la condamnation est prononcée soit par les agronomes, soit par le tribunal, suivant que la somme est inférieure ou supérieure à trois mines [6]. A sup-

(1) Arg. Pla'on, *supra cit.*, p. 163. *Contra*, Guiraud, p. 312.

(2) Pollux (VIII, 101) parle d'une amende de trois drachmes, outre les dommages-intérêts contre celui qui ἐντὸς τοῦ Πελασγιχοῦ χείρει ἢ χατὰ πλέον ἐξορύττει.

(3) Démosthène, *C. Callicl.*, § 2. Dareste, *Plaid. civ.*, t. I, p. 166, admet que, par exception au principe d'après lequel la δίκη βλάβης comporte une appréciation des dommages-intérêts à prononcer, dans le cas de Tisias la loi fixait la condamnation à l'avance, à forfait, à titre de peine, pour toute atteinte portée au libre écoulement des eaux. La contravention en question étant, du reste, permanente, et la peine étant due autant de fois qu'il en résultait un dommage, les parties lésées avaient intérêt à multiplier leurs actions, comme le faisaient les adversaires du fils de Tisias. Cf. Guiraud, p. 312.

(4) Cf. Platner, *Process*, t. II, p. 373 ; Thonissen, p. 308.

(5) Cette servitude est reconnue notamment par la loi des XII Tables : Festus, vᵘ *Viæ*.

(6) Dareste, *Plaid. civ.*, t. I, p. XXXIV, emploie, pour qualifier cette servitude, l'expression βαδίζειν.

(7) Platon, *Leges*, VIII, p. 845 e.

poser que la règle du droit attique ne fût point conçue dans les mêmes termes que la disposition de Platon, du moins celui-ci s'est-il probablement inspiré de la législation positive.

Le droit romain admettait également une servitude légale de passage lorsqu'un tombeau se trouvait enclavé dans le fonds d'autrui : celui qui avait le *jus sepulcri* pouvait toujours, moyennant une indemnité, obtenir un chemin conduisant à ce tombeau [2], et c'est probablement cette disposition qui avait été généralisée par la pratique pour tous les cas d'enclave. Il devait en être de même dans le droit attique. Lorsqu'un individu avait sur son terrain le tombeau de famille du précédent propriétaire [3], le devoir strict que celui-ci avait d'honorer ses ancêtres lui donnait le droit de pénétrer sur ce terrain pour accéder au tombeau et y porter aux jours fixés les offrandes consacrées. C'était bien là, du reste, comme on l'a très exactement observé [4], une servitude réelle, car le tombeau, malgré la cession du fonds, demeurait toujours la propriété du vendeur, de sorte que la servitude était constituée au profit d'un immeuble et non au profit d'une personne [5].

Pour jouir de la servitude légale de passage, dans les divers cas que nous venons de signaler, il fallait probablement payer une indemnité. C'est du moins ce que l'on peut

(1) L. 12, D. *De relig.*, XI, 7.
(2) Tel est le cas auquel fait allusion le plaidoyer de Démosthène contre Calliclès, § 14.
(3) Guiraud, p. 191.
(4) La loi d'Ephèse de 64 avant J.-C. renferme un cas d'application de la servitude légale de passage en cas d'enclave. Cette loi, en décidant que les immeubles hypothéqués seraient divisés entre le créancier et le débiteur d'après une proportion déterminée, ajoute que les répartiteurs auront soin, en formant les lots, « de réserver les chemins conduisant aux lieux sacrés, aux prises d'eau, aux bâtiments et aux tombeaux (Dareste, Haussoulier et Reinach, p. 32, l. 13-14). » C'était pour éviter que les immeubles en question ne fussent enclavés dans les fonds d'autrui. Cf. Guiraud, p. 194.

induire du texte de Platon où le philosophe compare le montant du dommage causé au fonds servant au profit retiré par le propriétaire du fonds enclavé. On peut en conclure que ce profit sera affecté, au moins en partie, à réparer le préjudice causé par l'exercice du droit de passage au fonds servant [1].

E. — Autres servitudes légales. — Il existait encore, dans le droit attique, d'autres servitudes légales, mais d'une importance moindre. Ainsi une loi de Solon, que nous avons déjà eu l'occasion de signaler [2], interdisait de placer des ruches d'abeilles à moins de trois cents pieds de celles que le voisin avait déjà élevées. Il existait aussi probablement des servitudes ou prohibitions analogues à nos bans de vendanges, car d'après une disposition du *Traité des Lois*, la récolte des fruits de provision, tels que les raisins et les figues, ne peut commencer avant le lever de l'arcture, c'est-à-dire avant la fin d'août, sous peine d'amende non seulement contre le propriétaire, mais encore contre celui qui est venu en aide à son voisin ou à un propriétaire plus éloigné [3].

Existait-il certains réglements sur l'établissement des industries insalubres ? On voit, dans une inscription relative à la ville d'Halœsa, que celle-ci, en louant un des ses immeubles, stipule que son fermier ne pourra pas y établir une tannerie [4]. Mais si une pareille interdiction pouvait être imposée par un bailleur à son locataire, il est peu probable qu'un propriétaire ait pu signifier une pareille défense à son voisin [5]. On peut supposer, d'autre part, d'après un passage du *Traité des Lois*, que chacun avait toute liberté pour allumer du feu sur son terrain, au risque d'enfu-

---

(1) Guiraud, p. 194-195.
(2) *Supra*, p. 111.
(3) Platon, *Leges*, VIII, p. 844, d, e.
(4) *Inscr. gr. Siciliæ et Italiæ*, 352, I, l. 70-71.
(5) Guiraud, p. 189.

mer le voisin. Platon se borne, en effet, à édicter une amende contre celui qui, en brûlant son bois, ne prend pas les
précautions nécessaires pour ne pas atteindre la propriété
du voisin [1].

§ 2. — *Des servitudes établies par le fait de l'homme.*

Les servitudes peuvent dériver non seulement d'un texte
de loi, comme dans les cas que nous venons de parcourir,
mais encore de la libre volonté des parties. Le caractère
de ces servitudes conventionnelles était-il différent de celui
qu'elles ont dans d'autres législations, notamment en droit
romain ? On a enseigné que dans le droit grec les servitudes ne créaient aucune prééminence d'un immeuble sur un
autre. « Le détenteur du fonds dominant, a-t-on dit, n'avait
que la jouissance de certains droits utiles sur le fonds servant, et c'était souvent à titre de réciprocité. De plus, en
dehors des droits qui lui étaient explicitement attribués, il
n'avait rien à prétendre. Il n'était pas une sorte de second
propriétaire superposé ou juxtaposé au premier. Celui-ci
demeurait investi de toutes ses prérogatives, et il ne les
partageait que dans la mesure où il le fallait pour que le
voisin jouît lui-même de son bien. La plupart des servitudes, en un mot, étaient moins une atteinte portée au droit
de propriété qu'une espèce de concours mutuel que les propriétaires se prêtaient entre eux [2]. » Les observations que
nous venons de citer sont applicables, nous le reconnaissons, aux servitudes légales, qui peuvent être considérées

(1) Platon, *Leges*, VIII, p. 843, e. Il s'agit là vraisemblablement de la pratique de l'écobuage, qui consiste à mettre le feu aux broussailles et à semer
ensuite dans les cendres. Dareste, *Science du droit*, p. 72. La loi des XII Tables renfermait une disposition analogue. Cf. Gaius, I. 9, D. *De incendio*,
XLIX, 9.
(2) Guiraud, p. 180.

aussi bien comme des restrictions à l'exercice du droit
de propriété que comme de véritables servitudes. Mais, en
ce qui concerne les servitudes établies par le fait de l'homme, nous ne voyons pas de motif pour leur attribuer un
caractère différent de celui qu'elles avaient à Rome et pour
ne pas les considérer comme de véritables démembrements
de la propriété.

Les sources sont presque entièrement muettes sur les
servitudes établies par le fait de l'homme. Nul doute cependant que l'on devait rencontrer dans le droit grec la plupart des servitudes prédiales que nous trouvons à Rome,
comme le *jus eundi*, le *jus agendi*, la *via*, l'*aquœductus*, le
jus oneris ferendi, le *jus non altius tollendi*, etc. La loi
accordant aux particuliers une liberté presque absolue en
matière de contrats, une servitude quelconque pouvait être
établie par convention du moment qu'elle ne se trouvait pas
en opposition avec des règlements d'intérêt général et supérieur. Pour l'établissement d'une servitude ainsi que pour
la transmission de la propriété, et à plus forte raison, un
simple pacte suffisait. Une quasi-tradition analogue à celle
qu'exigeait le droit romain n'est pas plus nécessaire à cet
effet que la tradition ne l'est pour le transfert de la propriété. Quant aux mesures de publicité qui accompagnaient
les mutations de propriété, s'appliquaient-elles à la constitution des servitudes réelles? C'est une question que nous
aurons à résoudre ultérieurement [1].

On a prétendu que jusqu'à présent les documents ne nous
signalent aucun cas de servitude conventionnelle proprement dite [2]. On peut cependant, croyons-nous, en rencontrer
au moins un dans ce passage du plaidoyer contre Calliclès
où l'orateur fait allusion aux fossés d'écoulement établis
d'accord dans certains domaines [3]. Il s'agit là d'une servi-

(1) V. *infra*, tit. IV, ch. II, Publicité de droits réels.
(2) Guiraud, p. 195.
(3) Démosthène, *C. Callicl.*, § 19.

tude conventionnelle, bien qu'elle se rattache à une servitude légale. D'autre part, les textes et les monuments qui nous signalent l'établissement des nombreux canaux souterrains qui alimentaient les villes d'eau potable, impliquent également l'existence de servitudes d'aqueduc au profit de ces villes sur les terrains particuliers traversés par ces canaux [1]. On doit présumer, en effet, que les cités n'achetaient point toute la partie du sol située sur le parcours des conduites [2]. Elles devaient se borner à acheter le droit de passage pour ces conduites, et il y avait là, en réalité, une servitude conventionnelle.

SECTION II

Des servitudes personnelles.

A côté des servitudes réelles, établies en faveur d'un fonds, toutes les législations ont admis l'existence de servitudes personnelles, établies en faveur d'une personne. Mais le nombre de ces dernières est généralement très limité en raison des inconvénients qu'elles peuvent présenter à divers point de vue. Ainsi, en droit romain, on ne rencontre que l'usufruit, l'usage et l'habitation. Ces servitudes ont dû également être pratiquées dans le droit attique, et celui-ci en a même admis d'autres, en raison de la grande liberté qu'il reconnaissait aux parties dans leurs conventions. Malheureusement l'absence presque complète de documents ne permet point d'établir une théorie des servitudes personnelles à Athènes.

(1) Cf. Frœhner, *Inscriptions grecques du musée du Louvre*, 113 ; Le Bas-Waddington, *Asie-Mineure*, 387.

(2) Cf. Dareste, *Plaid. civ.*, t. II, p. 180, note 6.

(3) Guiraud, p. 192.

Nous savons seulement, au sujet de l'usufruit, qu'il peut être établi par testament aussi bien que par convention. Le père de Démosthène constitue, en effet, par acte de dernière volonté, au profit de son ami Thérippide, un usufruit de soixante-dix mines à prendre sur les biens du grand orateur pendant tout le temps à courir jusqu'au jour de sa majorité [1]. Nous avons signalé de même, en étudiant la matière des donations, des libéralités entre-vifs ayant uniquement pour objet un usufruit [2]. L'usufruit peut également résulter d'une donation lorsque celle-ci porte sur la nue-propriété de la chose donnée et que le donateur se réserve l'usufruit [3].

Enfin nous avons indiqué qu'il peut aussi y avoir une sorte d'usufruit légal au profit du père sur les biens de ses enfants mineurs [4].

La durée normale de l'usufruit est celle de la vie de l'usufruitier. Mais cette servitude peut également prendre fin, avant le décès du titulaire, par l'arrivée du terme sous lequel elle a été constituée, comme dans le cas précité du père de Démosthène. Quant aux autres modes d'extinction de l'usufruit, ainsi qu'aux droits et aux obligations de l'usufruitier, on peut simplement supposer, mais sans en avoir aucune preuve, que les principes du droit attique devaient être analogues à ceux du droit romain [5]. La situation de l'usufruitier devait, au point de vue de la jouissance et des charges qu'elle comporte, présenter une certaine analogie avec celle de l'emphytéote [6].

---

(1) Démosthène, *C. Aphob.*, I. § 5 : ἔδωκεν ἐκ τῶν ἐμῶν ἑβδομήκοντα μνᾶς καρπώσασθαι τοσοῦτον χρόνον, ἕως ἐγὼ ἀνὴρ εἶναι δοκιμασθείην.

(2) V. *supra*, p. 130.

(3) V. *supra*, t. I, p. 291.

(4) V. *supra*, t. I, p. 316 et II, p. 99.

(5) Cf. Platner, *Process*, II, p. 309.

(6) Le mot ἐπικαρπία, que l'on pourrait être tenté de traduire par usufruit, désigne, dans le contrat de location d'Héraclée, le droit aux fruits qui appartient à l'emphytéote. Dareste, Haussoullier et Reinach, p. 202, l. 105-106, p. 208,

Il est probable, d'autre part, que le droit attique admettait le droit d'usage, comportant le *jus utendi* dans toute sa plénitude, mais *sine fructu*.

1, 152. Dans la loi de Gortyne, cette même expression désigne les fruits : VII, 33, VIII, 45, XII, 31. Dans un bail de Gortyne, le mot ἐπικαρπία doit s'entendre vraisemblablement de la redevance due au bailleur emphytéotique. Dareste, Haussoulier et Reinach, p. 402, col. II, n° 1.

CHAPITRE II

SECTION I

Notions générales. Différentes formes de l'hypothèque.

Les sûretés réelles, c'est-à-dire celles qui confèrent au créancier un droit réel sur les biens de son débiteur, peuvent, dans le droit attique, revêtir des formes très diverses. L'une d'elles, celle qui, comme nous le verrons, a vraisemblablement été pratiquée la première, est la vente à réméré ou à pacte de rachat, πρᾶσις ἐπὶ λύσει. Cette opération consiste dans une aliénation, une vente faite par le débiteur à son créancier du bien affecté à l'acquittement de l'obligation, sous la condition toutefois que le débiteur, une fois qu'il aura complètement désintéressé son créancier, recouvrera le bien ainsi engagé; mais, à défaut de paiement à l'échéance, le bien est définitivement acquis au créancier. Cette sorte de sûreté, qui offre une grande ressemblance avec la *mancipatio fiduciæ causa* du droit romain, était très fréquente à Athènes, et il en est s_uvent fait mention, soit dans les inscriptions [1], soit dans les plaidoyers des orateurs. Ainsi, dans le plaidoyer de Démosthène contre Panténète, l'orateur nous montre ce dernier, qui voulait se procurer de

---

(1) V. les inscriptions citées *in* Dareste, Haussoulier et Reinach, p. 112 et s., n⁰⁵ 25 à 59.

l'argent pour payer ses créanciers, empruntant une somme de 105 mines auprès d'Evergos et de Nicobule en leur donnant, pour sûreté de leur créance, sa fabrique avec trente esclaves [1]. Les prêteurs achètent la fabrique et les esclaves pour les 105 mines qu'ils prêtent à Panténète [2], mais celui-ci se réserve le droit de racheter les objets engagés dans un certain délai, moyennant le remboursement de la somme par lui empruntée [3]. Démosthène lui-même raconte que, dans un besoin pressant d'argent, il se trouva contraint de recourir à un semblable expédient, et il ajoute que « dès lors les biens engagés appartenaient à ses créanciers » [4]. Cette forme d'engagement n'est point, du reste, spéciale au droit attique, et on la voit pratiquée également dans d'autres cités grecques, notamment à Ténos [5], à Amorgos [6], et à Lemnos [7].

La seconde forme de sûreté réelle est celle qui correspond au *pignus* romain, et où la chose affectée à la garantie de la créance est simplement livrée au créancier en vue de l'en rendre possesseur et non pas propriétaire ; mais cette possession, il a le droit de la retenir jusqu'à parfait payement. La garantie peut alors avoir pour objet soit des

(1) Démosthène, *C. Pantæn.*, § 4 : ἐδανείσαμεν πέντε καὶ ἑκατὸν μνᾶς Παν- ταινέτῳ ἐπ' ἐργαστηρίῳ... καὶ τριάκοντ' ἀνδραπόδοις.

(2) *Ibid.*, §§ 30, 31 : ἐωνήμεθα... ἡμεῖς πέντε καὶ ἑκατὸν μνῶν ἀπεδόμεθα.

(3) L'orateur ne le dit point expressément, mais cela va de soi. Ainsi dans le plaidoyer du même orateur contre Apatourios (§ 8), où il est également question d'une vente à réméré, il est dit formellement qu'Apatourios, débiteur de 40 mines vend ἕως ἀποδοίη τὰς τετταράκοντα μνᾶς. Le cas de Panténète est, du reste, compliqué de certaines circonstances que nous aurons ultérieurement l'occasion de signaler.

(4) Démosthène, *C. Aphob.*, II, § 18 : τὰ ὑποκείμενα τοῖς δανείσασιν.... τῶν ὑποθεμένων ἐστίν.

(5) V. le registre des ventes de Ténos, *in* Dareste, Haussoulier et Reinach, p. 64 et s. Il est dit notamment, l. 73 : τὴν οἰκίαν, ἣ ἦν πρότερον Εὐβούλου, ἣν ἐπρίατο Πραξίας παρὰ Εὐβούλου κατὰ δάνειον.

(6) Cf. Dittenberger, *Sylloge*, p. 438.

(7) Dareste, Haussoulier et Reinach, p. 116, n° 59.

meubles, ce qui est le cas du gage moderne, soit des immeubles, et correspondre ainsi à ce que nous appelons l'antichrèse.

Enfin, dans la troisième forme d'engagement, le bien affecté à la créance demeure également la propriété du débiteur, et celui-ci en conserve de plus la jouissance et en recueille les fruits ; mais si, à l'échéance, il n'acquitte point sa dette, le bien engagé passe à son créancier. Cette forme correspond à l'hypothèque du droit romain et des législations modernes. Elle n'est point d'ailleurs spéciale à Athènes, et on la retrouve dans d'autres villes de la Grèce, à Delphes, à Ephèse, à Amorgos, à Halicarnasse, à Naxos, à Délos, à Kymé, à Théra et à Cos [1]. Dans ces différentes cités, le créancier n'acquiert sur l'immeuble hypothéqué qu'un droit éventuel de saisie, dont l'exercice est subordonné à l'insolvabilité du débiteur.

Si théoriquement le gage se distingue bien nettement de l'hypothèque, il n'existe point de terminologie bien précise pour distinguer ces deux institutions. Le gage proprement dit, c'est-à-dire celui dont la possession passe au créancier [2], est bien désigné plus spécialement par le mot ἐνέχυρον et quelquefois aussi, plus rarement, par les mots παρακαταθήκη [3] ou πίστις [4], tandis que le gage hypothécaire, qui reste

---

(1) Cf. Dittenberger, *Sylloge*, 6, A, l. 2 et 4; 233, l. 70 et s. ; Dareste, Haussoulier et Reinach, p. 34, l. 37 et s., p. 116, n° 64, et p. 118, n° 66 ; *Bulletin* VI, p. 26 et XIV, p. 453; Strabon, XIII, 3, 6 ; *Corp. Inscr. græc.*, 2448; Ross, *Inscr. græc. ined.*, III, 311, b.

(2) Cf. *Glossæ nomicæ*, cité par Saumaise, *De modo usurar.*, p. 489 : ἐνέχυρον κυρίως λέγεται τὸ κινητόν, διὰ τὸ ἐν τῇ χειρὶ δίδοσθαι τῷ δανειστῇ, διαφέρει δὲ τῆς ὑποθήκης, ὅτι ἡ ὑποθήκη ἐστὶ τὸ παρακείμενον μὲν τῷ χρεώστῃ, ὑποτιθέμενον δὲ τῷ δανειστῇ εἰς γραμματεῖον ἕνεκεν τῆς τοῦ χρέους ἱκανώσεως. Le mot ἐνέχυρον vient du reste de ἐν, ἐχυρός, ἔχω, quod manu teneri potest. Cf. de Vries, p. 37.

(3) Périzonius, ad *Ælian.*, V. G. IV, 1. Cf. Meier, Schoemann et Lipsius p. 690, note 374.

(4) Le Bas-Waddington, *Asie Mineure*, 136 a, 409.

en la possession du débiteur, est plutôt qualifié ὑποθήκη [1]. Mais les mots ἐνέχυρον et ὑποθήκη sont aussi parfois employés indifféremment l'un pour l'autre, et pour les deux espèces de gage, on applique au débiteur les mots ὑποθεῖναι [2] ou θεῖναι [3], au créancier, nommé θέτης [4], les mots ὑποθέσθαι ou θέσθαι [5], au gage même le mot ὑποκεῖσθαι [6], et à la mise en gage les mots θέσις ou ὑπόθεσις [7]. On voit, d'autre part, les biens hypothéqués en garantie de la restitution de la dot ou de la gestion tutélaire, et dont le nom technique est alors ἀποτίμημα [8], désignés quelquefois par le mot ἐνέχυρον [9]. D'une manière générale, on dit d'un prêt qu'il est contracté ἐπ᾽ ἐνεχύρῳ [10] ou ἄνευ ἐνεχύρων suivant qu'il est ou non accompagné d'un gage, quelle que soit la forme que revête la sûreté donnée par le débiteur. On voit même, dans un cas où la sûreté est fournie sous la forme d'une vente à

---

(1) Théophile, *Institut.*, IV, 6, 7 : ἐνέχυρον κυρίως λέγεται ἐκεῖνο, ὅπερ παραδίδοται τῷ χρεδίτωρι μάλιστα ἐν ᾧ ἐστι κινητόν. ὅπερ δὲ δίχα τραδιτίωνος φιλῷ συμφώνῳ ὑποτίθεται, τοῦτο κυρίως ὑποθήκη προσαγορεύεται. Cf. Platner, *Process*, II, p. 302; Meier, Schœmann et Lipsius, p. 690; Büchsenschütz, p. 485, note 1.

(2) Cf. Bekker, *Anecd.*, I, p. 259 : ἐπιθανεῖσαι τί ἐστιν : ὅταν δεδανεικότος τινὸς καὶ ἐνεχυριάσαντος οἰκίαν ἢ χωρίον κτλ.

(3) On rencontre également le mot καταθέμεν pour désigner la mise en gage. V. *Corp. inscr. gr.*, II, 2448, c. 2, l. 15.

(4) Isée, *De Arist. her.*, § 24. Cf. Meier, Schœmann et Lipsius, p. 690, note 576.

(5) Pour le gage proprement dit on emploie plutôt les mots ἐνεχυράζειν, en parlant du débiteur, et ἐνεχυράζεσθαι en parlant du créancier. Meier, Schœmann et Lipsius, p. 690.

(6) Pollux, III, 84; VIII, 142. On trouve, dans la loi de Gortyne, les expressions suivantes : κατατιθέναι, donner en hypothèque (VI, 19, 35, 41, IX, 5, 11), κατατίθεσθαι, se faire donner en hypothèque (VI, 4, 13, 21, 37, 40, IX, 9, 12), κατάθεσις, hypothèque (IX, 7).

(7) Démosthène, *C. Apatur.*, § 2; Lysias, *Accus. obtr.*, § 10, p. 810; Lexic. Seguer., (Bekker) 115, 1 et 312, 32. Cf. Meier, Schœmann et Lipsius, p. 690, note 578.

(8) V. *infra*, p. 183-184, 198.

(9) Pollux, *loc. cit.*; Harpocration, v⋅ ἀπετίμηταί. V. *infra*, p. 184, note 3.

(10) Démosthène, *C. Timoth.*, §§ 53, 61.

réméré, l'objet engagé désigné par le mot ἐνεχύρον [1] [2].

C'est une question assez délicate que celle de savoir à quelle époque et dans quel ordre ces différentes sûretés réelles, que l'on voit simultanément pratiquées à l'époque des orateurs, ont été reçues dans le droit attique. On en est réduit sur ces deux points à des conjectures. Voici toutefois, en ce qui concerne d'abord le développement successif de ces différentes institutions, l'opinion qui nous paraît la plus vraisemblable. Nous estimons que la vente à réméré, ou aliénation fiduciaire, et le gage (*pignus*) ont été à Athènes, comme à Rome, les formes les plus anciennes d'engagement, et que l'hypothèque n'a été pratiquée qu'à une époque relativement assez récente. Mais peut-on aller plus loin et dire que le droit attique a admis la vente à réméré avant d'admettre le *pignus* ? On pourrait alléguer en ce sens qu'il est peut-être assez difficile pour un peuple dont le sens juridique n'est pas encore très développé, de comprendre la remise de la possession sans le transport de la propriété. On pourrait dire également que la vente à réméré est la plus énergique des sûretés réelles et que, dans les temps primitifs, une extrême défiance préside toujours à la formation des contrats. Nous préférons toutefois ne pas nous prononcer sur ce point.

---

(1) Démosthène, *C. Apat.*, § 10. Cf. sur la terminologie en matière de gage : Platner, *Process*, II, p. 30 ; Büchsenschütz, p. 485 ; Meier, Schœmann et Lipsius, p. 689-690 ; Lécrivain, *in* Daremberg et Saglio, vᵒ *Enechyra*; Hermann-Thalheim, p. 100, notes 1 et 2 ; Hitzig, p. 3, 4.

(2) Lorsqu'il est question, dans un texte, d'ὑποτίθεσθαι ou d'ὅροι sans autre mention relative à la forme de l'engagement, ces mots peuvent se référer à une vente à réméré aussi bien qu'à une hypothèque. Si toutefois l'on rencontre ensuite l'expression λύειν appliquée à l'objet engagé, on doit plutôt présumer que 'on est en présence d'une πρᾶσις ἐπὶ λύσει. V. par exemple, Démosthène, *C. Polycl.*, §§ 13 et 28; Isée, *De Philoct. her.*, §§ 33, 34. Suivant Hitzig (p. 9, note 1) on doit, en cas de prêt, présumer que la garantie donnée au créancier est plutôt une πρᾶσις ἐπὶ λύσει qu'une hypothèque. C'est également la vente à réméré que, d'après le même auteur, vise l'expression τιμὴν ἀποδόντα, rapprochée du mot θέμενοι dans le plaidoyer d'Isée sur l'héritage de Dicéogène, § 21.

Il nous paraît, au contraire, fort probable que la vente à
réméré et le gage ont précédé l'hypothèque. Cette solution est
conforme, en effet, au développement du droit tel qu'on a
pu le constater chez tous les peuples primitifs, qui ont commencé par pratiquer la vente à réméré et le gage avant
d'adopter l'hypothèque [1]. Mais les deux premiers modes
d'engagement, tout en garantissant d'une manière beaucoup
plus solide les droits du créancier, présentaient de graves
inconvénients pour le débiteur et même pour le crédit public.
Ainsi d'abord l'aliénation fiduciaire exposait le débiteur
à ne recouvrer sa chose que détériorée par le fait ou la négligence du créancier, et même à la perdre si celui-ci l'avait
aliénée avant l'échéance ou nonobstant le paiement. De plus,
le créancier, possesseur du gage, d'un immeuble en général,
n'avait d'autre préoccupation que de retirer de cet immeuble un produit égal aux intérêts du capital par lui prêté, ne
se souciant en aucune façon de l'améliorer, car il savait
que ses efforts dans ce but profiteraient au débiteur beaucoup plus qu'à lui-même. Il ne songeait, en conséquence,
qu'à prévenir la détérioration de l'immeuble entre ses
mains, sans rien faire pour en augmenter la valeur, alors
qu'au contraire le débiteur, s'il avait conservé le bien engagé, se serait appliqué à en accroître les revenus, tout excédent de revenus sur les intérêts étant un bénéfice pour lui.
Enfin l'aliénation fiduciaire présentait ce dernier inconvé-
nient de ne permettre qu'un seul prêt sur un même fonds,
même si la valeur du fonds était bien supérieure au montant
du prêt, car une même chose ne pouvait être aliénée deux
fois à deux personnes différentes. Le gage proprement dit,
tout en faisant disparaître pour le débiteur le danger de
perdre sa chose par suite de l'aliénation illicite qu'en aurait
faite le créancier, présentait les autres inconvénients que
nous avons signalés pour l'aliénation fiduciaire. C'est pour y

(1) Dareste, *Études d'histoire du droit*, p. 26, 76, 293, 350.

remédier que l'on a dû imaginer l'hypothèque, au moyen de
de laquelle le débiteur, tout en conférant à son créancier
une garantie efficace, conserve la propriété et la possession
l'immeuble et peut en même temps contracter, sous
certaines conditions, un second emprunt sur le même bien.
Quant à la transition entre la vente à réméré (ou le gage)
et l'hypothèque, elle a dû se faire naturellement grâce à
l'expédient que l'on voit encore pratiqué à l'époque classique à propos de la πρᾶσις ἐπὶ λύσει, c'est-à-dire, par suite de la
remise ordinairement faite par le créancier de l'immeuble
engagé entre les mains du débiteur à titre de précaire ou
de bail. Ce procédé maintenait bien au débiteur la possession de la chose ; mais il n'apportait aucun obstacle à l'aliénation de cette chose par le créancier, devenu propriétaire
par l'effet de l'aliénation fiduciáire. L'hypothèque, au contraire, sauvegardait complètement les intérêts du débi-
teur₁ .

Il peut paraître singulier que la supériorité de l'hypothèque sur la vente à réméré n'ait point, à Athènes, comme à
Rome, entraîné la disparition progressive de cette dernière
forme d'engagement et, qu'au contraire, les inscriptions et
les plaidoyers des orateurs nous signalent des cas de vente
à réméré presque aussi nombreux que ceux d'hypothèque.
C'est que la πρᾶσις ἐπὶ λύσει présentait pour le créancier certains avantages qui devaient faire maintenir cette institution
dans le droit attique. Abstraction faite de la sécurité naturellement plus grande qu'il rencontrait dans l'aliénation
fiduciaire, le créancier, devenu propriétaire, avait un moyen
plus commode de rentrer dans ses fonds avant l'échéance
de la dette. En cas de simple hypothèque, il n'avait d'autre
ressource, dans ce but, que de céder son droit hypothécaire,
ce qui pouvait souvent présenter des difficultés, tandis qu'en

---

(1) Cf. en ce sens : Dareste, *in Nouvelle Revue historique du droit*, 1877,
p. 171 ; Dareste, Haussoulier et Reinach, p. 196 ; Guiraud, p. 285 ; Hermann-
halheim, p. 101 ; Caillemer, *Crédit foncier*, p. 10-11.

cas d'aliénation fiduciaire, il n'avait qu'à revendre lui-même
l'objet qu'il avait acquis, le nouvel acheteur étant alors
substitué aux droits et aux obligations du créancier originaire [1]. La vente à réméré, ainsi que l'observe Szanto [2], présentait sur l'hypothèque un autre avantage pratique pour le
créancier. En cas d'hypothèque, si le créancier venait à
mourir, le débiteur pouvait, tout en reconnaissant l'existence de la dette, dénier celle de l'hypothèque vis-à-vis des
héritiers du créancier et prétendre que la sûreté n'avait été
consentie qu'au profit de ce dernier personnellement. A
l'inverse, les héritiers du débiteur pouvaient alléguer que
l'hypothèque ne pesait que sur leur auteur personnellement.
Or, toutes ces difficultés se trouvaient prévenues quand la propriété de l'objet engagé était, par suite de l'aliénation fiduciaire, passée entre les mains du créancier ; cette propriété
se transmettait nécessairement aux héritiers du créancier et
pouvait être invoquée par celui-ci vis-à-vis des héritiers du
débiteur. On comprend donc que la vente à réméré ait continué d'être pratiquée concurremment avec l'hypothèque.

Hitzig, à qui l'on doit la monographie la plus approfondie
qui ait été publiée jusqu'à présent sur notre matière, tout
en adoptant, dans ses grands traits, la théorie que nous
avons exposée sur le développement des différentes formes
de sûretés réelles, a présenté, sur l'emploi respectif de la
πρᾶσις ἐπὶ λύσει et de l'hypothèque, des observations qui
renferment une grande part de vérité. Si, dit-il, l'on con-
sulte la collection des inscriptions hypothécaires [2], on peut
constater que sur les 59 premières incriptions, il y a 24
cas d'ἀποτιμήματα et 25 cas de πρᾶσις ἐπὶ λύσει [4]. Parmi les
ἀποτιμήματα, la plupart (16) sont établies sur les biens du

---

(1) C'est là un point discuté sur lequel nous reviendrons en exposant les effets
de la πρᾶσις ἐπὶ λύσει. V. *infra*, p. 241 et s.

(2) Szanto, *Hypothek*, p. 288.

(3) V. Dareste, Haussoulier et Reinach, p. 108 et s.

(4) Aux ὅροι publiés dans le *Recueil* de Dareste, Haussoulier et Reinach

mari en garantie de la restitution de la dot (ἀποτιμήματα προικός), les autres sont établis soit à l'occasion d'une μίσθωσις οἴκου, là où l'inscription mentionne comme créanciers des παῖδες ou des παῖδες ὀρφανοί, soit, en l'absence de cette mention, à l'occasion d'un bail ordinaire ou peut-être encore d'une μίσθωσις οἴκου.. En dehors des inscriptions mentionnées dans le *Recueil* comme renfermant des hypothèques de mineurs, on trouve également des ἀποτιμήματα constitués à l'occasion d'un bail ordinaire, μίσθωσις [1]. Quand les orateurs emploient le mot ἀποτίμημα, ils se réfèrent également à un cas de dot ou à un cas de μίσθωσις [2]. Enfin les lexicographes rapportent pareillement à l'un de ces deux cas les définitions qu'ils donnent du mot en question [3]. Or il y a évidemment une différence au fond entre la sûreté réelle qualifiée ἀποτίμημα et la πρᾶσις ἐπὶ λύσει, autrement on ne s'expliquerait pas cette opposition qui existe entre toute une série d'inscriptions consistant en des ὅροι οἰκίας ἀποτετιμημένης et une autre série où l'on rencontre des ὅροι οἰκίας πεπραμένης ἐπὶ λύσει. Il y a même une enseigne hypothécaire qui men-

---

(p. 108-118) il faut en ajouter plusieurs autres qui ont été publiés dans les additions de ce *Recueil* (p. 502) et également par Hitzig (p. 67). Ils comprennent trois cas d'ἀποτιμήματα (une hypothèque de mineur et deux hypothèques dotales), trois cas de vente à réméré et deux cas d'hypothèques conventionnelles.

(1) *Corp. inscr. grœc.*, II, 570, l. 19 : δανείζονται, ὅστις ἂν πλεῖστον τόκον διδῷ ὃς ἂν πείθῃ τοὺς δανείζοντας ἄρχοντας τιμήματι ἢ ἐγγυητῇ. 1059, l. 3 : τοὺς μισθωσαμένους ὑπὲρ Δ δραχμὰς καθιστάναι ἀποτίμημα τῆς μισθώσεως· ἀξιόχρεων. Pollux (v. *infra*, note 3) a propos de l'ἀποτίμημα parle également de μίσθωσις simplement et non point de μίσθωσις οἴκου. Le mot τίμημα est, du reste, employé comme synonyme d'ἀποτίμημα. Harpocration, v° τίμημα. Cf. Meier, Schœmann et Lipsius, p. 693, note 587 ; Hermann-Thalheim, p. 99, note 5; Hitzig, p. 5.

(2) Ainsi, dans le plaidoyer de Démosthène, contre Timothée, où il est question de différentes sûretés, le mot ἀποτίμημα est réservé pour un cas de μίσθωσις οἴκου. § 11 : ὁ μὲν ἐν πεδίῳ ἀγρὸς ἀποτίμημα τῷ παιδὶ τῷ Εὐμηλίδου καθίστηκει.

(3) Pollux, VIII, 142 : ἀποτίμημα δ'ἐστὶν οἷον ὑποθήκη, κυρίως μὲν πρὸς τὴν προῖκα, ἤδη δὲ καὶ πρὸς τὰς μισθώσεις. Harpocration, v° ἀποτιμηταί : οἱ μισθούμενοι τοὺς τῶν ὀρφανῶν οἴκους παρὰ τοῦ ἄρχοντος ἐνέχυρα τῆς μισθώσεως παρείχοντο, ἔδει δὲ τὸν ἄρχοντα ἐπιπέμπειν τινὰς ἀποτιμησαμένους τὰ ἐνέχυρα κτλ. Cf. Bekker, *Anecd.*, I, 200-201, 423, 437 ; Aristote, *Constit. des Athén.*, § 56, 7.

tionne, en les opposant l'une à l'autre, les deux expressions [1].
L'ἀποτίμημα doit donc être considéré comme quelque chose
de différent de la vente à réméré, et on doit y voir u .: simple hypothèque, dans laquelle le créancier n'obtient, vant
l'échéance de la dette, ni la propriété, ni même la possession de l'objet engagé [1]. Hitzig arrive alors à cette conclusion que l'hypothèque est spécialement réservée pour les cas
de dot ou de bail, spécialement pour le cas de μίσθωσις ο' ɔυ,
tandis que la vente à réméré est employée pour la garantie
des autres créances, notamment de celles qui résultent
d'un contrat de prêt. Voici alors quelle serait, d'après l'auteur précité, la raison de cette préférence dans l'emploi respectif de l'hypothèque et de la vente à réméré. Celle-ci, par
rapport à l'hypothèque, constitue une sûreté plus énergique,
plus avantageuse pour le créancier et en même temps plus
rigoureuse pour le débiteur. Or, en cas de prêt, par exemple, le créancier se dépouille immédiatement et définitivement des deniers prêtés, et il ne peut être complètement
garanti contre les risques de l'opération ni assuré de recouvrer son argent qu'au moyen de la πρᾶσις ἐπὶ λύσει. En cas
de bail ou de dot, au contraire, le créancier ne cesse point
d'être propriétaire de l'objet qui est remis entre les mains
du débiteur; le bailleur conserve la propriété de l'objet
loué, la femme celle de sa dot [3]. Dès lors il n'est pas besoin
d'une garantie aussi énergique, d'autant plus que l'obligation
du débiteur est simplement éventuelle. Spécialement, en cas
de dot, la vente à réméré aurait été contraire au but même
de la dot en privant le mari des revenus des biens engagés [4]. D'autre part, en cas de μίσθωσις οἴκου, l'autorité pupil-

---

(1) Dareste, Haussoulier et Reinach, p. 114, n° 50.

(2) V. Pollux, loc. cit.; Bekker, Anecd., I, p. 201. Cf. Platner, Process, II,
p. 264. Dareste, Haussoulier et Reinach (p. 108), qualifient également d'hypothèques les ἀποτίμηματα.

(3) V. supra, t. I, p. 303 et s.

(4) Cf. Platner, Process, II, p. 268.

laire avait toute latitude, lors de la constitution de l'ἀποτίμημα, pour garantir efficacement les intérêts du pupille.
Enfin, d'une manière générale, tout contrat de bail serait
devenu impossible si le locataire avait dû, outre le paiement
de son loyer, remettre au bailleur à titre de gage un de ses
immeubles en propriété et en jouissance. Pour ces divers
motifs on se contentait, en cas de dot ou de bail, d'une
simple hypothèque qui sauvegardait suffisamment les droits
du créancier. En définitive, dans cette théorie, l'hypothèque
ne serait point dérivée de la vente à réméré : chacune des
deux institutions aurait eu sa sphère d'application distincte
et aurait répondu à des nécessités différentes, sans que toutefois la loi ait tracé une ligne de démarcation absolue entre
l'une et l'autre. Hitzig reconnaît d'ailleurs que l'emploi de
l'hypothèque s'est généralisé ultérieurement aux dépens de
la πρᾶσις ἐπὶ λύσει, et que l'on a fini par employer la première
dans des cas où primitivement on se servait de la seconde [1].

Il y a, comme nous l'avons dit, une grande part de vérité
dans cette théorie. On a pu, sans doute, sentir le besoin
d'une sûreté plus complète dans les cas où le créancier
courait le plus de risques, comme dans le cas de prêt, et
se contenter d'une garantie moindre là où le capital même
du créancier ne se trouvait point exposé à de sérieux dangers. Nous observerons également qu'en cas de prêt le
débiteur se trouve ordinairement à la merci du créancier et
que celui-ci, peut, dès lors, lui imposer des conditions plus
rigoureuses ; dans les cas d'ἀποτιμήματα, au contraire, la
situation de celui dont les biens sont frappés d'hypothèque
est beaucoup plus indépendante, et lorsqu'il s'agit de dot
ou de μίσθωσις οἴκου, une trop grande exigence serait même
contraire à l'intérêt public. La πρᾶσις ἐπὶ λύσει et l'hypothèque ont donc pu tout naturellement se développer et s'appliquer principalement dans des sphères distinctes. Mais, à

(1) Hitzig, p. 5 et s.

notre avis, il serait imprudent de généraliser et de dire
que, même à l'origine, l'hypothèque était réservée aux cas
de dot et de bail, tandis que la πρᾶσις ἐπὶ λύσει garantissait les
prêts et autres opérations analogues. On rencontre, en effet,
quoiqu'en petit nombre, des inscriptions qui viennent troubler cette démarcation entre les deux formes d'engagement.
D'une part, on trouve des enseignes hypothécaires signalant des ventes à réméré soit en cas de dot [1], soit en cas de
μίσθωσις οἴκου [2], et l'on peut supposer aussi que, parmi les
nombreux ὅροι qui mentionnent une πρᾶσις ἐπὶ λύσει, sans indiquer la cause de la créance, il s'en trouve qui ont été
posés à l'occasion de créances dotales ou de tutelles [3].
D'autre part, il est certain que la sûreté qui garantissait
la restitution du prêt ne revêtait pas toujours la forme
d'une aliénation fiduciaire. C'est ce qui résulte de plusieurs
ὅροι, et des deux notamment, où les uns voient un gage
immobilier ou antichrèse [4], et les autres une hypothèque
proprement dite [5], mais où il n'est pas question, en tout
cas, d'une πρᾶσις ἐπὶ λύσει [6]. Nous estimons donc, en définitive, que si l'on ne veut pas faire dériver l'hypothèque de la
πρᾶσις ἐπὶ λύσει, ainsi que nous l'avons proposé, on ne saurait
non plus délimiter avec certitude les sphères d'application
spéciales de chacune de ces deux institutions. Elles ont pu
être employées indifféremment suivant la volonté des parties et les circonstances de la cause.

(1) *Corp. inscr. att.*, II, 1105 (Dareste, Haussoulier et Reinach, p. 212, n° 27) :
ὅρος χωρίου πεπραμένου ἐπὶ λύσει Εὐθυδίκει προικός.
(2) 'Ἐφημερὶς ἀρχαιολογική, 1883, p. 147 : ὅρος χωρίου πεπραμένου ἐπὶ λύσει
παιδὶ Καλλιστράτου H. Cf. Hitzig, p. 68.
(3) Hitzig (p. 7, note 2) présume, au contraire, que tous ces ὅροι se réfèrent à
des créances fondées sur un prêt.
(4) Dareste, Haussoulier et Reinach, p. 116, nᵒˢ 62 et 63. Cf. Guiraud, p. 281.
(5) Hitzig, p. 9-10.
(6) Cf. également les ὅροι publiés dans le Δελτίον ἀρχαιολογικόν, 1892 et cités
par Hitzig, p. 10. De même, dans les contrats de prêt d'Arkésiné, la sûreté
donnée est une hypothèque. Cf. Dareste, Haussoulier et Reinach, p. 313, l. 8,
p. 316, XV B, l. 8, p. 324, l. 24, p. 330.

Szanto [1], a proposé, sur l'origine de l'hypothèque et de
la κρῆσις ἐπὶ λύσει, une théorie qui diffère profondément de
celles que nous venons de signaler. D'après cet auteur, ces
deux formes d'engagement ont eu un développement absolument distinct et indépendant ; elles sont nées simultanément et non l'une de l'autre et elles ont également subsisté
l'une à côté de l'autre. L'hypothèque dériverait de la servitude de la dette. Cette servitude, en effet, aurait été, dans
le droit grec, la forme la plus ancienne du droit de gage.
Originairement le gage n'aurait porté que sur la valeur de
l'homme lui-même, envisagé comme esclave. Mais, ainsi que
le prouve une inscription d'Halicarnasse [2], on aurait ensuite
considéré l'homme comme propriétaire, jusqu'au moment
où, d'un côté, la loi, comme à Athènes, d'un autre côté,
l'intérêt bien entendu du créancier, firent admettre une séparation complète entre les biens du débiteur et sa personne,
le créancier ne pouvant plus obtenir satisfaction que sur les
premiers. On s'explique alors comment l'hypothèque a pu
dériver de la servitude de la dette. Aussi longtemps que le
débiteur répondait de la dette sur sa personne, le créancier, tant que la dette n'était pas échue, n'entrait point en
possession de l'objet de son gage, c'est-à-dire de la personne de son débiteur, et la nature même des choses s'y
opposait. C'est seulement à défaut de paiement à l'échéance
qu'il pouvait acquérir la possession ou la propriété de son
débiteur. Or la même relation se rencontre dans l'hypothèque puisque, comme nous l'avons vu, le créancier ne peut,
avant l'échéance, prendre possession du bien hypothéqué et
qu'il n'a ce droit que dans le cas où il n'est pas payé à l'é-
poque convenue. Cette qualité caractéristique de l'hypothèque montre bien que l'origine de cette sûreté découle de la

---

(1) Szanto, *Hypothek*, p. 284 et s.

(2) Cette inscription a été publiée par Haussoulier, *in Bulletin*, IV, p. 295
et s.

servitude de la dette. Quant à la πρᾶσις ἐπὶ λύσει le même
auteur la fait dériver de la vente proprement dite. Cette
origine, dit-il, est évidente pour l'institution analogue du
droit romain, la *mancipatio sub fiducia*, si l'on se réfère à
la disposition de la loi des XII Tables, citée par Justinien [1],
d'après laquelle, même après la tradition de la chose vendue, la propriété n'est point transférée à l'acheteur tant
que le prix de vente n'est pas payé. C'est là, d'après Szanto, la forme la plus ancienne de droit de gage ou plutôt de
la *mancipatio sub fiducia*. Le vendeur devient créancier au
moment même où la possession de la chose passe à l'acheteur sans que le prix en soit payé, mais il conserve la propriété de la chose. On doit présumer que, dans le droit grec,
l'hypothèque a suivi un développement analogue.

Cette théorie, quoique fort ingénieuse, nous paraît inadmissible. Elle aboutit, en effet, suivant son auteur, à dire
que l'hypothèque a été pratiquée antérieurement à l'aliénation fiduciaire. Or c'est là une proposition qui se heurte
à toutes les notions que nous possédons sur l'histoire
des sociétés primitives, qui ont toujours commencé par
la vente à réméré avant de connaître l'hypothèque [2]. Quant
à faire dériver l'hypothèque de la servitude de la dette,
c'est une conclusion qui pourrait à la rigueur se dégager de
l'inscription d'Halicarnasse pour le droit de cette cité. Mais
on ne saurait l'étendre au droit attique où elle ne reposerait
sur aucune base. Si d'ailleurs, comme on le prétend, l'hypothèque avait son origine dans la servitude de la dette, celle-
ci aurait dû disparaître une fois que l'hypothèque était née.
Or, en dehors d'Athènes, où Solon avait aboli de bonne
heure la servitude de la dette, cette servitude a persisté

---

(1) *Instit.*, II, 1, § 41.

(2) V. notamment pour l'évolution du droit romain sur ce point, Accarias, t. I,
n°ˢ 284 et 285. De même, dans notre ancien droit français, le mortgage a précédé
l'hypothèque ou obligation. Cf. Viollet, p. 734 ; Esmein, *Études sur les contrats
dans le très ancien droit français*, p. 177 et s.

dans le droit hellénique longtemps après que l'on avait
commencé à pratiquer l'hypothèque [1]. Quant à l'origine de
la πρᾶσις ἐπὶ λύσει, nous estimons qu'elle est indépendante de
la vente proprement dite, car le but des deux opérations
est tout à fait différent, et elles n'ont de commun que la
forme.

La πρᾶσις ἐπὶ λύσει, si nous la considérons comme la forme
la plus ancienne des sûretés réelles, ne put naturellement
être admise dans le droit grec qu'à l'époque où la vente
proprement dite fut elle-même possible. Aussi Aristote,
rappelant le temps où les lots de terre primitifs assignés à
chaque citoyen étaient rigoureusement inaliénables, men-
tionne-t-il une loi, attribuée à Oxylos [2], qui interdisait de
prêter sur hypothèques immobilières [3]. Sous le régime de la
propriété familiale, l'aliénation fiduciaire était impossible
puisque la vente elle-même était inconnue. Comme le dit
très bien Fustel de Coulanges: « La terre ne devait pas,
suivant les vieilles idées, se détacher de la famille; elle
n'était pas le bien d'un homme, ni même seulement d'une
génération d'hommes; elle appartenait, suivant l'expression
de Platon, « aux ancêtres et à la postérité. » Dans ces conditions, l'hypothèque était inadmissible, car elle eût exproprié, non pas un homme seulement, mais une famille. Les
esprits ne pouvaient pas aisément comprendre que l'obligation contractée par un individu pût engager la terre familiale. En vertu des idées alors en vigueur, l'individu ne
pouvait engager que sa propre personne. Aussi arrivait-il
que le corps du débiteur répondait de sa dette. Il était plus
facile et il paraissait plus juste d'asservir une personne que
de déposséder une famille [4]. » La πρᾶσις ἐπὶ λύσει ne dut

---

(1) Cf. Mitteis, p. 445 et s.

(2) Cet Oxylos était antérieur à Lycurgue. Pausanias, V, 4, 5.

(3) Aristote, *Polit.*, VII, 2, 5 : ἔστι δὲ καὶ ὃν λέγουσιν Ὀξύλου νόμον... τὸ μὴ
δανείζειν εἴς τι μέρος τῆς ὑπαρχούσης ἑκάστῳ γῆς.

(1) Fustel de Coulanges, *Nouvelles recherches*, p. 103.

donc faire son apparition dans le droit qu'un certain temps
après que l'usage de la vente s'était généralisé par suite de
la substitution de la propriété individuelle à la propriété
collective [1], et l'hypothèque elle-même, à notre avis du
moins, ne dut être connue qu'un certain temps après la
vente à réméré.

Peut-on fixer une époque quelconque pour la réception
de la vente à réméré ou de l'hypothèque? La question dé-
battue à ce sujet entre les historiens du droit est celle de
savoir si l'hypothèque athénienne, dans un sens large, date
de Solon, ou si elle est antérieure à lui. Dans l'opinion générale, l'hypothèque aurait déjà été pratiquée au temps de
Solon. En effet, dit-on, lorsque le réformateur athénien, au
moyen de sa fameuse σεισάχθεια, libéra la propriété des
charges qui pesaient sur elle, la conséquence de cette mesure fut la suppression des ὅροι qui se dressaient partout en
signe de l'asservissement de la terre. Solon lui-même proclame ce résultat dans une de ses poésies, et il se glorifie
d'avoir « enlevé les bornes placées de divers côtés [2] ». Or
ces ὅροι arrachés par Solon n'étaient autres que des bornes
hypothécaires semblables à celles qui servirent plus tard à
attester les droits des créanciers sur les biens grevés d'hypothèques. Il est vrai que, de toutes les bornes hypothécaires parvenues jusqu'à nous, et elles sont nombreuses,
aucune n   .monte au temps de la guerre du Péloponèse.
Mais la disparition des ὅροι pendant près de deux siècles
après la réforme de Solon s'explique par la haine que l'hypothèque avait inspirée. Il se passa un temps assez long
avant que l'on se décidât à recourir de nouveau à ces pierres détestées dont l'enlèvement avait été accueilli avec tant
d'enthousiasme. On continua bien à se servir des ὅροι sur les
domaines publics, sur les routes, par exemple, ou sur les

(1) Guiraud, p. 103.
(2) Aristote, *Const. des Athén.*, c. 12 : ὅρους ἀνεῖλον πολλαχῇ πεπηγότας
V. *supra*, t. II, p. 533, note 4.

domaines sacrés, sur les sépultures, mais on y renonça
pour les hypothèques, sans que toutefois celles-ci cessas-
sent d'être pratiquées comme elles l'avaient été avant Solon,
mais sans le signe extérieur de l'engagement de la terre.
L'opinion qui se refuse à admettre l'existence de l'hypothèque avant Solon ne pourrait se soutenir que s'il était certain
qu'à cette époque le contrat de vente était ignoré dans le
droit attique. Or, s'il faut en croire Théophraste [1], Charondas, le législateur de la Grande-Grèce, avait déjà édicté des
règlements sur la vente des immeubles, et Charondas paraît
avoir vécu au milieu du VIIᵉ siècle. Il est donc fort vraisemblable qu'à Athènes la terre pouvait également, à la même
époque, être aliénée par vente, et, par suite, qu'elle était
susceptible d'hypothèque, celle-ci n'étant qu'une forme de la
vente. On a également invoqué en ce sens le passage de la
Constitution des Athéniens d'Aristote, récemment découverte, qui attribue à Dracon la partie essentielle de la réforme politique qu'on attribuait jusqu'alors à Solon [2], c'est-
à-dire la répartition des citoyens en trois classes d'après le
revenu de la propriété foncière, ce qui prouve que cette propriété était déjà accessible à tous. Dès lors l'ὅρος de l'époque
de Solon ne peut plus signifier que la borne hypothécaire.
En définitive, l'hypothèque athénienne aurait existé avant
Solon. La réforme de ce législateur aurait consisté, d'une
part, à abolir les dettes antérieures, ce qui entraînait la
suppression des ὅροι qui en étaient le signe, d'autre part, à
supprimer l'esclavage pour dettes. Au VIIᵉ siècle, le créancier était libre de prendre ses sûretés sur la personne du
débiteur ou sur ses biens, ou sur les deux à la fois. A partir de Solon, il n'en fut plus ainsi. Nul ne put désormais
emprunter sur son corps, δανείζειν ἐπὶ τοῖς σώμασιν, et les biens
seuls purent être engagés. « Solon montrait par là que le

---

(1) Théophraste, *in* Stobée, *Flor.*, XLIV, 22.
(2) Aristote, *Const. des Athén.*, § 4.

sol n'était plus la propriété de la famille et il fortifiait les droits de l'individu sur la terre [1]. »

Nous estimons, au contraire, que l'hypothèque n'a point été reçue dans le droit attique avant Solon. C'est là un corollaire de l'explication que nous avons précédemment admise relativement à la réforme solonienne. Nous avons vu que les ὅροι qui disparurent à la suite de cette réforme étaient non point les bornes hypothécaires de l'époque classique, mais les emblèmes qui se dressaient sur chaque lot de terres pour certifier les droits du maître vis-à-vis des tenanciers ou thètes qui cultivaient le sol en payant une redevance à l'eupatride et sans espoir d'en devenir jamais propriétaires. En supprimant les ὅροι, Solon rendit la propriété immobilière accessible à tous [2]. Il est vrai, que les ὅροι qui nous sont parvenus à partir du IVᵉ siècle sont des bornes hypothécaires. Mais on ne peut en conclure que les ὅροι de Solon aient eu le même caractère, car un mot peut parfaitement changer de sens dans l'intervalle de deux siècles. Si l'hypothèque avait, comme on le prétend, été déjà pratiquée à l'époque de la σεισάχθεια, et si elle avait déjà été constatée au moyen d'ὅροι, il serait étrange que nous ne possédions aucune stèle hypothécaire de l'époque qui s'étend entre la réforme de Solon et le IVᵉ siècle. Le nombre des stèles qui ont été trouvées est trop considérable pour que l'on puisse attribuer ce fait au hasard des découvertes. Dire que la longue disparition des ὅροι est due à la haine inspirée par l'hypothèque, c'est une explication manifestement insuffisante. Si la publicité de l'hypothèque avait déjà été pratiquée avant Solon, on n'aurait certainement pas renoncé à cette

___

(1) Guiraud, p. 105. Cf. dans le même sens : Schœmann-Galuski, t. I, p. 377 ; Bœckh, t. I, p. 162; Hermann-Thalheim, p. 104, note 1 ; Martin, *Les Cavaliers athéniens*, p. 43; Dareste, Haussoulier et Reinach, p. 121; Lécrivain, *in* Daremberg et Saglio, vᵒ *Eupatrides*, p. 857 et *Contrainte par corps*, p. 1 ; Caillemer, *Crédit foncier*, p. 12, note 4.

(2) V. *supra*, t. II, p. 535 et s.

garantie pour les sûretés consenties à l'occasion des nouvelles obligations, postérieures à la seisachthie. Il est bien plus naturel d'admettre que si les ὅροι hypothécaires n'ont fait leur apparition qu'au IVe siècle, c'est parce que l'hypothèque n'avait été admise dans le droit attique que postérieurement aux réformes de Solon; on en organisa la publicité quand le régime hypothécaire eut atteint son complet développement. L'existence de l'hypothèque dans l'ancien droit attique serait, du reste, inconciliable avec le régime de la propriété qui prévalait alors. La propriété appartenant au γένος, à la famille et non à l'individu, la terre ne pouvait pas servir de gage à la dette personnelle d'un homme : l'esclavage tenait lieu de l'hypothèque. Or précisément Solon, de l'aveu même des partisans du système que nous combattons [1], a rompu avec le système de la propriété familiale et consacré la propriété individuelle en autorisant le testament. Il a, en même temps, aboli l'esclavage pour dettes. Ainsi disparaissaient les deux raisons qui s'opposaient à l'institution de l'hypothèque. Il y a là un ensemble de réformes qui se tiennent intimement et qui se rattachent toutes au même principe. On ne saurait se prévaloir, contre la théorie que nous venons d'exposer, du chapitre de la *Constitution d'Athènes* qui attribue à Dracon la répartition des citoyens en trois classes, car l'authenticité de ce chapitre est très suspecte [2], et les renseignements qu'il fournit sont contredits par d'autres passages du même traité d'Aristote. Nous conclurons donc que l'hypothèque, même sous sa forme la plus ancienne, celle de la πρᾶσις ἐπὶ λύσει, n'a été reçue dans le droit attique qu'après des réformes de Solon [3].

L'hypothèque fut-elle instituée immédiatement par le législateur athénien, ou bien ne se produisit-elle que postérieu-

(1) Cf. Guiraud, p. 105.

(2) Cf. Lécrivain, *in* Daremberg et Saglio, *loc. cit.*, p. 856.

(3) Fustel de Coulanges, *Cité antique*, liv. IV, ch. 6, 2°, et *Nouvelles Recherches*, p. 139.

rement, au bout d'un temps plus ou moins long? Les textes sont muets, et il est difficile de se prononcer sur ce point. On doit admettre toutefois que l'usage de l'hypothèque est antérieur à celui des stèles hypothécaires, car la publicité des droits réels est un perfectionnement qui n'a vraisemblablement été connu qu'à une époque relativement récente. Ainsi, bien que les ὅροι connus ne remontent qu'au IV° siècle, l'hypothèque était fort probablement en usage au V° siècle déjà. C'est ce que l'on peut induire des statuts de la seconde fédération maritime athénienne où il est défendu aux Athéniens d'acheter ni terre ni maison sur le territoire des alliés, ni de prendre hypothèque[1]. L'existence d'une semblable défense implique que dans la première confédération, c'est-à-dire au V° siècle, les Athéniens avaient le droit d'acheter, de vendre et de prendre hypothèque[2].

SECTION II

Des sources de l'hypothèque.

L'hypothèque (*lato sensu*) peut avoir sa source : 1° dans une convention ; 2° dans un testament ; 3° dans la saisie pratiquée en exécution d'un jugement ou d'un contrat exécutoire ; 4° dans la loi, du moins d'après certains auteurs.

I. — La convention.

Outre les conditions nécessaires à la validité de toute convention, on exige ici : 1° qu'il y ait une dette, car l'hypothèque n'est qu'un droit accessoire ; 2° une chose spécia-

(1) *Corp. inscr. att.*, II, 17.
(2) Dareste, Haussoullier et Reinach, p. 122, note 2.

lement susceptible d'être hypothéquée ; 3° la capacité chez
le débiteur d'aliéner la chose hypothéquée et chez le créancier celle de devenir propriétaire. Mais, du moins dans le
droit attique, aucune forme spéciale n'est requise pour la
validité de la convention d'hypothèque.

§ 1. — *De la créance garantie par l'hypothèque.*

L'hypothèque peut servir de garantie à une créance
quelconque. Le principe du droit romain: *res hypothecœ
dari potest pro quacumque obligatione* [1], est également
applicable dans le droit attique. Peu importe que la dette
grève le constituant ou un tiers. Ainsi une caution peut fournir au créancier une hypothèque comme garantie supplémentaire du paiement de la dette due par le débiteur principal [2]. Mais évidemment une dette déclarée nulle par la
loi ne saurait servir de base à une convention d'hypothèque [3].

L'hypothèque n'étant que la sûreté accessoire d'une créance, suppose manifestement, pour sa validité, l'existence
même d'une créance, que celle-ci soit pure et simple, ou
qu'elle soit conditionnelle. Un plaidoyer de Démosthène nous
montre toutefois une hypothèque garantissant une créance
purement éventuelle, car elle est consentie par un débiteur
au profit de sa caution pour garantir celle-ci contre les risques d'une poursuite de la part du créancier [4]. Mais il y a
lieu de croire que les parties avaient, au moyen d'un artifice quelconque, par exemple d'un prêt fictif, donné un fondement actuel à cette hypothèque [5].

Sans vouloir énumérer ici toutes les créances qui peu-

(1) L. 5, pr. D. *De pign. et hyp.*, XX, 1.
(2) Dareste, Haussoulier et Reinach, p. 116, n° 64 et p. 136.
(3) Cf. l. 11, § 3, D. *De pigner. act.*, XIII, 7.
(4) Démosthène, *C. Apatur.*, §§ 8 et s.
(5) Hitzig, p. 248. V. *infra*, liv. III, tit. II, Du cautionnement.

vent être garanties par une hypothèque, nous voulons du
moins énumérer les principaux cas dans lesquels apparaissent les sûretés réelles. La créance qui est le plus naturellement garantie par une sûreté de ce genre est celle qui résulte
du contrat de prêt. On en trouve de nombreux exemples
dans les documents épigraphiques ou dans les plaidoyers des
orateurs. L'habitude de ne prêter que contre une sûreté réelle
était même tellement entrée dans les mœurs, que les cités, les
âmes, les temples et les associations privées ne prêtaient ou
n'empruntaient que de cette manière [1]. Nous avons vu que,
dans une théorie précédemment exposée, c'est en cas de prêt
que la sûreté revêt normalement sa forme la plus rigoureuse,
celle d'une πρᾶσις ἐπὶ λύσει [2]. Le prêt maritime ou prêt à la
grosse est également accompagné de l'affection des objets
soumis aux risques du voyage, c'est-à-dire du navire ou de la
cargaison ou des deux à la fois [3]. On a même prétendu, en
se fondant sur un passage du plaidoyer de Démosthène contre
Phormion, que le prêt à la grosse pouvait être garanti par
des objets non soumis aux risques du voyage, notamment, par
des immeubles. Sans doute, la loi athénienne ne renfermait
aucune prohibition à cet égard, mais il y a lieu de mettre
en doute une pratique qui aurait été contraire à la fois à
la nature du contrat et aux habitudes du commerce [4].

L'hypothèque peut pareillement servir pour garantir le
privilège du vendeur, quand l'acheteur ne paie pas son prix
au moment du contrat ou qu'il n'en paie qu'une partie [5].
On en trouve des exemples non seulement à Athènes [6],

(1) V. Dareste, Haussoulier et Reinach, p. 116, n° 64, p. 118, n° 65, p. 313, l. 8,
p. 316, XV B, l. 8, p. 324, l. 24, p. 330. Cf. Guiraud, p. 283.

(2) V. supra, p. 165.

(3) Cf. Dareste, Du prêt à la grosse chez les Athéniens, p. 10; Siovoking,
P. 19 et s.; Hitzig, p. 35. V. infra, liv. III, chap. II, sect. II.

(4) Dareste, loc. cit.

(5) Dareste, Haussoulier et Reinach, p. 116, n° 61 : ὅρος χωρίου τιμῆς ἐνοφειλο-
μένης Φανοστράτῳ Παιανιεῖ XX.

(6) V. infra, l. III, chap. II, sect. I.

mais dans d'autres cités grecques, à Ténos [1] et à Chéro-
née [2]. Il est probable que, dans cette hypothèse, la sûreté
devait revêtir la forme d'une πρᾶσις ἐπὶ λύσει plutôt que celle
d'une hypothèque proprement dite [3].

Les obligations du fermier ou locataire peuvent également être garanties par une hypothèque. Nous avons vu,
en exposant les règles de la tutelle, que la constitution
d'une hypothèque est obligatoire, en cas de μίσθωσις οἴκου, de
la part de celui qui a affermé les biens du pupille. Les enseignes hypothécaires qui nous ont été conservées en mentionnent plusieurs exemples [4]. La sûreté, en pareil cas, consiste en une hypothèque proprement dite de préférence à
une πρᾶσις ἐπὶ λύσει [5], et on lui donne le nom spécial d'ἀποτίμημα [6].

L'hypothèque n'est point, du reste, spéciale au cas de
μίσθωσις οἴκου, et elle peut être exigée par le bailleur dans un
bail ordinaire. Nous n'en possédons, il est vrai, aucun
exemple certain pour le cas de bail consenti entre deux
particuliers [7], mais il est probable que les baux des biens
appartenant à des temples ou à des communautés devaient
fréquemment être accompagnés d'une constitution d'hypothèque comme étant la plus solide de toutes les sûretés que
le locataire pût fournir [8]. Ainsi l'engagement des biens est

---

(1) Dareste, Haussoulier et Reinach, p. 80, § 34. Cf. Hitzig, p. 36.

(2) Corp. inscr. Graec. sept., I, 3376. Cf. Hitzig, p. 37.

(3) C'est ce que l'on peut induire de l'inscription précitée de Ténos. V. infra,
liv. III, chap. II, sect. I., Cf. Hitzig, p. 36.

(4) V. Dareste, Haussoulier et Reinach, p. 108, n⁰⁵ 1-9.

(5) V. supra, p. 184 et s.

(6) V. supra, t. II, p. 252.

(7) Peut-être cependant pourrait-on rapporter à un cas de bail ordinaire l'enseigne hypothécaire, n° 6 (in Dareste, Haussoulier et Reinach, p. 109) où il
n'est point dit que le créancier soit un mineur. Cf. Hitzig, p. 39.

(8) Nous faisons abstraction pour le moment du droit que le bailleur peut se
réserver dans le contrat de procéder à une prise de gage, sans jugement, pour
le cas où le locataire serait en retard dans l'exécution de ses obligations. V.
infra, p. 232.

mentionné expressément dans le bail de la phratrie des
Dyaliens [1]. Il en est de même dans le règlement applicable
aux locations consenties par le dème du Pirée [2]. Dans ce
dernier, il est dit que les locataires dont le fermage dépasse
10 drachmes devront constituer une hypothèque suffisante,
et que ceux dont le fermage est inférieur à cette somme
fourniront une caution qui engagera ses biens [3].

L'hypothèque joue aussi un rôle fort important en matière
de dot. Nous avons vu que celui qui constitue la dot, lorsqu'il n'en verse pas à l'instant même le montant au mari,
consent au profit de celui-ci, devenu son créancier, une
hypothèque sur ses biens. De son côté, le mari consent
ordinairement, au moment où il reçoit la dot, une hypothèque
destinée à assurer la restitution des apports de la femme [4].

Une inscription de Naxos montre que l'hypothèque peut
garantir également le privilège du copartageant. Le texte
porte : ὅρος χωρίου καὶ τῶν μισθωμάτων.... ὧν δεῖ κατενενκεῖν εἰς
τοὺς ἐράνους κατὰ τὸν δαιθμὸν τὸν κείμενον παρὰ Σ.... Τραγίωι [5]. La
portée de cette inscription est toutefois controversée.
D'après une première explication, il s'agit ici d'un partage de
succession constaté par un acte (ὁ δαιθμός == δεσμός) qui a été
déposé chez un Nexien de Tragia. Dans la part de l'un des
copartageants N... se trouvait le droit au bail d'un champ
loué au défunt par des éranes. L'obligation de payer les

(1) *Corp. inscr. att.*, II, 600.
(2) Dareste, Haussoullier et Reinach, p. 236, l. 3–5.
(3) Ἐγγυητὴν ἀποδιδόμενον τὰ ἑαυτοῦ τῆς μισθώσεως. Dareste, Haussoullier et
Reinach (p. 270) estiment que l'engagement de la caution a lieu sous la forme
d'une vente à réméré, ainsi que cela résulte, suivant eux, du mot ἀποδιδόμενον,
qui signifie : vendant. Hitzig (p. 39) conteste cette interprétation qui aurait pour
résultat que la caution serait tenue plus rigoureusement et le créancier mieux
protégé dans le cas où le bail est peu important que dans celui où le fermage
est plus élevé. Le mot ἀποδιδόμενον ne comporte pas nécessairement l'idée d'a-
liénation et on peut l'entendre en ce sens que le fermier doit fournir une caution disposée à hypothéquer ses biens pour la garantie du fermage.
(4) V. *supra*, t. I, p. 231 et s.
(5) Cf. Dareste, Haussoullier et Reinach, p. 118, n° 66.

fermages était ainsi mise à la charge de N..., qui, pour avoir
un recours contre ses cohéritiers, a pris une hypothèque
sur leurs biens ¹. Dans une autre interprétation, on dit qu'il
est plutôt question d'un débiteur sorti d'une société d'éra-
nistes et dont les obligations vis-à-vis de ses anciens associés sont garantis par une hypothèque ².

L'hypothèque peut enfin servir à assurer l'exécution de
certaines obligations dont un plaideur est tenu envers
son adversaire. Ainsi la procédure attique connaît, d'une
part, le cautionnement *judicio sistendi causa*, d'autre part,
la *cautio judicatum solvi* ³. Or il y a lieu de croire que
les sûretés fournies pouvaient être des sûretés réelles aussi
bien que des sûretés personnelles. Une inscription attique
du dème d'Aixoné paraît bien, en effet, mentionner un cas
d'hypothèque fournie pour garantir l'obligation de ἐμμένειν
τῇ διαίτῃ en cas de compromis ⁴.

§ 2. — *Des choses susceptibles d'être engagées.*

En principe, toute chose, mobilière ou immobilière, qui peut
faire l'objet d'une vente ⁵, est susceptible d'être engagée
réellement. Ainsi d'abord, en ce qui concerne les choses
mobilières corporelles qui sont l'objet d'un gage, on voit
signalés dans les textes des vases précieux, des joyaux d'or
ou d'argent ⁶ ou même des métaux en barre, comme du cui-

(1) Dareste, Haussoullier et Reinach, p. 142.
(2) Hitzig, p. 46.
(3) Cf. Meier, Schœmann et Lipsius, p. 775 et s.
(4) D'après cette inscription, publiée par Lolling, *in Mittheilungen*, IV,
p. 200 et s., les démotes statuent en qualités d'arbitres, et les parties prêtent
le serment suivant : ἐμμενεῖν οἷς ἂν ψηφίσωνται οἱ δημόται, καὶ ἀποδώσειν...
τὰ ὑπὸ τῆνητα βέβαια ποιήσειν τοῖς δημόταις· ὅσοι... ἀποδιδῶσιν ἃ ὀφείλουσιν μήτε
τὰ ἐνέχυρα... ἀνέκαρα ἀνέκαρα ... κτλ. Cf. Hitzig, p. 47.
(5) Cf. Büchsenschütz, p. 485.
(6) Démosthène. *C. Spud.*, § 11 ; *C. Nicostr.*, § 9 ; *C. Aphob.*, I, § 24., Her-
mipp. *in* Athénée, XI, p. 478 c. ; Lysias, κακολογ., § 10.

vre, mais qui doivent alors être préalablement pesés [1]. Des esclaves peuvent être engagés soit seuls, soit accessoirement à la fabrique à laquelle ils sont attachés [2]. Dans les affaires commerciales et maritimes, le gage peut avoir pour objet des navires, leurs apparaux ou la cargaison qu'ils transportent [3].

Parmi les biens immobiliers, les textes signalent l'engagement des fonds de terre (χωρίον) et des maisons (οἰκία, οἴκημα, οἰκόπεδον) soit isolément [4], soit conjointement [5]. On voit aussi des hypothèques portant sur des fabriques (ἐργαστή-ριον) [6] ou des jardins (κῆπος) [7]. Les inscriptions mentionnent aussi quelquefois spécialement, comme étant affectés à l'hypothèque qui frappe un immeuble, les accessoires immobiliers, comme les servitudes actives. Ainsi une inscription attique relate une constitution d'hypothèque sur des terrains, sur une maison et sur l'eau appartenant à ces terrains [8]. Une inscription d'Amorgos mentionne également l'hypothèque οἰκίας καὶ κήπων.... καὶ τῶν ἐπικυρβίων ἐνεχύρων ὑποκειμένων, où il faut voir probablement les objets mobiliers qui garnissent la maison engagée [9]. De ce que les inscriptions font une mention spéciale des accessoires du fonds hypothéqué on ne doit point conclure cependant, croyons-nous, qu'une

(1) Démosthène, C. Timoth., §§ 21 et 52.
(2) V. supra, t. II, p. 444.
(3) Cf. les autorités citées, supra, p. 197 note 3.
(4) Dareste, Haussoulier et Reinach, p. 108, n° 1.
(5) Ibid., p. 108, n°° 4.
(6) Dareste, Haussoulier et Reinach, p. 110, n° 22, p. 114, n° 41.
(7) Ibid., p. 114, n° 40. Les jardins sont ordinairement hypothéqués à titre d'accessoires des maisons auxquelles ils sont réunis. V. Dareste, Haussoulier et Reinach, p. 110, n°° 15 et 24.
(8) Dareste, Haussoulier et Reinach, p. 108, n° 5 : ὅρος χωρίων καὶ οἰκίας καὶ τοῦ ὕδατος τοῦ προσόντος τοῖς χωρίοις. L'inscription n° 6 renferme aussi pro-bablement un cas d'affectation spéciale de l'eau appartenant à la maison hypo-théquée.
(9) Dareste, Haussoulier et Reinach, p. 116, n° 64. Hitzig (p. 18, note 2) voit dans les ἐπικύρβια les σκεύη dont il est question dans d'autres inscriptions.

clause spéciale soit nécessaire dans la convention d'hypothèque pour soumettre ces accessoires au droit de gage qui
frappe l'objet principal. Cela nous paraît évident pour les
servitudes actives, comme celle d'aqueduc, qui sont en quelque sorte des qualités du fonds. On doit l'admettre également pour les objets mobiliers attachés à un fonds, τὰ σκεύη
γεωργικά et correspondant, à ce que nous nommons les immeubles par destination [1]. C'est ce que l'on peut induire
d'un des plaidoyers de Démosthène contre ses tuteurs où
l'orateur reproche à Onétor d'avoir laissé Aphobos enlever
du fonds hypothéqué par celui-ci à Onétor les instruments
servant à la culture [2]. Si la vente d'un fonds paraît comprendre naturellement tous ses accessoires [3], il doit en être de
même de l'hypothèque [4].

Les choses incorporelles, c'est-à-dire les créances, peu-
vent-elles faire l'objet d'une hypothèque aussi bien que les
choses corporelles ? La possibilité du *pignus nominis* nous
paraît certaine dans le droit attique comme dans le droit
romain. Elle résulte d'abord du plaidoyer de Démosthène
contre Lacritos, si l'on admet, avec certains auteurs, que
les sommes dont il est question et qui ont été prêtées ἐπὶ τῷ
ναύλῳ [5] l'ont été sur le fret, sur le prix de louage du navire,
c'est-à-dire sur une créance [6]. Abstraction faite de ce texte,
dont le sens est controversé, on peut invoquer par analogie

(1) V. sur l'existence d'une classe d'immeubles par destination dans le droit
attique, *supra*, p. 5 et s.
(2) Démosthène, *C. Onét.*, I, § 28.
(3) Cf. Registre de Ténos, §§ 23, 36, 40, *in* Dareste, Haussoulier et Reinach,
p. 74 et s.
(4) V. en ce sens, Hitzig, p. 18.
(5) Démosthène, *C. Lacrit.*, § 22.
(6) Cf. Dareste, *Prêt à la grosse*, p. 9; Hermann-Blümner, p. 499, note 5;
Platner, *Process*, II, p. 303; Boeckh, t. I, p. 166, note b. Suivant d'autres, au
contraire, le mot ναῦλον doit s'appliquer ici au chargement du navire et non au
fret. Cf. Sieveking, p. 20; Dernburg, *Pfandrecht*, I, p. 32, note 26; Hitzig,
p. 18. De Vries, p. 41; Lipsius, sur Meier et Schoemann, p. 691, note 98;
V. *infra*, liv. III, chap. II, sect. III, Contrat de prêt.

d'autres documents étrangers au droit attique, où l'on rencontre des cas de *pignus nominis*. Ainsi une inscription de
Cnide, dont la date se place entre 285 et 222 avant J.-C.,
nous montre cette ville, qui avait besoin d'argent pour élever un portique, contractant un emprunt dont elle assure
le remboursement en donnant aux prêteurs différentes hypothèques, notamment sur « la recette à provenir du portique
(τὸ γενηθὲν ἐκ τῆς στοᾶς) et consistant dans la vente des colonnes, des bois, des tuiles et des briques » [1]. Aristote nous
signale une opération analogue à Clazomène, dont les habitants, voulant se procurer de l'huile, donnent en hypothèque
le prix à provenir de la vente de cette huile [2]. Il est assez
difficile toutefois de préciser l'effet de ce *pignus nominis* [3].

Le droit romain connaissait également le *pignus pignori
datum* [4], c'est-à-dire le cas où le créancier muni d'un gage
affectait cette sûreté à l'acquittement d'une autre dette dont
il était lui-même grevé. Cette opération est également possible dans le droit attique, notamment dans le cas où l'hypothèque revêt la forme d'une πρᾶσις ἐπὶ λύσει. Rien n'empêche
le créancier, devenu propriétaire de l'objet engagé, de l'affecter à la sûreté de sa propre dette. Nous indiquerons ultérieurement quels sont les effets de cette affectation en exposant les droits du créancier hypothécaire avant l'échéance
de la dette [5].

---

(1) Dareste, *in Bulletin*, IV, p. 341 et s.
(2) Aristote, *Æcon.*, II, 2, 26 : ὑποθήκης γενομένης τῆς τοῦ ἐλαίου τιμῆς.
(3) Hitzig (p. 19) signale encore le cas dont il est question dans le traité d'al-
liance entre Téos et Lebédos et où l'on voit les députés de cette dernière ville
demander que sur les revenus publics une somme de 2.400 pièces d'or soit mise
à leur disposition et leur soit prêtée εἰς ὑποθήκην, pour qu'ils puissent emporter du blé. Ces mots, d'après Hitzig, signifient que les objets achetés avec cet
argent seront hypothéqués au profit du prêteur.
(4) L. 1 et 2, *C. Si pign. pign.*, VIII, 14.
(5) V. *infra*, p. 280.

Lorsque l'emprunteur est une ville, on la voit souvent user d'un procédé aujourd'hui pratiqué par certains États aux finances délabrées, c'est-à-dire conférer hypothèque sur ses revenus soit en général, soit seulement sur certains d'entre eux. Ainsi la ville d'Orée, en Eubée, empruntant un talent à Démosthène, lui donna en gage ses δημόσιαι πρόσοδοι [1]. La ville d'Orchomène, en Béotie, a eu recours au même moyen de crédit [2] et l'on pourrait encore citer d'autres exemples analogues [3]. L'hypothèque ainsi conférée par la ville débitrice est, suivant les cas, soit une première, soit une seconde hypothèque [4]. Quant aux effets d'une semblable hypothèque et à la sanction du droit de préférence qu'elle conférait au créancier, il est impossible de les préciser dans le silence des textes [5].

Il est, par exception, certaines choses qui, bien que susceptibles d'être réalisées en argent, ne peuvent faire l'objet d'une hypothèque. Ainsi, d'après Diodore de Sicile, dans la plupart des États grecs, et spécialement en Attique, d'après Aristophane, il était interdit de donner ou de prendre en gage les armes, les instruments de culture et les objets absolument nécessaires à la vie [6]. Dans le droit attique, depuis les réformes de Solon, il est interdit d'engager sa personne. Mais dans d'autres cités grecques l'affectation de

---

(1) Eschine, *C. Ctesiph.*, § 104.

(2) *Corp. inscr. gr.*, n° 1569, *a*.

(3) Cf. les cas cités par Bœckh, t. I, p. 688; *Bulletin*, VI, p. 64.

(4) Ainsi la ville de Cnide, dans l'inscription précitée (*supra*, p. 203) ne confère à ses créanciers qu'une seconde hypothèque sur ses revenus. Cf. Dareste, *Bulletin*, IV, p. 341 et s.

(5) Dareste, *loc. cit* ; Hitzig, p. 20.

(6) Diodore de Sicile, I, 79 : ὅπλα μὲν καὶ ἄροτρον καὶ ἄλλα τῶν ἀναγκαιοτάτων ἐκώλυσαν ἐνέχυρα λαβεῖν πρὸς δάνειον (sc., οἱ πλεῖστοι τῶν παρὰ τοῖς Ἕλλησι νομοθετῶν'. Aristophane, *Plut.*, 450 : ποῖον γὰρ οὐ θώρακα ποίαν δ'ἀσπίδα οὐκ ἐνέχυρον τίθησιν ἡ μιαρωτάτη (sc. ἡ Πενία). Cf. Suidas, v° ἐνέχυρον; Petit, VIII, 1, 6; Bœckh, I, p. 161; Platner, *Process*, II, p. 303; Meier, Schœmann et Lipsius, p. 691; Büchsenschütz, p. 485; Hermann-Thalheim, p. 100 ; Hitzig, p. 20; Lécrivain, *in* Daremberg et Saglio, v° *Enechyra*.

la personne même du débiteur a persisté beaucoup plus longtemps [1]. En enlevant au père de famille le droit qu'il possédait antérieurement de vendre ses enfants [2], Solon a rendu également impossible l'engagement de ceux-ci par leur père, puisque l'hypothèque aboutit à la vente en cas d'insolvabilité du débiteur [3]. Mais ce droit s'est maintenu plus longtemps dans d'autres cités grecques, et Isocrate nous parle d'enfants qui, à Platée, se trouvaient en servitude à raison des dettes minimes contractées par leurs parents [4].

Quant aux *res sacræ*, nous n'avons point, pour le droit attique, de document qui indique si elles sont ou non susceptibles d'être hypothéquées. Mais en dehors d'Athènes on voit, par plusieurs exemples, qu'elles peuvent être l'objet d'une hypothèque. Ainsi à Olbia les ἱερὰ ποτήρια sont valablement engagés pour les dettes de la ville [5]. De même à Methglrion la τράπεζα de Zeus Hoplosmios est donné en gage [6]. Nous voyons également la ville de Calymna fournir en gage d'un emprunt qu'elle contracte, des phiales qui étaient probablement celles conservées dans le temple d'Apollon et hypothèquer des ἄλση, c'est-à-dire des bois sacrés. La ville ne payant pas à l'échéance, le créancier s'empara de ces bois pour les vendre [7].

On peut conclure, par analogie de ces exemples, que l'hypothèque des choses sacrées était également possible dans le droit attique. On ne voit pas, du reste, le motif qui aurait fait obstacle à une pareille hypothèque, car, comme

(1) Cf. Mitteis, p. 445 et s.
(2) V. *supra*, t. II, p. 93.
(3) Hitzig, p. 20.
(4) Isocrate, *Plataic.*, § 48 : παῖδας πολλοὺς μικρῶν ἕνεκα συμβολαίων δουλεύοντας.
(5) *Corp. inscr. græc.*, n° 2058.
(6) Dittenberger, *Sylloge*, n° 178. Cf. *Hermes*, XVI, p. 183, 184.
(7) Dareste, Haussoulier et Reinach, p. 162, B, l. 9 et p. 165-166. Cf. Guiraud, p. 377.

nous l'avons vu [1], la propriété sacrée, à Athènes ainsi que
dans le reste de la Grèce, n'était considérée que comme une
annexe du domaine public et les biens domaniaux pouvaient
parfaitement être hypothéqués.

Les biens de l'Etat peuvent, en effet, sans aucune distinction entre ceux qui, dans le droit moderne, forment soit le
domaine public, soit le domaine privé, être grevés d'hypothèques, car ils sont aliénables directement ou indirectement,
C'est ainsi que, dans les emprunts contractés par une cité,
celle-ci se soumettait quelquefois à l'expropriation de tous
ses biens pour le cas où elle ne rembourserait pas sa dette
à l'échéance. Nous en avons des exemples dans les contrats
de prêt conclus par la ville d'Arkésiné. Ces actes autorisent
formellement le créancier à recouvrer ce qui lui est dû, par
toutes voies d'exécution, « sur toutes les propriétés communes des Arkésinéens et sur les propriétés privées des
Arkésinéens comme de toutes personnes habitant Arkésiné ».
L'hypothèque qui frappe les biens communaux atteint ainsi en
même temps toutes les propriétés particulières des citoyens,
et le créancier a le droit de saisir les unes aussi bien que
les autres. Or, comme la valeur des propriétés privées
suffisait, et au-delà, pour assurer le remboursement de la
dette, on ne voit guère l'intérêt que le créancier aurait eu
à saisir les biens de la cité. Mais, en réalité, la clause en
question avait pour but de prévenir l'expropriation de la
cité. En effet, les citoyens ou simples habitants, dont les
biens étaient engagés au même titre que ceux de la ville,
avaient intérêt, pour prévenir la saisie dont ils étaient menacés, à rembourser le créancier soit à l'époque de l'échéance,
soit au moyen d'une souscription, soit par l'établissement
d'un nouvel impôt. Aussi a-t-on pu dire que, « dans la pra-

(1) *Supra*, p. 39.
(2) Dareste, Haussoulier et Reinach, p. 314, § 6, l. 24-25 : καὶ ἐξέστω πράξασθαι
Πραξικλεῖ ταῦτα τὰ χρήματα πράξει πάσῃ ἔκ τε τῶν κοινῶν τῶν Ἀρκεσινέων
πάντων καὶ ἐκ τῶν ἰδίων τῶν Ἀρκεσινέων. Cf. *Ibid*., p. 318, § 6, l. 26-28.

tique, la richesse territoriale des Etats grecs ne se ressen-
tait guère des effets de l'hypothèque, et qu'il y eut peu de
circonstances où ils s'appauvrirent par ce moyen [1]. » Il faut
reconnaître toutefois que la clause d'hypothèque des biens
communaux n'était pas toujours simplement comminatoire,
ainsi que le prouve l'exemple de la ville de Cymé, qui se vit
expropriée de ses promenades par ses créanciers [2].

Le débiteur n'engage ordinairement ses biens à son
créancier que dans la mesure nécessaire pour répondre du
chiffre de la dette [3]. On dit alors du gage qu'il est ἀξιόχρεως,
ou aussi, mais plus rarement, ἀντάξιος, ἄξιος, ἀσφαλής [4]. Quelquefois le créancier exige que le gage soit de la meilleure
qualité, c'est-à-dire qu'il consiste en immeubles et non en
objets soumis à des risques plus ou moins considérables [5].
Le législateur, lorsqu'il s'agit de l'hypothèque à fournir par
le locataire en cas de μίσθωσις οἴκου, exige, comme nous l'avons
vu, que les biens engagés soient préalablement estimés par
des ἀποτιμηταί délégués par l'archonte et chargés de s'assurer
de leur suffisance [6]. Parfois même le créancier réclame un
gage de beaucoup supérieur au montant de la dette. Aussi
quand les Delphiens placèrent l'argent qu'ils devaient à la
générosité d'Attale, roi de Pergame, ils exigèrent que les
terres, qui leur seraient hypothéquées, eussent une valeur
double [7].

(1) Guiraud, p. 354.
(2) Strabon, XIII, 3, 6. La ville n'ayant pas remboursé son emprunt à l'échéance,
les créanciers barrèrent l'accès des *****   à eux hypothéquées. Toutefois, mus
par un sentiment de bienveillance, ils y laissaient pénétrer les citoyens quand
il pleuvait.
(3) Cf. Bekker, *Anecd.*, I, p. 423, 17 : μὴ ἔλαττον ἢ ἀλλὰ πλέον αὐτῆς (sc.
τῆς προικός).
(4) Cf. Bekker, *loc. cit.*, p. 200, 423, 137 ; *Corp. inscr. græc.*, n° 2248; *Corp.
inscr. att.*, II, n°° 578, 1059.
(5) Cf. *Corp. inscr. att.*, II, n° 578 ; *Corp. inscr. gr.*, II, n° 2248; *Bulletin*,
VIII, p. 23.
(6) V. *supra*, t. II, p. 252.
(7) *Bulletin*, V, p. 163, l. 30 : ἔστω δὲ ὁ ἀγρὸς ἄξιος τοῦ διδομένου ἀργυρίου
διπλασίου.

Le débiteur peut-il aller jusqu'à conférer une hypothèque générale sur tous ses biens ? La question est plus délicate. Pour établir la possibilité d'une semblable hypothèque dans le droit attique, on cite ordinairement certains passages de Démosthène où l'on voit le débiteur hypothéquer τὴν οἰκίαν καὶ τἀμαυτοῦ πάντα, ou τὴν οὐσίαν τὴν ἐμαυτοῦ [1], expressions qui paraissent bien se référer à la généralité des biens possédés par le débiteur [2]. On peut cependant avoir quelques doutes sur la portée que l'on prétend attribuer à ces expressions. Ainsi d'abord, dans le plaidoyer contre Polyclès, l'orateur, après avoir dit qu'il avait hypothéqué τὴν οὐσίαν τὴν ἐμαυτοῦ, nous fait savoir qu'il a ultérieurement conféré une hypothèque sur ses terres [3], sans que la constitution de cette nouvelle hypothèque ait soulevé de difficulté ou ait présupposé l'extinction de l'hypothèque générale antérieure. Dans le plaidoyer contre Timothée, on peut entendre par l'οὐσία hypothéquée la partie demeurée libre des biens du débiteur. Enfin, dans le plaidoyer contre Aphobos, on peut supposer que Démosthène avait non point conféré une hypothèque générale sur ses biens, mais consenti à plusieurs créanciers des hypothèques qui affectaient en fait la totalité de son patrimoine [4].

Quoi qu'il en soit du véritable sens de ces textes, la possibilité d'une constitution d'hypothèque générale nous paraît établie, en dehors d'Athènes, par des documents dont on peut évidemment argumenter par analogie pour le droit attique. Telle est d'abord l'inscription d'Amorgos où l'on voit la ville d'Arkésiné, qui contracte un emprunt, conférer au prêteur une hypothèque sur toutes les propriétés qui lui

---

(1) Démosthène, *G. Timoth.*, § 12 ; *G. Polycl.*, § 7 ; *G. Aphob.*, II, § 17.

(2) Cf. Platner, *Process*, II, p. 303, Dernburg, I, p. 72; Dareste, *in Nouvelle Revue historique du droit*, 1885, p. 9; Dareste, Haussoulier et Reinach, p. 141; Guiraud, p. 287.

(3) Démosthène, *G. Polycl.*, § 13.

(4) Cf. Hitzig, p. 21.

appartiennent et sur toutes les propriétés particulières des
Arkésinéens et de toutes les personnes qui habitent Arkésiné
tant sur terre que sur mer [1]. De même, dans le registre
dotal de Ténos, on voit un mari constituer une hypothèque
sur tous ses biens pour garantir la restitution de la dot de
sa femme [2]. On peut admettre par analogie que la constitution d'une hypothèque générale était également possible dans
le droit attique. On a objecté, il est vrai, que là où fonc-
tionne le régime des ὅροι, comme à Athènes, une hypothèque
générale n'est pas possible puisque, par la force des choses,
l'inscription qui la rend publique est spéciale [3]. Mais, à notre
avis, la spécialité de l'inscription n'entraîne pas nécessairement la spécialité de l'hypothèque. Ainsi nous avons vu que
l'hypothèque consentie par la ville d'Arkésiné était on ne
peut plus générale, et cependant l'usage des ὅροι était pratiqué à Amorgos comme à Athènes [4].

Il nous reste, pour terminer ce qui a trait aux choses
susceptibles d'être engagées, à rechercher si les différentes
formes du gage, *lato sensu*, sont indifféremment applicables
aux meubles comme aux immeubles. La première question
qui se pose est celle de savoir si l'hypothèque proprement
dite peut, à Athènes, être constituée aussi bien sur des
meubles que sur des immeubles. A Rome, l'affirmative était
admise, tandis qu'au contraire les législations modernes
n'admettent généralement que les hypothèques immobilières.
On a prétendu que ce dernier système a été admis dans le

---

(1) Dareste, Haussoulier et Reinach, p. 313, l. 7-9 : ὑπίθετο δὶ Πραξ κλῆς τά
τε κοινὰ τὰ τῆς πόλεως ἅπαντα, καὶ τὰ ἴδια τὰ Ἀρκεσινέων καὶ τῶν οἰκούντων
ἐν Ἀρκεσίνῃ ὑπάρχειν ἔγγαια καὶ ὑπερπόντια. Certains auteurs voient toutefois
dans cette stipulation une clause exécutoire et non point la constitution d'une
hypothèque générale. Cf. Dernburg, *Pfandrecht*, I, p. 72; Mitteis, p. 413 et s.;
Hitzig, p. 22.

(2) V. *supra*, t. I, p. 333.

(3) Cf. Hitzig, p. 22.

(4) Dareste Haussoulier et Reinach, p. 141 ; Dareste, *loc. cit.*

droit attique. A Athènes, a-t-on dit, on avait remarqué que
les meubles n'ont pas cette assiette fixe que présentent les
immeubles et que le droit de suite ne peut s'exercer à leur
égard sans créer des entraves considérables à leur libre
circulation. Il aurait donc fallu créer pour eux une hypothèque sans droit de suite, dépouillée d'un de ses principaux
attributs, ce qui est difficilement admissible. On ajoute, dans
le même sens, que la publicité étant la base du régime hypothécaire athénien, et les meubles ne comportant pas les inscriptions qui révélaient aux tiers l'existence du droit réel
sur la chose, l'hypothèque devait nécessairement se limiter
aux choses immobilières [1].

Nous estimons, au contraire, que, sur le point qui nous
occupe, le droit attique a admis la même solution que le
droit romain, et que la loi athénienne ne prohibe nullement
l'hypothèque mobilière. L'opinion contraire ne repose que
sur de simples considérations, qui pourraient avoir quelque
valeur au point de vue scientifique, mais qui n'ont pas touché le législateur athénien. La publicité organisée à Athènes pour les hypothèques n'était point d'ailleurs incompatible avec la constitution d'une hypothèque mobilière, car
cette publicité, comme nous le verrons, n'était pas une
condition essentielle de la validité de l'hypothèque à l'égard
des tiers. Ce que l'on peut seulement admettre, c'est que,
par la nature même des choses, l'hypothèque était normalement employée, soit sous sa forme moderne, soit sous celle
d'une vente à réméré, lorsque la chose affectée était un immeuble, tandis que la sûreté revêtait plutôt la forme du gage
moderne lorsqu'elle avait pour objet un meuble. Ainsi d'a-
bord, lorsqu'il s'agit d'un meuble, le créancier n'obtient une
garantie sérieuse que si le meuble lui est remis entre les
mains, car s'il reste en la possession du débiteur, celui-ci
peut, en l'aliénant ou en le détruisant, anéantir la sûreté du

(1) Caillemer, *Le Crédit foncier*, p. 14.

créancier, danger qui n'est point à craindre pour les immeubles. Le créancier doit donc, pour prévenir ces risques, se faire remettre la possession du meuble, soit à la suite d'une πρᾶσις ἐπὶ λύσει, soit à titre de gage proprement dit. L'engagement d'un meuble au moyen d'une vente à réméré est évidemment possible, et le plaidoyer de Démosthène contre Apatourios [1] en offre un exemple. Mais cette forme d'engagement entraînait pour le débiteur des inconvénients assez sérieux; elle le mettait à son tour à la discrétion du créancier, maître de rendre illusoire, en fait, la faculté de rachat qui appartenait au débiteur; aussi, pour concilier les intérêts respectifs des parties, était-il naturel d'employer plutôt le gage proprement dit, c'est-à-dire l'engagement par la simple remise de la possession du meuble au créancier, le débiteur en conservant la propriété.

Mais aussi, à l'inverse, des meubles peuvent être engagés sous forme d'hypothèque, la possession et la propriété demeurant au débiteur. C'est ce qui a lieu, par exemple, dans le cas de prêt à la grosse. Ce prêt est ordinairement consenti avec affectation soit du navire, soit de la cargaison, soit des deux à la fois, et les objets ainsi engagés, qui sont de nature mobilière, restent en la possession du débiteur. Ici la renonciation du créancier à la sécurité qu'il trouve dans la possession de la chose peut s'expliquer par l'incertitude même de sa créance; si, d'autre part, le prêteur court de grands risques, il a, par contre, la chance de gains plus considérable que dans le prêt ordinaire. Enfin, à défaut de la possession des objets affectés, le prêteur se fait ordinairement consentir d'autres garanties [2], et il peut aussi mettre sur le navire un agent afin de sauvegarder ses intérêts [3]. Des objets mobiliers peuvent également faire l'objet d'une hypo-

(1) V. infra, p. 212.
(2) V. Dareste, Prêt à la grosse, p. 10 et s.
(3) Cf. Hitzig, p. 15. — V. infra, liv. III, tit. I, chap. II, sect. III, Contrat de prêt.

thèque en dehors du cas de prêt maritime, ainsi qu'on le voit dans le plaidoyer de Démosthène contre Apatourios. Celui-ci, ayant emprunté à la grosse, avait hypothéqué son navire pour une somme de quarante mines. Le terme échu, et ses créanciers menaçant de poursuivre le recouvrement de leurs droits par voie d'embateusis, Apatourios se procure auprès d'un tiers la somme nécessaire pour rembourser ses premiers créanciers et engage alors à ce tiers son navire et l'équipage qui le compose sous la forme d'une πρᾶσις ἐπὶ λύσει, mais en en conservant la possession [1]. La situation d'Apatourios est ainsi légèrement aggravée en droit puisque, vis-à-vis de ses premiers créanciers, il avait pu se contenter de constituer une simple hypothèque, tandis qu'il est obligé de consentir une πρᾶσις ἐπὶ λύσει à son nouveau prêteur. Mais, comme il conserve la possession des objets engagés, en fait sa situation n'est pas changée, et nous avons ici un nouveau cas d'hypothèque, sous sa forme aggravée, frappant des objets mobiliers. En pratique, toutefois, l'hypothèque des meubles devait être très peu usitée en dehors du cas de prêt maritime [2].

Une autre question est celle de savoir si le gage proprement dit, c'est-à-dire la remise de la simple possession, accompagnée de la jouissance, entre les mains du créancier, peut avoir pour objet les immeubles aussi bien que les meubles, ou si, en d'autres termes, le droit attique admet ce que nous appelons l'antichrèse. Suivant certains auteurs, les inscriptions attiques fournissent deux exemples d'antichrèse. Ce sont deux ὅροι d'immeubles hypothéqués pour une certaine somme sous la clause ὥστε ἔχειν καὶ κρατεῖν τὸν θέμενον κατὰ συνθήκας τὰς κειμένας παρὰ Δ [3]. Cela signifie, dit-on, que le créan-

---

(1) Démosthène, C. Apat., § 8. Cf. Dareste, Plaid. civ., t. I, p. 197.

(2) Cf. Platner, Process, t. II, p. 302; Hitzig, p. 14-15. Meier, Schœmann et Lipsius (p. 631) semblent restreindre l'hypothèque mobilière au cas de prêt à la grosse.

(3) Dareste, Haussoulier et Reinach, p. 113, nos 62 et 63.

cier aura la détention et la possession de l'immeuble engagé,
qu'il en percevra les fruits en les imputant sur les intérêts
et, s'il y a lieu, sur le capital de la créance, le débiteur
conservant la nue propriété de l'immeuble [1]. Cette interprétation n'est point toutefois absolument certaine, et l'on peut
tout aussi bien admettre que les ὅροι en question se réfèrent
à un cas de simple hypothèque, en disant que si à l'é-
chéance la dette n'est point payée, le créancier hypothécaire
(οἱμενος) aura le droit de ἔχειν καὶ κρατεῖν, c'est-à-dire de
prendre possession de l'objet engagé conformément aux
règles que nous exposerons ultérieurement. L'expression
ἔχειν καὶ κρατεῖν semble, en effet, être employée dans un sens
technique pour désigner ce droit du créancier [2]. Si les ὅροι
précités renvoient aux conventions des parties (κατὰ τὰς
συνθήκας), c'est probablement parce que la date de l'é-
chéance et le taux des intérêts y sont stipulés [3]. S'il n'est
pas possible de fonder avec certitude sur ces deux inscriptions l'existence de l'antichrèse dans le droit attique, ce
n'est pas à dire pour cela que cette institution n'y ait point

(1) Hermann-Thalheim, p. 102; Dareste, Haussoulier et Reinach, p. 126;
Guiraud, p. 281. Cf. Platner, *Process*, t. II, p. 304.

(2) Ainsi, dans le plaidoyer de Démosthène contre Panténète, celui-ci avait
emprunté de l'argent en engageant un immeuble sous forme de πρᾶσις ἐπὶ λύσει,
mais en en conservant la possession à titre de fermier. Or, a l'échéance, la
prise de possession par le créancier hypothécaire est indiquée dans les termes
suivants, § 10 : Εὔεργον ἔχοντα καὶ κρατοῦντα. De même, dans le contrat rapporté
dans le plaidoyer de Démosthène contre Lacritos (§ 11), il est stipulé qu'a défaut de paiement au terme convenu, les débiteurs παρέξουσι τοῖς δανείσασι τὴν
ὑποθήκην ἀν'ας εν κρατεῖν. Cf. Démosthène, *C. Timoth.*, § 11 : ἡ μὲν γὰρ οὐσία
ὑπέχρεως ἦν ἅπασα καὶ ὅροι αὐτῆς ἕστασαν καὶ ἄλλοι ἐκράτουν. Démosthène, *C.
Zenoth.*, § 14 : τὴν μὲν ναῦν οἱ ἐ ὶ τῇ νηῒ δεδανεικότες ἐντεῦθ' εὐθέως εἶχον, où
le mot ἔχειν désigne également la prise de possession par le créancier de l'objet
hypothéqué.

(3) Cf. en ce sens, Hitzig, p. 9-10. Exanto (*loc. cit.*, p. 283) et Mitteis, p. 441,
note 2, voient dans les inscriptions en question la stipulation d'un pacte commissoire. Mais cette interprétation enlève toute signification utile aux mots ὥστε
ἔχειν καὶ κρατεῖν, car, ainsi que nous le verrons, l'embateusis à laquelle le créancier a le droit de procéder s'il n'est pas payé à l'échéance, lui confère par elle-
même la propriété de la chose hypothéquée.

été reçue. Mais elle devait, en tout cas, être d'un emploi
peu fréquent, en raison même de l'existence d'une des autres
formes d'engagement, la πρᾶσις ἐπὶ λύσει. La vente à réméré
pouvait, en effet, transférer au créancier, non seulement la
propriété de l'immeuble engagé (et cela sans danger pour
le débiteur), mais encore la possession et la jouissance de
cet immeuble dans le cas où le créancier voulait les conserver par devers lui. On doit d'autant moins hésiter à
admettre la possibilité de l'antichrèse dans le droit attique
que l'on voit cette forme d'engagement pratiquée dans d'autres cités grecques [1].

§ 3. — De la capacité des parties.

En ce qui concerne d'abord le constituant, il est nécessaire, pour la validité de l'hypothèque (*lato sensu*), qu'il soit
propriétaire de la chose hypothéquée et qu'il ait la capacité
de l'aliéner. Il faut d'abord qu'il en soit propriétaire, δεσπό-
της, et cela pour une raison analogue à celle qui, pour la
validité de la vente, exige que le vendeur soit propriétaire
de la chose vendue. Cette proposition est évidente lorsque
l'engagement se fait sous la forme d'une πρᾶσις ἐπὶ λύσει. Elle
n'est pas moins certaine lorsque la sûreté constitue un gage
ou une hypothèque proprement dite, car dans tous les cas
il y a aliénation partielle ou indirecte de l'objet engagé [2].

---

(1) Hitzig, (p. 97) l'admet notamment pour Mylasa en se fondant sur le règlement des baux emphytéotiques consentis par cette ville, où l'on rencontre une
clause qui défend au preneur de ... μηδὲ ἄλλοις παραδοῦναι μηδ' ὑπόχυρα
παρέχεσθαι πρός τι τὸν ἀριλημμένων (Le Bas et Waddington, n° 404). Il semble
résulter de la juxtaposition des expressions ὑποθεῖναι et ἐνέχυρα παρέχεσθαι que
les immeubles pouvaient être l'objet soit d'une hypothèque, soit d'un gage ou
d'une antichrèse. V. toutefois Dareste, Haussoullier et Reinach, p. 209, note 1, qui
voient ici un simple pléonasme. Hitzig déduit également l'existence de l'antichrèse soit à Mylasa, soit à Olymos, des inscriptions suivantes : Le Bas et Waddington, n° 338 ; *Bulletin*, XII, p. 26, 27 ; *Mittheilungen*, XIV, p. ... et s.

(2) Cf. Bekker, *Anecd.*, I, p. 285 et *Etymol. mag.*, v° ὅρος : ἔστι δὲ ὁ ὅρος καὶ

la règle qui exige que le constituant soit propriétaire
s'oppose donc à ce qu'une hypothèque puisse être valablement
consentie par celui qui, tout en ayant la possession ou la détention de la chose, n'en a point en même temps la propriété. Tel est, par exemple, le cas de l'usufruitier ou celui du fermier. Pour ce dernier, il est incapable d'hypothéquer la chose
louée non seulement dans le cas de bail ordinaire et d'une
durée déterminée, mais encore dans le cas de bail emphytéotique ou héréditaire. La prohibition d'hypothéquer n'est,
il est vrai, établie par aucun document pour le droit attique ;
mais on doit l'admettre par analogie de ce que décident à
ce sujet des inscriptions relatives à d'autres cités grecques,
à savoir Mylasa et Héraclée. Ainsi dans le bail emphytéotique de Mylasa il est dit, en parlant du preneur : μὴ ἐξέστω
δὲ τοῖς μισθωσαμένοις μήτε ἀποδόσθαι τὴν γῆν ταύτην μήτε ὑποθεῖναι
μηδὲ ἄλλοις παραδοῦναι μηδ' ἐνέχυρα παρέχεσθαι πρός τι τῶν ὀφειλημά-
των [1]. De même, les tables d'Héraclée, tout en permettant au
fermier l'aliénation, sous certaines garanties, des immeubles loués, lui interdisent de les hypothéquer [2]. Une inscription de Gortyne déclare nulle également l'hypothèque consentie par le fermier sur les terres reçues en emphytéose [3].
Il semble toutefois qu'il en ait été autrement d'après le
règlement des baux emphytéotiques consentis par la ville de
Thiabé [4]. Ce règlement, en effet, interdit au preneur d'hypothéquer à un ξένος [5] les biens loués, d'où l'on paraît autorisé

σανίδιον τὸ ἐπιτιθέμενον ταῖς οἰκίαις καὶ τοῖς χωρίοις ἐγκατακηγνύμενον τοῖς ἐνεχυριαζομένοις πρὸς ἃ ὀφείλουσιν οἱ δεσπόται.

(1) Le Bas et Waddington, n° 404, l. 9-10.

(2) Dareste, Haussoulier et Reinach, p. 208, n° 18 : οὐκ ὑπεγραψόνται δὲ τὰς
χώρας τούτας οἱ μισθωσαμένοι οὐδὲ τίμαμα εἰσόντι. Le mot τίμαμα, suivant les
auteurs précités (p. 209, note 1), doit se référer spécialement à l'hypothèque dotale.

(3) Dareste, Haussoulier et Reinach, p. 403 : αἴ τις ταυτὰν πρίαιτο ἢ καταθεῖτο,
μὴ κατακεῖται τᾶι πριαμένωι τὰν ὠνὰν μηδὲ τὰν κατάθεσιν.

(4) Corp. inscr. Gr. sept., I, 3227, add.

(5) Dittenberger (Hall. Programm, W. S. 1891-1892, p. XI), observe, à ce
sujet : « Oppignerandi facultas utrum sine ulla cautela, nisi ut ne ad peregri-

à conclure, *a contrario*, que l'emphytéote peut consentir une hypothèque au profit d'un habitant de la ville [1]. Dans tous les cas, le créancier hypo'hécaire ne peut jamais prétendre à plus que n'avait l'emphytéote lui-même, c'est-à dire que ce qui peut être susceptible d'hypothèque, c'est seulement le droit d'emphytéose et non l'immeuble même.

La nécessité pour le constituant d'avoir la propriété de la chose hypothéquée paraît toutefois devoir exclure le cas où la chose lui est due [2] et celui où la convention a pour objet des biens à venir [3]. Mais, dans ces deux cas, si la convention d'hypothèque est valable, le droit réel ne peut évidemment prendre naissance qu'au moment où le bien entre dans le patrimoine du constituant [4]. Au surplus, l'hypothèque de la chose d'autrui est valable lorsque le propriétaire du bien hypothéqué y donne son consentement. Ainsi Apollodore, n'ayant point d'argent comptant à prêter à Nicostrate, lui permet de constituer une hypothèque sur ses biens pour se procurer ainsi la somme dont il a besoin [5].

Ces réserves faites, il faut dire que l'hypothèque est nulle quand elle a pour objet la chose d'autrui. La première conséquence de cette nullité, c'est que les droits du véritable propriétaire ne sont nullement compromis par la convention d'hypothèque à laquelle il est resté étranger. Il peut so t s'opposer à ce que le créancier prenne possession de la chose

num ayer pervenirel, cultoris arbitrio permissa fuerit, an cum ea exceptione, si aut magistratus aut senatus aut populus Thisbensium conscatiret, jure meritoque quæsiveris.

(1) Hitzig, p. 25.

(2) Cf. l. 1, pr. D. *De pign. et hyp.*, XX, 1.

(3) Cf. l. 15, § 1, D., *ibid*.

(4) Cf. Accarias, t. I, n° 286.

(5) Démosthène, *C. Nicostr.*, § 11. Toutefois on voit au § 13 que c'est Apollodore qui a lui-même constitué l'hypothèque, se portant ainsi caut'on réelle. V. *infra*, p. 260. Hitzig (p. 26) cite également à ce sujet le cas d'Aratos qui, d'après Plutarque (*Aratos*, c. 19), a hypothéqué τῶν ἐκπωμάτων τὰ πολλὰ καὶ τὰ χρυσία τῆς γυναικὸς, ce qui suppose vraisemblablement le consentement de la femme à cette constitution d'hypothèque par le mari.

indûment hypothéquée, soit la revendiquer entre les mains
de ce créancier si elle lui a été livrée. C'est ce que décide
formellement la loi de Gortyne dans divers cas où une hypothèque a été illégalement constituée par une personne sur
les biens d'un de ses parents, par exemple, lorsqu'un fils a
hypothéqué les biens de son père du vivant de celui-ci ou
réciproquement : la chose ainsi hypothéquée demeure, aux
termes de la loi, la propriété de celui à qui elle appartient
légitimement, τὰ χρήματα ἐπ'αὐτῷ ἦμιν [1]. Cette solution n'étant
que l'application des principes généraux du droit, doit évidemment avoir été reçue dans le droit attique. C'est, du reste,
ce que l'on peut induire du premier plaidoyer de Démosthène contre Aphobos [2], où l'on voit les tuteurs de l'orateur, pour s'excuser de ne pouvoir restituer à leur pupille
certains esclaves engagés au père de Démosthène par un
nommé Mœriadès, dire que ces esclaves leur ont été enle-
vés. L'orateur leur demande alors d'indiquer quelles sont
ces personnes à qui les esclaves ont été remis et dans quel
procès ses tuteurs ont été condamnés à restituer les choses
hypothéquées. Démosthène vise ainsi l'action en revendication qu'aurait pu intenter le véritable propriétaire des esclaves indûment hypothéqués par Mœriadès [3].

La nullité de l'hypothèque de la chose d'autrui peut donner lieu, d'autre part, à un recours du créancier hypothécaire évincé contre le constituant. La loi de Gortyne [4] décide,
en pareil cas, que le stellionataire doit payer au créancier
évincé le double de ce qu'il a reçu et l'indemniser au simple
de tout autre dommage. Dans le droit attique, le constituant
doit être également tenu de l'obligation de garantie vis-à-vis
du créancier évincé, mais, dans le silence des textes,
il est difficile d'admettre que la sanction de la loi ait

---

(1) V. Loi de Gortyne, VI, 12-31, 37-41 ; IX, 7-24.
(2) Démosthène, C. Aphob., I, §§ 25, 26.
(3) Cf. Hitzig, p. 26.
(4) Loc. supra cit., note 1. Cf. Bücheler et Zitelmann, p. 173 et s.

été aussi rigoureuse vis-à-vis du constituant. On ne saurait
argumenter en faveur de la condamnation au double de
ce qui a lieu dans la δίκη ἐξούλης intentée par le créancier hypothécaire, lorsqu'il se trouve empêché de prendre possession des biens engagés, car cette action se
réfère à une hypothèse toute différente de celle que nous
examinons. Il nous semble plutôt que l'on doit appliquer ici
les principes de la garantie en matière de vente, d'après lesquels le vendeur doit rembourser à l'acheteur évincé le prix
de la vente et lui donner en outre des dommages-intérêts [1].
Cette solution est toute indiquée lorsque l'hypothèque est
constituée sous la forme d'une πρᾶσις ἐπὶ λύσει, car ici juridiquement nous avons un vendeur, le débiteur, et un acheteur,
le créancier hypothécaire [2]. On doit l'admettre également par
analogie pour les autres formes d'engagement [3].

Le créancier hypothécaire peut, au surplus, pour se garantir contre le danger d'éviction, se faire donner par le
constituant une ou plusieurs cautions. L'usage de ces cautions, qui, en droit hellénique, était très fréquent dans les
contrats de vente ordinaires, devait naturellement être pratiqué dans la πρᾶσις ἐπὶ λύσει. Abstraction faite du cas de
vente à réméré, une inscription attique parle de la dation
de cautions dans un cas d'hypothèque proprement dite, βέβαια
ποιεῖν [4].

Il ne suffit point, pour la validité de l'hypothèque, que le
constituant soit propriétaire de la chose engagée, il faut de
plus qu'il ait la capacité de consentir la convention d'hypo-

(1) Cf. Caillemer, *Revue de législation*, 1873, p. 17-20; Meier, Schomann et
Lipsius, p. 717 et s.

(2) Cf. Hitzig, p. 78-79.

(3) Le contrat de location d'Héraclée, § 14 (Dareste, Haussoulier et Reinach,
p. 208) dispose que si le preneur hypothèque le bien loué, il sera responsable
selon les lois, ὑπόλογος ἐσσήται κατ τὰς ῥήτρας. Mais on ne peut, en l'absence de
toute autre explication, déterminer l'étendue de cette responsabilité.

(4) Cette inscription est citée, *supra*, p. 200, note 4. Dans une inscription de
Delphes (*Bulletin*, V, p. 157 et s.), on voit également intervenir des βεβαιωτῆρες
τῶν ἐνεχύρων.

thèque, c'est-à-dire d'aliéner la chose hypothéquée. Ainsi nous dirons, conformément aux principes généraux que nous avons précédemment posés en ce qui concerne les mineurs, que ceux-ci ne peuvent valablement consentir une hypothèque sur leurs biens, car la loi, non-seulement les déclare incapables de συμβάλλειν πέρα μέδιμνου κριθῶν, de même que les femmes en tutelle, mais encore, ainsi que nous l'avons admis, les frappe de l'incapacité absolue de contracter [1]. Or la constitution d'hypothèque rentre évidemment parmi les συμβόλαια interdits au mineur [2]. Mais les biens du mineur peuvent être hypothéqués par son tuteur, c'est là du moins l'opinion que nous avons admise contrairement à celle qui refuse au tuteur le droit d'hypothéquer les immeubles de son pupille [3]. Quant à la femme pubère qui, dans le droit attique, est également en tutelle, elle peut hypothéquer elle-même ses biens, mais avec l'assistance de son kyrios [4].

Les personnes morales, comme les communes et les temples ont, de même que les simples particuliers, toute capacité pour hypothéquer les biens qu'elles possèdent et dont elles ont la libre disposition. Ainsi, comme nous l'avons dit précédemment, on voit assez fréquemment des cités grecques hypothéquer leur revenus [5], et même d'autres objets comme les στοαί [6]. Les emprunts hypothécaires contractés par les villes présentent même ce caractère particulier que quelquefois le créancier ne se contente pas d'une hypothèque sur les biens communaux (τὰ κοινὰ τῆς πόλεως), et qu'il exige

(1) V. supra, t. II, p. 208.
(2) Cf. Hitzig, p. 29.
(3) Supra, t. II, p. 233.
(4) V. supra, t. II, p. 361.
(5) V. supra, p. 206, Cf. à ce sujet : Szanto, Andeihen griechischer Staaten, in Wiener Studien, VII, p. 282 et s.; VIII, p. 1 et s.; Wachsmuth, Öffentlicher Kredit in der hellenischen Welt waehrend der Diadochenzeit, in Rhein. Museum, XL, p. 283 et s.
(6) V. Strabon. XIII, 3, 6 ; Athénée, XI, p. 528. V. supra, p. 207. Cf. Hitzig, p. 32-33.

en outre une hypothèque sur les biens appartenant privativement aux habitants de la ville [1].

Le débiteur, quoique propriétaire de la chose et capable
de l'aliéner, peut, soit en vertu d'une disposition de la loi,
soit par suite d'une clause testamentaire, se trouver empêché de l'hypothéquer. Parmi les obstacles légaux à la constitution d'hypothèque nous citerons celui qui provient de la
nature même de la chose et dont nous avons précédemment
parlé [2], ainsi que celui qui dérive d'une constitution antérieure d'hypothèque sur la même chose et dont nous aurons
ultérieurement à indiquer la portée. L'hypothèque constituée
contrairement à ces prohibitions de la loi est évidemment
nulle [3].

La constitution d'hypothèque peut, d'autre part, être prohibée par une clause du testament en vertu duquel la chose
est parvenue au débiteur. C'est ainsi que le testament
d'Epictéta de Théra (et pareille clause aurait également pu
se rencontrer dans un testament athénien), porte la prohibition suivante : μὴ ἐχέτω ἐξουσίαν μηθεὶς μήτε ἀποδόσθαι τὸ μου-
σεῖον... μηδὲ τῶν πραγμάτων τῶν ἐν τῷ μουσείῳ... μήτε καταθέμεν
μήτε διαλλάξασθαι μήτε ἐξαλλοτριῶσαι τρόπῳ μηθενί [4]. Il ne semble
pas toutefois que l'hypothèque consentie contrairement à
une pareille prohibition soit nulle, à moins que le testateur
n'ait pris certaines précautions spéciales pour assurer le
respect de ses volontés [5].

L'hypothèque ne peut être valablement consentie au profit d'un créancier quelconque, mais seulement au profit de

(1) V. *supra*, p. 206, l'emprunt contracté par la ville d'Arkésiné.
(2) V. *supra*, p. 104.
(3) Hitzig, p. 29.
(4) *Corp. inscr. graec.*, n° 2248.
(5) Cf. Hitzig, p. 29. Dans le testament d'Epictéta, il est dit : εἰ δὲ μ ή, κωλυέσ-
θω ὑπὸ τοῦ κοινοῦ τῶν συγγενῶν, καὶ κύριον ἔστω κωλύειν. Il en résulte que
si l'opposition d'un des συγγενεῖς pouvait faire obstacle à la constitution d'hypothèque contrairement aux dispositions du testament, le consentement et même le
silence de tous pouvait valider l'hypothèque.

celui qui a la capacité de devenir propriétaire de la chose engagée, car, faute de payement par le débiteur à l'échéance, le créancier hypothécaire (à supposer qu'il ne soit pas déjà devenu propriétaire dans le cas de πρᾶσις ἐπὶ λύσει), doit normalement acquérir la propriété de la chose engagée. Lors donc que l'hypothèque a pour objet un immeuble, il faut que le créancier ait le droit de posséder des immeubles dans la cité, ἔγχτησις γῆς χαὶ οἰχίας, droit qui était un des privilèges du citoyen. Dès lors ' les métèques et spécialement les affranchis, comme nous l'avons déjà dit en étudiant la condition de ces derniers [1], sont incapables de prêter sur hypothèque [2]. L'incapacité des métèques de prendre hypothèque sur un immeuble situé dans l'Attique ne peut disparaître que si, par une faveur spéciale et personnelle, la cité leur a conféré l'ἔγχτησις γῆς χαὶ οἰχίας [3], si, par suite de circonstances extraordinaires, l'incapacité des métèques de recevoir une hypothèque a été temporairement suspendue [4], ou si enfin cette incapacité a été levée par un traité conclu entre la république athénienne et la cité à laquelle ils appartiennent [5].

---

(1) V. *supra*, t. II, p. 485.

(2) Le règlement des baux emphytéotiques de Thisbé (*Corp. inscr. Gr. sept* , I, 2227, add.) déclare nulle l'hypothèque consentie par le preneur au profit d'un étranger et dispose que le créancier ne pourra s'en prendre qu'aux autres biens du débiteur. V. *supra*, p. 215.

(3) V. *supra*, t. II, p. 488.

(4) Aristote, .*Économ.*, II, 4, p. 1347 *a*, cite un décret des Byzantins par lequel ceux-ci, se trouvant pressés d'argent, μετοίχων τινῶν ἐπιδιδανειχότων ἐπὶ χτήμασιν, οὐχ οὔσης αὐτοῖς ἐγχτήσεως, ἐψηφίσαντο τὸ τρίτον μέρος εἰσφέροντα τοῦ δανείου τὸν βουλόμενον χυρίως ἔχειν τὸ χτῆμα. Cf. *Corp. inscr. att.*, II, n° 17, l. 35.

(5) Cf. *Bulletin*, VIII (1884), p. 23, l. 4° et s.

§ 4. — *Des formes de la convention d'hypothèque.*

Certaines législations modernes [1] ont soumis à des formes spéciales et solennelles la convention d'hypothèque. Elles subordonnent, d'autre part, à certaines mesures de publicité, la validité de l'hypothèque à l'égard des tiers. On ne rencontre rien de semblable dans le droit attique. Ainsi d'abord, dans les rapports du créancier et du débiteur, la convention d'hypothèque, de même que tout autre contrat, ne comporte aucune forme spéciale, et elle peut s'établir par témoins aussi bien que par écrit ou qu'au moyen des ὅροι. Aussi, lorsqu'il veut écarter l'hypothèque dont Onétor se prévaut sur les biens d'Aphobos, Démosthène ne songe-t-il nullement à critiquer l'existence de cette hypothèque en alléguant l'absence d'une preuve spéciale qui la constate, comme un écrit ; il se contente de dire que les preuves offertes par Onétor et consistant dans des ὅροι sont insuffisantes et suspectes [2]. De même, vis-à-vis des tiers, la validité de l'hypothèque n'est subordonnée à aucune mesure spéciale. Les Athéniens avaient pris soin, sans doute, d'assurer la publicité des hypothèques au moyen des ὅροι. Mais, comme nous l'établirons ultérieurement, ces ὅροι avaient uniquement pour but de faciliter au créancier la preuve de son droit et de porter l'hypothèque à la connaissance des tiers dans l'intérêt de ceux-ci comme dans celui du créancier. A plus forte raison, à Athènes, de même que dans les autres villes où cet usage était pratiqué, le dépôt du titre de la créance hypothécaire dans un temple ou dans un local spécial (χρεωφυλάκιον) n'était-il point nécessaire pour la validité de la constitution d'hypothèque [3].

(1) V. Code civil, art. 2127.
(2) Démosthène, *C. Onet.*, 11. Cf. Hitzig, p. 54.
(3) Cf. Hitzig, p. 52, 54.

Mais il en était autrement dans les localités où la loi soumettait à certaines formalités les contrats emportant translation de propriété ou constitution de droits réels. Ces formalités, suivant le témoignage de Théophraste, consistaient soit dans certaines proclamations préalables par l'organe d'un crieur public, soit dans la transcription de l'acte sur certains registres. La validité de la constitution d'hypothèque pouvait alors être subordonnée, du moins vis-à-vis des tiers, à l'accomplissement de ces formalités sur lesquelles nous reviendrons en exposant les règles concernant la publicité des hypothèques.

II. — Le testament.

La constitution d'hypothèque peut, en second lieu, ainsi que nous le verrons en étudiant les règles de la transmission du patrimoine, résulter d'un testament [1]. Les règles que nous avons posées relativement aux choses susceptibles d'être hypothéquées et à la capacité des parties, sont applicables au cas où l'hypothèque a sa cause dans un testament aussi bien qu'à celui où elle résulte d'une convention.

III. — La saisie (Prise de gage).

Dans le droit attique, comme du reste dans le droit grec, en général, il est certaines hypothèses où un droit de gage peut prendre naissance indépendamment de la volonté du propriétaire de la chose affectée, volonté manifestée, comme nous venons de le voir, soit dans une convention, soit dans un testament. Il y a lieu alors à ce que l'on pourrait appeler une prise de gage unilatérale, c'est-à-dire abandonnée à la seule volonté du créancier. Ces cas se présentent :

(1) V. *infra*, tit. VI, chap. I, sect. III.

1° lorsqu'une décision judiciaire a reconnu les droits du
créancier et que le débiteur ne satisfait point à la condamnation dans le délai fixé par le juge ; 2° lorsque le contrat
en vertu duquel le débiteur est tenu est accompagné de la
clause exécutoire ; 3° lorsque, même en l'absence de toute
clause exécutoire, il s'agit de certaines créances privilégiées. Un principe commun à ces différentes hypothèses,
c'est que le gage n'existe que par la saisie à laquelle procède le créancier sur le fondement des différentes causes
que nous venons d'indiquer. A la différence de ce qui a lieu
en cas de gage conventionnel ou testamentaire, la chose
affectée n'est déterminée que par la prise de possession du
créancier, lequel, comme nous le verrons, a en principe
toute latitude pour s'en prendre à tel ou tel bien du débiteur. C'est donc seulement à la suite de la saisie que le
créancier acquiert un droit de gage, qu'il a un ἐνέχυρον [1].

§ 1. — *Prise de gage sur le fondement d'un jugement passé en force de chose jugée.*

Pour assurer l'exécution des décisions judiciaires, certaines
législations modernes, comme le code civil français, admettent ce que l'on nomme l'hypothèque judiciaire, c'est-à-dire
que, par l'effet du jugement, les biens du débiteur sont
frappés d'un droit réel, comportant droit de suite et droit de
préférence, au profit du créancier, mais le débiteur conserve
la possession de ces biens jusqu'au moment où le créancier
impayé procède à leur expropriation. Le droit romain, pour
vaincre la résistance de la partie condamnée, admettait le
pignus in causa judicati captum, consistant dans une saisie
spéciale de certains biens du débiteur, saisie autorisée par
le magistrat qui avait dirigé l'instance, entraînant un droit

(1) Cf. Hitzig. p. 56.

de gage propre au créancier saisissant et lui permettant de faire vendre les biens saisis. Le droit attique ne connaît pas l'hypothèque judiciaire des législations modernes, mais il organise une procédure offrant une grande analogie avec le *pignus in causa judicati captum*, et qui constitue la principale voie d'exécution des jugements.

Le débiteur condamné doit se libérer dans un certain délai (προθεσμία) fixé soit par la loi, soit par le juge : on ne peut, en l'absence de renseignements [1], se prononcer à cet égard [2]. En tout cas, ce délai peut être étendu à l'amiable par les parties [3], et cette convention de prorogation peut se faire simplement devant témoins [4]. Le délai écoulé sans que le créancier ait reçu satisfaction [5], le perdant devient ὑπερήμερος,

(1) Meier, Schœmann et Lipsius, p. 965; Hermann-Thalheim, p. 131, note 3. Lécrivain, *in* Daremberg et Saglio, v° *Enechyra*. Caillemer (*Contrat de prêt*, p. 31) et Hudtwalcker (p. 130) estiment que le délai est fixé par le jugement.

(2) Ἀναβάλλεσθαι τὴν ὑπερημερίαν. Ainsi, dans le plaidoyer de Démosthène contre Evergos et Mnésibule (§ 50), l'orateur, condamné à payer une certaine somme d'argent à Théophème, au moment où la dette allait devenir exigible (μελλούσης μοι ἤδη ἐξήκειν τῆς ὑπερημερίας), obtient de son créancier un sursis jusqu'à ce qu'il ait fait partir un navire.

(3) Démosthène, *loc. cit.*, §§ 77, 78.

(4) Pour échapper à la saisie, le débiteur doit payer non-seulement le capital même de la dette, mais encore les accessoires qui ont pu se joindre au principal, comme les dommages-intérêts dus *propter culpam* ou *propter moram*. Ainsi, dans le contrat entre Alexandros et la ville d'Arkésiné, où l'on prévoit que le créancier pourra éprouver un dommage ou aura peut-être des frais à faire lors du recouvrement de sa créance (βλάβος ἢ ἀνάλωμα), il est dit que ces dommages ou frais seront à la charge de la débitrice et joints au principal de la dette (μετὰ τοῦ ἄλλου δανείου), de telle sorte que le créancier pourra procéder à une prise de gage si la débitrice ne les acquitte pas. Dareste, Haussoulier et Reinach, p. 318, § 6, l. 43-45. Cf. Hitzig, p. 135.

(5) Harpocration, v° ὑπερήμεροι : οἱ δίκην ὀφείλοντες ἀποτινοῦν καὶ τὰ ἐπιτίμια τοῖς ἑλοῦσι μὴ ἀποδιδόντες ἐν ταῖς ταχταῖς προθεσμίαις ὑπερήμεροι ἐχαλοῦντο καὶ τὸ πρᾶγμα ὑπερημερία. Cf. Lexic. Seguer. (Bekker), p. 311, 26; Schol. Démosth. *C. Onetor.*, I, p. 871, 11; *C. Mid.*, p. 518, 2. On rencontre également les expressions ὑπερπρόθεσμος et ἐκπρόθεσμος, et, dans la scholie *in Mid.*, p. 540, 21, le verbe ἐκπροθεσμεῖν. Cf. Hudtwalcker, p. 131, Meier, Schœmann et Lipsius, p. 965, note 579.

et le gagnant peut alors procéder à la prise de gage, ἐνεχυρασία [1].

Le créancier peut-il procéder seul à cette opération ou
bien doit-il être accompagné par quelque représentant de
l'autorité publique ? La question est controversée. Certains
textes paraissent exiger l'intervention d'un fonctionnaire public, vraisemblablement pour prévenir soit des excès de la
part du saisissant, soit des violences du côté de la partie saisie. C'est ainsi que, dans le plaidoyer de Démosthène contre
Evergos et Mnésibule, l'orateur, voulant procéder à une
saisie contre Théophème, dit s'être rendu au domicile de ce
dernier « accompagné d'un agent qui lui fut donné par le
magistrat » [2]. D'autre part, les lexicographes [3] parlent de
l'intervention du démarque lors de la prise de gage, et cette
affirmation est confirmée par une scholie d'Aristophane [4].
Aussi, dans une opinion, conclut-on à la nécessité de la présence d'un magistrat à la saisie. Le démarque, a-t-on dit,
joue dans ces circonstances le rôle d'un officier ministériel;

(1) On rencontre également les expressions ἐνεχυρασμός, ἐνεχυράζειν, ἐνέχυρα
λαβεῖν ou φέρειν. Meier, Schœmann et Lipsius, p. 965. Pour les immeubles, la
prise de gage est désignée par l'expression ἄπτεσθαι κτημάτων. Schol. Démosth. C. Midiam, loc. cit. Cf. Saumaise, De modo usurarum, p. 575; Hermann-
Thalheim, p. 132, note 1.

(2) Démosthène, C. Everg. et Mnesib., § 35 : λαβὼν παρὰ τῆς ἀρχῆς ὑπηρέτην,
ἦλθον ἐπὶ τὴν οἰκίαν. L'ἀρχή dont il est ici question, ce sont, ainsi que cela résulte des §§ 33 et 37, les ἀποστολεῖς. Meier, Schœmann et Lipsius, p. 965, note
580.

(3) Harpocration, v° δήμαρχος : ὅτι δὲ ἠνεχυρίαζον οἱ δήμαρχοι, δηλοῖ Ἀριστο-
φάνης ἐν Σκηνὰς καταλαμβανούσαις. Lexic. rhet., (Bekker), p. 242, v° δήμαρχοι :
ἀρχή τις Ἀθήνησι τῶν τὰ ἐνέχυρα λαμβανόντων παρὰ τῶν ὑποχρέων, εἰ μὴ κατὰ
καιρὸν ἀποδιδόναι τὸ χρέος. Cf. Suidas, v° δήμαρχος; Zonaras, p. 494 : δήμαρχος
ὁ ἐνεχυριαστής.

(4) Schol. Aristoph. Nubes, 37 : ἔδει οὖν τὸν δήμαρχον ἄγειν σ᾽ εἰς τοὺς οἴκου;
τοὺς ἐνεχυραζομένους. Dans la comédie même des Nubes (v. 37), le bonhomme
Strepsiade, en même temps qu'il pense aux menaces de ses créanciers, aperçoit
le démarque et se sent mordu par lui : δάκνει με δήμαρχος τις ἐκ τῶν στρωμάτων.
Le texte d'Harpocration cité supra, note 3, laisse supposer que, dans une autre
comédie, aujourd'hui perdue, Aristophane avait mis en scène un démarque assis-
tant à une prise de gage.

il est l'intermédiaire indispensable, agréé en quelque sorte, entre le créancier et le débiteur [1].

L'opinion contraire nous paraît cependant mieux fondée. On voit, en effet, dans le plaidoyer précité de Démosthène, Théophème, d'une part, Evergos et Mnésibule, d'autre part, procéder seuls à la saisie des biens de l'orateur, et non-seulement la présence d'un représentant de l'autorité publique n'est point mentionnée, mais elle paraît même invraisemblable : les seules personnes dont la présence à la saisie soit relatée, sont la femme et les enfants de la partie saisie [2]. De même, le plaidoyer de Démosthène contre Nicostrate ne laisse nullement supposer qu'Aréthousios, lorsqu'il pratique une saisie des biens d'Apollodore après avoir illégalement obtenu contre lui un jugement de condamnation, ait été accompagné d'un magistrat quelconque [3]. Les textes que l'on a allégués en sens contraire ne sont, à nos yeux, nullement décisifs. Ainsi d'abord le fait que l'orateur du discours contre Evergos et Mnésibule, lorsqu'il a voulu saisir Théophème, a pris avec lui un ὑπηρέτης παρὰ τῆς ἀρχῆς, peut s'expliquer de différentes manières. Il faut observer que, dans l'espèce, la saisie avait pour fondement un jugement condamnant Théophème à restituer des agrès aux triérarques, et l'intérêt que l'État avait ainsi dans l'affaire pouvait justifier cette délégation d'un magistrat spécial par les ἀποστολεῖς [4]. On peut aussi voir dans cet ὑπηρέτης τῆς ἀρχῆς le démarque, dont nous allons indiquer le rôle dans la procédure [5], et cette seconde explication, qui nous paraît préférable, fait comprendre comment, dans le discours en question, il n'est dit nulle part que cet ὑπηρέτης ait coopéré à la

(1) Hermann, *Privatalterthümer*, § 71, note 15; Caillemer, *loc. cit.*, p. 3a; Haussoulier, *Vie municipale*, p. 106.

(2) Démosthène, *loc. cit.*, §§ 52, 53.

(3) Démosthène, *C. Nicostr.*, §§ 14 et 15.

(4) Hudtwalcker, p. 182.

(5) Hermann-Thalheim, p. 131, note 1, *in fine*.

prise de gage ni même qu'il y ait assisté. Si d'ailleurs il y
avait été présent, on ne s'expliquerait pas que l'orateur eût
fait appeler des citoyens qui passaient dans la rue afin de les
prendre à témoins des menaces et des injures proférées par
Théophème [1]. Quant à l'intervention du démarque dont parlent les grammairiens et le scholiaste, on pourrait dire
d'abord qu'il s'agit dans ces textes de dettes envers l'Etat [2].
Mais cette explication n'est plus possible pour la scholie
d'Aristophane, car le débiteur y est poursuivi pour une dette
privée. Il est préférable de dire que l'intervention du démarque est simplement nécessaire pour faire ouvrir la porte
du débiteur saisi, car, dans le droit attique, le domicile de
tout citoyen est inviolable, en principe [3]. Une fois la porte
ouverte, la présence du démarque n'avait plus de raison
d'être, et ce magistrat devait se retirer en laissant le champ
libre au créancier [4]. La prise de gage n'était ainsi qu'un acte
privé [5]. Il est certain, au surplus, que lorsque la saisie était
pratiquée au nom et dans l'intérêt de l'Etat, l'exécuteur judi-

---

(1) Démosthène, C. Everg. et Mnesib., § 36.

(2) Cf. Bekker, Anecd., I, p. 199, v° ἀπογράφειν : τοῦ μὴ βουλομένου ἐκτίνειν
τὸ ὄφλημα ὁ ὀφείλει· διπλοῦται τὸ ὄφλημα, καὶ ὁ δήμαρχος σὺν τοῖς βουλευταῖς
τοῦτον εἰσπράττει, καὶ ἀπογράφεται αὐτοῦ τὴν οὐσίαν καὶ ἐνεχυράζει, καὶ τοῦτο
καλεῖται ἀπογράφειν.

(3) Cf. Meier, Schœmann et Lipsius, p. 784-785 ; Hermann-Thalheim, p. 60.

(4) Nous observerons, en ce sens, que d'après la scholie précitée d'Aristophane, le rôle du démarque est « d'introduire, ἀγαγεῖν » le saisissant dans la
maison du saisi.

(5) Cf. en ce sens : Hudtwalcker, loc. cit.; Wachsmuth, t. II, p. 279; Meier,
Schœmann et Lipsius, p. 905; Hermann-Thalheim, p. 131-132; Lécrivain, loc.
cit.; Hitzig, p. 58. A Lampsakos, la prise de gage avait également un caractère
purement privé, ainsi que le prouve l'inscription suivante (Corp. inscr. gr., II,
3641 b, l. 24 et s.) : μὴ εἶναι δὲ μηδενὶ μηδὲν ἐνεχυράσαι ἐν ταῖς ἡμέραις τῶν
Ἀσκληπιείων· εἰ δὲ μή, ὁ ἐνεχυράσας ἔνοχος ἔσται τῷ νόμῳ τῷ περὶ τῶν παρανό-
μως ἐνεχυρασάντων. L'ἐνεχυρασία n'aurait point pu, en effet, s'opérer d'une façon
illégale, si elle n'avait eu lieu qu'avec l'intervention de l'autorité. Cf. Mitteis,
p. 413, note 2 ; Hermann-Thalheim, p. 134, note 2. En droit romain, au contraire,
la pignoris capio in causa judicati était effectuée par des apparitores ou offi-
ciales délégués par le magistrat. Cf. Accarias, t. II, n° 782.

ciaire pouvait se faire accompagner par des agents de l'Etat, et notamment par les Onze [1].

Le droit du créancier de procéder à la prise de gage comporte toutefois certaines restrictions. Ainsi d'abord le saisissant doit régulièrement agir en la présence du débiteur [2]. D'autre part, il n'est pas possible de pratiquer la saisie pendant certaines fêtes, comme celles des Thargélies [3]. Enfin le saisissant ne peut se faire aider par d'autres personnes que celles qui ont été parties dans l'affaire [4].

Il ne semble point que le créancier soit légalement astreint à suivre un certain ordre dans la prise de gage sur les biens de son débiteur. Toutefois, à défaut de disposition légale, on observe naturellement dans la pratique les règles suivantes. Si la prise de gage est pratiquée sur le fondement d'une condamnation à une somme d'argent, le créancier doit saisir de préférence les choses les plus faciles à réaliser, c'est-à-dire, en première ligne, les deniers comptants, et en cas d'insuffisance de ceux-ci, les autres meubles du débiteur Lorsque la créance qui sert de fondement au jugement a pour objet une chose mobilière déterminée, c'est naturellement cette chose que le saisissant appréhende en premier lieu [5], et c'est seulement lorsqu'il ne peut pas s'en saisir qu'il

(1) Démosthène, C. Androt., §§ 49, 52, 54, 56; C. Timocr., § 197. Cf. Démosthène, C. Everg. et Mnesib., § 35, supra, p. 226, note 2. V. infra, p. 233. Cf. Haussoulier, loc. cit., p. 107.

(2) Démosthène, C. Everg. et Mnesib., § 60 : εἰς μὲν τὴν οἰκίαν οὐκ εἰσῆλθεν οὐ γὰρ ἡγεῖτο δίκαιον εἶναι μὴ παρόντος γε τοῦ κυρίου. Cf. Hermann-Thalheim, p. 131, note 4 ; Lécrivain, loc. cit. ; Hitzig, p. 58.

(3) Démosthène, C. Mid., § 10 : μή τι ἐξεῖναι μήτε ἐνεχυράσαι μήτε λαμβάνειν ἕτερον ἑτέρου, μηδὲ τῶν ὑπερημέρων, ἐν ταύταις ταῖς ἡμέραις. Cf. Corp. inscr. graec., 3641 b. De même, à Lampsakos, on ne pouvait pratiquer une saisie pendant les fêtes d'Esculape. V. supra, p. 228, note 5.

(4) Aussi, dans le plaidoyer contre Evergos et Mnésibule (§ 53), l'orateur critique-t-il l'intervention de ces deux personnes qui, à la différence de Théophème, n'avaient aucun jugement contre lui. Cf. Lécrivain, loc. cit.; Hitzig, p. 58.

(5) Démosthène, C. Olympiod., § 17.

prend en gage d'autres objets [1]. Parmi les choses mobilières susceptibles d'être ainsi saisies, on peut citer en première ligne les esclaves [2], puis les instruments d'exploitation, les bestiaux [3].

La saisie peut également avoir pour objet à la fois un navire et des esclaves [4]. C'est seulement en cas d'absence ou d'insuffisance des meubles que le créancier s'en prend aux immeubles du débiteur [5]. Aussi, dans le plaidoyer de Démosthène contre Evergos et Mnésibule, les créanciers de l'orateur, qui pratiquent vis-à-vis de lui une ἐνεχυρασία, trouvant des meubles au domicile de leur débiteur, ne songent-ils nullement à saisir ses biens immobiliers. Par contre, dans le premier plaidoyer de Démosthène contre Onétor, on voit que l'orateur, qui avait obtenu contre son tuteur Aphobos une condamnation importante, de dix talents, avait cherché à prendre possession d'un des immeubles de son débiteur [6]. Lorsque le créancier appréhende ainsi un immeuble de son débiteur condamné, il y a, à proprement parler, ἐμβατεία ou ἐμβάτευσις [7]. Au surplus, lorsque la condamnation a pour

(1) Meier, Schœmann et Lipsius, p.967.

(2) Démosthène, C. Everg. et Mnesib., § 37. Cf. Athénée, XIII, c. 95 : ὡς οὔτε τόκους οὔτε τἀρχαῖον ἀπεδίδου, καὶ ὅτι ὑπερήμερος ἐγένετο γνώμῃ δικαστηρίου ἐρήμην καταδικασθείς, καὶ ὡς ἠνεκυράσθη οἰκέτης αὐτοῦ. C'est vraisemblablement sur les esclaves du débiteur que se pratiquait tout d'abord la prise de gage, car c'étaient des meubles précieux et utiles au saisissant. Cf. Hudtwalcker, p. 132, note 77.

(3) Démosthène, loc. cit., §§ 52, 53.

(4) Démosthène, C. Apatur., § 10.

(5) La loi romaine décidait formellement que la saisie devait porter de préférence sur les meubles, puis sur les immeubles et enfin sur les créances. L. 15, § 2, D. De re judic., XLII, 1.

(6) Démosthène, C. Onet., I, § 4. Le texte ne parle point, il est vrai, d'ἐμβατεία ni d'ἐμβατεύειν. Mais l'ἐξαγωγή pratiquée par Aphobos à l'égard de Démosthène suppose nécessairement une ἐμβατεία de la part de ce dernier. Meier, Schœmann et Lipsius, p. 966; Hermann-Thalheim, p. 132, note 2. V. Toutefois Hudtwalcker, p. 139.

(7) Lexic. rhet., (Bekker), p. 249 : ἐμβατεία ἐστίν... τὸ τὸν ἐπινεικτὴν ἐμβατεῦσαι καὶ εἰσελθεῖν εἰς τὰ κτήματα τοῦ ὑποχρέου ἐνεχυριάζοντα τὸ δάνειον. Cf. Hermann-Thalheim, loc. cit.

objet direct un immeuble, c'est-à-dire lorsque le gagnant triomphe dans la revendication d'un fonds de terre ou d'une maison, il a le choix entre l'ἐμβατεία, la prise de possession de l'immeuble même, et l'ἐνεχυρασία, la saisie des autres biens du débiteur. Dans les deux cas, il a, à sa disposition, pour vaincre la résistance du débiteur, la δίκη ἐξούλης.

La prise de gage ne peut, du reste, porter que sur des biens dont le débiteur est propriétaire. Si elle comprend des objets appartenant à des tiers, ceux-ci ont le droit de former une demande en distraction. Ainsi la femme du saisi peut s'opposer à ce que la prise de gage s'applique aux objets qui forment sa dot [1]. Toutefois un passage de Démosthène [2] laisse entendre qu'ordinairement les créanciers ne se faisaient point de scrupule de prendre illégalement des gages sur les proches parents du débiteur aussi bien que sur celui-ci.

La résistance du débiteur à la prise de gage se nomme ἐξαγωγή, que la saisie soit pratiquée sur des objets mobiliers [3] ou qu'elle porte sur un immeuble [4]. Dans ce dernier cas, il est certain que le saisissant peut employer soit contre le débiteur récalcitrant, soit contre les tiers qui s'opposent à sa prise de possession la δίκη ἐξούλης. C'est cette action que Démosthène intente contre Onétor lorsque celui-ci l'expulse d'une terre appartenant à Aphobos et dont l'orateur a voulu prendre possession. Il est probable que l'emploi de cette action est également autorisé en cas de saisie mobilière, car, ainsi que nous le verrons en étudiant les règles de la δίκη ἐξούλης, les Athéniens sont arrivés à sup-

(1) Démosthène, C. Everg. et Mnesib., § 52.

(2) Ibid., § 80. L'orateur y relève, en effet, comme étant à son éloge, la circonstance que, dans la saisie par lui pratiquée contre Théophème, il s'est abstenu de rien enlever qui appartînt aux parents de son débiteur.

(3) Démosthène, C. Zenoth., §§ 17-20. Il s'agit dans ce texte d'une cargaison de blé.

(4) Démosthène, C. Onet., I, § 4 : ὑπὲρ ἧς ἐξήγαγέ μ' ἐκ ταύτης τῆς γῆς. Cf., § 8, ibid.

primer la saisie préalable et à contraindre directement le
débiteur à exécuter la condamnation au moyen de cette
même δίκη ἐξούλης, jouant alors un rôle analogue à l'*actio judicati* du droit romain [1].

Quant aux effets de la prise de gage judiciaire, nous les
indiquerons ultérieurement en exposant les effets de l'hypothèque.

§ 2. — *Prise de gage sur le fondement d'un contrat exécutoire.*

Les contrats peuvent, dans le droit attique, comme dans
le droit grec en général, être accompagnés de la clause exécutoire, aux termes de laquelle le débiteur, s'il ne remplit
point exactement l'obligation que lui impose le contrat, pourra
être soumis à exécution « comme s'il eût été condamné envers le créancier par jugement passé en force de chose jugée, καθάπερ ἐκ δίκης », suivant la formule généralement employée. Quelle est précisément l'origine de cette clause, et
dans quels cas était-elle employée ? C'est ce que nous aurons plus tard à rechercher en étudiant la théorie des contrats. Nous observons seulement ici que le créancier porteur
d'un contrat exécutoire se trouve dans la même situation
que s'il avait obtenu un jugement contre son débiteur ou que
si celui-ci lui avait consenti une hypothèque générale sur
ses biens. Le créancier, s'il n'est point payé à l'échéance, a
donc le droit d'ἐνεχυράζειν, de saisir les biens de son débiteur
comme si celui-ci avait été condamné par jugement, πράττειν
καθάπερ ἐκ δίκης, et ce droit s'exerce suivant les principes
que nous avons indiqués pour l'hypothèse précédente, à
moins que la convention des parties n'ait déterminé les

---

(1) Cf. Meier, Schœmann et Lipsius, p. 966 ; Caillemer, *loc. cit.*, p. 32 ; Hermann-Thalheim, p. 133 ; Lécrivain, *loc. cit.*; Hitzig, p. 59.

règles de son exercice et précisé les objets sur lesquels la saisie pourra porter [1].

§ 3. — *Prise de gage sur le fondement de certaines créances privilégiées.*

Le créancier peut enfin procéder à une prise de gage, même en l'absence d'un jugement de condamnation ou d'une clause exécutoire dans le contrat, lorsqu'il s'agit de certaines créances privilégiées. Ce n'est point que ces créances soient munies de ce que, dans le droit moderne, nous nommons un privilège, car le privilège, supérieur à l'hypothèque, comporte par lui-même un droit réel sur les biens qu'il affecte. Dans le droit grec, la nature favorable de la créance ne fait point naître *ipso jure* un droit réel au profit du créancier : elle l'autorise seulement à saisir sans jugement préalable les biens de son débiteur et à acquérir par cette saisie un droit réel sur ces biens [2].

Dans le droit attique, peuvent avoir ce caractère privilégié certaines créances de l'Etat. Ainsi, dans le plaidoyer de Démosthène contre Evergos et Mnésibule [3], l'orateur parle d'une saisie qu'il a pratiquée contre Théophème κατά τε τοὺς νόμους καὶ τὰ ψηφίσματα, afin de le contraindre à restituer des agrès qu'il avait reçus de l'Etat [4]. On en a conclu, avec assez de vraisemblance, que le citoyen qui succédait à un autre dans la triérarchie, pouvait procéder *ipso jure* à une prise de gage sur son prédécesseur pour le forcer à la res-

(1) Cf. sur les contrats exécutoires : Dareste, Haussoulier et Reinach, p. 297 et s., p. 33a et s.; Mitteis, p. 414 et s.; Hitzig, p. 59-62. V. *infra*, liv. III, tit. II, chap. II.

(2) En droit romain, la *pignoris capio*, s'emploie également, avec le même effet que dans la *causa judicati*, comme moyen de contraindre une personne à l'exécution de certaines obligations. Cf. Iust., § 3, *De sat. tat.*, I, 24 ; l. 1, § 3, D. *De insp. vent.*, XXV, 4; l. 9, § 6, D. *Ad leg. Jul. pec.*, XLVIII, 12.

(3) Démosthène, *C. Everg. et Mnésib.*, § 37.

titution des agrès [1]. On voit de même, dans un discours
d'Antiphon, que le chorège a le droit d'ἐνεχυράζειν les parents
qui n'envoient pas leurs enfants aux chœurs obligatoires, et
l'orateur affirme qu'il n'a jamais usé de ce droit qu'avec
modération [2]. Doit-on généraliser et étendre au payement
de tous les impôts dûs à l'État ou à l'accomplissement de
toutes les liturgies le droit de prise de gage? Il est difficile de se prononcer sur ce point en l'absence de documents plus nombreux et plus précis [3].

En ce qui concerne les créances d'un caractère privé, on
ne rencontre, dans le droit attique, aucun exemple d'ἐνεχυρασία ipso jure. En dehors d'Athènes, on voit, dans deux cas
différents, la prise de gage pratiquée sur des animaux à
raison du dommage qu'ils ont causé à la propriété d'autrui [4]. Peut-être une solution analogue était-elle admise dans
le droit athénien en raison de la responsabilité qui pesait
sur le propriétaire des animaux [5].

---

(1) Bœckh, t. I, p. 652; Hitzig, p. 62.

(2) Antiphon, *Sup. Choreuta*, § 11 : οὔτε ζημιώσεις οὐδένα οὔτε ἐνέχυρα βίᾳ φέρων.

(3) Cf. Hitzig, p. 62. Cet auteur cite encore la disposition du tarif des impôts de Palmyre (137 après J.-C.) d'après lequel le fermier des impôts a le droit de saisir les contribuables récalcitrants. V. sur ce point, Dessau, *Der Steuertarif von Palmyra*, in *Hermes*, XLIX, p. 486 et s. Le droit romain n'accordait au fisc d'hypothèque privilégiée que dans un seul cas, pour garantir le recouvrement de l'impôt foncier : l. 1, C, Si propt. publ. pensit., IV, 46. Cf. Accarias, I, n° 290, in fine.

(4) Inscription trouvée dans le temple d'Apollon Phrygien et publiée in *Journal of hellenic studies*, VIII, p. 493 et *Corp. inser. Gr. sept.*, I, 2870.

(5) Plutarque, *Solon*, c. 24; Platon, *Lejes*, XII, p. 949. Cf. Hitzig, p. 63. Cf. pour l'analogie des anciennes législations scandinaves concernant la prise de gage en pareil cas, notre *Loi de Vestrogothie*, table, v° Akermsen et nam. — Hitzig (loc. cit.) voit encore un cas de prise de gage sur le fondement d'une créance privilégiée dans la loi d'Ephèse sur le règlement des dettes hypothécaires à la suite d'un état de guerre. Il est dit dans cette loi (l. 39-42, Dareste, Haussoullier et Reinach, p. 34) que les créanciers hypothécaires ultérieurs, trompés par leur débiteur, auront le droit de se satisfaire sur la fortune de leur débiteur par tous moyens et sans encourir aucune pénalité, ἐκ τῆς ἄλλης οὐσίας τοῦ χρεωστοῦ πάσης, τρόπῳ ὧι ἂν δύνωνται, ἀζημίοις ἁπάσης ζημίας. L'auteur pense (p. 64

IV. — La loi (Hypothèque légale).

Le droit attique connaît-il l'hypothèque légale, c'est-à-dire existant par la seule force de la loi comme garantie de certaines créances spécialement favorables? Nous avons déjà eu l'occasion d'examiner cette question en ce qui concerne l'hypothèque légale des femmes mariées sur les biens de leur mari [1] et celle des mineurs sur les biens de leur tuteur [2] : nous avons admis que ni dans l'un ni dans l'autre de ces cas il n'existait d'hypothèque légale pour protéger les intérêts de ces incapables. C'est uniquement par des hypothèques conventionnelles que l'on avait songé à assurer la restitution de la dot ou de la fortune du mineur.

Le droit romain qui, au contraire, avait fini par accorder à la femme mariée une hypothèque privilégiée sur les biens de son mari, admettait également une hypothèque tacite au profit de celui qui avait fait des frais pour la conservation de la chose [3]. On pourrait croire, d'après le plaidoyer de Démosthène contre Timothée, que le droit attique connaissait pareillement une hypothèque de ce dernier genre. On y voit, en effet, que Timothée avait chargé le père de l'orateur de payer le fret d'une cargaison de bois que devait apporter un nommé Philondas. Le père de l'orateur ayant ainsi payé le fret, Philondas se prétend propriétaire des bois. L'orateur répond alors que si son père avait considéré Philondas (et

refuse, et avec raison, de voir un cas de prise de gage sur le fondement d'une créance privilégiée dans le règlement du temple d'Oropos (*Corp. inscr. Gr. sept.*, I, 235) où l'on voit le prêtre pratiquer une saisie contre quiconque ἀδικεῖ ἐν τῷ ἱερῷ. Ici, en effet, le prêtre a en même temps la qualité de juge, et c'est sur le fondement de son propre jugement qu'il prend un gage sur les biens du délinquant.

(1) V. *supra*, t. I, p. 331.
(2) V. *supra*, t. II, p. 348.
(3) L. 5 et 6, D. *Qui pot.*, XX, 4.

non Timothée) comme propriétaire des bois en question, il
ne lui aurait pas permis de les enlever, mais qu'il aurait établi un de ses esclaves comme gardien et contrôlé la vente
de ces bois qui lui servaient de garantie pour le montant du
fret, ὑποκειμένων αὐτῷ τῶν ξύλων τοῦ ναύλου [1]. Comme il n'est
nullement question dans ce qui précède d'un nantissement
consenti par Timothée, il semble que le père de l'orateur ait
eu un privilège sur les marchandises en raison de l'avance
qu'il avait faite du fret. On peut cependant expliquer autrement le langage de Démosthène en disant qu'il ne s'agit point
ici d'un gage proprement dit, mais d'un droit de garde et
de surveillance autorisant le créancier à se faire rembourser ses avances sur le prix des marchandises lorsqu'elles
seront ultérieurement vendues par le débiteur [2].

Quant au bailleur qui, dans la plupart des législations
modernes, a un gage tacite et légal sur certains biens de
son locataire, sa situation, dans le droit grec, ne peut être
privilégiée que s'il s'est réservé dans ce contrat de bail le
droit de saisir sans jugement préalable, καθάπερ ἐκ δίκης, soit
les fruits du fonds, soit le matériel d'exploitation, soit même
les autres biens du fermier. La clause exécutoire est, du
reste, comme nous le verrons, fréquemment stipulée dans
les contrats de location.

SECTION III

Des effets de l'hypothèque.

En raison des différentes formes que peuvent revêtir les
sûretés réelles dans le droit attique, vente à réméré, hypo-

---

(1) Démosthène, C. Timoth., § 35.
(2) Telle est l'explication d'Hitzig, p. 66. Cf. Dernburg, Pfandrecht, I,
p. 71; Platner, Process, II, p. 307. Suivant Dareste (Plaid. civ. t. II, p. 230,
note 20) il y a ici une sorte de privilège, mais sous la forme de nantissement et
à la condition d'une détention effective.

thèque proprement dite ou gage, les effets de l'hypothèque *lato sensu* doivent être envisagés séparément, suivant qu'il s'agit de l'une ou de l'autre de ces formes dont le caractère juridique est bien distinct. Nous aurons, d'autre part, à exposer dans une section spéciale les effets que produit le *pignus captum* dans les différents cas où le créancier peut procéder à une prise de gage sur les biens de son débiteur.

I. — De la πρᾶσις ἐπὶ λύσει.

La sûreté réelle consentie sous la forme d'une πρᾶσις ἐπὶ λύσει consiste juridiquement, comme nous l'avons vu, dans une vente faite par le débiteur au créancier de la chose affectée à l'acquittement de l'obligation, mais sous la condition que le débiteur pourra la recouvrer en désintéressant le créancier à l'échéance. Ce dernier devient, en conséquence, propriétaire de la chose engagée ; cette translation de propriété est immédiate et elle n'est point retardée jusqu'au jour de l'échéance de la dette [1]. Il n'est même pas nécessaire, pour que cette translation de propriété s'opère, que le créancier acquière la possession de la chose, car, comme nous allons le voir, il peut laisser cette possession au débiteur soit à titre précaire, soit en vertu d'un contrat de bail. On pourrait dire, il est vrai, que le créancier possède alors par l'intermédiaire du débiteur [2] ; mais cette proposition serait fort contestable dans le droit grec, où la notion de la possession est fort obscure.

La propriété du créancier, de même que celle d'un acheteur à réméré, n'est point cependant irrévocable : elle est

---

(1) Aussi Nicobule, qui a prêté de l'argent à Panténète moyennant l'engagement par celui-ci d'une mine avec ses esclaves sous forme de πρᾶσις ἐπὶ λύσει, peut-il dire, en parlant de cette mine, ἡμέτερον ὂν τὸ ἐργαστήριον. Lorsque Nicobule loue cette mine à Panténète, il dit également ἐμισθώσαμεν τὰ ἡμέτερα. Démosthène, *C. Panten.*, §§ 9 et 29.

(2) L. 37, D. *De pign. act.*, XIII, 4 : Si pignus mihi traditum locassem domino, per locationem retineo possessionem.

affectée d'une condition résolutoire pour le cas où le débiteur
acquitterait sa dette dans le délai fixé pour le rachat. C'est
la convention des parties qui détermine ce délai [1]. On rencontre, il est vrai, des textes [2] où il n'y a aucune fixation
de délai pour le rachat. Mais il est inadmissible que le débiteur ait eu indéfiniment le droit de racheter la chose engagée : en l'absence d'une clause spéciale, le délai pour le
rachat doit, à notre avis, se confondre avec le terme fixé
pour l'échéance de la dette.

Le créancier peut, avons-nous dit, laisser le débiteur en
possession de la chose vendue ἐπὶ λύσει. Il s'expose toutefois
à un certain danger en agissant ainsi, du moins lorsqu'il
s'agit d'une chose mobilière : c'est que le débiteur ne la fasse
disparaître. Aussi voyons-nous, dans le discours de Démosthène contre Apatourios, celui-ci, demeuré en possession
d'un navire qu'il avait vendu à pacte de rachat à un créancier, essayer de détourner le gage et de le faire sortir du
port. Mais, en pareil cas, le créancier, qui n'a ordinairement
laissé la possession au débiteur qu'à titre précaire, peut se
faire remettre immédiatement la chose ou prendre toute
autre mesure pour sauvegarder ses droits. C'est ainsi que
le créancier d'Apatourios, s'apercevant de ce qui se passait,
constitue aussitôt des gardiens au navire [3].

Lorsqu'il s'agit d'un immeuble, le créancier ne court
aucun risque en le laissant entre les mains du débiteur, surtout lorsqu'il a pris soin de donner à la vente une publicité
suffisante, notamment en indiquant par une enseigne hypothécaire son droit de propriété. Habituellement, lorsque la
πρᾶσις ἐπὶ λύσει a pour objet un immeuble, le créancier, qui

(1) Démosthène, C. Pantæn., § 5. V. infra, p. 240, note 1.
(2) Démosthène, C. Apat., § 8 : ὠνὴν ποιοῦμαι τῆς νεὼς καὶ τῶν παίδων ἕως
ἀποδοίη τὰς δίκα μνᾶς. Une inscription d'Amorgos (Mittheilungen, I, p. 348),
mentionne également une πρᾶσις ἐπὶ λύσει sans fixation de délai pour le rachat.
(3) Démosthène, C. Apatur., §§ 9, 10.

en est devenu propriétaire, l'afferme au débiteur moyennant
le paiement d'une rente annuelle. Cette combinaison qui,
comme nous l'avons vu, a vraisemblablement donné l'idée
de l'hypothèque proprement dite, constitue ce que l'on a
nommé le contrat pignoratif [1], et a été également pratiquée
dans le droit romain à côté de la *mancipatio sub fiducia* [2].
Si les Athéniens l'ont pratiquée, ce n'est point toutefois, comme au moyen âge, pour éluder une prohibition
légale au moyen d'une convention simulée, car il n'y avait
pas à Athènes de loi restrictive du taux de l'intérêt : c'était
seulement pour sauvegarder dans une certaine mesure les
intérêts du débiteur sans sacrifier en rien ceux du créancier [3].

Le plaidoyer de Démosthène contre Panténète renferme
un cas fort intéressant de contrat pignoratif. Panténète,
voulant payer ses créanciers, cherche à emprunter de l'argent et offre en gage une usine et les esclaves qui y sont
attachés. Evergos et Nicobule, qui consentent à lui prêter la
somme demandée, ne veulent point se contenter d'une simple
hypothèque, et l'on recourt alors au contrat pignoratif.
Les créanciers achètent l'usine et les esclaves : γραμματεῖον οὐχ ὑποθήκης ἀλλὰ πράσεως γράφεται [4], mais ils concèdent à

---

(1) Caillemer, *Contrat de louage*, p. 26 ; Dareste, *Plaid. civ.*, t. I, p. 248.

(2) Gaius, *Inst.*, II, 60 : Quum fiducia contrahitur aut cum creditore, pignoris
jure... nondum soluta (pecunia) ita demum competit (usucapio) si neque con-
duxerit eam rem a creditore debitor, neque precario rogaverit ut eam rem pos-
sidere liceret. Cf. Accarias, t. I, n° 285.

(3) Caillemer (*loc. cit.*, p. 27), caractérise ainsi cette opération : « L'acte, quoique qualifié vente, n'est, en réalité, pour les parties contractantes, qu'un véritable prêt. Le vendeur n'a pas l'intention de se dépouiller de la propriété, il veut,
au contraire, rester maître de sa chose, tout en obtenant l'argent dont il a
besoin. L'acheteur, de son côté, n'a pas l'intention d'acquérir ; il veut seulement
prêter aux conditions les plus avantageuses, donner à sa créance la meilleure
de toutes les garanties, un droit de propriété conditionnel, et, dans les prétendus loyers qui lui seront remis aux époques fixées par la convention, il verra
les intérêts d'un capital et non pas les fruits civils d'un immeuble. » Cf. Dareste,
loc. cit.

(4) Démosthène, *C. Panten.*, arg. 963, 12. Cf. § 4, *ibid.*

l'anténète la faculté de rachat pour un temps déterminé et lui louent l'immeuble moyennant une redevance égale à l'intérêt ordinaire des capitaux, 12 pour cent par an, c'est-à-dire moyennant 105 drachmes par mois pour les 105 mines qu'ils avaient prêtées [1]. Le contrat pignoratif n'est point, du reste, spécial au droit attique, et l'on en rencontre un exemple à Amorgos [2].

En cas de bail ainsi consenti par le créancier au débiteur, la situation respective des parties est réglée par les clauses du contrat en ce qui concerne soit le mode de jouissance du fermier, soit la durée du bail et le montant du fermage. Ces clauses sont obligatoires pour les parties, en tant du moins que celles-ci remplissent les obligations qu'elles leur imposent. Le créancier peut, en conséquence, rompre le contrat de bail et retirer au débiteur la possession de l'immeuble si les fermages ne sont point payés régulièrement. Le même plaidoyer de Démosthène parle d'une semblable expulsion [3].

La redevance payée annuellement par le débiteur représente juridiquement le loyer de l'immeuble. Aussi des textes

---

(1) Démosthène, *loc. cit.*, § 4-5 : ἐδανείσαμεν πέντε καὶ ἑκατὸν μνᾶς... τούτῳ ἐπ' ἐργαστηρίῳ... καὶ τριάκοντα ἀνδραπόδοις... μισθοῦται δ' οὗτοί πα.' ἡμῶν τοῦ γιγνομένου τόκου τῷ ἀργυρίῳ, πέντε καὶ ἑκατὸν δραχμῶν τοῦ μηνὸς ἑκάστου, καὶ τιθέμεθα συνθήκας, ἐν αἷς ἥ τε μίσθωσις ἦν γεγραμμένη καὶ λύσις τούτῳ παρ' ἡμῶν ἐν τινι ῥητῷ χρόνῳ. En fait, ce n'est point de Panténète directement qu'Evergos et Nicobule avaient acheté l'immeuble en question, mais bien de Mnésiclès, créancier antérieur de Panténète, et qui tenait lui-même l'immeuble en vertu d'une πρᾶσις ἐπὶ λύσει. Toutefois cette circonstance ne modifie point, au fond, la situation des parties, telle que nous l'avons indiquée au texte, et nous en avons fait abstraction pour la clarté de l'exposition. Cf. Caillemer, *loc. cit.*, p. 27, note 2.

(2) Cf. Weil, *in Mittheilungen*, I, p. 345 et Dittenberger, *Syll.*, 438. On voit, dans cette inscription, un individu d'Amorgos, débiteur envers Ctésiphon d'une somme de 5000 drachmes, lui abandonner plusieurs immeubles à pacte de rachat et, en attendant qu'il rendit le capital, promettre de verser au créancier chaque année 500 drachmes comme prix de fermage.

(3) Démosthène, *loc. cit.*, § 7 : ἐκεῖνος (le créancier) οὔτε τοὺς τόκους ἀπολαμβάνων, οὔτε τῶν ἄλλων τῶν ἐν ταῖς συνθήκαις ποιούντος οὐδὲν τούτου (le débiteur), ἐλθών, παρ' ἑκόντος τούτου λαβὼν ἔχειν τὰ ἑαυτοῦ.

la nomment-elles μίσθωμα [1]. En fait, toutefois, elle est basée
non sur la valeur du fonds engagé, mais sur le montant de
la somme prêtée et correspond aux intérêts de cette dernière.
Ainsi, dans le contrat pignoratif qui intervient entre Panténète et ses créanciers, la redevance, qui est de 105 drachmes pour un prêt de 105 mines, représente les intérêts de
la somme prêtée à 12 pour cent par an. De même, d'après
l'inscription d'Amorgos, la redevance annuelle est de 500
drachmes pour un prêt de 5000 drachmes. Aussi l'expression τόκοι [2] est-elle également employée pour la désigner [3].

Lorsque le débiteur reste ainsi en possession de la chose
engagée, il y a là un danger pour les tiers qui, ne voyant
rien de changé dans sa situation, peuvent, dans l'ignorance
des droits concédés à l'acheteur apparent, faire de nouvelles
avances sur la foi d'un crédit fictif et se trouver ensuite dans
l'impossibilité d'en obtenir le remboursement. On voit notamment, dans ce même procès de Panténète, que Nicobule se
trouve exposé à des réclamations de la part de créanciers postérieurs, qui avaient fait des prêts à Panténète sur
l'usine et les esclaves achetés par Nicobule, dans la croyance
que Panténète en était demeuré propriétaire [4]. Il faut reconnaître toutefois que ces tiers étaient en faute, soit de n'avoir
pas consulté les registres sur lesquels était inscrit le versement des droits de mutations et qui auraient pu leur révéler
l'aliénation fiduciaire consentie par leur débiteur, soit de
ne pas avoir visité l'usine demeurée en la possession de
ce dernier, afin de voir s'il n'y avait point un ὅρος révélant
la πράσις ἐπὶ λύσει [5].

---

(1) Inscription d'Amorgos précitée, p. 240, note 2.
(2) Démosthène, C. Pantæn., § 7. Cf. ibid., § 29 : ἐμισθώσαμεν τῶν τόκων τῶν
γιγνομένων.
(3) Cf. Meier, De bonis, p. 151, note ; Meier, Schœmann et Lipsius, p. 694 ;
Dareste, loc. cit.; Fustel de Coulanges, Nouvelles Recherches, p. 141 ; Hitzig,
p. 74.
(4) Démosthène, C. Pantæn., § 12.
(5) Caillemer, loc. cit., p. 28. Cf. Hitzig, p. 75.

En l'absence d'un contrat de bail ou de précaire, le créancier, propriétaire et possesseur à la fois de l'immeuble engagé, en a la jouissance et l'usage, de même qu'un acheteur ordinaire. Il doit seulement ne pas dénaturer la substance de la chose, afin de pouvoir satisfaire à son obligation
de restitution, lorsque le débiteur use, dans le délai fixé, de
la faculté de rachat qu'il s'est réservée. La jouissance du
créancier est, au surplus, protégée contre les empiétements
du débiteur au moyen de la δίκη ἐξούλης [1].

Le créancier, outre le droit de la jouissance, n'a-t-il
point encore le droit de disposition ? La question est controversée. Dans une opinion, on décide que régulièrement le
créancier ne peut, sans le consentement du débiteur, aliéner l'immeuble dont il est devenu propriétaire par l'effet
d'une πρᾶσις ἐπὶ λύσει. Cette solution, dit-on, résulte en premier lieu du plaidoyer de Démosthène contre Panténète.
Celui-ci, débiteur envers Mnésiclès d'une somme de 40 mines et envers Philéas et Pleistor d'une autre somme de 60
mines, avait vendu ἐπὶ λύσει à Mnésiclès une usine garnie de
trente esclaves. Plus tard, l'orateur et Evergos ayant prêté
à Panténète une somme de 105 mines, Mnésiclès leur revend
la fabrique et les esclaves (πρατὴρ ἡμῖν Μνησικλῆς γίγνεται), et
ils afferment ces mêmes objets à leur débiteur Panténète
(μισθοῦται οὑτοσὶ παρ'ἡμῶν). Les 105 mines étaient ainsi destinées à rembourser les créanciers antérieurs (60 à Mnésiclès,
45 à Philéas et Pleistor). Mnésiclès, une fois payé, doit en
conséquence restituer les choses qui lui ont été affectées,
mais, au lieu de les revendre au débiteur lui-même, il les
revend aux nouveaux créanciers, à l'orateur et à Evergos.
Or, dans ces diverses opérations, Mnésiclès et les nouveaux créanciers agissent non point à l'insu de Panténète, mais en présence de celui-ci et avec son concours [2].

(1) Cf. Hitzig, p. 138, note 3.
(2) Démosthène, C. Pantœn., § 19 : πρατὴρ ὁ Μνησικλῆς ἡμῖν ἐγεγόνει τούτου
(Πανταινέτου) παρόντος καὶ κελεύοντος.

De même, lorsque plus tard l'orateur et Evergos cèdent à leur tour à d'autres créanciers les choses qu'ils avaient reçues de Mnésiclès, c'est encore « sur l'ordre et à la prière de Panténète » [1]. Le plaidoyer de Démosthène, loin de prouver que le créancier peut, avant l'expiration du terme fixé pour le rachat, vendre l'immeuble engagé sans le consentement du débiteur, établit clairement le contraire. La même preuve résulte d'une des inscriptions du registre des ventes immobilières de Ténos. On y voit un nommé Artymachos acheter de trois autres personnes une maison et des terrains que ces personnes ont elles-mêmes achetés à Euthygénès, qui se porte lui-même vendeur avec elles (συνεκπινοῦντος καὶ συμπωλοῦντος Εὐθυγένους) [2]. Or voici comment l'on doit expliquer le concours d'Euthygénès à la seconde vente. Les trois individus qui y intervenaient directement comme vendeurs étaient des créanciers d'Euthygénès à qui celui-ci avait affecté les immeubles en question au moyen d'une πρᾶσις ἐπὶ λύσει. Les créanciers revendent ces immeubles avant l'expiration du terme fixé pour le rachat, mais ils ne le font qu'avec le concours du débiteur. S'ils avaient eu le droit absolu de disposition, Euthygénès serait seulement intervenu comme garant (πρατήρ), tandis qu'au contraire il apparaît dans l'acte comme covendeur. Enfin, dit-on, le plaidoyer de Démosthène contre Apatourios renferme encore un cas de revente avant l'échéance avec le consentement du débiteur [3]. Le droit de disposition du créancier est donc régulièrement subordonné à l'assentiment du débiteur [4].

Nous sommes plutôt porté à admettre que la validité de l'aliénation consentie par le créancier n'est point subordonnée à l'assentiment du débiteur. Le créancier, en effet, est

(1) *Ibid.*, § 30 : οὐ μόνον κελεύοντος ἔτι τούτου, ἀλλὰ καὶ ἱκετεύοντος.

(2) Dareste, Haussoullier et Reinach, p. 84, § 44.

(3) Cela résulte, suivant Hitzig (p. 77, note 2), des pourparlers qui ont eu lieu après la vente entre le créancier et le débiteur et dont il est question au § 12.

(4) Hitzig, p. 75-77.

devenu propriétaire par l'effet de la πρᾶσις ἐπὶ λύσει, et, à ce titre, il doit avoir le droit qui appartient à tout propriétaire de disposer de sa chose. Le droit du créancier est, il est vrai, limité par l'obligation qui lui incombe de restituer la chose au débiteur, si celui-ci le paye avant l'expiration du délai fixé pour le rachat. Mais il nous semble que l'on peut très bien concilier les droits respectifs du créancier et du débiteur en disant que le créancier n'a le droit de revendre l'immeuble engagé que sous les mêmes conditions suivant lesquelles il en est devenu lui-même propriétaire [1], conformément à l'adage *nemo plus juris in alium transferre potest quam ipse habet*. Le tiers acquéreur se trouve ainsi substitué aux droits et obligations du créancier, c'est-à-dire qu'il se trouve tenu de subir le rachat lorsque le débiteur offre la somme convenue avec le créancier, premier acheteur. Les textes précités n'établissent nullement, suivant nous, la nécessité du concours du débiteur à la revente effectuée par le créancier. Si, dans le plaidoyer contre Panténète, celui-ci intervient aux reventes effectuées par Mnésiclès d'abord, puis par l'orateur et Evergos en second lieu, c'est parce que Panténète, voulant éviter l'expropriation définitive des choses engagées, a pris l'initiative de se procurer des fonds pour rembourser les créanciers antérieurs, et alors il est tout naturel qu'il mette lui-même en relations l'ancien créancier et le nouveau entre qui va s'effectuer la revente du gage. Mais, dans le plaidoyer contre Apatourios, l'orateur qui s'est fait consentir par ce dernier, son débiteur, une vente ἐπὶ λύσει d'un navire, cède ce gage à un nouveau créancier sans qu'il soit question de la participation du débiteur à cette cession [2], et il nous semble tout à fait conjectural d'induire cette participation des négociations qui ont eu lieu postérieurement. Quant à l'inscription du registre de Ténos,

---

(1) Démosthène, *C. Panten.*, § 30 : ἀπεδόμεθα ἐφ' οἷσπερ αὐτοὶ ἐπριάμεθα.
(2) Démosthène, *C. Apat.*, § 10 : παρέδωκα τὸ ἐνέχυρον.

elle mentionne bien, nous le reconnaissons, la participation du débiteur à la vente consentie par ses créanciers, mais elle n'exclut nullement la possibilité pour le créancier, acquéreur ἐπὶ λύσει, de se passer du concours de son débiteur. En définitive, lorsque le créancier, nanti d'un gage au moyen d'une πρᾶσις ἐπὶ λύσει, veut rentrer dans ses fonds avant l'expiration du délai de rachat, cela peut se faire de deux manières. Ou bien le débiteur, désireux de reculer la date de l'échéance, se procure des fonds et le paye, sauf à affecter le gage au nouveau bailleur de fonds, et c'est alors, comme dans le cas de Panténète, que l'on voit le débiteur intervenir à l'acte. Ou bien le créancier, devant le refus ou l'impuissance du débiteur, cherche lui-même un acquéreur, lui vend les biens engagés en le mettant en son lieu et place, mais sans que le débiteur ait alors à intervenir. Exiger son consentement, dans ce dernier cas, ce serait mettre le créancier dans l'impossibilité de rentrer dans ses fonds et le priver d'un des avantages que présente pour lui la πρᾶσις ἐπὶ λύσει par rapport à la simple hypothèque [1]. Le second procédé est, d'ailleurs, plus avantageux pour le nouveau créancier, car en se portant lui-même vendeur, l'ancien créancier contracte envers le nouveau l'obligation de garantie, et celui-ci se trouve ainsi à l'abri de tout danger d'éviction de la part des créanciers antérieurs [2].

Si, comme nous l'avons admis, le créancier peut vendre la chose qui lui a été engagée, l'acquisition étant toutefois subordonnée à la même condition résolutoire qui affectait la propriété du créancier, il faut dire qu'à l'inverse le débiteur peut, même avant le rachat, vendre lui-même la chose

---

(1) V. *supra*, p. 182-183.
(2) Cf. en ce sens : Szanto, *loc. cit.*, p. 288; Dareste, *Plaid. civ.*, t. I, p. 249. Meier, Schœmann et Lipsius (p. 694, note 590), en parlant de la possibilité de revendre le bien engagé à un nouvel acquéreur fiduciaire, ne s'expliquent point sur la difficulté que nous venons d'examiner.

sur laquelle il a un droit de propriété suspensive. En offrant le prix de la nouvelle vente au créancier, il pourra se faire restituer la chose pour la livrer à l'acheteur. Cette solution, qui était admise dans le droit romain pour le cas de *mancipatio sub fiducia* [1], ne rencontre, à notre avis, aucun obstacle dans le droit attique.

Lorsque, dans le délai fixé pour le rachat, le débiteur offre au créancier le remboursement de ce qu'il lui doit [1], il peut exiger de celui-ci la restitution de la chose *in integro statu*. On peut se demander si le débiteur redevient *ipso jure* propriétaire de la chose engagée, le paiement du prix de rachat opérant comme une condition résolutoire de la vente fiduciaire, ou si, au contraire, il est nécessaire qu'il intervienne une revente de la chose par le créancier à son ancien propriétaire. Cette dernière solution nous paraît la plus probable. Le créancier est, en effet, devenu propriétaire de la chose engagée; cette translation de propriété a été rendue publique et, dès lors, la propriété paraît ne pouvoir se fixer de nouveau sur la tête du débiteur que par une nouvelle aliénation, accompagnée de la même publicité. C'est ce qui résulte formellement pour Ténos du registre des ventes immobilières de cette île. On y voit un nommé Phocas acheter d'Athénadès, pour la somme de 1.400 drachmes, une maison et un terrain que ce même Phocas avait antérieurement vendus à Athénadès en lui empruntant pareille somme de 1400 drachmes [2]. Les parties procèdent donc ici à une véritable revente de la chose et la transcrivent sur le registre des mutations de propriété. Or, il n'y a pas de raison pour ne pas admettre la même solution dans le droit attique [3]. Ce n'est là toutefois qu'une simple supposition, car, à notre avis du moins, les inductions que l'on a voulu

---

(1) Cf. Paul, *Sent.*, II, 13, § 3 ; l. 6, pr. D. *De pign. act.*, XIII, 7.
(2) Dareste, Haussoulier et Reinach, p. 86, § 46.
(3) Cf. en ce sens, Meier, Schœmann et Lipsius, p. 103,

tirer à ce sujet des plaidoyers des orateurs, sont beaucoup trop incertaines [1].

Quant à la somme que le débiteur doit verser au créancier pour obtenir la restitution de son immeuble, c'est celle qu'il a précédemment reçue de lui comme prix de la πρᾶσις ἐπὶ λύσει. Ainsi, dans le cas relaté au registre des ventes de Ténos, le débiteur Phocas rachète son immeuble pour la même somme de 1400 drachmes qu'il avait reçue à titre de prêt. En cas de vente fiduciaire, à la différence de ce qui a lieu dans le cas d'hypothèque proprement dite, les intérêts de la dette ne s'ajoutent pas au capital, car le créancier, acquéreur fiduciaire, a, au lieu et place des intérêts de la somme par lui prêtée, la jouissance de l'immeuble, soit qu'il l'exploite ou l'habite personnellement, soit qu'il touche le prix de location, dans le cas où il l'a affermé au débiteur [2].

Dans le cas où le créancier se refuse à restituer volontairement l'immeuble au débiteur qui lui offre la somme convenue, ce dernier a évidemment une action pour contraindre le créancier à la restitution. Dans le silence des

---

(1) Hitzig (p. 106) argumente d'un passage du plaidoyer de Démosthène contre Panténète où l'orateur, qui a acquis à réméré un immeuble de Panténète, s'exprime ainsi (§ 30) : ἡμεῖς ἑτέροις ἀπεδόμεθα, ἐφ' οἷσπερ αὐτοὶ ἐπριάμεθα... κελεύοντος τούτου... οὐδεὶς γὰρ ἤθιλε δίχεσθαι τοῦτον πρατῆρα. Ces mots, dit-il, semblent impliquer que normalement l'orateur aurait dû revendre l'immeuble à Panténète, pour que celui-ci procédât ensuite lui-même à la nouvelle πρᾶσις ἐπὶ λύσει. Il en résulte bien, nous le reconnaissons, que régulièrement le nouvel engagement aurait dû procéder du débiteur même, de Panténète ; mais le texte précité n'indique nullement la manière suivant laquelle il serait redevenu propriétaire de l'immeuble. Hitzig cite encore le plaidoyer d'Isée sur la succession de Philoctémon. Il est question au § 33 de plusieurs ventes s'élevant environ à une valeur de 180 mines, et l'orateur ajoute : οἰκίαν ἐν ἄστει τεττάρων καὶ τετταράκοντα μνῶν ὑποκειμένην ἀπέλυσε τῷ ἱεροφάντῃ. Si, dit Hitzig, le mot ἐπράθη du § 34 se réfère également à cette dernière opération, on doit forcément y voir une revente sur le fondement d'une πρᾶσις ἐπὶ λύσει. Ce n'est là toutefois, à notre avis, qu'une simple conjecture, et le mot ἀπέλυσε employé par l'orateur se réfère simplement à la libération de l'immeuble, mais sans préciser la manière dont elle se réalise.

(2) Cf. Hitzig, p. 106.

textes, il y a lieu d'admettre que cette action est celle de droit commun que l'on nomme δίκη συνθηκῶν παραβάσεως [1].

Si le créancier ne peut restituer l'immeuble dans l'état où il l'a reçu, il faut distinguer suivant que la détérioration ou même la perte sont imputables ou non à la faute du créancier. En cas de faute de sa part, si, par exemple, il a laissé tomber en ruines la maison vendue, il est certainement passible de dommages-intérêts, et le débiteur peut à ce sujet former contre lui la δίκη βλάβης [2], dont l'exercice est possible non-seulement dans le cas de faute aquilienne mais encore dans le cas de faute contractuelle [3]. Quant aux détériorations provenant de cas fortuits, il est difficile, dans le silence des textes, de savoir si elles sont ou non à la charge du créancier. La négative paraît plus conforme aux principes généraux du droit. Dans tous les cas, la question que nous venons d'examiner ne se poserait guère que dans l'hypothèse où la chose vendue à pacte de rachat a une valeur notablement supérieure au montant de la créance [4].

L'action en restitution (ou en revente de la chose) peut-elle être formée contre le tiers au profit de qui le créancier aurait aliéné l'immeuble engagé ? [5]. On a prétendu que le droit grec n'a point admis un *jus retroemendi in re*, ou que du moins rien ne démontre l'existence d'un tel droit [6]. En cas d'aliénation, le débiteur n'aurait donc contre le créancier qu'une action personnelle, la δίκη συνθηκῶν παραβάσεως, tendant exclusivement à des dommages-intérêts. Nous estimons, au contraire, conformément à la solution que nous

(1) Caillemer, *loc. cit.*, p. 29 ; Meier, Schœmann et Lipsius, p. 703; Hitzig, p. 107.

(2) Hitzig, p. 107.

(3) Le débiteur peut aussi exercer contre le créancier la δίκη ἀγεωργίου dont nous nous occuperons à propos du contrat de louage des choses. Cf. Caillemer, *in* Daremberg et Saglio, vᵉ *Ageorgiou dikè*.

(4) Hitzig, p. 107, note 1.

(5) V. *supra*, p. 243-245.

(6) Hitzig, p. 107.

avons précédemment admise [1], que si le créancier peut
aliéner le bien engagé, le tiers acquéreur est tenu des mêmes obligations que son auteur et, dès lors, le débiteur peut
exiger de ce tiers la restitution du gage de la même manière qu'il aurait pu le faire à l'égard du créancier, acquéreur ἐπὶ λύσει [2].

Lorsqu'à l'expiration du délai fixé pour le rachat le débiteur ne peut ou ne veut rembourser la somme convenue, la
chose échoit immédiatement au créancier, c'est-à-dire que
la propriété de ce dernier, qui était jusqu'alors affectée
d'une condition résolutoire, devient *ipso jure* pure et simple. Pour que ce résultat se produise, il n'est besoin d'aucune sommation ou mise en demeure préalable adressée au
débiteur, ou du moins les textes n'y font aucune allusion [3].
Lorsque la πρᾶσις ἐπὶ λύσει a été accompagnée de la location
au débiteur du bien engagé, le contrat de bail est vraisemblablement rompu faute par le débiteur d'effectuer le
rachat [4].

En droit romain, le créancier qui, faute de paiement à
l'échéance, vend la chose qui lui a été mancipée *sub fiducia*,
est tenu de remettre au débiteur l'excédent du prix sur le
montant de la dette [5]. Cette solution ne paraît pas avoir été
admise dans le droit attique. Nulle part, en effet, les textes
ne font allusion à l'obligation du créancier de restituer au
débiteur la différence entre la valeur du gage, dont il devient
propriétaire définitif, et le montant de la dette. La nature
de l'opération intervenue entre les parties ne comporte non
plus, *a priori*, aucune obligation de ce genre pour le créancier. Il y a eu vente, ou plutôt *datio in solutum* de la part

---

(1) *Supra*, p. 243-245.
(2) Cf. Szanto, *loc. cit.*, p. 287.
(3) Hitzig, p. 77.
(4) Cf. en ce sens Guiraud, p. 288, qui se fonde à tort, selon nous, sur l'expulsion de Panténète par Evergos (Démosthène, *C. Pantœn.*, §§ 5-8). Cette expulsion a pour cause, en effet, le défaut de payement des fermages par Panténète.
(5) Paul, *Sent.*, II, 13, § 1.

du débiteur, vente qui peut seulement être anéantie si le
débiteur en rembourse le prix dans le délai stipulé. Si donc
cette condition résolutoire n'est pas remplie, le créancier
reste définitivement ce que le contrat l'avait fait, propriétaire pur et simple de la chose engagée et, en l'absence de
réserves insérées dans l'acte de πρᾶσις ἐπὶ λύσει, il n'est tenu
d'aucune obligation envers le débiteur dépossédé [1]. Celui-ci,
lorsque la valeur du gage excède notablement le montant
de sa dette, n'a, pour se soustraire au résultat fâcheux que
nous venons d'indiquer, d'autre moyen que de contracter un
nouvel emprunt sur le même gage, ce qui lui sera facile
d'ailleurs, et d'employer les fonds qui en proviennent à
désintéresser le premier créancier. C'est à ce moyen que
Panténète recourt plusieurs fois pour éviter l'expropriation
qui le menace [2].

Le créancier, qui n'est ainsi tenu au payement d'aucune
différence, supporte, par compensation, les risques de la
chose engagée. C'est là une conséquence de sa situation de
propriétaire. Le rachat, d'autre part, est pour le débiteur
un droit et non point une obligation. Si donc la chose vient
à être détériorée ou même à périr par cas fortuit avant l'expiration du délai de rachat, le créancier ne peut exiger du
débiteur le payement d'une somme correspondant à la différence entre le montant de la dette et la valeur de la chose
qui lui reste entre les mains [3]. La question, au surplus, ne
présente guère d'importance pour les immeubles, à moins
qu'il ne s'agisse de maisons. Mais elle peut avoir un intérêt
pratique dans le cas où la chose vendue ἐπὶ λύσει est mobilière. Dans ce dernier cas, s'il s'agit d'un gage proprement dit, c'est un point fort douteux que de savoir si le

(1) Hitzig, p. 77.
(2) V. *supra*, p. 244.
(3) Hitzig, p. 78.

créancier supporte les risques [1]. Si l'on admet l'affirmative, on doit en argumenter *a fortiori* pour le cas de κρᾶσις ἐπὶ λύσει.

Si le créancier a ainsi la charge de cas fortuits, il en est autrement des évictions qui peuvent entraîner sa dépossession, dans le cas où le débiteur n'était point propriétaire de la chose engagée. Le créancier, acquéreur ἐπὶ λύσει, a, comme tout autre acheteur, droit à la garantie, et le débiteur ne saurait se soustraire à cette obligation qui pèse sur lui en vertu d'une cause antérieure ou tout au moins concomitante à la πρᾶσις ἐπὶ λύσει [2].

Dans le cas où, à l'échéance, la valeur du gage se trouve être inférieure au montant de la dette, le créancier peut-il exiger du débiteur le paiement de la différence ? La question est fort délicate. De la part du débiteur il y a, comme nous l'avons vu, *datio in solutum*, en ce sens que si la valeur de l'objet aliéné ἐπὶ λύσει excède, au jour de l'échéance, le montant de la dette, le débiteur ne peut réclamer la différence au créancier. Il semblerait juste et logique qu'il y eût également *datio in solutum* à l'encontre du créancier et que sa créance fût éteinte par la πρᾶσις ἐπὶ λύσει. Cette solution doit être admise *a fortiori* si l'on décide qu'en cas de simple hypothèque [3] le créancier n'a pas le droit d'exiger un supplément dans l'hypothèse où il ne peut obtenir satisfaction complète à l'aide de la chose hypothéquée [4]. C'est là toutefois une solution contestable et, en définitive, l'équité seule nous paraît l'argument le plus sérieux en faveur de l'extinction absolue de la créance par l'effet de la πρᾶσις ἐπὶ λύσει. Il est certain

---

(1) V. *infra*, p. 284.

(2) Hitzig, p. 78 et 131. V. *supra*, p. 217.

(3) V. *infra*, p. 272.

(4) Cf. Hitzig, p. 130-131. Cet auteur argumente en ce sens du registre des ventes de Ténos où il est dit, au § 30, en parlant du créancier, ἐπρίατο κατὰ δάνειον et au § 46, en parlant du débiteur, ἀπέδωκε δανειζόμενος. V. Dareste, Haussoulier et Reinach, p. 78 et 80.

que, dans le cas où la valeur du gage lui paraîtra inférieure
au montant de la dette, le créancier aura soin de faire
des réserves ou d'exiger d'autres sûretés, telles que des cautions.

Nous avons toujours supposé juqu'à présent que le contrat de vente fiduciaire fixait un terme pour le rachat. S'il
n'a rien été stipulé à cet égard, et si le créancier, aussitôt
après la vente, a affermé l'immeuble au débiteur, il y a lieu
d'accorder à celui-ci le droit de rachat sans limites. Dans
cette hypothèse, le créancier a vraisemblablement entendu
faire un placement permanent et sûr [1].

II. — De l'hypothèque proprement dite.

Dans le cas d'hypothèque, le débiteur conserve à la fois
la propriété et la possession de l'objet engagé : c'est seulement à défaut de paiement à l'écheance, et quand le débiteur
est devenu ὑπερήμερος, que le créancier peut se mettre en
possession de la chose hypothéquée suivant les règles que
nous indiquerons. Ce n'est pas à dire pour cela qu'avant
l'échéance l'hypothèque ne produise aucun effet en faveur du
créancier. La situation du débiteur est, au contraire, profondément modifiée par l'effet du droit droit réel qui pèse sur
sa chose et qui fait, en quelque sorte, de celle-ci la débitrice
du créancier hypothécaire [2].

Ainsi d'abord, bien qu'il conserve l'usage de la chose
hypothéquée et qu'il ait la faculté de l'exploiter ou de l'administrer comme il le juge à propos, le débiteur ne peut
cependant user de ce droit de manière à diminuer la valeur
de la chose et à rendre illusoire la sûreté qu'il a promise

---

(1) Hitzig, p. 80.
(2) Cf. Démosthène, C. Timoth, § 11 : ἡ μὲν γὰρ οὐσία ὑπόχρεως ἦν ἅπασα.

au créancier. Si, par exemple, il a hypothéqué une maison,
il ne peut la démolir.

Certains actes sont, en outre, interdits au débiteur même
avant l'échéance de la dette. Ainsi, dans le cas où la chose
hypothéquée est mobilière, le débiteur ne peut la dissimuler ni la soustraire d'une façon quelconque aux poursuites
éventuelles du créancier ; il doit, suivant les expressions
consacrées, ἐμφανῆ παρέχειν ou καθιστάναι εἰς τὸ ἐμφανές l'objet
du gage [1]. Quelquefois le contrat de constitution d'hypothèque stipule une peine, comme celle de payer une double
somme, pour le cas où le débiteur contreviendrait à cette
obligation [2]. Abstraction faite de toute clause pénale, le
créancier a à sa disposition plusieurs moyens pour prévenir ce détournement par le débiteur de la chose engagée,
ou pour y remédier. Il peut d'abord, s'il a des raisons de
craindre la disparition de son gage, procéder à une sorte
de saisie conservatoire, κατεγγυᾶν. Il peut, en second lieu,
dans le cas où le débiteur a réussi à dissimuler le gage, à
le rendre non apparent, recourir à une sorte d'*actio ad exhibendum*, la δίκη εἰς ἐμφανῶν κατάστασιν, dont nous aurons
ultérieurement à exposer la procédure et les effets [3].

En droit romain, comme dans les législations modernes,
l'hypothèque ne s'oppose nullement à ce que le débiteur
puisse aliéner la chose hypothéquée ; l'aliénation est valable
même sans le consentement du créancier, seulement la
chose demeure, entre les mains du tiers acquéreur, affectée
à la créance de la même manière que si elle se trouvait
encore en la possession du constituant : c'est l'effet de ce
que l'on nomme le droit de suite. D'autre part, le tiers

---

(1) Démosthène, *C. Dionysod.*, §§ 3 et 38.

(2) Démosthène, *loc. cit.*, § 38.

(3) Cf. Démosthène, *C. Apat.*, § 10, où il s'agit toutefois d'une πρᾶσις ἐπὶ λύσει.
Cf. Meier, Schœmann et Lipsius, p. 696. Dareste, *Plaid. civ.*, t. I, p. 203, entend autrement le mot κατεγγυᾶν.

(3) Meier, Schœmann et Lipsius, p. 696; Hitzig, p. 141.

acquéreur n'est tenu envers le créancier que *propter rem*, ou, en d'autres termes, c'est la chose seule qui est affectée entre ses mains : il est tout à fait étranger à l'obligation personnelle contractée par le constituant et qui continue à peser sur celui-ci exclusivement.

La théorie du droit attique paraît avoir été différente. Ainsi, en premier lieu, le débiteur ne peut, sans le consentement du créancier, vendre valablement la chose hypothéquée [1]. Cela résulte formellement des plaidoyers des orateurs. Lorsque Nicostrate veut vendre un de ses immeubles, il ne trouve point d'acheteur parce que, dit l'orateur, son frère Aréthousios, à qui il était dû de l'argent sur cet immeuble, ne permettait à personne ni d'acheter, ni de prendre hypothèque [2]. De même Ménéclès qui, par suite d'une μίσθωσις οἴκου, est devenu locataire des biens des enfants mineurs de Nicias, se trouvant obligé de restituer aux mineurs devenus majeurs les sommes qu'il leur doit, veut vendre un de ses immeubles afin de se procurer l'argent nécessaire. Mais il s'en trouve empêché par l'opposition de son frère. Celui-ci, agissant vraisemblablement comme cotuteur des mineurs, fait défense aux amateurs d'acheter l'immeuble que Ménéclès mettait en vente et qui était grevé d'un ἀποτίμημα au profit des mineurs, et Ménéclès ne peut vendre que les immeubles à l'égard desquels il n'y a pas eu d'opposition [3].

_____

(1) Guiraud (p. 287) paraît toutefois admettre que le débiteur a la faculté d'aliéner le gage, mais avec la charge dont il est grevé. L'inscription à laquelle se réfère cet auteur et qui est tirée du registre des ventes immobilières de Ténos (Dareste, Haussoullier et Reinach, p. 82, § 37) ne mentionne point, en effet, le consentement du créancier à l'aliénation faite par le débiteur. Mais, à notre avis, ce consentement est sous-entendu.

(2) Démosthène, *C. Nicostr.*, § 10 : καὶ ὅτι τὸ χωρίον τὸ ἐν γειτόνων μοι τοῦτο οὐδεὶς ἐθέλοι οὔτε πρίασθαι οὔτε τίθεσθαι· ὁ γὰρ ἀδελφὸς... οὐδένα ἐφη οὔτε ἀνεῖσθαι οὔτε τίθεσθαι ὡς ἐνοφειλομένου αὐτῷ ἀργυρίου.

(3) Isée, *De Menecl. her.*, § 28 : διεκώλυε τὸ χωρίον πραθῆναι, ἵνα κατόχιμον γένηται καὶ ἀναγκασθῇ τῷ ὀρφανῷ ἀποστῆναι... καὶ ἀπηγόρευε τοῖς ὠνουμένοις μὴ ὠνεῖσθαι. Les mots ἵνα κατόχιμον γένηται... τῷ ὀρφανῷ ἀποστῆναι prouvent que l'opposition est bien fondée sur l'hypothèque du mineur, car l'adversaire

Dans ces deux hypothèses, le créancier fait directement défense aux amateurs de se rendre acquéreurs de l'immeuble hypothéqué, probablement parce que ceux-ci, voyant sur l'immeuble les ὅροι qui manifestaient le droit du créancier, lui avaient demandé son consentement à la vente [1]. C'est donc qu'en l'absence de ce consentement la vente ne pouvait être valable [2]. Cette solution paraît, du reste, avoir été généralement admise dans le droit grec [3]. On peut expliquer la différence qui existe, sur ce point, entre la loi athénienne et les législations modernes par cette considération qu'à Athènes l'hypothèque dérive probablement, comme nous l'avons vu, de la πρᾶσις ἐπὶ λύσει, et qu'elle en a conservé en partie le caractère. Or, dans la πρᾶσις ἐπὶ λύσει, la chose engagée, devenue la propriété du créancier, ne pouvait évidemment être aliénée par le débiteur sans le consentement du créancier, ou du moins sans que celui-ci n'eût été préalablement désintéressé [4].

Ce n'est point, d'ailleurs, la vente seule qui est interdite au débiteur, mais, d'une manière générale, tout acte de disposition. Il ne peut plus, suivant la clause qui se trouve mentionnée quelquefois sur les ὅροι, συμβάλλειν εἰς τοῦτο τὸ χω-

suppose que si Ménéclès ne peut pas payer, le gage deviendra la propriété du mineur. Cf. Hitzig, p. 109, note 4.

(1) La nécessité du consentement du créancier hypothécaire résulte encore d'un texte de Plutarque, *De vit. aer. al.*, 8, où il est dit : τῶν χρεωστῶν οὐ πωλεῖ ἕκαστος... τὴν ἰδίαν οἰκίαν ἀλλὰ τὴν τοῦ δανείσαντος, ὃν τῷ νόμῳ κύριον αὐτῶν πεποίηκεν.

(2) Platner, *Process*, t. II, p. 305 ; Dareste, *Plaid. civ.*, t. II, p. 201, note 6 ; Hermann-Thalheim, p. 108 ; Hitzig, p. 108.

(3) En dehors de l'Attique, la loi de Gortyne (X, 25-32), fait défense, à peine de nullité, d'acheter un homme donné en gage avant que celui qui l'a donné ne l'ait dégagé, c'est-à-dire sans le consentement du créancier gagiste. Cf. Bücheler et Zitelmann, p. 178 ; Dareste, Haussoullier et Reinach, p. 481 ; Hitzig, p. 108. De même, dans un papyrus gréco-égyptien, il est fait défense au débiteur de θυριδώσειν ἐπὶ βλάβηι τῆς ὑποθήκης μηδ' ἄλλῳ τρόπῳ ἐξαλλοτριώσειν. Cf. Wilken, *in Abhand. der Berliner Akademie*, 1886, p. 20, XI ; Hitzig, p. 116.

(4) Cf. Dareste, *loc. cit.*

ρίον μηθένα μηθέν [1]. Ainsi le débiteur est incapable d'aliéner
non-seulement à titre onéreux, mais encore à titre gratuit [2].
Il se trouve également dans l'impossibilité de constituer
d'autres droits réels sur la chose hypothéquée, et nous nous
réservons d'étudier, dans un chapitre distinct, les règles relatives à la constitution de nouvelles hypothèques. Des dispositions spéciales réglaient, au surplus, la vente des marchandises affectées à un prêt à la grosse, et les droits du créancier y étaient plus rigoureusement protégés en raison de la
fréquence des fraudes [3].

Le consentement du créancier valide l'aliénation consentie par le créancier hypothécaire. Il s'agit alors de savoir
quel est l'effet de ce consentement en ce qui concerne l'hypothèque. En droit romain, la permission donnée par le
créancier d'aliéner la chose hypothéquée implique sa renonciation à l'hypothèque, à moins qu'il n'ait réservé expressé-
sément son droit [4]. Cette solution ne peut être transportée
dans le droit grec, du moins dans sa généralité. Le consentement du créancier peut, dans certains cas, et en raison
des circonstances, faire supposer sa renonciation à l'hypothèque, comme dans le cas où une femme mariée donne son
adhésion à la vente par son mari d'un bien hypothéqué par

(1) *Corp. inscr. att.*, II, 1098. Cf. Bekker, *Anecd.*, I, p. 285, 12 : ὅρος... καὶ
ἐπιγέγραπται αὐτοῖς αὐτὸ τοῦτο, ὅτι πρὸς δάνειον κατέχεται τόδε τὸ χωρίον, ἤδι
ἡ οἰκία, ἕνεκα τοῦ μηδένα συμβάλλειν τοῖς προκατεσχημένοις. Démosthène, *C.
Aphob.*, I, § 27 : δέον αὐτὸν εἰ καί τις ἄλλος ἐβούλετο εἰς ταῦτα συμβάλλειν, τοῦτον διακωλύειν.

(2) On peut voir une application de cette règle dans une inscription hypothécaire attique (Dareste, Haussoulier et Reinach, p. 110, n° 24). Il y est question
d'une veuve, nommée Nikésarété, qui est mise en possession non-seulement de
sa dot, mais encore des biens affectés par son mari à la restitution de sa dot. Le
mari, dans son testament, a prié sa femme de donner ces biens au temple d'A-
phrodite Urania, et Nikésarété valide, en l'exécutant, la disposition de son
mari. Cf. Hitzig, p. 115.

(3) V. *infra*, liv. III, tit. I, ch. II, sect. III, Contrat de prêt.

(4) L. 1, § 1, l. 7, l. 8, §§ 11 et 11, D. *Quib. mod. pign.*, XX, 6.

celui-ci à la sûreté de la dot [1]. Mais, en principe, on doit plu‑
tôt admettre, croyons-nous, que l'intervention du créancier
n'entraîne point l'extinction de son hypothèque. Cette solu‑
tion est conforme d'abord au principe que les renonciations
ne se présument pas. On peut l'induire, en second lieu, de
certaines inscriptions qui, bien qu'étrangères à Athènes, ren‑
ferment cependant des solutions qui devaient être commu‑
nes à tout le droit grec. Ainsi, dans une inscription du regis‑
tre des ventes immobilières de Ténos, une maison, hypothé‑
quée par Pasiphon à Philémon (ἡ τετίμηται Φιλήμονι), est vendue
par le débiteur à Ænésias, et parmi les garants (πρατῆρες)
de la vente figure le créancier Philémon [2]. Or, la mention
sur le registre de la charge qui pèse sur l'immeuble ne peut
évidemment s'expliquer que d'une manière, à savoir parce
que cette charge doit peser sur l'acheteur comme sur le
précédent propriétaire [3]. C'est ce qui résulte également
d'une inscription de Délos (279 av. J.-C.), où l'on voit un
payement fait au temple mentionné de la manière suivante :
Μνήσαλκος Τελεσαρχίδου ὑπὲρ τῶγ χωρίων τῶν ἐμ Πασσίρωι, ἃ ἦν
πρότερον Ζωσοπόλιδος δραχμὰς κτλ. [4]. Suivant l'interprétation
qui nous paraît la plus vraisemblable, Mnésalkos a dû ache‑
ter, avec le consentement du temple, un immeuble hypothé‑
qué à celui-ci, et c'est parce que l'hypothèque a continué de
grever l'immeuble entre ses mains que, pour éviter l'expro‑
priation, il se trouve tenu de payer ὑπὲρ τῶν χωρίων [5]. L'hy‑
pothèque survit donc à l'aliénation même quand le créancier
y a donné son consentement [6].

---

(1) V. *supra*, t. I, p. 335.

(2) Dareste, Haussoulier et Reinach, p. 81, n° 37.

(3) Dareste, Haussoulier et Reinach, p. 103; Hitzig, p. 113. Ce dernier auteur
observe avec raison que la mention de l'hypothèque ne peut avoir pour but de
désigner la maison d'une manière plus précise, car cette désignation résulte
suffisamment de ces mots οἰκίαν.

(4) *Bulletin*, XIV, p. 391, l. 28 et s.

(5) Cf. Homolle, *Bulletin*, XIV, p. 452; Hitzig, p. 114.

(6) Cf. Hitzig, p. 111 et s.

Mais quelle est alors précisément la situation du tiers acquéreur ? Dans le droit moderne, ce tiers n'est tenu envers le créancier hypothécaire que *propter rem* et, s'il se trouve indirectement contraint de payer la dette, c'est pour éviter l'expropriation à laquelle le créancier peut procéder contre lui aussi bien que contre le débiteur originaire. On a enseigné qu'il en est autrement dans le droit grec. De deux choses l'une, a-t-on dit : ou bien le débiteur n'obtient pas le consentement du créancier à l'aliénation, et alors rien n'est changé, ni dans l'obligation, ni dans l'hypothèque ; ou bien, au contraire, le créancier consent à l'aliénation, et alors l'hypothèque et l'obligation sont transférées en même temps sur le tiers acquéreur ; celui-ci n'est point tenu seulement hypothécairement, il est, de plus, substitué à l'obligation personnelle de son auteur envers le créancier hypothécaire. On prétend déduire ces propositions des deux inscriptions précitées de Ténos et de Délos. Dans le premier cas, dit-on, la créance de Philémon s'élève vraisemblablement au montant du prix de vente, prix que l'acheteur ne paie pas, mais dont il devient débiteur personnel envers Philémon au lieu et place d'Ænésias, débiteur originaire qui a constitué l'hypothèque. Dans le second cas, Mnésalkos apparaît également comme substitué aux obligations du vendeur envers le temple [1]. Nous éprouvons néanmoins des doutes très sérieux sur l'exactitude de cette théorie et il ne nous paraît nullement démontré, du moins dans l'état actuel des sources, que les Grecs aient admis entre l'hypothèque et l'obligation qu'elle garantit un lien si intime que le propriétaire de la chose hypothéquée doive toujours être nécessairement tenu de l'obligation à laquelle cette chose est affectée. Tout ce qui résulte, à notre avis, des inscriptions de Ténos et de Délos, c'est que l'acquéreur

---

(1) Cf. en ce sens, Hitzig, p. 113 et 133.
(2) *Corp. inscr. græc.*, n° 2448.

doit supporter la charge hypothécaire qui pesait sur son auteur. Mais, à moins d'une convention spéciale, que le créancier pourra du reste, en fait, imposer à l'acquéreur, nous ne croyons pas que celui-ci devienne personnellement débiteur du créancier hypothécaire : cette succession à l'obligation personnelle du vendeur serait contraire aux principes généraux du droit. Le débiteur originaire continue donc d'être tenu et le créancier peut seulement poursuivre la chose hypothéquée entre les mains du tiers acquéreur et en prendre possession par voie d'ἐμβάτευσις.

On a enseigné, d'autre part, qu'il est même possible d'affecter un immeuble à la sûreté d'une dette de telle sorte que quiconque acquerra la propriété de cet immeuble deviendra en même temps débiteur personnel de la dette. En d'autres termes, le débiteur hypothécaire originaire prend la dette à sa charge ainsi qu'à celle de tous ses successeurs à cet immeuble. On a vu une disposition de ce genre dans le testament d'Epictèta de Théra, où la testatrice fait un legs de 3ooo drachmes dans les termes suivants : ὥστε ὀφείλεσθαι αὐτὰς ἐπὶ τοῖς ὑπάρχουσί μου αὐτοκτήτοις χωρίοις τοῖς ἐμ Μελαιναῖς καὶ ἀπ'ἐνεῦ καὶ ἀπὸ τῶν κλαρονόμων καὶ ἀπὸ ἄλλου ὁτευοῦν διάδοχου [1]. La charge passerait ainsi non seulement aux héritiers de la testatrice, mais encore à tous autres successeurs à titre particulier, c'est-à-dire à tout acheteur des biens hypothéqués [1]. Mais cette solution est fort contestable. D'abord, en effet, à supposer qu'on doive lire dans le testament la disposition précitée, on pourrait l'interpréter en ce sens que les successeurs à titre particulier ne seront tenus qu'hypothécairement [2]. Il est impossible, d'autre part, de tirer aucune conclusion certaine du testament d'Epictèta, car le passage qui nous occupe est trop mutilé pour que

---

(1) Hitsig, p. 138.
(2) Cf. en ce sens, Dareste, *in Nouvelle Revue historique du droit*, 1882, p. 252.

l'on puisse en proposer une restitution quelconque qui ne soit sujette à critique [1].

On a enfin voulu tirer du lien qui existe entre l'hypothèque et la créance qu'elle garantit une autre conséquence dans le cas d'hypothèque constituée par une personne sur ses biens pour la dette d'autrui : cette personne, que nous nommerions une caution réelle, serait tenue personnellement vis-à-vis du créancier. Tel serait le cas dont il est question dans le plaidoyer de Démosthène contre Nicostrate. Apollodore, voulant venir en aide à Nicostrate, pressé par ses créanciers, donne hypothèque sur un de ses domaines à Arkésas, présenté par Nicostrate, et il devient son débiteur pour cause de prêt, sauf à exercer son recours contre Nicostrate. Celui-ci semble d'ailleurs libéré par là même de son obligation envers Arkésas [2]. On peut admettre, en effet, que, dans le cas d'Apollodore, la constitution d'hypothèque consentie par celui-ci ait entraîné novation de la dette. Mais est-il possible de généraliser la solution qui paraît résulter de ce plaidoyer? Nous hésitons beaucoup à répondre affirmativement [3].

Avant l'échéance de la dette, les droits du créancier hypothécaire sont, comme nous l'avons vu, en quelque sorte

(1) L'inscription ne renferme, en effet, que les mots suivants qui soient lisibles : κληρονόμων κα... ος τι... τουτ... χου. Cf. Ricci, *Il testamento d'Epikteta*, 1895, p. 35.

(2) Hitzig, p.134, note 3, argumente en ce sens de ces mots du § 13 : τίθημι τὴν οἰκίαν Ἀρκέσαντι... δανείσαντι et ὅπως μὴ εἰσπράττοιμι αὐτὸν τἀργύριον, οὗ ἡ συνοικία ἐτέθη, ἀλλ' ἀφείην αὐτῷ, ainsi que de ces mots du § 12 : λῦσαί μοι. Cf. Lécrivain, *Cautionnement*, p. 209.

(3) Homolle (*loc. cit.*, p. 452-453), parmi les différentes explications qu'il donne de l'inscription précitée de Délos (*supra*, p. 257), suppose que l'emprunteur, au lieu de conférer une hypothèque sur ses propres biens, recourt à un tiers qui consent à engager pour lui une maison ou des terres. Ce tiers, dit-il, accepte par suite les responsabilités encourues par le contractant, c'est-à-dire abandon du gage ou paiement des intérêts dûs, dont sa terre est le gage ; il paie ainsi en raison de sa terre, pour sa terre, ὑπὲρ τῶν χωρίων. V. Toutefois, Hitzig, p. 135, note 1.

négatifs [1]. Mais si, à l'échéance, le débiteur ne paie pas, l'hypothèque produit alors des effets positifs. A quelle époque précisément et sous quelles conditions le créancier peut-il poursuivre l'expropriation de son débiteur ? C'est ce que nous avons à déterminer.

Le débiteur, pour échapper aux poursuites hypothécaires, à l'ἐμβάτευσις, est tenu de payer au créancier le montant intégral de ce qu'il lui doit, ce qui comprend non-seulement le capital même de la dette, mais encore les dettes accessoires qui se rattachent à la créance principale. L'hypothèque garantit, par exemple, les dommages-intérêts dont le débiteur peut être tenu *propter culpam* ou *propter moram*. On peut citer en ce sens, par analogie, les dispositions du contrat intervenu entre Alexandros et la ville d'Arkésiné : ce qui est dit dans ce contrat du *pignus captum* est également applicable au gage conventionnel [2]. L'hypothèque garantit également les intérêts de la créance [3]: c'est là une différence avec la πρᾶσις ἐπὶ λύσει, car, dans cette dernière forme d'engagement, comme nous l'avons vu, les intérêts de la dette se compensent avec les revenus de la chose que le créancier perçoit lui-même directement ou à titre de fermages payés par le débiteur devenu locataire [4]. Le payement régulier des intérêts peut d'ailleurs être assuré par des clauses spéciales du

---

(1) Le créancier hypothécaire, peut-il avant l'échéance, affecter la sûreté qu'il possède à l'acquittement d'une autre dette dont il est lui-même tenu ? Nous avons admis l'affirmative en cas de πρᾶσις ἐπὶ λύσει, parce que le créancier est devenu propriétaire, quoique sous condition résolutoire (V. *supra*, p. 203). La question est plus délicate, en cas de simple hypothèque, et on ne trouve dans les textes aucune trace de *pignus pignori datum*. Il est certain, en tout cas, qu'un acte de ce genre ne peut nuire au débiteur originaire et que celui-ci, pour libérer la chose engagée, ne doit payer au second créancier que la somme dont il est débiteur envers le premier et non celle pour laquelle celui-ci a pu constituer hypothèque. V. sur le cas d'hypothèque conférée par le créancier après l'échéance et l'embateusis, *infra*, p. 274.

(2) Hitzig, p. 135. V. *supra*, p. 225, note 4.

(3) Cf. l. 18, D. *Qui pot.*, XX, 4.

(4) V. *supra*, p. 247.

contrat ou du testament d'où naît la créance principale [1].

L'hypothèque, d'autre part, est indivisible, en ce sens que chaque portion divise ou indivise de la chose hypothéquée garantit l'intégralité de la dette. En d'autres termes, l'hypothèque subsiste sur toute la chose jusqu'à l'entier acquittement de l'obligation et sans qu'il y ait lieu de tenir compte des paiements partiels qui ont pu la diminuer. Toutefois, en cas de paiement à compte, le débiteur doit avoir le droit de faire modifier l'enseigne hypothécaire apposée sur son immeuble et de faire réduire le chiffre de la dette qui y avait été originairement inscrit [2].

Lorsqu'au jour fixé pour l'échéance, le débiteur n'a point intégralement acquitté ses obligations suivant les règles précédemment posées, il devient ὑπερήμερος [3] et le créancier peut procéder à l'ἐμβάτευσις. Le débiteur peut néanmoins, même après l'échéance, prévenir l'expropriation en payant le créancier, tant que celui-ci n'a point encore pris possession du gage. Ainsi Apatourios, qui devait quarante mines sur un navire, pressé par ses créanciers qui menaçoent de le saisir, car le terme était échu, conjure la saisie en se procurant de l'argent auprès d'autres personnes pour désintéresser ses créanciers [4].

En cas de non payement à l'échéance, le créancier peut-il immédiatement, et sans aucune formalité, procéder à l'ἐμβά-

(1) Ainsi, dans le testament d'Epictèta (*Corp. inscr. graec.*, n° 2448 p. 55), le légataire d'une somme de 3000 drachmes, qui doit toucher annuellement 210 drachmes d'intérêts, a le droit, à défaut de paiement régulier, de saisir les fruits des biens hypothéqués jusqu'à concurrence du montant des intérêts. V. également les dispositions du décret de Delphes, in *Bulletin*, V, p. 163. Cf. Hitzig, p. 136.

(2) Cf. Hitzig, p. 135.

(3) Démosthène, *C. Apat.*, §§ 6-8. Cf. Isée, *De Menec. her.*, §§ 28, 29. Cf. Hitzig, p. 81, 82; Dareste, Haussoulier et Reinach, p. VI.

(4) L'expression ὑπερήμερος (ὑπερημερία) s'applique non seulement au cas de défaut de paiement à l'échéance de la somme due, en vertu d'une condamnation judiciaire, mais aussi au cas de non paiement d'une somme due en vertu d'un contrat. Cf. Démosthène, *C. Apat.*, § 6. V. Meier, Schoemann et Lipsius, p. 694, note 598.

τευσις? On a enseigné qu'en cas de simple hypothèque, le créancier ne peut exproprier le débiteur sans avoir obtenu condamnation contre lui, à moins qu'il n'eût été expressément convenu entre eux que l'obligation serait en forme exécutoire, c'est-à-dire que le débiteur serait exproprié sans poursuites et sans jugement [1]. Mais cette opinion est manifestement inexacte, car nulle part il n'est fait allusion à la nécessité d'un jugement préalable pour que l'expropriation soit possible. Les textes supposent toujours, au contraire, que la seule existence d'une hypothèque autorise le créancier à saisir le gage [2].

La seule question qui puisse se poser est celle de savoir si la saisie ne doit pas être précédée d'une sommation de payer adressée au débiteur, ou si le créancier ne doit point laisser s'écouler un certain délai (προθεσμία) après l'échéance avant de pratiquer la saisie. On pourrait alléguer, dans le sens de l'affirmative, un argument d'analogie tiré de ce qui a lieu en cas d'ἐνεχυρασία où, comme nous l'avons vu, le débiteur condamné a un certain délai pour s'acquitter [3]. Cette solution, quoiqu'elle soit plus conforme à nos idées modernes sur l'expropriation, ne trouve cependant aucun appui dans les textes, qui lui sont plutôt contraires. Ainsi, dans le contrat de prêt maritime qui est rapporté dans le plaidoyer de Démosthène contre Lacritos, il est stipulé que « à défaut de payement au terme convenu, les prêteurs pourront se mettre en possession du gage et le vendre au prix qu'ils en trouveront » [4]. Le droit de saisie des créanciers hypothécaires n'est subordonné à aucune condition, et il est probable que, sur ce point, le contrat en question ne

(1) Guiraud, p. 288, 289.
(2) V. par exemple, Démosthène, C. Apat., § 6. On peut également alléguer en ce sens la loi citée par Démosthène (C. Spud., § 7), ὃς οὐκ ἐᾷ διαρρήδην, ὅσα τις ἀπετίμησεν, εἶναι δίκας. Les hypothèques ordinaires doivent évidemment, sous ce rapport, être assimilées aux ἀποτιμήματα. Cf. Büchsenschütz, p. 491 ; Hermann-Thalheim, p. 103, note 3.
(3) V. supra, p. 225.

faisait qu'appliquer le droit commun. Ce même contrat stipule, il est vrai, un délai· de vingt jours dont jouiront les emprunteurs après l'arrivée des marchandises à Athènes pour rembourser leurs prêteurs, mais ce délai se réfère simplement à l'échéance de la dette et non de l'embateusis [1].

Si l'embateusis n'est possible, en principe, qu'après l'échéance de la dette, elle peut aussi, par exception, avoir lieu auparavant. Tel est d'abord le cas où le débiteur délaisse le bien hypothéqué. Le créancier peut alors en prendre possession, car la chose hypothéquée ne pourrait passer en d'autres mains sans son consentement [2]. Le créancier a, d'autre part, lorsque la chose hypothéquée est mobilière, le droit de procéder à une sorte de saisie conservatoire, s'il a lieu de craindre la disparition de cette chose [3]. Mais ce n'est pas là, à notre avis, l'ἐμβάτευσις proprement dite, qui suppose l'exigibilité de la dette [4].

L'expropriation à laquelle le créancier peut procéder à défaut de paiement à l'échéance, c'est l'ἐμβάτευσις ou l'ἐμβατεία [5], et le fait par le créancier de la pratiquer se nomme ἐμβαίνειν ou ἐμβατεύειν [6]. Elle est aussi qualifiée dans certains

(1) Hitzig, p. 81, cite dans le même sens les dispositions de certains papyrus égyptiens où l'on voit le mari promettre de restituer la dot ἐν ἡμέραι... ἀφ' ἧς ἐὰν ἀπαιτηθῇ, ἐὰν δὲ μὴ ἀποδιδῷ, τῆς πράξεως οὔσης τῇ... καθάπερ ἐκ δίκης. Ægypt. Urkunden aus den kœnig. Museen in Berlin, nos 183, 251, 252. On peut argumenter également des termes dans lesquels Strabon (XIII, 3, 6) parle de l'emprunt hypothécaire fait par la ville de Cymé : τὰς στοὰς ὑπέθεντο, οὐκ ἀποδιδόντες κατὰ τὴν ὡρισμένην ἡμέραν, εἴργοντο τῶν περιπάτων.

(2) La loi d'Ephèse sur le règlement des dettes hypothécaires, qui prévoit un délaissement de ce genre, accorde au débiteur un droit de rachat sous la condition de rembourser au créancier toutes ses impenses avec les intérêts, déduction faite toutefois des fruits perçus. Dareste, Haussoulier et Reinach, p. 38, § 22 et p. 47.

(3) V. supra, p. 253.

(4) Cf. Hitzig, p. 93.

(5) Bekker, Anecd., I, p. 239 : ἐμβατεῦσαι καὶ ἐμβατεία : ἐμβατεία ἐστίν... τὸ τὸν δανειστὴν ἐμβατεῦσαι καὶ εἰσελθεῖν εἰς τὰ κτήματα τοῦ ὑποχρέου, ἐνεχυριάζοντε τὸ δάνειον.

(6) Démosthène, C. Apat., § 7; Loi d'Ephèse, in Dareste, Haussoulier et Rei-

textes de πρᾶξις [1], mais cette expression peut avoir un sens plus large et désigne aussi le recouvrement de la créance d'une manière générale [2].

L'ἐμβάτευσις est un acte privé auquel le créancier procède sans aucune participation de l'autorité, de même que dans le cas de *pignoris capio* [3]. Le but de l'embateusis est l'expulsion du débiteur et la prise de possession par le créancier de la chose hypothéquée [4]. De même que dans le cas de prise de gage, le créancier, s'il rencontre un obstacle à son entrée de possession, peut recourir, pour en triompher, à la δίκη ἐξούλης, et cela qu'il s'agisse soit d'un immeuble, soit d'un meuble [5]. Peu importe également que l'obstacle survienne au moment même de la prise de possession ou après celle-ci : le créancier peut toujours user de la δίκη ἐξούλης, qui, dans le premier cas, est un moyen *adipiscendœ possessionis*, et, dans le second cas, un moyen *recuperandœ possessionis* [6].

Le créancier peut, au surplus, user de la δίκη ἐξούλης non seulement contre le débiteur originaire qui a constitué l'hypothèque, mais encore contre les tiers qui, à un titre quelconque, se trouveraient, lors de l'échéance de la dette, en possession de la chose hypothéquée. En cas de vente de cette chose, le créancier peut donc recourir à la δίκη ἐξούλης contre l'acheteur, ainsi que cela résulte d'un passage de

nach, p. 38, §§ 19-21 ; Etymol. magn., v° ἐμβατεύειν. Cf. Hudtwalcker, p. 139.

(1) Démosthène, *C. Phorm.*, § 27 ; *C. Lacrit.*, § 12 ; *C. Dionys.*, § 45. Cf. Goldschmidt, *in Zeitsch. der Savigny Stiftung*, X, Rom. Abt., p. 362.

(2) Andocide, *De Myst.*, § 88 ; Démosthène, *C. Androt.*, § 46 ; *C. Timocr.*, § 100. Cf. Hermann-Thalheim, p. 103, note 2. Le mot πρᾶξις peut également désigner le contrat même qui sert de base à l'expropriation. Loi d'Ephèse précitée, § 19 : ἐμβάντες εἰς κτήματα κατὰ πράξεις.

(3) V. *supra*, p. 227. Cf. Hitzig, p. 81.

(4) Le plaidoyer de Démosthène contre Zénothémis (§§ 17, 20) renferme un cas d'application de la δίκη ἐξούλης en matière mobilière. Cf. Thalheim, *in Hermes* XXIII, p. 202 ; G. A. Leist, p. 54-56 ; Hitzig, p. 138 ; Mitteis, p. 417.

(5) Hitzig, p. 138.

Pollux où il est dit : καὶ μὴν εἰ ὁ μὲν ὡς ἐωνημένος ἀμφισβητεῖ κτήματος, ὁ δὲ ὡς ὑποθήκην ἔχων, ἐξούλης ἡ δίκη [1]. Cette solution est, du reste, très juridique, car de deux choses l'une : ou bien la vente a eu lieu sans le consentement du créancier, et elle est non avenue à son égard ; ou bien elle a eu lieu de son consentement, et alors l'acheteur a été averti de l'existence de l'hypothèque et en a pris la charge. Ce que nous disons de la vente est également vrai de tout autre acte juridique en vertu duquel la chose hypothéquée se trouverait entre les mains d'un tiers au moment de l'échéance de la dette [2].

Il s'agit maintenant de déterminer les effets de l'embateusis. Deux théories sont en présence. Dans la première, l'embateusis ne confère au créancier que la simple possession de la chose hypothéquée, sauf pour lui le droit de la vendre ultérieurement pour se payer sur le prix de ce qui lui est dû [3]. Dans la seconde, le créancier, lorsqu'il a accompli l'embateusis, devient aussitôt propriétaire de la chose hypothéquée [4].

Pour démontrer que l'embateusis ne confère au créancier que la simple possession, Szanto argumente des faits relatés dans le plaidoyer de Démosthène contre Apatourios. Celui-ci, débiteur d'une somme de quarante mines, pour laquelle il a hypothéqué un navire, ne peut payer à l'échéance, et ses créanciers procèdent alors à l'embateusis de leur

---

(1) Pollux, VIII, 59.

(2) Cf. Platner, *Process*, t. II, p. 298; Maier, Schumann et Lipsius, p. 696; Hitzig, p. 140.

(3) Szanto, *loc. cit.*, p. 281 et s. Cf. Büchsenschütz, p. 491-493.

(4) Dareste, *Nouv. Rev. histor. du droit*, 1877, p. 171 et 172; Guiraud, p. 289; Lipsius, *Von der Bedeutung des griechischen Rechts*, p. 30; Hitzig, p. 82 et s. Mitteis (p. 440-441) pose la question, mais sans se prononcer. Suivant Hermann-Thalheim (p. 105, note 3), la question ne pourra être résolue tant qu'on ne saura positivement si le droit grec a connu la différence entre la possession et la propriété. Dareste, Haussoulier et Reinach (p. VI) paraissent adopter une solution intermédiaire pour l'interprétation de la loi éphésienne.

gage : ἐνεβάτευον εἰς τὴν ναῦν, εἰληφότες ἐν τῇ ὑπερημερίᾳ (§ 6).
Mais Apatourios, pour conserver la propriété de son navire,
emprunte à d'autres personnes la somme nécessaire pour
rembourser les créanciers saisissants, et l'orateur dit qu'a-
près les avoir payés, τὸν μὲν τρόπον τοῦτον ἀπήλλαξε τοὺς χρή-
τας Ἀπατούριος οὑτοσί (§ 9). C'est donc que, malgré l'ἐμβάτευσις
du navire par les créanciers, le débiteur avait conservé la
propriété du gage, et cependant, comme le dit l'orateur, les
créanciers désiraient vivement en devenir propriétaires. Si,
nonobstant l'embateusis, le débiteur peut expulser les créanciers en les payant, c'est que l'embateusis ne confère aux
saisissants que la possession et non la propriété de la chose
hypothéquée. Szanto allègue dans le même sens les dispositions de la loi d'Éphèse sur le règlement des dettes hypothécaires à la suite d'un état de guerre prolongé. Il y est
dit que les créanciers qui auront procédé à l'embateusis
avant le commencement de la guerre et qui ont ainsi acquis
la possession et la jouissance des biens hypothéqués, seront
maintenus dans leur embateusis [1]. La loi ne parle point de
confirmer leur propriété, elle dispose, au contraire, que
s'il y a contestation sur la propriété (ἀγκτησία), les tribunaux
seront appelés à statuer suivant les lois [1]. La saisie en laquelle consiste l'embateusis n'opère donc point sur la propriété même de la chose, et elle transfère seulement la possession au saisissant. En d'autres termes, l'embateusis a
pour résultat de transformer l'hypothèque en un *pignus*,
dans le sens romain de ce mot. Cette modification dans le
droit de possession, ajoute Szanto, n'est pas indifférente, car
le créancier, devenu possesseur, a également le droit de
jouissance. Il faut alors évidemment trouver un moyen de
régler définitivement la question de propriété. En conséquence, ou bien le créancier devait, à l'expiration d'un cer-

(1) Dareste, Haussoulier et Reinach, p. 38, § 19 : ὅσοι μὲν πρὸ μηνὸς Ποσι-
δεῶνος τοῦ ἐπὶ Δημαγόρεω ἐμβάντες εἰς κτήματα κατὰ πράξεις ἔχουσιν τὰ κτήματα
καὶ νέμονται, εἶναι αὐτοῖς κυρίας τὰς ἐμβάσεις.

tain délai après l'accomplissement de l'embateusis, acquérir
la propriété de la chose hypothéquée, ou bien il devait, à
l'expiration de ce délai, vendre cette chose et se payer sur
le prix.

Les arguments sur lesquels se fonde cette opinion ne nous
paraissent point décisifs. En ce qui concerne d'abord le cas
d'Apatourios, il n'est nullement certain que les créanciers
de celui-ci eussent déjà procédé à l'embateusis. Il semble plutôt, comme le démontre l'expression dont se sert l'orateur
(ἐνεβάτευον) [1], qu'ils aient simplement menacé le débiteur de
le saisir. C'est ce qui résulte également de la suite du texte
où l'orateur nous montre l'embarras dans lequel se trouve
alors Apatourios, accusant ses créanciers « de convoiter
son navire et de le discréditer sur la place afin de s'approprier le navire » [2]. C'est donc que les créanciers ne possédaient point encore le navire objet de leurs convoitises, et
l'on comprend alors qu'Apatourios ait pu écarter la saisie
en les désintéressant. Quant à la loi d'Ephèse, les termes
mêmes dont elle se sert pour caractériser la situation des
créanciers qui avaient procédé à l'embateusis (ἔχουσιν τὰ
κτήματα καὶ νέμονται), semblent indiquer qu'ils sont devenus
propriétaires plutôt que simples possesseurs. Le règlement
définitif περὶ τῆς παγκτησίας, annoncé par la loi, ne signifie
point, comme le verrons ultérieurement, que le droit de propriété du créancier ne soit pas définitif dès l'embateusis et
qu'il puisse être mis en question.

D'autres textes semblent d'ailleurs établir d'une manière
directe et évidente que l'embateusis a pour conséquence
l'attribution au créancier de la propriété de la chose saisie.
Ainsi, dans les plaidoyers de Démosthène, l'orateur se sert,
pour désigner les effets de l'embateusis, des mots ἔχειν et

(1) *Imperfectum de conatu*, dit Hitzig.
(2) Démosthène, *C. Apat.*, § 6 : αἰτιώμενος τοὺς χρήστας ἐπιθυμοῦντας τῆς
νεὼς διαβεβληκέναι αὐτὸν ἐν τῷ ἐμπορίῳ, ἵνα κατάσχωσι τὴν ναῦν.

κρατεῖν, soit isolément, soit conjointement. Deux ὅροι attiques caractérisent également les conséquences de la prise de possession à l'échéance faute de paiement, en disant que le créancier aura le droit de ἔχειν καὶ κρατεῖν [1]. On peut invoquer dans le même sens d'autres documents qui, bien qu'étrangers au droit attique, emploient pareillement ces mêmes expressions très significatives. D'après une inscription d'Armorgos [2], un nommé Nikératos vend trois immeubles, dont l'un lui provient vraisemblablement d'un partage (ἔχει διελόμενος), le second d'une vente (τὰ χωρία ἃ ἐπριάτο) et, quant au troisième, le texte dit que ἔχει θέμενος, il le possède à titre de créancier hypothécaire. Le mot ἔχειν, employé pour caractériser le droit du vendeur sur les différents immeubles, doit évidemment avoir la même signification pour le dernier que pour les deux premiers, et on doit en conclure que l'embateusis a rendu le créancier propriétaire de la même manière qu'un partage ou une vente [3]. Cette assimilation du titre du créancier hypothécaire à celui d'un acheteur se retrouve du reste, en des termes presque identiques, dans un plaidoyer d'Isée [4]. En dehors d'Athènes, on peut citer encore une inscription de Delphes portant que si les emprunteurs ne restituent pas à l'époque fixée la somme qu'ils ont empruntée à la ville, τὰ ἐνέχυρα αὐτῶν τᾶς

---

(1) Le mot ἔχειν est employé, par exemple, dans le plaidoyer contre Zénothémis, § 14, le mot κρατεῖν, dans le plaidoyer contre Timothée, § 11, et l'expression ἔχειν καὶ κρατεῖν dans le plaidoyer contre Panténète, § 10. V. *supra*, p. 213, note 2. De même encore, dans le premier plaidoyer contre Onétor, §§ 26 et 29, Démosthène s'étonne qu'Onétor, prétendu créancier hypothécaire d'Aphobos, laisse encore celui-ci, après l'échéance, ἔχειν καὶ γεωργεῖν.

(2) Dareste, Haussoulier et Reinach, p. 116, nos 62 et 63. V. sur la portée de ces ὅροι, *supra*, p. 213. D'après Szanto (p. 283) les ὅροι en question mentionneraient un pacte commissoire, et si le créancier devient alors propriétaire de la chose hypothéquée, c'est par l'effet du contrat même, κατὰ συνθήκας, ainsi que portent les inscriptions, mais non par l'effet de la loi de l'embateusis.

(3) *Mittheilungen*, I, p. 346.

(4) Isée, *De Arist. her.*, § 24 : τῶν ἀμφισβητησίμων χωρίων δεῖ τὸν ἔχοντα ἢ δέτην ἢ πρατῆρα παρέχεσθαι ἢ καταδεδικασμένον φαίνεσθαι.

(5) *Bulletin*, V, p. 165.

πόλιος ἔστω [1]. Hitzig allègue enfin, pour démontrer que l'embateusis entraîne un transfert de propriété au profit du créancier, deux textes empruntés à des sources romaines. Le premier, tiré de Cicéron, porte : « Philocles ὑποθήκας Cluvio dedit ; eæ commissæ sunt, velim cures, ut aut de hypothecis decedat easque procuratoribus Cluvii tradat aut pecuniam solvat » [2]. Il s'agit ici manifestement d'un cas régi par le droit grec, et Cicéron, en employant le mot *committi* a voulu parler de la déchéance du droit de propriété qui frappe le débiteur s'il ne paie pas (*lex commissoria*). Dans l'autre texte, tiré du *Digeste*, et qui, comme le prouve l'emploi de la langue grecque par le jurisconsulte Scævola, vise pareillement un cas régi par le droit grec, il est dit des objets engagés que « cessante debitore in proprium patrimonium (creditoris) rediguntur ». On peut enfin alléguer ce sens qu'en matière de succession le mot ἐμβάτευσις désigne la prise de possession par les héritiers saisis qui sont en même temps propriétaires. Il nous semble donc hors de doute que ce n'est pas seulement la possession de la chose hypothéquée qu'acquiert le créancier par l'embateusis, mais bien la propriété [3].

On pourrait seulement se demander si ce transfert de la propriété s'opère immédiatement par le seul fait de la saisie ou si, au contraire, le débiteur n'a point encore un certain délai entre la saisie et le transfert de la propriété pour payer son créancier et éviter l'expropriation définitive. On a proposé cette dernière solution, du moins pour le droit éphésien, en se fondant sur la disposition de la loi d'Éphèse

---

(1) Cicéron, *Ad fam.*, XIII, 56, 1.

(2) L. 101, pr., D. *De leg.*, (III), XXXII, 3. Cf. Mitteis, p. 441.

(3) Cette solution présente l'avantage de faire concorder le caractère de l'embateusis en matière d'hypothèque avec celui qu'elle présente en matière de succession. L'embateusis de l'héritier sien est le fait d'un propriétaire : il semble donc naturel de dire que celle du créancier hypothécaire lui transfère également la propriété.

relative à la παγκτησία [1]. Mais, même pour Ephèse, cette interprétation est fort contestable [2]. Dans tous les cas, on ne rencontre, dans le droit attique, aucune trace d'un semblable délai [3].

Le créancier hypothécaire devenu propriétaire, ainsi que nous l'avons admis, par l'effet de l'embateusis a, en conséquence, le droit de vendre la chose hypothéquée. C'est ainsi que, dans l'inscription d'Amorgos [4], on voit Nikératos vendre l'immeuble que lui avait hypothéqué Hexakestos [5]. Certains textes paraissent néanmoins contredire la proposition que nous venons de formuler concernant le droit de vente du créancier. Ils accordent, en effet, en termes exprès au créancier le droit de vendre la chose hypothéquée, s'il n'est pas payé à l'échéance, d'où l'on pourrait être tenté de conclure, *a contrario*, qu'en principe il ne possède pas ce droit. Il est dit notamment, dans un document concernant le droit attique, et où est relaté un contrat de prêt maritime avec affectation hypothécaire sur la cargaison : ἐὰν δὲ μὴ ἀποδῶσιν ἐν τῷ συγκειμένῳ χρόνῳ· τὰ ὑποκείμενα τοῖς δανείσασιν ἐξέστω ὑποθεῖναι καὶ ἀποδόσθαι τῆς ὑπαρχούσης τιμῆς, καὶ ἐάν τι ἐλλείπῃ τοῦ ἀργυρίου, ὃ δεῖ γενέσθαι τοῖς δανείσασι κατὰ τὴν συγγραφήν· παρὰ Ἀρτέμωνος καὶ Ἀπολλοδώρου ἔστω ἡ πρᾶξις τοῖς δανείσασι... καθάπερ δίκην ὠφληκότων καὶ ὑπερημέρων ὄντων [6]. Voici toutefois en quoi, à notre avis, la stipulation renfermée dans ce contrat est exceptionnelle. Ce n'est point en ce sens qu'elle accorderait au créancier le droit de vendre la chose hypothéquée faute de paiement à l'échéance ; car ce droit, il le possède

---

(1) Dareste, Haussoullier et Reinach, p. 6. Suivant ces auteurs, la possession du créancier ne se convertissait qu'au bout « d'un certain temps » en propriété définitive

(2) V. *infra*, p. 273, l'explication de la disposition relative à la παγκτησία.

(3) Hitzig, p. 85.

(4) V. *supra*, p. 269.

(5) On voit également dans les plaidoyers de Démosthène contre Apatourios (§ 12) et contre Phormion (§ 4) le créancier hypothécaire procéder à la vente de l'objet engagé. Cf. Platner, *Process*, t. II, p. 307.

(6) Démosthène, *C. Lacrit.*, § 12. Cf. Décret du peuple des Delphiens, *in Bulletin*, V, p. 165 : εἰ δέ κα μὴ ἀποδίδωντι καθὼς γέγραπται, τὰ ἐνέχυρα αὐτῶν

par le seul fait de la constitution d'hypothèque, du moment
qu'il a procédé à l'embateusis et qu'il est ainsi devenu propriétaire du gage. Le droit spécial que le contrat confère au
créancier, c'est celui de réclamer au débiteur ὃ ἐλλείπει,
c'est-à-dire un payement supplémentaire dans le cas où, à
l'échéance, la valeur du gage n'équivaudrait point au montant
de la somme prêtée. Mais alors, pour déterminer τὸ ἐλλεῖπον,
il est nécessaire de réaliser le gage, et c'est pour cela que le
contrat parle de la vente à effectuer par le créancier, ἀποδόσθαι τῆς ὑπαρχούσης τιμῆς : c'est seulement après cette vente
que l'on pourra savoir si le créancier a un supplément à réclamer au débiteur et s'il peut le poursuivre sur ses autres
biens. Le contrat sauvegarde, du reste, les intérêts du débiteur, en décidant que le créancier devra vendre τῆς ὑπαρχούσης
τιμῆς, c'est-à-dire sans fraude et au prix courant des marchandises au jour de l'échéance. Peut-être même le créancier
était-il tenu de procéder publiquement à la vente et d'y appeler le débiteur. En tout cas, il ne semble point que cette vente
ait dû se faire sous un contrôle quelconque de l'autorité.

Cette explication, donnée par Hitzig [1], et que nous croyons
très exacte, suppose que l'hypothèque, de même que la πρᾶσις
ἐπὶ λύσει, comporte de la part du débiteur une sorte de *datio
in solutum*, en ce sens que le débiteur abandonne éventuellement au créancier, pour le montant de la somme due, la
chose hypothéquée, sans que le créancier puisse rien exiger
en plus au jour de l'échéance. Cette interprétation paraît
encore plus vraisemblable si l'on admet, comme nous
l'avons fait, que l'hypothèque procède de la πρᾶσις ἐπὶ λύσει.
Il est tout naturel alors qu'elle en présente les mêmes caractères, sauf cette différence essentielle tenant à ce que, dans

τᾶς πόλιος ἔστω καὶ οἱ ἐπιμεληταὶ ἀεὶ οἱ ἐγδανείζοντες κύριοι ἔστωσαν καλίοντες.
εἰ δὲ πωλείμενα τὰ ἐνέχυρα μὴ εὑρίσκοι τὸ ἀργύριον, καθ' ὃ ὑπέκειτο τᾶι πόλει,
πράκτιμοι ἔστωσαν... τοῦ ἐλλείκοντος ἀργυρίου αὐτός τε ὁ δανεισάμενος καὶ οἱ
γενόμενοι ἔγγυοι. Ce décret règle l'emploi des sommes offertes par Attale II à
la ville de Delphes.

(1) Hitzig, p. 86-88.

l'hypothèque, le débiteur conserve la possession et la propriété jusqu'à l'échéance. Mais, dans cette dernière forme
d'engagement, de même que dans la forme primitive, le créancier consent, en principe, à recevoir en paiement la chose
engagée et à s'en contenter faute de remboursement à l'échéé-
ance. Cette sorte de forfait n'offre, du reste, en général, aucun danger pour le créancier, car celui-ci est libre de ne
prêter que moyennant l'engagement d'une chose dont la valeur réponde suffisamment de la dette. Toutefois, dans certains cas, même lorsque la chose hypothéquée a, lors de la
constitution d'hypothèque, une valeur bien supérieure au
montant de la dette, le créancier peut craindre de ne pas
obtenir complète satisfaction à l'échéance et stipuler alors
des garanties supplémentaires dans le contrat. C'est ce qui
a lieu, par exemple, dans le cas de prêt maritime avec
affectation soit sur le navire, soit sur la cargaison, car le
créancier y court de grands risques de ne pouvoir se mettre en possession du gage au jour de l'échéance. On comprend
alors que, comme dans le cas du plaidoyer contre Lacritos,
il se réserve le droit de poursuivre le débiteur sur ses
autres biens. Ce danger n'est point à redouter, en général,
lorsque l'hypothèque a pour objet un immeuble, car il y a
peu de chances que l'immeuble se perde ou se détério-
riore. D'un autre côté, abstraction faite du cas de prêt maritime, l'engagement des meubles se réalise plutôt sous la
forme du *pignus* que sous celle de l'hypothèque, et le créancier qui est devenu possesseur des meubles engagés, n'a
pas à craindre qu'ils disparaissent [1].

Le créancier, devenu propriétaire de la chose hypothé-

---

(1) Guiraud (p. 289) admet, d'une manière absolue, que le créancier a la faculté
d'exiger une indemnité s'il vend à perte la chose hypothéquée. Mais il ne fonde
son opinion que sur le décret précité des Delphiens (p. 271, note 5) dont nous
avons montré le caractère exceptionnel. S'agissant du placement des deniers
d'une ville, on comprend que les conditions du prêt soient plus sévères et que
le créancier stipule des garanties spéciales.

quée par l'effet de l'embateusis, et qui, comme nous venons de le voir, a le droit de vendre cette chose, peut, à plus forte raison, constituer sur elle une hypothèque. Il est toutefois assez difficile d'expliquer la disposition du contrat de prêt maritime rapporté dans le plaidoyer contre Lacritos et qui accorde au créancier, non seulement le droit de vendre, mais encore celui d'hypothéquer (ὑποθεῖναι) τῆς ὑπαρχούσης τιμῆς [1]. On peut d'abord entendre cette clause en ce sens que le créancier, s'il ne veut pas réaliser la chose hypothéquée au moyen d'un vente, pourra se procurer les fonds dont il a besoin en constituant sur elle une hypothèque; mais, dans l'intérêt du débiteur, et pour la fixation de l'ἐλλεῖπον, l'hypothèque doit être consentie pour une somme équivalant exactement à la valeur de la chose, afin que le débiteur n'ait pas à payer un supplément plus élevé qu'en cas de vente. On a proposé une autre explication fondée également sur l'intérêt du débiteur. Lorsque, a-t-on dit, le créancier use ainsi du droit de ὑποθεῖναι, son droit d'hypothèque est éteint en ce sens que le débiteur ne peut plus lui racheter la chose hypothéquée. Mais le débiteur, en payant au second créancier hypothécaire la somme pour laquelle la chose lui a été hypothéquée par le premier créancier, peut rentrer en possession du gage. Le premier créancier peut bien recevoir sur le gage une somme supérieure à celle qui lui est due par le débiteur, mais il ne peut pas affecter la chose au-delà de cette somme (ὑπαρχούση τιμή), de telle sorte que le débiteur n'ait point à payer, pour se faire restituer le gage, au-delà du montant de sa dette envers le créancier originaire [1]. Cette seconde interprétation nous

---

(1) Dareste (*Plaid. civ.*, t. I, p. 319) traduit le passage en question en disant que « à défaut de payement au terme convenu, le prêteur pourrait *se mettre en possession* du gage et le vendre au prix qu'il en trouverait. » Mais cette interprétation est fort contestable, car le mot ὑποθεῖναι ne signifie jamais se mettre en possession mais bien hypothéquer. V. *supra*, p. 179.

(2) Hitzig, p. 88-89.

paraît toutefois fort contestable, et nous comprenons difficilement comment le débiteur pourrait user, vis-à-vis du second créancier, d'un droit de rachat qu'il ne possède plus à l'égard du premier, et cela en vertu d'une convention à laquelle il est demeuré étranger.

Si le créancier ne peut, à moins de clause expresse à ce sujet, exiger aucune indemnité du débiteur lorsque la réalisation du gage le constitue en perte, il ne doit, par contre, rien lui rembourser lorsqu'à l'échéance la valeur du gage excède le montant de la dette. Cette seconde proposition est cependant contestée. D'après certains auteurs, le débiteur peut réclamer l'excédent au créancier, et s'il se croit lésé par la réalisation à laquelle a procédé le créancier en vendant le gage, ou si les parties ne peuvent s'entendre sur la fixation de l'excédent, la question est réglée au moyen soit de la δίκη βλάβης, soit de la δίκη παρακαταθήκης [1].

Nous estimons, au contraire, conformément à l'opinion générale, qu'il n'y a lieu à aucune restitution de la part du créancier [2]. L'opinion que nous venons d'exposer ne repose, en effet, sur aucun texte. Elle n'est probablement inspirée que par le souvenir de ce qui avait lieu dans le droit romain, où le créancier ne gardait le prix de vente que jusqu'à concurrence de ce qui lui était dû, et était obligé de restituer l'excédent, s'il y en avait, soit au débiteur lui-même, soit aux créanciers hypothécaires postérieurs [3]. L'hypothèque à Athènes a, selon nous, conservé, du moins à l'époque classique, les caractères qu'elle tenait de la πρᾶσις ἐπὶ λύσει, dont elle dérivait. La constitution d'hypothèque, de même que la

---

(1) Platner, *Process*, II, p. 307 ; Meier, Schœmann et Lipsius, p. 695-696 ; Dareste, *Plaid. civ.*, t. I, p. 92, note 2.

(2) V. en ce sens : Dareste, *Nouvelle Revue historique du droit*, 1877, p. 172 ; Fustel de Coulanges, *Nouvelles recherches*, p. 144 ; Guiraud, p. 289 ; Dareste, Haussoulier et Reinach, p. 43 ; Hitzig, p. 85 et s. Szanto, *loc. cit.*, p. 283, ne se prononce pas sur la question.

(3) L. 24, § 2, D. *De pign. act.*, XIII, 7.

vente fiduciaire, emporte, comme nous l'avons vu, *datio in solutum*, vis-à-vis du créancier, en ce sens que celui-ci ne peut, en principe, réclamer aucune indemnité au débiteur lorsqu'au jour de l'échéance la valeur du gage se trouve être inférieure au montant de la dette. Donc, comme nous le disions à propos de la πρᾶσις ἐπὶ λύσει en lui attribuant *erga omnes* le caractère d'une *datio in solutum* [1], il est logique et juste que réciproquement le créancier ne soit· pas tenu de restituer l'excédent que la valeur du gage pourrait présenter en sa faveur. Le droit du créancier à l'intégralité de la chose hypothéquée explique pourquoi une seconde hypothèque n'est valable, comme nous l'établirons, que du consentement du créancier hypothécaire antérieur. Si celui-ci ne pouvait réclamer le fonds hypothéqué, soit en nature, soit en valeur, que jusqu'à concurrence de ce qui lui est dû, on ne comprendrait pas la nécessité de son consentement pour la validité d'une hypothèque postérieure, car l'existence de celle-ci ne pourrait en aucune façon porter atteinte à ses droits. Le second plaidoyer de Démosthène contre Aphobos fournit une forte induction à l'appui de notre interprétation. On y voit qu'Aphobos a hypothéqué pour un talent un immeuble au profit d'Onétor, et celui-ci prétend qu'il n'enlève pas à Démosthène plus qu'un talent, attendu que le fonds ne vaut pas plus d'un talent [2]. Ce langage suppose que, si la créance d'Onétor est établie, il aura le droit de conserver tout l'immeuble, abstraction faite du montant de sa créance. Un autre passage du même plaidoyer implique une semblable conclusion, lorsque l'orateur dit à son adversaire : « Est-il juste que le fonds t'appartienne, parce que tu as posé des enseignes hypothécaires » ? [3] On peut enfin alléguer dans le même sens l'inscription précitée d'Amorgos où

---

(1) V. *supra*, p. 251.

(2) Démosthène, *C. Onét.*, II, § 6 : ἐτόλμησεν εἰπεῖν ὡς οὐκ ἀποστερεῖ με, ὅσῳ πλείονος ἄξιόν ἐστι ταλάντου.

(3) *Ibid.*, § 13 : ὅτι σὺ σιᾖσαι φῇς ὅρους, σὸν εἶναι τὸ χωρίον.

Nikératos vend trois immeubles, dont l'un lui vient d'une embateusis, pour une somme qui est fixée en bloc [1]. Or, si le vendeur avait été tenu de rendre un excédent quelconque à son débiteur, on aurait procédé à une ventilation et indiqué, dans le prix total, la somme correspondant à la valeur du gage vendu.

La constitution d'hypothèque a-t-elle toujours conservé ce caractère de *datio in solutum* éventuelle, de forfait aussi bien vis-à-vis du créancier que vis-à-vis du débiteur? Cela n'est pas vraisemblable, et l'hypothèque a dû devenir à Athènes, comme dans le droit grec en général, ce qu'elle était à Rome et ce qu'elle est dans le droit moderne, c'est-à-dire un simple droit accessoire, destiné à assurer le recouvrement de la créance, mais n'influant en aucune façon sur celle-ci. Nous avons déjà signalé des clauses permettant au créancier de réclamer une indemnité au débiteur en cas d'insuffisance du gage à l'échéance. A l'inverse, le débiteur à dû finir par avoir le droit de réclamer l'excédent de la valeur du gage sur le montant de sa dette. Mais à quelle époque cette transformation s'est-elle produite? C'est ce qu'il paraît impossible de préciser dans l'état actuel des sources.

Le seul document que nous possédions à ce sujet et qui soit antérieur à l'ère chrétienne, est la loi éphésienne de 84 avant J. C. dont nous avons déjà eu plusieurs fois l'occasion de parler [2]. Par dérogation à la règle qui permettait au créancier non payé à l'échéance de se mettre en possession de la totalité du gage, quelle qu'en fût la valeur esti-

(1) Ἀργυρίου δραχμῶν πεντακισχιλίων... ἐπὶ λύσει. V. *supra*, p. 271.

(2) Homolle (*Bulletin*, XIV, p. 451) dit, à propos des comptes et inventaires des temples déliens de l'année 279 avant J.-C. que « l'emprunteur (des deniers du temple) devait fournir un gage et donnait en hypothèque soit des terres, soit des maisons, mais les unes et les autres, faute de paiement, étaient sur le champ vendues *jusqu'à concurrence de la dette*. » Mais, comme l'observe justement Hitzig (p. 90), cette dernière affirmation, qui n'est appuyée sur aucun texte, ne peut être que l'expression d'une opinion personnelle.

mative [1], la loi décide que le débiteur de bonne foi pourra
se libérer par l'abandon d'une portion de son immeuble
équivalente au montant de la dette, le fonds étant estimé
suivant son état et sa valeur avant la guerre, de sorte que
la dépréciation du gage provenant des ravages de la guerre
est exclusivement à la charge du créancier : ces avantages
faits au débiteur constituent ce que l'on nomme le bénéfice de
guerre. Un autre article de la loi (§ 19), en confirmant les
prises de possession (ἐμβάσεις) effectuées par les créanciers
avant la déclaration de guerre, dispose que s'il surgit des
contestations relativement à la παγκτησία, l'affaire sera jugée
suivant les lois. Le sens de cette dernière disposition est
assez obscur. Certains auteurs ont traduit le mot παγκτησία
par « propriété définitive », et ils interprètent alors la loi en
ce sens que l'embateusis ne confère pas immédiatement la
propriété au créancier, mais seulement après l'expiration
d'un certain délai [2]. Dans une autre opinion, le mot παγκτησία se réfèrerait au cas où la valeur de l'immeuble dépas-
sait le montant de la dette et où, par suite, le créancier
devait restituer une différence au débiteur [3]. Cette seconde
interprétation nous paraît plus vraisemblable. Elle se justifie, en effet, par ce que dit le § 10 de la loi relativement
aux secondes hypothèques qui paraissent avoir été très fréquentes à Ephèse. D'autre part, on comprendrait difficilement comment, dans la première opinion, il aurait pu s'élever des contestations du genre de celles que prévoit la loi,
car celle-ci confirme des prises de possession effectuées trois
années auparavant, et il est inadmissible qu'il ait existé un
aussi long délai entre la saisie et l'acquisition définitive de
la propriété. Si donc on tient pour vraie la seconde interprétation, il faut dire qu'à Ephèse, même avant la loi en ques-

(1) Ce droit est maintenu pour les stellionataires : Dareste, Haussoulier et
Reinach, p. 33-34, § 10.
(2) Dareste, Haussoulier et Reinach, p. VI et 39.
(3) Lipsius, *Die Bedeutung d. gr. Rechts*, p. 30 ; Hitzig, p. 91.

tion, les droits du créancier sur l'immeuble hypothéqué étaient souvent restreints par la convention au montant de sa créance. Des contestations pouvaient alors s'élever relativement à l'excédent de valeur de l'immeuble [1] entre le créancier hypothécaire, d'une part, et le débiteur ou les créanciers hypothécaires ultérieurs, d'autre part. La loi éphésienne, tout en dérogeant au croit commun, n'aurait donc fait que généraliser ce qui se pratiquait déjà avant l'état de choses exceptionnel auquel elle a voulu porter remède.

Postérieurement à la conquête romaine, on a cité un texte d'où il résulterait qu'au temps de Trajan l'hypothèque athénienne se réalisait au moyen d'une vente aux enchères, le créancier se bornant à prélever sur le prix de la vente le montant de sa créance [2]. C'est un passage de Philostrate, où cet auteur raconte que le rhéteur Proclus, arrivant à Athènes, demande des nouvelles d'un de ses amis. On lui répond que cet ami se porte bien, mais va être expulsé de sa maison par un créancier à qui il l'a donnée en hypothèque pour 10000 drachmes et qui en poursuit la vente. Proclus paie aussitôt les 10000 drachmes et la poursuite est éteinte. Mais ce texte ne nous paraît pas avoir la portée qu'on lui prête. Les mots διακηρύττεσθαι πρὸς μυρίας δραχμάς, dont se sert Philostrate, indiquent bien que la maison va être mise en vente à raison du défaut de paiement de la dette de 10000 drachmes à laquelle elle est affectée. Mais rien ne prouve que le créancier ait dû se borner à prélever ces 10000 drachmes sur le prix, et que le produit total de la vente ne lui

---

(1) Comment cet excédent était-il déterminé ? Deux moyens sont possibles : en premier lieu, la vente de l'immeuble ; en second lieu, son estimation par des experts. La loi parle de ce second procédé § 4, τὰς ἐπικρίσεις τῶν διαιτητῶν. Cf. Hitzig, p. 92.

(2) Dareste, in *Journ. des savants*, 1885, p. 272.

(3) Philostrate, *Vies des Sophistes*, *Proclus* : ἐκπεσεῖν δὲ αὐτίκα τῆς οἰκίας διακηρυττομένης ἐπ' ἀγορᾶς πρὸς δραχμὰς μυρίας, ἃς ἐπ' αὐτῇ ἐδεδάνειστο, ἔπεμψεν αὐτῷ τὰς μυρίας... εἰπὼν « ἐλευθέρωσον τὴν οἰκίαν. »

ait pas été attribué [1]. En définitive, il est impossible de se prononcer sur l'époque de la transformation que nous avons signalée dans le caractère de l'hypothèque.

Il faut dire, au surplus, que le droit que nous avons reconnu au créancier de prendre possession et d'acquérir la propriété de la totalité du gage, ne s'applique que dans le cas d'hypothèques spéciales, lesquelles étaient, du reste, les plus fréquentes. Il est certain, par exemple que lorsque la ville d'Arkésiné hypothèque au profit de Praxiclès toutes les propriétés communes de la ville et toutes les propriétés particulières des Arkésinéens, elle ne confère pas pour cela à son créancier le droit de saisir en bloc et de s'approprier tous ces biens. Le texte porte d'ailleurs que le créancier pourra demander la somme χαὶ ἐξ ἑνὸς ἑκάστου χαὶ ἐξ ἁπάντων [2]. A supposer, de même, que l'hypothèque générale ait été pratiquée dans le droit attique, il est difficile d'admettre la possibilité d'une expropriation totale du débiteur lorsque celui-ci a hypothéqué pour une dette minime τὴν οἰχίαν χαὶ τὰμαυτοῦ πάντα.

Il est assez délicat de savoir en quoi consistent les effets du *pignus nominis* lorsque, comme nous l'avons admis, une créance est donnée en gage [4]. En droit romain, cette hypothèque permet au créancier de vendre la créance et de se payer sur le prix, mais il peut, s'il le préfère, en exiger le paiement, en gardant l'argent jusqu'à concurrence de sa créance [5]. Les textes grecs que nous avons signalés ne renferment aucun renseignement à ce sujet. Dans l'inscription de Cnide, il est dit que l'acheteur des matériaux, dont le prix éventuel a été hypothéqué, devra verser son prix d'achat entre les mains des trésoriers de la ville débitrice. Mais

(1) Cf. Hitzig, p. 92.
(2) Dareste, Haussoulier et Reinach, p. 318, l. 29-30. V. *supra*, p. 208-209.
(3) V. *supra*, p. 208. Cf. Guiraud, p. 289.
(4) V. *supra*, p. 202.
(5) V. Accarias, t. I, n° 286, a.

il y a lieu de supposer que la phrase finale de l'inscription, dont les premiers mots seulement nous ont été conservés (οἱ δὲ ταμίαι), imposait à ces trésoriers l'obligation de remettre immédiatement le prix de la vente au créancier hypothécaire [1]. Le *pignus nominis* ne peut toutefois, sauf peut-être dans le cas où le débiteur est une association ou une personne morale de droit public, présenter de garantie sérieuse pour le créancier que si celui-ci a une action contre le tiers débiteur dont la dette lui est affectée. Aussi croyons-nous devoir étendre au droit grec la solution admise par le droit romain [2].

On a voulu attribuer à la constitution d'hypothèque un effet très important en ce qui concerne la preuve de la créance qu'elle garantit. Démosthène parle dans son plaidoyer contre Spoudias, au § 7, d'une loi ὃς οὐκ ἐᾷ διαρρήδην ὅσα τις ἀπετίμησεν εἶναι δίκας, οὔτ' αὐτοῖς οὔτε τοῖς κληρονόμοις. Au § 10, l'orateur demande également qu'on donne lecture de la loi ὃς οὐκ ἐᾷ τῶν ἀποτιμηθέντων ἔτι δίκην εἶναι πρὸς τοὺς ἔχοντας. Il résulte de cette loi, a-t-on dit, qu'au cas de constitution d'un gage ou d'une hypothèque par le débiteur, il ne peut plus y avoir de contestation sur la légitimité de cette constitution de gage ni par suite, sur l'existence de la créance de la part soit du débiteur, soit de ses héritiers. Les tiers peuvent, sans doute, contester l'hypothèque dont le créancier veut se prévaloir à leur préjudice. C'est ainsi que Démosthène, dans son second plaidoyer contre Onétor, conteste la légitimité de l'hypothèque qu'Onétor prétend avoir reçue d'Aphobos. Mais cela est interdit au débiteur et à ses héritiers, car la constitution de gage implique reconnaissance de la dette [3].

Cette interprétation exagère, à notre avis, la portée de la loi précitée. Cette loi, ainsi que le prouvent ses termes mêmes, a trait non point à la créance garantie par l'hypothè-

---

(1) Cf. Dareste, *in Bulletin*, IV, p. 344.
(2) V. en ce sens, Hitzig, p. 19.
(3) Hitzig, p. 137.

que, mais aux objets engagés, ὅσα τις ἀπετίμησεν, τῶν ἀποτιμηθέντων. C'est relativement à ces objets qu'il ne peut y avoir de δίκη, en ce sens que le créancier a le droit, au jour de l'échéance, d'en prendre possession sans jugement et de recourir à la δίκη ἐξούλης, s'il rencontre de la résistance. Mais du moins faut-il, pour que cette expropriation soit possible, que l'hypothèque ait une cause. Il est certain que si la créance a été, depuis la constitution d'hypothèque, éteinte par le paiement, le débiteur peut s'opposer à l'expropriation. Il doit en être de même dans l'hypothèse où la dette garantie est nulle : dans les deux cas, la saisie manque de cause. Aussi voit-on, dans le plaidoyer de Démosthène, que le défendeur Spoudias résiste à la saisie en mettant en doute l'existence de la créance hypothécaire dont l'orateur se prévaut contre lui [1]. Si, comme on le prétend, la constitution d'hypothèque avait suffi pour prouver l'existence et la validité de la dette, l'orateur ne se serait point efforcé, ainsi qu'il l'a fait, d'établir par des preuves diverses la réalité de la créance : il se serait contenté d'alléguer la constitution d'hypothèque. Tout ce que nous pouvons admettre, c'est que la constitution d'hypothèque, si elle a lieu postérieurement à la naissance de la dette, peut entraîner confirmation de l'obligation dans le cas où celle-ci serait entachée de quelque vice, comme la violence, qui aurait disparu lors de la convention d'hypothèque [2].

---

(1) Cf. § 19 : δικαίως καὶ προσοφειλομένων ἀπετίμησεν.

(2) Cf. Platner, *Process*, II, p. 305 : Meier, Schœmann et Lipsius, p. 836. Dareste (*Plaid. civ.*, t. I, p. 165, note 4), explique la loi en question en disant que, dans le droit attique, l'ἀποτίμημα est plutôt une antichrèse qu'une hypothèque. La remise de cette garantie fournissant au créancier un moyen d'arriver au paiement, devient, comme le paiement, une fin de non recevoir contre toute action de la part du débiteur.

III. — Du gage.

Le gage proprement dit, qui normalement a pour objet des choses mobilières, a pour effet de conférer immédiatement la possession au créancier, le débiteur conservant la propriété de la chose affectée. Pour acquérir ou pour conserver la possession du gage, le créancier gagiste peut user immédiatement du moyen auquel le créancier hypothécaire ne peut recourir qu'après l'échéance, c'est-à-dire de la δίκη ἐξούλης [1].

La situation du créancier gagiste, avant l'échéance, varie suivant la nature de l'objet affecté. Il se peut d'abord que la chose soit susceptible de jouissance de la part du créancier, comme dans le cas où le gage porte sur des bestiaux ou sur des esclaves. Nous en avons un exemple bien connu dans le contrat intervenu entre le père de Démosthène et Mœriadès. Celui-ci, débiteur de quarante mines, avait donné en gage pour cette dette au père de Démosthène vingt esclaves rapportant douze mines par an [2]. Or, comme il n'est nulle part question des intérêts de la dette, on doit admettre que les produits retirés par le créancier du travail des esclaves représentaient pour lui les intérêts de sa créance [3]. Il nous semble qu'on peut généraliser les faits relatés par Démosthène et dire que, dans tous les cas où la chose engagée est, par sa nature, susceptible de jouis-

---

(1) Hitzig, p. 158.

(2) Démosthène, *C. Aphob.*, I, § 24. Ce revenu de douze mines est brut et il faut en déduire les dépenses nécessitées par l'entretien des esclaves, dépenses qu'Aphobos porte en compte à son pupille Démosthène pour une somme de 1000 drachmes. *Ibid.*, § 24.

(3) Cela résulte notamment de ce passage (§ 29) où l'orateur reproche à ses tuteurs de lui avoir dérobé, du chef des esclaves en question, quarante mines pour le principal, plus le produit de cette somme pendant dix ans (c'est-à-dire le produit du travail des esclaves), 120 mines ou deux talents.

sance par le créancier, le gage équivaut à une antichrèse
tacite, la jouissance de la chose représentant, en principe,
les intérêts de la somme prêtée [1].

Dans le cas inverse, où le créancier ne peut tirer aucun
produit de l'objet engagé, comme si, par exemple, il s'agit
de bijoux ou de statues, le gage revêt vis-à-vis du créancier, le caractère d'un dépôt. La loi romaine défendait
même au créancier de se servir du gage, sous peine de
commettre un *furtum usus* [2]. On ne rencontre aucune trace
d'une semblable disposition dans le droit attique, et il est
probable que, à moins de convention contraire, le créancier
pouvait se servir du gage, par exemple, se parer des
bijoux engagés. Dans tous les cas, on doit admettre que
l'usage dont était susceptible la chose affectée ne compen-
sait point pour le créancier les intérêts de la somme prêtée. Aussi voit-on, dans un plaidoyer de Lysias, un débiteur emprunter la somme de seize mines sur une phiale
d'or qu'il ne pourra dégager, après un délai assez court,
qu'en payant au créancier la somme de vingt mines [3].

Le créancier, s'il a la jouissance du gage, doit-il, par contre, supporter les risques de la chose engagée, de telle
sorte que si cette chose vient à périr avant l'échéance, il
perd non seulement son droit de gage, mais encore sa
créance? L'affirmative semble résulter d'un discours de
Lysias. L'orateur a reçu en gage un cheval qui périt entre
ses mains. Lorsqu'il veut ensuite se faire restituer l'argent
qui lui est dû, le débiteur répond qu'il n'en a pas le droit,
ὡς οὐ δίκαιόν με εἴη κομίσασθαι τὸ ἀργύριον [4]. Nous hésitons toutefois à admettre une semblable solution sur le fondement
de ce seul texte, qui, d'ailleurs, ne présente pas un sens

---

(1) Hitzig, p. 95, cite, en ce sens une disposition du code syro-romain (vers.
armen.), § 133.

(2) L. 73, D. *De furt.*, XLVII, 2.

(3) Lysias, *De bon. Aristoph.*, § 25. Cf. Hitzig, p. 96.

(4) Lysias, *Accus. obtrect.*, § 10. Cf. Hitzig, p. 96.

bien net [1] En cas de simple hypothèque, la créance n'est nullement affectée par la perte de la chose hypothéquée. Donc, à plus forte raison, doit-il en être de même dans le cas de gage, car le fait que le créancier gagiste possède une plus grande sécurité, grâce à la possession de la chose engagée, ne peut lui être préjudiciable. On ne saurait, d'autre part, fonder la charge des risques sur la seule jouissance du gage, car cette jouissance ne fait que représenter les intérêts. Nous avons admis, il est vrai, une solution différente pour le cas de πρᾶσις ἐπὶ λύσει [2], mais la situation n'est point juridiquement la même. Dans ce dernier cas, le créancier est devenu propriétaire et, s'il supporte les risques, c'est par application de la règle *casum sentit dominus* [4]. Dans tous les cas, il nous paraît impossible de mettre les risques à la charge du créancier lorsque celui-ci ne peut tirer aucune jouissance de l'objet engagé et que le gage n'a ainsi, vis-à-vis de lui, que le caractère d'un dépôt [4].

Le gage est, comme l'hypothèque, indivisible. Il a aussi, en principe, la même étendue. Toutefois il ne garantit pas les intérêts de la créance, du moins lorsque l'objet engagé produit des revenus, car ceux-ci se compensent en principe avec les intérêts. Par contre, le gage doit répondre des frais faits par le créancier pour la conservation et l'entretien de la chose.

---

(1) Caillemer (*in* Daremberg et Saglio, v° *Anagogès diké* et *Contrat de vente*, p. 27-28) interprète tout différemment le texte de Lysias. Il s'agit là, suivant lui, de l'application au cas de gage de l'ἀναγωγή admise originairement pour le cas de vente. Le cheval livré à titre de gage, affaibli par les fatigues de la guerre, était atteint d'un vice rhédibitoire. Le créancier voulut alors agir contre le débiteur par l'ἀναγωγή et il n'y a renoncé que sur les instances d'un ami commun. V. également sur l'interprétation de ce texte, Hofmann, p. 116 qui reconnaît l'impossibilité d'en tirer des déductions certaines.

(2) V. *supra*, p. 250.

(3) Cf. Platner, *Process*, II, p. 308.

(4) Hitzig, p. 97.

Lorsqu'à l'échéance le débiteur offre au créancier le paiement du principal et des accessoires de la dette, il libère
le gage et le créancier est tenu de le lui restituer. En cas
de refus de la part du créancier, le débiteur a contre lui la
δίκη παρακαταθήκης [2]. Lorsque d'ailleurs le créancier manque
aux obligations dont il est tenu envers le débiteur, par
exemple lorsqu'il a détérioré le gage, le débiteur peut recourir, comme dans le cas de πρᾶσις ἐπὶ λύσει, à la δίκη συνθηκῶν
παραβάσεως et à la δίκη βλάβης [3].

A défaut de paiement à l'échéance, le gage produit, en
faveur du créancier, les mêmes effets que l'hypothèque. Le
créancier n'a pas besoin toutefois, pour devenir propriétaire, de procéder à l'embateusis puisqu'il est déjà en possession du gage. Ne faut-il pas du moins, pour que ce changement s'opère dans le titre du créancier, que le débiteur
ait été mis en demeure de payer par une sommation? Aucun
texte ne l'exige.

Le créancier, devenu propriétaire du gage, n'a point à
tenir compte au débiteur de l'excédent de valeur que la
chose affectée pourrait présenter relativement au montant
de la dette [4]. Par contre, le créancier ne peut réclamer au
débiteur aucune indemnité en cas d'insuffisance du gage.
Ces solutions, que nous avons admises pour le cas d'hypothèque, sont applicables à plus forte raison au cas de gage. Le
créancier gagiste peut toutefois exercer contre le débiteur
une action en garantie, lorsqu'il a été évincé du gage par le
véritable propriétaire [5].

(1) L'expression usitée par rapport au débiteur est λύεσθαι. Cf. Démosthène,
C. Polycl., § 28 ; Lysias, De bon. Aristoph., § 25. Relativement au créancier
on emploie le verbe λύειν ou ἀπολύειν. Cf. Isée, De Philoct. her., § 33 et Schœmann, sur Isée, p. 339, 340.

(2) Hitzig, p. 116 et 142. Cf. Meier, Schœmann et Lipsius, p. 696 ; Dernburg,
I, p. 75.

(3) Hitzig, loc. cit.; Meier, Schœmann et Lipsius, p. 696 ; Dernburg, I,
p. 75.

(4) Hitzig, p. 94. Contra : Meier, Schœmann et Lipsius, p. 695.

(5) Hitzig, p. 131, 132. V. supra, p. 217.

IV. — Du *pignus captum*.

Nous avons vu comment, dans différentes circonstances, notamment lorsqu'il a obtenu un jugement de condamnation, le créancier peut prendre en gage les biens de son débiteur, et nous avons indiqué les moyens qu'il possède pour s'assurer cette prise de possession ou pour la maintenir. Mais cette saisie n'est évidemment qu'un moyen préliminaire, et il s'agit de savoir comment et dans quelle mesure le créancier pourra obtenir satisfaction sur ces biens dont il a pris possession.

Faut-il tout d'abord assimiler le *pignus captum* au gage conventionnel, en ce sens que la valeur des biens saisis serait intégralement attribuée au créancier sans que le débiteur puisse réclamer la différence entre cette valeur et le montant de sa dette? On est d'accord pour enseigner la négative. C'est qu'il y a, en effet, une différence profonde entre le gage conventionnel, dont l'objet est déterminé par la libre volonté du débiteur, et le *pignus captum*, dont l'objet est abandonné à la seule volonté du créancier, libre de faire porter sa saisie sur tels ou tels biens du débiteur, sans être légalement astreint à suivre aucun ordre, ni même, comme nous l'avons admis, sans que la prise de gage soit soumise à un contrôle quelconque de l'autorité et maintenue par celle-ci dans des limites raisonnables. Si, en cas de gage conventionnel, on peut admettre de la part du débiteur une *datio in solutum* éventuelle pour le cas où il ne pourrait payer sa dette à l'échéance, une semblable présomption est tout à fait inadmissible en cas de de *pignus captum*. Si la prise de gage permet au créancier d'obtenir satisfaction vis-à-vis d'un débiteur récalcitrant, elle ne doit pas lui fournir le moyen de s'enrichir au détriment de ce dernier ou des autres créanciers. Le créancier saisissant n'étant donc soumis à aucun contrôle lors de la prise de gage, on doit admettre que ce contrôle doit s'exercer ultérieurement et que la *pignoris capio* n'a point pour conséquence immédiate, comme l'embateusis, l'attribution au créancier de la propriété des objets saisis.

Il est toutefois assez difficile de déterminer le procédé qui avait été admis dans le droit attique pour sauvegarder les intérêts du débiteur. Un premier moyen consiste à attribuer à la *pignoris capio* l'effet d'un gage ordinaire. Le créancier saisissant se trouve alors dans la situation d'un créancier gagiste ; il n'a que la possession des objets saisis et il n'en acquiert la propriété que si le débiteur ne satisfait point dans un certain délai à la condamnation qui sert de base à la saisie. Que le créancier ne devienne point immédiatement propriétaire des objets saisis, c'est ce qui résulte du plaidoyer de Démosthène contre Evergos et Mnésibule, où l'on voit Théophème, qui a pratiqué une saisie sur les biens de l'orateur, recevant l'argent de la condamnation le lendemain de la saisie et obligé en conséquence de restituer les objets pris en gage [1]. Le délai accordé au débiteur devait évidemment être de plus d'un jour, car dans un aussi court intervalle il n'aurait pu le plus souvent se procurer les fonds nécessaires. Aussi, dans le même plaidoyer, l'orateur nous dit-il que l'argent versé à Théophème avait dû être préparé [1], et les termes dont il se sert laissent supposer que le paiement aurait encore pu être effectué à une date plus éloignée sans que pour cela le saisi fût déchu du droit de se faire restituer les objets pris en gage. Le procédé que nous venons d'indiquer est très avantageux pour le créancier, intéressé à saisir le plus d'objets possibles, dans l'espoir d'en devenir propriétaire. C'est, du reste, la remarque que fait l'orateur dans ce plaidoyer précité, lorsqu'il nous dit que ce que voulait Théophème, « c'était que je fusse en

(1) Démosthène, *C. Everg. et Mnes.*, § 77.

retard, afin de pouvoir saisir chez moi le plus possible, ἐκφορήσασθαι ὡς πλεῖστα. » [1]. Ce procédé présente, par contre, de grands inconvénients pour le débiteur, car, par suite de l'absence de contrôle, le créancier peut étendre sa saisie outre mesure, de manière à rendre illusoire le droit que possède le débiteur de libérer le gage dans le délai légal [2].

Aussi y a-t-il lieu de croire que l'on a employé, sinon à l'époque même des orateurs, du moins un peu plus tard, un autre procédé de nature à concilier tous les intérêts. Il consiste à n'attribuer au créancier saisissant qu'un droit de rétention, mais avec la faculté de vendre le gage au bout d'un certain délai et de se payer sur le prix jusqu'à concurrence ce qui lui est dû, en restituant l'excédent au débiteur et aux autres créanciers. L'idée de cette procédure, qui correspond à celle de notre saisie mobilière ou immobilière, se rencontre dans Platon. Dans son *Traité des Lois*, le philosophe, prévoyant le cas où les débiteurs publics refusent d'acquitter les charges qui pèsent sur eux, décide que les agents chargés du recouvrement devront saisir des gages suffisants et, si les débiteurs persistent dans leur refus, les objets saisis seront vendus au profit de l'État [3]. Platon ne dit point, sans doute, que l'excédent du produit de la vente sur le montant de la dette reviendra au débiteur, mais cela est problablement sous-entendu. Il est certain, du reste, ainsi que cela résulte du texte, que le débiteur jouit d'un certain délai après la saisie pour s'acquitter et prévenir la vente [4]. En dehors d'Athènes, on voit ce même procédé de la saisie suivie de la vente signalé dans une inscription

(1) *Ibid.*
(2) *Ibid.*, § 75.
(3) Hitzig, p. 101.
(4) Platon, *Leges*, XII, 949, d.
(5) *Ibid.* : τῶν δὲ ἀπειθούντων ταῖς ἐνεχυρασίαις πρᾶσιν τῶν ἐνεχύρων εἶναι τὸ δὲ νόμισμα γίγνεσθαι τῇ πόλει. Une inscription attique prouve également que la

relat've au tarif des impôts de la ville de Palmyre [1]. Il y
est dit que le fermier des impôts aura le droit de prendre
des gages sur les contribuables récalcitrants et, au bout d'un
certain délai, il est autorisé à les vendre ; cette vente doit
être publique et exempte de dol de la part du créancier
(χωρὶς δόλου). On peut supposer, en se fondant sur cette dernière disposition, que le débiteur était autorisé à réclamer
l'excédent. On rencontre encore un autre cas de saisie suivie de vente dans le règlement des temples déliens de l'année 279 avant J.-C. Il dispose que si les fermiers du temple
ne payent point exactement leurs loyers, il y aura saisie et
vente d'abord des bœufs, moutons et esclaves (c'est-à-dire
du matériel d'exploitation) leur appartenant, puis, en cas
d'insuffisance, de tous biens quelconques appartenant au
défaillant ou à ses cautions [2]. Ce texte est muet toutefois sur
e point de savoir si le débiteur jouit d'un certain délai pour
s'acquitter après la saisie et s'il a droit à l'excédent. On ne
peut, en définitive, déterminer d'une façon précise la
manière dont on avait fini par régler les droits respectifs du
créancier et du débiteur en cas de *pignoris capio*. La prise
de gage a probablement dû présenter en dernier lieu, dans
le droit hellénique, le caractère qu'elle avait à Rome, mais
l'insuffisance actuelle des sources ne nous permet point de
poser à cet égard des règles qui seraient purement conjec-
turales [3].

---

saisie pouvait être suivie de la vente du gage. *Corp. inscr. att.*, II, 814, l. 25 :
εἰσεπράχθη... ἐκ τῶν ἐνεχύρων τῶν ὠφληκότων τὰς δίκας. Cf. Meier, Schœmann et
Lipsius, p. 965, note 583 ; Hitzig, p. 99-100.

(1) Dessau, *Der Steuertarif von Palmyra*, in *Hermes*, XIX, p. 486 et s. :
ἐξίστω τῷ δημοσιώνῃ πωλεῖν ἐν τόπῳ δημοσίῳ χωρὶς δόλου.

(2) *Bulletin*, XIV, p. 433 : εἰὰν δέ τι ἐνλείπει τοῦ μισθώματος πραθέντων τῶν
καρπῶν ἀποδόσθων πρό; τὸ ἐλλεῖπον τοὺς βοῦς καὶ τὰ πρόβατα καὶ τὰ ἀνδρά-
ποδα· εἰὰν δὲ καὶ τούτων πραθέντων ἔτι ἐλλείπει τι τοῦ μισθώματος εἰσπρασσόντων
τὸ ἐλλεῖπον ἐκ τῶν ὑπαρχόντων τοῖ; μεμισθωμένοις καὶ τοῖς ἐγγυηταῖς.

(3) Cf. Hitzig, p. 102-103. Les auteurs admettent généralement, mais sans
donner aucune preuve à l'appui de leur opinion, que le créancier a le droit
de vendre les objets saisis, mais qu'il est tenu de restituer l'excédent au débi-

La prise de gage peut, comme nous l'avons vu, s'effectuer quelquefois avec l'intervention du démarque [1], et un texte nous signale même l'existence de συνενεχυράζοντες du démarque [2]. Hitzig a prétendu, en conséquence, qu'il y avait deux formes de prise de gage, l'une purement privée, l'autre officielle, et il rappelle à ce sujet la procédure de la loi salique où l'on voit figurer le comte et les rachimbourgs, le comte présidant à la saisie et les rachimbourgs estimant les objets saisis. Si le créancier opte pour ce mode de saisie, il devient aussitôt propriétaire des objets saisis, car les rachimbourgs sont chargés de veiller à ce que la valeur de ces objets ne dépasse point le montant de la créance. Hitzig laisse entendre qu'il en était peut-être de même dans le droit grec en cas d'intervention du démarque. Mais nous avons vu que la présence de ce magistrat à la saisie peut s'expliquer d'une manière toute différente [3].

Quelle que soit la solution que l'on adopte relativement aux effets de la saisie, il faut dire que le créancier, n'acquérant point immédiatement la propriété des objets saisis, se trouve, vis-à-vis du débiteur, tenu des mêmes obligations qu'un créancier gagiste, et cela soit jusqu'à l'expiration du délai accordé au débiteur pour se libérer, soit jusqu'à la vente, suivant le système que l'on admet [4]. Pendant cet intervalle, le créancier peut jouir des objets saisis en compensation des intérêts qui lui sont dûs *propter moram* [5].

---

teur. Cf. Hudtwalcker, p. 133; Caillemer, *Contrat de prêt*, p. 33; Meier, Schœmann et Lipsius, p. 965; Lécrivain, *in* Daremberg et Saglio, *v° Enechyra*; Hermann-Thalheim, p. 132, note 1.

(1) V. *supra*, p. 226 et s.
(2) *Corp. inscr. att.*, II, 578.
(3) V. *supra*, p. 228.
(4) Hitzig, p. 116.
(5) *Contra*, Hitzig, p. 101.

SECTION IV

De la publicité des hypothèques

(*a*). Les législateurs grecs qui, comme nous le verrons
avaient organisé d'une manière assez satisfaisante pour l'é-
poque ce que nous nommerions aujourd'hui le crédit foncier, s'étaient préoccupés d'assurer la publicité des hypothèques aussi bien que celle des mutations de propriété. Les
procédés variaient selon les localités, et nous nous réservons de les indiquer dans un chapitre ultérieur où nous exposerons spécialement, en raison de la grande connexité qui
existait entre elles, les règles de publicité concernant les
mutations de propriété et celles qui ont trait à la publicité
des hypothèques ou des autres droits réels [1].

SECTION V

Concours et rang des hypothèques.

Le même immeuble peut être grevé de plusieurs hypothèques. Pour régler les droits respectifs des divers créanciers, il faut distinguer suivant que les hypothèques sont
nées simultanément ou à des époques différentes.

(*a*). *Concours de plusieurs hypothèques nées simultanément.* — Plusieurs créanciers peuvent, par le même acte,
prêter de l'argent à la même personne et se faire donner
une hypothèque par leur débiteur commun. Le plaidoyer de
Démosthène contre Panténète en renferme un exemple dans
un cas où l'engagement de l'immeuble avait revêtu la forme d'une πρᾶσις ἐπὶ λύσει. L'orateur et Evergos avaient prêté

---

(1) V. *infra*, tit. IV, chap. II.

à Panténète, sur une usine garnie de trente esclaves, la somme de 105 mines, dont 45 avancées par l'orateur et 60 par
Evergos. Abstraction faite du point de savoir si l'argent a été
versé simultanément par les deux prêteurs, il est certain
que c'est par le même acte que Panténète, d'une part, leur
vend ἐπὶ λύσει l'usine et ses esclaves et, d'autre part, prend
à bail ces mêmes objets moyennant l'intérêt de la somme
prêtée. Pendant l'absence de l'orateur, Evergos résilie le
bail et prend possession du gage, mais, au retour de l'orateur, les deux créanciers revendent conjointement les biens
engagés et sont ainsi remboursés de ce qui leur est
dû [1]. Or, si l'on recherche les effets qu'a pu produire dans
les rapports respectifs des créanciers l'opération dont nous
venons de parler, il faut dire d'abord que, par l'effet de la
πρᾶσις ἐπὶ λύσει, l'orateur et Evergos sont devenus propriétaires du gage dans la proportion de leurs avances à Panténète, c'est-à-dire dans celle de 3 à 4. C'est également dans la
même proportion qu'ils ont dû toucher le loyer promis par
le débiteur, puisque, comme le remarque l'orateur, ce loyer
représente l'intérêt des sommes prêtées. Un point plus délicat est celui qui a trait à la dénonciation du bail par Evergos seul. Que celui-ci ait eu le droit d'agir ainsi, c'est ce qui
ne semble pas douteux, car l'orateur, loin de critiquer l'illé-
galité de l'acte, se borne à dire que cette dénonciation lui a
causé du chagrin et n'était pas raisonnable [2]. Il ajoute que,
dans ces conditions, il lui fallait, ou bien s'associer avec
Evergos pour la régie et l'exploitation, ou bien accepter
Evergos pour débiteur au lieu et place de Panténète, passer avec lui un nouveau bail et rédiger un nouveau contrat [3]. En adoptant le premier parti, l'orateur ratifiait la
conduite d'Evergos, et la dénonciation du bail était alors ré-

(1) Démosthène, C. Panten., §§ 4 et 5.
(2) Ibid., § 10 : ἐλυπήθην ὁρῶν τὸ πρᾶγμὰ μοι περιστηκὸς εἰς ἄτοπον.
(3) Ibid., § 10.

putée l'œuvre commune des deux créanciers. L'adoption du
second parti entraînait une sorte de novation par substitution d'un débiteur à un autre, mais n'apportant aucune modification dans les rapports respectifs des deux créanciers.
L'orateur devait, en conséquence, continuer à demeurer propriétaire des trois septièmes du gage et à toucher dans la
même proportion le loyer pour le paiement duquel Evergos
aurait été seulement substitué à Panténète [1].

On peut trouver, pour l'hypothèse d'engagement sous la
forme de vente à réméré, un cas analogue dans un ὅρος de
Spata qui nous montre des immeubles affectés à trois créanciers différents, dont les deux premiers sont des acheteurs
à réméré et le troisième a pour titre un ἀποτίμημα [2]. Or il y a
lieu de supposer que les deux premiers créanciers ont prêté
conjointement, que leurs créances ont la même date, qu'elles sont inscrites dans le même contrat et que, par conséquent, elles ont le même rang, leurs titulaires venant en
concours sur les immeubles engagés proportionnellement au
chiffre mentionné dans l'inscription [3].

En supposant le cas d'une πρᾶσις ἐπὶ λύσει consentie au
profit de deux créanciers conjointement, on doit admettre
que si le débiteur ne remplit point ses obligations au jour de

---

(1) V. en ce sens, Hitzig, p. 118. Cf. Dareste, *Plaid. civ.*, t. I, p. 256 et 272.—
Szanto (*loc. cit.*, p. 295) explique autrement la première alternative indiquée
par l'orateur. Il aurait dû, dit-il, intervenir entre ce dernier et Evergos une
vente fictive, par suite de laquelle l'orateur aurait été propriétaire et Evergos
possesseur de la portion du gage revenant à l'orateur, celui-ci touchant d'Evergos un loyer proportionnel à la jouissance qu'il lui concédait. Mais cette explication est, à notre avis, trop compliquée et, du reste, il n'y a pas trace dans le
plaidoyer de cette vente fictive qui, d'après Szanto, aurait dû intervenir entre
les deux créanciers.

(2) Dareste, Haussoulier et Reinach, p. 114, n° 50.

(3) Cf. en ce sens, Dareste, Haussoulier et Reinach, p. 132. On pourrait toutefois éprouver certains doutes sur l'interprétation proposée par ces auteurs,
attendu que la mention κατὰ τὰς συνθήκας παρὰ Λυσιστράτῳ κειμίνας se trouve
dans l'ὅρος après le nom du premier créancier et avant celui du second. Il
n'est donc pas absolument démontré que les deux créances soient inscrites
dans le même acte.

l'échéance, l'immeuble engagé devient *ipso jure* la copropriété des deux créanciers dans la proportion du chiffre de
leurs créances, sauf à ceux-ci à procéder autrement, s'ils
le préfèrent. Si le débiteur paye l'un de ses créanciers sans
satisfaire l'autre, il y a lieu de présumer que, par une sorte
d'indivisibilité du gage, le créancier non payé demeure seul
propriétaire de l'immeuble engagé [1].

La situation que nous venons d'examiner pour le cas de
πρᾶσις ἐπὶ λύσει peut également se présenter en cas de simple
hypothèque. Les plaidoyers des orateurs en renferment
plusieurs exemples. Ainsi, d'après le contrat relaté dans le
plaidoyer de Démosthène cóntre Lacritos, Androclès et Nausicratès prêtent conjointement 3.000 drachmes à Artémon
et à Apollodore avec affectation sur la cargaison d'un navire. Il est stipulé que si, à l'échéance, les prêteurs ne sont
pas payés, ils pourront se mettre en possession du gage et
le vendre au prix courant. Si le prix est insuffisant pour
remplir les prêteurs de leurs créances, ils pourront poursuivre les emprunteurs sur leurs autres biens, καθάπερ δίκην
ὠφληκότων et ce droit, d'après le contrat, « appartiendra à
chacun des prêteurs comme à tous deux, καὶ ἑνὶ ἑκατέρῳ
τῶν δανεισάντων καὶ ἀμφοτέροις » [2]. Il y a ainsi solidarité entre
les créanciers, et il semble, d'après les termes de l'acte,
que chacun d'eux ait le droit de procéder à l'embateusis et
à la réalisation du gage. Si celle-ci donne de quoi couvrir
les deux créances, les débiteurs sont libérés, bien que l'embateusis soit le fait d'un seul des créanciers. Dans le cas
contraire, chacun des créanciers a le droit de pratiquer une
prise de gage, mais toujours sous la condition que le paiement obtenu par l'un des créanciers libère totalement le
débiteur. C'est aux créanciers à procéder ensuite au règlement de leurs droits respectifs dans la mesure de l'argent

---

(1) Hitzig, p. 119.
(2) Démosthène, G. *Lacrit.*, § 12.

par eux avancé [1]. D'autres plaidoyers de Démosthène parlent également de prêts consentis conjointement par deux créanciers avec affectation hypothécaire, mais sans indiquer la manière dont sont réglés les droits respectifs des créanciers [2].

Dans le contrat que signale le plaidoyer du même orateur contre Dionysodore, les choses paraissent s'être passées d'une façon spéciale. Pamphile et un associé nommé Darios prêtent à Dionysodore et à Parménisque une somme de 3.000 drachmes avec affectation sur un navire. Mais Pamphile figure seul dans le contrat et Darios, l'orateur, dit, en parlant de lui : ἐγὼ δ'ἔξωθεν μετεῖχον αὐτῷ τοῦ δανείσματος [3]. Dans ces conditions, bien que le navire soit hypothéqué à la fois à Pamphile et à Darios [4], on doit présumer que Pamphile, seul en nom dans le contrat, a seul le droit de procéder à l'embateusis et à la réalisation du gage, mais pour le montant total du prêt, sauf le règlement ultérieur avec son associé. On pourrait objecter à cette interprétation que Darios apparaît précisément comme poursuivant Dionysodore. Mais cette objection n'est point décisive, car Darios a pu agir comme représentant de Pamphile et l'on peut également supposer, d'après les termes de son discours [5], que son plaidoyer devait être suivi d'un autre, vraisemblablement celui de Pamphile [6].

---

(1) Hitzig, p. 119-120.

(2) Cf. Démosthène, C. Phænip., § 28 ; C. Polycl., §§ 13 et 28.

(3) En droit romain, si deux hypothèques sont exactement contemporaines, les créanciers hypothécaires sont de condition égale et les avantages du droit hypothécaire se partagent entre eux dans la proportion de leurs créances respectives. L. 10, § 1, D. De pign. act., XIII, 7.

(4) Démosthène, C. Dionys., § 6.

(5) Ibid., § 4 : τὴν ναῦν ὑποκειμένην, ἡμῖν.

(6) Ibid., § 50.

(7) Cf. en ce sens, Hitzig, p. 120, 121. Peut-être, d'après cet auteur, les ὅροι nouvellement découverts et publiés dans le Δελτίον ἀρχαιολογικόν, 1892, p. 1, se réfèrent-ils a des hypothèques constituées à la même date et venant en concours sur la même maison.

(b) *Concours de plusieurs hypothèques nées à des dates différentes*. — A l'époque où l'on ne connaissait d'autre forme de sûreté réelle que la πρᾶσις ἐπὶ λύσει, il était impossible au débiteur de contracter un second emprunt avec affectation de la chose déjà engagée, car cette chose était devenue la propriété du créancier et, dès lors, le débiteur n'avait plus capacité pour l'affecter à une seconde créance [1]. On rencontre toutefois un ὅρος qui laisse supposer la possibilité d'hypothéquer un immeuble déjà engagé à d'autres créanciers au moyen d'une vente à réméré [2]. Cet ὅρος mentionne l'existence de trois créances garanties par le même immeuble. Les deux premiers créanciers sont des acheteurs à réméré et le troisième a pour titre un ἀποτίμημα, une simple hypothèque, d'où il suit que la πρᾶσις ἐπὶ λύσει consentie par le débiteur au profit des deux premiers créanciers n'a point fait obstacle à la constitution postérieure d'une hypothèque sur le même objet. Mais il faut observer que cet ὅρος appartient à une époque où l'usage des secondes hypothèques était déjà répandu. On a pu admettre la possibilité pour le débiteur, propriétaire sous condition suspensive du remboursement du prix de l'immeuble par lui vendu ἐπὶ λύσει, d'hypothéquer cet immeuble pour le cas où il en redeviendrait propriétaire. Mais le droit du créancier hypothécaire ne peut s'exercer que dans le cas où cette condition est remplie, c'est-à-dire que si la πρᾶσις ἐπὶ λύσει a été rétroactivement anéantie par le rachat. En définitive, le droit d'hypothèque du second créancier ne p ut point coexister avec le droit de propriété conféré au premier par la vente fiduciaire, et si le droit du second peut s'exercer, c'est parce que celui du premier n'existe plus. Il y a toutefois intérêt à mentionner sur l'ὅρος l'hypothèque en

(1) Cf. Meier, Schœmann et Lipsius, p. 695 ; Fustel de Coulanges, *Nouvelles recherches*. p. 141-142.

(2) Dareste Haussoullier et Reinach, p. 114, n° 50.

même temps que la κρᾶσις ἐπὶ λύσει. Bien qu'en effet la seconde exclue juridiquement la possibilité de la première, le créancier hypothécaire, lorsque le créancier à réméré aura été remboursé, prendra rang rétroactivement, vis-à-vis des autres créanciers, à la date portée sur l'ὅρος ou sur le contrat auquel il renvoie [1].

Après l'institution de l'hypothèque proprement dite, aucun obstacle juridique ne s'opposait plus à la coexistence de plusieurs hypothèques sur la même chose. Aussi, comme le prouvent les plaidoyers des orateurs et des lexicographes, l'usage des secondes hypothèques paraît avoir été assez répandu aux ive et iiie siècles, et il était certainement plus fréquent que ne le laisserait supposer le nombre des inscriptions hypothécaires que nous possédons. Cette pratique se généralisa de plus en plus, non seulement à Athènes, mais dans toute la Grèce. La loi d'Ephèse sur le règlement des dettes hypothécaires semble même présenter comme tout à fait usuel le fait de prêter hypothécairement sur un fonds déjà engagé [2]. Ce fait est désigné par le mot ἐπιδανεί-σαι [3].

---

(1) Hitzig, p. 124. — Dareste, Haussoulier et Reinach (p. 132), qui ne tiennent pas compte de la nature des affectations mentionnées par l'ὅρος en question, disent simplement que la créance du troisième créancier n'était pas sur le même rang que celle des deux premiers. On doit admettre, disent-ils, que, comme le chiffre de la troisième créance n'est pas indiqué, elle porte sur le surplus, avec le droit de se faire subroger dans les hypothèques que les deux premiers créanciers avaient contre leur débiteur. On peut admettre aussi que le créancier à qui le débiteur a consenti une hypothèque postérieurement à la κρᾶσις ἐπὶ λύσει du même objet, est recevable à user vis-à-vis de l'acquéreur fiduciaire du *jus offerendi* dont nous parlerons ultérieurement. Cf. Hitzig, *loc. cit.*

(2) Dareste, Haussoulier et Reinach, p. 32, § 10 : ὅσοι δὲ ἐπὶ τοῖς ὑπερέχουσι ἐκδανείκασιν. Cf. les auteurs précités, p. 130, 132; Guiraud, p. 289. Une inscription de Cnide, dont la date se place entre les années 285 et 222 avant J.-C., nous montre également la ville de Cnide, pour assurer le remboursement d'un emprunt qu'elle contracte, donnant à ses préteurs une seconde hypothèque sur certains revenus publics, déjà affectés par une première hypothèque à la sûreté d'un emprunt antérieurement contracté par la ville. V. Dareste, *in Bulletin*, IV, p. 341 et s.

(3) Bekker, *Anecd.*, I, p. 150 : ἐπιδανείσαι τί ἐστιν· ὅταν δεδανεικότος τινὸς

Les effets produits par la constitution d'hypothèque consentie en faveur d'un premier créancier apportent toutefois
certaines restrictions à la création de nouvelles hypothèques.
La validité de celles-ci est subordonnée au consentement
du premier créancier hypothécaire [1]. Ainsi, dans le plaidoyer de Démosthène contre Nicostrate (§ 20), l'orateur
raconte qu'il n'a pas pu se procurer d'argent en hypothé-
quant son domaine, parce qu'il l'avait déjà hypothéqué à
son frère et que celui-ci refusait de consentir à une nouvelle
affectation. De même, dans son premier plaidoyer contre
Aphobos (§ 27), Démosthène dit qu'Aphobos aurait dû, en
sa qualité de tuteur, s'opposer à ce qu'une seconde hypothèque fût prise par Mœriadès sur un bien déjà engagé [2].
Cette condition s'explique parfaitement si l'on admet, comme nous l'avons fait [3], que le créancier, devenu propriétaire
par l'embateusis faute de paiement par le débiteur à l'é-
chéance, n'est point tenu de rembourser à ce dernier l'excédent de la valeur du gage sur le montant de sa créance [4].
La sanction de la règle c'est, ainsi que cela résulte manifestement des plaidoyers précités de Démosthène, la nullité de
l'hypothèque constituée en l'absence du premier créancier
hypothécaire [5].

καὶ ἐνεχυριάσαντος οἰκίαν ἢ χωρίον, ἐπιδανείσῃ τις ἕτερος ἐπὶ τοῖς αὐτοῖς ἐνεχύ-
ροις, ἐπιδανεῖσαι λέγεται.

(1) Nous avons établi *supra*, t. II, p. 230, que les secondes hypothèques
sont possibles sur les biens appartenant aux mineurs comme sur ceux appartenant à des majeurs.

(2) Cf. Denys d'Halicarnasse, t. V, p. 610, de Isæo (Didot, p. 343, n° 122) : ᾧ
γὰρ ἃ μὲν ὑπῆρχεν ἔξω τῶν ἀποτιμηθέντων καταλελειτουργηκότα, δανειζομένῳ
δ'οὐδεὶς ἂν ἔδωκεν ἐπ' αὐτοῖς ἔτι πλέον οὐδέν.

(3) V. *supra*, p. 275.

(4) D'après Dareste (*Plaid. civ.*, t. II, p. 201, note 6), le droit du créancier
hypothécaire de s'opposer à la constitution d'une nouvelle hypothèque, provient
de ce que, dans le droit attique, l'hypothèque est toujours restée une sorte d'antichrèse ou de réméré.

(5) La loi de Gortyne (X, 25-32) prononce également la nullité du gage constitué sur un homme déjà donné en gage. V. *supra*, p. 255, note 3.

La nécessité, pour la validité de la seconde hypothèque, du consentement du premier créancier, a dû disparaître quand le caractère de l'hypothèque s'est lui-même modifié. Cette condition avait, en effet, comme nous l'avons dit, sa principale raison d'être dans le droit que l'hypothèque confère éventuellement au créancier à la propriété de toute la chose hypothéquée, même si la valeur de celle-ci excède le mont·nt de la créance. Dès lors le jour où le créancier a cessé d'avoir droit à cet excédent, le débiteur à dû pouvoir se passer de son consentement pour conférer valablement une seconde hypothèque. Mais, comme nous l'avons vu, il est difficile de se prononcer sur l'époque à laquelle a pu s'opérer ce·te transformation [1]. La loi d'Ephèse sur le règlement des dettes hypothécaires suppose une pratique assez répandue des secondes, et même des troisièmes hypothèques, et elle ne parle nullement de la nécessité du consentement du premier créancier pour la validité des hypothèques ultérieures [2]. Mais c'est que probablement la convention constitutive de la première hypothèque limitait ordinairement les droits du créancier au montant de sa créance. Ce devait être là une clause de style à Ephèse au moment de la publication de la loi. Par suite, le débiteur n'avait plus besoin du consentement du premier créancier pour conférer d'autres hypothèques, puisque celles-ci n'apportaient aucune modification préjudiciable à la situation de ce créancier [3].

Lorsque deux hypothèques ont été successivement constituées sur la même chose, le concours entre les créanciers, à supposer que la seconde hypothèque soit valable, se règle évidemment, d'après ce que nous venons de dire, par la règle *prior tempore potior jure* [4], c'est-à-dire que le second créancier ne peut élever aucune prétention sur la chose

(1) V. *supra*, p. 277 et s.
(2) Dareste, Haussoulier et Reinach, p. 32, § 10.
(3 Hitzig, p. 129. Cf. Hermann-Thalheim, p. 159, note.
(4) Platner, *Process*, t. II, p. 308 ; Guiraud, p. 290.

hypothé¡uée tant que le premier n'est point satisfrit [1]. Le
second créancier n'a droit qu'à l'excédent (τὰ ὑπερέχοντα, ὅσῳ
πλείονος ἄξιον) [2] que la valeur du gage peut présenter sur
sur le montant de la première créance. Il faut même observer que, d'après la loi d'Ephèse, c'est cet excéden', plutôt
que la chose elle-même, qui est directement affecté au
second créancier [3]. L'excédent peut être déterminé de deux
manières différentes, soit au moyen de la vente de la chose,
ce qui est le procédé suivi dans le droit romain et dans les
législations modernes, soit au moyen d'une estimation
aboutissant au partage du fonds entre les deux créanciers.
C'est ce dernier procédé qu'adopte la loi d'Ephèse, lorsqu'elle règle la situation respective du créancier hypothécaire et du propriétaire du fonds [4]. Il y a enfin un dernier
moyen, c'est d'estimer également l'immeuble en reconnaissant
au premier créancier le droit d'écarter les créanciers ultérieurs par le paiement de la différence entre la valeur esti-
mative et le montant de sa créance. Nous croyons que le
premier créancier a le choix entre ces divers moyens, car,
en consentant à la constitution de la seconde hypothèque,
il s'est borné à reconnaître au second créancier le droit de
réclamer l'excédent. Donc, du moment que ce dernier est
nanti de cet excédent en nature ou en valeur, il n'a plus rien
à prétendre. Le premier créancier nous paraît, au surplus,

(1) Κομισκάνων οἷς πρότερον ὑπετέθησαν, suivant les termes de l'inscription
précitée de Gnide, supra, p. 298, note 2.

(2) Ce sont ces termes que l'on rencontre sur un ὅρος (Dareste, Haussoullier et
Reinach, p. 108, n° 10). On y voit qu'un fonds appartenant à Démocharès est
grevé en première ligne d'une hypothèque d'un talent au profit d'Hippocléia, fille
de Démocharès, pour sa dot, et que ce même fonds est grevé en seconde ligne
et pour le surplus, d'une autre hypothèque au profit de trois associations qui ont
une créance commune, la tribu des Cécropides, le γένος des Lycomides et le
dème de Phlya. Telle est du moins l'interprétation donnée par les auteurs précités. V. dans le même sens, Hitzig, p. 123-124. Contra, Szanto, Rheinisches
Museum, XL (1885), p. 516-517.

(3) § 10 : ὅσοι δὲ ἐπὶ τοῖς ὑπερέχουσι δεδανείκασιν.

avoir seul le droit de procéder à l'embateusis. Ce droit ne
peut appartenir au second créancier que dans le cas où le
premier est désintéressé, soit par le débiteur directement,
soit par le second créancier usant du *jus offerendi* dont
nous parlerons à propos de l'extinction de l'hypothèque [1].
En définitive, dans le droit attique, de même que dans le
droit romain, la plénitude du droit hypothécaire n'appartient qu'au premier créancier [2].

En supposant que le premier créancier hypothécaire ait
été désintéressé avant l'échéance, soit par le débiteur, soit
par le second créancier, il peut s'élever plusieurs questions
relativement à l'étendue des droits de ce dernier. En nous
plaçant d'abord dans l'hypothèse où le second créancier a
été payé par le débiteur, il s'agit de savoir si le second
créancier passe alors *ipso jure* au premier rang avec
tous les droits qui appartenaient au premier créancier. On
peut hésiter à admettre l'affirmative dans le cas où ce n'est
point la chose elle-même, mais seulement l'excédent, τὰ
ὑπερέχοντα, qui a été hypothéqué au profit du premier créancier. Donner à celui-ci tous les droits du premier créancier
désintéressé, ce serait exagérer la convention d'hypothèque
au détriment du débiteur. On doit, dès lors, plutôt reconnaître
à ce dernier le droit de conférer une nouvelle hypothèque à
la place et au rang de celle qui appartenait au premier
créancier. Il n'en serait autrement que si le second créancier avait stipulé que son droit s'étendrait éventuellement
à toute la chose dans le cas d'extinction de la première
créance [3]. Dans le cas où le second créancier a reçu d'un

---

(1) De même, en droit romain, le premier créancier est le seul qui puisse se
faire délaisser la chose. V. Accarias, t. I, n° 237 *ter*.

(2) Cf. Hitzig, p. 125-126.

(3) Tel serait le cas où le second créancier aurait stipulé la clause prévue par
la loi 15, § 2, D. *De pign.*, XX, 1 : Res obligata in id quod excedit priorem obli-
gationem, ut sit pignori hypothecæve id quod pluris est, aut solidum, cum pri-
mo debito liberata res fuerit. Cf. Hitzig, p. 128.

tiers les fonds nécessaires pour écarter le premier créancier au moyen du *jus offerendi*, ce tiers est vraisemblablement subrogé dans les droits du premier créancier [1], de sorte que la situation du second créancier, si elle peut être améliorée en fait, n'est point juridiquement modifiée.

L'établissement d'un ὅρος n'étant point nécessaire, comme nous le verrons, pour la validité de l'hypothèque à l'égard des tiers, il en résulte que, dans le droit attique, à la diffé-rence de ce qui a lieu dans le droit moderne, le rang des créanciers hypothécaires se détermine non point d'après la date de leurs inscriptions, mais d'après la date de leurs contrats. Nous observerons, du reste, que dans le cas où les ὅροι font mention de la date, ils se bornent à indiquer celle de l'année (ἐπὶ Εὐβούλου ἄρχοντος). Donc, entre deux inscriptions prises la même année, la priorité de la date devait s'établir conformément au droit commun, c'est-à-dire par la preuve testimoniale appuyée de la production des actes [2]. En ce qui concerne, d'autre part, la publicité de la nouvelle hypothèque, on pouvait, ou bien ériger un nouvel ὅρος à côté de celui qui existait déjà, ou bien modifier la première enseigne en y mentionnant la constitution de la seconde hypothèque.

Nous avons toujours supposé jusqu'à présent le concours de deux créanciers hypothécaires. Mais, si la chose engagée est mobilière, le conflit peut s'élever entre un créancier hypothécaire et un créancier à qui le débiteur a donné postérieurement la chose en gage. La solution doit être la même. L'hypothèque, en effet, rend impossible sans le consentement du créancier, non seulement toute autre hypothèque, mais aussi la constitution d'un gage [3]. La possession conférée au créancier gagiste ne saurait avoir pour effet de

---

(1) Hitzig, p. 128, qui argumente en ce sens des faits relatés dans le plaidoyer de Démosthène contre Panténète.

(2) Dareste, Haussoulier et Reinach, p. 132.

(3) V. *supra*, p. 256.

lui donner la préférence sur le créancier hypothécaire antérieur, puisque, à défaut du consentement de ce dernier, le gage est nul. Si le créancier hypothécaire a consen'i, ce qui est peu probable, à l'établissement du gage, le créancier gagiste ne doit non plus passer qu'au second rang.

Une dernière hypothèse peut se présenter, celle où la première hypothèque est générale, porte sur le patrimoine entier du débiteur, tandis que l'hypothèque postérieure porte spécialement sur un de ses biens. On doit admettre, dans le silence des textes à cet égard, que le créancier à hypothèque générale peut exercer son droit, au moyen de l'embateusis, sur le bien affecté à l'hypothèque spéciale, et rendre ainsi celle-ci inefficace, alors même que les autres biens du débiteur suffiraient à le désintéresser [1]. Mais, en pareille hypothèse, le créancier à hypothèque spéciale ne manquera pas d'user du *jus offerendæ pecuniæ* pour écarter le créancier à hypothèque générale.

Dans l'impossibilité où, par suite de l'absence de publicité obligatoire, un prêteur pouvait se trouver de savoir si le gage que lui offrait le débiteur n'était déjà point affecté à une autre créance, le contrat de prêt renfermait fréquemment une clause spéciale par laquelle l'emprunteur affirmait que la chose hypothéquée était franche et quitte de toute autre dette, ἀνέπαφος. C'est ce que l'on voit, par exemple, dans le contrat relaté au plaidoyer de Démosthène contre Lacritos [2]. Une pareille clause ne pouvait évidemment avoir pour effet d'écarter les droits des créanciers hypothécaires antérieurs, mais elle pouvait donner ouverture soit à la δίκη συνθηκῶν παραβάσεως, soit à la δίκη βλάβης.

---

(1) V. l. 2, D. *Qui pot.*, XX, 4.

(2) Démosthène, *C. Lacrit*, § 11 : ὑποτιθέασι δὲ ταῦτα, οὐκ ὀφείλοντες ἐπὶ τούτο ς ἄλλῳ οὐδενὶ οὐδὲν ἀργύριον, οὐδ'·ἐπιδανείσονται. Une clause analogue se rencontre dans un papyrus græco-égyptien de la banque royale de Thèbes : εἶναι ἐμὰ καὶ μὴ ὑποκεῖσθαι πρὸς ἕτερα, ἀλλ' εἶναι καθαρὰ ἀπὸ πάντων κινδύνων. Wilken, *Abhandl. d r Berliner Akademie*, 1886, p. 65. Cf. Hitzig, p. 139, note 1.

SECTION VI

De l'extinction de l'hypothèque.

L'hypothèque s'éteint par voie de conséquence ou d'une manière principale.

Elle s'éteint par voie de conséquence lorsque le créancier est payé, ou, d'une manière plus générale, lorsque la dette, dont elle n'est que l'accessoire, est légalement éteinte d'une manière quelconque. On doit notamment assimiler au paiement la renonciation du créancier à la créance, ou la remise qui serait imposée par mesure générale de la loi [1]. Il faut toutefois une extinction absolue, de la totalité de la dette, car l'hypothèque, ainsi que nous l'avons vu, est indivisible [2].

Le principe que nous venons de poser comporte une dérogation dans un cas où il y a moins extinction de l'hypothèque que *successio in locum creditoris*. Ce cas est celui où un créancier hypothécaire de second rang use de ce que, en droit romain, on appelait le *jus offerendæ pecuniæ* et désintéresse le premier créancier qui lui est préférable : si les droits de celui-ci sont éteints, son hypothèque subsiste néanmoins au profit du second créancier subrogé dans ses droits. L'existence du *jus offerendi* est formellement attestée par la loi d'Éphèse sur le règlement des dettes hypothécaires. Cette loi dispose que si le propriétaire d'un fonds hypothéqué a

---

(1) Tel est le cas de la loi d'Éphèse portant abolition des dettes (Dare.le, Haussoullier et Reinach, p. 22). Il faut noter toutefois que cette loi tout en déclarant déchargés de leurs dettes les débiteurs et détenteurs des sommes prêtées par les temples, excepte ceux qui ont emprunté à hypothèque aux collèges de prêtres ou à leurs agents. Elle paraît ainsi considérer les dettes hypothécaires comme plus fortes que les dettes simplement chirographaires.

(2) V. *supra*, p. 262.

contracté un nouvel emprunt en faisant croire que le fonds était libre, et a ainsi trompé les créanciers ultérieurs, ceux-ci pourront désintéresser le premier créancier hypothécaire en profitant du bénéfice de guerre et se mettre en possession des terres [1]. La loi ajoute que si, même après cela, il leur reste dû quelque chose, ils pourront saisir impunément les autres biens du débiteur. Ces dispositions laissent supposer qu'à Ephèse, même en temps normal, la loi admettait l'exercice du *jus offerendœ pecuniœ* [2]. En était-il de même dans le droit attique? L'affirmative nous semble résulter du plaidoyer de Démosthène contre Panténète, bien que nous ne soyons pas fixés d'une manière très précise sur la situation respective des parties. L'orateur qui, avec Evergos, avait reçu en gage de Panténète un immeuble, nous dit que lui et son créancier se trouvèrent à un moment donné en présence d'autres créanciers qui prétendaient avoir prêté à Panténète sur le même gage. Ces créanciers, dit-il, « nous firent une offre espérant que nous ne l'accepterions pas. Ils nous donnèrent le choix ou de déguerpir en recevant d'eux tout ce qui nous était dû, ou de leur payer les sommes qu'ils réclamaient. La valeur de la propriété dont nous étions détenteurs était, disaient-ils, bien supérieure au montant de nos avances » [3]. Il est difficile de ne pas voir là l'exercice du *jus offerendœ pecuniœ* de la part des créanciers hypothécaires primés par l'orateur et par Evergos, mais intéressés à les écarter puisque, suivant eux, la valeur du gage excédait de beaucoup la créance de l'orateur et de son cocréancier. Si l'on admet cette interprétation, on doit dire également que le *jus offerendœ pecuniœ* appartient aux créanciers

(1) Dareste, Haussoullier et Reinach, p. 34, § 10, l. 37-39 : ἐξεῖναι τοῖς ὑστέροις δανεισταῖς ἐξαλλάσασι τοὺς πρότερον δανειστὰς... ἔχειν τὰ κτήματα.

(2) Hitzig, p. 126.

(3) Démosthène, C. Pantœn., § 12 : ἢ κομίσασθαι πάντα τὰ χρήματα παρ' αὐτῶν καὶ ἀπελθεῖν, ἢ διαλῦσαι σφᾶς ὑπὲρ ὧν ἐνεκάλουν, αἰτιώμενοι πολλῷ πλείονος ἄξι' ἔχειν ὧν ἐδεδώκειμεν χρήματων.

hypothécaires postérieurs indépendamment de toute stipulation particulière, car, dans le plaidoyer de Démosthène,
ces créanciers n'invoquent aucune stipulation de ce genre
et veulent exercer le droit en question comme s'il était formellement reconnu par la loi. Il résulte également de ce
plaidoyer que le premier créancier n'avait qu'un moyen pour
empêcher l'exercice du *jus offerendi*, c'était de désintéresser lui-même le second créancier [1]. Nous observerons, au
surplus, que dans le cas où le droit du premier créancier
procède d'une πρᾶσις ἐπὶ λύσει, le droit du créancier à qui le
débiteur a consenti postérieurement une hypothèque proprement dite se réduit, jusqu'au moment où la chose aliénée
rentre dans le patrimoine du débiteur, au *jus offerendæ
pecuniæ*.

L'extinction de l'hypothèque peut aussi avoir lieu par voie
principale, c'est-à-dire par des causes qui n'affectent pas la
dette elle-même. Ainsi le créancier peut, tout en réservant
sa créance, renoncer seulement à l'hypothèque qui la garantit. Cette renonciation est soit pure et simple, soit subordonnée à la condition que le débiteur remplacera la chose
libérée par une autre [3]. En tout cas, aucune solennité de
forme n'est prescrite pour la renonciation du créancier.

L'hypothèque peut s'éteindre, en second lieu, par confusion, c'est-à-dire par l'acquisition de la propriété par le créancier hypothécaire. Ce fait éteint absolument l'hypothèque
de l'acquéreur lorsqu'elle est seule ; mais elle la laisse sub-

---

(1) Hitzig, p. 126, 127. Cf. Dareste, *in Nouvelle Revue historique du droit*,
1877, p. 172.

(2) V. *supra*, p. 297.

(3) Ainsi, dans le testament d'Epictèta, la testatrice dispose que « ses successeurs pourront transférer sur d'autres biens la garantie due à la communauté
qu'elle institue, mais à condition que les nouvelles hypothèques soient solides. »
Corp. inscr. græc., n° 2248.

(4) Hitzig, p. 143-144.

sister lorsqu'il existe sur la même chose d'autres hypothèques et que, par suite l'acquéreur a intérêt à se prévaloir de la sienne.

En droit romain, l'hypothèque s'éteint par la perte entière
de la chose [1]. Cette solution doit également être admise dans
le droit attique. Mais, comme nous l'avons vu précédemment
en examinant les effets soit de la πρᾶσις ἐπὶ λύσει, soit de l'hypothèque ou du gage, c'est une question assez délicate que
celle de savoir quel est, à Athènes, l'effet de la perte de la
chose sur la créance elle-même [2].

Il ne saurait être question, à Athènes, d'admettre une
extinction de l'hypothèque par l'effet de la prescription
acquisitive du fonds grevé, car le droit attique, ainsi que
nous le verrons, n'admettait point une prescription de ce
genre.

Dans le cas où l'hypothèque est éteinte, soit par voie de
conséquence, soit d'une manière principale, le débiteur peut
exiger l'enlèvement de l'ὅρος qui attestait l'engagement de son
immeuble. Si la dette garantie par l'hypothèque n'a été
éteinte que partiellement, l'hypothèque continue sans doute
de grever la totalité du fonds affecté, mais le débiteur peut
exiger le remplacement de l'ὅρος par un autre où sera indiqué le montant de ce qui reste dû sur la créance primitive [3].

(1) Cf. Accarias, t. I, n° 288.
(2) V. *supra*, p. 250 et 284.
(3) Hitzig, p. 143.

CHAPITRE III

DE L'EMPHYTÉOSE

En droit romain, le bail perpétuel connu sous le nom de bail emphytéotique avait pour effet de conférer au preneur un droit réel, dont les principaux avantages étaient : 1° de donner à l'emphytéote des actions *in rem* utiles contre tout le monde, même contre le propriétaire pour réclamer la chose louée ; 2° de lui permettre de transmettre son droit, même à titre particulier ; 3° d'établir des servitudes *jure prætorio*. On rencontre dans le droit grec une institution analogue, intermédiaire également entre le louage et la vente, et son origine dut probablement être la même en Grèce qu'à Rome. Les cités, les temples et, d'une manière générale, les personnes morales, se trouvant dans l'impossibilité d'exploiter par elles-mêmes leurs immeubles et de les surveiller aussi exactement qu'auraient pu le faire des particuliers, durent prendre de bonne heure l'habitude de les donner à bail pour un temps très long, et même à perpétuité, c'est-à-dire sous la condition que le preneur et ses héritiers resteraient en possession tant qu'ils rempliraient exactement leurs engagements. La plupart des documents qui relatent des baux emphytéotiques concernent, en effet, des terres appartenant à une cité, à un temple ou à une association. Tel est le contrat de bail des Kythériens par lequel huit individus appelés Κυθηρίων οἱ μερῖται, cèdent à bail perpétuel un atelier situé au Pirée, une maison [1] et un terrain à bâtir [2]. Le bail célèbre d'Héraclée relatif aux terrains de Dionysos est également un bail emphytéotique [3]. A Chio nous rencontrons plusieurs baux du même genre consentis par la communauté des Klytides, en laquelle il faut voir soit une phratrie, soit un γένος ayant conservé son ancienne organisation patriarcale, mais, dans tous les cas, une corporation non sujette à s'éteindre [4]. Le bail d'Olympie, qui est le plus ancien de tous les baux qui nous aient été conservés, est encore un bail à perpétuité passé entre un temple ou une autre personne publique et deux particuliers [5]. Une inscription de Gortyne signale également des terrains à planter donnés en emphythéose par une ville [6]. On ne rencontre guère qu'un cas de bail emphytéotique passé entre deux particuliers [7] : il

(1) On pourrait voir dans ce contrat, du moins en ce qui concerne l'atelier et la maison d'habitation, quelque chose de semblable à la *superficies* du droit romain, et consistant dans le droit de jouir à perpétuité, ou au moins un temps très long, d'une construction établie sur le terrain d'autrui. Cf. Accarias, t. I, n° 283.

(2) Dareste, Haussoulier et Reinach, p. 240, XIII *ter*. On a beaucoup discuté sur le point de savoir quels étaient précisément ces μερίταί kythériens et une dizaine d'opinions divergentes se sont produites sur ce point. Mais le véritable sens de cette expression nous importe peu, car il n'influe en rien sur la nature et les effets du bail consenti par ces μερίταί.

(3) Dareste, Haussoulier et Reinach, p. 230. V. *infra*.

(4) *Bulletin*, III (1879), p. 244 et s.

(5) Il faut voir aussi probablement un bail emphytéotique dans la convention passée par les Byzantins et qu'Aristote rapporte dans les termes suivants (*Œconom.*, II, 2, p. 1346 b) : Βυζάντιοι δὲ δεηθέντες χρημάτων τὰ τεμένη τὰ δημόσια ἀπέδοντο τὰ μὲν κάρπιμα χρόνον τινά, τὰ δ' ἄκαρπα ἀενάως. Cf. Hermann-Thalheim, p. 94, note 1. Il semble aussi que dans l'établissement des clérouchies on ait quelquefois concédé le sol par un bail perpétuel à ses anciens propriétaires dépossédés. Thucydide, III, 50. Cf. Büchsenschütz, p. 62 ; Hermann-Thalheim, *ibid.* ; Drumann, *Arb. und Communisten*, p. 51 et s. En Attique, les mines étaient également affermées à perpétuité, après le paiement d'un prix d'achat à l'Etat, moyennant une redevance du vingt-quatrième des produits. Cf. Bœckh, t. I, p. 420; Büchsenschütz, p. 100.

(6) Dareste, Haussoulier et Reinach, p. 402.

(7) Dareste, Haussoulier et Reinach, p. 257. Cf. Guiraud, p. 428, Euler, p. 25-26.

est fourni par une inscription du règne d'Alexandre et découverte dans la région de Pergame, à Gambréion [1]. Il n'est
point dit, il est vrai, que le bail soit perpétuel ; mais la modicité de la redevance et l'absence de toute clause relative
à la durée du bail attestent son caractère emphytéotique.
On peut conjecturer que les particuliers ont eux-mêmes
adopté les baux perpétuels. Les grands propriétaires surtout y trouvaient le double avantage de se soustraire aux
inconvénients d'une administration trop vaste et d'intéresser plus activement le preneur à l'exploitation.

La pratique des baux emphytéotiques paraît s'être développée, du moins en Asie-Mineure, sous l'influence d'une autre
cause qu'il est intéressant de signaler, car on la retrouve au
moyen-âge, avec des effets analogues. Nous voyons, dans
une inscription de Mylasa, du II° siècle avant J.-C., un individu vendre la moitié de ses biens pour les reprendre aussitôt en emphytéose [1] ; un autre fait une opération identique
à Olymos [2]. Plusieurs documents montrent également un
nommé Thraséas passant plusieurs ventes d'immeubles au
profit d'une divinité qui les lui restitue immédiatement sous
forme de bail héréditaire [3]. Bœckh a parfaitement mis en
lumière les motifs et les avantages respectifs des transactions de ce genre. Les temples d'abord, qui avaient des
capitaux disponibles, faisaient, en achetant des terres pour
les recéder ensuite à bail emphytéotique, un placement moins
rémunérateur sans doute que dans les prêts ordinaires,
mais aussi beaucoup plus sûr. Quant au particulier, il y trouvait le moyen de se procurer de l'argent qu'il pouvait employer
dans un but quelconque, et de plus, il ne se \ séparait point
de la terre par lui vendue : il était seulement obligé de servir
au dieu un intérêt modique pour cette sorte d'emprunt
hypothécaire qui n'arrivait jamais à échéance. D'autre part,

(1) *Corp. Inscr. graec.*, 2694 B.
(2) *Mittheilungen*, XIV, p. 381.
(3) Dareste, Haussoulier et Reinach, p. 242, XIII, *quater*.

il y avait pour lui, surtout à ces époques troublées, une plus
grande sécurité à détenir, à titre de fermier, des terres
devenues la propriété du dieu et à qui avait été ainsi im-
primé le caractère sacré [1]. Il est possible enfin que le développement de l'emphytéose ait coïncidé avec la disparition ou
la décadence d'autres institutions, le servage et le colonat.
Ainsi que l'observe très exactement Guiraud, « l'hilote de
Laconie, le péneste de Thessalie, le thète de l'Attique ressemblaient beaucoup à un fermier emphytéotique. Ils en
différaient sans doute à bien des égards, puisque leur personne était réduite à une demi-servitude ; mais le trait essentiel de l'emphytéose, à savoir la perpétuité du droit de jouissance attribué au détenteur, se trouve aussi dans le colonat
hellénique. L'emphytéose, en somme, nous apparaît comme
une sorte de colonat mitigé. La principale distinction que
l'on aperçoive entre l'un et l'autre, c'est que l'emphytéote
traite d'égal à égal avec le propriétaire et reste libre, tandis
que le colon est subordonné au sien et lui sacrifie une partie de sa liberté » [2].

Bien que les baux perpétuels soient désignés dans le droit
romain par le mot emphytéose, qui est d'origine grecque [3],
ils ne paraissent pas avoir été désignés par le même mot
dans le droit hellénique, du moins avant la conquête romaine, et on ne rencontre même, ni à Athènes, ni dans le reste
de la Grèce, aucune expression technique pour les qualifier.
Dans le bail attique des Kythériens, se trouve la formule εἰς
τὸν ἅπαντα χρόνον [4]. Les baux emphytéotiques d'Olymos se
servent de la locution εἰς πατρικὰ, dont le sens est ainsi ex-
pliqué par l'un de ces actes: ἕξει δὲ τὴν προγεγραμμένην γῆν Διο-
νύσιος καὶ Ἑρμίας [αὐτοὶ καὶ οἱ] ἐξ αὐτῶν ἢ οἷς ἂν ἡ κληρονομία τῶν

---

(1) Boeckh, ad Corp. inscr. grac., n° 2693 c : diis offerebant prædia instar
« feudorum » quæ dicuntur « oblatorum. » Cf. Euler, p. 26-27 ; Guiraud, p. 430.
(2) Guiraud, in Daremberg et Saglio, v° Emphyteusis, p. 605.
(3) De ἐμφύτευσις, expression marquant l'action de semer ou de planter.
(4) Dareste, Haussoulier et Reinach, p. 240, XIII, ter, l. 11.

ὑπαρχόντων αὐτῶν καθήκη [1]. Cela indique que l'immeuble loué
sera en quelque sorte pour le fermier un bien patrimonial,
que ses descendants pourront occuper après lui. La même
expression se retrouve, avec un semblable commentaire,
dans les baux de Mylasa [2]. Dans le contrat de location des
terrains de Dionysos à Héraclée, on emploie l'expression
κατὰ βίω [3], qui semble restreindre la durée du bail à la vie
du preneur, de sorte qu'à sa mort la terre doive revenir
au bailleur. Il résulte néanmoins de l'ensemble des clauses
de l'acte que l'expression κατὰ βίω ne doit pas être prise à
la lettre [4], et qu'il s'agit bien là d'un bail emphytéotique,
c'est-à-dire contracté à perpétuité, du moins en principe [5],
ἀεννάως, comme le porte le bail des Byzantins [6].

Il est difficile de préciser le caractère et l'étendue du droit
de l'emphytéote. Les baux emphytéotiques se sont conclus,
en effet, dans les diverses cités de la Grèce, dans des
circonstances différentes et sous l'empire d'idées ou de
besoins différents. On ne peut donc songer à ramener ces
baux à un type unique; il est même impossible de dire que,
dans une même cité, l'emphytéose ait été soumise à des
règles uniformes. Nous verrons, par exemple, qu'à Mylasa,
les stipulations de certains baux sont en contradiction avec
celles qui se rencontrent dans d'autres. On peut dire cependant, d'une manière très générale, que le droit du preneur
emphytéotique constitue un droit réel, intermédiaire entre
celui de l'acheteur et du locataire ordinaire et transmissible

(1) Le Bas-Waddington, n° 323-324, l. 15, 19-21. Cf. ibid., n° 327, l. 8-9,
331, l. 6, 483 a, l. 17; Corp. inscr. graec., II, 2694, l. 20-21.
(2) Dareste, Haussoulier et Reinach, p. 244, l. 16, p. 246, l. 8 et 9; Le Bas-
Waddington, n° 404, l. 5.
(3) Dareste, Haussoulier et Reinach, p. 200, l. 99.
(4) V. notamment, ibid., l. 100 : τοὶ δὲ μισθωσάμενοι καρπευσόνται τὸν ἀεὶ
χρόνον. Cf. infra, p. 315.
(5) Cf. Euler, p. 13; Dareste, Haussoulier et Reinach, p. 230; Guiraud, loc.
cit.
(6) Aristote, Æconom., II, 2, 3.

héréditairement ou entre-vifs, à titre onéreux ou à titre
gratuit [1]. Abstraction faite de la redevance que l'emphytéote
est tenu de payer à son bailleur et de certaines restrictions
à son droit de disposition, les attributs utiles de la propriété passent au preneur. C'est à cette situation de l'emphytéote
que fait certainement allusion Anaxidémos de Chio lorsque,
en parlant des terres qui lui ont été concédées en emphytéose, il dit qu'elles lui appartiennent, ἔστιν ἐμά. Il ne nie pas le
droit de son bailleur, la corporation des Klytides. Il sait que
les magistrats qui ont posé des bornes sur ces terres ont
reconnu le droit du propriétaire, mais il veut établir que tous
les droits utiles de propriété lui ont été transférés par le contrat [2]. Un contrat emphytéotique de Mylasa dit également,
en parlant de l'emphytéote : καὶ γεωργῶνται οἱ μισθωσάμενοι τὴν
γῆν καθάπερ καὶ οἱ λοιποὶ τὰς ἰδίας γεωργίας ἐργάζονται [3]. Si cette
clause peut se référer à l'obligation de l'emphytéote de
jouir en bon père de famille [4], elle témoigne aussi de l'analogie de sa situation avec celle d'un propriétaire cultivant
son propre fonds.

Il est impossible de déterminer d'une façon précise les
pouvoirs de disposition que le droit attique reconnaissait à
l'emphytéote, car le seul bail emphytéotique que nous possédions, celui des Kythériens, ne renferme aucune disposition à ce sujet, et nous ne trouvons non plus aucune indication dans les auteurs. On ne saurait argumenter des règles
relatives aux concessions de mines, car celles-ci se trouvaient soumises à une législation trop spéciale, et la condi-

---

(1) Euler (p. 28) dit que, d'une manière générale : emphyteusin medium inter
locationem conductionem et venditionem locum emptionem, tenere. Jus enim em-
phyteutæ majus est latiusque patet quam conductoris, cum ille in tempus æter-
num reconducta uti posset, sed minus est quam jus emptoris, cum emphyteuta jus
auctoritatis non habeat, sed quotannis mercedem quamdam pensitare debeat.
(2) Haussoullier, *in Bulletin*, III, p. 254. Cf. Caillemer, *Contrat de louage*,
p. 17.
(3) Le Bas-Waddington, n° 404, l. 5.
(4) Cf. Guiraud, *Propriété foncière*, p. 435.

tion d'un concessionnaire était presque celle d'un acheteur [1].
La situation de l'emphytéote athénien devait toutefois être
analogue à celle qui lui était faite dans d'autres cités dont
nous allons en conséquence indiquer, non point la législation, mais les règles contractuelles, qui y étaient suivies.

Le droit de l'emphytéote est généralement transmissible à
ses héritiers légitimes. Cela est formellement indiqué, comme
nous l'avons vu [2], dans les baux d'Olymos et de Myiasa.
Le bail de Thisbé le dit de même [3]. C'est également la règle
suivie dans le bail d'Héraclée, malgré l'expression κατὰ βίω
qui se rencontre dans une des clauses du contrat [4]. Une
autre clause, en effet, prévoit, comme un cas de résiliation
du bail, celui où le preneur meurt sans enfants et *intestat* [5].
On doit en déduire, *a contrario*, que le droit de l'emphytéote est transmissible *ab intestat* à ses héritiers directs,
s'il en laisse [6]. On doit aussi conclure de cette même
clause que l'emphytéote peut transmettre son droit par testament. C'est ce qui résulte enfin des baux de Mylasa,
d'Olymos [7] et de Thisbé [8], sauf que, dans cette dernière ville,
le legs ne paraît pas avoir été possible en faveur d'un étranger [9].

Quant au droit de disposition entre-vifs, il est différem-

---

(1) Euler, p. 34.

(2) *Supra*, p. 312-313.

(3) *Corp. inscr. Graec. sept.*, I, 2247, add. : εἰ δὲ τις μὴ καταλιπὼν διαθήκας τελευτήσαι, ᾧ μὴ εἰσιν νόμιμοι κληρονόμοι, ὑπαρχέτω κατ' ἀμφότερα κληρονόμο: τοῦ ἑαυτῆς κτήματος ἡ πόλις.

(4) V. *supra*, p. 313.

(5) Dareste, Haussoulier et Reinach, p. 208, l. 151-152 : αἱ δέ τις κα τῶν καρπιζομένων ἄτεκνος ἄφωνος ἀποθάνει, τᾶς πόλιος πᾶσαν τὰν ἐπικαρπίαν ἦμεν.

(6) Guiraud, *in* Daremberg et Saglio, *loc. cit.* Dareste, Haussoulier et Reinach, p. 230.

(7) V. *supra*, p. 312-313.

(8) *Supra*, note 3.

(9) *Corp. inscr. Graec. sept.*, I, 2247, add. : εἰ δέ τις διαθήκαις καταλίποι ξένῳ συγγενεῖ ἢ φίλῳ τούτων τι τῶν χωρίων, ἄκυρος ἔστω αὐτοῦ ἡ δωρεά, ἔστω δὲ τῆς πόλεως τὸ χωρίον. Cf. Guiraud, *Propriété foncière*, p. 442; Hermann-Thalheim, p. 97, note 4.

ment règlementé suivant les localités. Dans le bail d'Héraclée, le fermier a la faculté de céder son lot à un tiers, ou
de vendre τὰν ἐπικαρπίαν, c'est-à-dire non pas une récolte unique, mais une série de récoltes à forfait [1]. Une inscription de
Mylasa permet la cession, mais sous certaines restrictions.
Ainsi l'emphytéote ne peut consentir une cession pouvant
entraîner le morcellement des biens ou diviser le fermage [2].
On veut que le domaine reste intact et conserve son unité.
Il est interdit, d'autre part, au fermier de faire une cession
dans le cas où il serait encore débiteur du fermage, ou de
la consentir à des conditions différentes de celles qui lui ont
été faites [3]. Toute contravention de la part de l'emphytéote
entraîne la déchéance de son droit [4]. Un autre contrat de
Mylasa est plus rigoureux et interdit formellement toute
cession du fonds, à titre gratuit ou onéreux [5]. La même
prohibition se rencontre dans un bail emphytéotique de Gortyne [6]. La défense d'hypothéquer est formulée dans plusieurs
contrats, et elle est la conséquence naturelle de la défense

---

(1) Il est dit dans le bail que si les preneurs cèdent à des tiers (αἴ παρδῶντι
τὰν γᾶν) la terre qu'ils ont louée, s'ils la lèguent par testament (ἢ ἀρτύσωντι) ou,
vendent le droit aux fruits (ἢ ἀποδώνται τὰν ἐπικαρπίαν), les cessionnaires (οἱ
παρλαβόντες), les légataires (ἢ οἴς κ᾿ ἀρτύσει) ou les acheteurs du droit aux fruits,
(ἢ οἱ πριαμένοι τὰν ἐπικαρπίαν) seront tenus de fournir des garants dans les mêmes conditions que le preneur originaire. Dareste, Haussoulier et Reinach,
p. 202, l. 105-108. Cf. *ibid.*, p. 230.

(2) Dareste, Haussoulier et Reinach, p. 248, § 7, l. 7-8 : οὐ παραχωρήσει δὲ
Θρασίας ἑτέρῳ οὐδενὶ οὐδὲ ἄλλος ὁ ἔχων αὐτὰ καταμερίζων τὰς γέας οὐδὲ κατα-
διελεῖ τὸν φόρον.

(3) *Ibid.*, l. 10-11 : ἐὰν δὲ βούληται παραχωρεῖν, παραχωρείτω τὰ προγεγραμ-
μένα κατὰ τὰ αὐτά, ἄλλως δὲ μὴ ἐξέστω παραχωρεῖν.

(4) On ne trouve, dans le droit grec, aucune trace du droit de préemption que
les lois de Justinien reconnaissent au propriétaire dans le cas où l'emphytéote
se propose de céder son droit. L. 3, *C. De jure emphyt.*, IV, 66.

(5) Le Bas-Waddington, n° 404 : μὴ ἐξέστω δὲ τοῖς μισθωσαμένοις μήτε ἀποδόσθαι... μήτε παραδοῦναι. V. *supra*, p. 215.

(6) Dareste, Haussoulier et Reinach, p. 402, col. II, l. 3, 7. V. *supra*,
p. 215-216.

d'aliéner, dans les actes où la cession est interdite [1]. La saisie du fonds par les créanciers de l'emphytéote est toutefois autorisée par le bail de Gortyne, mais sous la condition que le saisissant payera la redevance pour le compte du preneur [2].

On s'est demandé si l'emphytéote a la faculté de souslouer. Les textes ne nous fournissent aucun renseignement sur ce point. Le droit de sous-louer semble résulter *a fortiori* du droit de cession que la plupart des contrats reconnaissent à l'emphytéote. La sous-location ne se comprend toutefois que si celui-ci peut en retirer un certain avantage. Or il est des contrats qui lui interdisent, en cas de cession, de modifier en quoi que ce soit les conditions du bail primitif [3]. On ne voit point alors l'intérêt que l'emphytéote aurait à conserver la possession nominale de l'immeuble, puisqu'il ne peut désormais en retirer aucun bénéfice. Une sous-location temporaire ne se conçoit pas non plus dans les contrats qui déclarent que le second fermier doit être placé exactement dans la situation du premier [4]. Nous ne pensons pas cependant que la sous-location ait été impossible dans les autres contrats, comme dans celui d'Héraclée. L'acheteur de l'ἐπικαρπία dont parle cet acte n'est même vraisemblablement qu'un sous-locataire [4].

Nous ne voulons étudier ici l'emphytéose qu'au point de vue du droit réel qu'elle confère l'emphytéote. Quant aux droits et aux obligations résultant de l'emphytéose envisagée comme contrat, nous les indiquerons en exposant la théorie du louage, car elle n'est, à d'autres égards, qu'une espèce particulière de bail, différant du bail ordinaire par sa durée et par l'étendue des obligations pesant sur l'emphytéote.

(1) V. *supra*, p. 217.
(2) Dareste, Haussoulier et Reinach, p. 402, col. II, l. 7-10 : μηδ' ἐνεχυριδδεν αἰ μὴ ἐπιμητρῆι τὰν ἐπικαρπίαν ὶς τὸ τᾶ ἔχοντος χρήιος.
(3) V. *supra*, p. 316, note 3.
(4) Cf. Guiraud, *in* Daremberg et Saglio, *loc. cit.*, p. 606.
(5) V. *supra*, p. 316, note 1.

TITRE IV

CHAPITRE I

MUTATIONS DE PROPRIÉTÉ

A Rome, on ne songea jamais à organiser sérieusement la publicité des mutations de propriété. L'idée de la publicité n'était point sans doute étrangère aux Romains, et la plupart des modes dérivés d'acquisition à titre particulier supposent une certaine notoriété donnée au passage de la propriété d'une main dans une autre. Ainsi la *mancipatio*, un des modes les plus importants, s'accomplissait en présence de cinq témoins, les *classici test..s*, représentant les diverses classes du peuple, et d'un *libripens*. De même l'*in jure cessio* avait lieu devant le magistrat et les personnes qui l'entouraient. C'étaient les deux modes d'acquisition qui s'appliquaient aux choses considérées dans la Rome antique comme les plus importantes. Mais leur emploi devint de moins en moins fréquent et, quand ils furent remplacés en fait par la *traditio*, celle-ci, bien qu'impliquant ordinairement une remise matérielle et ostensible de la possession par l'aliéna-

teur à l'acquéreur, pouvait aussi être dépourvue de toute
notoriété. Au surplus, la publicité qui, à Rome, pouvait
accompagner la transmission de la propriété, n'était jamais
que passagère et fort incertaine. Il fallait faire appel au souvenir des témoins, obligés ou fortuits, de l'acte juridique qui
s'était accompli en leur présence, et l'on était soumis à tous
les inconvénients et à tous les dangers de la preuve testimoniale [1].

Dans les républiques de la Grèce, au contraire, on s'est
toujours préoccupé d'assurer, d'une manière plus ou moins
complète, la publicité des transmissions de propriété, du
moins pour les immeubles. Les moyens et les formes variaient
suivant les cités et le but était atteint d'une manière plus ou
moins parfaite. Ainsi, dans quelques villes, on se contentait
d'une publicité analogue à celle des Romains, quoique plus
étendue. Mais, dans d'autres républiques, on avait obtenu
du premier coup, par l'institution des registres fonciers, un
résultat qui ne s'est produit en France qu'un demi siècle
après la promulgation du code civil. On peut s'étonner que
les Romains, qui certainement étaient le peuple de l'antiquité
où le sentiment juridique s'était développé au plus haut degré et qui ont emprunté aux Grecs tant de choses, n'aient pas
profité de l'exemple et aient négligé d'instituer un système
aussi bien conçu que celui de certaines cités grecques et qui
devait favoriser le crédit et faciliter les affaires. On peut
cependant, ainsi que l'observent Dareste, Haussoulier, et
Reinach [2], en entrevoir certaines raisons : « D'une part, l'écriture, considérée comme un moyen de preuve, a toujours eu
en Grèce bien plus d'importance qu'à Rome, où l'on s'attachait
avant tout à la solennité de certains actes, comptant sur la
mémoire des témoins instrumentaires. D'autre part, au moment où les Romains sont entrés en Grèce, le système de la

publicité officielle des contrats commençait à perdre du
terrain. Athènes avait déjà abandonné l'usage des ὅροι qui,
au surplus, ne paraît pas avoir eu de fondement légal. L'inscription des constitutions dotales paraît avoir cessé dès le IIᵉ
siècle avant J.-C. Quant aux transactions immobilières,
l'usage de les transcrire sur des registres publics se con-
serva plus longtemps. Il était encore en vigueur en Asie,
au temps de Cicéron, mais Cicéron nous apprend aussi qu'à
Rome on y suppléait par les registres du cens. Quand l'administration romaine eut étendu l'institution du cens à toutes
les provinces de l'empire, tous les autres moyens de publicité furent abandonnés ».

Abstraction faite des livres fonciers, qui constituent le
moyen de publicité le plus parfait et dont l'institution n'a dû
vraisemblablement venir qu'en dernier lieu, les différentes
formalités légales qui, comme la célébration d'un sacrifice, la
prestation d'un serment ou la remise d'une petite pièce de
monnaie aux voisins, accompagnaient la transmission de la
propriété dans nombre de cités grecques, n'étaient plus, au
IVᵉ siècle, que des moyens de publicité. On s'est demandé
si, à une époque antérieure, elles n'avaient pas eu un autre
caractère et n'avaient pas répondu à d'autres pensées :
« Dans les vieux âges et chez tous les peuples, dit Fustel
de Coulanges, le déplacement de la propriété foncière a été
réputé chose grave et a été, en conséquence, entouré de
formes solennelles. La *mancipatio* des Romains, la balance
et le morceau de cuivre, la présence de cinq témoins et du
libripens sont les restes d'une vieille procédure sacramentelle en usage chez les populations italiennes. Le sacrifice,
le serment, le morceau de cuivre remis dans les mains des
voisins sont probablement aussi les restes d'une procédure
sacramentelle en usage chez les Grecs. La vente de la terre
et le déplacement de la propriété ayant été, aux époques
anciennes, ou interdits ou au moins rendus fort difficiles, il
était naturel qu'ils n'aient pu se produire qu'avec des formes

compliquées et solennelles » [1]. Cette hypothèse est, sans
doute, fort plausible, mais il est assez difficile de vérifier
la mesure dans laquelle elle peut être fondée. Il est vraisemblable, d'ailleurs, qu'en raison du caractère religieux
de la propriété immobilière dans le droit grec, la religion
ait joué un certain rôle dans les actes de transmission de
cette propriété à l'époque où le patrimoine foncier du γένος
put être démembré et où la vente fut permise. Les droits de
l'acquéreur étaient ainsi placés sous la protection de la religion, comme en témoigne une inscription de Chios organi-
sant un système spécial de publicité que nous indiquerons
ultérieurement, et où on lit que « le roi doit maudire, le jour
où il prononce les imprécations, quiconque s'efforcera
d'annihiler la vente » [2].

Un fragment du *Traité des Lois* de Théophraste, qui nous
a été conservé par Stobée [3], permet heureusement de connaître les divers systèmes organisés dans les cités grecques pour assurer la publicité des transmissions immobilières. Avant de rechercher quel a pu être celui qu'avait admis
le droit attique, nous devons exposer ceux qui étaient en vigueur dans d'autres républiques, car le système du droit
athénien paraît avoir été une combinaison de plusieurs
procédés reçus ailleurs.

Dans certaines villes, au dire de Théophraste, la vente
devait avoir lieu par le ministère d'un crieur public, après
des annonces répétées pendant plusieurs jours [4]. Ailleurs
elle devait nécessairement être conclue en présence d'un
magistrat dont l'auditoire était fréquenté par le public.
Ainsi à Mitylène, Pittacus avait voulu que la vente eût lieu

---

(1) Fustel de Coulanges, *Nouvelles recherches*, p. 138.
(2) *Bulletin*, III, p. 230 et s.
(3) *Floril.*, XLIV, 22.
(4) Théophraste, loc. cit., § 1 : οἱ μὲν οὖν ὑπὸ κήρυκος κελεύουσι πωλεῖν καὶ προκηρύττειν ἐκ πλειόνων ἡμερῶν. Le κῆρυξ est non point un courtier officiel mais un crieur public. Cf. Hofmann, p. 79, note 13.

devant les βασιλεῖς et les prytanes [1]. Ce dernier système
nous paraît avoir été l'exception [2].

Dans d'autres localités, on se contentait d'appeler les voisins. A Thurium, d'après une loi de Charondas, les trois
plus proches voisins devaient assister à l'échange des con-
sentements et on leur remettait une petite pièce de monnaie « en mémoire et en témoignage de l'acte » [3]. Les
témoins ne sont pas ici les premiers venus ; ils sont, au contraire, désignés à l'avance par leur domicile, et il sera facile
de les retrouver quand on aura besoin de faire appel à leurs
souvenirs. Leur attention est, d'autre part, attirée spécialement sur l'acte auquel ils sont appelés par la remise d'une
pièce d'argent. Mais cela ne nous paraît pas une raison suffisante pour dire qu'ils sont intéressés à l'acte par l'appât
d'une rémunération pécuniaire : la remise de la pièce nous

(1) Théophraste, *ibid.*, οἱ δὲ παρ' ἀρχῇ τινι, καθάπερ καὶ Πιττακὸς παρὰ βασι-
λεῦσι καὶ πρυτάνει. Les βασιλεῖς dont il est ici question ne sont pas nécessairement les rois : « βασιλεῖς dicere videtur concilium ex Archeametidis aliisque
civitatis primoribus, quos Pittacus devicerat, compositum ; prytanes Mytilenaci
memorantur etiam ab aliis. » Meineke, *Stob.*, II, p. XVI. Cf. Hofmann, p. 80,
note 15 ; Caillemer, *Contrat de vente*, p. 658. V. au surplus *infra*, p. 328,
note 7.

(2) Cf. Guiraud, p. 267. Les magistrats concouraient une responsabilité analogue
à celle des voisins à Thurium. Théophraste, *loc. cit.* : τὰς ἀρχὰς ὑπευθύνους ποιεῖν.
V. *infra*, p. 324. Cf. Dion Chrysostome, XXXI, 51 : σκοπεῖτε δὲ ὅτι πάντα; ἡγοῦνται κυριώτερα ταῦτα ἔχειν, ὅσα ἂν δημοσίᾳ ε.μβάλωσι διὰ τῶν τῆς πόλεως γραμ-
μάτων· καὶ οὐκ ἔνι λυθῆναι τῶν οὕτω διῳκημένων οὐδέν, οὔτ' εἴ τις ὠνήσατο παρά
του χωρίον ἢ πλοῖον ἢ ἀνδράποδον, οὔτ' εἴ τῳ δανείσειεν, οὔτ' ἄν οἰκέτην ἀφῇ τι;
ἐλεύθερ.ν, οὔτ' ε̈. δῷ τινα δωρεάν. τί δήκοτε οὖν συμβίβακεν ταῦτ' εἶναι βεβαιό-
τερα τῶν ἄλλων ; ὅτι τὴν πόλιν μάρτυρα ἐποιήσατο τοῦ πράγματος ὁ τοῦτον τὸν
τρόπον οἰκονομήσας τι τῶν ἑαυτοῦ.

(3) Théophraste, *loc. cit.* : οἱ δὲ Θουριανοί... διδόναι δὲ κελεύουσι κοινῇ τῶν
γειτόνων τοῖς ἐγγυτάτω τρισὶ νομισμά τι βραχὺ μνήμης ἕνεκα καὶ μαρτυρία:. Les
interprètes ne sont pas d'accord sur le point de savoir si c'était le vendeur ou
l'acheteur qui remettait aux témoins cette petite pièce de monnaie. Cf. Caillemer,
Crédit foncier, p. 5 et *Contrat de vente*, p. 658 ; Hofmann, p. 81 et 91 ; Dareste, *Traité des lois*, p. 277 ; Hermann-Thalheim, p. 147, note 3 ; Meier, Schœmann et Lipsius, p. 712. La question présente, du reste un minime intérêt en
raison du peu de valeur de la pièce remise aux témoins.

paraît purement symbolique [1]. Les voisins ainsi convoqués
sont responsables dans trois cas indiqués par Théophraste,
mais en des termes assez équivoques [2], que nous croyons
devoir traduire ainsi : 1° s'ils refusent de recevoir la pièce
de monnaie prescrite par la loi [3] ; 2° s'ils reçoivent deux
fois la pièce en question relativement au même objet ;
3° s'ils refusent d'indiquer l'acquéreur lorsque celui-ci vient
plus tard faire appel à leur témoignage. On a voulu tirer
de cette intervention des voisins dans la vente une preuve
en faveur de la théorie d'après laquelle les Grecs auraient
commencé par la propriété collective et non par la propriété individuelle. Les voisins, a-t-on dit, sont responsables et
garants de l'acte de vente. Or cette garantie implique au
début l'assentiment de ceux qui la fournissent. C'est donc
que la vente recevait, en Grèce, un caractère quasi-public et
que la communauté tout entière y prenait part [4]. Sans vouloir examiner si la théorie qui voit le communisme aux ori-
gines de la société hellénique est fondée [5], nous dirons seulement que l'argument qu'elle tire des coutumes de Thurium n'est nullement concluant. Les voisins, en effet, d'après
le texte de Théophraste, ne se portent nullement garants
de la vente, et ils interviennent dans l'acte à titre de
témoins. Leur présence n'est qu'une précaution contre la
fraude et une mesure de publicité, et si plus tard ils peuvent encourir une certaine responsabilité, c'est qu'ils ont

(1) V. toutefois Caillemer, *Crédit foncier*, p. 5.

(2) Théophraste, *loc. cit.* : ὑπευθύνους ποιεῖν, τοῖς δὲ τοὺς γείτονας; ἐὰν μὴ λάβωσιν ἢ δὶς παρὰ τοῦ αὐτοῦ λάβωσιν ἢ ἔχοντες μὴ λέγωσι τῷ ὠνουμένῳ. Cf. sur l'interprétation de ce texte : Schiller, *De rebus Thuriorum*, p. 45; Heyne, *Opusc.
acad.*, II, p. 151; Hofmann, p. 81 et 91; Büchsenschütz, p. 525; Meier, Schœmann et Lipsius, p. 712; Dareste, *loc. cit.*, p. 278; Caillemer, *Contrat de vente*,
p. 659; Hermann-Thalheim, p. 148, note 2 ; Guiraud, p. 268 ; Anthes, p. 33-34.

(3) Autrement, en effet, les parties se trouveraient dans l'impossibilité de remplir les formalités prescrites par la loi.

(4) Cf. Viollet, *Du caractère collectif des premières propriétés immobilières*,
in *Bibliothèque de l'École des Chartes*, 1872.

(5) Cf. sur cette question, Guiraud, p. 1 et s.

manqué aux obligations que la loi leur impose comme témoins.

A Cyzique, en Asie-Mineure, ainsi que dans d'autres villes que Théophraste ne nous indique pas, la vente n'était parfaite et l'acheteur ne devenait propriétaire incommutable qu'après des proclamations publiques faites pendant cinq jours de suite et destinées à mettre ceux qui avaient un droit réel sur la chose vendue en demeure de se faire connaître [1]. Ces proclamations avaient ainsi le même but que les affiches préalables usitées à Athènes [2].

Une inscription de Chios, malheurement fort mutilée [3], renferme certaines dispositions qui se rapprochent de l'usage signalé par Théophraste à Cyzique. Il y est question de procès auxquels pouvait donner lieu la vente de certains immeubles faite par la ville, probablement à la suite d'une confiscation. Le conseil (βολή) doit en être informé dans les cinq jours par les Quinze. Ceux-ci doivent annoncer la vente dans les villages où ils envoient des hérauts et dans la ville (κήρυκας διαπέμπειν — προσκηρύττειν), en même temps que le jour choisi pour le jugement. Le tribunal doit compter au moins 3oo membres. La ville elle-même prend la charge des procès et l'acquéreur y reste étranger. Si la ville succombe, elle doit rembourser à l'acquéreur son prix avec une certaine somme en sus. Ces procès étant en connexion intime avec la vente, on doit présumer que les proclamations des hérauts ont pour but de provoquer les oppositions dans un certain délai. Si elles ne se sont pas produites dans le délai ou si elles ont été écartées par le tribunal, l'acheteur ne peut plus être inquiété [4].

(1) Théophraste, *loc. cit.* : παρὰ δέ τισι προκηρύττειν κελεύουσι πρὸ τοῦ κατακυρωθῆναι πένθ' ἡμέρας συνεχῶς, εἴ τις ἐνίσταται ἢ ἀντιποιεῖται τοῦ κτήματος ἢ τῆς οἰκίας· ὡσαύτως δὲ καὶ ἐπὶ τῶν ὑποθέσεων, ὥσπερ καὶ ἐν τοῖς Κυζικηνῶν.

(2) Cf. Hofmann, p. 80.

(3) *Bulletin*, III, p. 280.

(4) Cf. Hitzig, p. 51.

Dans un autre passage, Théophraste signale une coutume, pratiquée probablement chez les habitants d'Ænos [1], en Thrace, et qui avait un double effet, d'abord d'assurer la loyauté des transactions et d'empêcher les ventes par prête-nom au préjudice des tiers [2], et en second lieu de donner une certaine publicité à la vente. Celui qui voulait acheter une maison en ville devait faire un sacrifice sur l'autel d'Apollon ἐπικώμιος. Celui qui voulait acheter un immeuble rural pour y habiter devait faire un semblable sacrifice et, en présence de l'autorité chargée de l'enregistrement et de trois habitants du lieu, jurer qu'il contractait loyalement sans collusion et sans arrière-pensée. Le vendeur devait jurer également qu'il vendait sans fraude. Celui qui achetait une maison sans avoir l'intention de l'habiter, c'est-à-dire pour en retirer des loyers, devait offrir son sacrifice à Zeus ἀγοραῖος. Quand le bien vendu n'avait qu'une valeur modique, l'offrande consistait seulement en quelques gâteaux pétris avec du miel. Le magistrat devait refuser d'enregistrer la vente tant que ces formalités n'avaient pas été remplies, et dans le serment qu'il prêtait lui-même avant d'entrer en fonctions, il s'engageait à ne jamais enregistrer une vente avant d'avoir reçu des parties le serment prescrit par la loi [3].

Théophraste [4] nous apprend encore que, dans certaines localités, la publicité consistait dans des affiches préalables

----

(1) Théophraste, *ibid.*, § 3, ὥσπερ ἐν τοῖς Αἰνίων. Quelques éditeurs lisent ἐνίων, ce qui signifie « comme dans quelques villes. » Aristote s'exprime souvent de cette manière.

(2) La simulation, comme l'observe Dareste (*Science du droit*, p. 308, note), est incompatible avec un régime qui pose en principe la publicité du droit de propriété.

(3) Théophraste, *ibid.*, § 3. V. sur l'interprétation de ce texte : Hofmann, p. 83 et 98; Caillemer, *Contrat de vente*, p. 660; Dareste, *Traité des lois*, p. 271 et *Science du droit*, p. 308; Hermann-Thalheim, p. 149; Guiraud, p. 268; Anthes, p. 31-32.

(4) *Ibid.*, § 1.

à la vente : tel était le cas à Athènes. Nous reviendrons
sur ce point en exposant les règles du droit attique.

L'auteur du *Traité des Lois* nous dit enfin que « les affiches, les proclamations et, d'une manière générale, toutes
les formalités prescrites pour provoquer les oppositions des
tiers, n'ont lieu, pour le tout ou pour la plus grande partie,
qu'à défaut d'autres prescriptions légales. Là, en effet, où il
existe des registres renfermant l'indication des immeubles et
des contrats, on peut apprendre par ces registres si les
biens sont libres et sans charges, et si le vendeur les aliène
régulièrement, car dans ces pays le magistrat inscrit immédiatement l'acheteur » [1]. L'institution dont parle ici Théophraste est celle des livres fonciers aujourd'hui usités chez
la plupart des nations modernes. Il ne s'agit point, en effet,
de simples cadastres, mais de registres destinés à établir en
quelque sorte l'état civil de la propriété immobilière, ainsi
que cela résulte de cette observation de Théophraste que
les mentions du registre permettent de voir 1° si le bien
appartient à l'aliénateur, et 2° s'il est grevé de charges
réelles [2]. Aussi doit-on présumer qu'en raison même de sa
perfection relative, l'institution des livres fonciers a dû faire
son apparition dans le droit grec à une époque relativement
récente. Théophraste paraît également présenter la transcription sur les registres fonciers comme plus rare que les
autres modes de publicité qu'il a précédemment indiqués [3].
Toutefois un autre passage d'Aristote, dans sa *Politique* [4],
laisserait supposer que la transcription des aliénations était
d'un usage courant. Ayant, en effet, à définir les attribu-

(1) Théophraste, § 2 : οὐ χρὴ ἀγνοεῖν, ὅτι αἱ προγραφαὶ καὶ αἱ προκηρύξεις
καὶ ὅλως ὅσα πρὸς τὰς ἀμφισβητήσεις ἐστὶ πάντ' ἢ τὰ πλεῖστα δι' ἔλλειψιν ἑτέρου
νόμου τίθεται· παρ' οἷς γὰρ ἀναγραφὴ τῶν κτημάτων ἐστὶ καὶ τῶν συμβολαίων, ἐξ
ἐκείνων ἔστι μαθεῖν εἰ ἐλεύθερα καὶ ἀνέκπρα καὶ τὰ αὑτοῦ πωλεῖ δικαίως· εὐθὺς
γὰρ καὶ μετεγγράφει ἡ ἀρχὴ τὸν ἐωνημένον.
(2) Hofmann, p. 95.
(3) V. en ce sens : Hermann-Thalheim, p. 85, note 1.
(4) Aristote, *Politique*, VII, 5, 4, p. 1322 b.

tions des mnémons, des hiéro mnémons et des fonctionnaires du même ordre, il dit que c'est dans leurs bureaux que s'opère la transcription des actes privés [1]. Ce langage tend à prouver que l'accomplissement de cette formalité était, en bien des endroits, obligatoire, et qu'il s'agissait là non pas d'une simple coutume mais bien d'une disposition légale. Théophraste, du reste, range également l'ἀναγραφή parmi les choses prescrites par les lois [2]. On peut, au surplus, présumer que là où la transcription demeura facultative, elle fut néanmoins d'un usage très fréquent.

Il nous est heureusement parvenu quelques fragments des registres fonciers dont parle Théophraste. Le plus important est, pour les mutations de propriété à titre onéreux, le registre des ventes immobilières de Ténos dont nous indiquerons les principales dispositions. Nous avons aussi des listes d'acheteurs d'immeubles mentionnées dans des inscriptions de Chios [3], d'Halicarnasse et d'Iasos [4] ; mais il est difficile d'y voir des registres des ventes [5]. On ne saurait non plus déterminer le véritable caractère d'une liste de propriétaires fonciers de Mytilène [6]. Il y a là proba-

---

(1) Hofmans, p. 98.

(2) Théophraste, loc. cit., § 4 : τὰς τῶν νόμων... οἷον ἀναγραφήν.

(3) Guiraud, p. 295.

(4) Cauer, Delectus, n° 496. Cf. Aristote, Œconom., II, 12, p. 1347 b. V. infra, p. 346.

(5) Dittenberger, Sylloge, 6 et 77. — On voit dans l'inscription d'Iasos que lorsque cette ville vendit les biens de ceux qui avaient conspiré contre Mausole, on nomma une commission de fonctionnaires et de citoyens pour procéder à la vente. Les mnémons, sans y figurer, se bornèrent à faire une liste des noms des acheteurs avec l'indication de l'immeuble acheté et du prix de la vente. Les mnémons sont cependant qualifiés dans l'inscription de covendeurs, μνήμονες συνεπώλησαν (l. 35). La raison en est, d'après Guiraud (p. 298), que « ces magistrats ayant eu à enregistrer ces contrats furent censés y avoir part, et la sanction qu'ils donnèrent fut l'équivalent d'un véritable concours prêté à ces divers marchés. »

(6) Dareste, Haussoullier et Reinach, p. 106.

(7) Cf. Fabricius, in Mittheilungen, IX, 1884, p. 83 s. L'inscription, qui est d'une époque postérieure à Alexandre, mentionne le prytane, le propriétaire, la localité, l'étendue et la nature de l'immeuble, par exemple, ἐπὶ πρυτάνιος Δενδίω

blement une application de la loi de Pittacus que nous avons précédemment signalée [1]. Nous possédons, pour une catégorie de transmissions à titre gratuit, les constitutions de dot, un fragment très intéressant du registre de Myconos et un autre malheureusement fort mutilé du registe des dots de Ténos. Nous les avons étudiés en exposant les règles relatives à la constitution de dot [2].

A Ténos, et il est probable qu'il en était ainsi dans plusieurs autres cités, il existait donc un système complet de publicité pour la transmission des propriétés soit à titre onéreux, soit à titre gratuit. Toute aliénation était soumise à la formalité que Théophraste nomme l'ἀναγραφή, expression que l'on traduit généralement par transcription, car elle est presque identique à notre transcription moderne [3]. Les registres où étaient mentionnées les ventes et les constitutions de dot étaient tenus, selon toute probabilité, par les astynomes, magistrats chargés de la police urbaine et de la voirie. Le registre était soigneusement daté du nom de l'archonte, du nom du mois et du quantième. L'extrait des actes qu'on y insérait était rédigé suivant une formule à peu près uniforme et mentionnant, lorsqu'il s'agissait d'une vente, l'immeuble vendu, sa situation, le prix de la vente, le vendeur et l'acheteur et, à l'occasion, l'établissement de la propriété, l'acompte payé sur le prix, les personnes intervenant dans la vente soit pour donner leur autorisation, soit pour fournir leur consentement, soit pour garantir le contrat [4]. On n'y trouve que très exceptionnellement la men-

---

Ἑλλανοκρατεία Ἀντιγόνω ἀμπέλων μέρους ἐν Δρομάτι δύο. Fabricius (*loc. cit.*), conclut du mot ἀπογράφεσθαι, qui se trouve dans un alinéa de l'inscription, qu'il s'agit ici d'un cadastre, d'une liste publique sur laquelle chaque habitant de Mitylène était tenu de faire inscrire les biens dont il acquérait la propriété. Cf. Hermann-Thalheim, p. 85, note 322.

(1) V. *supra*, p. 322.
(2) V. *supra*, t. I, p. 280.
(3) Cicéron, *Pro Flacco*, XXX, traduit ἀναγραφή par *proscriptio*.
(4) Voici, à titre de spécimen, une des inscriptions du registre de Ténos, § 22

tion d'une hypothèque grevant l'immeuble [1], ce qui laisse
supposer l'existence d'un registre spécial pour les hypothèques [2]. Dans notre droit moderne, on transcrit non seulement les ventes immobilières mais encore les jugements
déclaratifs de propriété [3]. Aristote dit également que l'on
transcrivait et les contrats et les jugements [4]. La même
règle paraît avoir été suivie à Ténos, mais sous une forme
indirecte. On voit, en effet, dans une des inscriptions, les
parties déguiser sous la forme d'une vente, qui est transcrite, un jugement qui avait tranché une question de propriété [5].

D'après Théophraste, dans les localités où, comme à Ténos, est établie l'ἀναγραφή τῶν κτημάτων καὶ τῶν συμβολαίων
« le magistrat inscrit immédiatement l'acheteur à la place

(trad. Dareste, Haussoulier et Reinach, p. 73) : « Artymachos, fils d'Aristar-
chos, des Héraclides, a acheté de Télésiclès, fils d'Euclès, Héraclide, la maison
et les terrains sis... le tout formant la part échue a Télésiclès dans la succession de son père, et le surplus acheté par lui de son frère Callitélès, ayant
pour voisins Pleistarchos et Artymachos, et toutes les dépendances qui ont
appartenu à Télésiclès et à Callitélès, les conduites d'eau qui font partie de ces
terrains, et en outre le quart de la tour, de la citerne qui est dans la tour et
de la couverture en tuiles, tel qu'il a appartenu à Télésiclès, et encore la maison et le verger que Télésiclès a achetés d'Euthygénès, les récipients de poterie
qui sont dans la maison, la meule et le mortier... pour 3700 drachmes d'argent.
Garants de la vente, Aratridès, etc..., s'obligeant tous ensemble et chacun pour
le tout. » V. au surplus le commentaire du registre de Ténos par Dareste, Haussoulier et Reinach, p. 88 et s.

(1) Dareste, Haussoulier et Reinach, p. 82, § 37.

(2) V. infra, p. 346.

(3) V. loi du 23 mars 1855, art. 1.

(4) Aristote, Polit., VII, 5, 4, p. 1322 b : ἑτέρα δ'ἀρχὴ πρὸς ἣν ἃ αγράφεσθαι
δεῖ τά τε ἴδια συμβόλαια καὶ τὰς κρίσεις ἐκ τῶν δικαστηρίων.

(5) Dareste, Haussoulier et Reinach, p. 69, § 13 : « Anaxiclès, fils d'Anaximé-
nès, Thryésien, a acheté de Philothéa, fille de Proxénos, Thryésienne, et de
son kyrios, Proxénos, fils de Soclès, Thryésien, les quatre enclos sis à Sapé-
thos, en contre haut du terrain cultivé qui est en bas, du côté du verger,
limité en haut par le chemin et en bas par le ruisseau, ayant pour voisins
Æschron, ... les dits enclos ayant fait l'objet d'un procès gagné par Anaxiclès
contre Philothéa. Garant de la vente, Aristoclès, fils de Polyxénos. »

du vendeur » [1]. On ne peut admettre toutefois que, sur la seule production du contrat de vente, le magistrat ait pu opérer une inscription ayant pour effet de faire considérer l'acheteur comme étant désormais propriétaire incommutable. La loi devait accorder aux tiers un certain délai pour effectuer leur intervention, se rendre au bureau du magistrat, contester la transcription ou la faire rectifier, de manière à réserver leurs droits [2]. Dans le cas que rapporte Cicéron dans son plaidoyer *pro Flacco*, et dont nous allons parler, on voit les tiers agir *de dolo malo et fraude*, ce qui fait supposer que leur action était analogue à la δίκη κακοτεχνιῶν du droit attique [3]. Etait-ce le magistrat chargé de la tenue du registre qui statuait sur ces difficultés, ou bien les déférait-on aux tribunaux ordinaires, l'inscription définitive étant suspendue jusqu'au jugement ? C'est ce que nous ne pouvons savoir dans l'état actuel des sources.

On peut, au surplus, se demander si, même en l'absence d'opposition, le magistrat chargé de l'enregistrement était tenu de transcrire sans examen les titres qu'on lui apportait, ou bien s'il avait le devoir d'en vérifier la régularité. Ce que nous dit Théophraste à propos des usages reçus à Ænos [4] pourrait laisser supposer que la seule déclaration faite par les parties au magistrat sous la foi du serment suffisait pour assurer la validité de l'acte et couvrir la responsabilité du fonctionnaire qui l'accueillait [5]. Toutefois un passage de Cicéron concernant un procès qui se déroule à Pergame, en Asie-Mineure, montre que les pouvoirs du magistrat étaient plus étendus et que, dans certains cas au moins, il pouvait se refuser à enregistrer un acte vicieux. Dans son discours *Pro Flacco*, Cicéron parle d'un Romain, nommé Décianus,

(1) Théophraste, *loc. cit.*, *supra*, p. 327, note 1.
(2) Dareste, Haussoulier et Reinach, p. 120.
(3) Dareste, Haussoulier et Reinach, p. 120, note 2.
(4) V. *supra*, p. 326.
(5) Guiraud, p. 297.

qui, désireux de s'approprier les biens de deux femmes de
Pergame, leur choisit pour kyrios Polémocratès, son complice, et se fait vendre par lui, au nom de ses pupilles, et
pour un prix dérisoire, les biens qu'il convoite. Mais ces
ventes sont attaquées comme frauduleuses par un certain
Dion, sans doute un parent des deux femmes. L'instance,
dirigée contre Polémocratès, est portée devant les juges
grecs d'Apollonide [1] qui, statuant d'après la loi grecque,
condamnent Polémocratès à des réparations civiles, et annu-
lent par voie de conséquence les actes de vente ainsi que
les transcriptions que Décianus er avait fait faire à Apollonide [2]. Comme il n'y a chose jugée qu'entre Dion et Polémocratès, Décianus n'est pas atteint par le jugement. Néanmoins les juges d'Apollonide ayant annulé la transcription
faite dans cette ville, Décianus, voulant renouveler la formalité, s'adresse alors à la ville de Pergame, chef-lieu judiciaire du ressort dont dépend Apollonide [3]. Mais les habitants de Pergame, dont l'attention a été éveillée, refusent
d'admettre la transcription [4]. On peut conclure de ce récit
que le magistrat chargé de la transcription pouvait refuser

(1) Le tribunal d'Apollonide se trouvait dans le ressort du *conventus* de Pergame, juridiction romaine.

(2) Cicéron, *Pro Flacco*, XXX : adductus est in judicium Polemocrates de
dolo malo et de fraude a Dione.... irritæ venditiones, irritæ proscriptiones.

(3) Cicéron, *loc. cit.* : Defers ad Pergamenos ut illi reciperent in suas litteras
publicas præclaras proscriptiones (c'est l'ἀναγραφή) et emptiones tuas. Repu-
diant, rejiciunt. — On peut conjecturer que la transcription pouvait se faire indifféremment soit au lieu de la situation des biens (Apollonide), soit au chef-lieu
du ressort (Pergame). Cf. Dareste, *Mélanges Graux*, p. 8.

(4) Décianus, voulant à toute force donner à sa possession un caractère de
publicité et de légalité, se décide alors à faire inscrire les biens litigieux sur
les registres du cens à Rome. Mais, comme l'observe Dareste (*loc. cit.*), cette
inscription produisait des effets beaucoup moins étendus que la transcription.
Elle ne préjugeait pas la question de propriété, pas plus que ne la préjugent
chez nous les énonciations cadastrales. Néanmoins, au point de vue de la possession, il pourrait y avoir une certaine importance à se déclarer propriétaire
sous la foi du serment et à payer l'impôt à raison des immeubles ainsi déclarés.

d'enregistrer un titre manifestement nul, comme celui de
Décianus dont une sentence judiciaire avait prononcé la
nullité. Mais son droit de contrôle était-il plus étendu et
pouvait-il pousser plus loin ses investigations ? Rien ne le
prouve [1].

Les actes soumis à la transcription étaient réunis et gravés sur de grandes plaques de marbre, comme à Ténos et
à Myconos, et ces plaques étaient certainement exposées en
un lieu public [2]. D'autres fois, comme on le voit par des
inscriptions d'Amphipolis et d'Amorgos [3], les actes de vente
étaient transcrits sur des stèles isolées que l'on plaçait soit
sur l'immeuble même, soit dans un lieu public. Dans les
actes que nous possédons de ces deux dernières villes, les
formules sont les mêmes qu'à Ténos. On a conjecturé que
la stèle d'Amphipolis était exposée dans le sanctuaire d'Asclépios, et qu'ainsi se trouvait assurée la publicité de l'acte
qui recevait en même temps une sorte de consécration
solennelle [4] [5].

A Athènes, pas plus qu'à Amphipolis et à Amorgos, il
n'existait, à proprement parler, de registre des transcriptions, mais on était arrivé à assurer aux mutations de propriété une publicité suffisante grâce aux mesures suivantes que
nous indique encore Théophraste. «La vente, dit-il, est affichée
à l'avance dans le lieu où siège le magistrat, pendant soixante
jours au moins, et l'acheteur paie le centième du prix

(1) Cf. Guiraud, p. 297 ; Dareste, *Science du droit*, p. 308, note.
(2) Dareste, Haussoulier et Reinach, p. 105 ; Guiraud, p. 296.
(3) Dittenberger, *Sylloge*, n°° 438 et 439. L'inscription d'Amphipolis porte :
Ἀγαθῇ τύχῃ· ἐπρίατο Θειοχάρης Νικα παρὰ Θεοδώρου τοῦ Πολέμωνος τὴν οἰκίαν,
ἧς γείτων Μεννέας Ἀσάνδρου καὶ Θεόδωρος αὐτὸς καὶ Νικάνωρ Ἐπικράτους,
χρυσῶν τριακοσίων. βεβαιωτὴς Δημόνικος Ῥίχνου. μάρτυρες Στησίλεω· Ὀργίεως,
Ἀριστογένης Ἀστίνου. ἐπὶ ἱερέως τοῦ Ἀσκληπιοῦ Ἑρμαγόρα, ἐπὶ ἐπιστάτου
Αἰσχύλου.
(4) Dareste, Haussoulier et Reinach, p. 105. Cf. Büchsenschütz, p. 525.
(5) Sur les formalités aux-quelles les contrats égyptiens sont soumis à l'époque des Ptolémées, Cf. Caillemer, *Contrat de vente*, p. 668 et s. ; Dareste, *in
Journal des savants*, 1883, p. 169 et s.

pour qu'il soit libre à quiconque le veut de réclamer et de
contester, et que l'on sache, par le payement du droit, quel
est le légitime acquéreur » [1].

La première formalité consistait dans l'annonce de la
vente par le moyen d'affiches. Celles-ci s'effectuaient, comme
nous l'apprennent les grammairiens, par des inscriptions sur
des tablettes blanches, ou sur des planches de bois enduites
de craie. Elles renfermaient la désignation du bien vendu
et le nom de l'acheteur [2]. Certains auteurs ont voulu limiter
cette publicité des affiches aux ventes d'immeubles [3], mais
les grammairiens l'étendent formellement aux ventes d'esclaves [4].

La formalité ainsi décrite par les grammairiens, et qui n'a

(1) Théophraste, *loc. cit.*, § 1 : ἔνιοι δὲ προγράφειν παρὰ τῇ ἀρχῇ πρὸ ἡμερῶν
μὴ ἔλαττον ἢ ἑξήκοντα, καθάπερ Ἀθήνησι, καὶ τὸν πριάμενον ἑκατοστὴν τιθέναι τῆς
τιμῆς, ὅπως διαμφισβητῆσαί τι ἐξῇ καὶ διαμαρτύρασθαι τῷ βουλομένῳ καὶ ὁ δικαίως
ἐωνημένος φανερὸς ᾖ τῷ τέλει. Certains auteurs entendent les mots τῷ τέλει de
l'autorité et traduisent alors, « de manière que l'autorité sache quel est le juste
acquéreur. » Cf. Hofmann, p. 80 ; Meier et Schœmann, 1re éd., p. 513. Caillemer (*Contrat de vente*, p. 651) traduit dans le même sens : « afin que les percepteurs de l'impôt découvrent facilement le véritable acquéreur astreint pour
l'avenir à supporter la charge des contributions foncières. » Mais, s'il s'était
agi de l'autorité, Théophraste se serait plutôt servi des expressions τοῖς τέλεσι
ou τοῖς ἐν τέλει. Il est donc plus exact de rattacher les mots τῷ τέλει à cette seule
phrase τὸν πριάμενον ἑκατοστὴν τιθέναι τῆς τιμῆς. Cf. en ce sens : Lipsius, sur
Meier et Schœmann, p. 713, note 607 et *in Bursians Jahresbericht*, II, p. 1404,
note ; Hermann-Thalheim, p. 146, note 1 ; Dareste, Haussoullier et Reinach,
p. 106. Cf. Dareste, *Traité des Lois*, p. 277.

(2) Parœmiograph. Gr. I, p. 405 : ἐν λευκώμασιν ἐγράφης: ἔθος ἦν τὰ πιπρασκόμενα χωρία ἢ σώματα δημοσίᾳ ἐγγράφεσθαι ἐν σανίσι λευκαῖς ἢ κυξίναις κεχρισ-
μέναις λευκῇ γῇ καὶ τὰ ὀνόματα καὶ τῶν κτημάτων καὶ τῶν ἀνδραπόδων καὶ τῶν
πριαμένων αὐτά, ἵνα εἴ τις αἰτιάσασθαι βουληθείη ἐπ' ἀδείας· ἔχῃ ἐντυχὼν τῷ
λευκώματι. Cf. Hesychius, v° ἐν λευκώμασι.

(3) Meier et Schœmann, 1re éd., p. 523 ; Platner, *Process*, t. II, p. 342.

(4) Lipsius, sur Meier et Schœmann, p. 714, et *in Bursians Jahresbericht*, II,
p. 1403. Cf. Hermann-Thalheim, p. 85, note 6. Platon, dans son *Traité des lois*
(XI, p. 915 d), soumettait toutes les ventes mobilières à une certaine publicité en
exigeant que la livraison de la chose fût faite dans l'emplacement de l'agora spécialement destiné à l'espèce de marchandises vendues, ἐν χώρᾳ τῇ τεταγμένῃ
ἑκάστο ς κατ' ἀγοράν.

absolument rien de commun avec l'ἀναγραφή ou transcription [1], a pour but de provoquer les oppositions des tiers qui prétendraient avoir quelque droit réel sur la chose, droit les autorisant à s'opposer à la vente. Tel est le cas, dont nous avons précédemment parlé [2], des créanciers hypothécaires dont le consentement est nécessaire pour l'aliénation de la chose hypothéquée. L'opposition pourrait également être fondée sur une autre cause, par exemple sur un droit de copropriété de l'opposant dans la chose aliénée [3].

Cette opposition se forme, suivant Théophraste, au moyen d'une diamartyrie, διαμαρτύρασθαι [4]. En présence de cette diamartyrie, ou bien le vendeur renonce à donner suite à son projet, et tout est terminé. Ou bien, au contraire, il persiste dans sa résolution. Dans ce dernier cas, un procès s'engage entre lui et l'opposant (διαμφισβητῆσαι, suivant l'expression de Théophraste). Le plaidoyer précité d'Isée pourrait laisser croire que, pour triompher de l'opposition, le

(1) Caillemer (Contrat de vente, p. 669) enseigne le contraire et traduit le passage précité des grammairiens en disant : « L'inscription avait cette utilité que lorsqu'une personne voulait contester les droits de l'acquéreur, celui-ci n'avait aucune inquiétude ; il lui suffisait, en effet, de se référer aux tablettes. » Mais cette interprétation est évidemment inexacte. Le verbe ἔχη se réfère, en effet, exclusivement à l'αἰτιώμενος, à l'opposant, et non à l'acheteur, et cela d'autant plus que le texte parle des acheteurs au pluriel, τῶν πριαμένων. Cf. Lipsius, in Bursians Jahresbericht, loc. cit.

(2) Supra, p. 254.

(3) C'est en ce sens que Caillemer (loc. cit., p. 617) paraît entendre le passage d'Isée (De Menecl. her., § 28) où le frère de Ménéclès fait opposition à la vente que celui-ci veut réaliser : διακώλυε τὸ χωρίον πραθῆναι... ἠμφισβήτει οὖν αὐτῷ μέρους τινὸς τοῦ χωρίου, πρότερον οὐδὲ πώποτε ἀμφισβητήσας, καὶ ἀπηγόρευε τοῖς ὠνουμένοις μὴ ὠνεῖσθαι. Mais, comme nous l'avons admis (supra, p. 254, note 3), l'opposition du frère de Ménéclès est plutôt fondée sur le droit hypothécaire du mineur.

(4) Dans le cas de Ménéclès, comme dans celui du plaidoyer de Démosthène contre Nicostrate, § 10, le créancier fait directement défense aux amateurs de se rendre acquéreurs de l'immeuble hypothéqué. Nous en avons indiqué le motif, supra, p. 254.

(5) Cf. en ce sens : Büchsenschütz, p. 526, note 1 ; Caillemer, loc. cit., p. 657.

vendeur devrait intenter une action spéciale, la δxη τῆς ἀπορρήσεως [1]. Mais on admet plus généralement qu'il doit agir au moyen de la δίxη βλάβης, le préjudice causé ayant ici pour cause l'ἀπόρρησις ou opposition [2].

Si les tiers ne profitent pas de l'avertissement qui leur était donné par les affiches et ne forment point opposition dans le délai légal, c'est-à-dire avant l'inscription de la vente sur le registre du percepteur, sont-ils déchus du droit de critiquer désormais l'aliénation? L'affirmative est probable, mais nous n'en avons aucune preuve certaine [3].

En l'absence d'opposition ou après le règlement des difficultés provoqués par les opposants, il y a lieu au payement par l'acheteur d'une certaine somme égale à la centième partie du prix de vente, τὸν πρίαμενον ἑκατοστὴν τιθέναι τῆς τιμῆς. Quelle est précisément la signification de ce payement? On a voulu y voir une caution judiciaire en vue des procès que peuvent soulever les oppositions à la vente [4]. Cette interprétation serait sans doute favorisée par la place qu'occupe, dans le passage de Théophraste, la phrase précitée, avant les mots ὅπως διαμφισβητήσαι κτλ., mais elle est inadmissible, et l'on est d'accord pour voir dans l'ἑκατοστή un impôt payé par l'acheteur. Si, en effet, elle était une caution judiciaire, on ne voit pas pourquoi l'acheteur seul aurait à la fournir. Elle devrait plutôt être imposée au vendeur, car c'est lui qui va se trouver en lutte avec les tiers opposants et qui peut aussi se trouver exposé à une demande en dommages-intérêts de la part de l'acheteur. Celui-ci ne peut encourir de responsabilité que dans le cas fort rare d'une entente frauduleuse avec le vendeur [5]. L'ἑκατοστή est donc

(1) Isée, loc. cit., § 29 : τούτῳ δὲ λαγχάνει δίκην τῆς ἀπορρήσεως.
(2) Platner, Process, t. II, p. 342-343; Schœmann, sur Isée, loc. cit.; Meier, Schœmann et Lipsius, p. 714; Hermann-Thalheim, p. 85, note 7.
(3) Cf. Platner, loc. cit.; Caillemer, loc. cit.
(4) Büchsenschütz, p. 557, note 4.
(5) Cf. Hofmann, p. 80, note 16.

plutôt une sorte de droit de mutation, et si l'acheteur seul supporte cette charge, c'est parce que, comme nous le verrons, il est seul à profiter de la formalité à l'occasion de laquelle cet impôt est perçu [1].

Le fonctionnaire chargé de la perception de cet impôt indiquait sur son registre le versement du centième et constatait par là même l'aliénation qui venait de s'accomplir. Des inscriptions retrouvées à Athènes ont permis de connaître les termes mêmes dans lesquels les énonciations du registre étaient ordinairement formulées. Elles sont, d'une manière générale, très sommaires et sont loin d'entrer dans tous les détails que nous donnent les registres de Ténos. On y voit indiqués le nom du vendeur et celui de l'acheteur, l'objet vendu, mais très sommairement (un terrain à Salamine, à Pallène, à Anaphlyste, etc.), le prix de la vente et le centième perçu par le receveur [2].

On a diversement interprété cet enregistrement du droit attique dont nous venons d'indiquer le mécanisme d'après le peu de renseignements que nous possédions à ce sujet. Caillemer, dans sa remarquable étude sur le contrat de vente [3], où il a complété et rectifié les vues qu'il avait déjà exposées dans son étude sur le crédit foncier [4], paraît disposé à admettre l'existence à Athènes de livres fonciers et d'une transcription comme dans d'autres cités grecques que nous

(1) Cf. en ce sens : Caillemer, *Crédit foncier*, p. 7 et *Contrat de vente*, p. 648; Hofmann, *loc. cit.*; Bœckh, I, p. 395; Meier, Schœmann et Lipsius, p. 713; Lipsius, *loc. cit.*; Thumser, *De civium Atheniensium muneribus*, p. 8 et s.; Hermann-Thalheim, p. 86, note 1; Dareste, Haussoulier et Reinach, p. 106 et 121; Dareste, *Traité des lois*, p. 277; Guiraud, p. 262. V. au surplus, sur les rapports de l'ἑκατοστή avec l'ἐπώνιον, *infra*, liv. III, tit. I, chap. II, sect. I, Contrat de vente.

(2) En voici un exemple : Διόνιτος Καλλιάδου Ἐπικηφίσιος ἀπέδοτε χωρίον ἐγ Κολωκιδῶν· ώνητής Μνησίμαχος Μνησόχου (HH) II ἑκατοστή (-)- III. Les fragments qui nous sont parvenus des registres du centième ont été publiés par Kœhler dans le *Corp. inscr. att.*, II, n°° 784-788 et en partie traduits par Dareste, *in Nouvelle Revue historique du droit*, 1884, p. 393 et 394.

(3) P. 648 et s.

(4) P. 7 et s.

avons indiquées. On objecterait en vain, dit-il, que Théophraste considère les affiches et les proclamations préalables à la vente comme destinées à suppléer à l'absence de
livres fonciers. Cette conclusion ne s'impose pas nécessairement : « Le philosophe ne dit pas que les προγραφαί et l'ἀναγραφή fussent incompatibles, et, rationnellement, il aurait eu
grand tort de le dire. L'affiche provoque les oppositions à la
vente, la transcription donne une publicité permanente à l'a-
liénation. Ce sont donc deux choses distinctes, qui peuvent
être conciliées, comme le prouve notre pratique quotidienne.
Le philosophe ne veut pas dire autre chose que ceci : « Toutes les formalités que je viens d'indiquer, ou au moins la
plupart d'entre elles, peuvent suppléer à l'absence de livres
publics. Mais là où existeront ces livres publics, il suffira de
les consulter pour être renseigné d'une façon prompte et
certaine sur l'état de la propriété. » Pour établir que la
transcription était connue des Athéniens, Caillemer invoque
l'inscription précédemment citée [1]. Il se fonde, en second
lieu, sur l'argumentation du discours de Démosthène contre
Panténète où il est dit, en parlant de Mnésiclès, ἦν ὠνητὴς
ἐγγεγραμμένος. C'est donc que l'inscription du nom de l'acheteur sur un registre était exigée. Caillemer invoque, d'autre
part, l'autorité de Théophraste lui-même. Lorsque ce philosophe indique l'utilité pratique des formalités usitées à Athènes, il s'exprime ainsi : « Elles ont cet avantage que tous
les intéressés sont avertis et peuvent mettre en mouvement
leurs réclamations ou leurs oppositions, et que les percepteurs de l'impôt découvrent facilement le véritable acquéreur astreint pour l'avenir à supporter les charges de la
contribution foncière. » Or cette utilité n'existerait pas si
des registres publics, contenant la mention des ventes, n'é-
taient mis à la disposition des intéressés, Caillemer tire enfin
un argument d'analogie du droit gréco-égyptien du temps

(1) *Supra*, p. 337, note 2.

des Ptolémées. On voit, dans le procès en revendication connu sous le nom de procès d'Hermias, celui-ci invoquer contre les titres que produisaient ses adversaires une disposition législative ainsi conçue : « τὰ μὴ ἀναγεγραμμένα αἰγύπτια συναλλάγματα ἄκυρα εἶναι [1]. » Or, ses adversaires ne trouvèrent rien à répondre à cet argument et furent obligés d'invoquer d'autres raisons pour justifier leurs prétentions [2].

Voici maintenant l'utilité pratique que Caillemer trouve au système du droit attique. Il part de cette idée que le fonctionnaire chargé de la perception de l'ἐκατοστή indiquait sur ses registres non seulement le versement du centième, mais encore la transmission qui venait de s'accomplir et portait officiellement, sur un tableau à ce destiné, le nom de l'acheteur devenu propriétaire au lieu et place de l'ancien : ἦν ὠνητὴς ἐγγεγραμμένος. « En conséquence, dit-il, lorsque plus tard un tiers était exposé à acquérir une seconde fois le même immeuble, pour conjurer le danger, il lui suffisait d'aller·chez le fonctionnaire chargé de la perception des droits de mutation. En consultant les registres, il voyait immédiatement si son contractant était encore propriétaire ou si l'on devait s'abstenir de traiter avec lui : ὅπως ἐξῇ.... διαμαρτύρεσθαι τῷ βουλομένῳ [3]. » Cette formalité avait aussi ses avantages pour l'acquéreur. Lorsque son droit venait à être méconnu, il trouvait dans ce dépôt public la preuve certaine de son droit de propriété. Si, par exemple, une action en revendication était intentée contre lui, l'extrait des registres constatant le versement du centième lui fournissait le juste titre nécessaire pour écarter l'action

---

(1) Peyron, *Papyri græci*, Turin, 1826, pars 3a, l. 14-15.

(2) Cet argument d'analogie tiré du droit égyptien ne nous semble nullement concluant dans une matière où les législations des différentes républiques de la Grèce présentent une grande diversité. Nous comprenons l'argument d'analogie tiré du droit gréco-égyptien, mais lorsqu'il s'agit d'institutions communes à toute la Grèce. Cf. sur le droit égyptien : Dareste, *in Journal des Savants*, 1883, p. 170 s.

(3) Théophraste, *loc. cit.*

formée contre lui. Enfin, d'après le même auteur, la formalité prescrite par la loi athénienne était également établie dans l'intérêt de l'Etat; elle rendait plus facile le
recouvrement des impôts et permettait aux percepteurs de
reconnaître immédiatement les personnes à qui ils devaient s'adresser pour le payement des contributions foncières [1].

Il y a, sans doute, dans cette théorie, une grande part
de vérité. Néanmoins, quelques-unes des propositions formulées par Caillemer nous paraissent fort contestables. Il
faut d'abord, à notre avis, renoncer à voir dans l'enregistrement du droit attique une véritable transcription, comme
celle qui était organisée à Ténos. Cela résulte manifestement du passage où Théophraste déclare que les προγραφαί
dont il a parlé précédemment pour Athènes et les autres
mesures de publicité analogues n'ont été édictées pour la
plupart qu'en l'absence (δι' ἔλλειψιν) d'une autre loi prescri-
vant la tenue de registres publics et la transcription (ἀναγραφή) des aliénations. On ne rencontrait donc pas simultanément en Grèce les affiches et la transcription, et puisque
les affiches étaient usitées à Athènes, la transcription ne
devait pas y être pratiquée. Nous reconnaissons bien que
rationnellement il n'y a pas incompatibilité entre les affiches
et la transcription, et que ces deux mesures peuvent se compléter. Mais la question est de savoir si les Grecs avaient
organisé une publicité aussi complète, et le texte de Théophraste nous paraît formel dans le sens de la négative [2].

Il est impossible, d'autre part, de considérer l'enregistrement athénien à l'égal de l'ἀναγραφή de Ténos quand on considère le caractère tout à fait sommaire des inscriptions qui
le constatent, et quand on voit, par exemple, l'immeuble
vendu désigné seulement par cette mention très vague
« un terrain à Salamine ». Il y a loin de cette mention aux

---

(1) Caillemer, *Crédit foncier*, p. 5-6.
(2) V. en ce sens : Hofmann, p. 96; Lipsius, *loc. cit.*, p. 1404.

énonciations si détaillées de Ténos et qui sont nécessaires pour constituer une sorte d'état civil de la propriété immobilière. Aussi Caillemer est-il obligé de supposer que le percepteur, après avoir indiqué sur ses registres le versement du centième, constatait spécialement la transmission de propriété et portait officiellement sur un tableau à ce destiné le nom de l'acheteur devenu propriétaire au lieu et place de l'ancien. Mais le passage de l'*argumentum* du plaidoyer contre Panténète sur lequel se fonde Caillemer (ἦν ὠνητὴς ἐγγεγραμμένος ὁ Μνησικλῆς), indique simplement que Mnésiclès avait été inscrit sur le registre comme ayant versé l'ἑκατοστή [1].

Quant aux tiers, étaient-ils suffisamment avertis par l'enregistrement? Evidemment non. Pour que les tiers pussent être renseignés, il faudrait d'abord admettre que les registres du percepteur étaient accessibles au public, ce qui n'est nullement démontré. De plus, en supposant la publicité de ces registres, le tiers qui, désireux d'acquérir un immeuble, les consultait, pouvait bien voir si son cocontractant n'avait point déjà aliéné une première fois l'immeuble en question [2]. Mais rien ne le renseignait sur le point de savoir si le vendeur avait lui-même acquis régulièrement ce bien, c'est-à-dire s'il avait payé son prix d'achat, condition nécessaire de la transmission de la propriété. L'amateur ignorait également les autres conditions dans lesquelles l'immeuble avait été acquis et les charges réelles qui pouvaient le grever. Le registre du percepteur était muet, en effet, sur les συμβόλαια et ne contenait que les énonciations strictement suffisantes au point de vue fiscal.

La principale utilité des registres était vraisemblablement

---

(1) Cf. Hermann-Thalheim, p. 86, note 1.

(2) Le passage de Théophraste (ὅπως ἐξῇ... διαμαρτύρεσθαι τῷ βουλομένῳ) que cite à ce sujet Caillemer (*Crédit foncier*, p. 7), n'a nullement trait à la question. Il se réfère, comme nous l'avons vu (*supra*, p. 335) aux oppositions provoquées par les affiches.

pour l'acheteur. Celui-ci pouvait y trouver la preuve décisive de son droit de propriété, mais à une double condition.
Il fallait d'abord qu'il ne pût s'élever aucun doute sur l'identité de l'immeuble, ce qui nous paraît difficile étant donné
le peu de précision de l'enregistrement à cet égard. Il faut
admettre, en second lieu, que l'absence d'opposition à la
suite des affiches entraînait pour les tiers déchéance du droit
de critiquer désormais l'aliénation. Or cette proposition,
malgré sa vraisemblance, n'est nullement établie d'une manière indiscutable. Quant à l'utilité que l'enregistrement pouvait présenter dans l'intérêt du fisc, elle est fort douteuse,
et l'affirmation de Caillemer à cet égard ne repose que sur
une interprétation très contestable des mots φανερὸς ἡ τῷ
τέλει [1].

Il est assez difficile, en définitive, de savoir quel était
exactement le système de publicité organisé à Athènes
pour les transmissions de propriété immobilières. Dans
l'état actuel des sources, on peut seulement affirmer l'existence de deux choses : les affiches antérieures à la vente,
et l'enregistrement de l'impôt versé par l'acheteur. On a vu
là une *sorte* de transcription [2]. On a dit aussi que si, à
Athènes, on tenait registre non des ventes mais du droit
fiscal acquitté par les acquéreurs, cela revenait au même [3].
Cela est possible, mais nous croyons plutôt que le système
du droit attique était assez défectueux, relativement à celui
de Ténos, par exemple. Il n'y aurait là, du reste, rien
d'étonnant, quand on se réfère au régime de publicité des hypothèques dont nous aurons à montrer toute l'imperfection.

Nous ne nous sommes occupé jusqu'à présent que de
la publicité des translations de propriété à titre onéreux,

(1) V. *supra*, p. 334, note 1. Cf. Dareste, *Science du droit*, p. 306, note, et
Traité des lois, p. 282.

(2) Cf. Hermann-Thalheim, p. 86, note 1 ; G. A. Leist, p. 60 ; Dareste,
Science du droit, p. 306, note.

(3) Dareste, Haussoulier et Reinach, p. 106.

c'est-à-dire par l'effet d'un contrat de vente. La loi exigeait-elle également l'accomplissement de certaines formalités en cas de transfert de propriété à titre gratuit, c'est-à-dire par l'effet d'une donation ? La question ne présente, dans le droit grec, qu'un intérêt assez minime par suite de la rareté des donations entre-vifs et surtout des donations immobilières [1]. Elle paraît toutefois devoir être résolue affirmativement, malgré le silence que garde Théophraste à l'égard des donations, en raison probablement de leur peu de fréquence. Le testament d'Epicure, qui a été conservé par Diogène Laërce, se réfère à une donation que le philosophe a faite antérieurement et qui a été transcrite au Métroon, κατὰ τὴν ἐν τῷ Μητρῴῳ ἀναγεγραμμένην ἑκατέρῳ δόσιν [1]. Mais en quoi consistait précisément cette ἀναγραφή au Métroon, dans les archives de l'Etat? Donnait-elle lieu au paiement d'un droit de mutation analogue à l'ἑκατοστή? Ce sont des questions auxquelles il est impossible actuellement de répondre. Il est probable, du reste, que l'enregistrement des donations n'était point spécial au droit attique. C'est du moins ce que l'on peut induire d'un passage de Dion Chrysostome où le rhéteur dit que tout le monde est d'accord pour attribuer une plus grande force aux contrats qui sont transcrits par les soins de l'Etat, quel qu'en soit l'objet, qu'il s'agisse de l'achat d'une terre, d'un navire, d'un esclave ou d'un emprunt, ou d'un affranchissement *ou d'une libéralité* quelconque [3].

Si toutes les transmissions entre-vifs de propriétés immobilières sont ainsi soumises, dans le droit attique, à une

---

(1) V. *Supra*, p. 123.

(2) Diogène Laërce, X, 16. Cf. Dareste, *in Annuaire*, 1882, p. 31.

(3) Dion Chrysostome, *Or.* XXXI, p. 362, éd. Dindorf : ὅτι πάντες ἡγοῦνται κυριώτερα ταῦτα ἔχειν ὅσα ἂν δημοσίᾳ συμβάλωσι διὰ τῶν τῆς πόλεως γραμμάτων· καὶ οὐκ ἔνι λυθῆναι τῶν οὕτω διῳκημένων οὐδέν, οὔτ' εἴ τις ὠνήσαιτο παρά του χωρίον ἢ πλοῖον ἢ ἀνδράποδον, οὔτ' εἰ τῳ δανείσειεν, οὔτ' ἂν οἰκέτην ἀφῇ τις ἐλεύθερον, οὔτ' ἂν δῷ τινα δωρεάν.

publicité plus ou moins bien organisée, aucune mesure semblable n'est prescrite pour les transmissions à cause de mort, soit *intestat*, soit testamentaires. Nous verrons, en étudiant la matière des successions, que les héritiers investis de la saisine légale, c'est-à-dire les descendants légitimes ou les adoptés entre-vifs, peuvent se mettre en possession des biens paternels aussitôt après l'ouverture de la succession, sans remplir aucune formalité et sans avoir à recourir au magistrat, ni sans aller déclarer leur qualité d'héritiers à un fonctionnaire quelconque. On ne rencontre non plus aucune trace de l'existence d'un droit de mutation pour cause de décès dans les plaidoyers des orateurs, et cependant ceux-ci, dans les procès assez nombreux qui nous sont parvenus concernant des questions de succession, n'auraient certainement pas omis de faire allusion à un semblable fait, quelquefois décisif pour la solution du débat [1].

Quant aux héritiers non saisis, c'est-à-dire les adoptés testamentaires et les parents en ligne ascendante ou collatérale, ils doivent, avant de prendre possession des biens héréditaires, faire reconnaître leur titre par l'autorité judiciaire, au moyen d'une procédure spéciale, celle de l'épidicasie. Or cette procédure d'envoi en possession, comportant par elle-même une certaine publicité, avait pu paraître suffisante pour porter à la connaissance des tiers la mutation de propriété [2].

---

(1) Caillemer, *Crédit foncier*, p. 8.

(2) Cf. Caillemer, *loc. cit.*, p. 9. Nous pouvons ainsi constater une ressemblance intéressante entre la loi attique et notre loi qui n'exige non plus la transcription que pour les transmissions entre-vifs, soit à titre onéreux, soit à titre gratuit.

CHAPITRE II

CONSTITUTIONS DE DROITS RÉELS (HYPOTHÈQUES)

Dans leur organisation plus ou moins complète du crédit foncier, les législateurs grecs s'étaient préoccupés d'assurer la publicité non seulement des mutations de propriété, mais encore des constitutions de droits réels. En ce qui concerne d'abord la publicité des hypothèques, les procédés variaient suivant les localités. Ainsi, d'après Théophraste [1], dans certaines villes, notamment à Cyzique, les dations d'hypothèques devaient, de même que les ventes, être publiées par un héraut cinq jours consécutifs avant d'être confirmées et, pendant ce délai, les parties intéressées pouvaient intervenir et faire opposition. On doit admettre que, dans ce système, la constitution d'hypothèque n'était point valable lorsqu'on n'avait pas observé les formes prescrites par la loi [2].

Dans d'autres localités, où l'on assurait la publicité des ventes au moyen de la transcription, cette mesure servait également à faire connaître aux tiers l'existence des droits réels qui affectaient l'immeuble vendu. Si cet immeuble était, par exemple, grevé d'une hypothèque, il pouvait en être fait mention dans l'acte, ainsi qu'on le voit dans une des inscriptions du registre des ventes immobilières de Ténos [3]. Lors-

---

(1) Théophraste, *loc. cit., supra*, p. 325.
(2) Hitzig, p. 54.
(3) Darerte, Haussoulier et Reinach, p. 82, § 37 : ἐπρίατο τὴν οἰκαν τὴν ἐν ἄστει... ἣ τετίμηται Φιλήμονι.

que l'hypothèque revêtait la forme d'une πρᾶσις ἐπὶ λύσει, ce qui était très fréquent à l'origine, la transcription s'appliquait à cette vente comme à toute autre, et l'on y mentionnait ordinairement les circonstances dans lesquelles était intervenue la vente fiduciaire, c'est-à-dire le prêt qu'elle garantissait [1].

Le registre des ventes n'était point, d'ailleurs, le seul qui pût porter les hypothèques à la connaissance des tiers. Ainsi les hypothèques qui garantissaient le payement de la dot, et qui étaient en usage non seulement à Athènes, mais encore dans d'autres localités, pouvaient être inscrites sur des registres spéciaux tenus, dans certaines villes, pour enregistrer les constitutions de dot. On voit, par exemple, sur le registre de Myconos, la constitution de dot faite par un père à sa fille accompagnée de la mention d'une hypothèque sur une maison appartenant au père, afin d'assurer le versement au mari de la partie de la dot qui n'avait point été payée lors du mariage [2].

Existait-il aussi des registres spéciaux pour les hypothèques? On s'est fondé sur un texte d'Aristote [3] pour affirmer l'existence d'un registre de ce genre dans l'île de Chio [4]. Mais ce texte n'a point la signification qu'on lui prête, et il dit seulement que les créances devaient ἀπογράφεσθαι εἰς τὸ δημόσιον, sans distinction entre les créances hypothécaires et les autres. C'est donc à un χρεωφυλάκιον [5], c'est-à-dire à un

---

(1) Dareste, Haussoulier et Reinach, p. 78, § 30 : κατὰ δάνειον ; p. 86, § 46: δανειζόμενος.

(2) Dareste, Haussoulier et Reinach, p. 50, § 4.

(3) Aristote, Æconom., II, 12 : Χῖοι... νόμου ὄντος αὐτοῖς ἀπογράφεσθαι τὰ χρέα εἰς τὸ δημόσιον.

(4) Büchsenschütz, p. 491 ; Hermann-Thalheim, p. 57. Büchsenschütz admet aussi qu'à Aphrodisias et à Smyrne il devait exister au χρεωφυλάκιον de ces villes des registres analogues aux registres hypothécaires.

(5) V. sur l'institution du χρεωφυλάκιον, Dareste, in Bulletin, VI, p. 241, et infra, liv. III, tit. I, chap. I, sect. IV.

dépôt public des titres de créances et de propriété, plutôt
qu'à un registre spécial des hypothèques, que fait allusion
Aristote [1]. On peut toutefois conjecturer qu'il existait un
registre de ce genre à Ténos, car dans cette île la publicité des droits réels était soigneusement assurée, non seulement par le registre des ventes, mais encore par un registre
des constitutions de dot [2]. Comme le registre des ventes ne
mentionne que très exceptionnellement les hypothèques qui
grevaient l'immeuble vendu, il y a lieu de croire que la
publicité de celles-ci était assurée par un registre spécial,
alors du moins qu'elles ne revêtaient pas la forme d'une
πρᾶσις ἐπὶ λύσει [3]. En définitive, ces divers registres pouvaient
présenter une très grande utilité, et Théophraste ne manque
pas d'en faire l'observation : « Partout, dit-il, où est établie
l'inscription des propriétés et des contrats, il est facile de
savoir par là si les biens sont libres et sans charges, et si
le vendeur est réellement propriétaire » [4]. Nous observerons
en outre que, dans les différentes localités où les hypothèques devaient être inscrites soit sur des registres spéciaux, soit sur les registres des aliénations immobilières, le
droit réel ne pouvait naître vis-à-vis des tiers que par l'inscription [5].

(1) Dareste, Haussoulier et Reinach, p. 120; Hitzig, p. 52, note 2.

(2) *Corp. Inscr. gr.*, II, 2338, b.

(3) Hitzig, p. 52.

(4) Théophraste, *loc. cit.*; § 2 : παρ' οἷς γὰρ ἀναγραφὴ τῶν κτημάτων ἐστὶ καὶ
τῶν συμβολαίων, ἐξ ἐκείνων ἔστι μαθεῖν εἰ ἐλεύθερα καὶ ἀνέπαφα καὶ τὰ αὑτοῦ πωλεῖ
δικαίως. — Le décret des Delphiens concernant le placement des sommes données
à la ville par Attale II, roi de Pergame, organise également la publicité des
hypothèques. Il dispose que, quand les épimélètes auront fait un prêt, ils devront
inscrire le nom des emprunteurs et les gages sur deux tableaux et en donneront
lecture à l'assemblée; l'un de ces tableaux sera déposé dans le temple et l'autre
dans les archives de l'État. Les frais d'inscription, ainsi que ceux du déplacement
des épimélètes, seront pris sur l'argent gagné au change. (*Bulletin*, V, p. 163, A,
33 et s.). Cette lecture devant l'assemblée a pour but, d'après Haussoulier (*loc.
cit.*), de suppléer à l'existence d'un bureau spécial des créances qui, d'après
l'inscription du moins, n'aurait pas été en usage à Delphes. Cf. Hitzig, p. 53-
54.

(5) Hitzig, p. 52.

A Athènes, il n'y avait ni registre de transcription, ni registre de constitution de dot. La publicité des ventes y était sans doute assurée, comme nous l'avons vu, par l'inscription sur le registre de perception du centième denier. Mais, ainsi qu'on l'a observé, « le percepteur n'avait nullement à se préoccuper des charges qui pouvaient peser sur le fonds vendu. Son registre était avant tout un livre de comptes et il lui importait seulement de connaître exactement le prix de la vente » [1]. C'est probablement pour combler cette lacune que les Athéniens se sont avisés d'inscrire les hypothèques sur les fonds mêmes qu'elles grevaient, au moyen des ὅροι. De tout temps on paraît avoir pratiqué en Grèce l'usage des bornes sur le sol pour indiquer, par exemple, que tel ou tel emplacement faisait partie du domaine public, ou que c'était un lieu consacré à la sépulture. Nous avons vu également qu'avant les réformes sociales de Solon, il existait sur les domaines des Eupatrides des ὅροι pour marquer le droit de propriété supérieur du maître et la dépendance de la terre [2]. On devait donc être naturellement amené à se servir des ὅροι pour rendre publiques et afficher en quelque sorte les hypothèques qui grevaient les propriétés foncières.

Les ὅροι hypothécaires, ainsi que nous l'avons précédemment établi [3], n'ont fait leur apparition dans le droit attique qu'au ive siècle [4]. D'autre part, les ὅροι les plus récents que nous possédions sont du milieu de iie siècle avant notre ère, et on n'en trouve aucun de l'époque romaine [5]. Le

(1) Dareste, Haussoulier et Reinach, p. 121.

(2) V. supra, t. II, p. 536.

(3) Supra, p. 193.

(4) La mention des ὅροι est assez fréquente dans les plaidoyers qui nous ont été conservés. V. Isée, De hered. Philoct., § 36; Démosthène, C. Aristog., I, § 69; C. Timoth., §§ 11, 12, 61; C. Onet., II, §§ 1, 12, 13; C. Spud., §§ 5, 6.

(5) Dittenberger attribue à l'époque impériale l'ὅρος qu'il a publié dans le Corp. inscr. att., III, 413. Mais nous estimons, avec Dareste, Haussoulier et Reinach (p. 122, note 3), que l'argument fourni en ce sens par Dittenberger n'est nulle-

grammairien Harpocration, qui fut vraisemblablement con-
temporain de Marc-Aurèle, parle des ὅροι au passé et
comme d'un souvenir [1]. Il en est de même de Pollux [2] et
des autres lexicographes [3]. L'institution des ὅροι paraît
donc être tombée d'assez bonne heure en désuétude. Mais
pour quelle cause ? Il est assez difficile de se prononcer
à cet égard. On a dit que les Athéniens durent s'en tenir
aux contrats, συνθῆχαι, qui sont plus d'une fois mentionnés
dans les inscriptions hypothécaires et que l'on déposait
chez quelque notable ou même dans les archives de l'Etat.
Ils purent alors se passer des ὅροι qui n'étaient que des
affiches [4]. Nous serions plutôt disposé à croire que la disparition des ὅροι a pour cause l'organisation d'un régime de
publicité plus perfectionné, c'est-à-dire l'institution de registres hypothécaires qui, en raison de leur fragilité, ne nous
sont point parvenus. Les enseignes hypothécaires sont dès
lors devenues inutiles [5].

L'usage des ὅροι hypothécaires n'est point spécial au droit
attique. On le rencontre également dans d'autres cités
grecques, à Syros, à Lemmos, à Amorgos et à Naxos. Mais
il s'explique, dans ces cités, soit par la présence de clérouques athéniens, qui avaient naturellement les mêmes
institutions que celles d'Athènes, soit par les nombreuses

---

ment suffisant. V. au surplus, sur l'âge des ὅροι, Koumanoudis, *in* Ἐφημερὶς τῶν
Φιλομαθῶν, nᵒ du 10 octobre 1865. Cf. Ἀθήναιον, IV (1876), p. 122.

(1) Harpocration, vᵒ ὅρος, ἄστιχτον χωρίον, ἀποτιμηταί. V. *infra*, p. 350, note 2.
Cet auteur nous apprend qu'il était question des ὅροι dans un plaidoyer de
Lysias contre Eschine le Socratique et dans une comédie de Ménandre intitulée
Παραχαταθήχη. Ni le plaidoyer, ni la comédie ne nous sont parvenus. Il existait
aussi un discours d'Antiphon contre Nicoclès περὶ ὅρων, mais on ne sait s'il
concernait des ὅροι hypothécaires ou s'il avait trait à une action *finium regundorum*. Cf. Meier, Schœmann et Lipsius, p. 485, note 24 et p. 691, note 582.
(2) Pollux, IX, 3 ; III, 85. V. *infra*, p. 350, note 2.
(3) Cf. Hésychius, vᵒ ὅρος, ἄστιχτον.
(4) Dareste, Haussoulier et Reinach, p. 122.
(5) Cf. Hitzig, p. 68.

relations de ces îles avec l'Attique. Aussi a-t-on pu dire avec raison que les ὅροι sont une institution purement athénienne [1].

Les ὅροι hypothécaires consistent soit dans des tablettes de bois (πανίδες, σανίδια), soit dans des stèles de pierre [2]. Les premières étaient plus naturellement placées sur les édifices, les secondes sur les fonds de terre. Il paraît, en conséquence, plus juste de traduire le mot ὅρος par enseigne, car le mot borne ne conviendrait pas pour les inscriptions placées sur les édifices [3]. L'établissement des ὅροι est désigné par les expressions στῆσαι, ἐγκαταπηγνύναι, ἐπικρεμαννύναι, ἐπιτιθέναι ορους [4], ou par les mots ὁρίζειν, προσορίζειν [5] et leur enlèvement par les mots ἀνασπᾶν, ἀφαιρεῖν, ἀναιρεῖν [6]. L'immeuble (χωρίον) sur lequel a été apposée une enseigne hypothécaire, est alors appelé ἀφωρισμένον [7], ou ἐστιγμένον [8], tandis qu'à l'inverse celui qui est libre de toute inscription est dit ἄστικτον [9] ou bien encore ἐλεύθερον καὶ ἀνέπαφον [10].

Nous ne possédons aucune tablette de bois. Quant aux stèles de pierre qui nous sont parvenues, elles consistent

---

(1) Dareste, Haussoullier et Reinach, p. 141. Cf. Hitzig, p. 68, 69.

(2) Harpocration, v° ὅρος: οὕτως ἐκάλουν οἱ Ἀττικοὶ τὰ ἐπόντα ταῖς ὑποκειμέναις οἰκίαις καὶ χωρίοις γράμματα, δηλοῦντα ὅτι ὑπόκεινται δανειστῇ. Pollux, III 85 : ὅρους ἐφιστάναι χωρίῳ· λίθος δ'ἦν ἡ στήλη τις δηλοῦσα ὡς ἔστιν ὑπόχρεων τινι τὸ χωρίον· ἐπὶ δὲ τούτου ἐλέγετο ἐστίχθαι τὸ χωρίον. ὡς τὸ ἐναντίον ἄστικτον. IX, 9 : τὸ ὑπόχρεων χωρίον ὡρισμένον καὶ ἡ ἐνεστηκυῖα στήλη ὅρος. Bekker, Anecd., I, p. 285, 12 : ἔστι δὲ ὁ ὅρος καὶ σανίδιον τὸ ἐπιτιθέμενον ταῖς οἰκίαις καὶ τοῖς χωρίοις ἐγκαταπηγνύμενον τοῖς ἐνεχυριαζομένοις πρὸς ἃ ὀφείλουσιν οἱ δεσπόται, καὶ ἐπιγέγραπται αὐτοῖς αὐτὸ τοῦτο-ὅτι πρὸς δάνειον κατέχεται τόδε τὸ χωρίον, ἤδε ἡ οἰκία, ἕνεκα τοῦ μηδένα συμβάλλειν τοῖς προκατεσχημένοις.

(3) Dareste, Haussoullier et Reinach, p. 109, note 1.

(4) V. Bekker, Anecd., I, p. 285, supra, note 2 et I, p. 192.

(5) Démosthène, C. Onet., II, § 4.

(6) Démosthène, C. Onet., II, § 3 ; C. Timoth., § 12 ; C. Aristog., I, § 70.

(7) Démosthène, C. Timoth., § 61 ; Pollux, IX, 9.

(8) Pollux, III, 85.

(9) Pollux, ibid.

(10) Théophraste, loc. cit., § 2. Supra, p. 347, note 4.

en des pierres souvent grossièrement taillées et affectant
la forme carrée ; quelques-unes seulement, par exception,
consistent en des colonnes. Elles sont de grandeurs différentes : la plus grande que nous possédions mesure 75 cen-
timètres de hauteur, sur 42 de largeur et 17 d'épaisseur [1].
On ne plaçait, en général, qu'un seul ὅρος; sur l'immeuble hypothéqué. Toutefois le créancier pouvait aussi, pour
plus de sécurité, en établir plusieurs. Ainsi dans le plaidoyer
de Démosthène contre Spoudias, où l'hypothèque porte sur
une seule maison, il est question de plusieurs ὅροι posés par
le créancier [2]. Il se peut aussi que, dans le cas où un même
immeuble a été affecté à plusieurs créanciers, les droits
de ceux-ci soient inscrits sur plusieurs ὅροι juxtaposés [3].

Les ὅροι contiennent, d'une manière générale, toutes les
indications nécessaires pour renseigner les tiers sur les
charges hypothécaires pesant sur l'immeuble. Ces mentions,
bien qu'étant généralement les mêmes sur tous les ὅροι,
n'étaient toutefois réglementées que par l'usage, ou du
moins nous ne connaissons aucune loi qui en ait prescrit
l'observation. Voici les diverses mentions que l'on rencontre
dans les ὅροι qui nous sont parvenus [4] :

---

(1) Cf. sur la forme des ὅροι, Stœlzel, *in Zeitschrift für Rechtsgeschichte*,
II (1863), p. 96-104, *Ueber die ὅροι des attischen Rechts und die tabulæ der
L. 22, § 2, D. quod vi aut clam*; Hitzig, p. 69.

(2) Démosthène, *C. Spud.*, § 6 : διέθετθ' ὅρους.

(3) Tel est le cas des deux ὅροι publiées dans le Δελτίον ἀρχαιολογικόν,
1892, p. 1. Ils consistaient en deux inscriptions gravées sur les murs d'une même
maison et attestaient les droits de deux créanciers hypothécaires différents.

(4) Nous citerons, comme types d'inscriptions hypothécaires, les quatre suivantes empruntées au Recueil de Dareste, Haussoullier et Reinach, p. 108 et s.
N° 5, hypothèque de mineur : ἐπὶ Νικοκλέους ἄρχοντος· ὅρος χωρίων καὶ οἰκίας
τοῦ ὕδατος τοῦ προσόντος τοῖς χωρίοις κλήρων δυεῖν ἀποτετιμημένων παισὶν ὀρφα-
νοῖς τοῖς Χαρίου. N° 11, hypothèque dotale : ὅρος χωρίου καὶ οἰκίας ἀποτίμημα
προικός. Νικομάχει Πολυκλείτου θυγατρί. N° 39, engagement sous forme de
vente à réméré : ὅρος οἰκίας πεπραμένης ἐπὶ λύσει Ἀρχενομίδῃ Χ. N° 65, hypothèque conventionnelle : ἐπ' ἄρχοντος Λεοντίως μηνὸς Ἀπατοριῶνος· ὅρος οἰκιῶν
καὶ κήπου ὧν κατέθηκεν Ἀντήνωρ Κλευδίκου Πασαρίστῃ Εὐαγόρου μετὰ κυρίου

(*a*). L'indication que la pierre ou la tablette est un ὅρος.

(*b*). La désignation de l'objet hypothéqué. Cet objet est toujours un immeuble, non point que les meubles ne soient pas susceptibles d'hypothèque [1], mais parce que les hypothèques immobilières sont seules, en fait, susceptibles de la publicité matérielle qui résulte de l'établissement des ὅροι. L'immeuble mentionné sur l'ὅρος est alors tantôt un domaine rural avec les eaux qui en dépendent (ὅρος χωρίων καὶ τοῦ ὕδατος τοῦ προσόντος τοῖς χωρίοις), tantôt une maison (ὅρος οἰκίας), ou bien un domaine et une maison conjointement, tantôt une maison avec les jardins qui en dépendent (ὅρος οἰκίας καὶ κήπων) tantôt un terrain à bâtir (ὅρος οἰκοπέδων). Quelquefois enfin l'objet hypothéqué est un atelier avec les esclaves qui y sont attachés (ὅρος ἐργαστηρίου καὶ ἀνδραπόδων). On a conjecturé avec raison qu'il faut entendre ici par atelier une exploitation de mines ou une usine destinée à la transformation du minerai, car c'est dans les mines du Laurion qu'ont été découvertes, les inscriptions de ce genre [2].

(*c*). La nature de l'engagement, ἀποτίμημα, πρᾶσις ἐπὶ λύσει ou hypothèque proprement dite.

(*d*). Le nom du créancier, généralement au datif, et quelquefois au génitif. En cas d'ἀποτίμημα προικός, c'est la femme qui est inscrite comme créancière ; en cas d'ἀποτίμημα constitué lors d'une μίσθωσις οἴκου, c'est le pupille (παῖς, ὀρφανός) dont le nom est indiqué sur l'ὅρος, quelquefois avec la mention du nom de son père. Lorsque le créancier est une communauté, comme un éranos, c'est le nom de son président qui

---

Σάμωνος ἀργυρίου δραχμῶν ἐνενήκοντα κατὰ τὰς συνθήκας τὰς κειμένας παρὰ... Κριτολάου. V. sur les mentions de l'inscription hypothécaire : Caillemer, *Crédit foncier*, p. 12; Dareste, *in Nouvelle Revue historique*, 1882, p. 5 ; Dareste, Haussoullier et Reinach, p. 128 ; Schulthess, p. 165; Hitzig, p. 69.

(1) V. *supra*, p. 209.
(2) Dareste, Haussoullier et Reinach, p. 129.

est indiqué comme celui du créancier [1]. Si c'est un temple, c'est le nom du dieu qui figure dans l'inscription [2]. On rencontre également parmi les créanciers un thiase [3], un collège d'orgéons, un dème et un γένος [4] [5]. La mention du nom du créancier n'est cependant point essentielle, et elle fait défaut dans quelques enseignes [6]. Dans d'autres, ce nom n'est indiqué qu'indirectement, par le renvoi que fait l'enseigne au contrat qui renferme la constitution d'hypothèque [7].

e. La nature de la créance garantie par l'hypothèque, par exemple, ὅρος χωρίου προικός [8]. Cette mention fait défaut lorsque l'engagement a lieu sous forme de vente à réméré. Elle peut d'ailleurs, comme la précédente, résulter indirectement du renvoi fait aux συνθῆκαι déposées dans un lieu de dépôt public ou chez un particulier [9].

f. Le nom du débiteur. Cette mention apparaît toutefois très rarement et cela se comprend. L'enseigne hypothécaire étant placée sur l'immeuble même, l'indication du propriétaire débiteur n'est nullement nécessaire : c'est la chose

---

(1) Dareste, Haussoulier et Reinach, n° 38 : ὅρος οἰκίας πεπραμένης ἐπὶ λύσει Ἐρχνιεταῖς τοῖς μετὰ Πανταρέτου Ἀλωπεκῆθεν X HHH. Cf. *ibid.*, n° 64. Par contre, on voit une association, celle des Εἰκαδεῖς, placer un ὅρος sur un terrain qui lui appartient pour indiquer qu'il est interdit à tout membre de l'association d'engager ce terrain pour une somme quelconque. *Corp. inscr. att.*, II, n° 1098 : ὅρος χωρίου κοινοῦ Εἰκαδέων. Μὴ συμβάλλειν εἰς τοῦτο τὸ χωρίον μηθένα μηθέν.

(2) Ainsi, d'après une inscription attique, les prêtres du dème de Myrrhinonte qui sont chargés de prêter sur hypothèque les fonds appartenant au temple, doivent « prêter a un débiteur solvable, sur un terrain, sur une maison ou sur un grand domaine rural, et placer une enseigne indiquant à quel dieu appartient l'argent prêté, οὗ ἂν εἰ θεοῦ παραγράφοντα ὅτου ἂν εἰ τὸ ἀργύριον. » *Corp. inscr. att.*, II, 578, l. 28 et s.

(3) Dareste, Haussoulier et Reinach, n° 29.

(4) *Ibid.*, n° 59.

(5) *Ibid.*, n° 10.

(6) *Ibid.*, n°° 16, 25, 28, 40, 43.

(7) *Ibid.*, n°° 62 et 63.

(8) *Ibid.*, n°° 10 et 8.

(9) *Ibid.*, n°° 62 à 65.

plutôt que la personne qu'affecte l'hypothèque. Le renvoi fait par l'ὅρος aux συνθῆκαι peut du reste servir à trouver le nom du débiteur.

g. Le montant de la créance garantie par l'inscription. Cette mention n'existe point cependant dans le cas de μίσθωσις οἴκου, car on ignore, au moment de la constitution d'hypothèque, la somme dont se trouvera débiteur à la fin de la tutelle le locataire des biens du mineur.

h. La date de la constitution d'hypothèque. Cette mention qui aujourd'hui est une formalité essentielle de l'inscription hypothécaire, ne se rencontre que dans très petit nombre d'ὅροι, c'est-à-dire dans neuf inscriptions hypothécaires sur les soixante-treize que nous possédons. Cette omission s'explique facilement pour les ὅροι qui constatent l'engagement de l'immeuble sous forme d'une vente à réméré, car en pareil cas, l'immeuble, étant devenu la propriété du créancier, ne peut être engagé une seconde fois et il ne saurait être question de régler le concours des deux créanciers sur le même fonds d'après la date respective de leurs hypothèques [2]. Mais, à l'époque où se placent la plupart des ὅροι que nous possédons, c'est-à-dire vers le milieu du IV° siècle et au III°, les Athéniens avaient fini par admettre la possibilité de constituer sur un même immeuble deux ou plusieurs hypothèques proprement dites, de rang différent. Il était ainsi nécessaire de connaître la date qui détermine ce rang. Il fallait donc, dans le silence de l'inscription à cet égard, se reporter au contrat déposé chez telle ou telle personne. La mention de la date sur l'ὅρος ne dispensait même pas quelquefois d'y recourir, car cette mention est assez vague et consiste simplement dans l'indication du nom de l'archonte éponyme pendant la magistrature duquel l'hypothèque a

---

(1) V. sur le nombre des ὅροι, *supra*, p. 183, note 4.

(2) Parmi les ὅροι constatant une πρᾶσις ἐπὶ λύσει, un seul, le n° 49, renferme l'indication de la dot.

été constituée. Or c'était insuffisant dans l'hypothèse où deux
hypothèques avaient été constituées sous le même archontat [1]. L'ὅρος peut, du reste, déterminer indirectement la date
respective des hypothèques, en indiquant que l'immeuble est
grevé, en première ligne, d'une hypothèque au profit de telle
personne, et que le surplus seulement est affecté à d'autres personnes [2].

Les enseignes hypothécaires, de même que les autres
ὅροι, devaient être respectées de tous, vraisemblablement sous
peine d'amende [3]. Mais, ainsi qu'en témoignent les plaidoyers
des orateurs, il était facile de les arracher et de les faire
disparaître [4].

Il nous reste à déterminer la signification et l'utilité des
ὅροι. Un premier point certain, c'est que l'établissement des
enseignes hypothécaires n'est nullement prescrit par la loi.
Toutefois, en cas de μίσθωσις οἴκου, l'archonte, chargé de
veiller aux intérêts du mineur, prend soin de faire placer
une enseigne sur les biens affectés à la créance du pupille [5].
On peut, en conséquence, caractériser la portée juridique
des ὅροι en disant que, d'une part, leur absence sur le fonds
hypothéqué n'est point par elle seule une preuve suffisante
que ce fonds n'est grevé d'aucune dette et, d'autre part,
que leur présence sur un immeuble ne fournit point une
preuve péremptoire de l'existence de l'hypothèque [6].

---

(1) Cf. Dareste, in *Nouvelle Revue historique*, 1885, p. 6 ; Dareste, Haussoulier et Reinach, p. 129.

(2) Tel est le cas de l'ὅρος n° 10.

(3) Dareste, Haussoulier et Reinach, p. 129. V. inscription de Chio, in Cauer,
Delectus, n° 496 A : ἤν τίς τινα τῶν οὔρων τούτων ἢ ἐξέλῃ ἢ μεθέλῃ ἢ ἀφανία
ποιήσει ἐπ'ἀδικίῃ τῆς πόλεως, ἑκατὸν στατῆρας ὀφειλέτω κἄτιμος ἔστω. Cf. *Bulletin*, III (1879), p. 238 ; Hermann, *De terminis eorumque religione apud Græcos*, 1846.

(4) V. *infra*, 356-357.

(5) V. *supra*, t. II, p. 256.

(6) Cf. Platner, *Process*, II, p. 305 ; Caillemer, *loc. cit.*; Meier, Schœmann et
Lipsius, p. 691 ; Dareste, Haussoulier et Reinach, p. 138 ; Guiraud, p. 286; Hitzig, p. 70.

Le plaidoyer de Démosthène contre Phænippos renferme la preuve manifeste de la première de ces propositions. Il s'agit d'une de ces contestations qui s'élèvent en cas d'ἀντί-δοσις et dans lesquelles les parties sont mises réciproquement en demeure d'établir le montant exact de leur fortune et, par suite, de justifier des charges qui peuvent grever leurs immeubles et en diminuer l'estimation [1]. L'adversaire de Phænippos, après l'avoir cité devant les stratèges, prend avec lui quelques parents et amis et se rend avec eux à son domaine de Kythéros, où, après avoir reconnu les limites de ce domaine, il constate devant témoins qu'il n'y a sur l'immeuble aucun ὅρος. Mais cette constatation ne lui paraît pas suffisante, et il met Phænippos en demeure « de dire et déclarer s'il prétendait qu'il existât une inscription hypothécaire, de peur qu'on ne vînt à découvrir plus tard quelque dette grevant le fonds » [2]. C'est donc que les droits des créanciers hypothécaires auraient pu s'exercer ultérieurement sur l'immeuble malgré l'absence d'ὅρος. C'est ce qui résulte également d'un autre passage du même plaidoyer où l'on voit que Phænippos, longtemps après le procès-verbal dont nous venons de parler, produit des créanciers qui prétendent avoir hypothèque sur le domaine. Or l'orateur, pour combattre cette prétention, n'invoque point l'absence d'ὅροι; il se prévaut seulement du témoignage même de ces créanciers, et c'est avec ce témoignage qu'il confond Phænippos [3]. L'hypothèque pouvait donc produire son effet vis-à-vis des tiers sans être rendue publique. Il n'était guère possible d'ailleurs qu'il en fût autrement, si l'on songe qu'un débiteur peu scrupuleux avait toute facilité pour supprimer les ὅροι qui attestaient les droits de son créancier. Tel est le cas de Timothée faisant disparaître les inscriptions établies sur

---

(1) V. sur l'antidosis, *infra*, liv. II, tit. VI, chap. III.
(2) Démosthène, *C. Phænip.*, § 5.
(3) *Ibid.*, §§ 28, 29.

ses immeubles [1]. Cette suppression pouvait même être le fait du créancier. Ainsi Onétor, après avoir pris inscription sur la maison d'Aphobos pour garantir la restitution de la dot qu'il prétend avoir constituée à sa sœur, fait ensuite disparaître cette inscription [2]. Néanmoins Démosthène, menacé d'éviction par Onétor, sans argumenter de cette suppression, s'efforce seulement d'établir que la créance d'Onétor est simulée et qu'il n'a point payé la dot de sa sœur.

La présence d'un ὅρος ne fournit point, d'un autre côté, une preuve péremptoire de l'existence de l'hypothèque et de la créance qu'elle garantit. C'est ce qu'indique très nettement ce même plaidoyer de Démosthène où celui-ci, s'adressant à son adversaire Onétor, lui dit : « Si tu prends inscription pour quatre-vingts mines, sort-il de là que la dot soit de quatre-vingts mines, qu'elle soit plus forte, si l'inscription est plus forte, moindre, si l'inscription est moindre?... Est-il juste que le fonds t'appartienne parce que tu dis avoir pris inscription? Non, c'est la vérité qu'il faut voir [3]. » Aussi lorsqu'en cas de confiscation, l'épouse du condamné se présentait pour réclamer la restitution de sa dot à l'Etat, il ne lui suffisait point d'alléguer l'existence d'un ὅρος sur les immeubles de son mari, elle devait, comme les autres créanciers du condamné, faire une déclaration et y joindre un état renfermant la date et le montant de sa créance, établir par témoins l'exactitude de cette déclaration et même fournir des cautions pour garantir la sincérité de ses prétentions [4]. L'établissement d'un ὅρος facilite seulement, en fait, au créancier la preuve de son droit, mais elle ne le dispense pas de fournir une preuve plus complète, notamment celle que peut procurer le contrat (συνθήκαι) dressé

---

(1) Démosthène, *C. Timoth.*, § 13.

(2) Démosthène, *C. Onet.*, II, § 4.

(3) *Ibid.*, § 13 : πῶς ἐστι δίκαιον, ἐὰν μὲν ὀγδοήκοντα μνῶν ᾖς ὅρους, ὀγδοήκοντα μνᾶς εἶναι τὴν προῖκα κτλ.

(4) V. *infra*, tit. VI, chap. II, de la confiscation.

entre les parties. Il semble même, d'après un plaidoyer de
Démosthène [1], que la production de ce contrat jointe à l'existence d'un ὅρος élève une présomption absolue contre le défendeur. A l'inverse, l'absence ou l'enlèvement des enseignes
hypothécaires peut, en fait, entraîner pour le créancier la
déchéance de son droit. C'est ce que laisse également entendre un autre plaidoyer du même orateur [2]. En définitive,
le système de publicité pratiqué dans le droit attique était
loin d'être organisé avec la même perfection que dans le
droit moderne ; cependant, comme on l'a justement observé,
au prix même de quelques inconvénients, mieux valait encore cette publicité que la clandestinité hypothécaire de
Rome [3].

L'inscription hypothécaire n'est point immuable et elle
peut être modifiée suivant les circonstances, notamment être
réduite si le débiteur fait un paiement partiel. C'est ce qui
résulte d'une inscription attique [4], du moins suivant certains
auteurs dont l'interprétation nous paraît exacte. On y voit
un nommé Pythadoros donner en mariage sa fille Xénaristé
en lui constituant en dot une somme de 4000 drachmes dont
il est demeuré débiteur. Pythadoros a, comme garantie, conféré sur ses biens une hypothèque qui a été inscrite le jour
même de sa constitution, sous l'archontat d'Euxénippos (305-
304). Mais deux ans plus tard, sous l'archontat de Léostratos (303-302), il fait un paiement partiel de 2000 drachmes,
acquittant en outre les intérêts de ces 2000 drachmes qui,
au taux de 18 pour 100 par an, se montaient à 720 drachmes.
Pythadoros demeure ainsi débiteur d'une même somme de

(1) Démosthène, C. Aristog., I, § 69 : εἰ μὲν ἐφαίνοντο αἵ τε συνθῆκαι καθ' ἃς
ἐδανείσαντο κείμεναι καὶ οἱ τελῶντες ὅροι ἑστηκότες, τὸν ἀρνούμενον ἡγεῖσθ' ἂν
ἀναιδῆ δηλονότι.

(2) Démosthène, C. Timoth., § 12 : ὃς νῦν αὐτοὺς ἀποστερεῖ καὶ τοὺς ὅρους
ἀνέσπακεν.

(3) Caillemer, loc. cit., p. 14.

(4) Corp. inscr. att., II, n° 1137 et Dareste, Haussoulier et Reinach, p. 110,
n° 17. V. supra, t. I, p. 298, note 2.

2720 drachmes, capital et intérêts, et ce reliquat se trouve toujours garanti par l'hypothèque inscrite deux ans auparavant sous l'archontat d'Euxénippos. Mais Pythadoros, intéressé à réduire l'inscription prise sur ses immeubles et qui est de nature à nuire à son crédit, substitue à l'inscription primitive, prise pour 4000 drachmes, une inscription nouvelle prise pour 2720 drachmes seulement. En réalité, il y a plutôt là un renouvellement d'inscription qu'une inscription nouvelle, et la seconde inscription remonte à la date de la première, afin que le créancier de la dot ne soit point exposé à se voir primé par des hypothèques inscrites entre la constitution de dot et le renouvellement de l'inscription. C'est ce qui explique pourquoi l'ὅρος renferme ici la mention d'une double date, celle de l'archontat d'Euxénippos et celle de l'archontat de Léostratos[1].

En raison même de la manière dont elle s'opère, l'inscription hypothécaire est forcément spéciale. En supposant donc que le débiteur ait conféré une hypothèque générale sur tous ses biens[2], le créancier doit par prudence établir des ὅροι sur les divers immeubles compris dans le patrimoine de son débiteur et qui lui sont également affectés[3].

Existait-il pour les autres droits réels, tels que les servitudes ou les baux à long terme, un système de publicité analogue à celui qui avait été organisé soit pour les mutations de propriété, soit pour les constitutions d'hypothèques? Nous ne possédons à ce sujet aucun renseignement. La solution affirmative peut toutefois s'induire de ce passage de Théophraste où l'auteur, nous montrant l'utilité de la trans-

(1) Cf. en ce sens : Dareste, in Bulletin, 1878, p. 485 et in Nouvelle Revue historique, 1885, p. 8; Dareste, Haussoulier et Reinach, p. 134; Dittenberger, Sylloge, n° 435. Contra : Kœhler, Mittheilungen, II (1877), p. 277. Cf. Meier, Schœmann et Lipsius, p. 518, note 110.

(2) V. supra, p. 208.

(3) Cf. Dareste, in Nouvelle Revue historique, 1885, p. 9 ; Dareste, Haussoulier et Reinach, p. 140.

cription, nous dit que grâce à elle il est facile de voir si les
biens sont ἐλεύθερα καὶ ἀνέπαφα. Pour donner une signification
spéciale à chacune de ces deux expressions, on peut enten-
la première des biens qui sont libres de toute charge emphytéotique et la seconde des biens qui sont libres d'hypothèques [1]. Là où existait la transcription, les baux à long
terme auraient donc dû être soumis à cette formalité, de
même que dans notre législation actuelle [2]. Mais ce n'est là
qu'une conjecture. On voit, d'autre part, à Athènes, les ὅροι
employés quelquefois, en dehors des constitutions d'hypothèques, pour indiquer l'existence d'un bail à longue durée.
Ainsi, dans le réglement pour la location des biens du dème
d'Aixoné, location qui est faite pour une durée de quarante
années, il est dit que les trésoriers du dème devront placer
des bornes sur le fonds loué, deux de chaque côté, hautes
de trois pieds au moins [3]. Mais c'est là une mesure destinée
exclusivement à affirmer les droits du propriétaire vis-à-vis
du fermier et qui ne présente aucune analogie avec celle des
ὅροι hypothécaires [4].

(1) V. en ce sens Hofmann, p. 82. Cf. Hermann-Thalheim, p. 149, note 3.
(2) V. loi du 23 mars 1855, art. 2.
(3) Dareste, Haussoulier & Reinach, p. 238, § 6.
(4) Abstraction faite des hypothèques que nous avons signalées, les ὅροι servent quelquefois, dans le droit attique, soit à proclamer la dotalité d'un fonds,
afin de prévenir toute confusion de biens (Dareste, Haussoulier et Reinach,
p. 118, n°s 67 et 68), soit à indiquer le caractère indivis du droit de propriété
sur le fonds et l'impossibilité où se trouvent les communistes de l'hypothéquer
isolément. Corp. inscr. att., II, n° 1098. V. supra, p. 353, note 1.

TITRE V

CHAPITRE I

DES ACTIONS PÉNALES

L'exercice du droit de propriété est garanti, dans la
législation athénienne, par un ensemble d'actions civiles et
pénales. Les atteintes au droit de propriété peuvent d'abord,
dans certains cas, constituer des délits que la loi réprime
soit simplement par des condamnations pécuniaires, soit par
des peines proprement dites.

La plus grave de toutes les atteintes au droit de propriété est évidemment le vol. A Athènes, comme chez nous,
le vol ne peut avoir pour objet qu'une chose mobilière, car
la condition essentielle du vol est que l'objet soit susceptible d'être enlevé. On peut toutefois concevoir, en ce qui
concerne les immeubles, des usurpations analogues au vol,
comme le déplacement des bornes avec empiétement sur le
fonds voisin. Ce délit, ainsi que nous l'avons dit, avait été
prévu et puni par les lois de Solon [1]. Nous avons vu égale-

---

(1) V. *supra*, p. 73.

ment que ces lois assuraient par des amendes le respect des
règlements relatifs à ce que nous avons appelé des servitudes légales [1].

Si les lois sur le vol ne concernaient ni les maisons ni les
terres, elles protégeaient les récoltes, les instrument agri-
coles, les esclaves et le bétail, en un mot toute la propriété
mobilière. La répression du vol après avoir été très sévère
dans l'ancienne législation attique, fut singulièrement adou-
cie par Solon et, à l'époque des orateurs, le vol simple,
c'est-à-dire de moins de cinquante drachmes et commis pendant le jour, ne donnait lieu qu'à une action privée, δίκη
κλοπῆς, dont la peine consistait, en principe, dans une
amende variant du double au décuple, suivant que l'objet
volé était ou non récupéré par le propriétaire. Le vol
accompagné de circonstances aggravantes pouvait, au contraire, donner lieu à une action publique et il était passible
de la peine de mort [2]. Le vol des esclaves était spécialement réprimé par la γραφὴ ἀνδραποδισμοῦ [3].

L'incendie volontaire était aussi puni très sévèrement :
le coupable était frappé de la peine capitale. Quant à l'incendie par imprudence, il ne donnait ouverture qu'à une
action en dommages-intérêts [4]. Nous ne voulons point, du
reste, insister davantage sur les actions pénales qui assuraient le respect de la propriété, car elles sont du domaine
du droit public. Il nous suffisait de signaler leur existence
et de montrer que les atteintes les plus graves à la propriété
n'avaient point seulement un caractère privé et tombaient,
de même que les délits contre la cité ou contre les personnes, sous l'application de la loi pénale.

(1) V. supra, p. 167-168.
(2) Cf. sur le vol : Thonissen, p. 299 et s.; Meier, Schœmann et Lipsius,
p. 451 et s.
(3) Meier, Schœmann et Lipsius, p. 457 et s.; Caillemer, in Daremberg et Saglio, v° Andrapodismou graphè. V. supra, t. II, p. 412.
(4) V. Platon, Leges, VIII, p. 843 e. Cf. sur le crime d'incendie, Thonissen,
p. 398.

CHAPITRE II

SECTION I

Notions générales. Des actions ἐνοικίου, καρποῦ *et* οὐσίας.

La théorie des actions civiles servant à garantir le droit de propriété soulève, dans le droit attique, des difficultés nombreuses et importantes dont la solution est quelquefois purement conjecturale. La principale raison en est que cette théorie ne peut guère se construire que d'après les renseignements fournis par les lexicographes, à qui le sens véritable des institutions de l'époque classique échappait bien souvent, et dont les diverses définitions fragmentaires paraissent quelquefois inconciliables soit entre elles, soit avec le peu que nous pouvons trouver sur notre matière dans les plaidoyers des orateurs.

Une première difficulté, et ce n'est pas la moindre, consiste à savoir qu'elle est précisément l'action au moyen de laquelle le propriétaire peut faire valoir son droit sur sa chose. A-t-il à sa disposition, comme dans le droit moderne, des actions destinées à faire respecter sa possession, abstraction faite de la question de propriété ? N'a-t-il, au contraire, comme dans le droit romain, qu'une action pétitoire, analogue à la *rei vindicatie* ? Ou bien enfin cette dernière action se combine-t-elle avec d'autres qui en forment en quelque sorte les préliminaires et les succédanés ?

C'est là un point très délicat pour la solution duquel nous avons à rechercher le rôle que jouaient dans la procédure attique les actions ἐνοικίου, καρποῦ et οὐσίας; ainsi que leur rapport avec la δίκη ἐξούλης.

Le lexique d'Harpocration renferme à ce sujet l'article suivant dont voici la traduction : « Ceux qui plaidaient au sujet de fonds de terre ou de maisons contre ceux qui les avaient n'exerçaient la δίκη οὐσίας qu'en seconde instance. En première instance, on employait la δίκη ἐνοικίου, s'il s'agissait de maisons, la δίκη καρποῦ, s'il s'agissait de fonds de terre. Après ces actions venait en troisième ligne la δίκη ἐξούλης. Il était du reste permis aux possesseurs de demeurer en possession des immeubles après qu'ils avaient succombé en première instance, sur la δίκη καρποῦ ou sur la δίκη ἐνοικίου et même, en seconde instance, sur la δίκη οὐσίας. Mais s'ils avaient succombé sur la δίκη ἐξούλης, il ne leur était plus permis de conserver les immeubles et ils devaient les remettre à ceux à qui ils avaient été adjugés. Ces règlements se trouvent exposés chez plusieurs orateurs, mais principalement par Isée dans le plaidoyer contre Timonidès au sujet d'un fonds de terre et dans le plaidoyer contre Dorothéos au sujet d'une δίκη ἐξούλης [1]. Théophraste, dans le livre XVIII de son *Traité des lois* s'occupe également de cette action [2]. » Suidas et Photius reproduisent la même explication dans des termes identiques [3].

---

(1) Les plaidoyers d'Isée et le passage de Théophraste où cette procédure é'sit décrite sont aujourd'hui perdus.

(2) Harpocration, vᵒ οὐσίας δίκη : οἱ δικαζόμινοι περὶ χωρίων ἢ οἰκιῶν πρὸς τοὺς ἔχοντας οὐσίας ἐδικάζοντο τὴν δευτέραν δίκην· ἡ δὲ προτέρα ἦν τῶν μὲν οἰκιῶν ἐνοικίου τῶν δὲ χωρίων καρποῦ, τρίτη δὲ ἐπὶ τούτοις ἐξούλης, καὶ ἐξῆν τοῖς ἑλοῦσι (ἔχουσι) κρατεῖν τῶν κτημάτων καὶ εἰ τὴν δίκην τὴν τοῦ καρποῦ ἢ τοῦ ἐνοικίου καὶ εἰ τὴν δευτέραν ἡττηθεῖεν τὴν τῆς οὐσίας· εἰ δὲ καὶ ἐξούλης ἁλοῖεν, οὐκέτι ἐξῆν ἐπικρατεῖν, ἀλλ' ἐξίστασθαι ἔδει ἤδη τῶν κτημάτων τοῖς καταδικασαμένοις. Reinach, *in* Daremberg et Saglio, vᵒ *Enoikiou dikè*, donne de ce texte une traduction conforme à sa théorie sur le rôle de ces trois actions, mais inexacte à notre avis.

(3) Suidas et Photius, vᵒ οὐσίας δίκη. Le lexique de Séguier (Bekker, p. 285,

Deux explications bien différentes ont été proposées de ce texte : dans l'une, il a trait uniquement à la procédure de revendication [1], dans la seconde, il se réfère exclusivement à la procédure d'exécution [2]. D'après la première interprétation, la procédure de la revendication passerait par trois phases successives et l'action réelle revêtirait successivement trois formes différentes. Le demandeur devait d'abord se borner à réclamer les fruits du fonds ou de la maison litigieuse, au moyen de la δίκη καρποῦ ou ἐνοικίου. Le défendeur, vaincu sur cette question des fruits ou des loyers, pouvait néanmoins demeurer en possession de l'immeuble, auquel cas le demandeur intentait la δίκη οὐσίας, action sur la propriété du fonds, qui était·la véritable action en revendication. Voici comment on explique cette double instance. « Le demandeur, dit Dareste, intentait d'abord une action en restitution des fruits... Sans doute, pour la revendication des fruits, comme pour la revendication du fonds, il était tenu de prouver son droit de propriété ; mais, en se bornant à demander les fruits, il s'exposait à de moins grands risques. En effet, le droit attique imposait au plaideur téméraire une peine proportionnelle à la valeur de la chose demandée. D'autre part, la décision rendue sur la propriété des fruits préjugeait infailliblement la question de la propriété du fonds. Dès lors, si

---

33), reproduit également les définitions d'Harpocration, en ajoutant seulement le mot ἀλλότρια : πρὸς τοὺς ἔχοντας ἀλλότρια καὶ καρπουμένους.

(1) Heffter, p. 264; Dareste, *Traité des Lois de Théophraste*, p. 288 et *Science du droit*, p. 311; Hermann-Thalheim, p. 130, note 1; Guiraud, p. 303; Reinach, *in* Daremberg et Saglio, v° *Enoikiou dikè* et Lécrivain, *ibid.* v° *Exoulès dikè*.

(2) Hudtwalcker, p. 141 ; Platner, *Process*, t. I, p. 433; Hermann, *Privat-alterth.*, 2ᵉ éd., § 72, note 12; Hitzig, p. 140, note 4 ; Meier et Schœmann, p. 967 (2ᵉ éd.). Lipsius (sur Meier et Schœmann, p. 967, note 589) adopte une opinion intermédiaire et croit que les actions signalées par Harpocration s'appliquaient à la fois à la revendication et à l'exécution. Mais, comme le reconnaît Reinach (*loc. cit.*), cette opinion est bien difficile à saisir. Caillemer (*Contrat de louage*, p. 16), se prononce pas sur la question.

le demandeur succombait sur la question des fruits, il pouvait renoncer à aller plus loin. S'il gagnait au contraire son
procès sur cette question, il pouvait s'engager à coup sûr
dans la question de la propriété du fonds, et souvent même
il n'avait pas besoin de continuer la lutte, car le défendeur
découragé devait offrir une transaction. L'action relative à
la propriété du fonds n'arrivait donc qu'en seconde ligne et
devait se présenter rarement ¹. » « Le droit athénien classique, dit d'autre part Reinach, attribuait une si grande importance au fait de la possession, que non-seulement le détenteur d'une maison ou d'un fonds de terre en était réputé
propriétaire jusqu'à preuve du contraire, mais qu'encore le
revendiquant devait faire porter en premier lieu sa demande
non sur l'immeuble lui-même, mais sur ses fruits, naturels
ou civils ; le possesseur ainsi interpellé, qui ne pouvait établir sa qualité de propriétaire ou de créancier gagiste, avait
donc en quelque sorte le choix entre déguerpir ou accepter
la situation de locataire et payer la redevance exigée ². »
Lorsqu'enfin le défendeur, vaincu également sur la δίκη οὐσίας,
refusait de s'exécuter, le revendiquant pouvait recourir en
troisième lieu à la δίκη ἐξούλης, ou action d'exécution, dont
les conséquences étaient extrêmement rigoureuses et com-
prenaient l'expulsion du défendeur avec une amende envers
le Trésor public. Pour répondre à l'objection tirée de ce que
le défendeur n'a aucun titre à conserver un immeuble dont
la propriété lui a été enlevée par jugement sur la δίκη οὐσίας,
et de l'inutilité apparente d'une troisième action pour lui
retirer la possession, on a imaginé l'hypothèse suivante. Si,
a-t-on dit, le défendeur gardait l'immeuble après la δίκη
οὐσίας, il était forcé de le payer au demandeur d'après l'éva-
tion fixée par les juges ³.

---

(1) Dareste, *Traité des Lois de Théophraste*, p. 288. Cf. *Science du droit*,
p. 311.
(2) *In* Daremberg et Saglio, *loc. cit.*
(3) Dareste, *Traité des Lois*, p. 289 et *Science du droit*, p. 311 ; Guiraud,

D'après la théorie que nous venons d'exposer, les actions καρποῦ et ἐνοικίου jouent, dans la procédure athénienne, un rôle analogue à celui de nos actions accessoires. L'action οὐσίας correspondait alors à l'action en revendication proprement dite, à l'action pétitoire. Il est vrai que, dans le droit attique, le mot οὐσία ne sert point à désigner le droit de propriété, mais plutôt les éléments du patrimoine [1]. On peut toutefois expliquer l'emploi de l'expression δίκη οὐσίας comme synonyme de *rei vindicatio* en disant que précisément, en l'absence d'un terme spécial pour désigner le droit de propriété, on a pu considérer le procès relatif à la possession et à la propriété comme un procès concernant les biens [2]. La δίκη ἐξούλης viendrait enfin garantir l'exécution du jugement rendu soit au possessoire, soit au pétitoire.

On n'admet point, en effet que le demandeur doive dans tous les cas parcourir les trois phases de la procédure et exercer successivement les trois actions précitées. L'exercice de l'action καρποῦ ou ἐνοικίου serait sans doute obligatoire. C'est ce qui résulte d'un fragment de Lysias [3], où l'orateur dit que κατὰ τοὺς νόμους, on doit poursuivre par la δίκη καρποῦ ou par le δίκη ἐνοικίου [4]. Mais le demandeur peut, aussitôt après avoir triomphé sur l'action possessoire, recourir à

---

p. 3o5. Heffter (p. 267) dit, à ce sujet : « Lorsque l'on avait intenté l'une des deux actions καρποῦ ou ἐνοικίου, deux hypothèses pouvaient se produire : ou bien le demandeur était débouté *in possessorio*, ou bien il obtenait gain de la cause, mais le défendeur se maintenait en possession de fait. Dans la première hypothèse, le demandeur conservait la faculté de faire valoir un droit plus fort par l'action en revendication proprement dite , dans la seconde, il semble que pour pouvoir exercer l'action en exécution, le demandeur ait dû préalablement mieux établir son droit de propriété et intenter à cet effet la δίκη οὐσίας. Cependant rien ne s'oppose, dans les observations des grammairiens, à l'exercice de l'action en exécution aussitôt après que le demandeur avait obtenu son jugement *in possessorio.* »

(1) V. *supra*, p. 52-53.
(2) *Vermœgensprozess*, suivant l'expression d'Hermann-Thalheim, *loc. cit.*
(3) Harpocration, v° καρποῦ δίκη. V. *infra*, p. 368, note 3.
(4) Hermann-Thalheim, p. 130, note 1. *Contra*, Heffter, p. 267.

la δίκη ἐξούλης. Le texte précité d'Harpocration n'oblige point
le demandeur à exercer en second lieu la δίκη οὐσίας. Il décide simplement que si le défendeur a succombé au possessoire aussi bien qu'au pétitoire (ou dans l'une de ces deux
instances), il peut encore se maintenir en possession, et qu'a-
lors l'emploi de la δίκη ἐξούλης est nécessaire pour l'expulser [1].

A l'appui de la théorie qui voit dans les actions καρποῦ et
ἐνοικίου des préliminaires de la revendication, on a invoqué
deux passages des orateurs attiques se référant à ces
actions. Le premier est un texte de Démosthène, où, dit-on,
un individu, pour prouver qu'une maison qu'il occupe est
bien à lui, tient à son adversaire le langage suivant : « Pourquoi ne m'as-tu jamais intenté l'action de loyer pour la maison que tu as soutenu m'avoir louée comme étant tienne [2] ? »
Le second est un fragment du plaidoyer de Lysias contre
Démosthène où l'orateur s'exprime ainsi : « Si tu prétends
que cet enfant a par devers lui des choses qui sont à toi,
attaque-le en justice conformément aux lois, si tu lui disputes
une terre, par l'action καρποῦ, si tu lui disputes une maison,
par l'action ἐνοικίου, de même que celui-ci te poursuit actuellement par l'action de tutelle [3]. » Dans ce dernier texte il ne
saurait être question d'une procédure d'exécution, mais seulement d'une revendication.

Nous estimons, au contraire, que les actions καρποῦ,
ἐνοικίου et οὐσίας sont des voies d'exécution plutôt que de
revendication. La théorie adverse soulève, à notre avis, des
objections très sérieuses, et les arguments sur lesquels on
la fonde ne sont nullement décisifs. Il nous est d'abord impos-

---

(1) Heffter, p. 267. Cf. Meier, Schœmann et Lipsius, p. 969, note.

(2) Démosthène, C. Olymp., § 45 : διὰ τί σὺ οὐδεπώποτε μοι Ἔλαχες ἐνοικίου
δίκην τῆς οἰκίας ἧς ἔφασκες μισθῶσαι μοι, ὡς σχυτοῦ οὖσαν ;

(3) Harpocration, v° καρποῦ δίκη : Λυσίας ἐν τῷ κατὰ Δημοσθένους ἐπιτροπῆς,
εἰ γνήσιο:, « εἰ γάρ τι ἐγκαλεῖς τῷδε τῷ μειρακίῳ καὶ τῶν σῶν τι ἔχει, δίκασαι αὐτῷ
κατὰ τοὺς νόμους εἰ μὲν χωρίου ἀμφισβητεῖς, καρποῦ, εἰ δὲ οἰκίας, ἐνοικίου, ὥσπερ
οὗτος σοὶ νῦν ἐπιτροπῆς δικάζεται.

sible de comprendre comment les actions καρποῦ et ἐνοικίου auraient pu jouer dans la procédure athénienne un rôle analogue à celui de nos actions possessoires, puisque précisément le défendeur, même après avoir succombé sur l'une de ces actions, continue à posséder, κρατεῖ τῶν κτημάτων. Considérer les actions en question comme des voies possessoires, c'est donc perdre absolument de vue leur résultat. C'est aussi transporter dans le droit attique une distinction entre le possessoire et le pétitoire dont on ne trouve nulle autre trace dans les textes, et qui suppose une législation où la possession serait envisagée comme un droit distinct du droit de propriété, alors qu'au contraire rien de semblable n'existe à Athènes [1]. Du moment que les actions καρποῦ et ἐνοικίου ne peuvent avoir pour effet, comme nos actions possessoires, d'entraîner un déplacement de la possession, on ne peut comprendre comment l'on aurait pu soulever la question des fruits naturels ou civils avant que la question de propriété n'eût été elle-même résolue par la prétendue δίκη οὐσίας. Nous ne voyons non plus aucune raison pour forcer le propriétaire revendiquant à passer par les trois phases de la procédure qu'imagine l'opinion adverse, ou tout au moins par deux. On en est réduit à dire que le législateur avait voulu entourer la propriété immobilière d'une protection spéciale, « d'un double mur » [2], vis-à-vis des jugements de jurés aussi peu expérimentés que les héliastes. Mais c'est une raison qui pourrait s'appliquer à d'autres questions aussi importantes que les questions de propriété immobilière, et pour lesquelles cependant le législateur athénien n'avait pas jugé à propos d'organiser une semblable procédure.

Quand à la δίκη οὐσίας, on est obligé, dans l'opinion que nous combattons, d'y voir la *rei vindicatio* proprement dite. Mais, pour arriver à ce résultat, on est contraint de dénatu-

(1) V. *supra*, p. 99 et s.
(2) Hermann-Thalheim, *loc. cit.*

III   24

rer le sens du mot οὐσία dans le droit attique et de dire que
ce mot désigne, dans notre action, le droit de propriété, la
proprietas, alors qu'au contraire, d'après tous les textes
qui nous sont parvenus, l'expression οὐσία ne désigne
jamais que les divers éléments compris dans le patrimoine [1]. Il serait étrange, du reste, que les orateurs n'eussent jamais employé l'expression δίκη οὐσίας en parlant des
procès en revendication, qui cependant devaient être très fréquents devant les tribunaux athéniens. On doit enfin, dans
l'opinion adverse, admettre deux procédures de revendication distinctes suivant que celle-ci avait pour objet une hérédité ou une chose réclamée en vertu d'une vente, par exemple [2]. Or toutes les questions de propriété, ainsi que nous
le verrons, sont tranchées au moyen de la diadicasie [3].

Il s'agit de rechercher maintenant si les définitions des
lexicographes sont incompatibles avec l'opinion que nous
adoptons et qui voit dans les actions καρποῦ, ἐνοικίου et οὐσίας
des voies d'exécution. Au premier abord, ces définitions
paraissent viser une procédure de revendication, mais quand
on les examine avec quelque peu d'attention, on voit qu'elles
ne supposent point nécessairement un procès sur une
question de propriété. Harpocration dit simplement οἱ δικαζό-
μενοι περὶ χωρίων ἢ οἰκιῶν πρὸς τοὺς ἔχοντας (ἀλλότρια, ajoute le
lexique de Séguier) καὶ καρπουμένους. Or ces ἔχοντες ἀλλότρια
καὶ καρπούμενοι ne sont pas nécessairement des défendeurs à
une action en revendication : ce sont seulement des personnes ayant la possession et la jouissance d'un immeuble
appartenant à autrui. Mais rien n'empêche de supposer que
les droits du demandeur sur cet immeuble ont été préalablement établis par un jugement, par une *rei vindicatio*
intentée par lui et qu'il s'agit alors d'assurer au demandeur
le bénéfice de ce jugement.

(1) V. *supra*, p. 53.
(2) Cf. Guiraud, p. 3o3.
(3) V. *infra*, p. 375 et s.

Les textes des orateurs ne sont pas davantage incompatibles avec notre manière de voir. En ce qui concerne d'abord le texte tiré du plaidoyer contre Olympiodore, il faut voir dans la δίκη ἐνοικίου dont l'orateur reproche à Olympiodore de n'avoir pas fait usage, une action *locati* et non un préliminaire de la revendication. Cela résulte, à notre avis, de ces mots : τῆς οἰκίας ἧς ἔφασκες μισθῶσαι μοι ὡς σεαυτοῦ οὔσαν [1]. Quant au passage de Lysias cité par Harpocration, il est bien difficile de déterminer la portée réelle d'un fragment détaché d'un plaidoyer dont nous ne connaissons point exactement l'objet. Sur quoi se fondaient les prétentions de l'adversaire contre l'enfant défendu par Lysias? Est-ce sur une vente, un jugement, ou une hypothèque? Il est impossible de le savoir et, par suite, de dire que les actions καρποῦ et ἐνοικίου mentionnées par l'orateur sont le préliminaire d'une revendication, ou si elles n'ont pas plutôt le caractère de voies d'exécution. Le texte de Lysias perd, du reste, toute la portée qu'on veut lui attribuer, si l'on admet que la procédure des actions καρποῦ, ἐνοικίου et οὐσίας peut être employée contre tout possesseur qui, sans dénier le droit de propriété du demandeur, se refuse seulement à la restitution de l'immeuble, comme dans le cas où un créancier ne restitue point au débiteur qui l'a payé l'immeuble donné en nantissement [2].

Un texte de Suidas paraît bien envisager spécialement la δίκη καρποῦ comme ayant ce dernier caractère. Dans sa définition de cette action, il s'exprime ainsi : οἱ τῆς ἀμφισβη-

(1) Cf. en ce sens: Hudtwalcker, p. 143, note ; Hermann, *loc. cit.* ; Caillemer, *Contrat de louage*, p. 15. Thalheim (sur Hermann, p. 95, note 3) voit ici dans la δίκη ἐνοικίου une action possessoire par ce motif que l'auteur cite parallèlement à cette action la δίκη ἀργυρίου qui a trait au capital et non aux intérêts. Mais cette considération, selon nous, n'est nullement décisive, car l'orateur a très bien pu réunir dans la même phrase deux actions ayant des caractères différents. Les actions ἐνοικίου et καρποῦ sont, de l'aveu même des partisans de la doctrine contraire, usitées en matière de louage et correspondent à l'action *locati* exercée par le bailleur. Cf. Heffter, p. 264 ; Meier, Schœmann et Lipsius, p. 726 ; Reinach, *loc. cit.*

(2) V. *infra*, p. 374.

τοῦντες, ὡς προσηκούσης αὐτοῖς λαγχάνουσι τοῖς διακρατοῦσιν· εἶτα ἐλόντες λαγχάνουσι καὶ περὶ ἐπικαρπίας. τοῦτο καρποῦ δίκη καλεῖται.

L'interprétation naturelle de ce texte nous paraît être la suivante : celui qui prétend qu'une terre est à lui doit la revendiquer contre le possesseur [1] ; s il obtient gain de cause, il use ensuite de la δίκη καρποῦ. Cette dernière action intervient donc pour assurer l'exécution du jugement rendu sur la revendication. On a objecté, en se fondant sur le mot καί de la seconde phrase du texte, que l'action καρποῦ est ici considérée comme une action additionnelle à l'action principale et non comme une mesure d'exécution [2]. Mais nous répondrons que si l'on tient à donner au mot καί une signification qu'il ne nous paraît pas comporter, on arrive à une contradiction entre la solution que l'on prétend faire ressortir de la définition donnée par Suidas (avec Harpocration) de l'expression οὐσίας δίκη et le sens que ce même auteur attribuerait à la δίκη καρποῦ. Dans le premier texte, la δίκη καρποῦ serait une action possessoire, préalable à la revendication, dans le second, elle serait une action additionnelle, postérieure à la revend.cation. Avec notre manière de voir, au contraire, les deux passages de Suidas se concilient parfaitement. Nous dirons enfin, à l'appui de notre opinion que la δίκη ἐξούλης qui, dans les textes d'Harpocration et des autres lexicographes, apparaît comme la troisième phase de la procédure, se rattache, de l'avis général, à l'exécution des jugements. Le rôle primitif de cette action correspondait, comme nous le le verrons, à celui de l'*actio judicati*. Il est donc assez naturel de supposer que les autres actions καρποῦ, ἐνοικίου et οὐσίας, qui sont mentionnées à côté de la δίκη ἐξούλης [3], ont le même caractère que celle-ci.

(1) Il faut observer que Suidas se sert, pour désigner ce procès, du mot ἀμφισβητοῦντες. Or, comme nous le verrons, toute ἀμφισβήτησις ou *controversia de propriet.ate* se tranche au moyen d'une diadicasie.

(2) Hermann-Thalheim, p. ı3o, note 2.

(3) Pollux (VI, ı33 et VIII, 3ı), rapproche également les actions καρποῦ et ἐνοικίου de l'action ἐξούλης.

Il nous faut voir maintenaut le rôle que peuvent jouer dans l'exécution les actions καρποῦ, ἐνοικίου, οὐσίας et ἐξούλης et rechercher les cas où elles étaient applicables. Hudtwalcker a proposé à ce sujet la théorie suivante à laquelle nous nous rallions entièrement. Le propriétaire, dont un jugement a reconnu le droit de propriété sur un immeuble, peut, comme nous l'avons vu en étudiant les hypothèques [1], procéder à une prise de gage des biens du défendeur, lorsque celui-ci n'exécute pas le jugement dans le délai fixé, et le droit d'ἐμβάτευσις de la partie gagnante est protégé par la δίκη ἐξούλης. Le revendiquant peut aussi, comme nous le verrons en exposant la théorie de cette dernière action, se servir de la δίκη ἐξούλης pour obtenir indirectement et peut-être même directement la restitution de l'immeuble qui lui a été adjugé. La loi lui ouvre enfin les actions qui nous occupent. Il peut, en conséquence, lorsqu'il s'agit d'une maison que le possesseur condamné ne lui restitue pas, saisir les loyers de cette maison (δίκη ἐνοικίου), s'il s'agit d'un champ, saisir les fruits (δίκη καρποῦ). Si malgré cette saisie spéciale, le défendeur persiste à ne pas s'exécuter, le demandeur peut alors pratiquer une saisie générale sur tous les revenus de son adversaire (δίκη οὐσίας) et enfin, pour vaincre définitivement sa résistance, recourir à la δίκη ἐξούλης, qui entraîne la dépossession et qui comporte aussi pour la partie condamnée une amende assez forte. Cette gradation entre les actions καρποῦ et ἐνοικίου semble assez nettement indiquée par Suidas dans sa première définition de l'expression οὐσίας δίκη, ainsi conçue : οὐσίας εἰσάγουσι δίκην πρὸς τοὺς ἑαλωκότας ἐν προτέρᾳ δίκῃ χρέους ἢ καρποῦ· ὡς δέον ἀπολαμβάνειν αὐτοὺς ἐξ ὅλης τῆς οὐσίας.

L'emploi de cette procédure n'est point, du reste, à notre avis, limité au cas de l'exécution d'un jugement rendu sur une *rei vindicatio*, et nous ne croyons même pas que ce

---

(1) V. *supra*, 225 et s.

soit à cette occasion que l'on y ait recouru le plus. Elle
peut servir encore en cas d'hypothèque. Le créancier hypothécaire, comme nous l'avons montré, possède, s'il n'est pas
payé à l'échéance, le droit d'ἐμβάτευσις avec la δίκη ἐξούλης [1].
Mais, s'il préfère le paiement de sa créance à l'acquisition
de la propriété du gage, il peut user des actions καρποῦ,
ἐνοικίου et οὐσίας, qui, tout en laissant le débiteur en possession du bien hypothéqué, l'amèneront à payer sa dette. C'est
seulement lorsqu'il s'obstine à ne point payer, même après
la saisie générale résultant de sa condamnation sur la δίκη
οὐσίας, que le créancier procède à son expropriation définitive au moyen de la δίκη ἐξούλης, en cas de résistance à son
ἐμβάτευσις [2].

Platner [3] applique encore les actions καρποῦ, ἐνοικίου et οὐσίας à d'autres hypothèses où la demande dirigée contre le
possesseur ne suppose point chez celui-ci des prétentions à
la propriété de la chose. Tel est d'abord le cas où un débiteur, après avoir payé sa dette à l'échéance, réclame à son
créancier la restitution d'un immeuble donné en nantissement. La première action exercée par le débiteur, demeuré
propriétaire, a pour objet les fruits produits par l'immeuble ;
par la seconde, le débiteur saisit tous les revenus du patrimoine du défendeur ; et par la troisième, il obtient la restitution même de l'immeuble engagé. La même procédure est
possible, d'après l'auteur précité, toutes les fois que le défendeur, sans contester le droit de propriété du demandeur,
allègue un droit de rétention sur l'immeuble qu'il détient.
Elle serait enfin applicable contre le fermier qui ne paye
pas son loyer ou la part de fruits convenue, notamment dans
le cas où il s'agit d'une personne qui a affermé les biens
d'un pupille et constitué une hypothèque en garantie du

_____

(1) V. *supra*, p. 262 et s.
(2) Cf. en ce sens : Platner, *Process*, t. I, p. 441; Hitzig, p. 140, note 4, qui
toutefois évite de se prononcer sur le caractère de la δίκη οὐσίας.
(3) *Process*, t. I, p. 440-441.

payement de son fermage. Mais ici nous rentrons dans le cas que nous avons précédemment examiné d'un créancier hypothécaire, abstraction faite de la cause de l'hypothèque [1].

SECTION II

De la diadicasie.

Si, comme nous l'avons admis, la δίκη οὐσίας n'est point relative à la procédure de revendication et ne constitue qu'une voie d'exécution, il faut chercher ailleurs l'action correspondant à la *rei vindicatio* et fournissant le moyen de faire reconnaître son droit de propriété sur une chose litigieuse. L'action réelle, dans le droit attique, n'a pas de nom spécial comme en droit romain, mais elle s'intente dans une forme spéciale, celle de la διαδικασία. Cette forme n'est point particulière, du reste, à l'action en revendication proprement dite, ni même à l'action réelle, d'une manière générale. Il importe donc, avant d'examiner son application à l'exercice des droits réels, de voir sommairement quel est le caractère propre de la diadicasie.

On peut définir la diadicasie une procédure tendant à l'attribution d'un droit ou d'une charge à une personne désignée par le juge entre deux ou plusieurs autres personnes dont chacune élève devant lui des prétentions à ce droit ou soutient être exempte de la charge [2]. L'objet de la diadicasie

---

(1) Heffter (p. 465) admet que la δίκη οὐσίας peut, à un certai point de vue, être considérée comme une voie d'exécution. Celui, dit-il, dont la créance avait été judiciairement établie, pouvait s'en prendre, au moyen d'une prise de gage, à tout le patrimoine de son débiteur. Mais peut-être aussi pouvait-il user de la δίκη οὐσίας. C'est ce qui paraît résulter du texte de Suidas (v° οὐσίας δίκη) qui admet cette action contre ceux ἐκλωκότας ἐν προτέρᾳ δίκῃ χρέους ἢ καρποῦ.

(2) Cf. Heffter, p. 272; Platner, *Process*, t. II, p. 17; Meier, Schœmann et Lipsius, p. 472; Caillemer, *in* Daremberg et Saglio, v° *Diadicasia*. Heffter définit en un mot les diadicasies en disant que ce sont des procès de priorité, *Priori-*

se nomme διαδίκασμα [1]. On désigne par le mot διαδικάζεσθαι le fait de recourir à cette procédure et par le mot διαδικάζειν la décision rendue sur le procès [2].

Il est assez difficile, en raison de l'indécision de la terminologie juridique à Athènes, de préciser le caractère spé ial des διαδικασίαι et d'indiquer en quoi elles se distinguent des autres voies de droit admises dans la procédure attique. Les orateurs opposent quelquefois les διαδικασίαι aux δίκαι. Il est même une loi citée par Démosthène dans son discours contre Timocrate où cette opposition se trouve nettement formulée [3]. G. A. Leist [4] a donné sur la distinction des actions en δίκαι et en διαδικασίαι une explication fort plausible. D'après cet auteur, les δίκαι πρὸς τίνα, c'est-à-dire celles des δίκαι qui n'ont point un caractère pénal, ont toutes trait à des rapports d'obligation, comme la δίκη χρέους, la δίκη προικός, la δίκη σίτου, la δίκη ἐπιτροπῆς, la δίκη μισθώσεως ou les ἐρανικαὶ δίκαι. La δίκη εἰς ἐμφανῶν κατάστασιν, ou *actio ad exhibendum*, bien qu'étant *in rem scripta*, a néanmoins pour fondement une obligation de fait du défendeur. Le droit attique n'admet aucune δίκη, aucune action proprement dite, pour la protection de la propriété, du droit de succession ou du *status*.

---

taetsstreite. » Le Lexic. Rhet. définit aussi la διαδικασία : οὐχ ἁπλῶς πᾶσα δίκη διαδικασία καλεῖται, ἀλλ' ἐν αἷς περί τινος ἀμφισβήτησις ἐστιν, ὅτῳ προσήκει μᾶλλον. La même définition est donnée par l'*Etymologicum magnum*, 267, 7.

(1) Lysias, *De pec. publ.*, § 17.

(2) Cf. Andocide, *De myst.*, § 28 ; Xénophon, *Resp. Ath.*, 3, 5 et s.; Platon, *Leges*, VI, 10. p. 764, c, VIII, 11, p. 847 b; *Corp. inscr. att.*, II, n° 841 b.

(3) Démosthène, *C. Timocr.*, § 54 : ὅσων δίκη πρότερον ἐγίνετο ἢ εὔθυνα ἢ διαδικασία περὶ τοῦ ἐν δικαστηρίῳ ἢ ἰδίᾳ ἢ δημοσίᾳ κτλ. Cf. Démosthène, *C. Leptin.*, § 147 : οἱ νόμοι δ' οὐκ ἐῶσι δὶς πρὸς τὸν αὐτὸν περὶ τῶν αὐτῶν οὔτε δίκας οὔτ' εὔθυνα; οὔτε διαδικασίαν... εἶναι. Le discours contre Timocrate laisse supposer qu'il peut y avoir διαδικασία privée (ἰδία) et διαδικασία publique (δημοσία), de même qu'il y a action privée (δίκη) et action publique (γραφή). On peut, en effet, admettre une semblable distinction pour les diadicasies, suivant qu'elles se réfèrent à un intérêt purement privé, comme la διαδικασία τοῦ κλήρου, ou qu'elles mettent en jeu un intérêt public, comme les diadicasies relatives à la chorégie ou à la triérarchie.

(4) Cf. G. A. Leist, p. 4 et s.

Mais si, pour ces rapports de droit, il n'y a pas de δίκαι, il existe des ἀμφισβητήσεις, expression qui correspond au mot latin *controversia*. Or, à Rome, d'après le langage des juris- consultes, il peut y avoir *controversia* dans les six cas sui- vants, à savoir lorsqu'il s'agit du *status*, de la *proprietas*, de la *possessio*, de l'*hereditas*, des servitudes et de l'action *finium regundorum*. En faisant abstraction de la possession qui n'est point reconnue à Athènes comme pouvant faire faire l'objet d'un droit distinct, et des servitudes au sujet desquelles les sources attiques sont presque entièrement muettes, les autres cas précités constituent le domaine de l'ἀμφισβήτησις, dans le sens strict de ce terme [1]. Ce domaine est ainsi celui des contestations pour lesquelles il n'y a point de δίκαι et qui ne soulève point de question d'obligation. Pour prendre les expressions dont se sert Justinien [2], dans les δίκαι, « agit unusquisque aut cum eo, qui ei obligatus est, vel ex contractu (πρός τινα) vel ex maleficio (κατά τινος) », tandis que dans l'ἀμφισβήτησις, « cum eo agit, qui nullo jure ei obligatus est ». Dans les δίκαι, il y a en présence un créan- cier et un débiteur, mais ces deux qualités sont fondées sur l'obligation qui existe entre ces personnes et dont il s'agit pour les parties de démontrer l'existence ou l'inexistence. Dans les ἀμφισβητήσεις, le possesseur est sans doute tenu, s'il succombe, de remettre à son adversaire la chose liti- gieuse, ou l'*adsertor in libertatem* de livrer au maître son esclave ; mais c'est là un point secondaire dans le débat, et la question principale est de savoir qui, du possesseur ou de celui qui ne possède pas, est le véritable propriétaire. A cet égard, et par opposition aux actions *ex obligationibus*, les *controversiæ proprietatis*, *hereditatis* et *status*, qu'on peut aussi nommer les *præjudiciales actiones*, ont manifestement

---

(1) Le mot ἀμφισβήτησις pe t, en effet, désigner, dans un sens large, toute contestation, tout procès. Ainsi, Pollux (IX, 154) emploie comme synonimes d'ἀμφισβητεῖν les mots ἀμφιβάλλειν, ἐνδοιάζειν, ἀμφιγνοεῖν, διστάζειν.

(2) Inst. § 1, *De act.*, IV, 6.

un caractère commun. Ces actions correspondent aux actions *in rem*, dans le sens large de cette expression [1], et elles s'exercent au moyen d'une procédure spéciale, ayant un caractère déclaratif et préjudiciel, à savoir la διαδικασία.

La théorie que nous venons d'exposer est fort séduisante. Elle cadre parfaitement avec les textes qui opposent les δίκαι aux διαδικασίαι. On pourrait lui objecter, il est vrai, certaines définitions des lexicographes et des scholiastes qui paraissent considérer la diadicasie comme une espèce particulière de δίκη [2]. Mais, à notre avis, ce n'est point là une objection décisive, car les grammairiens et les scholiastes, ainsi que nous avons eu maintes fois l'occasion de le constater, n'emploient pas toujours un langage très exact. Nous pourrions également répondre que le mot δίκη était peut-être susceptible de deux sens, un sens large, dans lequel il comprenait toute action privée, et un sens restreint, où il ne comprenait que les actions *ex obligationibus*. La théorie de Leist trouve, du reste, sa confirmation dans l'examen des divers cas pour lesquels les sources attiques témoignent de l'emploi de la diadicasie, et que nous allons rapidement énumérer.

Nous rencontrons d'abord une série de diadicasies constituant des *prœjudicia* relatifs à la détermination de la personne tenue de telle ou telle charge publique. Chacune des parties contradictoirement intéressées essaie de se soustraire à une charge de ce genre qui la menace et de rejeter cette charge sur son adversaire : il y a lieu alors à une

---

(1) Inst., § 13, *De act.*, IV, 6 : prœjudiciales actiones in rem esse videntur, quales sunt per quas quœritur an aliquis liber.

(2) Lexic. Rhet. et Etymol. magn., *supra*, p. 375, note 2. Cf. Schol. Demosth., *C. Timocr.*, § 13 : διαδικασία ἐστὶν ὄνομα δίκης περὶ ἀμφισβητουμένου τινὸς πράγματος. Schol. Eschin., *C. Ctesiph.*, § 146 : διαδικασίαν : κυρίως μὲν ἡ δίκη ἡ περὶ χρημάτων ἢ περὶ κτημάτων λέγεται διαδικασία. Une autre scholie de Démosthène donne une définition de la diadicasie qui cadre parfaitement avec la théorie de Leist. *De reb. Chers.*, § 5/ : ἡ διαδικασία : κυρίως δὲ διαδικασία ἐστὶν ἡ ἐπὶ χρημάτων ἀμφισβήτησις.

diadicasie pour savoir lequel des deux adversaires devra supporter, par exemple, la chorégie, la triérarchie [1]. La diadicasie est également employée en cas de contestation entre deux personnes dont l'une doit être inscrite sur les registres des débiteurs du trésor. Telle est l'hypothèse dont parle Démosthène et où il s'agissait de la capture d'un navire suspect par une galère athénienne sur laquelle se trouvaient des ambassadeurs envoyés par la République à Mausole. La prise ayant été validée, comme faite sur l'ennemi, il s'agissait de savoir par qui avait été encaissée la valeur du navire et de la cargaison, par les commandants du navire ou par les ambassadeurs, et, par suite, qui devait verser cette somme au trésor. En cas de désaccord entre les parties, la difficulté, d'après l'orateur, devait être tranchée au moyen d'une διαδικασία [2]. C'est la même procédure qui sert encore pour déterminer celui des deux citoyens qui est tenu de restituer à l'Etat les agrés d'un navire en cas de triérarchie [3]. Dans ces diverses hypothèses, aucune question d'obligation ne s'agite dans les rapports respectifs des parties en cause. Il s'agit seulement de déterminer celle qui devra fournir une certaine prestation à un tiers.

La diadicasie peut servir, à l'inverse, dans un grand nombre de cas, pour déterminer, entre divers prétendants, le véritable ayant-droit à telle ou telle chose litigieuse. Ainsi, lorsque deux dénonciateurs prétendent avoir chacun un droit exclusif à la prime offerte à la dénonciation [4], lorsque deux familles se disputent le droit d'exercer tel ou tel

---

(1) Suidas, v° διαδικασία. Schol. sur Démosthène, De Halonneso, § 7 ; Hésychius, v° διαδικασία : ἡ ἐπίκρισις τοῦ ἐπιτηδείου πρὸς λειτουργίαν καὶ πρὸς τὰ ἄλλα. ἡ ἀμφισβήτησις. κρίσις. Cf. Aristote, Constit. des Athén., c. 61. Cf. G. A. Leist, p. 12.

(2) Démosthène, C. Timocr., § 13. Cf. G. A. Leist, p. 15.

(3) Démosthène, C. Everg. et Mnesib., §§ 28 et s. Cf. G. A. Leist, p. 16 ; Hermann-Thumser, p. 701.

(4) Andocide, De myster., §§ 27, 28.

sacerdoce, ou que deux membres d'une famille sacerdotale
ne peuvent pas s'accorder sur le point de savoir qui des
deux officiera, ou que deux prêtres se disputent une place
lucrative, il y a lieu à διαδιχασία [1]. C'est pareillement par une
diadicasie que se règle le litige entre deux personnes sur le
point de savoir qui a le droit de porter tel nom [2] ou qui doit
être appelé à exercer la tutelle d'un impubère [3]. C'est encore
à la suite d'une diadicasie que les phratores se prononcent
sur la régularité d'une introduction dans la phratrie [4].

La diadicasie sert enfin dans nombre d'hypothèses où la
difficulté porte sur l'attribution d'une chose corporelle ou
d'une créance à l'un de deux ou de plusieurs prétendants.
Ainsi, en cas de confiscation, c'est au moyen d'une diadicasie
que, comme nous le verrons, se règle le conflit entre l'Etat
et les tiers venant soutenir que le fisc a indûment compris
dans la confiscation un bien leur appartenant ou qu'ils sont
créanciers du condamné et doivent être payés sur les biens
confisqués [5]. De même, lorsqu'une succession s'ouvre sans
que le decujus ait laissé d'héritiers siens et saisis, le conflit
entre les diverses personnes qui se prétendent appelées à la
succession et demandent à en être envoyées en possession,
donne lieu à une διαδιχασία τοῦ κλήρου [6]. Lorsque la contestation entre les prétendants a pour objet non point directement l'hérédité, mais une fille épiclère, il y a lieu également à une διαδιχασία τῆς ἐπικλήρου [7].

Dans les derniers cas que nous venons d'indiquer, la diadicasie joue manifestement le rôle d'une action réelle, qu'il

---

(1) C'était l'objet de plaidoyers aujourd'hui perdus de Lycurque ou de Philinos
et de Dinarque. Cf. Meier, Schœmann et Lipsius, p. 473, note 6 et p. 761 ; G. A.
Leist, p. 28.

(2) Démosthène, C. Bœot., I, §§ 10 et s. Cf. G. A. Leist, p. 27.

(3) Aristote, Const. des Athén., c. 56. V. supra, t. II, p. 184.

(4) Corp. inscr. att., n° 841 b. Cf. G. A. Leist, p. 20. V. supra, t. I, p. 347,349.

(5) V. infra, tit. VI, chap. III, De la confiscation.

(6) V. infra, tit. VI, chap. I, Sect. II, Successions ab intestat

(7) V. supra, t. I, p. 443 et s.

s'agisse de la demande en distraction soulevée contre le
trésor, ou de la *petitio hereditatis* formée par l'héritier non
saisi. Il n'y a donc qu'un pas à faire pour admettre que la
διαδικασία a pu également jouer le rôle de la *rei vindicatio*
dans le cas où le litige porte sur la pleine propriété d'une
chose ou de l'action *confessoria* lorsqu'il a pour objet un
simple démembrement de la propriété, une servitude. C'était
vraisemblablement dans la forme d'une diadicasie qu'avaient
dû se juger les procès à l'occasion desquels avaient été prononcés certains plaidoyers dont nous ne possédons plus que
les titres. Tels sont ceux de Lysias contre Alcibiade et contre Asopodoros περὶ οἰκίας, pour Diophantos et contre Diogène περὶ χωρίου, les plaidoyers d'Isée contre Médon, contre
Nicoclès, contre Timonide, contre Dioclès et contre les
démotes περὶ χωρίου, celui d'Hypéride contre Epiclès περὶ
οἰκίας, ceux de Dinarque pour Lysiclide περὶ ἀνδραπόδων, contre Dioscuride περὶ νεώς et contre Antiphane περὶ ἵππου [1].
Dinarque avait également composé contre un nommé Ami-
nocrate un discours à l'occasion d'une διαδικασία περὶ καρπῶν
χωρίου, qui devait être soit une revendication de fruits, soit
l'exercice d'une action confessoire d'usufruit [2]. On attribuait
enfin au même orateur une διαδικασία Ἀθμονεῦσι περὶ τῆς μυρρί-
νης καὶ τῆς μίλακος ou σμίλακος [3], contestation relative à un
myrte ou à un if et portant peut-être sur la propriété de
l'arbre [4].

Lorsqu'il s'agit d'un procès sur un droit réel, la diadicasie n'est-elle possible que si aucune des parties n'est en
possession de la chose litigieuse, tous les plaideurs demandant au juge de désigner le prétendant auquel elle doit être
adjugée ? On l'a prétendu [5]. Mais cette opinion ne nous

---

(1) Cf. Meier, Schœmann et Lipsius, p. 674.
(2) Didot, *Orat. att.*, II, p. 452.
(3) Didot, *ibid.*, p. 450.
(4) Cf. G. A. Leist, p. 17.
(5) Platner, *Process*, t. II, p. 17.

paraît pas fondé. Sans doute, dans un grand nombre de cas,
les intéressés qui agissent par la diadicasie demandent tous
l'envoi en possession, et l'on ne rencontre point parmi les
parties en cause un possesseur demandant la confirmation
de sa possession. C'est ce qui arrive ordinairement dans
l'hypothèse de l'envoi en possession d'une succession.
Mais une διαδικασία τοῦ κλήρου est également possible contre
une personne à qui la succession a été judiciairement adjugée et qui la possède [1]. Lorsqu'il s'agit non plus d'une pétition d'hérédité mais d'une revendication ordinaire, la chose
litigieuse est normalement possédée par l'une des deux parties, et néanmoins la diadicasie est recevable. Il faut reconnaître toutefois que dans la procédure de la diadicasie la
possession, comme nous allons le voir, ne joue point le même
rôle que dans le droit moderne.

Aujourd'hui, et cette doctrine était déjà celle du droit romain à l'époque classique, la revendication est une action
réelle intentée par celui qui se prétend propriétaire d'une
chose contre un individu qui possède cette chose *animo domini*. Le possesseur étant présumé propriétaire, le demandeur doit faire la preuve du droit de propriété qu'il allègue
et c'est à lui seul qu'incombe l'obligation de prouver son droit.
Il suffit au défendeur, possesseur, de détruire les arguments
de son adversaire au fur et à mesure qu'ils se produisent.
Ce système était-il pratiqué dans le droit attique ? On a
enseigné l'affirmative. L'avantage accordé au possesseur au
point de vue de la charge de la preuve est, a-t-on dit, tout
à fait conforme au droit rationnel, car, en principe, la possession et la propriété ne sont pas séparées; c'est même par
la possession que le droit de propriété se manifeste et s'exerce. Il est donc juste de considérer le possesseur comme
propriétaire tant que son adversaire n'a pas démontré que la
possession ne repose sur aucun droit. C'est seulement lors-

---

(1) Meier, Schœmann et Lipsius, p. 471, note 1; Caillemer, *loc. cit.*

que cette preuve a été faite que la présomption doit céder
à la réalité. On ne rencontre, il est vrai, aucun texte qui
consacre formellement pour la législation athénienne la règle
admise par les lois modernes. Mais on ne saurait admettre
qu'elle soit demeurée étrangère au droit attique, alors qu'on
la voit mettre en pratique dans d'autres républiques de la
Grèce. On invoque en ce sens une loi de Zaleucus, un des
législateurs de la Grande-Grèce, loi que Polybe [1] a rapportée en exposant toutes les péripéties d'un procès qui s'est
déroulé dans la ville de Locres Epizéphirienne. Une contestation s'était élevée entre deux jeunes gens relativement à
la propriété d'un esclave. L'un d'eux, que nous nommerons
A, l'avait possédé pendant un temps assez long, mais B s'en
était emparé par violence pendant l'absence de A. Celui-ci
en étant informé, se rend dans la maison de B, y saisit l'esclave et l'amène devant le tribunal, en disant que c'était à
lui que revenait la possession et qu'il devrait en conséquence fournir des cautions. Il se fondait sur une loi de Zaleucus aux termes de laquelle la chose litigieuse doit rester jusqu'au jour du jugement entre les mains de celui qui était en
possession au moment où elle a été portée devant le tribunal : δεῖν κύριον αὐτὸν εἶναι, καὶ διδόναι τοὺς ἐγγυητάς [2]. κελεύειν
γὰρ τὸν Ζαλεύκου νόμον τοῦτον δεῖν κρατεῖν τῶν ἀμφισβητουμένων
μέχρι τῆς κρίσεως, παρ' οὖ τὴν ἀγωγὴν συμβαίνει γίγνεσθαι [3]. B invo-
quait la même loi et réclamait également la possession intérimaire en disant que c'était de sa maison que l'ἀγωγή avait

(1) Polybe, XII, c. 16.

(2) On pourrait rapprocher de cette obligation de διδόναι τοὺς ἐγγυητάς, la disposition de la loi romaine qui, dans la procédure de la *legis actio sacramenti*,
obligeait le possesseur à « præedes adversario dare litis et vindiciarum, id est
rei et fructuum. » Gaïus, IV, 16. Cf. Hofmann, p. 122.

(3) Littéralement : la possession intérimaire doit appartenir à celui de chez
qui l'ἀγωγή a eu lieu, c'est-à-dire de chez qui la chose litigieuse a été amenée
en justice. Cette ἀγωγή rappelle l'*adductio rei litigiosæ in jus* prescrite par la
loi romaine. Gaïus, IV, 16 : « Si in rem agebatur, mobilia quidem et moventia,
quæ modo in jus adferri adducive possent, in jure vindicabantur. »

eu lieu. Les juges saisis de ce débat se trouvèrent, au dire
de Polybe, dans une grande perplexité. Pour sortir d'embarras, ils s'adressèrent au Cosmopolis, magistrat supérieur
de la ville et lui demandèrent son avis Ce magistrat répon-
dit que la loi de Zaleucus ne pouvait tenir compte du fait
tout à fait accidentel de la dernière détention de la chose,
qu'elle avait voulu parler de la dernière possession régulière et incontestable, mais qu'une possession vicieuse, comme celle qui est entachée de violence, ne pouvait être
κυρία ni produire d'effets juridiques : τὸν (le Cosmopolis) δὲ
διαττείλασθαι τὸν νόμον, φήσαντα, παρὰ τούτων τὴν ἀγωγὴν γίγνεσθαι
παρ' οἷς ἂν ἔσχατον ἀδήριτον ἢ χρόνον τινὰ [1] γεγονὸς τὸ ἀμφισ-
βητούμενον· ἐὰν δέ τις ἀφελόμενος βίᾳ παρά τινος ἀπαγάγῃ πρὸς
ἑαυτὸν, κἄπειτα περὶ τούτου τὴν ἀγωγὴν, ὁ προϋπάρχων ποιῆται δεσ-
πότης, οὐκ' εἶναι ταύτην κυρίαν. De l'avis du magistrat, B ne pouvait donc invoquer le fait de la dernière possession du moment
qu'il s'était emparé de la chose par violence et que, par
suite, sa possession n'avait aucune valeur juridique. Le Cosmopolis était si bien convaincu de l'exactitude de son interprétation que, devant les critiques dirigées contre elle par
B, il offrit à celui-ci une sorte de pari dont l'enjeu serait la
vie de celui que le tribunal condamnerait. Mais B refusa
d'accepter le pari et le tribunal jugea conformément à l'avis
du magistrat. On conclut du récit de Polybe que cette attribution de la possession à l'un des deux plaideurs avait pour
but de déterminer celui qui jouerait le rôle de défendeur
dans l'instance et qui, en conséquence, serait déchargé du
fardeau de la preuve. Or, dit-on, il n'y a pas de raison pour
que la solution admise chez les Locriens n'ait pas été également reçue dans le droit attique [2].

---

(1) Cette disposition, d'après Hofmann (p. 125), fait penser à la formule de
l'interdit romain utrubi : « Utrubi... homo *majore* parte hujusce anni fuit. »
(2) Cf. en ce sens : Caillemer, *Contrat de vente*, p. 653 ; Hofmann, p. 118
et s.; Hermann-Thalheim, p. 129, note 3. Meier, Schœmann et Lipsius, p. 674.
Hofmann voit dans les faits relatés par Polybe une procédure préparatoire

Nous reconnaissons que le système qui dispense le possesseur de la preuve paraît assez rationnel, surtout dans le
droit moderne où la possession est normalement unie à la
propriété. Mais il s'agit de savoir s'il a été pratiqué dans le
droit athénien, ou même dans l'une des républiques de la
Grèce. Or, sur ce point, nous n'hésitons pas à adopter une
solution négative. Ce n'est point que nous dénions au fait de
la possession toute importance sur la procédure. Celui qui,
en effet, possède la chose litigieuse, n'a aucun intérêt à soulever un débat judiciaire à son sujet : il ne peut que perdre
à aller en justice. Partant l'instance est normalement engagée par celui qui ne possède pas et qui veut précisément
se faire mettre en possession. Celui-ci joue, dès lors, et par
la force même des choses, un rôle plus actif que son adversaire [1]. C'est lui qui doit assigner le possesseur en justice au
moyen de la πρόσκλησις accomplie en présence des témoins
prescrits par la loi (κλητῆρες). La question de possession
peut également, dans certains cas, influer sur la procédure
à un autre point de vue. Lorsqu'il s'agit d'une diadicasie relative à un héritage qui n'a pas encore été adjugé par le magistrat et dont, par conséquent, aucun des prétendants n'a
encore pris possession, toutes les parties sont sur le même
pied en ce qui concerne les frais du procès, ou les prytanies. Si, au contraire la succession a déjà été adjugée à la
suite d'une épidicasie, celui qui la revendique ensuite contre
le possesseur doit, s'il succombe, payer une amende spéciale [2]. Cette amende frappe également celui qui succombe
dans une diadicasie formée contre le fisc possesseur d'un

analogue à celle dont parle la loi 35, D. *De acq. vel amitt. poss.*, XLI, 2 : « Exi-
tus controversiæ possessionis hic est tantum, ut prius pronuntiet judex, uter
possideat ; ita enim fiet, ut is, qui victus est de possessione, petitoris partibus
fungatur, ut tunc de dominio quæratur. »

(1) Ainsi que l'observe Miltsis (p. 501, note 3), c'est à cette activité du revendiquant que se réfère l'expression ἐκδικεῖν employée dans certains textes. Cf.
Corp. inscr. graec., 3488 : ὅτι τῷ ἐγδικῆσαι καὶ ἀποκαταστῆσαι τὰ τῶν κωμῶν.

(2) V. *infra*, tit. VI, chap. I, sect. II, Successions *ab intestat*.

bien confisqué [1]. On peut donc dire, si l'on veut, que dans les procès en revendication, comme dans tous les autres, il y a un demandeur et un défendeur, celui-ci étant le possesseur de l'objet litigieux. Mais on ne saurait, dans les procès de propriété, appliquer au demandeur non possesseur la règle *actori incumbit onus probandi*, règle qui, dans le droit attique, ne concerne que les procès où se trouve en jeu une question d'obligation.

On reconnaît, dans l'opinion contraire, que cette règle ne se trouve formellement consacrée par aucun texte pour les questions de propriété, et l'on fonde seulement son existence dans le droit attique sur un argument d'analogie tiré de la législation de Zaleucus. Mais, à notre avis, on donne à la loi des Locriens une portée qu'elle n'a point en réalité, du moins d'après le récit de Polybe et le texte de la loi qu'il nous a conservée. Cette loi s'occupe exclusivement de la possession intérimaire pendant le procès, κρατεῖν τῶν ἀμφισβητουμένων μέχρι τῆς κρίσεως [2], et c'est de cette possession seulement qu'il est question dans le procès. On comprend, du reste, très bien l'intérêt que cette possession pouvait offrir pour les parties, surtout si, comme dans le cas relaté par Polybe, il s'agissait d'un esclave. Mais la loi de Zaleucus ne dit pas un mot de la question de preuve et ne laisse point supposer que cette adjudication de la possession intérimaire soit une sorte de procédure préliminaire destinée à fixer le rôle des parties dans le procès au point de vue de la charge de la preuve.

Le texte de Polybe étant ainsi écarté du débat, nous pouvons établir par des arguments décisifs que non seulement à Athènes, mais dans le droit grec, en général, les parties sont, au point de vue de la preuve, mises sur un pied d'éga-

---

(1) V. *infra*, tit. VI, chap. II, De la confiscation.
(2) Guillemer (*loc. cit.*) traduit cette phrase tout à fait arbitrairement en disant : « Celui qui est en possession de la chose au moment où elle est portée devant le magistrat, *doit en être réputé propriétaire* jusqu'au jour du jugement. »

lité, sans aucun égard à la possession. Cela résulte d'abord
des nombreux plaidoyers d'Isée concernant des questions de
succession. On y voit que la diadicasie formée contre une
personne qui a déjà obtenu l'envoi en possession de l'héritage litigieux, ne se distingue en rien d'une diadicasie formée avant tout envoi en possession. Dans les deux cas,
chacune des parties, celle qui possède l'héritage aussi bien
que celle qui le revendique, justifie ses prétentions et produit ses titres, c'est-à-dire son lien de parenté avec le de
cujus, ou un testament. La possession apparaît comme indifférente en ce qui concerne la charge de la preuve [1]. Un texte
d'Isée vient confirmer cette manière de voir d'une manière
tout à fait convaincante, selon nous. Dans le plaidoyer pour
l'héritage d'Aristarque, l'orateur reproche à ses adversaires
d'avoir expulsé sa mère de l'hérédité paternelle avant que
les juges n'eussent rendu leur décision ; ils n'en avaient pas le
droit, puisqu'ils n'étaient pas héritiers siens et ils ne pouvaient se mettre en possession qu'après une sentence de
l'archonte, et après avoir déduit devant un magistrat le titre
en vertu duquel ils voulaient se faire adjuger l'héritage. En
ce cas, dit l'orateur, ils devaient faire comme le possesseur
d'un immeuble litigieux qui doit indiquer le titre en vertu
duquel il le possède, si c'est par suite d'une vente, d'une
hypothèque ou d'une adjudication judiciaire, ὥσπερ τῶν ἀμφισβητησίμων ···ωρίων δεῖ τὸν ἔχοντα ἢ θέτην ἢ πρατῆρα παρέχεσθαι, ἢ
κατχδεδικχομένον φαίνεσθαι [2].

Le possesseur ne peut donc pas se borner à jouer un rôle
passif et se retrancher derrière sa possession tant que son
adversaire n'a pas fait la preuve de son droit de propriété.
Il doit également produire les titres (vente, hypothèque, jugement ou autres, car le texte d'Isée n'est pas limitatif [3]) sur

(1) Cf. G. A. Leist, p. 33.
(2) Isée, *De Arist. her.*, § 24.
(3) V. *supra*, p. 106.

lesquels il prétend fonder lui-même sa possession. Le texte
d'Isée est formel, et il faut être prévenu pour le qualifier
d'ambigu [1]. Le droit attique ne serait point, du reste, le seul
à mettre les deux parties sur le même pied en ce qui concerne la charge de la preuve dans la revendication. Ainsi,
comme nous l'avons indiqué en traitant de l'esclavage [2], la loi
de Gortyne, dans les procès relatifs à la propriété d'un
esclave, ne tient pas compte de la possession au point de
vue de la preuve, et elle décide que chacun des deux adversaires doit établir ses droits sur l'esclave litigieux : le défendeur, qui est le possesseur, est considéré comme un véritable contre-revendiquant qui doit faire la preuve de son
droit aussi bien que le demandeur revendiquant [3]. Ce même
système se retrouve encore dans le droit gréco-égyptien, ainsi
que cela résulte du célèbre procès d'Hermias jugé en l'an
117 avant J.-C. Il y est question de la propriété d'un immeuble que le demandeur revendique devant un tribunal grec.
Les défendeurs égyptiens produisent à l'appui de leurs prétentions un contrat de vente que le tribunal considère comme
suffisant, mais ils font observer que, s'ils avaient été traduits
devant les tribunaux indigènes, ils n'auraient pas eu besoin
de démontrer la légitimité de leur possession tant que leur
adversaire n'aurait pas lui-même fourni la preuve de ses
droits sur l'immeuble [4]. Mais comme ils sont, au contraire,
traduits devant un tribunal grec, où l'on applique les règles

(1) Caillemer, *loc. cit.*

(2) *Supra*, t. II, p. 514.

(3) Loi de Gortyne, I, 17-19 : αἱ δὲ κ'ἀνπὶ δώλωι μιολιώντι πωνίοντες Ϝὸν
Ϝεκάτερος ἦμεν. Cf. Bücheler et Zitelmann, p. 86 ; Dareste, Haussoulier et Reinach, p. 447.

(4) Pag. 7, 1. 3 et s. : ὡς εἰ καὶ ἐπὶ λαοκριτῶν διεκρίνοντο καθ' οὓς παρέκειτο
νόμους, πρότερον εἶναι ἐπιδεικνύειν αὐτόν, ὥς ἐστιν υἱὸς τοῦ τε Πτολεμαίου καὶ ἧς
φησιν εἶναι μητρός... πρὶν ἢ καθόλου ἀκουσθῆναι αὐτοῦ λόγον περί τινος πράγματος, καὶ μετὰ τὰς ἐπιδείξεις ταύτας αἰτεῖσθαι αὐτὸν τὰς περὶ τῆς οἰκίας ἀποδείξεις.
Cf. Dareste, *Le procès d'Hermias*, in *Nouvelle Revue historique*, VII (1883),
p. 191 et s. ; Revillout, *Le procès d'Hermias d'après les sources démotiques* ;
Mitteis, p. 48-50.

de procédure grecque, ils sont forcés, bien que le demandeur n'ait fait qu'une preuve provisoire et insuffisante de ses
droits, d'établir le titre de leur possession par la production
d'un contrat de vente. Il y a là une opposition manifeste
entre la diadicasie grecque, où les parties sont mises sur le
même pied au point de vue de la preuve, et la revendication égyptienne, semblable à la *rei vindicatio* romaine, où
le revendiquant demandeur est soumis seul à l'*onus probandi*. On peut trouver irrationnel, à certains égards, ce
système que nous estimons avoir été celui du droit attique.
Mais en élevant cette critique, nous raisonnons avec nos
idées modernes, et il faut reconnaître que le système attique
paraît avoir été celui de toutes les législations primitives.
C'est ainsi qu'à Rome, à l'époque des *legis actiones*, on exigeait également des deux adversaires la preuve de leur
droit, en écartant toute présomption de propriété en faveur
du défendeur possesseur. Nous généraliserons donc pour
tous les procès de propriété ce que l'on est obligé d'admettre pour certaines diadicasies, et nous dirons que, dans ces
procès, il n'y a pas à proprement parler de demandeur et
de défendeur, mais seulement deux plaideurs tenus pareillement de produire leurs titres à la propriété de la chose
litigieuse [2].

A Rome, à l'époque classique (comme aujourd'hui dans
les législations modernes), la différence de situation entre les
deux parties donnait une grande importance aux interdits
possessoires, car quiconque s'assurait le rôle de possesseur,
s'assurait par là même le rôle de défendeur sur l'action en

---

(1) Cf. Caillemer, *loc. cit.*; Platner, *Process*, t. II, p. 18.

(2) Cf. en ce sens Dareste, *Traité des lois de Théophraste*, p. 290, et *Plaid.
civ.*, I, p. XXXVI; G. A. Leist, p. 31 et s.; Guiraud, p. 308; Mitteis, p. 501.
On peut voir, comme l'observe Mitteis (p. 503), une dernière trace du système
grec sur la diadicasie dans un rescrit d'Arcadius et d'Honorius au proconsul
d'Asie, où les empereurs disent que : coyi possessionem ab eo qui expetit titulum suæ possessionis edicere, incivile est.

revendication. La possession n'entraînant, à cet égard, aucun avantage sérieux dans le droit attique [1], le réglement du possessoire dans l'instance en revendication ne présentait qu'un intérêt secondaire. Il ne pouvait guère en offrir que dans le cas relaté par Polybe, où l'objet du procès était un esclave, ou dans les autres cas analogues où la jouissance de la chose litigieuse pendant l'instance procurait au possesseur un avantage appréciable. Nous ne pouvons savoir comment à Athènes on réglait le possessoire à ce point de vue, si le réglement était abandonné, comme dans la procédure romaine du *sacramentum*, à l'appréciation arbitraire du magistrat ou si, au contraire, celui-ci était tenu de suivre certaines règles analogues à celles qu'avait posées Zaleucus. Il est probable, en tout cas, que celle des parties à qui était adjugée la possession intérimaire devait, comme à Locres, fournir des cautions pour garantir la restitution de la chose, διδόναι ἐγγυητάς.

Dans la diadicasie, la preuve que chacune des parties est obligée de faire ne tend point à dénier absolument à l'adversaire tout droit à la possession de la chose litigieuse. Tel n'est point le caractère des diadicasies en général. Ainsi, par exemple, dans le cas de diadicasie signalé par Andocide, où les deux plaideurs se disputent une prime offerte à la dénonciation [2], aucune d'elles ne méconnaît *a priori* le droit de l'adversaire à toucher la prime : le procès porte seulement sur le point de savoir quel est celui des deux plaideurs qui a le plus de droit à cette prime, soit parce que sa dénonciation est la première en date, soit parce qu'elle est la plus

---

(1) La possession ne pouvait offrir d'avantage réel, au point de vue de la décision du procès, que dans ce cas où les titres produits contradictoirement par les deux parties paraissaient au juge avoir la même valeur. Il n'y avait alors aucune raison pour retirer la possession à celui qui l'exerçait et l'on devait appliquer la règle : *in pari causa melior est causa possidentis.* Cf. G. A. Leist, p. 40.

(2) Andocide, *De myster.*, § 28.

complète. On pourrait multiplier les exemples relativement à des diadisasies étrangères à des questions de propriété. Lors donc qu'il s'agit d'une διαδικασία χωρίων, οἰκίας, ou d'une autre analogue, on doit dire également qu'il s'agit seulement d'une question de propriété relative, c'est-à-dire de voir quelle est celle des parties qui produit les meilleurs titres à la possession de la chose, ὅτῳ προσήκει μᾶλλον, suivant l'expression des lexicographes [1]. Ce caractère relatif des conclusions présentées par les parties est reconnu par tous les auteurs, et c'est pour ce motif que l'on a pu qualifier les diadicasies de « procès de priorité » [2]. Le juge examine donc les titres contradictoires allégués par les plaideurs et il adjuge la chose litigieuse à celui dont les titres lui paraissent supérieurs à ceux de l'adversaire. Il n'est question, du reste, pour aucune des parties, et il ne leur est même pas possible, d'établir leur droit de propriété absolu sur la chose en absence d'une institution correspondant à l'usucapion. Donc, à la différence de ce qui a lieu dans la *formula petitoria* du droit romain, aucun des plaideurs ne se présente en disant : *res mea est*. Il se borne à prétendre qu'il a plus de droit que son adversaire à la possession de la chose. Ce caractère de la procédure est une raison de plus pour n'accorder qu'une autorité toute relative à la chose jugée sur diadicasie et pour dire que les droits des tiers demeurés étrangers au débat ne sont touchés en aucune façon par le jugement qui a attribué la chose à l'un des plaideurs. Celui-ci ne peut même se prévaloir vis-à-vis des tiers d'une usucapion *pro judicato* [3], comme à Rome, puisque l'usucapion est, à notre avis, demeurée étrangère au droit attique [3].

(1) Lexic. Rhet. et Etymol. magn., *supra*, p. 375, note 2.
(2) Heffter, p. 272. Cf. Platner, *Process*, t. II, p. 17 ; Meier, Schœmann et Lipsius, p. 471; B. W. Leist, p. 490; G. A. Leist, p. 38; Mitteis, p. 501.
(3) La signification du titre *pro judicato* a donné lieu à de vives controverses. V. Accarias, t. I, n° 233.
(4) Cf. G. A. Leist, p. 38 et s.

SECTION III

De la δίκη ἐξούλης.

Si l'on est à peu près d'accord sur les effets/la δίκη ἐξούλης [1], bien des obscurités règnent encore sur l'origine et les cas d'application de cette action. La raison principale en est que nous ne pouvons guère reconstruire la théorie de cette action qu'à l'aide des lexicographes. Plusieurs plaidoyers des orateurs ayant trait à cette action ont malheureusement été perdus. Il y en avait notamment deux de Lysias, l'un contre Euthyclès (χωρίου ἐξούλης), l'autre contre Stratoclès, qui avaient été prononcés par des demandeurs sur cette action. Deux plaidoyers d'Isée, qui ne nous sont point parvenus, pour Calydon et contre Dorothéos, étaient, au contraire, des défenses à une δίκη ἐξούλης [2]. Le premier plaidoyer de Démosthène contre Onétor a trait à une action de ce genre intentée par l'orateur lui-même contre Onétor.

L'action ἐξούλης, d'après son étymologie, suppose un empêchement à la jouissance, un trouble ou même une expulsion. C'est ce que font remarquer de nombreux textes en signalant la synonimie des mots ἐξείλλειν (ou ἐξίλλειν), ἀπελαύνειν, κωλύειν et εἴργειν [3]. On en a conclu que cette action servait

---

(1) Cette action se rencontrait-elle dans d'autres législations grecques? Cela est probable. Nous n'en trouvons de trace cependant que dans une inscription d'Armorgos, où se rencontre la clause exécutoire autorisant le créancier à procéder à l'exécution, dès l'échéance du terme, comme si le débiteur avait été condamné à la suite d'une δίκη ἐξούλης. Cf. Dareste, Haussoulier et Reinach, p. 318, l. 15 et p. 335.

(2) Cf. Harpocration, v° οὐσίας δίκη, ἐξούλης et ἐπισημαίνεσθαι; Meier, Schœmann et Lipsius, p. 665.

(3) Harpocration, v° ἐξούλης : ὄνομα δίκης ἦν ἐπάγουσιν οἱ φάσκοντες ἐξείργεσθαι τῶν ἰδίων κατὰ τῶν ἐξειργόντων. εἴρηται μὲν οὖν τοὔνομα ἀπὸ τοῦ ἐξίλλειν, ὁ

originairement à protéger la possession contre toute usurpation violente et qu'elle permettait au possesseur de recouvrer la chose dont il avait été expulsé avec violence, jouant ainsi le rôle d'une action de réintégrande, de l'interdit *unde vi* ou de l'action *vi bonorum raptorum* [1]. Entendue en ce sens, la δίκη ἐξούλης n'était peut-être primitivement accordée que pour garantir la possession des immeubles, mais plus tard elle fut étendue aux meubles [2]. La δίκη ἐξούλης, tout en gardant alors son caractère primitif, en revêtit un autre ultérieurement de manière à correspondre également à l'*actio judicati* du droit romain.

A notre avis, le rôle originaire de la δίκη ἐξούλης a été différent de celui qu'on lui assigne ainsi, et elle se rattachait exclusivement à l'exécution des jugements [3]. C'est ce qui résulte manifestement d'une des nouvelles scholies d'Homère

ἐστιν ἐξωθεῖν καὶ ἐκβάλλειν... ὅτι δὲ ἐπὶ παντὸς τοῦ ἐκ τῶν ἰδίων ἐκβαλλομένου, τάττεται τοὔνομα καὶ οὐχ ὡς οἴεται· Κικίλιος μόνων τῶν ἐκ καταδίκης ὀφειλόντων, καὶ Φρύνιχος ἐν Ποαστρίαις δῆλον ποιεῖ. Hésychius, v° ἐξούλης : δίκην ἐξούλης δικάζεταί τις, ὅταν φάσκῃ κατέχεσθαι αὐτοῦ κτῆμά τι ἐκβάλλον αὐτῷ. ὅπερ οὔλειν λέγεται, τουτέστιν ἐκβάλλειν. Niceph. Gregoras, p. 7 : ἐξούλης. ἐστὶ καὶ αὐτὸ ὄνομα δίκης, ὅταν ἐκβάλλῃ τὶς· ἐκ τῶν οἰκείων τινὰ παραλόγως, ἀπὸ τοῦ ἐξέλκειν ἀντὶ τοῦ ἐκβάλλειν. Suidas, v° ἐξούλης δίκη : τὸ δὲ κωλύειν ἕξλλειν ἔλεγον οἱ παλαιοί. ἐστιν οὖν ἐξέλλειν κατὰ τὸ ἔτυμον, τὸ ἐκφεύγειν καὶ περιπλίττειν, μὴ παρέχοντα τὴν τιμωρίαν καὶ τούτῳ τῷ τρόπῳ διακωλύειν. Scholie sur Démosthène, *C. Midium*, § 13 : εἴρηται δὲ ἀπὸ τοῦ ἐξέλκειν· οἱ παλαιοὶ γὰρ τὸ κωλύειν καὶ ἀπελκύειν ἐξέλλειν ἔλεγον. Démosthène, *C. Onet.*, I, *arg.* : τὸ δὲ τῆς ἐξούλης ὄνομα Ἀττικον. ἐξέλλειν γὰρ ἔλεγον τὸ ἐξωθεῖν καὶ ἐκβάλλειν βίᾳ. Cf. Eustathius, *sur l'Odyssée*, 557, 23 et *et sur l'Iliade*, 920, 31 ; Athénée, VIII, p. 308, c ; *Apostol. Proverb.*, XVI, 47. V. sur l'étymologie de notre action : Buttmann, *Lexil.*, II, 148 ; Bœckh, *Corp. inscr. græc.*, I, p. 810 ; Curtius, *Griech. Etymol.*, p. 484.

(1) Cf. en ce sens : Hudtwalcker, p. 134 ; Dernburg, I, p. 75 ; Meier, Schœmann et Lipsius, p.665, 666 ; Hermann-Thalheim, p. 133 note 2 ; Philippi, *in J.hrb. f. class. Philol.*, XIII. 1867, p. 584 et *Remedia recuperandæ possessionis in jure Attico et Romano*.

(2) Harpocration, *loc. cit.* : καὶ ἐπεργασίας δ'εἴ τις εἴργοιτο. διὸ ἔστιν ὁ νόμο δικάζεσθαι πρὸς τὸν εἴργοντα ἐξούλης καὶ περὶ ἀνδραπόδου δὲ καὶ παντὸς οὖ φησί τις αὐτῷ μετεῖναι. Cf. Hudtwalcker, Meier, Schœmann et Lipsius, *loc. cit.*

(3) Cf. en ce sens : Heffter, p. 457-458 ; Platner, t. II, p. 291 et s. ; Dareste, *Un nouveau fragment des lois de Solon*, in *Revue de Philologie*, 1891, p. 97 ; Lécrivain, *in* Daremberg et Saglio, v° *Exoulès dikè* ; G. A. Leist, p. 49.

récemment publiées et contenant un fragment des lois de
Solon. Le dernier des ἄξονες de Solon renfermait, d'après le
scholiaste, la définition suivante de l'action ἐξούλης : ἐάν τις
ἐξίλλη, ὧν ἄν τις δίκη νικήσῃ, οὗ ἄν ἄξιον ᾖ, καὶ εἰς δημόσιον ὀφλανεῖ
καὶ τῷ ἰδιώτῃ, ἑκατέροις [1]. Le réformateur athénien traitait
ainsi en dernier lieu de l'exécution des jugements, et c'est
à ce propos qu'il s'occupait de la δίκη ἐξούλης. Celle-ci répondait donc, d'après le plus ancien document que nous possédions
sur ce point, à l'action *judicati* et non à l'interdit *unde vi*.
C'est bien en ce sens également que les lexicographes considèrent généralement l'action ἐξούλης. Ainsi, d'après l'*Etymologicum magnum*, « celui qui a été déclaré par jugement
propriétaire d'un champ ou d'une maison et qui est empêché
d'en prendre possession ou qui en est expulsé après en avoir
pris possession, intente la δίκη ἐξούλης contre l'auteur du
trouble » [2]. De même un fragment de lexique découvert à
Patmos accorde l'action ἐξούλης à celui qui a été privé par
un tiers de la possession « d'une chose qui lui appartient en

(1) Nicole, *Les Scolies génevoises de l'Iliade*, I, p. 202, ἀρχθέντα. Cf. Dareste,
loc. cit.

(2) *Etymol. mag.*, v° ἐξούλης δίκη, p. 348 : οἱ δίκην νικήσαντες ὥστε ἀπολαμβάνειν χωρίον ἢ οἰκίαν, ἔπειτα ἐμβατεύειν κωλυόμενοι ἢ ἐμβατεύσαντες ἐξελαυνό-
μενοι. δίκην εἰσάγουσι πρὸς τοὺς ἐξελαύνοντας ἢ οὐκ ἐῶντας ἐμβατεύειν. — Cf.
Apostol. *Proverb. Centur.*, 18, 50 : οἱ δίκην νικήσαντες, ὥστε ἀπολαβεῖν τι χωρίον
ἢ ἀγρὸν ἢ τι τοιοῦτον, καὶ μὴ ἐώμενοι, ἀνέτρεχον εἰς δικαστήριον αὖθι;, καὶ εἰσῆ-
γον δίκην, ἥ τις ἐκαλεῖτο ἐξούλης, ἐξίλλειν γὰρ οἱ παλαιοὶ τὸ ἀπελαύνειν καὶ κωλύειν ἔλεγον· οἱ δὲ ἀπὸ τοῦ ἐξεῖναι τοῖς ἑλοῦσι κρατεῖν τῶν κεκτημένων. Pollux, VIII,
59 : ἡ δὲ ἐξούλης δίκη γίγνεται ὅταν... ἢ τὸν νικήσαντα ἅ ἐνίκησεν, ἀλλ' ἢ ἔχοντα
ἐκβάλλῃ, ἢ σχεῖν κωλύσῃ, ἢ αὐτὸς ὁ ὀφλων, ἢ ἄλλος ὑπὲρ αὐτοῦ. Suidas, v° ἐξούλης δίκη : κατὰ τῶν ἐλασάντων τοὺς ἑλόντας ἐκ τοῦ ὀφλοντο;· καὶ κατὰ τῶν ὀφλούν-
των τοῖς ἀλοῦσιν. Harpocration, v° ἐξούλης : δικάζεται δὲ ἐξούλης κἀπὶ τοῖς
ἐπιτιμίοις οἱ μὴ ἀπολαμβάνοντες ἐν τῇ προσηκούσῃ προθεσμίᾳ, ὑπερημέρων γιγνομένων τῶν καταδικασθέντων.

(3) *Bulletin*, I, p. 14. *Scholie in Demosth. Mid.*, 44 : ἐξούλη· δίκη κατὰ τῶν
ἐξιλλόντων τινὰ καὶ ἐκβαλλόντων ἀπὸ χωρίου ἢ οἰκίας ἢ ἀπὸ πράγματος προσή-
κοντος αὐτῷ κατὰ τὴν δίκην. ἔστι δὲ καὶ κατὰ τῶν ἡττηθέντων. ἐὰν μὴ ἀποτίνωσι
τὸ ὑπὸ τῶν δικαστῶν κεκριμένον δοθῆναι.

vertu d'un arrêt de justice ». C'est également le caractère
que lui reconnaît une inscription d'Amorgos [1].

Voici maintenant comment, selon toute probabilité, la δίκη
ἐξούλης est arrivée à correspondre à l'*actio judicati*. Dans le
droit attique, l'exécution des jugements est abandonnée aux
parties. Lorsque le perdant n'a pas exécuté la condamnation
dans le délai fixé, προθεσμία, il devient ὑπερήμερος, et la partie
gagnante peut, en conséquence, procéder à une prise de gage
sur les biens de son adversaire, en saisissant soit les meubles, soit les immeubles. Le perdant peut, sans doute, faire,
résistance, ἐξαγωγή, soit qu'il s'oppose à la prise de gage
soit qu'il expulse le créancier qui l'a opérée. Mais celui-ci
peut alors recourir à la δίκη ἐξούλης pour vaincre la résistance de son adversaire et prendre possession des biens
saisis [2]. On fut dès lors amené à supprimer la nécessité
d'une saisie préalable, qui ne servait qu'à allonger la procédure d'exécution et à permettre l'emploi de la δίκη ἐξούλης
directement pour assurer l'exécution du jugement. Par suite,
lorsque celui-ci a été rendu sur une action réelle, le gagnant
peut recourir à la δίκη ἐξούλης pour obtenir la restitution de
la chose dont les juges lui ont reconnu la propriété. Cette
solution peut, il est vrai, paraître contraire à l'étymologie
du mot ἐξούλη, lequel, commme nous l'avons vu, suppose un
trouble, une violence. Mais on peut dire qu'il y a trouble,
violence légale, dès qu'un individu condamné par justice à
restituer refuse d'obéir au jugement et se maintient en possession de la chose d'autrui [3], ὅτι ἠκείθησε τοῖς δικασταῖς καὶ τοῖς
νόμοις [4].

(1) Dareste, Haussoullier et Reinach, p. 318, l. 15 et p. 335.
(2) V. *supra*, p. 224 et s.
(3) Hudtwalcker, p. 138; Meier, Schœmann et Lipsius, p. 965-966; Hermann-
Thalheim, p. 134; Lécrivain, *loc. cit.*; Dareste, *loc. cit*
(4) Scholie sur Démosthène, *in Midiam*, 528, 11 : ἐξούλης, ὄνομα δίκης κατὰ
τῶν μὴ στερξάντων οἷς ἄρισαν οἱ δικάζοντες. ὁ δὲ νοῦς τοιοῦτος· ἐάν τις ἰδιωτικὴν
νικήσῃ δίκην, λαμβάνει τὸν ἡττηθέντα ὑπεύθυνον, εἶτα ἂν μὴ εἴσω τῆς προθεσμίας
ἐκτισθῇ, ὁ κατεδικάσθη, ἀλλὰ γένηται ὑπερήμερος, ἔξεστι γράψασθαι (ἅψασθαι) καὶ

La δίκη ἐξούλης, ainsi accordée à la partie gagnante pour
faire respecter le jugement qu'elle a obtenu, et spécialement
pour s'assurer la restitution de la chose dont elle a été
déclarée propriétaire, fut étendue naturellement à d'autres
cas pour faire respecter certains droits que la loi protège
particulièrement et qu'elle considère comme ayant été consacrés par un jugement : ces droits sont ceux de l'héritier
sien, du créancier hypothécaire et de l'acquéreur de biens
aliénés par l'Etat. Les héritiers siens [1], ainsi que nous le
verrons en exposant la théorie de l'acquisition des successions, ont la saisine des biens héréditaires et peuvent en
prendre possession directement et de leur propre autorité,
sans aucune intervention de la justice, par une simple ἐμβάτευσις. Si, dans l'exercice de ce droit, ils rencontrent un obstacle de fait que leur suscite un tiers, ils sont autorisés, pour
en triompher, à recourir à la δίκη ἐξούλης, et même, dans certains
tains cas, à l'εἰσαγγελία κακώσεως. De même, le droit d'ἐμβάτευσις
du créancier hypothécaire est, ainsi que nous l'avons précédemment établi, garanti par la δίκη ἐξούλης [2]. Nous avons vu
enfin que cette action est également accordée à l'acquéreur
de biens vendus ou donnés par l'Etat. [3].

Au surplus dans la théorie que nous avons admise relativement au caractère des actions ἐνοικίου, καρποῦ et οὐσίας, la
δίκη ἐξούλης sert à compléter l'effet de ces actions et entraîne
la dépossession définitive du détenteur de la chose, lorsque
le demandeur n'a pu obtenir satisfaction par les autres actions [4].

ἐπιλαβέσθαι αὐτοῦ τῶν χρημάτων, ἕως οὗ πληρώσῃ τὸ ὁρισθέν. εἰ δὲ κωλύοι τὸν
ἀκτόμενον, καὶ ἀπελαύνοι, γράφεται αὐτὸν κατὰ τὴν ἐξούλην· καὶ γίγνεται μετὰ
τοῦ ἰδιωτικοῦ καὶ δημόσιον τὸ πρᾶγμα λοιπόν, ἔτι ἠπείθησε τοῖς δικασταῖς καὶ
τοῖς νόμοις.

(1) Nous ne disons pas siens et nécessaires, car nous n'admettons pas l'existence d'héritiers nécessaires dans le droit attique. V. infra, tit. VI, chap. I,
sect. II.

(2) V. supra, p. 265.

(3) V. supra, p. 33-34.

(4) V. supra, p. 367.

Si l'on s'en rapporte au texte d'Harpocration [1], le domaine de la δίκη ἐξούλης aurait été singulièrement agrandi, et on aurait pu recourir à cette action dans tous les cas de dépossession violente, en lui faisant jouer le rôle de l'interdit *unde vi*. Le lexicographe critique même spécialement l'opinion du rhéteur Cécilius qui ne considérait la δίκη ἐξούλης que comme une action *judicati*. Harpocration cite notamment les esclaves et tous autres objets comme pouvant donner lieu à la δίκη ἐξούλης en cas de dépossession violente [2]. Mais, à notre avis, le texte du lexicographe ne comporte point nécessairement une pareille extension de l'action ἐξούλης, et l'on peut aussi bien l'interpréter en ce sens que l'exercice de cette action présuppose l'existence soit d'un jugement, soit d'un des autres faits juridiques que la loi assimile à un jugement. Donner la δίκη ἐξούλης pour protéger le possesseur contre une dépossession violente, se serait admettre un double emploi avec la δίκη βιαίων. Celle-ci suffisait parfaitement en matière mobilière pour protéger le possesseur [3]. En matière immobilière, à supposer, ce qui est fort contestable selon nous [4], que la δίκη βιαίων n'ait pu servir à garantir le possesseur contre la dépossession violente, on ne voit point que la procédure de la revendication ait différé suivant qu'il y avait eu ou non violence [5]. Hapocration paraît

---

(1) *Supra*, p. 392, note 3.

(2) Harpocration, v° ἐξούλης : δίδωσιν ὁ νόμος δικάζεσθαι πρὸς τὸν εἴργοντα ἐξούλης καὶ περὶ ἀνδραπόδου δὲ καὶ παντὸς οὗ φησί τις αὐτῷ μετεῖναι. Cf. Lécrivain, *loc. cit.*

(3) Suivant Meier, Schœmann et Lipsius (p. 645), qui admettent le concours, à une certaine époque, de la δίκη βιαίων et de la δίκη ἐξούλης pour réprimer la dépossession violente en matière mobilière, la première action se serait exercée en cas de violence réelle, la seconde en cas de violence symbolique ou fictive.

(4) Harpocration et Suidas disent, en effet, d'une manière générale, v° βιαίων : ὄνομα δίκης ἐστὶ κατὰ τῶν βίᾳ πραττόντων ὁτιοῦν, *contra eos qui vim inferunt*, sans distinction entre les meubles et les immeubles. V. sur cette question : Platner, *Process*, II, p. 179 ; Meier, Schœmann et Lipsius, p. 645 ; Caillemer, *in* Daremberg et Saglio, v° *Biaion dikè* ; Thonissen, p. 272.

(5) Cf. Lécrivain, *loc. cit.*

aussi accorder l'action ἐξούλης en cas de simple trouble à la jouissance [1]. Mais probablement se réfère-t-il à un des cas où la jouissance dérive d'un des titres spécialement protégés par la loi, comme dans le cas, que mentionne Pollux [2], où l'acquéreur d'un bien de l'Etat est troublé dans sa jouissance [3] [4].

G.-A. Leist [5], dans sa remarquable étude sur les procès de propriété dans le droit attique, a émis sur le caractère et l'application de la δίκη ἐξούλης une théorie nouvelle que nous devons signaler. Il observe d'abord, très exactement, que dans les quatre cas où l'exercice de cette action est possible [6] (exécution d'un jugement, ἐμβάτευσις de l'héritier sien ou du créancier hypothécaire et protection de l'acquéreur des biens de l'Etat), on ne peut y voir l'effet d'un privilège arbitraire, mais au contraire une conséquence de cette idée que les personnes ainsi protégées par la δίκη ἐξούλης ont un titre contre lequel aucune ἀμφισβήτησις n'est possible et à qui *a priori* appartient la force exécutoire. Cela se comprend parfaitement dans le cas d'exécution d'un jugement, car il y a eu un examen judiciaire des droits des parties. Cet examen n'a point lieu, sans doute, dans les trois autres cas. Mais il s'y agit de rapports de droit qui comportent une

---

(1) Harpocration, v° ἐξούλης : ἐπεαὶ ἐργασίας ὅ τις εἱ εἱργοιτο.

(2) Pollux, VIII, 59.

(3) Suivant Lécrivain (*loc. cit.*), le renseignement d'Harpocration est peut-être emprunté à un passage de Démosthène relatif à une exploitation de mines (*C. Pantan.*, § 35) ; or, comme la législation athénienne protégeait tout spécialement le travail minier, on ne saurait tirer une conclusion du texte d'Harpocration pour dire que la δίκη ἐξούλης servait, d'une manière générale, à réprimer un simple trouble à la jouissance.

(4) Harpocration (v° ἐξούλης) fait allusion à un plaidoyer de Dinarque, où, dans un procès relatif à la propriété d'un culte gentilice, l'orateur parlait de la δίκη ἐξούλης à propos d'une prêtresse qui n'accomplissait pas ses fonctions religieuses. Mais il est impossible de préciser ici le rôle de la δίκη ἐξούλης. Cf. Lécrivain, *loc. cit.*

(5) P. 5ι et s.

(6) G. A. Leist, n'admet pas plus que nous que la δίκη ἐξούλης puisse jouer le rôle de l'interdit *unde vi*.

certaine publicité. C'est ainsi que l'héritier sien peut en appeler, pour établir sa qualité, au témoignage des voisins ou de préférence encore à celui des phratores. De même, les aliénations faites par l'Etat sont publiques de leur nature, et de plus la preuve en est conservée par des inscriptions faites par des magistrats, souvent gravées sur pierre et exposées publiquement. Enfin les hypothèques se manifestent au moyen d'ὅροι établis sur les immeubles mêmes et indiquant le nom du créancier et le montant de la créance. Quant aux meubles, abstraction faite des navires, ils donnent lieu rarement à une ἐμβάτευσις, car ils sont ordinairement l'objet d'un *pignus* proprement dit, plutôt que d'une hypothèque. Or, d'après Leist, si, dans les quatre cas précités, une ἐξαγωγή est possible, c'est parce qu'ici toute ἀμφισβήτησις est exclue. On doit donc admettre la possibilité d'une semblable ἐξαγωγή dans tous les cas où il ne peut y avoir de contestation sur la supériorité du titre de l'une des parties relativement à l'autre. Tel est d'abord le cas où le possesseur ne peut produire aucun titre, et où il possède simplement *pro possessore*. Ici aucun doute n'est possible sur le point de savoir laquelle des deux parties invoque le droit le plus fort. Il en est de même dans le cas où le possesseur allègue bien un titre, mais où son adversaire pense pouvoir en démontrer la fausseté. C'est à une hypothèse de ce genre que, suivant Leist, se réfèrent les plaidoyers de Démosthène contre Onétor. Lorsque Démosthène, après avoir gagné son procès contre Aphobos et obtenu contre lui une condamnation s'élevant à la somme de dix talents, veut exécuter le jugement et prendre possession d'une terre appartenant à Aphobos, il se voit expulsé par Onétor, beau-frère d'Aphobos, qui se prétend créancier hypothécaire inscrit sur l'immeuble, du chef de sa sœur. Démosthène se porte demandeur contre un adversaire *vi possidens*. Si cet adversaire était Aphobos, le condamné, nous aurions ici un cas de δίκη ἐξούλης, considérée comme *actio judicati*. Mais l'emploi de cette action contre un tiers, qui n'est touché en aucune manière par le jugement, peut, au premier abord, pa altre surprenant. On pourrait croire que ce doit être ici le cas de recourir à une diadicasie pour régler, d'après les titres respectivement produits par les parties, à savoir le jugement et la constitution d'hypothèque, le point de savoir celle dont le droit est le plus fort et qui, par suite, est autorisée à l'ἐμβάτευσις de l'immeuble litigieux [1]. Si néanmoins l'orateur agit en raison de l'expulsion dont il a été objet, et sans que la chose litigieuse ait été préalablement déclarée sienne après examen des titres respectifs des parties, il ne peut le faire qu'en déclarant cette comparaison inutile, eu égard à la fausseté du titre de son adversaire. Il affirme, en effet, d'un côté, que l'hypothèque alléguée par Onétor manque de base, attendu que la dot de la sœur de ce dernier n'a jamais été payée, d'un autre côté, que la femme d'Aphobos n'ayant divorcé que pour la forme, il ne peut y avoir de créance dotale si le mariage subsiste encore.

Si l'on décide que la δίκη ἐξούλης est possible quand on peut démontrer la fausseté du titre produit par l'adversaire, on doit, d'après Leist, aller plus loin et admettre également la recevabilité de cette action lorsque le demandeur peut établir la nullité de ce titre. Le plaidoyer d'Isée sur l'héritage de Dicéogène renfermerait une application de cette proposition. On y voit que l'orateur avait fait avec Dicéogène une transaction *in judicio* équivalant à un jugement, et en vertu de laquelle celui-ci devait lui rendre les deux tiers de l'héritage litigieux [2]. Si les biens héréditaires s'étaient trouvés entre les mains de Dicéogène, l'orateur aurait pu

_____

(1) Leist allègue en ce sens les paroles mêmes de Démosthène qui, au § 2 de son premier plaidoyer, parle de la proposition qu'il fit à Onétor de faire régler la difficulté par des amis communs, ἐν τοῖς φίλοις διαδικάσασθαι.

(2) Dicéogène avait promis de rendre ces deux tiers ἀναμφισβήτητα. c'est-à-dire qu'il s'engageait à désintéresser ceux qui détenaient ces biens à titre d'acheteurs ou de créanciers hypothécaires.

en prendre possession au moyen d'une ἐμβάτευσις et vaincre
la résistance de son adversaire au moyen de la δίκη ἐξούλης.
Mais ces biens avaient été pour la plus grande partie aliénés
ou hypothéqués à des tiers. L'orateur essaya néanmoins
d'user de l'ἐξαγωγή pour l'un de ces biens. Mais, dit-il, nous
ne recourrons plus à l'ἐξαγωγή, car nous ne voulons plus
perdre quarante mines comme dans le procès que nous avons
intenté à Micion, à propos d'un établissement de bains dont
Dicéogène nous avait engagé à prendre possession [1]. C'est
donc que ce Micion, troublé dans sa possession, avait lui-
même formé contre l'orateur une δίκη ἐξούλης. Le plaidoyer
nous montre ainsi deux individus tenant leurs droits de la
même personne, l'un en vertu d'une transaction, l'autre en
vertu d'une vente; le premier use contre le second de
l'ἐξαγωγή, mais celui-ci répond par la δίκη ἐξούλης et triomphe
parce que l'auteur commun lui a fourni la βεβαίωσις (auctoritas). L'ἐξαγωγή avec son complément, la δίκη ἐξούλης, servait
donc à trancher le conflit qui pouvait s'élever entre deux
individus tenant leurs droits d'un auteur commun. Il résulte
enfin, suivant Leist, du plaidoyer attribué à Démosthène
contre Zénothémis, que l'ἐξαγωγή peut, sur le fondement
d'un droit de gage, il est vrai, être pratiquée contre un tiers
quelconque qui ne tient pas ses droits du même auteur que
son adversaire. Si l'on rapproche ces divers plaidoyers du
texte de Pollux déclarant que la δίκη ἐξούλης est possible en
cas de conflit entre un acheteur et un créancier hypothécaire [2], on arrive à cette conclusion qu'il y a lieu à l'ἐξαγωγή
et, avec elle, à la δίκη ἐξούλης, toutes les fois que l'on a la ferme
confiance de pouvoir établir la supériorité de son droit. Tel
serait le cas où l'adversaire n'a aucun titre ou n'en a qu'un

---

(1) V. Isée, *De Dicæog. her.*, § 2 : ἡμεῖς δ' οὐκ ἐξαγόμεν· δεδίαμεν γὰρ μὴ
ὄφλωμεν δίκας. καὶ γὰρ Μικίωνα κελεύοντος Δικαιογίνους καὶ φάσκοντος μὴ
βεβαιώσειν, ἐξάγοντες ἐκ τοῦ βαλανείου ὤφλομεν τετταράκοντα μνᾶ·.

(2) Pollux, VIII, 59 : καὶ μὴν καὶ εἰ ὁ μὲν ὡς ἐωνημένος ἀμφισβητεῖ κτήματος, ὁ
δὲ ὡς ὑποθήκην ἔχων, ἐξούλης ἡ δίκη.

que le droit objectif déclare vicieux et, par suite, le frappe
d'infériorité dans un conflit déterminé. Dans la théorie de
Leist, la δίκη, ἐξούλης ne différerait donc d'une action en revendication unilatérale que par son élément pénal du *duplum*.
Mais cet élément, qui n'était qu'un vestige du caractère primitif de l'action, était appelé à disparaître.

La théorie que nous venons d'exposer est fort séduisante,
et elle a peut-être été celle du droit attique dans son dernier état. Mais jusqu'à présent elle ne nous paraît pas suffisamment établie. Ainsi en ce qui concerne le cas de Démosthène, il se rattache manifestement à l'emploi de la δίκη ἐξούλης considérée comme *actio judicati*. Démosthène, ayant
obtenu un jugement contre Aphobos, peut exécuter ce jugement sur les biens de son débiteur en usant de la δίκη ἐξούλης,
que ces biens se trouvent entre les mains du débiteur lui-
même ou entre celles d'un ayant cause, comme Onétor. Il
est vrai que celui-ci, si ses droits sont antérieurs au jugement, est un tiers et non un ayant-cause ; mais précisément
Démosthène soutient qu'il y a un concert frauduleux entre
Aphobos et Onétor et que, par conséquent, le titre de ce
dernier n'est qu'apparent, que, par suite, le jugement doit
pouvoir s'exécuter contre Onétor aussi bien que contre
Aphobos. Dans le plaidoyer, fort embrouillé du reste, contre
Zénothémis, si celui-ci exerce contre Démon la δίκη ἐξούλης,
c'est sur le fondement d'une hypothèque qu'il prétend avoir
sur le chargement. La δίκη ἐξούλης peut donc rentrer ici dans
un des quatre cas de son application normale. Quant au
texte de Pollux, il renferme, comme nous l'avons précédemment exposé [1], la sanction du droit d'ἐμβάτευσις qui appartient au créancier à l'échéance et qu'il peut exercer, soit
contre le débiteur lui-même, s'il possède encore la chose
hypothéquée, soit contre les tiers à qui il aurait pu transmettre cette chose avec ou sans le consentement du créancier.

_____

(1) V. *supra*, p. 265-266.

Ce texte se réfère donc encore à l'un des quatre cas ordinaires d'application de la δίκη ἐξούλης. Le plaidoyer sur l'héritage de Dicéogène paraît, sans doute, fournir un argument plus sérieux en faveur de l'extension que l'on propose de donner à la δίκη ἐξούλης. Il faut toutefois observer que les personnes au profit desquelles Dicéogène s'était dépouillé des biens héréditaires qu'il avait promis de rendre à l'orateur, étaient des acheteurs ou des créanciers hypothécaires [1]. Il est donc tout naturel que ces derniers, lorsqu'ils ont été dépossédés par l'orateur, aient exercé contre lui la δίκη ἐξούλης conformément au droit commun. En définitive, il nous paraît plus sûr de limiter l'application de l'action ἐξούλης aux quatre cas signalés par les auteurs et de n'admettre, dans le droit attique, qu'une seule forme de procédure pour faire valoir en justice un droit réel, à savoir la diadicasie.

La δίκη ἐξούλης s'engage au moyen d'une procédure préliminaire et symbolique qui se nomme ἐξαγωγή et qui offre une frappante analogie avec celle de la *deductio quæ moribus fit* qui, dans l'ancien droit romain, servait à engager la revendication dans le système des *legis actiones* [2]. Cette *deductio* n'était elle-même qu'un vestige des luttes primitives qui servaient à trancher les contestations de propriété. Dans la procédure romaine, il n'y a plus qu'une lutte fictive sur le terrain litigieux, ou même, dans le dernier état du droit, une simple provocation à la lutte devant le préteur. Dans cette *manuum consertio*, les rôles de vainqueur et de vaincu étaient déterminés d'avance et, du reste, le résultat de la lutte n'avait aucune influence sur la question de possession ni, par suite, sur l'attribution des rôles de demandeur et de défendeur [3]. Avant de voir s'il est possible de déterminer

(1) Isée, *De Dicæog. her.*, § 21 : ἀλλ' οἱ παρὰ τούτου πριάμενοι καὶ θέμενοι.
(2) Cf. Hofmann, p. 126 s.
(3) Cf. De Savigny, in *Zeitsch. f. gesch. Rechtswissenschaft*, III, p. 421 et s.; Bethmann-Hollweg, *Der rœmische Civilprocess*, t. II, p. 287 ; Accarias, t. II, n° 742.

les formes de l'ἐξαγωγή, nous devons signaler les cas dans les quels nous la voyons employée par les parties et essayer d'en induire une régle générale sur son application dans le droit attique.

Un premier cas d'ἐξαγωγή est mentionné dans le plaidoyer d'Isée sur l'héritage de Pyrrhus. Nous y voyons que Xénoclès, agissant au nom de sa femme Philé, qu'il prétend être la fille légitime de Pyrrhus, veut aller prendre possession à Bésa d'une usine faisant partie de la succession, et il y emmène, pour être témoins de l'ἐξαγωγή, plusieurs personnes auxquelles il fait ainsi faire trois cents stades [1]. Il est également question d'ἐξαγωγή dans un autre procès de succession, celui dont traite Démosthène dans son discours contre Léocharès. L'orateur dit qu'au moment où il se disposait à prendre possession des biens de Léocratès, son adversaire Léostratos l'éconduisit, disant que les biens lui appartenaient [2]. Le plaidoyer attribué à Démosthène contre Zénothémis renferme un autre cas d'ἐξαγωγή. Il y est dit que Zénothémis, prétendu créancier hypothécaire d'Hégestrate, n'a pas voulu se laisser éconduire par Protos mais seulement par Démon [3]. Enfin le plaidoyer d'Isée nous signale un quatrième cas d'ἐξαγωγή, lorsque les neveux de Dicéogène veulent prendre possession des biens que leur oncle avait promis de leur restituer à la suite de la transaction faite *in judicio* au moment où Léocharès, son complice, allait être condamné pour faux témoignage [4].

Nous voyons ainsi l'ἐξαγωγή employée soit à l'occasion d'une revendication de succession, soit pour faire respecter

<hr>

(1) Isée, *De Pyrrhi her.*, § 32 : οὐχ ἡγήσατο δεῖν τοῖς ἀπὸ τοῦ αὐτομάτου ἐκεῖ ἐντυχοῦσι μάρτυσι χρῆσθαι περὶ τῆς ἐξαγωγῆς.

(2) Démosthèn:, *C. Leoch.*, § 32 : ἐξῆγεν ὁ Λεώστρατος οὑτοσὶ φάσκων αὐτοῦ εἶναι.

(3) Démosthène, *C. Zenoth.*, § 17 : ἐξῆγεν αὐτὸν ὁ Πρῶτος καὶ ὁ κοινωνὸς τοῦ Πρώτου, Φέρτατος, οὑτοσὶ δ' οὐκ ἐξήγετο, οὐδ' ἂν ἔφη διαρρήδην ὑπ' οὐδενὸς ἐξαχθῆναι, εἰ μὴ αὐτὸν ἐγὼ ἐξάξω.

(4) Isée, *De Dicœog. her.*, §§ 22 et s., V. *supra*, p. 403.

un droit d'hypothèque, soit à l'occasion d'une revendication
fondée sur une transaction. Faut-il généraliser et dire que
l'ἐξαγωγή est le préliminaire de toute action réelle [1] ? Nous
ne le pensons pas, et nous estimons que l'ἐξαγωγή doit plutôt
être restreinte à la procédure de la δίκη ἐξούλης. C'est ce qui
résulte de l'examen des divers cas signalés dans les plaidoyers précités. Ainsi, dans le cas de Xénoclès, celui-ci
avait le droit de prendre possession de la mine par voie
d'ἐμβάτευσις, puisque sa femme Philé était, ou du moins il le
prétendait, *hœres sua* du *de cujus*. Or l'exercice du droit
d'ἐμβάτευσις de l'héritier sien est garanti, comme nous l'avons
vu, par la δίκη ἐξούλης. De même, dans le cas Léostratos,
celui-ci réclame les biens litigieux en qualité de fils adoptif d'Archiadès [2], et, dès lors, il est naturel qu'il use de
l'ἐξαγωγή comme préliminaire à la δίκη ἐξούλης qui garantit
ses droits. Dans le plaidoyer contre Zénothémis, il s'agit de
de l'exercice d'un droit d'hypothèque également protégé par
l'action ἐξούλης. Enfin dans le plaidoyer sur l'héritage de
Dicéogène, si les neveux usent de l'ἐξαγωγή, c'est sur le fondement d'une transaction conclue *in judicio*, et équivalant à
un jugement. Or l'exécution des jugements est assurée pareillement au moyen de la δίκη ἐξούλης. En l'absence d'autres
documents venant démontrer que l'ἐξαγωγή a une plus large
application, il nous semble plus sûr de limiter l'emploi de
de cette procédure au cas de la δίκη ἐξούλης [3].

Les textes que nous possédons ne permettent point de
déterminer les formalités de l'ἐξαγωγή, considérée comme
moyen d'engager l'instance. On peut seulement supposer,
d'après le plaidoyer sur l'héritage de Pyrrhus [4], que cette

(1) V. en ce sens, Dareste, *Plaid. civ.*, t. I, p. 289, note 11, t. II, p. 81,
note 10. Cf. Meier, Schœmann et Lipsius, p. 477.
(2) Démosthène, *C. Leochar.*, § 34.
(3) Cf. G. A. Leist, p. 56; Hitzig, p. 139.
(4) V. *supra*, p. 404.

procédure se déroulait en présence d'un certain nombre de témoins. Il y a lieu, devant eux, à une expulsion fictive, *vis ex conventu*, par le possesseur de celui qui veut procéder à l'ἐμβάτευσις [1]. On dit de celui-ci ἐξάγεσθαι et du possesseur ἐξάγειν [2].

Le résultat de la δίκη ἐξούλης et l'avantage spécial qu'elle offre [3] à celui qui a le droit d'y recourir, c'est qu'en cas de condamnation le défendeur [4] n'est point seulement obligé de restituer l'objet en litige ou, d'une manière générale, de satisfaire au jugement dont le demandeur poursuit l'exécution, mais qu'il doit, en outre, payer au Trésor une amende égale à la valeur de la chose litigieuse [5]. L'adjonction de cette amende, qui donne à la δίκη ἐξούλης, à certains égards, le

---

(1) Un texte d'Isée (*De Pyrrhi her.*, § 62) pourrait laisser croire que l'expulsion fictive est le fait de celui qui veut procéder à l'embateusis et intenter ensuite la δίκη ἐξούλης. L'orateur s'y exprime ainsi : « Aucun de vous ne croira que si Xénoclès avait cru que sa femme était réellement une fille légitime, il aurait demandé l'envoi en possession de la succession paternelle en présentant une λῆξις; la fille légitime se serait mise au contraire elle-même en possession (ἐβάδιζεν) des biens paternels, καὶ εἴ τις αὐτὴν ἀφῃρεῖτο ἢ ἐβιάζετο, ἐξῆγεν ἂν ἐκ τῶν πατρῴων, et l'auteur de la violence se serait exposé non seulement à une action civile, mais encore à une εἰσαγγελία mettant sa vie et sa fortune en danger. » Certains auteurs donnent pour sujet au verbe ἐξῆγεν le mot ἡ γνησία, d'où il résulte que l'expulsion serait le fait de la fille légitime. Cf. Bunsen, p. 83 ; Schœmann, trad. d'Isée, I, p. 66. Mais il est plus exact à notre avis, de donner pour sujet au verbe ἐξῆγεν le pronom τις. C'est alors cet individu, τις, qui doit procéder à l'expulsion pour rendre ainsi la δίκη ἐξούλης admissible contre lui. Cf. en ce sens: Meier, Schœmann et Lipsius, p. 604, note 318 ; Hofmann, p. 128.

(2) Cf. Meier, Schœmann et Lipsius, p. 477. Dareste, *loc. cit.*, t. I, p. 289, note 11, enseigne que celui qui, à la suite de l'ἐξαγωγή, est éconduit ou dessaisi, engage l'action sous la forme d'une demande personnelle en dommages-intérêts, δίκη βλάβης.

(3) Cette action ne peut évidemment être intentée qu'après l'expiration des délais accordés à la partie condamnée pour exécuter le jugement, προθεσμία, délais qui sont ici les mêmes que pour la prise de gage. V. *supra*, p. 225, Cf. Hudtwalcker, p. 147.

(4) La *pœna dupli*, ainsi que cela résulte des textes cités *infra* (note 5), ne frappe que le défendeur qui succombe sur la δίκη ἐξούλης. Il ne paraît pas qu'elle ait atteint le demandeur lorsqu'il est débouté de son action. Hitzig, p. 139, note 3. V. toutefois G. A. Leist, p. 51 et s.

(5) Harpocration et Suidas, v° ἐξούλης : οἱ δὲ ἁλόντες ἐξούλης καὶ τῷ ἑλόντι

caractère d'une action pénale, s'explique par la raison que le défendeur est entré en révolte avec la loi et qu'il lui doit, en conséquence, réparation ¹. Le taux de l'amende est naturellement déterminé par le montant du *judicatum*, lorsque la condamnation dont on poursuit l'exécution a eu pour objet une somme d'argent. En tout autre cas, s'il s'agit, par exemple, d'obtenir la restitution d'un meuble ou d'un immeuble, il y a lieu à une estimation de la chose pour fixer le montant de l'amende. Il en est de même si l'on admet que la δίκη ἐξούλης peut jouer le rôle de l'interdit *unde vi* ². Le retard dans le payement de cette amende avait pour résultat de faire inscrire le défendeur sur le registre des débiteurs du fisc ³, ce qui entraînait pour lui l'atimie et les autres pénalités encourues par les débiteurs du Trésor ⁴.

On s'est demandé quel est, au point de vue de la restitution même de la chose, l'effet de la condamnation sur la δίκη ἐξούλης. L'amende prononcée au profit de l'Etat est levée par l'autorité publique. Mais l'Etat se charge-t-il aussi d'assurer l'exécution du jugement au profit de la partie gagnante ? En d'autres termes, celle-ci peut-elle recourir à la *manus militaris* ? Les textes ne sont pas très nets sur ce point.

ἐδίδοσαν ἃ ἀφῃροῦντο αὐτοῦ καὶ τῷ δημοσίῳ κατετίθεσαν τὰ τιμηθέντα. Démosthène, *In Midiam*, § 44 : ἄν τις ὀφλὼν δίκην μὴ ἐκτίνῃ, οὐκέτ' ἐποίησεν ὁ νόμος τὴν ἐξούλης ἰδίαν, ἀλλὰ προστιμᾶν ἐπέταξε τῷ δημοσίῳ. Ce προστίμημα dont parle Démosthène est évidemment égal à la valeur de la chose litigieuse, ainsi que le disent Harpocration et Suidas. Cf. Heffter, p. 461-462 ; Meier, Schœmann et Lipsius, p. 970; Hermann-Thalheim, p. 133; Hudtwalcker, p. 150; Platner, *Process*, t. I, p. 436; Bœckh, t. I, p. 446; Lécrivain, *loc. cit.*; Guiraud, p. 307.

(1) Scholies sur Démosthène, *In Midiam*, 540, 24.

(2) Cf. Meier, Schœmann et Lipsius, p. 223 et 970; Heffter, p. 461-462; Hermann-Thalheim, p. 133, note 3; Lécrivain, *loc. cit.*

(3) Démosthène, *C. Bœot.*, I, § 15 : εἰ δ' εἴ τις δίκην ἐξούλης αὐτῷ λαχών μηδὲν ἐμοὶ φαίη πρὸς αὐτὸν εἶναι, κυρίαν δὲ ποιήσαμενος ἐγγεγράφῃ, τι μᾶλλον ἂν εἴη τοῦτον ἢ ἐμὲ ἐγγεγράφώς. On peut induire de ce texte que la condamnation sur la δίκη ἐξούλης entraînait l'inscription immédiate sur le registre des débiteurs du fisc. Heffter, p. 463.

(4) Hudtwalcker, p. 151; Platner, *Process*, t. I, p. 437; Meier, Schœmann et Lipsius, p. 970; Heffter, p. 463 ; Lécrivain, *loc. cit.*

Suidas se borne à dire : ἐπειδάν τις καταδικασθείς μὴ ἐκτίνῃ τὴν κατα-δίκην, εἰσεπράττετο ὑπὸ τοῦ δήμου [1]. Ces derniers mots paraissent indiquer une exécution par l'autorité publique, et c'est en ce sens qu'on les a interprétés [2]. Mais cette conclusion ne résulte pas nécessairement du texte de Suidas. Aussi pourrait-on également admettre que le seul moyen accordé à la partie gagnante pour vaincre la résistance de son adversaire était d'intenter plusieurs fois de suite la δίκη ἐξούλης, ce qui aurait entraîné chaque fois une nouvelle amende. On a enfin proposé de décider que la partie condamnée ne pouvait payer une amende envers l'Etat et échapper en conséquence à l'atimie qu'après avoir satisfait à la condamnation vis-à-vis du demandeur [3]. Dans tous les cas, il semble bien que la δίκη ἐξούλης amenait, soit directement, soit indirectement, la restitution de la chose par le détenteur, car Harpocration dit formellement que le défendeur condamné sur la δίκη ἐξούλης ne peut plus rester en possession [4].

L'amende encourue par la partie condamnée sur la δίκη ἐξούλης n'enlève point à cette action le caractère d'une action privée. Un passage de Démosthène pourrait, il est vrai, laisser supposer le contraire [5]. Mais il est généralement admis que l'orateur n'a point voulu méconnaître la véritable nature de la δίκη ἐξούλης. Cette action, ainsi que cela ressort formellement de tous les autres textes, et notamment des

(1) Suidas, v° ἐξούλης.

(2) Heffter, p. 464; Platner, *Process*, t. I, p. 437. Suivant Platner, ce concours de l'autorité publique devait faire préférer, dans un grand nombre de cas, l'exercice de la δίκη ἐξούλης à la prise de gage, d'autant plus que, dans cette dernière, le créancier pouvait être exposé à commettre des irrégularités engageant sa responsabilité et donnant lieu à un nouveau procès.

(3) Meier, Schœmann et Lipsius, p. 970.

(4) Harpocration, v° οὐσίας δίκη :... εἰ δὲ καὶ ἐξούλης ἁλοῖεν, οὐκέτι ἐξῆν ἐπι-πράττειν, ἀλλ' ἐξίστασθαι ἔδει ἤδη τῶν κτημάτων. V. *supra*, p. 364, note 2. Cf. Da-reste, *Science du droit*, p. 311, et *Plaid. civ.*, t. II, p. 185, note 12; Lécrivain *in* Daremberg et Saglio, *loc. cit.*; Hermann-Thalheim, p. 133, note 3.

(5) Démosthène, *In Midiam*, § 44 : οὐκέτ' ἀπο'ησιν ὁ νόμος τὴν ἐξούλης ἰδίαν. V. *supra*, p. 406, note 5.

définitions des lexicographes, est manifestement une action
privée, ἰδία [1]. Elle est, du reste, transmissible contre les
héritiers, du moment que leur auteur a été condamné par
un jugement passé en force de chose jugée [2].

La δίκη ἐξούλης est de la compétence des magistrats qui
ont instruit le procès à la suite duquel a été rendu le jugement dont il s'agit d'assurer l'exécution. Si l'on admet que
l'action ἐξούλης correspond non seulement à l'*actio judicati*,
mais aussi, dans d'autres cas, à une action de dessaisine, on
doit décider que, dans ces derniers cas, la compétence appartient aux Quarante [3].

SECTION IV

De la δίκη εἰς ἐμφανῶν κατάστασιν.

Cette action, bien qu'ayant le caractère d'une action personnelle, est le complément des actions réelles que nous
avons précédemment étudiées. Elle présente, en effet, un
très grand intérêt dans la procédure de revendication concernant des choses mobilières, à ce point que l'on a voulu
voir, mais à tort selon nous, dans la δίκη εἰς ἐμφανῶν κατάστασιν une action en revendication pour les meubles [4]. La théorie de cette action ne peut encore malheureusement être
établie d'une manière très complète ni très sûre en raison
de l'insuffisance des sources. Les orateurs n'en font mention
qu'assez rarement et d'une façon incidente [5]. Quant aux

---

(1) Cf. Heffter, p. 461; Bœckh, t. I, p. 446.
(2) Démosthène, *C. Callip.*, § 16. Cf. Hudtwalcker, p. 151.
(3) Cf. Platner, *Process*, t. I, p. 437; Meier, Schœmann et Lipsius, p. 668;
Lécrivain, *loc. cit.*
(4) Heffter, p. 168. V. *infra*, p. 413.
(5) Démosthène, *C. Callip.*, § 410; *C. Nicostr.*, § 1; *C. Dionysod.*, §§ 3,

lexicographes, leurs définitions sont incomplètes ou obscures.

On peut définir, d'une manière générale, la δίκη εἰς ἐμφανῶν κατάστασιν une action privée tendant à l'exhibition ou à la représentation d'une chose [1]. Elle correspond ainsi manifestement à l'*actio ad exhibendum* des Romains. L'origine de cette action dans le droit attique est probablement la même que dans le droit romain. A Rome, ainsi que nous l'apprend Ulpien, l'action *ad exhibendum maxime propter vindicationes inducta est* [2]. C'est qu'en effet, la procédure originaire de la revendication, sous la forme du *sacramentum*, ne pouvait s'accomplir qu'en présence de la chose litigieuse ou d'un fragment de cette chose. Le détenteur avait donc un grand intérêt à la dissimuler afin de rendre la revendication impossible. L'action *ad exhibendum* fut introduite pour prévenir ou corriger ce résultat ; elle servait par conséquent de préliminaire à l'action et pouvait même au besoin y suppléer [3]. On peut supposer qu'à Athènes, dans la procédure de revendication, la chose litigieuse devait également, à l'origine du moins, être mise sous les yeux du magistrat appelé à statuer sur les prétentions contradictoires des parties à la possession de la chose. Il en est ainsi dans la procédure organisée par Platon, qui s'est vraisemblablement inspiré des dispositions du droit positif, sinon à son époque, du moins à une époque antérieure [4]. Cette raison d'être primitive de la δίκη εἰς ἐμφανῶν κατάστασιν disparut probablement,

---

38, 40 et 45; C. *Lacrit.*, § 38; Eschine, C. *Timarch.*, § 99; Isée, *De Philoct. her.*, § 31 et *in* Denys d'Halicarnasse, p. 612 (Didot, *Orat. att.*, II, p. 323).

(1) Harpocration, v° εἰς ἐμφανῶν κατάστασιν : ὄνομα δίκης ἐστὶν ὑπὲρ τοῦ τὰ ἀμφισβητήσιμα εἶναι ἐν φανερῷ. Cf. Lexic. Rhet., 246, 5, *infra*, p. 411, note 2. Pollux, VIII, 33.

(2) L. 1, D. *Ad exhib.*, X, 4.

(3) Cf. Accarias, t. II, n° 742 et 825.

(4) Platon, *Leges*, p. 914, c : ἂν μὲν ἀπο;εγραμμένον ᾖ παρὰ τοῖς ἄρχουσι τὸ κτῆμα κατὰ νόμον... γενομένου δὲ ἐμφανοῦς κτλ. Cf. Dareste, *Science du droit*, p. 107.

mais l'action se maintint dans la législation pour d'autres motifs, de même qu'à Rome l'*actio ad exibendum* survécut à l'introduction du système formulaire [1].

En ce qui concerne d'abord l'objet de la δίκη εἰς ἐμφανῶν κατάστασιν, cette ac.ion ne s'applique qu'aux choses mobilières. L'auteur des λέξεις ῥητορικαί ne parle, en effet, que de l'exhibition de choses mobilières, meubles meublants, esclaves, animaux domestiques ou autres objets analogues [3]. Cette solution est, au surplus, une conséquence naturelle du motif qui a fait admettre notre action, car on ne dissimule pas des immeubles [2].

Quant aux personnes qui peuvent agir εἰς ἐμφανῶν κατάστασιν, il y a lieu de croire que l'action n'appartenait originairement qu'aux personnes investies d'une action réelle. C'est au point de vue de la revendication exclusivement que la considère le lexicographe précité. L'action est également accordée à celui qui agit en pétition d'hérédité. Ainsi dans le plaidoyer d'Isée sur l'héritage d'Archépolis, nous voyons l'exhibition des meubles héréditaires demandée au détenteur de ces meubles par le frère du défunt [3]. La κατάστασις εἰς ἐμφανῶν est ici considérée comme un préliminaire de la pétition d'hérédité; aussi le défendeur oppose-t-il au demandeur

---

(1) Cf. B. W. Leist, p. 492-494. Cet auteur observe avec raison que les actions similaires ad exhibendum et εἰς ἐμφανῶν κατάστασιν ne sont point dérivées l'une de l'autre mais que, dans les deux législations romaine et grecque, elles reposent sur les mêmes principes concernant la procédure originaire de la revendication et que leur développement répond aux mêmes besoins pratiques.

(2) Bekker, *Anecd.*, I, p. 246, εἰς ἐμφανῶν κατάστασιν καὶ ἐξ ἐμφανῶν καταστάσεως: ὄνομα δίκης ἐστίν, ἣν ἐποιοῦντο τινες ἀπολέσαντες τι τῶν ἰδίων σκευῶν ἢ ἀνδραπόδων ἢ κτηνῶν ἤ τι τῶν οἰκείων, γνωρίσαντες ὅπερ ἀπώλεσαν παρά τινι. Cf. Pollux, VIII, 33 : ἦν δὲ δίκη καὶ εἰς ἐμφανῶν κατάστασιν καλουμένη, ὁπότε τις ἐγγυήσαιτο ἢ αὐτόν τινα ἢ τὰ χρήματα, οἷον τὰ κλοπαῖα κτλ. Cf. sur ce texte évidemment altéré : Platner, *Process*, t. II, p. 298; Meier, Schœmann et Lipsius, p. 479, note 15.

(3) V. l'analyse de ce plaidoyer par Denys d'Halicarnasse, *in Orat. att.*, (Didot) II, p. 128. Cf. Platner, *Process*, t. II, p. 299; Caillemer, *in* Daremberg et Saglio, v° *Eis emphanon katastasin dikè*.

en exhibition une exception péremptoire fondée sur un testament qui lui attribuerait tous les biens du *de cujus*. Notre action
peut servir également à garantir les droits du créancier
hypothécaire lorsque la chose hypothéquée est mobilière [1].
C'est ainsi que Darios demande à Dionysodore de représenter le navire affecté à un prêt à la grosse, s'il ne veut point
rendre l'argent prêté sur le navire [2].

L'emploi de notre action s'est étendue à un grand nombre
d'hypothèses où il ne s'agit plus d'assurer l'exercice d'un
droit réel, et l'on peut dire que la δίκη εἰς ἐμφανῶν κατάστασιν
compète à toute personne intéressée à obtenir l'exhibition
d'une chose, afin de rendre possible l'exercice d'un droit ou
d'une action subordonnée en tout ou en partie à la représentation de la chose que le demandeur réclame εἶναι ἐν φανερῷ.
Ainsi Eschine, pour prouver qu'un dissipateur a vendu tous
les esclaves que son père lui a laissés, le somme de les exhiber, sachant bien que leur représentation ne sera pas possible et que la preuve de l'aliénation sera ainsi toute
faite [3]. Euctémon demande à celui entre les mains de qui il
a déposé son testament de lui représenter cet acte pour qu'il
puisse user du droit qui lui appartient de l'anéantir et d'en
faire disparaître toute trace [4]. Parménon somme Aristoclès
de produire un acte écrit qui doit fournir la preuve de l'existence d'un contrat [5]. Dans un autre ordre d'idées, nous
voyons Callipe demander à Pasion d'exhiber les fonds que
Lycon a déposés dans sa banque, sinon de lui présenter la
personne qui a touché ces fonds [6].

L'action εἰς ἐμφανῶν κατάστασιν n'est jamais, du reste, qu'un

(1) V. *supra*, p. 253.
(2) Démosthène, *C. Dionysod.*, §§ 3, 38, 40, 45.
(3) Eschine, *C. Timarch.*, § 99.
(4) Isée, *De Philoct. her.*, § 31.
(5) Démosthène, *C. Apat.*, § 18. Dans ce cas la δίκη εἰς ἐμφανῶν κατάστασιν
joue le rôle de notre exception de communication de pièces. Code proc. civ.
art. 188 et s.
(6) Démosthène, *C. Callip.*, § 10.

moyen préliminaire et, qu'il s'agisse d'un droit réel ou d'une obligation, elle ne peut servir à trancher au fond la contestation qui s'élève entre les parties. Ainsi d'abord notre action ne peut jamais constituer une action en revendication mobilière. Sans doute l'action en exhibition et la revendication peuvent se trouver étroitement liées, comme nous allons le voir en étudiant la procédure de la première de ces actions, mais elles n'en demeurent pas moins distinctes dans le fond comme dans la forme. La δίκη εἰς ἐμφανῶν κατάστασιν ne peut non plus, en matière personnelle, remplacer l'action dérivant du contrat relatif à la chose litigieuse. Notamment, ainsi que nous le démontrerons en étudiant le contrat de dépôt, elle ne peut servir au déposant pour obtenir la restitution du dépôt. Le déposant ne peut agir à cet effet que par la δίκη παρακαταθήκης.

La δίκη εἰς ἐμφανῶν κατάστασιν tend donc exclusivement à l'exhibition de la chose litigieuse. Cette chose doit être représentée en justice, devant le magistrat compétent [1]. Mais quel est ce magistrat ? Le seul plaidoyer qui puisse nous fournir un renseignement à cet égard attribue compétence à l'archonte éponyme [2]. Harpocration [3] dit également qu'Aristote, dans un traité sur la Constitution des Athéniens, attribuait notre action à ce magistrat. Or la découverte de ce traité est venue confirmer l'allégation d'Harpocration, du moins d'après la restitution que l'on admet généralement du texte d'Aristote malheureusement mutilé à cet endroit [4]. On résout cependant généralement la question par les distinctions suivantes. L'archonte éponyme, dit-on, est sans doute

(1) Cf. Lexic. Seguer. (Bekker), p. 187, 10 : ὅταν τὰ ἐπιδικαζόμενα τιθῶσιν ἐπὶ τοῦ ὑπάρχου. Suivant Platner (Process, t. II, p. 297), le mot ὑπάρχος désigne, d'une manière générale, l'autorité compétente. Cf. Meier, Schœmann et Lipsius, p. 480, note 16; Caillemer, loc. cit., note 15.

(2) Isée, De Philoct. her., § 31 : καταστάντος δὲ ἐκείνου πρὸς τὸν ἄρχοντα.

(3) Harpocration, v° εἰς ἐμφανῶν κατάστασιν.

(4) Aristote, Constit. des Athén., c. 56. V. supra, t. II, p. 183.

compétent dans tous les cas où la δίκη εἰς ἐμφανῶν κατάστασιν se rattache à l'exercice d'un droit de famille, comme dans le cas précité d'Euctémon, ou bien encore dans celui où l'action tend à la représentation de tout ou partie d'un κλῆρος litigieux, car l'archonte a compétence pour toutes les questions de cette nature. Mais si le procès à l'occasion duquel surgit incidemment l'action en exhibition appartient à l'hégémonie d'autres magistrats, des stratèges par exemple, c'est entre leurs mains que la partie intéressée doit déposer sa requête tendant à l'exhibition et c'est devant eux que le défendeur doit ἐμφανῆ καταστῆσαι. Que si enfin l'action εἰς ἐμφανῶν κατάστασιν est formée par voie de demande principale, pour sauvegarder le droit de propriété du demandeur, c'est vraisemblablement aux thesmothètes qu'elle appartient [1]. Ces distinctions nous paraissent arbitraires et nous croyons plutôt, en nous en tenant aux affirmations d'Aristote et d'Harpocration, que la compétence appartient dans tous les cas à l'archonte éponyme [2].

La procédure de la δίκη εἰς ἐμφανῶν κατάστασιν s'engage au moyen d'une πρόκλησις ou sommation d'exhiber faite en présence de témoins [3]. Cette πρόκλησις, comme toute la procédure de notre action, tend uniquement à la production de la chose. On peut supposer toutefois que, dans le cas où le demandeur affirmait, dès le début, que la chose litigieuse était sa propriété, qu'il en avait été indûment dépouillé, la πρόκλησις pouvait être accompagnée aussitôt d'une autre sommation adressée au défendeur d'indiquer le titre de sa possession. C'est, du moins, ce que l'on peut induire d'un

---

(1) Platner, *Process*, t. II, p. 301; Meier, Schœmann et Lipsius, p. 59 et 482; Caillemer, *loc. cit.*

(2) Cf. en ce sens, Siegfred, *De multa quæ ἐπιβολή dicitur*, p. 22.

(3) Démosthène, *C. Callip.*, § 10 : λέγε ὅτι ἐγὼ μάρτυρας ἔχων ἠξίουν ἐμφανῆ καταστῆσαι τὰ χρήματα ἢ τὸν κεκομισμένον. Cf. Platner, *Process*, t. II, p. 299-300; Meier, Schœmann et Lipsius, p. 480. Ces derniers auteurs comparent la πρόκλησις aux *interdicta exhibitoria* du droit romain.

lexique de Séguier [1]. Mais la question de propriété n'en restait pas moins indépendante et devait être ultérieurement jugée conformément aux principes en vigueur pour les procès de propriété [2].

Si le défendeur obtempère à la προσκλησις et se déclare prêt à représenter la chose, tout est terminé, sauf au demandeur à faire valoir ensuite par une action distincte, réelle ou personnelle, les droits qu'il prétend avoir sur la chose. Si, au contraire, le défendeur ne donne pas suite à la προσκλησις, en affirmant ou bien qu'il ne possède pas la chose litigieuse, ou bien qu'il n'est point tenu de l'exhiber, le demandeur poursuit la procédure au moyen d'un ajournement proprement dit, πρόσκλησις, par lequel il assigne son adversaire à comparaître devant le magistrat compétent [3] pour qu'il soit statué sur le point de savoir si la δίκη εἰς ἐμφανῶν κατάστασιν est fondée ou non. L'affaire est instruite, sous la direction de ce magistrat, suivant les règles ordinaires de la procédure et jugée par un tribunal d'héliastes.

Si l'action est reconnue fondée, le magistrat intime au défendeur l'ordre d'exhiber. Le défendeur perd en outre les prytanies et doit payer l'épobélie. Il y a lieu d'admettre également qu'il peut être condamné à des dommages-intérêts correspondant au préjudice que le retard apporté par lui à l'exhibition a pu occasionner au demandeur [4]. Le défendeur ne peut-il point, en outre, être condamné à une amende ? C'est là une question assez délicate qui s'est élevée sur la

---

(1) Lexic. Rhet. (Bekker) 246 : διὰ ταίτης οὖν τῆς δίκης ἐπηνάγκαζον τὸν ἔχοντα ἐμφανῆ καταστῆσαι αὐτά τε τά σῦλα, καὶ παρὰ τίνος ὠνήσατο ταῦτα. καὶ δῆλον ὅτι, εἰ μὲν πρατῆρα ἐπεδείκνυεν ὁ ἄλλου τι ἔχων, πρὸς ἐκεῖνον ἐγίνετο τῷ ἀπολέσαντι ὁ λόγος, ὡς τὸ ἀλλότριον πωλήσαντα· εἰ δὲ μὴ ἀπεδείκνυε, πρὸς αὐτὸν τὸν ἔχοντα.

(2) Cf. Meier, Schœmann et Lipsius, p. 480-481.

(3) V. sur cette compétence, *supra*, p. 413.

(4) Meier, Schœmann et Lipsius, p. 481-482 ; Caillemer, *loc. cit.* De même, en droit romain, l'exhibition doit procurer au demandeur la situation que lui eût faite une satisfaction obtenue au moment même de la *litis contestatio.* L. 2, 1. 9, §§ 5 et 6, D. *Ad exhib.*, X, 4. Cf. Accarias, t. II, n° 826.

signification d'un fragment du discours de Démosthène contre Nicostrate. On y voit qu'Apollodore fut inscrit comme
débiteur du trésor public pour une somme de 610 drachmes
à titre d'ἐπιβολή encourue dans une action en exhibition où il
avait été condamné sans avoir même été assigné [1]. Les
interprètes sont loin d'être d'accord sur la portée de ce texte.
Dans une opinion, on décide que le refus non justifié d'obéir
à la sommation d'exhibition était puni d'une amende égale
au montant de la somme ou à la valeur de l'objet dont la
représentation était réclamée [2]. Dans une seconde opinion,
on admet que si le défendeur, condamné par jugement à exhiber la chose, n'exécute par ce jugement et s'obstine à la
dissimuler, le magistrat peut de sa propre autorité lui infli-
ger une amende assez forte pour le décider à ne pas pro-
longer sa résistance [3]. L'opinion qui nous paraît la plus plausible est celle qui est enseignée par Lipsius [4]. D'après cet
auteur, Apollodore avait été condamné à payer à Nicostrate
une somme 610 drachmes à titre de dommages-intérêts, et
en même temps, *ipso facto*, Apollodore s'était trouvé débiteur d'une même somme envers le trésor public. Ce résultat n'a rien de surprenant si l'on songe qu'il se produisait
également dans la δίκη ἐξούλης, où le défendeur condamné à
restituer l'objet en litige, est tenu de payer au trésor une
amende égale à la valeur de la chose qu'il retient indûment [5].
Le but de la δίκη εἰς ἐμφανῶν κατάστασιν étant analogue, dans
une certaine mesure, à celui de la δίκη ἐξούλης, il est assez

---

(1) Démosthène, *G. Nicostr.*, § 14 : ἐγγράφει τῷ δημοσίῳ ἀπρόσκλητον ἐξ
ἐμφανῶν καταστάσεως ἐπιβολὴν ἑξακοσίας καὶ δέκα δραχμάς. Cf. § 15, *ibid.*

(2) Dareste, *Plaid. civ.*, t. II, p. 202, note 13.

(3) Siegfried, *loc. cit.*, p. 22. Suivant Hermann-Thalheim (p. 114, note 5),
il y eut deux amendes prononcées contre Apollodore, une première pour
son refus d'exhibition, et une seconde, égale à la première, parce que
celle-ci n'avait pas été payée au trésor dans le délai légal.

(4) Sur Meier et Schœmann, p. 482 et 1016.

(5) V. *supra*, p. 406.

naturel que les deux actions aient eu un caractère mixte et aient été mélangées d'un élément pénal [1].

Si, malgré l'ordre du juge, le défendeur persiste à ne pas exhiber la chose, il y a lieu à une nouvelle action qui varie suivant la qualité en laquelle le demandeur a réclamé la représentation de la chose. Cette action peut donc être réelle ou personnelle selon les circonstances, et elle entraîne pour le défendeur une nouvelle condamnation qui termine définitivement le débat.

SECTION V

De l'ἀπογραφή.

Pour sauvegarder les biens compris dans le domaine public de l'Etat ou pour assurer à celui-ci tous ceux auquel il pouvait avoir droit pour une cause quelconque, le droit attique avait organisé une procédure spéciale, nommée ἀπο-γραφή [2], et qui correspond à certains égards à la δίκη εἰς ἐμφανῶν κατάστασιν dont nous venons de tracer les règles [3]. A proprement parler, l'ἀπογραφή consiste dans un inventaire des biens qui doivent revenir au fisc. Il y a lieu à cet inventaire dans deux cas différents. Le premier se présente à la suite d'une condamnation à la confiscation générale des biens prononcée comme peine accessoire ou comme peine princi-

---

(1) Caillemer (*loc. cit.*) estime que, dans l'état actuel du discours contre Nicostrate, la difficulté est insoluble.

(2) Le mot ἀπογραφή a, dans le droit attique, des sens biens différents. Ce mot peut désiguer, abstraction faite de la procédure que nous étudions, soit la dénonciation faite par l'accusateur en matière criminelle, soit une déclaration solennelle comme celle dont parle le plaidoyer d'Isée sur l'héritage de Philoctémon, § 36. V. Meier, Schœmann et Lipsius, p. 3o3-3o4.

(3) De même, en effet, que celui qui prétend qu'un bien privé lui appartenant, est dissimulé par son adversaire, peut recourir à la δίκη εἰς ἐμφανῶν κατάστασιν, de même on poursuit, par l'ἀπογραφή, la représentation d'un bien de l'Etat indûment retenu par le défendeur. Cf. Meier, Schœmann et Lipsius, p. 481, note 18.

pale. Nous en traiterons en exposant la théorie de la confiscation générale. L'ἀπογραφή peut avoir pour but, en second lieu, d'entraîner une sentence de confiscation, et cela dans une double série d'hypothèses, à savoir : 1° lorsqu'un bien faisant partie du domaine public se trouve indûment en possession d'un particulier (ὅταν τις δημόσιόν τι εἶναι παρά τινι φάσκῃ μὴ πριαμένῳ αὐτὸ παρὰ τῆς πόλεως) [1], et 2° lorsque les biens d'un individu sont susceptibles de confiscation totale ou partielle en vertu d'une disposition de la loi (ὅταν δημεύηται τά τινος πρὸς τὰ ὀφλήματα, ἃ ὀφείλει εἰς τὸ δημόσιον) [2]. Les règles relatives au point de savoir qui a qualité pour dresser une ἀπογραφή dans les cas que nous venons d'énumérer sont les mêmes que pour l'ἀπογραφή dressée à la suite d'une sentence de confiscation générale [3]. L'acte est ensuite remis aux magistrats compétents et rendu public de la manière que nous indiquerons [4].

Si aucune réclamation ne se produit, il n'y a pas lieu à d'autre procédure, et le fisc prend possession des biens mentionnés dans l'ἀπογραφή. En cas d'opposition, un procès s'ensuit que l'on aurait pu appeler ἀπογραφῆς γραφή et que l'on nomme simplement ἀπογραφή [5]. Aussi, dans plusieurs textes, l'ἀπογραφή est-elle soit opposée aux δίκαι, soit rapprochée des

---

(1) Lexic. Seguer. (Bekker) 198, 31. Les lexicographes appellent également cette procédure φάσις et ὑφήγησις. Suidas, Photius, Etymol. magn., v° φάσις : λέγεται μὲν καὶ ἐπὶ δημοσίου ἐγκλήματος, ὅταν τις ἀποφαίνῃ τι τῶν δημοσίων ἔχοντα τινα μὴ πριάμενον. Cf. Lexic. rhet., 313, 20; Pollux, VIII, 47. Lexic. rhet., 312, 21 : ὑφήγησις δίκη ἐστίν εἰσαγομένη... ἢ ὅταν τῶν δημοσίων τι κατέχειν τις δοκῇ κρύφα. Cf. Meier, De bonis, p. 214.

(2) Meier, Schœmann et Lipsius, p. 305.

(3) Lexic. Seguer., loc. cit. Ce cas de confiscation sur le fondement du retard à payer une dette due à l'État est celui auquel les sources se réfèrent le plus souvent. Cf. Meier, Schœmann et Lipsius, p. 305-306.

(4) V. infra.

(5) Harpocration, v° ἀπογραφή. ὅταν τις λέγῃ τινὰ ἔχειν τι τῶν τῆς πόλεως, ἀπογραφὴν ποιεῖται ὁ ἐναγόμενος, δηλῶν πόθεν ἔχει τὰ χρήματα καὶ πόσα ταῦτα εἴη μήποτε δὲ καὶ εἶδος τι δίκης ἐστὶν ἡ ἀπογραφή· εἰ γὰρ ἐρυοῖτε τις μὴ ἔχειν, ἀπογραφῆς ἐκρίνετο, ὡς οὐκ ὀρθῶς γεγενημένη· τῆς ἀπογραφῆς. Cf. Lexic. Seguer., 198, 31.

γραφαί proprement dites avec lesquelles elle a beaucoup
plus d'affinité qu'avec les premières [1].

L'opposant peut combattre l'ἀπογραφή de deux manières
différentes. Si nous supposons d'abord que le tiers soit accusé de détenir indûment un bien faisant partie du domaine
public, il peut établir qu'il a acquis ce bien en vertu d'un
juste titre excluant les prétentions de l'Etat, πόθεν ἔχει τὰ
χρήματα [2]. Tel est l'objet d'un discours de Lysias sur les
biens d'Aristophane. Les biens de celui-ci ayant été confisqués, le fisc se trouva déçu dans ses espérances et le beau-
père d'Aristophane fut soupçonné d'avoir détourné une partie de ces biens. Le patrimoine du beau-père fut, en conséquence, désigné pour être également confisqué et le plaidoyer de Lysias est une défense contre l'ἀπογραφή dressée
à cette occasion. L'orateur, en établissant la véritable consistance des biens d'Aristophane, démontre par là-même que
le beau-père n'a rien détourné et que, par conséquent,
l'ἀπογραφή vise un bien privé et non un bien du domaine. Le
plaidoyer de Lysias contre Philocratès se réfère à un cas semblable où un tiers est également accusé de détenir une partie des biens confisqués sur Ergoclès [3]. Lorsque l'ἀπογραφή
vise des biens qu'elle prétend sujets à confiscation pour une
cause quelconque, le tiers menacé peut alors se défendre
en démontrant qu'il ne se trouve pas dans un des cas où la

---

(1) Lysias, *C. Agor.*, § 65 : ὅσας οὗτος ἢ δίκας ἰδίας συκοφαντῶν ἐδικάζετο ἢ
γραφὰς ἐγράφετο ἢ ἀπογραφὰς ἀπέγραφεν. Harpocration, v° συνδίκοι : πρὸς τοῖς
θεσμοθέταις γραφὰς γραφόμενος, πρὸς τοῖς συνδίκοις ἀπογραφὰς ἀπογράφων. Cf.
Meier, Schœmann et Lipsius, p. 306, 307.

(2) Harpocration, *loc. cit.*, *supra*, p. 418, note 5. Cf. Suidas, v° ἀπογραφή : ὁ ἀναγόμενος ἀπογραφὴν ποιεῖται, δηλῶν ὅσα τε ἔχει καὶ ὅθεν τὰ χρήματα. Suivant certains auteurs, cet établissement de la propriété par l'opposant se nommerait lui-
même ἀπογραφή, de sorte que le même mot serait, dans la même procédure, employé dans trois sens différents. Cette interprétation est fondée sur le passage
précité d'Harpocration : ἀπογραφὴν ποιεῖται ὁ ἀναγόμενος κτλ. Cf. Meier et Schœmann, *Attische Process*, 1ʳᵉ éd. p. 356; Caillemer, *in* Daremberg et Saglio,
v° *Apographè*. *Contra* : Lipsius, sur Meier et Schœmann, p. 307, note 314.

(3) Cf. Meier, Schœmann et Lipsius, p. 307-308.

loi prononce cette peine et que, par suite, il doit conserver
la libre disposition des biens désignés dans l'ἀπογραφή. Tel est
le cas du plaidoyer de Lysias *Pro milite*. L'orateur conteste la légitimité de la condamnation à l'ἐπιβολή, ou amende
de police prononcée contre lui, amende qu'il n'a pas payée
dans le délai légal, ce qui a motivé une ἀπογραφή d'une partie de ses biens destinés à être confisqués et vendus pour
assurer le recouvrement de l'amende. Il soutient qu'il n'était
pas dans le cas prévu par la loi où une pareille amende
peut être prononcée et que, par conséquent, l'ἀπογραφή manque de base.

Dans ces différentes hypothèses, le tiers qui défend son
patrimoine contre l'ἀπογραφή est, en réalité, défendeur et c'est
bien ce rôle qu'il joue dans la procédure. On a néanmoins
prétendu que l'auteur de l'ἀπογραφή joue au procès tantôt
le rôle de demandeur, tantôt celui de défendeur, suivant que
celui contre qui la procédure est dirigée est ou non en possession de l'objet litigieux. Il serait ainsi demandeur dans le
cas des plaidoyers de Lysias sur les biens d'Aristophane et
contre Philocrate et défendeur dans le cas du discours de
Démosthène contre Nicostrate [1]. Nous croyons plutôt que
l'auteur de l'ἀπογραφή tient toujours le rôle de demandeur,
celui qui la conteste étant toujours défendeur. Le discours
contre Nicostrate, sur lequel on a voulu fonder l'opinion
contraire, vient plutôt démontrer l'exactitude de cette proposition. Apollodore, auteur de l'ἀπογραφή, s'y présente bien
en effet, comme demandeur contre Nicostrate contre qui
il s'efforce d'établir que deux esclaves, réclamés par Nicostrate, étaient bien réellement la propriété d'Aréthousios,
dont le patrimoine a été confisqué et que, dès lors, ils doivent revenir au fisc comme le reste [2]. L'opposant n'étant

(1) Meier et Schœmann, *Att. Process*, 1re éd., p. 259 ; Dareste, *Plaid. civ.*,
t. II, p. 187 ; Caillemer, *loc. cit.*

(2) Meier, Schœmann et Lipsius, p. 310-311. Il faut observer toutefois que, parmi les plaidoyers ayant trait à notre matière et que nous possédons, les uns sont

jamais demandeur, n'a donc point à faire la consignation préalable nommée παρακαταβολή et égale au cinquantième de la valeur de l'objet réclamé [1].

Dans les divers cas que nous venons d'étudier, l'ἀπογραφή est soumise aux mêmes règles de compétence que dans le cas où la confiscation a déjà été prononcée. D'autre part, l'ἀπογραφή peut entraîner pour son auteur les mêmes avantages et l'exposer aux mêmes inconvénients que nous indiquerons en traitant de la confiscation générale [2].

---

des défenses contre une ἀπογραφή, les autres sont prononcés par l'auteur même de l'ἀπογραφή contre le tiers opposant. Dans la première catégorie rentrent les plaidoyers de Lysias *Pro milite*, *De bonis Aristophanis* et *De publicatione bonorum fratris Niciæ*, dans la seconde, le plaidoyer de Lysias *Contra Philocratem* et celui de Démosthène *Contra Nicostratum*. D'autres plaidoyers de Dinarque, d'Hypéride et de Lysias concernant également des procès d'ἀπογραφή ne nous sont point parvenus. Cf. Meier, Schœmann et Lipsius, p. 302-303.

(1) Meier, Schœmann et Lipsius, p. 311, note 319. — *Contra*, Meier et Schœmann, Dareste, Caillemer, *loc. cit.*

(2) V. *infra*, tit. IV, chap. II, De la confiscation.

TITRE VI

CHAPITRE I

DES SUCCESSIONS

SECTION I

Généralités

A l'époque où le système de la propriété familiale était encore en vigueur dans le droit grec, il n'était pas question de succession, dans le sens moderne du mot. Les enfants n'étaient point, à proprement parler, les héritiers de leur père, car, du vivant de ce dernier, ils étaient déjà réputés copropriétaires du bien familial. C'est ainsi que Télémaque, en parlant des biens d'Ulysse, les appelle « ses propres biens »[1]. C'est en ce sens également que l'on doit entendre vraisemblablement la règle du droit spartiate rapportée par Plutarque, et d'après laquelle l'enfant nouveau-né recevait aussitôt un des lots qui formaient le territoire de la cité[2], le législateur proclamant ainsi, dès la naissance de l'enfant,

(1) Odyssée, XVI, 128 : εἶχον ἐμήν.
(2) Plutarque, *Lycurgue*, 16, κλῆρον αὐτῷ τὸν ἐνακισχιλίων προσνείμαντες.

son droit de copropriété sur le patrimoine paternel [1]. La famille étant alors considérée comme une corporation, et les corporations ne mourant pas, la mort de son chef n'emportait point ouverture de sa succession ; il y avait simplement lieu de remplacer, dans la gestion du patrimoine commun, le chef qui venait de disparaître. Les frères continuaient probablement de vivre en communauté, sous la direction de l'un d'eux. On peut conjecturer que cet état de choses existait encore à l'époque homérique. On rencontre, il est vrai, dans les poëmes d'Homère, deux cas de partages de succession, soit entre des mortels, soit entre des dieux [2]. Mais, comme on l'a remarqué, l'un de ces cas se trouve dans l'*Odyssée*, c'est-à-dire dans un poëme qui est peut-être postérieur au régime de la propriété familiale, et l'autre est mentionné dans un des chants de l'*Iliade* qui paraissent les moins anciens [3].

On trouve des traces de cette communauté primitive dans l'état d'indivision qui, même à l'époque historique, se maintenait souvent entre personnes appelées à une même succession. Ainsi la loi de Gortyne qui, comme on l'admet généralement, fut rédigée dans le but d'abroger les règles d'un droit antérieur fort différent, nous montre qu'en Crète nombre d'individus répugnaient encore au partage des successions, car elle établit des moyens de contrainte pour les obliger à sortir d'indivision [4]. C'est également à cette communauté primitive que font allusion les expressions qu'Aristote attribue à Charondas et à Epiménide pour désigner les parents, d'ὁμοσιπύους, c'est-à-dire mangeant à la même table, ou d'ὁμοκάπους, c'est-à-dire se chauffant au même

---

(1) Guiraud, p. 54. Cet auteur rapproche de la règle spartiate le principe proclamé par les jurisconsultes hindous que le droit de propriété s'acquiert par la naissance. Cf. Le Mitakchara, p. 41, 44, 45 (trad. Orianne).

(2) *Iliade*, XV, 187 et s.; *Odyssée*, XIV, 208, 210.

(3) Guiraud, p. 55.

(4) Loi de Gortyne, V, 28-34.

foyer [1]. Pareillement à Sparte, au témoignage de Polybe,
c'était une habitude assez répandue que les frères maintins-
sent leurs biens à l'état d'indivision [2]. Enfin, à Athènes, même
à l'époque historique, on peut, comme nous le verrons, très
légitimement supposer que l'état d'indivision était assez fréquent entre frères [3].

Le régime familial, qui excluait toute dévolution véritable
de succession, disparut peu à peu sous l'influence du sentiment individualiste qui prévalait chaque jour davantage. Les
immeubles, qui originairement constituaient presque exclusivement toute la richesse, cessèrent d'être attachés à une
sorte de corporation familiale pour être possédés et cultivés
en commun. Quand l'antique famille patriarcale se fut désa-
grégée et que le γένος eut disparu pour faire place à la
famille plus restreinte du droit moderne, l'ancienne propriété collective disparut également ; la propriété individuelle fut seule reconnue et l'apparition de cette propriété
entraîna forcément l'établissement d'un régime successoral
où chaque membre du groupe plus restreint qui se formait
autour du père par la réunion de ses enfants, reçut son lot
distinct à la mort de celui-ci, l'indivision n'étant plus qu'un
état exceptionnel et tout volontaire de la part des héritiers.

Toutefois, même à l'époque où le droit grec admit une
véritable dévolution des successions au profit soit des enfants, soit des autres parents, dans l'ordre établi par la loi
ou par l'usage, l'intérêt collectif de la famille demeurait
encore sauvegardé par l'impossibilité où se trouvait le père
de famille de transmettre son patrimoine à d'autres personnes que celles qui, par la proximité de leur parenté, étaient
légalement appelées à le recueillir. Le testament est, en
effet, une institution relativement récente, car c'est là que

(1) Aristote, *Polit.*, I, 1, 6. Cf. Hésychius, vᵒ ὁμοσίπυοι, ὁμοτράπεζοι.
(2) Polybe, XII, 6 b, 8.
(3) V. *Infra*, Partage des successions.

se manifeste le plus énergiquement la force du droit de propriété personnelle, propriété si longtemps inconnue. Tant
que le père ne fut considéré que comme un administrateur du
patrimoine commun, dont la propriété était censée appartenir à la famille en corps, il était impossible de lui reconnaître le droit de disposer de ce patrimoine pour une époque à laquelle son pouvoir d'administration aurait cessé.
De plus, le droit de tester, ainsi qu'on l'a observé [1], se trouvait en opposition avec les idées religieuses qui étaient le
fondement du droit de propriété et du droit de succession.
Le patrimoine étant intimement lié au culte, et le culte étant
héréditaire, on ne pouvait guère songer au testament. Enfin,
la cité, qui n'était alors qu'une agrégation de familles et qui
tirait toute sa force de la puissance de celle-ci, avait intérêt à assurer la transmission des biens dans la famille et à
empêcher des testaments susceptibles de disperser un patrimoine qui en était l'élément matériel de prospérité [2].

Les auteurs anciens attribuent généralement à Solon l'introduction du testament dans le droit attique. « L'illustre
réformateur préféra, dit Plutarque, l'amitié à la parenté, la
liberté du choix à la contrainte, et voulut que chacun fût
véritablement maître de ses biens » [3]. Son but, suivant
Démosthène, fut moins de permettre l'exhérédation des
proches parents que de provoquer une noble émulation
dans la générosité [4]. Avant Solon, comme dit encore Plu-

---

(1) Fustel de Coulanges, *Cité antique*, liv. II, c. 7.

(2) Une loi du vᵉ siècle sur la colonisation à Naupacte paraît encore admettre
un système successoral archaïque, qui ne connaît point le testament, et où l'idée
de copropriété familiale est restée très puissante. Cf. Dareste, Haussoulier et
Reinach, p. 191.

(3) Plutarque, *Solon*, c. 21.

(4) Démosthène, *C. Lept.*,, § 102 : ὁ Σόλων ἔθηκε νόμον ἐξεῖναι δοῦναι τὰ
ἑαυτοῦ, ᾧ ἄν τις βούληται, ἐὰν μὴ παῖδες ὦσι γνήσιοι, οὐχ ἵν' ἀποστερήσῃ τοὺς
ἐγγυτάτω γένει τῆς ἀγχιστείας, ἀλλ' ἵν' εἰς τὸ μέσον καταθεὶς τὴν ὠφέλειαν ἐφάμιλλον
ποιήσῃ τὸ ποιεῖν ἀλλήλους εὖ. Cette loi est encore attribuée à Solon par les textes
suivants : Démosthène, *C. Stephan.*, II, § 14; *C. Leochar.*, § 68; *C. Olymp.*,
§ 56. Cf. Isée, *De Nicostr. her.*, § 16; *De Philoct. her.*, § 9.

tarque, les biens et la maison restaient dans la famille du
défunt [1], et c'est également en faisant allusion à cet état du
droit qu'Aristote nous dit que, dans la période oligarchi-
que, les héritages s'acquéraient κατὰ γένος et non κατὰ δόσιν [2].
Malgré cette attestation des anciens auteurs, des doutes se
sont cependant élevés sur le point de savoir si le testament
était absolument inconnu avant Solon. Les uns tiennent pour
l'affirmative en prenant à la lettre le témoignage de Plutarque [3]. D'autre estiment que l'obligation à laquelle l'historien fait allusion de laisser les biens ἐν τῷ γένει, n'empêchait
point, avant Solon, le propriétaire de laisser un testament
valable, à la condition de choisir son héritier dans le cercle
de sa parenté : Solon se serait borné à proclamer la liberté
du choix [4]. Nous serions également porté à croire que le
droit de tester existait avant Solon. Il est certain, en effet,
que l'adoption entre-vifs était pratiquée avant ce législateur ;
or le testament, comme nous le verrons, ne fut, à l'origine,
qu'une adoption testamentaire. Si l'on pouvait écarter par
une adoption entre-vifs la vocation *ab intestat* des anchisteis, il devait également être possible de le faire par testament.
Nous reconnaissons toutefois que l'adoption testamentaire
doit être d'une origine plus récente que l'adoption entre-vifs.
Dans tous les cas, il est certain que Solon a réglementé la
matière des testaments de même que celle des successions
ab intestat [5].

Il est assez difficile de savoir quel fut au juste l'objet primitif du testament à Athènes comme dans le reste de la
Grèce. On a supposé qu'il n'eut d'abord pour but que de pro-

(1) Plutarque, *loc. cit.* : ἐν τῷ γένει τοῦ τεθνηκότος ἔδει τὰ χρήματα καὶ τὸν
οἶκον καταμένειν.

(2) Aristote, *Polit.*, VIII, 7, 11.

(3) Schneider, p. 26; Schelling, p. 128; Hermann-Thalheim, p. 70 ; Caillemer, *Droit de tester*, p. 21.

(4) Schœmann-Galuski, t. I, p. 408-409 ; Meier, Schœmann et Lipsius, p. 573.

(5) Cf. Schulin, p. 6.

curer au défunt, par voie d'adoption posthume, un fils et un
héritier légitime. Ce n'est là qu'une conjecture, mais elle
nous paraît fort vraisemblable. Tout concourt, en effet, à en
démontrer l'exactitude, et l'étroite connexion que les auteurs
anciens établissent entre l'adoption et le testament, et les
idées religieuses qui étaient alors prédominantes, et la manière même dont le testament s'introduisit dans le droit.
Ainsi d'abord, pour les anciens, les idées d'adoption et de
testament sont intimement associées. C'est ce que démontre,
par exemple, ce passage d'Aristote où, en parlant de Philolaos, législateur des Thébains, il rapporte qu'il fit des lois
relatives à l'adoption, lois que, dit-il, les Thébains appellent
des lois testamentaires [1]. Nous observerons également que
la loi de Solon qui, dit-on, établit le testament, ne l'admet
que dans le cas où le testateur n'a pas d'enfants, ce qui
montre que le législateur ne voyait dans cet acte qu'un
moyen factice de se donner un fils quand la nature en avait
refusé un. De même Isée, après avoir cité la loi ὅς κελεύει
τὰ ἑαυτοῦ διαθέσθαι ὅπως ἂν ἐθέλῃ, ἐὰν μὴ παῖδες ἄρρενες ὦσι γνήσιοι, la justifie en disant que le législateur a voulu donner
comme consolation à ceux qui n'avaient pas d'enfants τὸ ἐξεῖναι ποιήσασθαι ὅντινα ἂν βούλωνται [2]. Aussi la terminologie
usitée en matière d'adoption offre-t-elle une grande analogie
avec celle dont se servent les textes en matière testamentaire, et c'est ainsi que le terme qui, dans le langage juridique, désigne l'enfant adoptif (θετός), est également celui qui
désigne l'action de tester (διατίθεσθαι). D'un autre côté, comme nous l'avons dit en exposant l'origine de l'adoption, la
plus vive préoccupation des anciens, c'était de laisser après
eux un fils qui pût perpétuer la famille et continuer le culte
domestique, et, si le malheur voulait qu'un citoyen n'en eût
pas un né de son sang, il fallait qu'il s'en créât un par une

---

(1) Aristote, *Polit.*, II, 9, 7 : περὶ τῆς παιδοποιΐας, οὓς καλοῦσιν ἐκεῖνοι νόμους θετικούς.

(2) Isée, *De Menecl. her.*, § 13. Cf. Isocrate, *Æginet.*, § 13 et s.

adoption réalisée au moins par testament. Nous remarque-
rons enfin que le testament a fait son apparition dans le droit
à une époque où l'esprit familial était encore très puissant
et qu'il apparut comme une concession faite à l'esprit individualiste. Mais du moins le testament respecta-t-il en apparence les règles de la dévolution héréditaire dans le sein de
la famille, car ce fut non pas à un étranger, mais bien à un
fils adopté par le testament même que la succession fut
transmise [1].

Le testament conserva-t-il toujours son caractère primitif
d'adoption testamentaire, et la notion du testament véritable,
telle qu'elle finit par être admise dans la législation moderne
et la seule qui soit reçue dans les lois modernes, a-t-elle toujours été étrangère au droit attique? C'est là une question
assez délicate que nous aurons à résoudre ultérieurement
en étudiant le contenu des testaments, et pour laquelle nous
arriverons à une solution négative.

La réforme attribuée à Solon fut approuvée par tous les
esprits sensés et pratiques de la Grèce. Isocrate notamment
affirme l'excellence de cette loi qui nous permet de choisir
nos héritiers, et qui nous autorise à disposer de nos biens
comme nous le jugeons à propos, ainsi qu'à nous créer au besoin une famille quand la nature nous a refusé le bonheur
d'en posséder une [2]. Toutefois, dans la pratique, la volonté
du testateur était loin, comme l'avait voulu Solon, de faire loi
pour la transmission de l'héritage. Si, à Rome, les juges, de
même que les jurisconsultes avaient une tendance marquée
à respecter, du moment qu'elle s'était manifestée d'une
manière conforme aux lois, la volonté du testateur, et
cela tellement que la théorie de la *querela inofficiosi
testamenti* ne fut reçue qu'assez tard dans la pratique
romaine, à Athènes, au contraire, les tribunaux prenaient

---

(1) Cf. Giraud, *Journal des savants*, 1875, p. 779; Guiraud, p. 101 ; Fustel
de Coulanges, *Nouvelles recherches*, p. 136.

(2) Isocrate, *Æginet.*, §§ 49 et 50.

de très grandes libertés avec les testaments. Bien souvent, ainsi que nous le montrent les plaidoyers des orateurs, ils n'hésitaient pas, sous l'empire d'un sentiment de pitié ou d'indignation qu'un plaidoyer habile savait faire naître dans leur âme, à substituer leur appréciation aux volontés du testateur. Le plaidoyer d'Isée sur l'héritage de Cléonyme nous en fournit un exemple frappant. Les neveux de Cléonyme, en effet, pour écarter l'autorité du testament fait par leur oncle et qui les deshérite, se bornent pour ainsi dire à alléguer que le testateur a eu l'intention d'annuler l'acte qu'ils attaquent, que, s'il ne l'a pas fait, c'est que le temps lui a manqué, qu'on n'a pas laissé venir l'archonte jusqu'à lui et que toute sa conduite prouve cette intention. L'orateur dit même en propres termes : « Si Cléonyme avait été assez insensé pour ne tenir aucun compte de nous, qui sommes les plus proches de lui par la naissance et qui étions les plus liés avec lui, cela vous suffirait, juges, pour casser à juste titre un pareil testament [1]. Ainsi qu'on l'a très bien observé, « pour que, sur d'aussi faibles présomptions, un simple collatéral ait pu espérer de faire tomber un acte dont il ne conteste pas la régularité, il faut que le jury athénien ait eu l'habitude d'annuler avec une singulière légèreté les testaments qui lui étaient déférés [2]. »

Dans son *Traité des Lois*, Platon est loin de voir le testament d'un œil aussi favorable que Solon, et il trouve que la liberté accordée par ce législateur est trop grande. Il considère, en effet, d'une part, qu'au moment de la mort l'homme n'a plus le jugement assez sûr pour régler convenablement le sort de ses biens, d'autre part, que ses biens appartiennent moins à leur propriétaire qu'à la famille tout entière, aux générations passées comme aux générations à venir, et que la famille elle-même appartient dans une cer-

(1) Isée, *De Cleon. her.*, 8 21.
(2) Perrot, *Eloquence politique*, p. 383.

taine mesure à l'Etat. Platon n'ose pas cependant proscrire
absolument le testament : il se borne à le soumettre à certaines restrictions afin de diminuer les dangers et les inconvénients qu'un pareil acte peut, à son avis, entraîner pour la
République [1]. Au surplus, malgré le jugement sévère qu'il
a porté contre le testament, le grand philosophe a pourtant
testé lui-même [2]. Il montra ainsi, comme on l'a remarqué [3],
la même inconséquence que Mirabeau qui avait testé la veille
même du jour où Talleyrand vint lire à l'Assemblée Nationale le célèbre discours posthume dans lequel l'illustre
orateur demandait l'abolition du testament comme contraire
au droit naturel et à la raison.

Dans certaines autres cités grecques, l'introduction du testament paraît avoir rencontré plus de résistance qu'à Athènes.
Ainsi, à Gortyne, le droit de tester ne paraît pas encore avoir
été admis au moment où fut promulguée la célèbre loi récemment découverte, sans quoi elle aurait parlé du testament
ou du moins y aurait fait allusion dans les parties qui nous
sont parvenues [4]. Cette loi admet toutefois les donations à
cause de mort, notamment d'un mari à sa femme et d'un fils
à sa mère [5]. La loi sur la colonisation à Naupacte, rendue au
v⁰ siècle, semble également ignorer l'existence du testament [6]. A Sparte, le testament ne fut introduit qu'au début
du iv⁰ siècle, peu d'années après la guerre du Péloponèse,
sur la proposition d'un éphore nommé Epitadée [7]. A Egine, à
Siphnos et à Kéos, les lois testamentaires sont probable-

(1) Platon, *Leges*, XI, 923. Cf. Dareste, *Science du droit*, p. 117-119.

(2) Diogène Laërce, *Platon*. V. la traduction de ce testament par Dareste, *in*
Annuaire, 1875, p. 1 et s.

(3) Troplong, *Donations et testaments*, t. 1, p. XXXVIII.

(4) Büchéler et Zitelmann, p. 134 ; Dareste, Haussoulier et Reinach, p. 462 ;
Guiraud, p. 108.

(5) Loi de Gortyne, X, 14-20.

(6) V. *supra*, p. 426, note 2.

(7) Plutarque, *Agis*, § 5 : 'Επιτάδευς ῥήτραν ἔγραψεν ἐξεῖναι τὸν οἶκον αὐτοῦ
καὶ τὸν κλῆρον ᾧ ἄν τις ἐθέλοι καὶ ζῶντα δοῦναι καὶ καταλιπεῖν διατιθέμενον. Cf.

ment d'importation athénienne [1]. Philolaos aurait, il est vrai, donné à Thèbes des θετικοὶ νόμοι à une époque relativement assez ancienne [2], mais tout ce que l'on sait de ces lois, c'est qu'elles disposaient que le nombre des héritages (κλῆρος) resterait immuable [3].

Dans le droit attique, il n'y point incompatibilité entre l'hérédité testamentaire et l'hérédité légitime et une succession peut être déférée tout ensemble à des héritiers légitimes et à des héritiers testamentaires. Le droit romain, partant de cette idée fort contestable de l'indivisibilité de l'héredité, avait consacré la règle *nemo pro parte testatus, pro parte intestatus decedere potest*. A Athènes, au contraire, on a admis le concours des deux classes d'héritiers, solution beaucoup plus rationnelle et beaucoup plus respectueuse de la volonté du défunt. Nous avons vu, en conséquence, en étudiant la matière de l'adoption, qu'une personne peut n'adopter un enfant que pour une partie de son patrimoine. On doit donc décider également que, dans un testament ne contenant point adoption, le défunt peut instituer un héritier ou un légataire pour partie de ses biens, l'autre partie étant dévolue suivant les règles posées pour les successions *ab intestat*.

SECTION II

Successions ab intestat [4].

§ 1. — *Notions générales.*

La matière des successions est une des plus délicates et des plus obscures du droit civil athénien. Ce n'est point d'ail-

---

Aristote, *Polit.*, II, 6, 10 ; Fustel de Coulanges, *Nouvelles Recherches*, p. 111-117 ; Guiraud, p. 108.

(1) Cf. Isocrate, *Eginet.*, §§ 12 et s. Hermann-Thalheim, p. 70, note 3.

(2) O. Müller (*Die Dorier*, t. II, p. 200) place Philolaos vers la XIIIe olympiade, c'est-à-dire vers 730 avant J.-C.

(3) Aristote, *Polit.*, II, 9, 7.

(4) Outre les traités que nous avons signalés dans l'index bibliographique

leurs pour les interprètes modernes seulement qu'elle présente de nombreuses difficultés. Ce caractère lui était déjà reconnu par les anciens et Aristote, après avoir indiqué que, d'une manière générale, Solon rédigea ses lois d'une façon assez compliquée et peu claire, probablement, dit-il, pour que le peuple eût une certaine latitude dans les décisions judiciaires qu'il rendait, signale comme particulièrement obscures les lois sur les successions et sur les filles épiclères [1]. C'est ce qui explique, ainsi que l'observe également Aristote, les nombreux procès soumis aux tribunaux athéniens concernant des questions d'héritage. Lorsqu'une riche succession venait à s'ouvrir, les prétentions les plus injustes et les plus étranges se faisaient jour immédiatement, et elles trouvaient des défenseurs tout prêts à spéculer sur le peu de précision des lois et sur l'ignorance des juges. Isée, dans son discours sur l'héritage de Nicostrate [2] mort à l'étranger en laissant deux talents, nous a laissé un vif et curieux tableau de toutes les intrigues que provoque l'ouverture de cette succession. Les uns, qui n'avaient jamais connu le défunt, se coupaient les cheveux en signe de deuil, et se couvraient de vêtements sombres, comme si ce deuil devait leur donner des droits à l'héritage. D'autres invo-

placée en tête de cet ouvrage, nous mentionnerons les études suivantes concernant les successions *ab intestat* : Platner, Récension du traité de Bunsen, *in Heidelberg. Jahrbücher d. Litteratur*, 1814, p. 1169 et s. ; Hermann, Récension du traité de de Boor, *in Zeischrift für Alterthumswissenschaft*, 1840, p. 22-54; Platner, Récension du même *in Kritische Jahrbücher für deutsche Rechtswissenschaft*, IV, 1840, p. 193-214 ; Schœmann, Récension du même *in Allgemeine Litteraturzeitung*, 1840, Ergœnzungsblœtter, p. 513-544 ; Franke, Récension du livre de Schelling, *in Jenaische allgemeine Litteraturzeitung*, 1844, p. 733-755 ; Klenze, *Die Cognaten und Affinen*, in *Zeitschrift für geschichtliche Rechtswissenschaft*, 1828, VI, p. 138 et s. ; Volcmar, *De intestatorum Atheniensium hereditatibus*, Francfort sur l'Oder, 1778.

(1) Aristote, *Constit. des Athén.*, c. 9 : διὰ τὸ μὴ γεγράφθαι τοὺς νόμους ἁπλῶς, μηδὲ σαφῶς, ἀλλ' ὥσπερ ὁ περὶ τῶν κλήρων καὶ ἐπικλήρων, ἀνάγκη πολλὰς ἀμφισβητήσεις γίνεσθαι.

(2) Isée, *De Nicostr. her.*, §§ 7-10.

quaient soit un titre de parenté quelconque, soit un testament ou une donation, soit une condamnation judiciaire
qu'ils avaient obtenue contre Nicostrate et qui leur attribuait
une partie de ses biens. Certains soutinrent que le défunt
avait été leur esclave et qu'ils avaient droit à sa succession
en qualité de patrons pour l'avoir affranchi. Un dernier,
plus audacieux, présentait à l'archonte un enfant de trois
ans, dont il se disait le tuteur, en attribuant la paternité de
cet enfant à Nicostrate, bien qu'il fût de notoriété publique
que celui-ci n'avait pas paru à Athènes depuis onze ans.
Aussi, pour remédier au mal et supprimer toutes ces com-
pétitions plus ou moins déloyales, Isée proposait-il de condamner tout individu qui succomberait dans une pétition
d'hérédité, non point simplement à la perte d'une consignation consistant en une somme fixe, mais à l'obligation de
payer une somme égale à la valeur du patrimoine dont il
avait espéré se rendre indûment possesseur : « S'il en était
ainsi, dit-il, on ne verrait plus les lois méprisées, les familles outragées par ces spéculateurs, et la mémoire des morts
insultée par tous leurs mensonges ».

Les orateurs athéniens avaient, en conséquence, prononcé
de nombreux discours sur ces procès de succession. S'ils
nous étaient tous parvenus, nous pourrions probablement
établir une théorie à peu près complète et presque certaine
de la matière. Malheureusement un assez grand nombre de
ces discours ont été perdus. Il en est ainsi des plaidoyers de
Lysias sur les successions d'Androclide, de Diogène, d'Hé-
ségander, de Théopompe, de Macartatos et de Polyénos [1],
du plaidoyer d'Isée sur la succession d'Archépolis [2], de
ceux d'Hypéride sur les successions de Pyrrhander et
d'Hippée [3], et de ceux de Dinarque sur les successions de

(1) V. *Oratores attici*, (Didot), t. II, p. 294, 267, 273, 282, 289. Cf. Meier, Schœmann et Lipsius, p. 570; Caillemer, *Successions*, p. 2-3.
(2) *Oratores attici*, t. II, p. 323. Cf. Meier, Schœmann et Lipsius, p. 570.
(3) *Oratores attici*, t. II, p. 423 et 412.

Mnésiclès et d'Archéphon [1]. Nous avons également à regretter la perte d'un certain nombre de plaidoyers concernant une matière qui a avec la nôtre des liens étroits, à savoir celle de l'épliclérat. Ces plaidoyers, de même que certaines comédies pareillement perdues et qui avaient pour principal personnage une épiclère [2], auraient pu jeter un jour précieux sur la théorie des successions.

Les sources auxquelles nous pouvons puiser pour rechercher les règles des successions sont encore, cependant, relativement assez abondantes. Nous avons sur ce sujet les onze plaidoyers d'Isée, qui tous ont trait, directement ou indirectement, à des contestations héréditaires, et les trois plaidoyers de Démosthène contre Macartatos, contre Dionysodore et contre Léocharès. On peut également consulter, en raison de la similitude des législations d'Athènes et d'Egine, le discours d'Isocrate connu sous le nom d'Eginétique, bien qu'il ait été prononcé devant un tribunal d'Egine [3]. Il ne faut d'ailleurs user qu'avec la plus grande réserve des renseignements que nous fournissent ces plaidoyers. On a, sans doute, exagéré la part due à la critique, en mettant en doute, sans motifs suffisants, l'authenticité de certaines lois que nous ne connaissons que par ces discours. Toutefois, il ne faut pas oublier qu'ils sont l'œuvre de logographes dont la seule préoccupation était de faire triompher la cause de leur client [4].

Avant d'exposer dans le détail les règles du droit successoral à Athènes, nous devons observer que, si on les envisage dans leur ensemble, on est frappé du peu d'unité qu'elles présentent. C'est qu'en effet elles ne découlent pas

---

(1) *Ibid.*, p. 452.
(2) Cf. Meier, Schœmann et Lipsius, p. 570-571.
(3) *Ibid.*, p. 569.
(4) Cf. H. Weil, *Les Harangues de Démosthènes*, p. XIV ; Caillemer, *loc. cit.*, p. 4-5.

d'un même principe dont le législateur se serait borné à
déduire toutes les conséquences, mais de deux principes
bien distincts et opposés, qui ont successivement prévalu
dans l'histoire du droit de famille, et que précisément les
lois de Solon ont eu pour but de combiner, à savoir : le
principe familial d'une part, et le principe individualiste d'autre part. Si, dans le droit attique, du moins à l'époque classique, on ne rencontre plus aucune trace de la transmission en bloc et à l'état d'indivision du patrimoine de la
famille considéré comme la propriété collective de tous les
êtres humains qui composent celle-ci, si les droits de l'individu sont nettement affirmés à l'encontre de la famille, et si
la règle est le partage égal de la succession entre les héritiers, le principe familial n'a point encore disparu tout à fait.
Il se manifeste toujours par les précautions multiples que
prend le législateur pour empêcher que les biens passent
dans une famille étrangère. C'est pour ce motif, notamment,
que l'enfant adoptif perd tout droit sur les biens de ses
parents naturels, que les filles sont déclarées incapables de
succéder quand elles ont ont des frères, et que, si elles
n'ont pas de frères, elles ne peuvent hériter qu'à la condition d'épouser le plus proche parent paternel et de transmettre l'héritage à leurs fils dès qu'ils seront majeurs.
Ainsi, tout en se montrant favorable à l'individu, pour répondre aux idées qui prévalaient alors, le droit attique sauvegardait encore dans une certaine mesure les intérêts communs de la famille [1]. Comme l'observe très exactement
Perrot, « la loi attique, telle qu'on la trouve dans les plaidoyers des orateurs, est comme à mi-chemin entre le droit
primitif de la famille, né tout entier d'une étroite et puissante conception religieuse, et ce droit, déjà fondé sur l'é-
quité et la raison, que travailleront à constituer, sous l'influence de la philosophie grecque, les grands jurisconsultes

(1) Cf. Guiraud, p. 233-234.

romains du second et du troisième siècle de notre ère. On
pourrait, à cet égard, comparer le droit attique, dans l'âge
des orateurs, au droit romain des derniers temps de la république. Vous y retrouverez encore partout la trace d'un
étrange et lointain passé ; on se soumet à des traditions, on
continue des pratiques qui ne s'expliquent que par des
croyances déjà penchant sur leur déclin. En même temps
vous voyez s'introduire des concessions et des tempéraments
qui témoignent d'un secret et profond désaccord entre la loi
et les mœurs, entre la dure logique des institutions d'autrefois et les nouveaux besoins de la conscience. Partout
des inconséquences et des démi-mesures qui portent la marque de cet état de transition, de cette lutte intérieure » [1].

§ II. — *Ouverture des successions. Qualités requises pour succéder.*

La mort seule peut ouvrir la succession, car il n'y a pas
d'hérédité d'une personne vivante. Dans certaines législations, la succession s'ouvre également par ce que l'on nomme
la mort civile. Dans le droit attique, la situation qui se rapproche le plus de la mort civile est l'atimie totale. L'atimie,
même avec son effet le plus étendu, ne donne point cependant ouverture à la succession. De deux choses l'une, en
effet. Ou bien l'atimie est accompagnée de la confiscation
des biens, et alors le coupable n'a plus de patrimoine qu'il
puisse transmettre. Ou bien l'atimie n'entraîne pas la confiscation, et dans ce cas elle n'ouvre pas non plus la succession, car l'atimie, même totale, a seulement pour effet de
priver le condamné de la jouissance de ses droits civiques
ou politiques, mais elle lui laisse celle des droits civils. L'ati-

(1) Perrot, *Eloquence politique*, p. 384.

mie totale se rapproche donc beaucoup plus de notre dégra-
dation civique que de la mort civile [1].

Dans le droit attique, de même que dans le droit romain,
il n'y a lieu à l'hérédité *ab intestat* qu'à défaut d'hérédité
testamentaire, du moins à partir de l'époque où le testament fut autorisé. Mais, à Rome, la délation de l'hérédité
légitime ne s'opère qu'au moment où il est certain que le
défunt n'aura pas d'héritier testamentaire [2], et c'est à cette
époque seulement que se déterminent, soit l'ordre d'héritiers
que la loi appelle, soit, dans cet ordre, les personnes spécialement désignées pour recueillir la succession. Le plus souvent, sans doute, et notamment quand il n'y a pas de testament, ce moment se confond avec celui du décès; mais il en
est autrement toutes les fois que le défunt a testé et que le
testament n'a perdu ni sa force légale, ni la chance de produire des effets [3]. Cette règle qui, à Rome, s'explique principalement par la prédominance de l'hérédité testamentaire
sur l'hérédité légitime, paraît avoir été inconnue du droit
attique, ou du moins nous n'en avons relevé aucune trace.
Nous dirons donc qu'à Athènes la délation de l'hérédité
s'opère, dans tous les cas, au moment de la mort du *de
cujus*.

En droit romain, toute hérédité, légitime ou testamentaire,
appartient au *jus civile*, et cela par le motif qu'elle contient
les droits de propriété et les *sacra privata* du défunt. Or,
au début, la propriété fut inaccessible aux étrangers, et les
cultes privés qu'ils pouvaient avoir d'après leurs lois natio-
nales n'étaient point reconnus à Rome. Il en résultait que,
soit pour laisser, soit pour recueillir une hérédité *ab intestat* régie par les lois romaines, il fallait d'abord être citoyen

---

(1) Giraud (p. 102) paraît croire que l'atimie peut donner lieu quelquefois à
l'ouverture des successions.

(2) Inst., § 7, *De hered. quœ ab intest. def.*, III, 1.

(3) Accarias, t. II, n° 417.

romain. Les principes du droit attique, sur ce point, sont beaucoup plus libéraux. Il est certain d'abord qu'un métèque et même un simple étranger peut laisser une succession, et cette succession est, comme nous le verrons, régie par la loi athénienne. La fille de l'étranger, notamment, est, à défaut de fils, considérée comme épiclère et soumise à l'épidicasie. Il n'est point nécessaire, d'autre part, pour pouvoir succéder, d'avoir le droit de cité athénienne. Toutefois les étrangers n'ont point, à cet égard, une capacité aussi grande que les citoyens. A Athènes, en effet, comme dans les autres cités grecques, nul ne peut devenir propriétaire foncier s'il n'est citoyen. Dès lórs, les immeubles compris dans une succession ne peuvent être recueillis par les successibles étrangers, et si ceux-ci se trouvent en concours avec d'autres possédant le droit de cité, les immeubles héréditaires sont forcément dévolus à ces derniers [1]. Au surplus, cette incapacité relative des étrangers peut disparaître lorsque la cité leur a octroyé l'ἔγκτησις γῆς καὶ οἰκίας, c'est-à-dire le droit d'acquérir en Attique soit des terres, soit des maisons, soit l'un et l'autre à la fois. En pareil cas, l'étranger nous paraît avoir, pour succéder, la même aptitude qu'un citoyen d'Athènes [2].

La vocation héréditaire se fonde sur une relation définie, sur un lien artificiel ou naturel qui rattache l'appelé au *de cujus*; or, comme il n'y a pas de relation, pas de lien concevable entre deux personnes dont les existences n'ont pas coïncidé, au moins un instant, c'est un principe généralement admis dans les législations modernes, à l'exemple du droit romain, que ceux-là seulement ont l'aptitude à recueillir une hérédité *ab intestat* qui vivaient déjà au jour de la

(1) Faut-il dire qu'alors, si la succession comprend également des meubles, on compense en objets mobiliers la part dont les successibles étrangers sont exclus dans les immeubles? L'affirmative est conforme à l'équité, mais rien ne prouve que la loi l'ait admise.

(2) *Contra*, Giraud, p. 106 ; Maurocordato, p. 25.

mort du défunt. Ce principe était-il admis dans le droit
attique ? On l'a prétendu [1], mais à tort, croyons-nous. Le
plaidoyer de Démosthène contre Macartatos eût, en effet, été
impossible, s'il avait été nécessaire que l'héritier existât ou
tout au moins fût conçu au jour de la mort du *de cujus*.
C'est seulement par une adoption posthume dans la maison
d'Eubulide, ἀνεψιός d'Hagnias, le *de cujus*, que le demandeur,
fils de Sosithée, a acquis le droit de succession *ab intestat*
vis-à-vis d'Hagnias, droit qu'il prétendait être préférable à
celui de Macartatos, le défendeur. Or cette adoption n'eut
lieu certainement qu'après la mort de Théopompe, père de
Macartatos, qui s'était fait adjuger par le tribunal l'hérédité d'Hagnias et l'avait laissée à son fils [2]. C'est donc seulement après que cette succession avait été l'objet d'une
double dévolution que se noua entre Hagnias et le demandeur le lien sur lequel celui-ci fondait ses prétentions. Comme il s'était écoulé plusieurs années entre la mort du *de
cujus* et la naissance de ce lien, le succès du demandeur
aurait eu pour effet de lui attribuer la succession d'une personne morte depuis longtemps et lors du décès de laquelle
il n'était point encore né ni même conçu [3]. On ne peut donc
pas dire que la règle moderne d'après laquelle, pour succéder, il faut être au moins conçu lors de l'ouverture de la
succession, ait été rigoureusement observée dans le droit
attique. Cependant nous estimons qu'en principe, et abstraction faite des cas exceptionnels comme celui dont nous
venons de parler, l'hérédité ne peut être déférée qu'à un
individu existant au moment de la mort du défunt. La conception équivaut, du reste, à la naissance, ainsi que le prouvent les dispositions de la loi athénienne relativement aux

(1) Giraud, p. 105.
(2) Démosthènes, *C. Macart.*, §§ 11 et 13.
(3) Cf. Hruza, I, p. 100, note 3.

femmes qui se déclarent enceintes lors du décès de leur mari [1]. Le droit attique ne paraît, au surplus, avoir attaché aucune importance aux questions de viabilité qui ont attiré l'attention des lois romaines et de nos lois modernes, questions très délicates et d'une rare application.

On ne trouve non plus, dans le droit attique, aucune trace de règles relatives au cas où plusieurs individus, réciproquement appelés à la succession l'un de l'autre, périssent dans un même évènement, sans que l'on sache quels ont été ceux qui ont succombé les premiers. L'établissement de présomptions de survie devait d'ailleurs être moins nécessaire à Athènes et dans les législations anciennes qu'à notre époque, soit en raison de l'organisation successorale et du développement de l'anchistie, soit par suite de l'absence des causes qui ont rendu assez fréquents dans le monde moderne les cas de mort simultanée [3].

§ III. — *Des divers ordres de succession.*

Dans les législations modernes, la succession *ab intestat* n'est que le testament présumé du défunt d'après l'ordre légitime des affections combiné avec l'intérêt de l'État, mais ce dernier élément étant subordonné au premier. A Athènes, au contraire, comme dans la plupart des cités antiques, le législateur règle la dévolution des successions en tenant compte principalement de l'organisation sociale et des institutions politiques ou religieuses de la cité. Ces considérations viennent profondément modifier l'ordre des affections de la nature, et certains parents qui, d'après le droit natu-

---

(1) V. *supra*, t. I, p. 396.
(2) Cf. Guiraud, p. 105.
(3) Cf. Guiraud, p. 103.

rel, devraient marcher au premier rang, sont rejetés assez
loin d'après le droit positif ou même sont complètement
exclus. Les considérations religieuses surtout ont joué un
rôle important dans la détermination des parents appelés à
succéder. Dans les croyances des anciens, la propriété
d'une famille est étroitement liée à son culte : « La personne
qui hérite, quelle qu'elle soit, disait la loi de Manou, est
chargée de faire les offrandes sur le tombeau » [1]. A Athènes,
le soin du culte est également considéré comme inséparable
de la succession [2], et cette idée a entraîné des règles contraires à l'équité, l'exclusion des filles par les fils et, d'une
manière générale, la préférence des mâles sur les femmes.

Le texte qui sert de base à toutes les explications que
nous aurons à donner concernant la dévolution des successions est la loi de Solon [3] citée dans le discours attribué à
Démosthène contre Macartatos. Voici le texte intégral de
cette loi : ὅστις ἂν μὴ διαθέμενος ἀποθάνῃ, ἐὰν μὲν παῖδας καταλείπῃ
θηλείας, σὺν ταύτῃσιν, ἐὰν δὲ μή, τούσδε κυρίους εἶναι τῶν χρημάτων.
ἐὰν δὲ ἀδελφοὶ ὦσιν ὁμοπάτορες· καὶ ἐὰν παῖδες ἐξ ἀδελφῶν γνήσιοι,
τὴν τοῦ πατρὸς μοῖραν λαγχάνειν· ἐὰν δὲ μὴ ἀδελφοὶ ὦσιν ἢ ἀδελφῶν
παῖδες....?.... ἐξ αὐτῶν κατὰ ταὐτὰ λαγχάνειν· κρατεῖν δὲ τοὺς ἄρρενας καὶ τοὺς ἐκ τῶν ἀρρένων, ἐὰν ἐκ τῶν αὐτῶν ὦσι καὶ ἐὰν γένει
ἀπωτέρω· ἐὰν δὲ μὴ ὦσι πρὸς πατρὸς μέχρι ἀνεψιῶν παίδων, τοὺς πρὸς
μητρὸς τοῦ ἀνδρὸς κατὰ ταὐτὰ κυρίους εἶναι· ἐὰν δὲ μηδετέρωθεν ἢ
ἐντὸς τούτων, τὸν πρὸς πατρὸς ἐγγυτάτω κύριον εἶναι· νόθῳ δὲ μηδὲ
νόθῃ μὴ εἶναι ἀγχιστείαν μήθ'ἱερῶν μήθ'ὁσίων. ἀπ' Εὐκλείδου
ἄρχοντος [4].

---

(1) Lois de Manou, IX, 186.

(2) Cf. Isée, De Philoct. her., § 51. Platon (Leges, V, 740) appelle l'héritier
διάδοχος θεῶν.

(3) Comment la dévolution des successions était-elle réglementée avant la réforme de Solon ? C'est ce qu'il est difficile de conjecturer. Il y a lieu de croire
que le droit successoral était plutôt l'affaire de la famille que celle de la cité,
et, dès lors, les règles de la dévolution des successions devaient probablement
varier suivant les γένη. Cf. Hruza, II, p. 119, note 26.

(4) Démosthène, C. Macart., § 51.

L'authenticité de cette loi a été très vivement contestée. Suivant certains auteurs, elle est l'œuvre d'un faussaire qui l'aurait composée à l'aide des discours d'Isée sur la succession d'Hagnias [1], où l'orateur cite plusieurs dispositions des lois athéniennes relatives à la dévolution des successions [2]. Sans vouloir entrer dans l'examen de cette question fort délicate, qui, du reste, est plutôt du domaine de la philologie que de celui de l'histoire du droit, nous dirons qu'il ne nous paraît guère possible de révoquer en doute l'authenticité de la loi en question, pas plus que celle d'autres lois rapportées dans le même plaidoyer. C'est ce qui a été démontré pour l'une d'elles, la loi de Dracon sur la poursuite du meurtre, par la découverte de cette loi sur une dalle de marbre trouvée récemment à Athènes. La loi successorale nous semble également authentique : tout ce que l'on peut admettre, à notre avis, c'est que le texte s'en trouve, sur quelques points de détail, réduit ou corrompu. Aussi la grande majorité des auteurs se prononcent-ils en ce sens [3]. Nous aurons même l'occasion de voir que, s'il faut suspecter certains des textes qui nous sont parvenus sur la matière, ce sont plutôt ceux d'Isée que celui de Démosthène.

Ainsi que cela ressort de la loi de Solon précitée et des textes d'Isée, le système de dévolution des successions est

---

(1) Isée, *De Hagn. hér.*, §§ 1, 2, 11.

(2) Cf. en ce sens : Franke, *loc. cit.*, p. 742 et s. ; Schæfer, *Demosth. u. sein. Zeit*, III, 2, p. 229 ; Grasshof, p. 8 ; Seeliger, *in Rhein. Museum*, t. XXXI, 1876, p. 176 et s.

(3) Meier, Schœmann et Lipsius, p. 577, note 262 ; Dareste, *Plaid. civ.*, p. 26, t. II, et *Journal des savants*, 1885, p. 269 ; Wachholtz, *De lit. instr.*, p. 25 et s. ; Buermann, *in Rhein Museum*, t. XXXII, 1877, p. 353 et s. ; Caillemer, *Successions*, p. 15 et 81 ; Blass, *in Jahresb. f. Alterth. Wiss.*, 1877, I, p. 287 ; Hermann-Thalheim, p. 63 ; Hafter, p. 89, note 2 ; Hruza, I, p. 96, note 13 ; Guiraud, p. 220 ; Mitteis, p. 319, note 3. Bunsen, Gans et Schneider, dans leurs traités de droit successoral, considèrent également la loi en question comme authentique.

fondé, dans le droit attique, non point sur la proximité du degré de parenté, mais sur le principe des parentèles combiné avec le privilège de masculinité. Ainsi le législateur appelle en première ligne la parentèle du *de cujus* lui-même, c'est-à-dire les fils et leurs descendants et, à défaut de fils, les filles et leurs descendants. Il appelle, en seconde ligne, la parentèle du père du *de cujus*, c'est-à-dire les frères consanguins et leurs descendants et, à défaut de frères, les sœurs consanguines et leurs descendants. Enfin vient en troisième ligne la parentèle de l'aïeul paternel du *de cujus*, c'est-à-dire les oncles paternels et leurs descendants et, à défaut des oncles, les tantes paternelles et leurs descendants. A défaut de successibles dans les diverses parentèles, la succession revient aux parents maternels suivant les mêmes principes, c'est-à-dire en épuisant d'abord la parentèle de la mère et en s'arrêtant à la parentèle de l'aïeul maternel inclusivement. Les parents compris dans ces diverses parentèles, soit du côté paternel, soit du côté maternel, sont ceux à qui appartient ce que l'on nomme l'ἀγχιστεία. A supposer qu'il ne s'en rencontre aucun, la succession retourne aux συγγενεῖς du côté paternel, et elle est alors déférée à celui ou à ceux d'entre eux qui sont les plus rapprochés du défunt, sans que l'on ait désormais à tenir compte des parentèles [1]. Dans cette énumération que nous venons de faire des divers successibles, nous n'avons cité ni le père, ni la mère, ni aucun des ascendants. Leur vocation héréditaire, qui n'est point consacrée par la loi de Solon, est très fortement controversée et nous verrons que la loi athénienne ne l'a pas admise.

Platon, lorsqu'il règle, dans son *Traité des Lois*, la dévolution des successions, ne s'écarte point de l'ordre consacré par la loi positive et que nous venons d'indiquer. Mais

---

(1) Ces règles du droit attique coïncident exactement avec celles du droit syro-romain. Cf. **Mitteis**, p. 353.

il introduit une disposition nouvelle tirée de la nécessité de respecter l'unité et l'indivisibilité du lot de terre attribué primitivement à chaque citoyen lors du partage du sol. Il appelle, en conséquence, à la succession non pas seulement le parent le plus proche en degré, mais conjointement le plus proche parent de chaque sexe ; tous deux recueilleront l'héritage et y fonderont un ménage et une famille [1].

. A. — Des descendants.

(a). *Généralités.*

Au premier rang des successibles viennent les descendants : c'est la nature plutôt que la loi qui les appelle à recueillir la succession du défunt [2]. Aussi les textes qui nous sont parvenus à ce sujet supposent-ils plutôt qu'ils ne consacrent formellement le droit des descendants [3]. C'est là, du reste, un principe commun à tout le droit grec. Ainsi la loi de Gortyne décide que « quand un homme ou une femme vient à mourir, s'il existe des enfants, petits-enfants, ou arrière petits-enfants, ceux-là auront les biens » [4]. Le même principe est en vigueur à Sparte [5]. On le trouve également consacré par une inscription d'une ville de la Locride [6].

Les descendants appelés en première ligne comprennent non seulement les enfants légitimes nés du mariage du

(1) Platon, *Leges*, XI, Cf. Dareste, *Science du droit*, p. 123.

(2) Philo, *De vita Mosis*, c. 3 : ὁ νόμος φύσιώς ἐστι κληρονομεῖσθαι τοὺς γονεῖς ὑπὸ τῶν παίδων.

(3) Isée, *De Philoct. her.*, § 28 : τοῖς γὰρ φύσει υἱίσιν αὐτοῦ οὐδεὶς οὐδενὶ ἐν διαθήκῃ γράφει δόσιν οὐδεμίαν, διότι ὁ νόμος αὐτὸς ἀποδίδωσι τῷ υἱεῖ τὰ τοῦ πατρός. *De Cir. her.*, § 34 : πάντες γὰρ ὑμεῖς τῶν πατρῴων, τῶν παππῴων, τῶν ἔτι περαιτέρω κληρονομεῖτε ἐκ γένους παρειληφότες τὴν ἀγχιστείαν ἀνεπίδιχον. Isocrate, *Ad Demon.*, § 2 : πρέπει γὰρ τοὺς παῖδας, ὥσπερ τῆς οὐσίας, οὕτω καὶ τῆς φιλίας τῆς πατρικῆς κληρονομεῖν.

(4) Loi de Gortyne, V, 9-13.

(5) Plutarque, *Agis*; Hérodote, VIII, 35. — Cf. Jannet, p. 82; Schœmann-Galuski, t. I, p. 262.

(6) Dareste, Haussoulier et Reinach, p. 184, l. 11.

défunt, mais aussi les fils simplement adoptifs, car l'adoption, comme nous l'avons vu, confère au fils adoptif tous les droits d'un fils légitime. Il se peut même que le fils adoptif concoure avec les enfants légitimes nés postérieurement à l'adoption, car la survenance de ces enfants n'a point pour effet de révoquer l'adoption [1]. Mais, par contre, le droit de succéder n'appartient plus aux enfants légitimes qui sont sortis de leur famille naturelle pour entrer par l'adoption dans une autre famille, car cette adoption, ainsi que nous l'avons établi, rompt, en principe, tout lien entre l'adopté et sa famille naturelle [2]. On ne doit pas compter non plus parmi les descendants appelés à la succession de leur père les enfants ἀποκηρυττόμενοι, l'apokéryxis emportant une exhérédation, qui, d'ailleurs peut être révoquée [3]. Enfin sont exclus de la succession les enfants naturels, qui demeurent en dehors de l'ἀγχιστεία, sauf, d'après certains auteurs, dont l'opinion est fort contestable, s'ils ont été l'objet d'une légitimation dont l'effet principal serait précisément de leur donner le droit de succéder comme les enfants légitimes [4].

Les enfants légitimes succèdent tous, sans distinction entre les différents lits, et sans que, par exemple, les enfants du premier lit aient un privilège quelconque sur ceux du second mariage. C'est ce qui résulte manifestement de plusieurs plaidoyers de Démosthène [5]. Dans l'étude du droit de

(1) Cf. Isée, De Philoct. her., § 6'. V. supra, t. II, p. 56 et s.

(2) V. supra, t. II, p. 53.

(3) V. supra, t. II, p. 139.

(4) V. supra, t. I, p. 496 et s.

(5) Ainsi l'on voit dans le plaidoyer pour Phormion (§ 32) qu'Archippé, mariée en première noces à Pasion, et en seconde noces à Phormion, laissa quatre enfants, deux de chaque mariage, qui succédèrent tous également, chacun d'eux recevant un quart. On voit de même, dans les plaidoyers contre Bœotos, que les enfants nés de Mantias et de Plangon et qui, comme nous l'avons admis (supra, t. I, p. 50 et s.) sont issus d'une union légitime, ont les mêmes droits sur la succession de leur père que Mantithée, issu du mariage de Mantias avec la fille

succession des descendants, nous avons à distinguer et à examiner successivement trois hypothèses suivant que : 1° le défunt ne laisse que des fils ; 2° le défunt laisse en même temps des fils et des filles ; 3° le défunt ne laisse que des filles.

(b). *Le défunt ne laisse que des fils.*

En pareil cas, les fils et leurs descendants succèdent indéfiniment et par portions égales, les descendants des fils prédécédés venant par représentation de leur auteur. Les différents termes de cette proposition ont cependant été plus ou moins vivement contestés. Ainsi d'abord Bunsen [1] a voulu transporter dans le droit attique une limitation qu'il est allé chercher dans les lois de Manou, et il a prétendu que le droit de succession dans la ligne descendante s'arrête au troisième degré inclusivement. En conséquence, une personne peut bien succéder à son père, à son aïeul et à son bisaïeul, mais elle ne peut faire valoir aucun droit sur la succession de son trisaïeul. Bunsen a invoqué à l'appui de cette manière de voir deux textes d'Isée. Dans le premier, l'orateur, après avoir dit que la loi impose aux enfants l'obligation de τρέφειν τοὺς γονέας, ajoute : « γονεῖς δ'εἰσὶ μήτηρ καὶ πατὴρ καὶ πάππος καὶ τήθη καὶ τούτων μήτηρ καὶ πατήρ, ἐὰν ἔτι ζῶσιν· ἐκεῖνοι γὰρ ἀρχὴ τοῦ γένους εἰσί, καὶ τὰ ἐκείνων παραδίδοται τοῖς ἐκγόνοις [2].» Isée ajoute un peu plus loin, ce qui, d'après Bunsen, confirme l'interprétation restrictive : « πάντες γὰρ ὑμεῖς τῶν πατρῴων, τῶν παππῴων, τῶν ἔτι περαιτέρω κληρονομεῖτε ἐκ γένους παρειληφότες τὴν ἀγχιστείαν ἀνεπίδικον » [3]. Isée limite donc la successibilité des descendants aux trois premiers degrés, les autres étant exclus et primés alors par les collatéraux.

Cette opinion est aujourd'hui généralement abandonnée et

de Polyaratos. Cf. Meier, Schœmann et Lipsius, p. 574, note 255; Hermann-Thalheim, p. 61, note 2.

(1) Bunsen, 17.
(2) Isée, *De Cir. her.*, § 32.
(3) *Ibid.*, § 34.

elle ne peut en effet, être sérieusement soutenue. Nous ne
rechercherons pas si les lois de Manou admettaient ou non une
semblable limitation au troisième degré de la descendance, car
la décision de ces lois pouvait être inspirée par des motifs qui ne
se retrouvent plus dans le droit grec et qui ont été certainement étrangers au droit romain, malgré son origine
aryenne, semblable à celle du droit grec. Une limitation de
degrés peut se concevoir, sans doute, lorsque la succession
est déférée en ligne collatérale, mais elle n'a pas de raison
d'être lorsqu'elle l'est en ligne descendante, car, dans ce
dernier cas, ainsi que nous l'avons précédemment observé,
la dévolution aux descendants procède de la nature plutôt
que de la loi. D'autre part, en faisant abstraction du principe d'affection présumée qui fait arriver la succession en
première ligne aux descendants, cette dévolution se justifie
en outre, dans le droit attique, par l'intérêt de la perpétua-
tion du culte domestique. Or cet intérêt est le même, à quelque degré que se trouve le descendant, du moins si c'est un
successible mâle [1]. Pour faire échec à ces considérations il
faudrait des textes précis ; or ceux que Bunsen allègue à
l'appui de son opinion ne sont nullement décisifs. Dans le
premier, Isée se borne à dire quels sont les ascendants
compris sous le nom de γονεῖς : ce sont le père, l'aïeul et le
bisaïeul ; quant aux ascendants d'un degré plus éloigné,
ils étaient désignés, dans le langage habituel, par l'expression πρόγονοι [2]. Si l'orateur ajoute que l'héritage de ceux
qu'il vient de qualifier de γονεῖς se transmet à leurs descendants, ἐκγόνοις, ce n'est nullement pour exclure, a contrario,
la possibilité d'une transmission procédant d'un degré plus

---

(1) Cf. Giraud, p. 110. Cet auteur limite, en conséquence, le droit de représentation et d'exclusion à la postérité mâle de l'enfant mâle, mais à l'infini.
Mais cette restriction de Giraud ne nous paraît pas fondée, car abstraction faite
de l'intérêt de famille, la dévolution aux descendants *in infinitum* se justifie
encore par les principes du droit naturel.

(2) Cf. Schœmann, sur Isée, p. 393.

éloigné ; c'est seulement par cette raison que l'orateur, se conformant sur ce point au langage du législateur lui-même [1], n'envisage que les cas pratiquement possibles. Aussi Isée semble-t-il même supposer comme déjà très rare le cas où l'enfant possède son bisaïeul (ἐὰν ἔτι ζῶσιν). Quant à l'autre texte, il est plutôt contraire que favorable à l'opinion de Bunsen. Isée, en effet, ne dit point que l'on peut succéder seulement à son père ou à son aïeul, mais aussi, d'une manière générale et sans limitation, aux ascendants d'un degré plus éloigné, καὶ τῶν ἔτι περαιτέρω. On doit donc admettre sans hésitation que tous les descendants, quel que soit leur degré, succèdent en première ligne à l'exclusion des autres parents [2].

Ce n'est point, au surplus, que la question que nous venons d'examiner manque absolument d'intérêt pratique, ainsi que l'ont prétendu certains auteurs. Il en serait sans doute ainsi si l'on admettait, sur la foi de Censorinus [3], que Solon ne s'est pas contenté de recommander à ses concitoyens de ne pas se marier avant l'âge de trente-cinq ans, et qu'il a interdit par une loi formelle le mariage antérieurement à cet âge. Il serait alors, en effet, tout à fait inutile de se préoccuper de la succession du trisaïeul, car cet ascendant aurait nécessairement cent quarante ans de plus que ses descendants au quatrième degré. Mais il n'en est rien, et nous avons vu qu'au contraire un Athénien peut se marier très jeune, dès qu'il a atteint sa majorité, c'est-à-dire à l'âge de

_____

(1) Cf. Plutarque, *Solon*, c. 12 : Σόλων δὲ τοῖς πράγμασι τοὺς νόμους μᾶλλον ἢ τὰ πράγματα τοῖς νόμοις προσαρμόζων. *Ibid.*, c. 21 : δεῖ δὲ πρὸς τὸ δυνατὸν γράφεσθαι τὸν νόμον. C'est également par ce motif que Solon a considéré le parricide comme impossible qu'il n'a pas porté de loi au sujet de ce crime. V. Diogène Laërce, *Solon*, c. 10. Cf. Schelling, p. 107, note 7.

(2) Gans, p. 351; Grasshof, p. 15, n. 47 et p. 19; Giraud, p. 110; Mauro-cordato, p. 25; Dareste, *Plaid. civ.*, t. I, p. XXVII; B. W. Leist, p. 74; Schelling, p. 106; Meier, Schœmann et Lipsius, p. 574; Mitteis, p. 319; Caillemer, p. 10; Guiraud, p. 210; Hermann-Thalheim, p. 67, note 3.

(3) Schelling, p. 107; De Bcor, p. 31.

dix-huit ans accomplis, et même avant, d'après certains
auteurs. Il était donc parfaitement possible à un homme,
qui n'était pas encore octogénaire, de voir la quatrième génération de ses descendants [1] [2].

Nous avons dit, en second lieu que les descendants (abstraction faite du cas de représentation dont nous nous occuperons
ultérieurement) succèdent par portions égales. Telle est la
règle formellement posée par Isée dans les termes suivants :
τοῦ νόμου κελεύοντος πάντας τοὺς γνησίους ἰσομοίρους εἶναι τῶν πατρῴων [3]. L'égalité des différents fils appelés à recueillir la
succession paternelle a néanmoins trouvé des contradicteurs
et l'on a prétendu que le droit d'aînesse avait existé dans
la législation athénienne primitive et qu'il s'était même per-
pétué à l'époque classique sous une forme atténuée. On a
fait remarquer en ce sens que le droit grec est issu des
mêmes croyances religieuses que le droit hindou, où le fils
aîné apparaît comme le continuateur du culte, comme le
chef religieux de la famille et, en conséquence, hérite seul
des biens [4]. Il n'est donc pas étonnant de trouver dans ce
droit grec, à l'origine du moins, l'institution du droit d'aînesse. Dans quelques cités, la législation le maintint même
assez longtemps. Ainsi à Thèbes et à Corinthe, il était encore
en vigueur au VIII° siècle, et à Sparte il a subsisté jusqu'au
triomphe de la démocratie. Dans certaines villes, comme à
Héraclée, à Cnide, à Istros et à Marseille, il n'a disparu

---

(1) Caillemer, p. 11; Meier, Schœmann et Lipsius, p. 574, note 254.

(2) La loi de Gortyne (V, 9-13) n'appelle *in terminis* à la succession que les
enfants, les petits-enfants et les arrière petits-enfants. Suivant Dareste, Haussoullier et Reinach (p. 461, note 4) cette limitation du droit de succession n'est
peut-être pas une manière de parler abrégée, car elle se rencontre également
en droit hindou et se rattache à des idées religieuses. Nous serions, au contraire,
plutôt porté à croire que la loi de Gortyne ne prévoit, comme la loi athénienne,
que les cas pratiquement possibles, sans exclure pour cela, le cas échéant, les
descendants d'un degré plus éloigné.

(3) Isée, *De Philoct. her.*, § 25.

(4) Loi de Manou, IX, 105-107, 116.

qu'à la suite d'une insurrection [1]. A Athènes, avant les
réformes de Solon, l'aîné héritait seul du patrimoine paternel ; le nombre des familles se maintenait par suite invaria-
blement le même, les puînés étant en dehors de la famille
et, par suite aussi, en dehors de la cité. Après les réformes
de Solon, la législation marqua encore une certaine préférence à l'égard de l'aîné dans une mesure que nous indiquerons plus loin [2].

Avant de rechercher quel pouvait être l'état de la législation athénienne sur ce point à l'époque de Démosthène,
nous devons dire que, d'une manière générale, l'existence
d'un droit d'aînesse, même dans la Grèce primitive, est fort
contestable. Sans doute, les lois de l'Inde ordonnent de
révérer l'aîné comme un père et conseillent aux frères de
rester unis en communauté sous sa direction. Mais cette
autorité de l'aîné repose uniquement sur le droit religieux
et ne lui confère pas une part plus grande du patrimoine
paternel [3] : quand une circonstance quelconque vient à
rompre la communauté domestique que conseille le législateur, c'est le partage égal des biens communs qui en
découle naturellement. D'autre part, ainsi qu'on l'a très
justement observé [4], le droit d'aînesse, considéré comme
emportant dévolution du patrimoine paternel au profit de
l'aîné exclusivement, est une conception particulière à l'époque féodale, et qui est née de la préoccupation de conserver
intacte des tenures chargées de services féodaux, notamment
du service militaire. Mais, dans les sociétés patriarcales,
où la terre est envisagée uniquement comme le siège de la

---

(1) Aristote, *Polit.*, VIII, 5, 2.
(2) Cf. en ce sens : Hüllmann, *Griech. Denkwürdigkeiten*, p. 21 et s.; Fustel
de Coulanges, *Cité ant.*, liv. II, c. 7, 6°, et liv. IV, c. 5.
(3) Fustel de Coulanges (*loc. cit.*, liv. II, c. 7, 6° note) est obligé de reconnaître que dans le Code de Manou se trouvent des articles autorisant le partage
de la succession.
(4) Cf. Summer Maine, *Ancient law*, c. 7 ; Jannet, p. 55-56.

famille, chacun de ses membres ayant sur le patrimoine commun une sorte de droit de copropriété, le fils aîné ne peut
être que le directeur naturel du groupe formé par les descendants d'un même individu, comme ayant été spécialement initié par le père à la tradition et aux rites du culte
domestique qui est l'âme de toute la famille.

Nous estimons, en conséquence, que dans la société grecque primitive, le privilège de l'aîné n'a jamais qu'un caractère religieux et, par suite aussi, politique. Dans les cités où
le gouvernement traditionel des Eupatrides s'était maintenu,
une sorte de droit d'aînesse existait sans doute dans les
familles des chefs, mais c'était un droit d'aînesse purement
politique, et il disparut à la suite de certaines révolutions
que signale Aristote, quand la constitution cessa d'être oli-
garchique. C'est en ce sens seulement que le droit d'aînesse
a pu subsister à Sparte assez longtemps, mais l'existence
d'un pareil droit ne s'oppose nullement à la règle du partage
égal du patrimoine paternel, règle dont l'application à
Sparte nous paraît ressortir très nettement d'un passage de
Plutarque [1]. On voit aussi qu'à Athènes, Médon, fils aîné de
Codrus, succéda à son père, malgré ses infirmités et les contestations de son frère [2]. Mais, ici encore, il ne s'agit que
d'une prérogative de droit public.

Le droit d'aînesse, considéré au point de vue du droit
civil exclusivement, a-t-il été en vigueur à Athènes avant
Solon ? Il nous est difficile de le croire, car les textes qui
prescrivent le partage égal entre les divers enfants ne font
aucune allusion à une inégalité antérieure [3]. Quant aux droits
que, postérieurement aux réformes soloniennes, on prétend
avoir appartenu au fils aîné, nous allons voir qu'ils sont
fort contestables, ou que tout au moins ils sont insignifiants,
de sorte qu'il est difficile d'y voir les vestiges d'un droit

(1) Plutarque. *Lycurgue*, c. 8, § 5. — Cf. en ce sens, Jannet, p. 83.
(2) Pausanias, VII, 2, § 1.
(3) Cf. Philippi, *Attisch. Bürgerr.*, p. 19*.

d'aînesse antérieur. Ainsi d'abord, suivant certains auteurs, l'aîné jouissait d'un préciput, nommé πρεσβεία, et dont l'existence est formellement attestée, dit-on, par un plaidoyer de Démosthène où l'on voit qu'Apollodore, fils de Pasion, a reçu à titre de préciput une exploitation rurale [1]. Il est vrai que cet avantage est conféré à Apollodore par le testament de Pasion, mais le préciput était passé dans les mœurs et se prélevait même dans les successions *ab intestat*. Pasion n'a fait, par son testament, que se conformer à cet usage et déterminer les valeurs préciputaires [2]. Un auteur va même plus loin et enseigne que, même au temps de Démosthène, le privilège de l'aîné consistait à garder, en dehors du partage, la maison paternelle, avantage qui était considérable non-seulement au point de vue matériel, mais encore au point de vue religieux, car la maison paternelle contenait l'ancien foyer de la famille [3]. Ces différentes opinions ne nous paraissent pas admissibles. En effet, le seul texte sur lequel on puisse les fonder, à savoir le plaidoyer précité de Démosthène, observe expressément qu'Apollodore a eu ce préciput en vertu du testament de son père, κατὰ τὴν διαθή κην [4]. Il n'aurait donc pas pu y prétendre en l'absence d'un testament, et l'on doit dire également que le père, au lieu d'avantager l'aîné, aurait aussi bien pu exercer sa générosité en faveur des puînés. Tout ce que l'on pourrait admettre c'est, conformément au mot même πρεσβεία, qui sert à désigner ce préciput, que le père de famille rompait plus ordinairement l'égalité en faveur de l'aîné qu'au profit des puînés [5].

---

(1) Démosthène, *Pro Phorm.*, 8 34 : πρεσβεῖά τε τὴν συνοικίαν ἔλαβε κατὰ τὴν διαθήκην.

(2) Cf. en ce sens : Dareste, *Plaid. civ.*, t. II, p. 167, note 16 ; Hermann-Thalheim, p. 62, note 2.

(3) Fustel de Coulanges, *Cité antique*, liv. II, c. 7.

(4) Ce même texte suppose encore que le père a formellement assigné à son fils aîné cette part préciputaire : πλεονεκτεῖν τόνδ' ἔγραψεν ὁ πατήρ.

(5) Cf. en ce sens : Hermann, *De vestig. inst.*, p. 26, n. 86 et *Jur. dom. et fam. comp.*, p. 23, n. 80; Meier, *Opusc. acad.*, t. I, p. 237 ; Schulthess, p. 120,

Un autre avantage aurait, d'après certains auteurs, appartenu à l'aîné, à savoir celui de choisir, lors du partage des biens héréditaires, le lot qu'il préférait. Ainsi Démosthène, dans le même plaidoyer, dit en parlant d'Apollodore, λαβὼν αἵρεσιν [1], c'est-à-dire qu'il avait reçu le droit de choisir [2]. L'existence de ce second privilège ne nous paraît pas plus certaine que celle du premier. Rien n'établit, en effet, en vertu de quel titre Apollodore a pu faire son choix. C'est peut-être en vertu du testament qui lui avait déjà conféré un préciput, et alors l'exemple d'Apollodore fournirait plutôt un argument *a contrario* contre la théorie que nous critiquons. Ce peut être aussi parce qu'il avait été désigné par le sort que le fils aîné de Pasion a pu choisir son lot le premier. Cette dernière hypothèse nous paraît même la plus vraisemblable. Lorsque les héritiers ne pouvaient se mettre d'accord, les lots étaient distribués par la voie du sort, et le fait même que le mot κλῆρος signifie en même temps sort et succession, montre bien que ces deux idées étaient ordinairement réunies et que, par suite, il ne saurait être question de conférer le droit de choisir au fils aîné. Cette observation répond à l'objection que l'on a faite à notre manière de voir et consistant à dire que nous ne pouvons citer aucun texte contraire à l'existence du privilège en question [4].

---

note 1 ; Meier, Schœmann et Lipsius, p. 575, note 257 ; Caillemer, p. 30 ; Guiraud, p. 230 ; Grasshof, p. 21. Boissonade (p. 48), tout en repoussant l'existence d'un préciput légal en faveur de l'aîné, estime, en se fondant sur le rapprochement des noms, que le πρεσβεῖον ne pouvait être laissé qu'au πρεσβύτεροι, qu'à l'aîné.

(1) Démosthène, *loc. cit.*, § 11.

(2) Wachsmuth, t. II, p. 173, note 67 ; Mayer, § 252, note 15 ; Hermann-Thalheim, *loc. cit.*, Bunsen, p. 85.

(3) Cf. Dareste, *loc. cit.*, p. 166, note 6.

(4) Cf. en ce sens : Caillemar, *in Annuaire*, 1870, p. 34, note 2, et *Successions*, p. 31 ; Dareste, *loc. cit.*; Meier, Schœmann et Lipsius, p. 575, note 257. Maurocordato (p. 25), décide, à tort, que le mot πρεσβεῖα désigne le privilège du choix appartenant à l'aîné ; mais il admet que ce privilège ne pouvait exister qu'en vertu d'un testament.

L'aîné ne retire de sa primogéniture d'autre privilège que celui qui consiste à porter le nom de l'aïeul paternel. C'est ce qui résulte du premier plaidoyer de Démosthène contre Bœotos, où l'on voit Mantithée et Bœotos se disputer le droit de porter le nom de Mantithée, chacun d'eux prétendant au titre de fils aîné de Mantias [1]. Le fils aîné jouit aussi naturellement de la considération qui s'attache de préférence au représentant le plus âgé d'une famille. Homère dit enfin que les Furies sont toujours au service des premiers nés [2]. Mais ces deux derniers privilèges n'ont point évidemment un caractère juridique [3]. Nous observerons enfin que le fils aîné peut tenir, sinon de la loi générale de succession, du moins d'un décret spécial du peuple, le droit de succéder, par préférence à ses frères puînés, à certaines distinctions honorifiques concédées à son père, comme la σίτησις ἐν Πρυτανείῳ ou la προεδρία [4].

Nous avons supposé jusqu'à présent que les ayants-droit à la succession paternelle sont tous au premier degré. Mais il se peut aussi que l'un des fils du défunt soit mort avant son père en laissant lui-même une postérité. Ses petits-enfants, issus de ce fils, viennent alors à la succession de leur aïeul par représentation de leur père prédécédé. Le partage s'opère en conséquence par souche entre eux et les fils survivants, de telle sorte que chacune des branches de la descendance, quel qu'y soit le nombre des successibles, reçoit une part égale à celle des autres branches. Cette application de la représentation et du partage par souches à notre hypothèse n'est, il est vrai, consacrée par aucun texte. Mais on peut l'induire par analogie de la règle posée par Isée pour une hypothèse semblable, à savoir celle du concours des filles

(1) Fustel de Coulanges, *loc. cit.*; Maurocordato, p. 25.
(2) Homère, *Iliade*, XV, v. 204.
(3) Cf. Caillemer, *Successions*, p. 32.
(4) Cf. *Corp. inscr. attic.*, II, nᵒˢ 331, 275, 276, 300, 410. V. *infra*, Acquisition des successions.

et des petits-enfants issus de filles prédécédées, et où l'orateur nous dit : πατρῴων χρημάτων τὸ ἴσον αὐτοῖς (*filiabus et defunctarum filiarum filiis*) ὁ νόμος μετασχεῖν δίδωσι [1]. Il n'y a pas de raison, en effet pour admettre la représentation dans ce dernier cas en l'écartant dans le précédent. Tous les auteurs sont, au surplus, d'accord à ce sujet [2].

Il n'y a de difficulté que sur le point de savoir si, dans la ligne directe descendante, la représentation est admise à l'infini ou si, au contraire, elle est limitée à certains degrés. Un auteur [3] a prétendu qu'elle est limitée aux descendants des deux premiers degrés, de sorte que ce serait seulement à défaut de fils et de petits-fils que les arrière petits-fils seraient appelés à la succession de leur bisaïeul. Il invoque en ce sens, par analogie, la loi de succession cité par Démosthène et qui paraît exiger qu'il n'y ait ni frères, ni neveux pour que les petits neveux puissent succéder [4]. Mais cette manière de voir est généralement rejetée, et avec raison, selon nous. Elle repose, en effet, sur une interprétation inexacte du texte de Démosthène, texte qui, comme nous le verrons ultérieurement, n'apporte nullement une limitation au droit de représentation en ligne collatérale. Si, dans cette ligne, la représentation est accordée à tous les descendants de frères indéfiniment, à plus forte raison doit-elle l'être à tous les descendants de fils sans restriction. La théorie que nous écartons est contraire, en outre, au but même de la représentation, qui est de réparer le tort que la mort prématurée de l'un des enfants pourrait occasionner à sa postérité, on ne saurait, en conséquence, limiter sans injustice le droit de représentation. Nous dirons donc que non-seulement

---

(1) Isée, *De Appollod. her.*, § 20. V. *infra*, p. 459.

(2) Grasshof, p. 15 et s.; Schelling. p. 117-118; Maurocordato, p. 30; Hermann-Thalheim, p. 67, note 3; Meier, Schœmann et Lipsius, p. 574, texte et note 255 : Schneider, p. 15; Caillemer, p. 32; Mitteis, p. 319.

(3) De Boor, p. 31.

(4) Démosthène, *C. Macart.*, § 51. V. *infra*, p. 503.

les petits-enfants peuvent partager avec leurs oncles la succession de leur aïeul, mais encore que les arrière petits-enfants peuvent également venir, par représentation de leur père ou de leur aïeul, partager la succession de leur bisaïeul concurremment avec leurs grands oncles [1].

L'application du principe de la représentation comporte toutefois, dans chaque branche, certaines restrictions au détriment des filles ou des descendants par les filles, conformément au principe général κρατεῖν τοὺς ἄρρενας. Nous aurons l'occasion de revenir sur ce point dans la section suivante [2].

(c). Le défunt laisse des fils et des filles.

Dans presque toutes les législations des peuples anciens d'origine aryenne, le principe, pour le cas où le défunt laisse à la fois des fils et des filles, est que les fils héritent et non les filles. Déjà la loi de Manou décidait qu'après la mort du père les frères se partageraient entre eux le patrimoine, le législateur se bornant à leur recommander de doter leurs sœurs. Cette exclusion des filles par les fils, qui, à première vue, semble bizarre et injuste, peut cependant, comme l'a très bien montré Fustel de Coulanges [3], s'expliquer de deux manières différentes. C'est d'abord que la règle pour le culte est qu'il se transmet de mâle en mâle, la fille n'étant pas apte à continuer la religion paternelle, puisque par son mariage elle passe dans une autre famille. Or, la règle est que l'héritage suit le culte. L'exclusion des filles peut aussi se justifier par la conception que les anciens avaient de la propriété. Celle-ci était considérée comme appartenant à la

---

(1) Grasshof, p. 19 ; Schneider, p. 16 ; Meier, Schœmann et Lipsius, p. 574, note 255 ; Caillemer, p. 33.

(2) Dans le droit de Gortyne, le principe de la représentation, bien qu'il ne soit pas formellement exprimé par loi, doit néanmoins être admis non-seulement dans l'ordre des descendants, mais dans tous les autres. Le groupement des héritiers fait par la loi n'a de sens qu'à cette condition. Dareste, Haussoulier et Reinach, p. 463.

(3) Fustel de Coulanges, *Cité antique*, liv. II, c. 7, 2° et *Nouvelles Recherches*, p. 35.

famille plutôt qu'à la personne et, par suite, elle devait rester toujours attachée à la famille, ἐν τῷ γένει χαταμένειν. Or
si la fille avait eu sa part dans le patrimoine paternel, elle
aurait, par son mariage, transporté cette part dans une autre
famille, ce qui était considéré comme contraire aux idées
reçues concernant la conservation des familles et du patrimoine qui en était la base.

Ces idées ont été admises dans le droit grec et notamment
à Athènes. En conséquence, d'après la législation athénienne,
lorsqu'un père laisse en mourant une fille et un fils, celui-ci
est seul héritier à l'exclusion de sa sœur. Nous ne possédons pas le texte de loi qui consacre cette règle, mais son
existence est attestée par plusieurs exemples que nous signalent les orateurs. Ainsi, dans le discours de Lysias pour Mantithée, l'orateur dit, en parlant de ses rapports avec son
frère et ses deux sœurs après la mort de leur père : δύο μὲν
ἀδελφὰς ἐξέδωκα, ἐπιδοὺς τριάχοντα μνᾶς ἑχατέρα, πρὸς τὸν αδελφὸν
δ' οὕτως ἐνειμάμην [1]. De même, dans le plaidoyer d'Isée sur
la succession d'Aristarque, on voit un père, qui a laissé un
fils et deux filles, le premier recueillant l'héritage paternel
à l'exclusion de ses sœurs [2]. Pareillement, dans son deuxième plaidoyer pour Bœotos, Démosthène dit que si Pamphilos,
père de la mère de Bœotos, avait laissé quelque chose dans
sa succession, cette somme serait revenue non point à la
mère de Bœotos, mais aux fils de Pamphilos, ses frères [3].
Démosthène en a été lui-même un exemple, car, à la mort
de son père, il a seul hérité, à l'exclusion presque complète
de sa sœur, celle-ci n'ayant reçu par le testament paternel
qu'une dot égale à la septième partie de la succession [4]. On peut
lire enfin dans Aristophane [5] un passage qui ne laisse aucun

(1) Lysias, *Pro Mantith.*, § 10.
(2) Isée, *De Arist. her.*, § 4.
(3) Démosthène, *C. Bœot.*, II, §§ 22-24.
(4) Démosthène, *C. Aphob.*, I, § 5.
(5) Aristophane, *Aves*, v. 1650 et s.

doute sur ce point de la législation athénienne. Les frères,
appelés ainsi à recueillir la totalité de la succession paternelle, se trouvaient seulement obligés, quand leur père lui-
même n'y avait pas pourvu par son testament, comme dans
le cas précité de Démosthène, de fournir à leur sœur une
dot convenable en la mariant, obligation qui, suivant les
uns, est imposée par la loi, et qui, suivant d'autres (et nous
sommes du nombre), est simplement morale [1]. C'est pour
cette raison que la fille dotée par ses frères est nommée
ἐπίπροικος [2].

On a voulu cependant trouver dans un passage d'Isée la
preuve qu'à Athènes la succession paternelle se partageait
également entre les fils et les filles. Ce texte porte : πατρῴων
μὲν οὖν καὶ ἀδελφοῦ χρημάτων τὸ ἴσον αὐτοῖς ὁ νόμος μετασχεῖν δίδωσιν [3]. Le mot αὐτοῖς désignerait alors les fils et les filles du
défunt. Toutefois, dit-on, la part dévolue aux sœurs aurait
été provisoirement administrée par leurs frères, et c'est
cette part que les frères, au moment du mariage de leur
sœur, remettaient à son mari à titre de dot. On pourrait également invoquer en ce sens un texte d'Isocrate [4], où l'orateur dit, en parlant des deux fils et de la fille laissés par
Thrasyllos : τούτους παῖδας γνησίους καταλιπὼν καὶ κληρονόμους [5]. Mais ces textes, à notre avis, n'ont nullement la signification qu'on leur prête. Ainsi d'abord le texte d'Isée ne se
réfère en aucune façon au cas de fils et de filles venant en
concours à la succession de leur père. Il vise le cas de concours entre des filles et des fils de filles prédécédées, et
décide que les petits-enfants auront des droits égaux à ceux
de leurs tantes dans la succession de l'aïeul commun. Ce

(1) V. supra, t. I, p. 266.
(2) Harpocration, v° ἐπίδικος : ἐπίπροικος δὲ ἡ ἐπὶ μέρει τινὶ τοῦ κλήρου, ὥστε
προῖκα ἔχειν, ἀδελφῶν αὐτῇ ὄντων.
(3) Isée, De Appollod. her., § 20.
(4) Isocrate, Æginet., § 9.
(5) Cf. Schelling, p. 121 ; Schneider, p. 16.

texte se rapporte donc à la représentation et non point à la
vocation de successibles au même degré. Quant au passage
d'Isocrate qui qualifie les frères et sœurs de κληρονόμοι, ce
n'est point pour dire que celles-ci partagent la succession
paternelle avec leurs frères, mais seulement pour faire allusion à la dot que les filles exclues reçoivent généralement de
leurs frères, et qui provient des biens de la succession. La
preuve, du reste, que les filles n'héritent pas, c'est que leurs
frères, à supposer même qu'ils soient légalement tenus de
les doter, ne se bornent pas à remettre aux maris de leurs
sœurs la part qui revenait à celles-ci dans l'héritage paternel; ils ont, au contraire, une certaine latitude dans la détermination de la dot et peuvent ne donner à leur sœur qu'une
part fort inférieure à ce qui lui reviendrait dans la succession.
Ainsi, au témoignage d'Isée, un fils adoptif doit offrir
à la fille de l'adoptant une dot équivalant au moins à la
dixième partie des biens de ce dernier. C'est donc que le
frère adoptif pouvait ne donner qu'une dot d'un dixième, et,
à plus forte raison, devait-il en être ainsi du frère par le
sang [1].

Cette exclusion des filles par les fils n'est pas spéciale au
droit attique; elle est admise, au contraire, dans toutes les
cités grecques. Ainsi on la rencontre dans d'autres cités de
population ionienne, comme à Mykonos [2] et à Ephèse [3], où
l'on voit des frères constituer une dot à leur sœur, ce qui
prouve qu'ils avaient recueilli la succession paternelle à
l'exclusion de celle-ci [4]. Le droit des Locriens admet également l'exclusion des filles, ainsi qu'en témoigne la loi de

---

(1) Cf. en ce sens : Grasshof, p. 22 ; Mitteis, p. 63-64 ; Meier, Schœmann et
Lipsius, p. 575 ; Fustel de Coulanges, *loc. cit.* ; Caillemer, p. 19 ; Hermann-
Thalheim, p. 65-66.

(2) Registre des constitutions de dot de Mykonos, *in* Dareste, Haussoulier et
Reinach, p. 50, § 6.

(3) Inscription d'Ephèse, *in* Dittenberger, *Sylloge*, 344, l. 55.

(4) Mitteis, p. 64.

colonisation de Naupacte [1]. Pareillement, à Sparte, la sœur
devait être exclue par le frère, ainsi que le prouve ce que
nous savons de la législation sur les filles épiclères dans
cette cité [2].

On a prétendu que le droit grec comportait certaines
exceptions au privilège de masculinité. Ainsi, à Ténos, a-t-
on dit, les filles venaient en concours avec leurs frères à la
succession paternelle. On s'est fondé, pour l'affirmer, sur
une inscription où l'on voit un frère et une sœur vendre en
commun avec leur mère des terrains et une maison qui
avaient appartenu au père décédé [3]. C'est donc que la sœur
avait hérité de ces immeubles en concours avec son frère [4].
Cette conclusion n'est, à notre avis, nullement nécessaire.
Rien ne prouve, en effet, que les droits de la sœur sur les
immeubles en question lui provenaient d'un héritage. Il est
plus vraisemblable que les biens aliénés par les deux enfants conjointement avec leur mère leur avaient été donnés
par le défunt par donation à cause de mort. C'est d'abord le
seul moyen d'expliquer que la mère ait eu sa part de ces
immeubles puisque, de l'avis général, la veuve, en Grèce,
n'hérite jamais de son mari. Cette interprétation acquiert
encore plus de certitude quand on considère que l'aîné des
fils, nommé Timocratès, ne figure point dans l'acte comme
vendeur à côté des trois autres personnes ; il intervient
seulement comme kyrios de sa mère et de sa sœur et comme
garant de la vente. Or si les immeubles vendus avaient fait

---

(1) Cette loi porte que « si un colon décède sans laisser dans son foyer, à Naupacte, de parent successible, les biens appartiendront à son plus proche parent
Locrien Hypocnémidien, de quelque ville qu'il soit, homme fait ou enfant, ἀνὴρ
ἢ παῖς. » (Dareste, Haussoulier et Reinach, p. 132, l. 16-19). Il en résulte que les
femmes ne peuvent être appelées à la succession.

(2) Fustel de Coulanges, *Nouvelles recherches*, p. 96-97 ; Jannet, p. 83 ; Lewy,
p. 56.

(3) Registre des ventes immobilières de Ténos, *in* Dareste, Haussoulier et
Reinach, p. 82, § 38.

(4) Cf. Hermann-Thalheim, p. 65, note 7, qui ne donne toutefois cette opinion
que comme « vraisemblable. »

partie de la succession, Timocratès figurerait également dans
l'acte en qualité de vendeur, d'autant plus qu'il était
l'aîné [1].

On a voulu voir également dans les actes d'affranchissement de Delphes la preuve que, dans cette localité, la loi
conférait aux filles aussi bien qu'aux fils un droit égal sur le
patrimoine paternel. Il était d'usage, dans ces actes, de joindre à la déclaration du possesseur actuel de l'esclave
affranchi l'approbation de ceux qui, un jour, pouvaient avoir
des droits sur l'esclave fictivement vendu à la divinité [2]. Or,
parmi les personnes qui donnent cette approbation, on voit
souvent figurer la fille à côté du fils [3]. C'est donc, a-t-on
dit, que la fille venait à la succession paternelle en concours
avec le fils [4]. Cette interprétation ne nous paraît point exacte.
Si, en effet, on parcourt les actes divers où se trouvent
mentionnées les personnes συνευδοχοῦντε; à côté du *manumissor*, on en rencontre parmi celles-ci qui ne sont point appelées à succéder concurremment au vendeur. On voit ainsi un
manumissor ajouter à l'approbation de son fils et de sa fille
celle du fils de sa fille [5]. Or, cela ne signifie point évidemment qu'après la mort du vendeur sa succession sera répartie également entre ces trois personnes. C'est donc que les
héritiers énumérés dans les actes d'affranchissement ne sont
pas nécessairement appelés à recueillir simultanément la succession du vendeur : ce sont seulement ceux qui pourraient
un jour avoir des droits sur l'esclave vendu au dieu et qui,
par leur intervention, renoncent éventuellement à s'en prévaloir. Or tel est le cas pour la fille mentionnée à côté du

---

(1) Lewy, p. 55 ; Dareste, Haussoulier et Reinach, p. 94 ; Guiraud, p. 212 ;
Lipsius, *Bedeutung d. griech. Rechts*, p. 27, note 6.
(2) V. *supra*, t. II, p. 479.
(3) V. Wescher et Foucart, n° 82, 177, 218, 352, 426, 448 ; *Bulletin*, XVII,
p. 343, n° 104.
(4) Hermann-Thalheim, p. 65, note 7.
(5) Wescher et Foucart, n° 21. Cf. n° 249.

fils, car la fille peut, en cas de prédécès de son frère, être appelée à recueillir la succession du père, et c'est parce qu'il tient compte de cette éventualité que le *manumissor* donne, par l'adhésion de sa fille, un surcroît de garanties à l'affranchi [1].

La loi de Gortyne [2], seule, a fait aux filles une situation plus favorable. Elle ne sont point absolument exclues de la succession paternelle, mais les fils jouissent à leur encontre d'un double privilège. Ils ont droit, en premier lieu, à un préciput qui comprend les immeubles urbains garnis de leur mobilier, ceux des immeubles ruraux qui n'étaient pas occupés par un serf et le bétail. D'un autre côté, dans le partage du reste du patrimoine, c'est-à-dire des capitaux, la part de chaque fille est moitié moindre que celle de chaque fils. Si toutefois la fortune se réduit à la maison de ville, le préciput tombe et le partage, c'est-à-dire la répartition du du droit de jouissance de la maison, s'opère entre les fils et les filles suivant la proportion précitée [3].

A part l'exception admise par le droit de Gortyne, le droit grec, plus rigoureux sur ce point que le droit romain, qui admettait à la succession paternelle les filles en puissance, se prononce pour l'exclusion des filles. Nous ne saurions, du reste, considérer comme une autre exception favorable aux filles la disposition du droit lycien, d'après laquelle, au témoignage de Nicolas de Damas [4], les filles héritaient de préférence aux fils. Les institutions des Lyciens, comme leur race, différaient en effet profondément de celles des Grecs, et il y a probablement, dans la disposition en question une trace d'un matriarcat primitif [5]. Nous ne pouvons non plus voir une dernière exception dans ce fait qu'à Panticapée

---

(1) Lewy, p. 56 ; Guiraud, p. 212 ; Mitteis, p. 65, note 7 ; Lipsius, *loc. cit.*

(2) Loi de Gortyne, IV, 31-48. Cf. Dareste, Haussoulier et Reinach, p. 464 ; Bücheler et Zitelmann, p. 141 ; Guiraud, p. 211.

(3) Nicolas de Damas, *Frag. hist. græc.*, III, p. 461.

(4) Cf. Lewy, p. 58 ; Guiraud, p. 212 ; Mitteis, p. 65.

les filles héritaient très probablement avec les fils. L'inscription [1] d'où l'on peut induire ce fait est du premier siècle de l'empire romain, et prouve seulement qu'à cette époque, dans le royaume du Bosphore, l'égalité des filles et des fils avait été admise par les cités helléniques de ces parages, vraisemblablement sous l'influence des populations barbares du voisinage [2].

Le privilège de masculinité produit ses effets non seulement dans les rapports respectifs des descendants au premier degré, fils et filles, mais encore vis-à-vis des descendants d'un degré plus éloigné. Ainsi, en supposant que des petits-enfants soient appelés à la succession de leur aïeul par représentation de leur père prédécédé, dans chaque branche, à égalité de degré, les fils sont préférés aux filles [3].

Le privilège en question entraîne cette autre conséquence que les descendants par les fils excluent les filles ou les descendants par les filles, alors même que ces derniers se trouveraient à un degré plus rapproché du défunt. On a prétendu, il est vrai, que la règle qui donne la préférence aux mâles sur les femmes n'est applicable qu'à partir du degré de cousin et au-delà [4]. Mais cette opinion est inadmissible. En effet, la loi rapportée par Isée [5], qui établit le privilège de masculinité, bien que citée par l'orateur après qu'il vient de parler des ἀνεψιοί, est conçue en termes absolus et décide de la façon la plus générale, que « les mâles et ceux qui seront issus d'eux, pourvu qu'ils descendent des mêmes auteurs, passeront avant les femmes, alors même qu'ils ne seraient parents du défunt qu'à un degré plus éloigné : κρατεῖν δὲ τοὺς ἄῤῥενας καὶ τοὺς ἐκ τῶν ἀῤῥένων, οἳ ἂν ἐκ τῶν αὐτῶν ὦσι, κἂν γένει ἀπωτέρω τυγχάνωσιν ὄντες [6]. » Nous aurons, du reste, occasion de revenir

---

(1) Latyschev, *Inscript. Pont. Eux.tn.*, II, 401.
(2) Cf. Lewy, p. 58 ; Guiraud, p. 213.
(3) Giraud, p. 111 ; Caillemer, p. 33.
(4) Maurocordato, p. 25.
(5) Isée, *De Apollod. her.*, § 20.
(6) Cf. Giraud, p. 117 ; Caillemer, p. 33-34.

sur la portée de cette règle en étudiant les successions collatérales.

Cette exclusion des filles et de leurs descendants par les
descendants des fils a-t-elle encore lieu lorsque ces derniers
sont eux-mêmes du sexe féminin? On doit se prononcer
pour l'affirmative, si l'on admet que la représentation fait
entrer le représentant dans tous les droits du représenté.
Mais la représentation produisait-elle, dans le droit attique, cet effet d'une manière absolue, et ne pouvait-il pas y
avoir ici d'autres idées qui venaient militer contre l'exclusion des filles par les simples descendantes des fils? C'est
ce qu'il est difficile de savoir. La loi citée par Isée paraît
n'admettre le privilège de masculinité qu'au profit des descendants mâles des fils, τοὺς ἐκ τῶν ἀρρένων. Mais peut-être
aussi le mot τοὺς désigne-t-il les descendants des deux sexes,
conformément à l'adage : *pronuntiatio in sexu masculino
ad utrumque sexum porrigitur.*

(d). Le défunt ne laisse que des filles.

Lorsque le défunt ne laisse pour successibles dans la
ligne directe descendante qu'une fille, celle-ci est l'héritière
de son père, en qualité d'épiclère; mais alors, en vertu
d'un droit singulier qui n'est peut-être qu'un vestige de l'exclusion primitive des filles par les collatéraux paternels, le
plus proche parent paternel peut demander en justice que
la fille épiclère lui soit adjugée en mariage à la suite d'une
procédure nommée ἐπιδικασία, et dont nous avons précédemment indiqué les détails en exposant les règles de l'épiclérat [1].

Un auteur [2] a cependant enseigné que si le défunt ne laisse
que des filles, sa succession se partage par moitié entre
celles-ci et les autres héritiers du degré le plus rapproché.
C'est, dit-il, ce qui résulte de la loi de succession citée par

(1) V. supra, t. I, p. 398 et s.
(2) Schelling, p. 108.

III 30

Démosthène, où il est dit : ἐὰν μὲν παῖδας καταλίπῃ (ὁ ἀποθανών) θηλείας σὺν ταύτῃσί [1]. Mais cette interprétation est manifestement inadmissible. Elle est en contradiction avec tout ce que nous savons sur la législation des filles épiclères, telle que nous l'avons précédemment exposée [2]. Quant au texte de Démosthène, il peut parfaitement s'expliquer sans que l'on soit forcé d'admettre le concours de collatéraux paternels avec la fille épiclère. On peut dire d'abord que, par les mots σὺν ταύτῃσί, le législateur a voulu exprimer que la succession passe non pas à la fille, mais avec la fille, au plus proche agnat qui l'épouse, pour être ensuite remise aux fils qui naîtront de cette union. C'est de la même idée que procède l'expression ἐπίκληρος, par laquelle on désigne la connexion qui existe entre la fille et l'héritage. On peut voir aussi dans le texte de loi cité par Démosthène, qui est, sans doute, légèrement obscur et certainement tronqué, une reproduction infidèle de la loi, fréquemment citée par les orateurs, qui autorise le père, lorsqu'il ne laisse que des filles, à faire un testament, pourvu qu'il lègue à la fois ses filles et sa fortune [3]. On peut enfin, comme l'a proposé Buermann [4], rétablir ainsi le texte de la loi : ὅστις ἂν μὴ διαθέμενος ἀποθάνῃ, ἐὰν μὲν παῖδας καταλείπῃ θηλείας, [τοὺς ἐγγυτάτω γένους] συν[οικεῖν] ταύτῃσιν [5]. Ce texte se référerait ainsi au droit de l'anchisteus de réclamer la main de l'épiclère et de jouir de la succession dont la fille n'est en quelque sorte que l'accessoire. Quelle que soit, du reste, celle de ces diverses interprétations à laquelle on se rallie, il faut admettre sans la moindre hé-

---

(1) Démosthène, *C. Macart.*, § 51.

(2) Elle est contredite notamment par les définitions des lexicographes qui supposent la fille épiclère appelée ἐπὶ παντὶ τῷ κλήρῳ. V. *supra*, t. I, p. 411.

(3) Isée, *De Pyrrhi her.*, § 68 : ἂν δὲ θηλείας καταλίπῃ, σὺν ταύταις. V. aussi Isée, *De Aristar. her.*, § 13. Cf. Caillemer, p. 14.

(4) Buermann, *Attisch. Intest.*, p. 382.

(5) C'est ce que dit un texte d'Isée (*de Arist. her.*, § 5) qui consacre formellement le droit de l'épiclère : προσῆκον δ'αὐτῇ μετὰ τῶν χρημάτων τῷ ἐγγύτατα γένους συνοικεῖν.

sitation que, à défaut de fils, les filles recueillent la succession par préférence à tous les collatéraux [1].

Lorsque le défunt laisse plusieurs filles, elles sont toutes ἐπίκληροι et ont des droits égaux à la succession de leur père. Nous avons indiqué précédemment les règles à suivre en pareil cas en ce qui concerne les droits respectifs des parents les plus proches de les demander en mariage par la voie de l'ἐπιδικασία [2].

Les descendants des filles décédées avant leur père viennent à la succession de leur aïeul maternel par représentation de leurs mères, avec tous les droits que celles-ci auraient eus. Nous dirons d'abord, en conséquence, que les descendants des filles excluent les collatéraux quels qu'ils soient. C'est un point qui, cependant, a pu être contesté devant les tribunaux athéniens, ainsi que nous le voyons par un plaidoyer d'Isée dont une partie notable est consacrée à établir que le droit d'un petit-fils né de la fille l'emporte sur celui d'un neveu né d'un frère [3]. L'adversaire de l'orateur prétendait que la succession devait être déférée au neveu par application de la loi d'après laquelle les parents par les mâles et leurs descendants l'emportent sur les parents par les femmes. Ce raisonnement est même approuvé par le grammairien qui a rédigé l'ὑπόθεσις placée en tête du plaidoyer, et pour qui la prétention du neveu, si elle était contraire à la justice, était cependant conforme au droit. Nous n'hésitons point cependant à dire, avec Isée, que le droit du petit-fils était préférable. L'argumentation du neveu reposait sur une interprétation erronée de la règle κρατεῖν τοὺς ἄρρενας καὶ τοὺς ἐκ τῶν ἀρρένων, qui s'applique seulement dans les relations entre parents appartenant au même ordre. Elle ne pouvait donc être invoquée dans le procès plaidé par Isée, puisqu'il y avait compétition entre un des-

(1) Cf. Meier, Schœmann et Lipsius, p. 576, note 259 ; Caillemer, loc. cit.
(2) V. supra, t. I, p. 436.
(3) Isée, De Cir. her., §§ 30 et s.

cendant et un collatéral, c'est-à-dire entre personnes apparte-
tenant à deux ordres différents de successibles. A cette
considération, qui est décisive, peuvent s'en ajouter d'autres
qu'a fait valoir l'orateur dans son remarquable plaidoyer.
Un premier point, dit-il, est évident, c'est que les descendants (ἔκγονοι) passent avant les collatéraux (συγγενεῖς): « Or,
supposons que ma mère, fille de Ciron, soit encore vivante
et que Ciron soit mort *intestat*, laissant non pas un neveu,
mais son frère : ce dernier aurait le droit d'épouser la fille,
mais il ne deviendrait pas maître de l'héritage de Ciron.
Cette fortune appartiendrait aux enfants nés de lui et de la
la fille, à leur majorité, ainsi que la loi le décide. Dès lors
si, du vivant de la fille, le frère du défunt n'est pas propriétaire des biens de celui-ci, qui doivent être réservés aux
enfants de la fille, il est évident que, après la mort de la
fille aujourd'hui représentée par nous, qui sommes ses enfants, c'est à nous que revient l'héritage et non à nos adversaires. » L'orateur argumente ensuite de la loi sur la κάκωσις,
en disant que si son grand-père était vivant et qu'il fût dans
la misère, c'est le petit-fils qui devrait lui fournir des aliments et non le neveu ; c'est donc qu'il est juste que l'héritage du grand-père revienne au neveu et non au petit-fils. Il
termine en comparant, dans les termes suivants, le droit du
premier des collatéraux, le frère, avec celui des descendants
à divers degrés : « Dites-moi qui est le parent le plus rapproché de la fille ou du frère de Ciron? La fille évidemment,
car la fille est descendante et le frère collatéral. Des enfants
de la fille ou du frère, qui est le plus proche? Les enfants
de la fille bien certainement, car ils sont descendants et non
collatéraux. Si donc nous l'emportons manifestement sur le
frère, à plus forte raison devons-nous l'emporter sur notre
adversaire, qui est fils de frère ». Aussi, dans sa péro-
raison, l'orateur dit-il que c'est vraisemblablement la première fois qu'on a osé soutenir devant un tribunal une prétention semblable à celle de son adversaire. Il ne nous paraît

donc pas douteux que les descendants, même par les filles,
passent toujours avant les collatéraux [1].

Le droit des descendants des filles a soulevé d'autres
difficultés plus sérieuses parmi les interprètes du droit attique. Si nous supposons d'abord qu'à sa mort le père de
famille laisse une ou plusieurs filles déjà mariées et ayant
des enfants, il s'agit de savoir si, comme l'ont prétendu
certains auteurs [2], les filles ne sont point obligées de partager
avec leurs propres enfants la succession paternelle, ou si,
au contraire, comme nous le croyons, les filles excluent
leurs enfants [3]. Pour soutenir que les enfants viennent en
concours avec leur propre mère, on se fonde sur le plaidoyer d'Isée concernant la succession de Philoctémon. On
y voit qu'Euctémon avait laissé deux filles mariées l'une à
Chæréas, l'autre à Phanostrate. Les fils d'Euctémon étant
tous morts avant leur père, la succession de celui-ci n'a pu
être dévolue qu'à ses filles et à leurs enfants [4]. Chacune des
filles du défunt aurait dû, en conséquence, recueillir la moitié des biens d'Euctémon, et cependant Isée nous dit que la
femme de Chæréas ne reçut en sa qualité d'épiclère qu'un
cinquième de la succession : τοῦ κλήρου τοῦ Εὐκτήμονος πέμπτου μέρους ὡς ἐπιδίκου ὄντος [5]. Or, si l'on songe qu'outre les
filles d'Euctémon il y avait d'elles trois petits-enfants, on
doit en conclure que si la part de la femme de Chæréas fut

---

(1) Cf. Caillemer, p. 15.

(2) Bunsen, p. 16 et s., p. 27 et s. ; Gans, p. 382 ; Steigerthal, *Recension von Schœmann's Isæus*, in *Jahn's Jahrb.*, t. I (1833), p. 378 ; Schœmann, *sur Isé.*, p. 288, 319 et *Recension von Boor*, in *Allgem. Litteraturzeit.*, 1840, *Erg. bl.*, p. 513.

(3) Cf. en ce sens : Grasshof, p. 24 ; Van den Es, cité par Caillemer, p. 54, note 3 ; Hermann, *Recension von Boor*, in *Zeitsch. f. Alterthumswiss.*, 1840, p. 51 ; Caillemer, p. 52 et s. ; Buermann, *loc. cit.*; Meier, Schœmann et Lipsius, p. 576, note 261.

(4) On ne peut manifestement compter au nombre des successibles les deux enfants d'Alcé qu'Androclès prétendait être les fils d'Euctémon. Cf. Schœmann, sur Isée, p. 316 ; Grasshof, p. 24.

(5) Isée, *De Philoct. her.*, § 46.

d'un cinquième seulement, c'est parce que cette femme se trouva obligée de partager la succession avec sa sœur, sa fille et ses deux neveux. Cette interprétation, ajoute-t-on, se trouve confirmée par deux autres passages du même plaidoyer d'où il résulte que la succession est bien dévolue simultanément aux filles épiclères et à leurs enfants. Ainsi l'orateur dit, à un endroit, qu'Euctémon, à sa mort, devait avoir pour héritiers ses filles *et* leurs enfants, τὰς θυγατέρας καὶ τοὺς ἐκ τούτων γεγονότας [1]. Dans un autre passage, il dit qu'au lieu d'attribuer la succession d'Euctémon à des étrangers, il est bien plus conforme à la justice d'appeler comme héritières ses filles, dont la légitimité est reconnue par tout le monde, et les enfants de ces filles, κληρονομεῖν τὰς ἐκείνου θυγατέρας... καὶ ἡμᾶς τοὺς ἐκ τούτων γεγονότας [2]. On prétend d'ailleurs justifier ce concours des filles héritières avec leurs propres enfants par ce motif que ces filles, bien que mariées antérieurement au décès de leur père, n'en avaient pas moins la qualité d'épiclères et pouvaient, comme telles, être revendiquées par le plus proche agnat qui avait ainsi le droit de rompre leur mariage [3]. Il était juste, en conséquence, d'accorder aux enfants nés de la première union une part dans la succession de leur aïeul maternel.

Nous ne pouvons néanmoins admettre une semblable solution. Elle est tellement exorbitante et contraire à tous les principes qu'il faudrait, pour s'y rallier, que l'autorité des textes précités fût absolument indiscutable. Or, il n'en est rien. En ce qui concerne d'abord les mots πέμπτου μέρους, qui forment le principal argument de la théorie adverse, et qui paraissent réduire la part de la femme de Chæréas au cinquième de la succession, il est presque certain, à notre avis, qu'ils proviennent d'une erreur de copiste ou sont le résultat d'une interpolation maladroite. Ainsi on a proposé

(1) Isée, *ibid.*, § 30.
(2) Isée, *ibid.*, § 56.
(3) V. *supra*, t. I, p. 439 et s.

de lire ἐπὶ μέρους au lieu de πέμπτου μέρους, c'est-à-dire que chacune des filles aurait hérité *pro parte*, ou pour moitié. Cette correction est fort vraisemblable. Là, en effet, où un manuscrit portait $\frac{\pi}{\epsilon} = $ ἐπί, un copiste peu attentif a très bien pu lire $\frac{ου}{\epsilon} = $ πέμπτου [1]. On peut même ne pas se borner à cette correction, qui fait déjà disparaître la difficulté, et prétendre, sans trop de témérité, que les mots πέμπτου μέρος doivent être supprimés comme ayant été maladroitement ajoutés par un interprète [2]. Quant aux passages de ce même plaidoyer qui paraissent appeler à la succession de l'aïeul maternel les enfants de l'épiclère conjointement avec leur mère, ils font simplement allusion au droit qu'ont ces enfants de réclamer la succession de leur grand-père à l'époque de leur majorité, car l'épiclère n'est, comme nous l'avons vu, qu'un intermédiaire destiné à transmettre à ses enfants le patrimoine de l'aïeul. Mais à la mort de celui-ci elle n'en est pas moins héritière, et seule héritière quoique *ad tempus*. Aussi, dans son plaidoyer pour l'héritage de Pyrrhus [3], Isée se contente-t-il de citer la mère seule comme successible, en lui attribuant exclusivement le droit de recueillir la succession [4].

Lorsque le défunt laisse à la fois des filles et des petits-enfants issus de filles prédécédées, les petits-enfants ont le

(1) Hermann, *Recension von Boor, loc. cit.*, p. 51; Schneider, p. 20; Van den Es, cité par Caillemer, p. 54, note 3, et Caillemer, *ibid.*

(2) Grasshof (p. 25) dit, en ce sens : « Mihi quidem verba πέμπτου μέρους videntur prorsus exterminanda, quippe quæ profecta sint ab aliquo qui, quæ hereditatis pars ad hanc Euctemonis filiam venisset, computans, ista verba πέμπτου μέρους margini adscripsit, unde postea in ipsam orationem inserta sunt. Nam inter verba conectenda αὐτοῦ τοῦ κλήρου τοῦ Εὐκτήμονος et ὡς ἐπιδίκου ὄντος parum apte collocata sunt et verborum ὅστις εἴληχε..... ὡς ἐπιδίκου ὄντος conturbant concinnitatem. » Cf. Van den Es, *loc. cit.*

(3) Isée, *De Pyrrhi her.*, §§ 3 et 5.

(4) Il s'agit ici, il est vrai, d'une succession en ligne collatérale, échue à la sœur de Pyrrhus. Mais l'argument n'en conserve pas moins toute sa valeur, car la question du concours entre la mère et ses enfants se pose, comme nous le verrons, en ligne collatérale comme en ligne directe.

droit de venir, par représentation de leur mère prédécédée,
à la succession de leur aïeul en concours avec leurs tantes.
C'est pour cette hypothèse spécialement qu'Isée pose la
règle déjà ci'ée : πατρῴων χρημάτων τὸ ἴσον αὐτοῖς (à savoir aux
filles et aux enfants des filles prédécédées) ὁ νόμος μετασχεῖν
δίδωσι [1]. En pareil cas, la succession se divise naturellement
par souches, car la représentation et le partage *in stirpes*
sont deux institutions corrélatives. Cette proposition a cependant été contestée, et un auteur [2] a soutenu qu'en cas de
concours des filles survivantes avec les fils des filles prédécédées, le partage s'opère par têtes et non par souches. Mais
les deux textes qu'il a allégués en ce sens ne sont nullement
décisifs. Si, dans le plaidoyer d'Isée sur la succession d'Apollodore [3], on voit le fils d'une fille prédécédée recueillir une
moitié de l'héritage de l'aïeul paternel concurremment avec
sa tante qui recueille l'autre moitié, ce n'est point une application nécessaire de la règle du partage *in capita*, et ce
peut être aussi bien parce que le petit-fils, étant seul à représenter sa mère, est appelé à la même part qu'aurait eue
celle-ci si elle avait survécu, c'est-à-dire à la moitié. Quant
à l'autre texte, également emprunté à Isée [4], on ne peut
non plus en tirer aucun argument en faveur du partage par
têtes, car, ainsi que nous le verrons ultérieurement en étudiant la dévolution des successions en ligne collatérale, il
est fort difficile de déterminer la véritable leçon, et il y en a
plusieurs également plausibles. La question que nous examinons doit donc être résolue uniquement d'après les principes généraux du droit successoral athénien. Or nous
savons que dans le cas où des petits-fils viennent en concours avec des fils survivants à la succession de l'aïeul par
représentation de fils prédécédés, le partage a lieu par sou-

---

(1) Isée, *De Apollod. her.*, § 20.
(2) De Boor, p. 32 et s., 38 et s.
(3) Isée, *De Apollod. her.*, §§ 19 et s.
(4) Isée, *De Dicæog. her.*, § 26.

ches. Il en est de même, comme nous le verrons, dans le
cas où des neveux, issus de frères prédécédés, sont appelés
à succéder en concours avec leurs oncles. Nous espérons
enfin établir que la succession échue à des sœurs et à des
descendants de sœurs prédécédées se partage par souches
et non par têtes [1]. Il n'y a donc pas de raison pour faire
exception, dans l'hypothèse qui nous occupe, au principe du partage par souches. La solution que nous critiquons serait, du reste, profondément injuste pour les filles
survivantes : il ne faut pas que la part qu'elles auraient eue
dans la succession, si celle-ci avait été recueillie par tous
les héritiers du premier degré, se trouve diminuée par un
évènement qui ne leur est pas imputable, c'est-à-dire par la
mort de leur sœur laissant une nombreuse postérité masculine. Cet évènement pourrait plutôt influer sur leur situation
dans un sens favorable, car les filles survivantes se trouvent
alors parentes au premier degré, tandis que leurs neveux,
issus de leur sœur prédécédée, ne sont qu'au second degré.
A plus forte raison donc la mort de cette sœur ne peut-elle
préjudicier à la situation des filles survivantes [2].

B. — Des collatéraux paternels.

(a) Droits du père.

La loi de succession, citée dans le discours de Démosthène
contre Macartatos, après les descendants appelle les collatéraux paternels, sans s'arrêter aux ascendants. Cette omission de la ligne ascendante est-elle conforme aux dispositions du droit attique ou bien, au contraire, la succession ne

(1) Les arguments que nous donnerons à ce sujet seront, pour la plupart,
applicables par analogie à la question que nous examinons actuellement.

(2) Cf. en ce sens : Hermann, *Recension von de Boor, loc. cit.*, p. 49 ; Schelling, p. 117 ; Schneider, p. 18 ; Platner, *Recension von de Boor*, in *krit. Jahrb.
f. deutsch. Rechtswiss.* IV, (1840), p. 204; Grasshof, p. 22 ; Meier, Schœmann
et Lipsius, p. 576, note 261 ; Caillemer, p. 51 ; Hermann-Thalheim, p. 67 ;
Mitteisp, 32), note 2.

peut-elle pas échoir à cette ligne par préférence à la ligne
collatérale ou en concours avec elle ? C'est là une des questions les plus délicates de l'histoire du droit athénien, et que
nous allons examiner d'abord en ce qui concerne le père,
nous réservant d'étudier la situation de la mère quand nous
exposerons les droits de succession des collatéraux maternels.

La question de savoir si la loi athénienne plaçait le père
au nombre des héritiers est résolue négativement par
un certain nombre d'auteurs qui se fondent principalement
pour le décider ainsi sur le silence que gardent à l'égard du
père les lois de succession qui nous sont parvenues [1]. D'autres,
et ce sont les plus nombreux, s'appuyant soit sur l'esprit du
droit attique, soit sur certains passages des orateurs, admettent
le père au nombre des héritiers, mais ils sont loin de s'accorder sur le rang à lui attribuer, les uns disant qu'il exclut
tous les collatéraux, même les frères, d'autres le traitant
moins favorablement [2]. Enfin, dans une opinion intermédiaire, tout en reconnaissant que les lois de Solon n'avaient
attribué au père aucun droit sur la succession de ses enfants, on enseigne qu'à l'époque des orateurs, on s'efforçait
d'arriver par voie d'interprétation à faire attribuer aux
ascendants ce droit que leur avait refusé la législation solonienne [3]. Il est assez difficile de prendre parti au milieu de

---

(1) William Jones, *Works*, IX, p. 3a4 et s. ; Gans, p. 365 et s. ; Schœmann,
sur Isée, p. 3a1, note et *Opuscula academica*, I, p. a73 ; Meier, Schœmann et
Lipsius, p. 578; Dareste, *Plaid. civ.*, t. I, p. XXVIII et *Journ. des savants*,
1885, p. a69 ; Guiraud, p. aa0; Seeliger, *in Rheinische Museum*, N. F., t. XXXI,
p. 177, note 1; B. W. Leist, p. 4a et 718. Mitteis (p. 3a4) estime qu'il est impossible de se prononcer avec certitude sur la question.

(a) Bunsen, p. a1 ; Platner, *Recension von Bunsen*, in *Heidelberg. Jahrb. d.
Litterat.*, 1814, p. 1133 ; de Boor, p. 47 ; Hermann, *Griech. Antiq.*, III (a° éd.),
§ 64, p. 497, p. 501, notes 18 et a0; Van Stegeren, p. 110 et 1a5 ; Schelling,
p. 108 et s. ; Franke, *Recension von Schelling*, in *Jenaische allgem. Litteraturzeit.*, 1844, p. 743 ; Schneider, p. a1 ; Klenze, *Die Cognaten und Affinen*, in
Zeitsch. f. geschicht. Rechtsw., 1828, VI, p. 149; Giraud, p. 118; Mayer, t. II,
p. 466; Cauvet, p. 176 ; Maurocordato, p. a7; Grassbof, p. 45 ; Caillemer, p. 61
et s., Telfy, n° 13a1 et p. 609; Robiou, p. 51 et 71.

(3) Perrot, *Eloquence politique*, p. 377.

ce conflit d'opinions qui s'appuient également sur de
graves autorités. Néanmoins, nous croyons devoir nous
décider, et ce n'est point, nous l'avouons, sans une certaine
hésitation, pour l'opinion la plus défavorable au père. Nous
estimons, en conséquence, que, à défaut de descendants, la
loi athénienne, même à l'époque classique, appelle les collatéraux paternels en excluant absolument le père du défunt. Nous allons d'abord exposer les divers arguments que
l'on a invoqués en faveur du père, puis nous essaierons
de démontrer qu'ils sont tous insuffisants pour suppléer au
silence que gardent relativement au père les lois de succession. Les éléments de cette critique nous seront fournis, du
reste, par les partisans des droits du père, car, chose assez
remarquable, ils sont en désaccord non seulement, comme
nous l'avons dit, sur l'étendue de ces droits, mais encore sur
les moyens de les établir. La faiblesse des divers arguments
invoqués en faveur du père a été successivement mise en
relief par chacun de ceux qui se proposaient d'établir le droit
de succession de l'ascendant au moyen d'un autre argument
qu'ils croyaient supérieur et décisif.

Le principal argument que l'on invoque pour établir le
droit de succession du père est emprunté au discours d'Isée
sur la succession de Philoctémon [1]. Celui-ci, fils d'Euctémon, avait adopté par testament Chérestrate, le client de
l'orateur. Euctémon meurt quelque temps après son fils et
Chérestrate revendique alors la succession de son père adoptif et celle d'Euctémon, son aïeul par adoption. Mais il rencontre l'opposition de certains parents qui veulent avoir pour
eux les deux successions, et pour cela, après avoir d'abord
essayé de faire passer deux enfants d'Alcé, concubine
d'Euctémon, pour fils adoptifs de Philoctémon et de son frère
Ergamènès, également prédécédé, ils changent de tactique
et présentent ces mêmes enfants comme fils légitimes d'Euc-

(1) V. notamment Schelling, p. 109-114; Maurocordato, p. 28.

témon, en attaquant en même temps le testament de Philoctémon, c'est-à-dire l'adoption de Chérestrate. Il résulte, dit-
on, de l'ensemble comme de chacune des parties du plaidoyer, que les deux successions d'Euctémon et de Philoctémon sont également l'objet du litige. Or, comment se fait-il
que la succession de Philoctémon se trouve, au moment de
la revendication, réunie à celle de son père Euctémon, puisque Philoctémon n'était point mineur et qu'il avait des
sœurs? On ne peut expliquer cette fusion des deux héritages sans admettre qu'Euctémon, en l'absence d'enfants de
Philoctémon, était arrivé à sa succession en primant les
sœurs. C'est là, du reste, ce que déclare formellement l'orateur lui-même, lorsqu'il dit que « si, comme le prétendent
les adversaires, Philoctémon n'avait pas le droit de faire un
testament, sa succession devait aller à Euctémon » [1].

Il y a bien, ajoute-t-on, deux successions distinctes réclamées au nom des enfants d'Alcé par Androclès et ses complices. En premier lieu, la succession d'Euctémon, ce qui ne
fait pas de doute, ainsi que cela résulte de plusieurs passages du plaidoyer [2], et, en second lieu, la succession de Philoctémon, ainsi que l'atteste soit le titre, soit le texte du plaidoyer [3].
On ne saurait objecter que, s'il est question de la succession
de Philoctémon, c'est parce que les biens d'Euctémon auraient
dû arriver après sa mort à son fils Philoctémon, ou plutôt
encore par ce motif que Philoctémon n'avait pas eu, de son
vivant, une fortune personnelle et indépendante des biens de
son père. Plusieurs passages du plaidoyer témoignent manifestement du contraire. Ainsi il est dit à maintes repri-

---

(1) Isée, *de Philoct. her.*, § 56 : εἰ γάρ, ὥ; οὗτοι λέγουσι, τῷ μὲν Φιλοκτήμονι
μὴ ἐξῆν διαθέσθαι, τοῦ δ' Εὐκτήμονός ἐστιν ὁ κλῆρος.

(2) *Ibid.*, § 17 : καὶ κληρονόμους ζητοῦσι καταστῆσαι τῶν Εὐκτήμονος. § 56 :
πότερον δικαιότερον τὸν Εὐκτήμονος κληρονομεῖν τὰς ἐκείνου θυγατέρας.

(3) *Ibid.*, § 3 : Φιλοκτήμων γὰρ ὁ Κηφισιεὺς φίλος ἦν Χαιρεστράτῳ τούτῳ· δοὺς
δὲ τὰ ἑαυτοῦ καὶ υἱὸν αὑτὸν ποιησάμενος ἐτελεύτησα. Λαχόντος δὲ τοῦ Χαιρεστρά
του τοῦ κλήρου κτλ. § 4 : ὄντινα δεῖ κληρονόμον καταστήσασθαι τῶν Φιλοκτήμο
νος. § 51 : πότερον δεῖ τὰς ἐκ ταύτης τῶν Φιλοκτήμονος εἶναι κληρονόμων.

ses que Philoctémon a légué τὰ ἑαυτοῦ à Chérestrate [1], ce
qui prouve bien qu'il testait relativement à des choses qui
lui appartenaient en propre, et non point à des choses qui
lui auraient été communes avec son père ou qu'il n'aurait
recueillies qu'après la mort de celui-ci. On ne saurait admettre que Philoctémon, qui a été soumis à des liturgies très
onéreuses, n'ait pas eu de fortune personnelle. Aussi Isée
parle-t-il de l'οἶκος de Philoctémon comme étant distinct de
celui d'Euctémon [2]. Une autre preuve en est dans ce fait
qu'après la mort de Philoctémon, Euctémon vivant encore,
Androclès et ses complices veulent faire inscrire devant
l'archonte les deux enfants d'Alcé comme fils adoptifs de
Philoctémon et d'Ergaménès, se donnant eux-mêmes comme
leurs tuteurs, demandant que les biens de leurs pupilles fussent amodiés et se présentant comme fermiers pour en percevoir les revenus. Cette conduite d'Androclès prouve que
Philoctémon avait des biens personnels et qu'il n'avait pas
seulement à espérer la succession de son père. La même
conclusion se dégage, dit-on, de cet autre passage du plaidoyer où l'orateur relève les contradictions de ses adversaires, observant qu'ils présentent les enfants d'Alcé comme
fils légitimes d'Euctémon, alors qu'antérieurement ils les ont
déjà présentés comme fils adoptifs de Philoctémon et d'Ergaménès. Fussent-ils les fils d'Euctémon, dit-il, ils ne pourraient plus arguer de cette qualité, la loi défendant aux adoptés de revenir dans la famille naturelle, à moins de laisser
un fils dans la famille adoptive [3]. L'orateur considère ainsi
Philoctémon et Euctémon, non-seulement comme ayant des
biens distincts, mais même comme appartenant à des familles différentes. On allègue enfin, dans le même sens, que c'est

---

(1) *Ibid.*, § 3 : δοὺς δὲ (sc. τῷ Χαιρεστράτῳ) τὰ ἑαυτοῦ. § 5 : ἔδοξεν αὐτῷ δια-
ἰίσθαι τὰ ἑαυτοῦ. § 7 : καὶ ἔγραψεν οὕτως ἐν διαθήκῃ.... τοῦτον κληρονομεῖν τὰ
ἑαυτοῦ.

(2) *Ibid.*, § 47 : τὸν τε Εὐκτήμονος οἶκον καὶ τὸν Φιλοκτήμονος ἔχειν.

(3) *Ibid.*, § 44.

seulement dans l'hypothèse où Philoctémon avait une fortune
personnelle que Chérestrate pouvait demander à en être mis
en possession, autrement le plaidoyer d'Isée pour son client
n'aurait pas eu de sens. Aucun bien d'Euctémon ne pouvait,
en effet, se trouver entre les mains de Philoctémon, qui
était mort le premier, et d'autre part Chérestrate ne pouvait,
en aucune façon, être l'héritier d'Euctémon, attendu que les
enfants d'Alcé passaient pour ses fils légitimes et qu'Euctémon lui-même les avait présentés comme nés de lui.

L'argument fourni en faveur du père par le plaidoyer
d'Isée sur l'héritage de Philoctémon est corroboré, dit-on,
par un texte de Démosthène, qu'il est impossible d'expliquer
grammaticalement sans admettre le droit de succession du
père. C'est une phrase de la loi sur les successions citée
par l'orateur dans son plaidoyer contre Macartatos et où
cette loi, visant le cas où une personne meurt sans laisser
de descendants du sexe masculin ou du sexe féminin, détermine de la manière suivante ceux qui seront appelés à la
succession : ἐὰν ἀδελφοὶ ὦσιν ὁμοπάτορες· καὶ ἐὰν παῖδες ἐξ
ἀδελφῶν γνήσιοι, τὴν τοῦ πατρὸς μοῖραν λαγχάνειν [1]. Cela signifie,
dit-on, que les frères consanguins et les fils légitimes de
frères consanguins prennent la part qu'aurait eue le père
du défunt, s'il vivait encore. C'est donc que le père, lorsqu'il survit à son fils, en recueille la succession, puisque, à
son défaut, sa part est dévolue à ses fils et à ses petits-fils,
c'est-à-dire aux frères et aux neveux du défunt. On ne saurait objecter que les mots πατρὸς μοῖραν λαγχάνειν se réfèrent
uniquement aux mots παῖδας ἐξ ἀδελφῶν γνησίους, de telle sorte
que la phrase incidente, ἐὰν μὲν ἀδελφοὶ ὦσιν, se rattache à ce
qui précède, τοὺς δὲ κυρίους εἶναι χρημάτων. Si, en effet, c'était
là ce que le législateur avait voulu signifier, il se serait exprimé autrement et aurait dit : τοὺς ἀδελφοὺς ἐὰν μὲν ὦσιν
ὁμοπάτορες [2].

---

(1) Démosthène, C. Macart., § 51. V. supra, p. 442.
(2) V. notamment : Bunsen, p. 23, note ; Schelling, p. 114. Pour Giraud (p. 11ᵉ)

On a tiré, dans le même sens, du plaidoyer de Démosthène contre Léocharès, un argument que certains auteurs estiment encore plus décisif que les précédents [1]. Aristodème, dit-on, réclamait la succession de Léocratès II en alléguant qu'il était le plus proche parent du défunt. Il est vrai que le père de celui-ci, nommé Léostratos, avait survécu à son fils. Mais, usant d'un droit que lui reconnaissait la loi athénienne, Léostratos était sorti de la famille adoptive à laquelle il appartenait en y laissant son fils Léocratès II, le *de cujus*. Il n'y avait donc plus de parenté civile entre le père et le fils, et cependant le père élevait des prétentions à la succession de son fils. Aristodème n'aurait évidemment pas songé à les contester si le lien de parenté civile n'avait pas été rompu ; mais, depuis le retour de Léostratos dans sa famille naturelle, Aristodème était devenu, aux yeux de la loi positive, le plus proche parent du défunt et c'est à ce titre qu'il réclamait la succession, malgré l'existence du père [2]. Dans un autre passage du même discours, l'orateur se plaint que Léostratos, père du défunt, ait voulu lui enlever la succession de Léocratès. Le titre que Léostratos aurait pu invoquer pour fonder ses prétentions eût été, dit-il, celui de père du défunt, πατὴρ τοῦ τετελευτηκότος [3]. Mais précisément ce titre, devant lequel Aristodème se serait incliné si Léostratos était resté dans la famille adoptive, avait perdu toute sa valeur au point de vue de la loi civile, car

le texte de Démosthène paraît si probant que tout autre argument est superflu.

(1) De Boor, p. 47 ; Schneider, p. 21 ; Caillemer, p. 72.

(2) Démosthène, *C. Leoch.*, § 26 : καὶ γὰρ τῷ Ἀρχιάδῃ, οὗ ἦν ἡ οὐσία τὸ ἐξ ἀρχῆς, ἐγγυτάτω γένει ἐσμὲν καὶ τῷ εἰσποιήτῳ Λεωκράτει· τοῦ μὲν γὰρ ὁ πατὴρ ἐπανεληλυθὼς εἰς τοὺς Ἐλευσινίους οὐκέτι τὴν κατὰ τὸν νόμον οἰκειότητα ἔλειπεν αὐτῷ, ἡμεῖς δέ, παρ' οἷς ἦν ἐν τῷ γένει, τὴν ἀναγκαιοτάτην συγγένειαν εἴχομεν, ὄντες ἀνεψιαδοῖ ἐκείνῳ. ὥστ', εἰ μὲν βούλει, τοῦ Λεωκρατοῦς· τετελευτηκότος γὰρ ἄπαιδος αὐτοῦ οὐδεὶς ἡμῶν γένει ἐγγυτέρω ἐστίν.

(3) *Ibid.*, § 33 : κατὰ ποῖον νόμον φανεῖται ἐρήμου ὄντος τοῦ οἴκου τοὺς ἐγγυτάτω γένους ἡμᾶς ἐξαγαγὼν ἐκ τῆς οὐσίας ; ὅτι νὴ Δία πατὴρ ἦν τοῦ τετελευτηκότος. ἀπεληλυθὼς γ' εἰς τὸν πατρῷον οἶκον καὶ οὐκέτι τῆς οὐσίας, ἐφ' ᾗ ἐγκατέλιπε τὸν υἱόν, κύριος ὤν. εἰ δὲ μή, τί τῶν νόμων ὄφελος.

Léostratos était rentré dans sa famille d'origine. Donc, conclut-on, le père n'était écarté de la succession que par suite de la rupture de la parenté civile entre lui et son fils. Si, au contraire, cette parenté avait continué de subsister, Aristodème n'aurait pu sérieusement songer à contester les prétentions de Léostratos. Le droit de successibilité au profit du père découle ainsi manifestement de la seule raison par laquelle, en fait, l'orateur s'efforce de l'écarter.

Outre ces arguments empruntés aux discours des orateurs, on a fait valoir, pour établir les droits du père, diverses autres considérations tirées des principes généraux. D'abord, a-t-on dit, rien n'est plus juste que d'appeler le père du défunt avant les frères et les autres collatéraux. En effet, les jurisconsultes athéniens, pour savoir quel est le lien de parenté qui unit deux personnes appartenant à des lignes collatérales, considèrent qu'il faut nécessairement remonter dans l'une de ces lignes jusqu'à l'auteur commun pour redescendre ensuite dans l'autre ligne. Lorsque, par exemple, il s'agit de deux frères, on remonte d'abord d'un degré jusqu'au père pour redescendre d'un degré dans l'autre ligne. De même, quand il s'agit d'un oncle et d'un neveu, on remonte d'un degré dans une ligne pour redescendre de deux degrés jusqu'au neveu. Pareillement encore lorsqu'il s'agit de cousins germains, on remonte, dans une ligne, de deux degrés jusqu'à l'aïeul commun, pour redescendre de deux degrés dans l'autre ligne, et ainsi de suite pour les parents plus éloignés. Donc, conclut-on, si le frère ne peut arriver à la succession de son frère qu'en passant par la personne du père, c'est que celui-ci est plus rapproché que lui du défunt, et que, par conséquent, le père doit lui être préféré. On ajoute que l'oncle peut certainement, à défaut de parents plus favorisés, recueillir la succession de son neveu. Donc, dit-on, le père qui est manifestement plus digne de faveur que l'oncle, doit, à plus forte raison, avoir le droit de succéder à son fils prédécédé. On objecterait en vain que la pensée qui domine le droit successoral athénien, à savo:r d'assurer par l'héritage la perpétuité de la famille, commande d'appeler les collatéraux, c'est-à-dire des parents encore jeunes, par préférence aux ascendants, c'est-à-dire, à des parents avancés en âge. Cette objection, en effet, ne serait pas toujours admissible en fait et, d'ailleurs, elle aurait dû faire écarter l'oncle aussi bien que le neveu [1].

On a invoqué, d'autre part, en faveur du père, le principe de réciprocité. Les ascendants, a-t-on dit, lorsqu'ils se trouvent dans la misère, ont le droit de réclamer des aliments à leurs descendants, et ceux-ci succèdent aux biens laissés par leurs ascendants. Il est donc très vraisemblable que les ascendants puissent de leur côté recueillir les biens laissés par leurs enfants, cette succession est alors, en quelque sorte, l'amortissement de la dette alimentaire [2]. On a fait aussi remarquer que la préférence attribuée au père sur les frères ou autres collatéraux est conforme a la situation privilégiée que lui fait la loi en ce qui concerne le droit de donner la fille en mariage ou d'exercer la tutelle, droits qui appartiennent aux ascendants par préférence aux collatéraux [3]. On a enfin argumenté par analogie des inscriptions de Delphes où, dans les actes d'affranchissement par forme de vente à la divinité, on voit cités parmi les personnes qui donnent leur approbation à la vente et qui sont les héritiers éventuels du *manumissor*, soit à la fois le père et la mère [4], soit le père seul [5] ou la mère seule [6], soit la mère et la grand'mère [7], soit la grand'mère seulement [8].

---

(1) Caillemer, p. 69-71.

(2) Grasshof, p. 56; Caillemer, p. 70, note 2.

(3) Van Stegeren, p. 126.

(4) Wescher et Foucart, n° 432.

(5) *Ibid.*, n°* 26, 76, 363; *Bulletin*, XVII, p. 343, n° 50.

(6) Wescher et Foucart, n°* 53, 141, 445; *Bulletin*, XVII, n°* 29, 73, 81.

(7) Wescher et Foucart, n°* 96 et 364.

(8) *Ibid.*, n° 364. Cf. Hermann-Thalheim, p. 69, note 3.

Le droit du père, ajoute-t-on, n'a rien de contraire aux vieilles législations aryennes, Manou, Yâjnavalkya et les Hindous les plus autorisés classent le père parmi les successibles de l'homme qui meurt sans laisser de descendants. Ils se divisent, sans doute, sur le point de savoir si le père exclut les frères ou vient en concours avec eux ; mais ils le considèrent tous, sans hésitation, comme habile à recueillir la succession de son fils [1].

L'argumentation que nous venons d'exposer, sans chercher à en affaiblir la force apparente, n'est, à notre avis, nullement convaincante. Elle repose sur des raisonnements plutôt que sur des preuves, et elle ne saurait prévaloir contre des documents tout à fait décisifs, selon nous. En effet, la loi de succession reproduite dans le discours contre Macartatos, et qui énumère tout au long la série des successibles, à partir des filles, est absolument muette sur les droits du père, qui auraient dû manifestement être signalés avant ceux des frères ou tout au moins concurremment avec eux. Or ce silence implique, selon nous, exclusion du père. On objecterait en vain que le droit des ascendants est implicitement et forcément renfermé dans celui des descendants. En effet, la loi de succession citée par Isée dans son plaidoyer sur la succession d'Hagnias, et qui reproduit en termes moins concis et très clairs les dispositions citées par Démosthène, se tait également sur les droits du père, et elle appelle à la succession, en première ligne, les frères du défunt et leurs descendants, car, dit-elle, ce sont les parents les plus proches : τοῦτο γὰρ ἐγγυτάτω τοῦ τελευτήσαντος γένος ἐστίν [2]. On voudrait en vain écarter la force de l'argument

(1) Aurel Mayr, *Das indische Erbrecht*, p. 136. Cf. Caillemer, p. 71.
(2) Isée, *De Hagn. her.*, § 1. Grasshof (p. 44) objecte que la loi citée par Isée ne concerne que les successions collatérales (ὁ δὲ νόμος περὶ ἀδελφοῦ χρημάτων), et que, par conséquent, on ne peut rien en conclure contre les droits du père, si celui-ci passe avant les collatéraux. Mais cette objection ne détruit pas, à notre avis, la force de l'argument tiré de ces mots que « les frères et leurs descendants sont les plus proches parents du défunt. »

que nous tirons du discours contre Macartatos en disant que
la loi citée par l'orateur est apocryphe. En effet, de l'avis
général, le texte porte simplement des traces d'altération et
ses dispositions se trouvent confirmées par la loi que cite
Isée. On a encore objecté que, dans la loi citée par Démosthène, le but du législateur athénien était de déterminer
l'ordre dans lequel les plus proches parents devaient épouser la fille héritière, ainsi que cela se voit par le commencement de la loi. Dès lors, dit-on, le père du défunt ne pouvait
trouver aucune place dans l'énumération, car la facilité de la
loi athénienne n'allait pas jusqu'à permettre le mariage
entre l'aïeul et sa petite-fille. Donc, la loi citée comme loi
successorale devait nécessairement être incomplète, et elle
l'est, en effet, de l'aveu de tous, et sans doute par la même
raison, en ce qui concerne la succession des sœurs [1]. Cette
objection n'a, à notre avis, aucune valeur. Il est certain, en
effet, ainsi qu'on peut s'en convaincre par les paroles de
l'orateur qui précèdent et qui suivent la citation de la loi,
que le but principal de cette loi était de régler la dévolution
de la succession [2]. On peut contester d'ailleurs l'omission
des sœurs et dire ou que le texte a été légèrement altéré, ou
que les sœurs sont comprises sous l'expression générique
d'ἀδελφοί [3]. Au surplus, la réponse la plus décisive que l'on
puisse faire aux différents moyens produits pour ébranler
l'argument que nous tirons du silence des lois héréditaires
athéniennes concernant le père, c'est que la loi de Gortyne,
dont nous possédons le texte authentique et complet, se tait
également sur les droits du père. Tout en favorisant davantage les femmes, elle s'inspire des mêmes principes que la
loi athénienne et appelle, après les descendants, les frères

---

(1) Maurocordato, p. 27.
(2) Démosthène, C. Macart., § 50 : οἷς γὰρ δίδωσιν ὁ νομοθέτης τὴν ἀγχιστείαν
καὶ τὴν κληρονομίαν, τούτους ἀναγνώσεται ὑμῖν τοὺς νόμους. § 52 : διαρρήδην
λέγει ὁ νόμος οἷς δεῖ τὴν κληρονομίαν εἶναι.
(3) V. infra, p. 509.

et leurs enfants ou petits-enfants et après eux les sœurs et leurs enfants ou petits-enfants, mais sans accorder aucune place aux ascendants. Nous ajouterons enfin que le silence de la loi athénienne concernant le père trouve sa confirmation dans le silence que garde également Platon à son égard. Lorsqu'en effet, dans son *Traité des Lois*, il règlemente la matière des successions, il s'occupe des successions collatérales immédiatement après avoir réglé les lois des descendants, ne supposant donc point que le père puisse succéder à son fils [1].

L'argument que nous venons d'expo..er suffit, croyons-nous, pour exclure le père de la succession de son fils, et il est inutile d'en chercher d'autres qui pourraient être plus ou moins contestables. Tel est notamment l'argument que l'on a voulu tirer du plaidoyer d'Isée sur l'héritage de Ciron. L'orateur dit, au § 32, que les biens des ascendants sont dévolus aux descendants et que ceux-ci sont tenus de fournir des aliments à leurs ascendants, même s'ils ne leur laissent rien. « Comment donc, ajoute-t-il, serait-il juste que, si nos parents ne nous avaient rien laissé, nous fussions exposés à l'action κακώσεως pour le cas où nous ne les nourririons pas et que, s'ils avaient laissé quelque chose, ce fût notre adversaire qui héritât. » [2] L'orateur indique que l'obligation de fournir des aliments aux ascendants se trouve compensée par le droit à leur succéder. Mais il en résulte implicitement que les ascendants n'ont eux-mêmes aucun droit de succession, car s'il en était ainsi, ce n'est point à leur obligation de nourrir leurs ascendants mais au droit de succession de ceux-ci que l'auteur du plaidoyer aurait comparé le droit successoral des descendants [3]. Cette argumentation ne nous

---

(1) *Contra*, Giraud (p. 119), qui invoque au contraire l'autorité de Platon. Mais, comme l'observe Caillemer (p. 73, note 2), il est impossible de retrouver le passage de Platon que Giraud avait en vue.

(2) Isée, *De Ciron. her.*, § 32.

(3) Gans, *loc. cit.*

paraît cependant point décisive. Le demandeur, en effet, est un θυγατριδοῦς, c'est-à-dire petit-fils de Ciron par une fille épiclère de ce dernier ; il prétend que c'est à lui plutôt qu'à son adversaire, simple ἀδελφιδοῦς de Ciron, c'est-à-dire fils de son frère, que doit revenir la succession litigieuse, et, pour établir le bien fondé de ses prétentions, il use notamment de l'argument suivant : « Si, dit-il, mon aïeul Ciron vivait encore et se trouvait dans le besoin, d'après la loi qui oblige les descendants à fournir des aliments à leurs ascendants, c'est moi et non mon adversaire, qui serais exposé à l'action κακώσεως. En effet, comme les biens des ascendants passent aux descendants, céux-ci sont tenus de l'obligation alimentaire, même si leurs ascendants ne laissent aucune fortune. Il serait donc souverainement injuste que, si j'avais négligé de nourrir mes parents dans le besoin, je fusse exposé à l'action κακώσεως, tandis que, dans le cas où ceux-ci auraient laissé quelques biens, ces biens fussent recueillis par mon adversaire et non par moi. » Mais le raisonnement du fils de Ciron n'a pas d'autre portée, et on ne peut, sans l'exagérer, en tirer un argument contre le droit successoral du père [1].

Pour établir que les ascendants ne peuvent pas succéder, on a dit encore que, raisonnablement, la succession doit toujours être déférée de la même manière, qu'il y ait une fille héritière ou qu'il n'y en ait pas, la seule différence étant que, dans le premier cas, le plus proche parent recueille la succession indirectement, grâce au droit qu'il possède de se faire adjuger l'épiclère par voie d'épidicasie, tandis que, dans le second cas, il hérite directement ; mais, dans tous les cas, au fond, le résultat est et doit être le même. Or, lorsque le défunt laisse une fille, il est certain que l'ascendant ne peut se la faire adjuger, puisque le mariage est prohibé entre parents en ligne directe, et l'hérédité est alors recueillie par

(1) Cf. Grasshof, p. 44.

le plus proche parent collatéral qui devient l'époux de la
fille. Lors donc que la ligne directe descendante est représentée par une fille épiclère, l'ascendant est exclu par le
collatéral. Donc, à plus forte raison, cette exclusion doit-elle
avoir lieu, lorsqu'il n'y a aucun représentant dans la ligne
directe descendante [1]. Cet argument, à notre avis, a moins
de valeur que celui précédemment exposé. On y a d'abord
répondu [2] en disant qu'il a pour point de départ une proposition erronnée, à savoir que le plus proche parent collatéral, en épousant l'épiclère, devient l'héritier du *de cujus*.
Or cela n'est point, car le mari de l'épiclère a simplement
l'administration et la jouissance de la succession échue à la
fille ἐπίκληρος, de même que le mari de la fille ἐπίπροικος a l'administration et la jouissance de la dot. Mais le véritable héritier, ce n'est ni la fille, ni le mari : c'est l'enfant qui naîtra
du mariage et à qui la succession sera restituée dès qu'il
aura atteint l'âge de la majorité. Dans cette hypothèse, ce
n'est donc point un collatéral qui exclut l'ascendant, c'est le
θυγατριδοῦς, considéré comme succédant directement à son
aïeul maternel. Il est donc inexact de considérer le mari de
l'épiclère comme le successible du *de cujus* et, ici encore,
la succession est déférée dans la ligne directe descendante.
Sans contester la justesse de ces observations, nous dirons
qu'il est une autre raison, bien plus simple, pour écarter l'argument en question ; c'est que, dans notre hypothèse, la
fille laissée par le *de cujus* n'est pas une épiclère. Nous
avons, en effet, établi antérieurement qu'une fille n'est épiclère que si elle ne possède, au décès de son père, ni frère
consanguin, ni aïeul paternel [3]. Ce frère ou cet aïeul sont,
au contraire, investis de la qualité de kyrios de la fille laissée
par le défunt, et ils peuvent, en conséquence, la donner en
mariage à qui bon leur semble, sans que le plus proche

---

1) Meier et Schœmann, *Attis. Process*, 1re éd., p. XXI.
(2) Caillemer, p. 74.
3) V. *supra*, t. I, p. 409 et s.

parent paternel puisse se prévaloir des lois de l'épiclérat
pour se faire adjuger cette fille en mariage. Il faut donc
rejeter sans hésitation l'argument que l'on a emprunté au
cas d'une fille épiclère.

Pour renverser l'argumentation que nous avons fondée sur
le silence des lois héréditaires athéniennes relativement au
droit du père, il faudrait que ce droit résultât d'une manière
inconstestable d'autres documents, par exemple des discours
des orateurs. Or, les plaidoyers dont on s'est prévalu dans
la doctrine que nous combattons, ne contiennent rien, selon nous, qui vienne infirmer notre raisonnement. Ainsi
d'abord le plaidoyer d'Isée sur la succession de Philoctémon
ne nous paraît nullement renfermer l'argument que prétendent y trouver les partisans du droit de succession du père.
C'est ce que reconnaissent, du reste, deux d'entre eux [1], dont
nous nous bornerons à reproduire les critiques, pour lesquelles ils se sont eux-mêmes inspirés de l'intéressant travail de Schœmann [2]. A notre avis, en effet, il résulte de l'ensemble du plaidoyer d'Isée que Philoctémon n'avait point,
pendant sa vie, de fortune personnelle, distincte et indépendante de celle de son père. S'il en avait eu une, comme on
le prétend dans la théorie adverse, il serait difficile de s'expliquer le silence que Chérestrate, fils adoptif de Philoctémon, a gardé depuis le décès de ce dernier jusqu'à la mort
d'Euctémon. C'est à cette époque seulement que Chérestrate
a fait valoir ses droits et réclamé, comme petit-fils, la succession de l'auteur de son père adoptif, parce que c'est à cette
époque seulement que sa réclamation pouvait avoir un
effet utile. Si donc la succession d'Euctémon est quelquefois
présentée par l'orateur comme étant également la succession de Philoctémon, la raison en est non point que le père
avait succédé à son fils prédécédé, mais qu'il avait continué

(1) Grasshof, et Caillemer, *loc. cit.*

(2) Schœmann, *Opuscula academica*, I, p. 272 et s.

de jouir, après la mort de celui-ci, et sans que personne
réclamât le partage, des biens qui étaient indivis entre eux.
C'est par ce motif que, pour désigner les biens litigieux,
l'orateur parle indifféremment, tantôt de la succession d'Euctémon, tantôt de celle de Philoctémon, tantôt enfin rapproche les deux noms du père et du fils [1]. Cette communauté
de biens et cette indivision entre le père et le fils sont clairement établies dans le plaidoyer. Elles résultent notamment
de ce passage où l'orateur dit que « Euctémon possédait
une grande fortune avec son fils Philoctémon (ἐκέκτητο Εὐκτή-
μων μετὰ τοῦ υἱέος Φιλοκτήμονος), qu'ils se soumettaient l'un et
l'autre aux charges publiques, aux liturgies les plus onéreuses, sans être obligés d'aliéner le capital, sans même épuiser la totalité des revenus, dont l'excédent était employé
à de nouvelles acquisitions » [2]. La preuve de cette indivision
se déduit encore de ce fait que les adversaires de l'orateur
mettent en doute le droit de Philoctémon de laisser par testament ses biens à Chérestrate. Ils nient par là même que
Philoctémon ait eu des biens propres et séparés. En effet,
le droit de tester relativement à des biens propres, quand
le testateur n'a pas d'enfants, ne saurait être mis en doute ;
l'hésitation ne peut se produire que s'il s'agit de biens communs. On objecte, il est vrai, que plusieurs fois, pour caractériser la disposition faite par Philoctémon, l'orateur dit qu'il
a légué τὰ ἑαυτοῦ. Mais cette expression peut très bien se concilier avec notre explication, en disant que Philoctémon a
légué ses biens tels qu'ils se comportaient, qu'il les a transmis à son fils adoptif tels qu'il les avait lui-même, c'est-à-
dire indivis avec Euctémon tant que vivrait celui-ci, mais devant revenir exclusivement au fils adoptif après la mort d'Euctémon, de la même manière que Philoctémon lui-même les
aurait recueillis, s'il avait survécu. Il est également facile de

---

(1) Cf. Isée, *de Philoct. her.*, §§ 17, 26, 56, 3, 4, 51 et 47.
(2) *Ibid.*, § 38.

répondre à l'objection tirée de ce passage du plaidoyer où
l'orateur dit, en parlant de ses adversaires : οἴονται δεῖν... τόν
τε Εὐκτήμονος οἶκον καὶ τὸν Φιλοκτήμονος ἔχειν [1]. Ces mots ne
signifient point nécessairement qu'il y ait deux successions
en litige, mais seulement qu'Androclès et ses associés
prétendent que les biens doivent leur revenir, soit à titre
d'héritage d'Euctémon, soit à titre d'héritage de Philoctémon. Quant au § 44, il n'en résulte nullement que l'orateur considère Euctémon et Philoctémon comme appartenant à deux familles différentes. Il tient seulement à relever
les contradictions de ses adversaires, tantôt présentant leurs
pupilles à l'archonte comme fils adoptifs d'Ergaménès et de
Philoctémon, tantôt, après une διαμαρτυρία, réclamant les
biens d'Euctémon comme étant ceux du père de leurs pupilles; mais on ne peut tirer de ces paroles aucune conclusion pour savoir si Ergaménès et Philoctémon avaient ou
non une fortune personnelle. Quant au dernier argument tiré
par les partisans de la doctrine adverse du plaidoyer d'Isée,
il paraît encore moins décisif que les précédents quand on
songe que précisément tout le plaidoyer d'Isée tend à démontrer l'illégitimité des enfants présentés par Androclès,
à établir qu'ils sont complètement étrangers à Euctémon et
n'ont aucun droit à recueillir ses biens, et qu'au contraire
tous ces biens doivent revenir à Chérestrate en sa qualité de
fils adoptif de Philoctémon mort avant son père.

L'indivision entre Euctémon et Philoctémon pendant la vie
de ce dernier ne présente rien de surprenant. Mais pourquoi
continua-t-elle après sa mort? Pourquoi son fils adoptif
Chérestrate négligea-t-il de faire valoir ses droits et de réclamer le partage ou la licitation des biens indivis entre
Euctémon et l'adoptant? Pourquoi attendit-il, pour opposer
et faire reconnaître judiciairement sa qualité, la mort d'Euctémon? Fut-il arrêté par des obstacles de droit ou voulut-il

_____

(1) Ibid., § 47.

user de ménagements pour son grand-père? Caillemer [1], qui
se pose ces diverses questions, dit qu'il est impossible d'y
répondre d'une manière satisfaisante. Nous serions assez
porté à croire que l'indivision en question avait pour cause
une sorte de démission de biens partielle opérée par Euctémon en faveur de son fils, démission qui maintenait cependant
la possession juridique sur la tête du père tant qu'il vivait, de
sorte que Chérestrate se trouvait dans l'impossibilité légale
de réclamer le partage. Quoi qu'il en soit, il nous paraît certain que le discours sur l'héritage de Philoctémon ne démontre nullement le droit de succession du père.

L'argument que l'on a tiré du discours contre Macartatos
ne nous paraît pas plus décisif. On fausse complètement, à
notre avis, le sens de cette loi quand on entend par la
μοίρα πατρός dont elle parle la part qui serait revenue au
père du défunt. La véritable signification de la loi est, selon
nous, la suivante : à défaut des descendants en ligne directe,
la succession passe aux frères consanguins et si, parmi ces
derniers, il en est qui soient prédécédés en laissant des fils légitimes, ceux-ci viennent en concours avec leurs oncles, par
représentation de leur père, frère du défunt, et ils recueillent alors la part qu'aurait eue leur père, s'il avait vécu,
τὴν τοῦ πατρὸς μοῖραν λαγχάνειν. Cela veut dire, en d'autres termes, qu'il y a lieu à la représentation et au partage par souches. La πατρὸς μοῖρα n'est donc nullement la part du père
du défunt, mais la part d'un frère du *de cujus* mort avant
celui-ci et représenté par ses enfants. Cette interprétation
est manifestement plus rationnelle que celle des partisans de
la doctrine adverse. Ce serait, en effet, une formule législative bien singulière que celle qui, pour conférer aux frères
et à leurs descendants un droit sur la succession de leur
frère ou oncle, dirait qu'ils prennent la part dévolue au père
du défunt. Ce serait, de plus, un langage inexact que de

_____

(1) Caillemer, p. 66-67.

parler de cette *part*, μοῖρα, car on ne voit pas avec qui aurait partagé le père du défunt, à défaut de descendants [1]. Si l'on applique, au contraire, à la représentation des frères prédécédés les termes τὴν τοῦ πατρὸς μοῖραν λαγχάνειν, le langage du législateur est parfaitement intelligible et tout à fait correct. Le discours contre Macartatos ne saurait, pas plus que celui sur l'héritage de Philoctémon, fournir un argument sérieux en faveur des droits du père [2].

Il en est de même, à notre avis, du discours contre Léocharès. Pour bien saisir la faiblesse de l'argument que l'on en tire, il est nécessaire d'exposer rapidement les faits sur lesquels il roule. Archiadès était décédé sans enfants, laissant un frère, Midylidès, et un petit-neveu, Léocratès I, fils d'une fille de sa sœur. D'après le principe de la loi athénienne qui donne la préférence aux mâles, la succession aurait dû revenir à Midylidès. Mais cette loi pouvait être éludée par une adoption posthume, et Léocratès, usant de ce moyen, alla s'établir comme fils adoptif dans la maison d'Archiadès, sans opposition d'ailleurs de la part de Midylidès. Léocratès I retourna ensuite dans sa famille d'origine en laissant un fils légitime, nommé Léostratos, dans la maison d'Archiadès, et l'héritage de celui-ci passa ainsi de Léocratès I à son fils Léostratos. Celui-ci, à son tour, retourna comme son père dans sa famille d'origine, laissant à sa place un fils légitime, Léocratès II, et faisant ainsi passer sur une troisième tête l'adoption primitive et l'héritage d'Archiadès. Puis Léocratès II décéda sans laisser d'enfants [3].

---

(1) Seeliger (*loc. cit.*) fait remarquer une autre incorrection qui résulterait de l'interprétation que nous critiquons, en ce sens que, pour les fils des frères du défunt, le père de celui-ci est un πάππος et non pas un πατήρ.

(2) Cf. Seeliger, *loc. cit.*; Schœmann, *Opusc. acad.*, I, p. 283 ; Grasshof, p. 56, note 180 ; Meier, Schœmann et Lipsius, p. 579, note 265 ; Caillemer, p. 68.

(3) Cf. pour l'exposé des faits de ce plaidoyer : Dareste, *Plaid. civ.*, t. II, p. 58 et s.

La succession d'Archiadès devint ainsi vacante, et c'est à
l'occasion de cette succession, bien plutôt qu'à l'occasion de
la succession de Léocratès II, que le procès s'engage
entre Aristodème, petit-fils du frère d'Archiadès et Léostratos, père de Léocratès II [1]. Cela étant, tout en entendant les
mots du § 26, τὴν κατὰ νόμον οἰκειότητα, des liens de parenté
qui unissent Léostratos à son fils Léocharès II, on peut très
bien expliquer le raisonnement d'Aristodème sans être obligé
d'en induire le droit de successibilité du père. Lorsque Léostratos passa dans la maison d'Archiadès, en qualité de fils
adoptif, à la place de son père Léocratès I, il laissa dans sa
famille d'origine les fils qu'il avait eus antérieurement.
Quand il voulut ensuite retourner lui-même dans cette famille
en se substituant à l'un de ses fils, il dut auparavant faire
entrer ce fils dans la maison d'Archiadès. Mais ce fils, Léocratès II, se trouva alors, vis-à-vis d'Archiadès, dans la
même relation de parenté civile que son père Léostratos, et
légalement il était considéré, de même que son père, comme
le fils d'Archiadès. Si donc l'un des deux était venu à mourir avant le retour de Léostratos dans sa famille naturelle,
ils se seraient succédé dans les biens d'Archiadès non point
en qualité de père ou de fils, mais en vertu du lien créé
par l'adoption, c'est-à-dire en qualité de frères. Or c'est à
cette parenté que l'orateur a voulu faire allusion lorsqu'il
a parlé de τὴν κατὰ τὸν νόμον οἰκειότητα. On objecterait en vain
à cette interprétation que le fils adoptif se trouve légalement
dans l'impossibilité d'adopter. En effet, comme la loi accorde
à l'adopté le droit de retourner dans sa famille d'origine à
la condition de laisser un fils légitime dans la famille adoptive, on a pu interpréter la loi en ce sens qu'il est indiffé-
rent que ce fils lui soit né dans la famille adoptive ou dans
la famille naturelle, et l'on a pu permettre au père de déser-

(1) Démosthène, C. Leoch., § 2 : ἡμῖν, οὔτιν οἰκείοις Ἀρχιάδου τοῦ ἐξ ἀρχῆς
καταλείποντος τὸν κλῆρον κτλ.

ter la maison adoptive après y avoir fait entrer un fils légitime qu'il avait eu dans une autre famille[1]. Il est facile
également de réfuter l'argument que l'on tire du § 33 du
même plaidoyer. Aristodème ne dit point que Léostratos
est sans droit sur l'héritage parce que le lien de parenté
civile est rompu entre lui et son fils Léocratès II, mais
parce que « Léostratos, étant retourné dans la maison paternelle, le patrimoine d'Archiadès, sur lequel il avait établi
son fils, ne lui appartenait plus. » Ce sont là les termes
mêmes de l'orateur qui prouvent bien que, pour déterminer
exactement la portée de son langage, il ne faut pas perdre
de vue que c'est en réalité de la succession d'Archiadès
et non de celle de Léocratès II qu'il s'agit[2]. L'argumentation que l'on a voulu fonder sur le plaidoyer contre
Léocharès s'évanouit donc complètement, à notre avis.

Les considérations diverses que l'on a invoquées en faveur
du père ne sauraient non plus, selon nous, ébranler la base
sur laquelle nous avons fondé notre solution. Ainsi d'abord
quand on prétend qu'à Athènes le lien de parenté entre
deux personnes appartenant à des lignes collatérales ne
s'établit que par l'intermédiaire de l'auteur commun à qui
l'on doit d'abord remonter pour redescendre ensuite dans
l'autre ligne, ce n'est là qu'une affirmation sans preuve. On
a pu dire, avec autant de vraisemblance, que comme les
Germains et comme le droit canonique, le droit athénien ne
compte que les degrés qui séparent le défunt de l'auteur
commun[3]. Quand on invoque, d'autre part, en faveur du

(1) Cf. Schœmann, *Recension von de Boor, loc. cit.*, p. 532 ; Grasshof, p. 46.
(2) Grasshof (p. 47) quoique partisan du droit de succession du père, dit, à
propos de l'argument tiré du § 33 : Neque vero ex hoc loco, quamquam Leos-
tratum orator dicit postulasse, ut, quippe qui filii in familia adoptiva sine liberis
defuncti esset pater, cognatos jam proximos excluderet, tamen, etiamsi in familiam paternam non redisset, eum utpote patrem (κατὰ τὴν φύσει οἰκειότητα) non
utpote fratrem (κατὰ τὴν κατὰ νόμον οἰκειότητα) jus habiturum fuisse successionis demonstrari potest. Neque igitur de patris successione certi quidquam ex
hac oratione concludi potest.
(3) Dareste, *Journ. des savants*, 1874, p. 623 et *Plaid. civ.*, t. I, p. XXXIX.

père, le principe de réciprocité en se prévalant de l'obligation alimentaire dont sont tenus les descendants, on rai-
sonne avec les idées modernes, sans tenir compte de celles
qu'avaient les anciens sur ces matières. L'obligation alimentaire des enfants n'est qu'une conséquence de l'*obse-
quium* dont ceux-ci sont tenus envers leurs ascendants, et
ne se rattache nullement à un droit de succession éventuel
de ces derniers sur les biens de leurs descendants. La
preuve en est dans ce fait qu'un petit-fils doit fournir des
aliments à son aïeul, bien que celui-ci soit exclu de tout
droit de successibilité vis-à-vis de son petit-fils par la présence d'un frère de celui-ci, ainsi que nous le verrons ultérieurement en exposant les droits de succession de l'aïeul
paternel. On ne saurait non plus argumenter de la mention
des ascendants que font les actes d'affranchissement de
Delphes, car ces actes, ainsi que nous avons déjà eu l'occasion de l'observer, citent souvent, parmi ceux qui approu-
vent la vente de l'esclave au dieu, des personnes qui n'ont
nullement la qualité de successibles du vendeur.

L'exclusion du père par les collatéraux peut sembler injuste et rigoureuse. On comprend très bien que certains
auteurs ne se soient point résignés à l'accepter, qu'ils aient
mieux aimé supposer incomplète la citation de la loi de succession faite dans le discours contre Macartatos, et qu'ils
aient fait une grande dépense d'érudition pour combler cette
prétendue lacune et sauver la réputation des lois athéniennes. C'est qu'ils ont voulu prêter aux anciens nos idées et
nos habitudes: au lieu d'accepter purement et simplement
les monuments qu'ils avaient sous les yeux, ils ont prétendu
trouver entre leurs lois et nos lois modernes une ressemblance qui n'existe pas, quelque désirable qu'elle soit. Peut-
être la manière de voir de certains partisans des droits du
père se serait-elle modifiée, s'ils avaient pu connaître la loi
de Gortyne qui, tout en réglant l'ordre des successions
d'une manière à peu près identique à la loi athénienne, ne

connaît point cependant la succession déférée aux ascendants. La découverte de cette loi a confirmé ce que l'on avait déjà dit des anciens, à savoir que, pour eux, faire remonter la succession eût été une idée contradictoire [1]. Chez eux, la dévolution des successions était fondée beaucoup moins sur des considérations d'affection présumée que sur des raisons de famille ou d'ordre politique. On se préoccupait avant tout d'assurer par l'héritage la perpétuité de la famille. Or, à ce point de vue, ainsi qu'on l'a justement observé [2], il y avait toute raison de faire passer les collatéraux avant les ascendants, car le frère ou le cousin, encore jeune, marié ou apte à le devenir, était plus propre à remplir cette tâche et à susciter l'héritier désiré que le père ou la mère déjà âgés, et à plus forte raison que l'aïeul déjà arrivé au terme de la vieillesse. Au surplus, l'exclusion du père admise par la loi de Solon n'est point, en réalité, aussi injuste qu'elle peut le paraître au premier abord. Il ne faut pas oublier, en effet, qu'à l'époque de la rédaction de cette loi, la propriété foncière seule avait de l'importance, et il devait être très rare qu'un fils, avant la mort de son père, possédât des propriétés immobilières distinctes et indépendantes du patrimoine paternel. Le père pouvait, sans doute, abandonner par anticipation au profit de son fils la jouissance d'une maison ou d'un domaine, mais il n'en restait pas moins juridiquement propriétaire de l'immeuble tant qu'il vivait et, dès lors, il n'était pas besoin d'une loi de succession pour lui faire revenir des biens dont il avait toujours conservé la propriété.

La situation s'est, il est vrai, modifiée avec le temps, et les enfants ont pu, du vivant de leur père, acquérir un patrimoine personnel quelquefois considérable, par suite notamment du développement de la richesse mobilière et des

(1) Cf. l'ancien principe du droit germanique : « Es stirbt kein Gut zurücks, sondern vorwærts. »

(2) Perrot, *Eloquence politique*, p. 377.

opérations commerciales ou industrielles auxquelles ils se
livraient. Doit-on alors admettre que l'on finit, à Athènes,
par trouver bien dure et bien contraire à la nature une loi
qui exposait à laisser mourir dans la misère de vieux parents,
tandis que l'opulent héritage de leurs fils passait à des cousins éloignés ? Faut-il dire qu'au temps d'Isée et de Démosthène on s'efforçait d'arriver par voie d'interprétation à faire
reconnaître au père, un droit sur la succession de ses enfants? [1] Nous ne le pensons pas. Cette dernière opinion ne
pourrait se soutenir que si l'on voyait, en effet, les orateurs essayer de faire reconnaître au profit du père, en
cette qualité, un droit sur la succession de son fils. Or,
nous avons vu, en critiquant les arguments empruntés aux
plaidoyers d'Isée et de Démosthène, que ces discours sont
tout à fait étrangers à la question des droits successoraux
du père [2]. Nous ajouterons que la loi de Gortyne [3], qui reconnaît au fils la faculté d'avoir un patrimoine distinct de
celui de son père, n'accorde cependant à celui-ci aucun
droit sur la succession de son enfant.

Si l'on admet le droit successoral du père, il faut déterminer le rang dans lequel il arrive à la succession. Sur cette
question subsidiaire, les partisans de la doctrine que nous
avons combattue se divisent, et la divergence de leurs solutions est une nouvelle raison, à nos yeux, pour douter de
l'exactitude de cette doctrine. Dans une première opinion,
on n'accorde de rang au père qu'après les frères et sœurs
et descendants d'eux; il n'exclut ainsi que les collatéraux
descendant de l'aïeul du défunt [4]. On en donné les deux
motifs suivants. D'abord, dit-on, la mère, lorsqu'elle est
appelée à la succession de son fils, ne prend rang qu'après

---

(1) Perrot, *loc. cit.*

(2) Cf. Meier, Schœmann et Lipsius, p. 579, note 265.

(3) Loi de Gortyne, VI, 5.

(4) De Boor, p. 47; Schneider, p. 21; Hermann, *Griech. Antiq.*, 2ᵉ éd., t. III,
§ 64, p. 497.

les frères utérins du défunt. La même solution doit être
appliquée au père par analogie. On ajoute que, s'il était arrivé fréquemment qu'un père succédât à son fils par préférence à tous les collatéraux, Isée n'aurait pas manqué de
signaler ce fait dans son plaidoyer pour l'héritage de Ciron [1]. Mais ces deux arguments n'ont aucune valeur. Si
l'on admet que la mère ne passe qu'après les frères utérins,
ce qui est fort contestable, cette préférence des frères sur
la mère pourrait très bien s'expliquer, soit par une considération de masculinité, soit par toute autre cause, mais
sans qu'on fût obligé d'admettre par analogie que le père
doit être également primé par les frères. On ne voit, d'autre part, aucune nécessité pour l'auteur du plaidoyer sur
l'héritage de Ciron de mentionner le fait en question [2].

L'un des auteurs [3] qui font passer avant le père tous les
collatéraux du premier degré, se demande si les oncles du
défunt, frères de son père, ne doivent pas venir en concours avec celui-ci. Il résout la question négativement par
le motif que ce concours serait injuste. On ne saurait, dit-il,
obliger le père à partager avec ses frères des biens qu'il
avait donnés à son fils et qui lui font retour par le prédécès
de celui-ci. Il ajoute que les oncles du défunt retrouveront
un jour dans la succession du père, leur frère, les biens que
celui-ci aura recueillis dans la succession de son fils. Mais,
comme on l'a très bien observé [4], ces raisons se retournent
contre la théorie qui préfère au père les collatéraux du
premier degré. Il serait déjà injuste de faire concourir
avec le père les frères et sœurs du *de cujus*. Ce serait
encore une plus grande injustice d'attribuer la totalité
aux frères du défunt. On peut dire aussi que ces derniers
retrouveront plus tard dans la succession de leur père les

(1) Cf. Isée, *De Ciron. her.*, § 32.
(2) Grasshof, p. 57.
(3) Schneider, p. 22.
(4) Caillemer, p. 78.

III   3ᵉ

biens que celui-ci aura recueillis dans l'hérédité de leur frère.

Aussi la plupart des partisans du droit successoral du père enseignent-ils qu'il vient seul, immédiatement après les descendants et avant tous les collatéraux, à la succession de son fils [1]. Mais ici, comme sur la question de principe, ceux qui prétendent trouver dans le plaidoyer d'Isée sur la succession de Philoctémon la preuve que le père est au nombre des successibles, et qui croient qu'Euctémon a recueilli la succession de son fils, concluent de ce même discours que le père est préféré aux sœurs et probablement aussi aux frères du défunt. Philoctémon, en effet, avait laissé des sœurs, et celles-ci auraient alors été exclues par leur père. De même, ceux qui fondent les droits du père sur la loi de succession citée dans le discours de Démosthène contre Macartatos, en interprétant les mots τὴν τοῦ πατρὸς μοῖραν en ce sens que les frères du *de cujus* recueillent la part qu'aurait eue le père du *de cujus* s'il avait survécu à son fils, décident, en conséquence, que les frères ne peuvent venir qu'après le père. Quant à ceux qui veulent établir les droits du père sur le plaidoyer de Démosthène contre Léocharès, ils ne peuvent argumenter de ce plaidoyer pour déterminer le rang du père. L'orateur suppose, en effet, une lutte engagée entre le père du défunt, père qui n'était plus successible d'après la loi civile par suite de son retour dans sa famille d'origine, et un collatéral au cinquième degré, un ἀνεψιοῦ παῖς. La raison qui, aux yeux de Caillemer [2], est seule décisive pour faire préférer le père aux collatéraux c'est que, dans le trajet qu'il faut faire sur un arbre généalogique pour aller d'un collatéral à un autre, d'un frère à un frère, par exemple, on rencontre toujours l'auteur commun. Celui-ci est donc plus rapproché du défunt que le collatéral, quel qu'il soit, qui prétendrait l'exclure. « Il ne

(1) Bunsen, p. 39; Platner, *loc. cit.*; Schelling, p. 108; Franke, *loc. cit.*; Giraud, *loc. cit.*; Maurocordato, p. 27 ; Grasshof, p. 53; Caillemer, p. 76.

(2) Caillemer, p. 77.

faut pas oublier, ajoute cet auteur, que les anciens profes-
saient un véritable culte pour leurs parents ; ils savaient
que les dieux témoignent une faveur spéciale au fils qui honore son père. N'était-ce pas tenir compte des intentions
probables d'un fils qui mourait sans descendants que de
donner sa succession à celui que Platon appelait la statue
vivante des ancêtres, τὸ προγόνων ἵδρυμα [1] ». Si nous avions à
prendre parti sur cette question subsidiaire qui s'élève sur
le rang du père parmi les successibles, c'est plutôt aussi
pour cette dernière solution que nous pencherions, bien que
l'exclusion absolue des frères par le père puisse paraître
aussi bien rigoureuse et qu'elle soit peu conforme à nos
idées modernes.

Tout ce que nous venons de dire concernant les droits du
père dans la succession de son fils est applicable au père
d'un enfant adoptif aussi bien qu'au père d'un enfant légitime. Si donc on admet la vocation héréditaire du père, on
doit dire qu'en cas d'adoption entre-vifs, lorsque l'adopté
meurt sans postérité, sa succession est recueillie par l'adoptant, car, aux yeux de la loi civile comme de la loi religieuse,
il n'y a pas de différence entre le père par adoption et le
père par les liens du sang [2]. Mais, ainsi que nous l'avons
dit précédemment, rien n'autorise à admettre dans le droit
attique l'espèce de retour successoral édicté par la loi de
Gortyne au profit des parents de l'adoptant lorsque l'adopté
meurt sans enfants [3].

La question que nous venons d'examiner pour le droit de
succession du père peut également se poser pour les autres
ascendants, pour l'aïeul ou le bisaïeul paternels. A supposer
qu'il existe des textes applicables au père, il n'en existe
certainement aucun qui concerne les autres ascendants. Donc
c'est à bien plus forte raison que nous écarterons l'aïeul et

[1] Platon, *Leges*, XI, p. 475, 2.
[2] Caillemer, p. 181.
[3] V. *supra*, t. II, p. 57-58.

le bisaïeul de la succession de leurs petits-enfants ou arrière
petits-enfants. Si l'on se prononce, au contraire, pour le
droit de sucession de l'aïeul et du bisaïeul, et c'est là l'opinion de la plupart de ceux qui admettent le droit du père [1],
il faut reconnaître que l'aïeul et le bisaïeul ne sauraient
venir à la succession par préférence aux collatéraux qui
n'ont pas besoin de remonter jusqu'à eux pour arriver au
défunt. Le grand-père, par exemple, devrait être primé par
les frères du défunt, car ceux-ci n'ont qu'à remonter au père
pour redescendre au *de cujus*. De même, le bisaïeul serait
primé par les oncles du *de cujus*, qui n'ont besoin que de
remonter à l'aïeul pour arriver à leur neveu *de cujus*.

Ayant ainsi écarté les droits successoraux des ascendants,
nous sommes amené à dire que le second ordre des successibles est composé des collatéraux paternels compris dans
l'anchistie. Nous devons donc rechercher la manière dont
s'opère la dévolution de la succession à ces collatéraux, en
examinant les diverses parentèles appelées successivement
par la loi.

(*b*). *Parentèle du père.*

La parentèle du père, à qui la succession est dévolue à
défaut de descendants, comprend tous les parents collatéraux qui se rattachent au père du défunt par un lien direct
de descendance, c'est-à-dire, en premier lieu, les frères
germains ou consanguins du défunt et leur postérité, et, à
leur défaut, en second lieu, les sœurs germaines et consanguines et leur postérité.

1° *Des frères du défunt.*

La loi de succession citée dans le discours de Démosthène contre Macartatos porte, à ce sujet : ὅστις ἂν μὴ διαθέμενος ἀποθάνῃ, ἐὰν μὲν παῖδας καταλείπῃ θηλείας, σὺν ταύτῃσιν, ἐὰν

---

(1) Bunsen, p. 36; Platner, *loc. cit.*, p. 1177; Klenze, *loc. cit.*, p. 149; de
Boor, p. 55; Van Stegeren, p. 125; Hermann, *loc. cit.*, § 64, note 20; Grasshof,
p. 66; Giraud, p. 120; Caillemer, p. 104.

δὲ μή, τούςδε κυρίους εἶναι τῶν χρημάτων· ἐὰν δὲ ἀδελφοὶ ὦσιν ὁμο-
πάτορε· [1] καὶ ἐὰν παῖδες ἐξ ἀδελφῶν γνήσιοι, τὴν τοῦ πατρὸς μοίραν
λαγχάνειν· ἐὰν δὲ μή, ἀδελφοὶ ὦσιν ἢ ἀδελφῶν παῖδες, ἐξ αὐτῶν κατὰ
ταὐτὰ λαγχάνειν. Isée dit également : ὁ δὲ νόμος περὶ ἀδελφοῦ
χρημάτων πρῶτον ἀδελφοῖς τε καὶ ἀδελφιδοῖς πεποίηκε τὴν κληρονομίαν,
ἂν ὦσιν ὁμοπάτορες· τοῦτο γὰρ ἐγγυτάτω τοῦ τελευτήσαντος γένος
ἐστίν [2]. La règle qui, à défaut de descendants, appelle en première ligne les frères consanguins du défunt et leur postérité, paraît avoir été admise dans toute la Grèce. Elle est
formellement consacrée par la loi de Gortyne [3]. Elle est
également en vigueur en Locride [4]. De même, à Sparte,
nous voyons qu'Agési'as hérita de son frère Agis décédé
sans enfants [5].

Lorsque tous les successibles sont des frères, ils partagent également les biens laissés par le *de cujus*, sans que
l'aîné puisse réclamer un privilège quelconque. Nous avons
vu, en effet, que l'égalité est la règle lorsque la succession
est dévolue à des fils. On doit donc logiquement refuser à
l'aîné des frères aussi bien qu'à l'aîné des fils tout privilège
de primogéniture, car il n'y a aucune raison de distinguer
entre les deux cas.

Quand le défunt laisse des frères et des neveux issus de
frères encore vivants, les neveux sont certainement exclus
par leurs pères. Comme ils n'ont d'autres droits que ceux
qu'ils peuvent puiser dans celui de leur père, on ne saurait
admettre ici la possibilité d'un concours. Si, comme nous le

---

(1) Il faut sous-entendre évidemment κυρίους εἶναι ου κρατεῖν. Cf. Buermann,
p. 359; Hermann-Thalheim, p. 64, note 2.

(2) Isée, *De Hagn. her.*, § 1.

(3) Loi de Gortyne, V, 13.

(4) La loi de colonisation de Naupacte (B, l. 4-6, *in* Dareste, Haussoulier et
Reinach, p. 182) décide que si un colon de Naupacte a laissé des frères dans la
Locride et que l'un d'eux vienne à décéder sans enfants, le colon recueillera sa
part d'héritage.

(5) Plutarque, *Agésilas*, c. 4.

verrons, des doutes ont pu s'élever sur la possibilité d'un concours entre les sœurs et leurs propres enfants, aucune incertitude n'existe dans notre hypothèse [1].

Lorsque le défunt laisse à la fois des frères et des neveux issus de frères prédécédés, les neveux, grâce au bénéfice de la représentation, viennent à la succession en concours avec leurs oncles, mais ils ne peuvent réclamer que la part qui aurait été attribuée à leur père si celui-ci avait survécu, τὴν τοῦ πατρὸς μοῖραν λαγχάνειν, ainsi que le décide la loi de succession précitée. La succession se divise en conséquence par souches et non par têtes. Si donc, par exemple, le défunt laisse un frère et un neveu issu d'un autre frère prédécédé, la succession se partage par portions égales entre le frère et le neveu. Un plaidoyer d'Isée renferme une application de cette règle à un cas où le défunt avait laissé une sœur et un neveu né d'une autre sœur prédécédée, et il nous dit que le neveu, bien qu'étant parent au troisième degré, ne sera pas exclu par la tante, parente au deuxième degré, mais viendra en concours et recueillera la moitié de la succession [2]. Or, cette solution est évidemment applicable, par identité de motifs, au cas où le défunt laisse des frères et non des sœurs.

____

(1) Bunsen, p. 26; Caillemer. p. 95.

(2) Isée, *De Apollod. her.*, § 19 : ἔστι δὲ νόμος ὅς, ἐὰν ἀδελφὸς ὁμοπάτωρ ἄπαις τελευτήσῃ καὶ μὴ διαθέμενος, τήν τε ἀδελφὴν ὁμοίως, κᾶν ἐξ ἑτέρας ἀδελφιδοῦς ἢ γεγονώς, ἰσομοίρους τῶν χρημάτων καθίστησι.

(3) Bunsen, p. 26; Schneider, p. 19; Gans, p. 375; De Boor, p. 34; Schelling, p. 114; Grasshof, p. 58; Meier, Schœmann et Lipsius, p. 582; Caillemer, p. 83 et 95. On pourrait être tenté de voir une application des mêmes principes dans ce fait, relaté dans le même plaidoyer d'Isée (§ 6 et 7), que la succession fut partagée également entre son frère Eupolis et son neveu Apollodore, fils d'un autre frère nommé Thrasyllos. Toutefois rien ne prouve que Thrasyllos fût décédé avant Mnéson et qu'Apollodore fût venu par représentation de son père. L'orateur, en effet, dit seulement que les deux frères moururent vers la même époque, περὶ τὸν αὐτὸν χρόνον. Il est donc possible que Thrasyllos ait survécu à Mnéson et qu'Apollodore ait simplement recueilli dans la succession de son père la moitié des biens de Mnéson. Cf. Caillemer, p. 83. Néanmoins, comme le remarquent Meier, Schœman et Lipsius (p. 582, note 370), les mots οὖ καὶ

C'est une question très délicate que de savoir si le droit
de représentation est limité aux fils des frères prédécédès et
si les petits-neveux peuvent, en cas de prédécès de leur
père et de leur grand-père, venir par représentation de
ceux-ci à la succession de leur grand-oncle concurremment
avec les frères et les neveux de celui-ci. Les lois de succession citées par Démosthène et par Isée semblent limiter le
droit de représentation aux fils des frères, c'est-à-dire aux
neveux. Démosthène dit, en effet, en termes assez ambi-
gus, et avec une concision qui, de l'avis général, implique
une lacune avant les mots ἐξ αὐτῶν : ἐὰν δὲ μὴ ἀδελφοὶ ὦσιν
ἢ ἀδελφῶν παῖδες, ἐξ αὐτῶν κατὰ ταὐτὰ λαγχάνειν. Cette loi
ne parle *in terminis* que des frères et des enfants de
frères. De même, la loi rapportée par Isée porte : πρῶτον
ἀδελφοῖς τε καὶ ἀδελφιδοῖς πεποίηκε τὴν κληρονομίαν, se contentant
ainsi d'appeler les frères et les neveux. Aussi, dans une première opinion, en comblant, dans la loi de Démosthène, par
le mot τοὺς [1] la lacune qui existe manifestement avant le
mot ἐξ αὐτῶν, décide-t-on que la vocation héréditaire des
petits-neveux est subordonnée à l'absence de frères et de
neveux. Il y aurait alors, dans les collatéraux au premier
degré et leurs descendants, deux catégories de successibles,
l'une comprenant les frères et les neveux venant par représentation des frères prédécédés, l'autre, appelée au défaut
de la précédente, comprenant les descendants des neveux
du côté paternel [2].

Dans une seconde opinion, plus rigoureuse pour les petits-
neveux, non seulement on leur refuse le droit de partager
l'hérédité avec leurs oncles ou leurs grands-oncles, en ve-

Ἀπολλοδώρῳ προσῆκε τὸ ἡμικλήριον, laisseraient plutôt supposer qu'Apollodore
a succédé directement à Mnéson, par l'effet de la représentation.

(1) Cf. Reiske, sur Démosth.; Schomann, *Allg. Litter. Zeit.*, loc. cit., p. 515.
De Boor (p. 39) arrive à peu près au même résultat en suppléant le mot παῖδας
avant les mots ἐξ αὐτῶν. Cf. Schelling, p. 116, note 16.

(2) Mayer, t. II, p. 448; de Boor, p. 39.

nant par représentation de leur père ou de leur grand-père, mais encore on leur dénie tout droit de succession et l'on décide qu'à défaut de frères ou de neveux la succession passe à la parentèle de l'aïeul [1]. On peut, à l'appui de cette manière de voir, dire que, dans la loi de Démosthène, l'omission du copiste a porté sur les ἀνεψιοί et restituer ainsi le passage en question : ἐὰν δὲ μὴ ἀδελφοί ὦσιν ἢ ἀδελφῶν παῖδες, ἀνεψιοὺς καὶ τοὺς ἐξ αὐτῶν κατὰ ταὐτὰ λαγχάνειν. Avec cette correction la loi présente un ensemble très satisfaisant et ses différentes propositions s'enchaînent très bien. Cette interprétation restrictive paraît, en outre, corroborée par le texte suivant d'Isée où l'orateur demande à son adversaire quels peuvent être ses titres à la succession litigieuse : ἀδελφὸς ἔσθ' ὁ παῖς Ἁγνίου, ἢ ἀδελφιδοῦς ἐξ ἀδελφοῦ ἢ ἐξ ἀδελφῆς γεγονώς, ἢ ἀνεψιὸς ἢ ἐξ ἀνεψιῶν πρὸς μητρὸς ἢ πρὸς πατρός ; τί τούτων τῶν ὀνομάτων, οἷς ὁ νόμος τὴν ἀγχιστείαν δίδωσιν [2]. Dans ce passage, où l'on ne peut certainement suspecter l'orateur de vouloir fausser le sens de la loi, car il n'avait aucun intérêt à faire une énumération incomplète, il n'est point question des petits-neveux, et immédiatement après les ἀδελφιδοῦς ce sont les ἀνεψιοί qu'Isée présente comme appelés à succéder. Ce texte confirme ainsi la loi de succession citée par Isée au commencement du même plaidoyer et qui ne considère également comme successibles, dans la parentèle du père, que les frères et les neveux.

Certains auteurs interprètent enfin la loi de succession dans le sens le plus libéral et admettent le droit de représentation à l'infini en ligne collatérale de même qu'en ligne directe descendante [3]. Dans cette opinion, en supposant

---

(1) Bunsen, p. 39 et s.; Schelling, p. 115.

(2) Isée, *De Hagn. her.*, § 5.

(3) Schoemann sur Isée. p. 456 et *Recension von Boor*, p. 535 ; Hermann, *Privatalterth.*, 2° éd., § 64, note 12 et *Recension von Boor*, p. 37; Schneider, p. 6; Grasshof, p. 19; Meier, Schoemann et Lipsius, p. 582, note 270 ; Caillemer, p. 84 et s.; Guiraud, p. 221 ; B. W. Leist, p. 73 et s. Gans, p. 375 et 382 admet bien le droit de succession des petits-neveux mais exclut les arrière petits-neveux.

que l'on doive restituer la loi de Démosthène en lisant τοὺς ἐξ αὐτῶν κατὰ ταὐτὰ λαγχάνειν, on traduit ainsi le passage litigieux : lorsqu'il n'y aura ni frères, ni neveux, leurs descendants (τοὺς ἐξ αὐτῶν) auront des droits identiques à ceux de leurs auteurs et les représenteront. On arrive, dit-on, au même résultat, soit que l'on adopte la correction consistant à lire : ἐὰν δὲ μὴ ἀδελφοὶ ὦσιν ἢ ἀδελφῶν παῖδες, ἀδελφὰς ὁμοπατρίας καὶ τοὺς ἐξ αὐτῶν κατὰ ταὐτὰ λαγχάνειν, soit que, comme nous l'avons précédemment indiqué, l'on estime que l'omission du copiste a porté sur les ἀνεψιοί. Il est vrai qu'en ce cas la loi ne semble plus appeler à la succession que les ἀδελφοὶ ὁμοπάτορες καὶ παῖδες ἐξ ἀδελφῶν γνήσιοι. Mais le législateur athénien a vraisemblablement compris sous le mot παῖδες, de même que les jurisconsultes romains sous les termes *filii* et *liberi* [1], les descendants à tous les degrés. Le droit de succéder doit donc appartenir non seulement aux frères et aux fils de frères, mais à leurs descendants plus éloignés, καὶ ἐὰν γένει ἀπωτέρω, ainsi que le décide un peu plus loin et d'une manière générale la loi de succession citée par Démosthène. C'est dans le même sens large que l'on doit interpréter le mot ἀδελφιδοῦς employé par Isée lorsqu'il rapporte la loi de succession; c'est là, dans la pensée de l'orateur, une expression générique qui comprend les neveux et les petits-neveux. On ajoute, dans ce sens, et pour combattre la première des opinions que nous avons exposées, qu'Isée, dans cette même loi, attribue formellement le second rang, dans la ligne collatérale, aux sœurs consanguines : ὁ νόμος δεύτερον ἀδελφὰς ὁμοπατρίας καλεῖ. Or, dans la première opinion, les sœurs ne viendraient qu'au troisième rang, le premier rang étant occupé par les frères et les neveux du défunt et le second par ses petits-neveux et ses arrière petits-neveux.

---

(1) L. 84, D. *De verb. sign.*, L, 16 : « Filii appellatione omnes liberos intelligimus. » L. 220, *ibid.* : « Liberorum appellatione nepotes et pronepotes, ceterique qui ex his descendunt continentur. »

Cette observation nous paraît décisive pour écarter la première opinion et la distinction qu'elle établit dans la ligne collatérale entre deux catégories d'héritiers. Mais nous avouons qu'il est bien difficile, sinon impossible, d'opter entre les deux autres systèmes. Sans doute, celui qui admet la représentation *in infinitum* au profit des descendants par les frères paraît plus juste et plus rationnel. On peut dire, comme nous l'avons déjà observé à propos de la représentation dans la ligne directe ascendante, que les petits-neveux ou arrière-petits-neveux ne doivent pas souffrir de la mort d'un de leurs ascendants et que la représentation, si elle est admise au profit des neveux pour réparer le tort que pourrait leur causer la mort prématurée de leur père, frère du défunt, doit l'être également au profit des petits-neveux ou arrière petits-neveux. Comme, d'autre part, nous ne sommes pas très bien fixés sur la valeur des termes employés par le législateur ou par les orateurs à Athènes, on peut admettre que le mot παῖδες est susceptible, dans le droit attique, d'avoir le sens large que lui prêtaient les jurisconsultes romains. Cette interprétation se trouve même favorisée par le caractère de concision, συντομωτέρως τοῖς ρήμασιν [1], que présentait intentionnellement la rédaction des lois soloniennes, trop souvent malheureusement au détriment de la clarté. La loi de Gortyne fournit enfin, en faveur de l'interprétation extensive, un puissant argument d'analogie, car elle appelle formellement à la succession non-seulement les frères et leurs enfants, mais encore leurs petits-enfants [2]. Ces différents arguments ne sont point cependant à l'abri de toute critique. Il peut nous paraître équitable et rationnel, dans nos idées modernes, d'admettre la représentation à l'infini. Mais, ainsi que nous l'avons précédemment observé à propos des droits de succession du père, les anciens ne

(1) Isée, *De Hagn. hær.*, § 3.
(2) Loi de Gortyne, V, 9 et s.

concevaient pas toujours les choses comme nous, même
lorsqu'il s'agit d'institutions en apparence identiques, et il
peut être dangereux de donner à une règle du droit ancien
la même portée qu'elle peut avoir dans notre droit moderne. Dire, d'autre part, que le mot παῖδες comprend les
descendants à tous les degrés, c'est une simple supposition
que rien ne vient confirmer. Cette supposition serait même
contredite par ce qui suit, dans la loi de Démosthène, τὴν
τοῦ πατρὸς μοῖραν λαγχάνειν, car le mot πατρὸς implique plutôt
que ceux qui viennent ainsi par représentation de leur *père*
sont exclusivement les neveux. Sans nier enfin la valeur de
l'argument d'analogie tiré dé la loi de Gortyne, nous observerons que si cette loi ressemble, dans ses grandes lignes, à
la loi de succession athénienne, rien ne prouve que dans les
détails, notamment sur le point qui nous occupe, les deux législations aient été identiques. Au surplus, si cette loi peut
fournir un argument d'analogie, c'est plutôt en faveur de
l'opinion de Gans [1] qui, tout en admettant à la succession les
petits-neveux, exclut les descendants plus éloignés. La loi
de Gortyne n'appelle, en effet, à la succession, que les frères, leurs enfants et petits-enfants, et il semble que cette
énumération est limitative [2]. En définitive, dans l'état actuel des sources, il nous paraît difficile de conclure dans un
sens plutôt que dans l'autre [3].

2° *Des sœurs du défunt.*

La loi de succession citée dans le discours contre Macartos
ne parle point textuellement des sœurs. Quand elle s'occupe

---

(1) V. *supra*, p. 504, note 3.
(2) Cela résulte, à notre avis, de la comparaison de cette disposition avec ce
que décide la loi pour la succession dans la ligne directe descendante, où elle
appelle les enfants, petits-enfants et arrière petits-enfants. Cf. Bächeler et Zitelmann, p. 136 ; Rosenberg, *Das Erbrecht von Gortyn*, p. 16 et s.
(3) Cf. Mitteis, p. 320, note 3.

des collatéraux au premier degré, elle vise uniquement les
ἀδελφοί et les παῖδες ἐξ ἀδελφῶν, expressions qui, grammaticalement, ne s'appliquent qu'aux frères et aux enfants de frères.
Il est certain néanmoins que les sœurs consanguines et leurs
enfants viennent, dans la ligne collatérale, immédiatement
après les frères consanguins et leurs enfants. La loi de succession citée dans le plaidoyer sur l'héritage d'Hagnias le
déclare en termes formels : ἐὰν δ'οὗτοι (sc. ἀδελφοὶ ὁμοπάτορες;
καὶ ἀδελφιδοῖ) μὴ ὦσι, δεύτερον ἀδελφὰς ὁμοπατρίας καλεῖ καὶ παῖδας
τοὺς ἐκ τούτων [1]. Un autre texte d'Isée n'est pas moins formel.
Dans un cas où le défunt n'avait laissé ni enfants légitimes,
ni frères, ni neveux fils de frères, l'orateur affirme qu'il ne
peut pas y avoir de parents plus rapprochés que les enfants
de la sœur [2], donc à plus forte raison, que la sœur elle-
même.

Aussi, pour mettre d'accord avec ces textes la loi citée
par Démosthène, a-t-on présenté plusieurs interprétations.
On a d'abord proposé de combler la lacune manifeste qui
existe avant les mots ἐξ αὐτῶν κατὰ ταυτὰ λαγχάνειν en intercalant les mots ἀδελφὰς καὶ παῖδας [3]. Un auteur [4] a même
jugé toute correction inutile et il observe que les sœurs ont
très bien pu être comprises, aussi bien que les frères, sous
le nom générique d'ἀδελφοί, supposition que favorise la
déclaration d'Isée que la loi de Solon était rédigée d'une
façon très concise. Cette interprétation soulève toutefois une

(1) Isée, *De Hagn. her.*, § 2.

(2) Isée, *De Pyrrhi her.*, § 72 : μὴ γενομένων δὲ παίδων γνησίων ἐκείνῳ,
ἐγγυτέρω ἡμῶν οὐδὲ εἷς· ἀδελφὸς μὲν γὰρ οὐκ ἦν αὐτῷ οὐδ' ἀδελφοῦ παῖδες, ἐκ
δὲ τῆς ἀδελφῆς ἡμεῖς ἦμεν αὐτῷ.

(3) Meier, *De Andoc.*, V, 47, et *Opusc. acad.*, I, p. 237 ; Bunsen, p. 30 ; Meier,
Schœmann et Lipsius, p. 582, note 271; Buermann, *loc. cit.*, p. 354; Hermann-
Thalheim, p. 64, note 4. Peut-être pourrait-on, en se référant au texte de la loi
de succession citée par Isée, ajouter au mot ἀδελφὰς l'épithète ὁμοπατρίας. Cf.
Bunsen et Hermann-Thalheim, *loc. cit. Contra*, Buermann, *loc. cit.*

(4) Schelling, p. 115.

objection assez sérieuse. Les mots τὴν τοῦ πατρὸς μοῖραν λαγ-χάνειν semblent indiquer que la loi ne se réfère qu'aux frè-res et aux fils de frères, car si elle avait également eu en vue les sœurs et les fils de sœurs, elle n'aurait pas pu dire de ces derniers, quand ils viennent par représentation pren-dre la part de leur mère, qu'ils obtiennent τὴν τοῦ πατρὸς μοῖραν [1]. Quoi qu'il en soit, la vocation des sœurs et des en-fants des sœurs est absolument certaine. La loi de Gortyne place également les sœurs, leurs enfants et petits-enfants au troisième rang parmi les successibles [2].

Aux termes de la loi citée par Isée dans son plaidoyer sur l'héritage d'Hagnias, les sœurs consanguines ne viennent qu'en seconde ligne, après les frères et leurs descendants. C'est l'application d'un principe qui domine toute la dévolu-tion des successions dans le droit attique, à savoir celui de la préférence accordée aux mâles et aux descendants par les mâles. Nous avons déjà rencontré plusieurs applications de ce principe en cas de dévolution de la succession en ligne directe descendante. En ligne collatérale, le privilège de masculinité se justifie par des raisons semblables à celles que nous avons précédemment indiquées pour la ligne di-recte [3].

La loi de succession citée dans le discours contre Macar-tatos formule ce privilège dans les termes suivants, après avoir indiqué les droits des frères et sœurs et de leurs des-cendants : κρατεῖν δὲ τοὺς ἄρρενας καὶ τοὺς ἐκ τῶν ἀρρένων, ἐὰν ἐκ τῶν αὐτῶν ὦσι καὶ ἐὰν γένει ἀπωτέρω. C'est une question très délicate et fort controversée que de savoir à l'égard de quels successibles et dans quelles conditions s'applique la règle de la préférence des mâles et des descendants par les mâles.

---

(1) Buermann, *loc. cit.*, p. 355.
(2) Loi de Gortyne, V, 18 et s.
(3) Cf. Perrot, *Eloquence politique*, p. 379.

Et tout d'abord il s'agit de savoir si, comme nous l'avons dit, cette règle domine toute la dévolution des successions soit en ligne directe, soit en ligne collatérale. La difficulté provient d'un passage du plaidoyer d'Isée sur l'héritage d'Apollodore. « La loi, dit l'orateur, veut que si un frère consanguin meurt sans enfants et intestat, la sœur et le fils d'une autre sœur se partagent également sa fortune.... La loi prononce donc le partage égal de la succession d'un père comme de celle d'un frère. Mais pour celle d'un cousin germain ou de tout autre parent plus éloigné, il n'en est pas de même et la loi reconnaît aux mâles une anchistie supérieure à celle des femmes [1] ». Isée cite alors en termes presque identiques la règle κρατεῖν τοὺς ἄρρενας qui est rapportée dans le plaidoyer contre Macartatos. Il semble résulter de ce passage que le principe de la préférence accordée aux mâles et aux descendants par les mâles n'est applicable que dans le cas où il s'agit d'une succession déférée à des ἀνεψιοί, c'est-à-dire à des cousins germains ou à des parents plus éloignés. C'est, en effet, l'opinion de certains auteurs [2]. Suivant eux, la règle κρατεῖν τοὺς ἄρρενας, qui est fort ancienne et qui remonte à Solon, au témoignage de l'auteur du discours contre Macartatos [3], aurait, sans doute, été originairement applicable à tous les ordres de successibles. Mais on se serait peu à peu relâché de la rigueur primitive et des lois plus libérales auraient aboli la règle en ce qui concerne les premiers ordres de successibles, ne la laissant subsister qu'à partir de l'ordre des ἀνεψιοί. La règle en

---

(1) Isée, *De Apollod. her.*, § 20 : πατρῴων μὲν οὖν καὶ ἀδελφοῦ χρημάτων τὸ ἴσον αὐτοῖς (*scil.* ἄρρεσι καὶ θηλείαις) ὁ νόμος μετασχεῖν δίδωσιν· ἀνεψιοῦ δέ, καὶ εἴ τις ἔξω ταύτης τῆς συγγενείας ἐστίν, οὐκ ἴσον ἀλλὰ προτέροις τοῖς ἄρρεσι τῶν θηλειῶν τὴν ἀγχιστείαν πεποίηκε.

(2) Gans, p. 380 ; Schœmann, *Recension von Boor, loc. cit.*, p. 516; Grasshof, p. 64 ; Meier, Schœmann et Lipsius, p. 586 texte et note 175 ; Seeliger, p. 179. Cf. Mitteis, p. 322, note 3.

(3) Démosthène, *C. Macart.*, § 78.

question aurait ainsi cessé d'être appliquée aux successions échues à des descendants, ainsi qu'à celles échues à des frères ou sœurs ou à des descendants de frères ou sœurs. Outre le plaidoyer d'Isée sur la succession d'Apollodore, on invoque, en ce sens, deux passages d'un autre discours du même orateur sur l'héritage de Dicéogène [1]. Il en résulte, dit-on, qu'une fille de Céphisophon aurait succédé pour partie à son oncle Dicéogène, tandis que son frère, également neveu du *de cujus*, héritait pareillement de son oncle. Le neveu et la nièce succédaient donc concurremment et, dès lors, comme le dit Isée, ce n'était qu'à partir des cousins germains qu'était appliquée la règle κρατεῖν τοὺς ἄρρενας.

Avant de rechercher si cette interprétation est exacte nous devons préalablement faire une observation destinée à préciser la portée de la controverse, c'est que la règle κρατεῖν τοὺς ἄρρενας n'est, de l'avis général, applicable qu'entre successibles du même ordre. En conséquence, il ne saurait être question de dire qu'un parent, même d'un ordre ultérieur, l'emporte sur une femme comprise parmi les successibles d'un ordre antérieur. Ainsi, par exemple, une sœur du côté paternel n'est point exclue par un ἀνεψιός également du côté paternel. De même une ἀνεψία πρὸς πατρός n'est point exclue par un frère utérin, car, dans ces hypothèses, le concours s'établit entre successibles de différents ordres. On ne saurait soutenir une proposition contraire sans se mettre en contradiction formelle avec les dispositions très claires de la loi de succession citée au début du plaidoyer pour l'héritage d'Hagnias. On doit donc admettre que les femmes peuvent passer avant les mâles, si elles appartiennent à un ordre de successibles antérieur [2].

(1) Isée, *De Dicœog. her.*, §§ 9 et 12.
(2) Schelling, p. 118; Seeliger, p. 179; Buermann, p. 368, note 4; Mitteis, p. 322, note 2; Caillemer, p. 48 et 49,

Mais lorsque le concours s'établit entre successibles du même ordre, le privilège de masculinité ne commence-t-il à s'appliquer qu'à partir des ἀνεψιοί? Nous ne le pensons pas. Il est, en premier lieu, certaines hypothèses pour lesquelles la question ne saurait sérieusement se poser : nous voulons parler de celles où il s'agit du concours des fils avec les filles ou des frères avec les sœurs. Nous avons démontré antérieurement que, dans la ligne directe descendante, les fils et leurs descendants priment les filles du *de cujus*. Cette proposition résulte soit de la loi de succession citée dans le discours contre Macartatos, soit de plusieurs exemples que nous ont rapporté les orateurs [1]. Il ne saurait non plus être question de faire concourir les sœurs avec les frères du défunt : la loi citée dans le plaidoyer d'Hagnias est formelle à ce sujet, et elle n'appelle à l'héritage les sœurs consanguines et leurs descendants qu'en seconde ligne, δεύτερον, après les frères consanguins et leurs descendants, qui viennent en première ligne, πρῶτον. Il n'y a aucune raison de mettre en doute un témoignage aussi net que celui que nous fournit ce plaidoyer. Aussi la plupart des auteurs qui se prononcent pour la limitation de la règle κρατεῖν τοὺς ἄρρενας, reconnaissent-ils que les frères et leurs descendants forment une classe de successibles distincte de celle des sœurs et de leurs descendants, la première ayant la priorité sur la seconde [2].

L'intérêt de la controverse se restreint donc aux cas de concours qui peuvent se produire dans l'ordre des frères ou dans l'ordre des sœurs entre neveux et nièces, ou, d'une manière plus générale, entre descendants de frères ou de sœurs. A s'en tenir littéralement au passage précité du plaidoyer sur l'héritage d'Apollodore, on pourrait croire que la règle κρατεῖν τοὺς ἄρρενας n'étant applicable qu'à partir des

---

(1) V. *supra*, p. 458 et s.
(2) Cf. Meier, Schœmann et Lipsius, p. 582 ; Mitteis, p. 320.

ἀνεψιοί, un neveu et une nièce, par exemple, enfants d'un
frère prédécédé, viennent en concours à la succession de
leur oncle. A notre avis, cependant, cette conclusion n'est
point exacte. Une première raison pour ne pas attribuer au
plaidoyer sur l'héritage d'Apollodore l'effet qu'il semble
comporter, c'est que la règle qu'Isée paraît y poser, si elle
était vraie, serait, dans sa généralité, en contradiction formelle avec la loi de succession citée par le même orateur
dans le plaidoyer pour l'héritage d'Hagnias. Cette loi, comme
nous venons de le dire, ne fait passer les sœurs qu'après
les frères. Il existe ainsi, même avant les ἀνεψιοί, des successibles entre lesquels s'applique la règle κρατεῖν τοὺς ἄρρενας, abstraction faite même des descendants en ligne directe. On peut donc déjà suspecter à juste titre l'affirmation
d'Isée dans son discours pour la succession d'Apollodore.
Elle est, en outre, directement contredite par un passage
du discours de Démosthène contre Léocharès. Le client de
l'orateur, Aristodème, petit-fils de Midylidès, frère du *de cujus* Archiadès, se trouve en compétition, pour la succession
de celui-ci, avec un arrière petit-fils d'une sœur d'Archiadès et,
pour exclure ce dernier, il invoque le privilège de masculinité qui, cependant, d'après le plaidoyer pour l'héritage
d'Apollodore, serait inapplicable dans l'ordre des frères et
sœurs. Aristodème, dit, en effet, et il ne paraît pas redouter
la contradiction : « Il y a en ceci un principe hors de doute,
c'est que les successions sont dévolues aux mâles et aux
descendants par les mâles. En effet, la loi, à défaut d'enfants,
ne donne les successions qu'aux parents les plus proches
par les mâles et non à d'autres. *C'est nous qui sommes dans
ce cas* » [1]. L'orateur suppose donc manifestement que le
principe κρατεῖν τοὺς ἄρρενας a une portée générale, et il en

---

(1) Démosthène, *C. Leoch.*, § 12 : ἐν μὲν οὖν ὁμολογεῖται τὸ κρατεῖν τῶν κληρονόμων τοὺς ἄρρενας καὶ τοὺς ἐκ τῶν ἀρρένων· ἁπλῶς γὰρ τοῖς ἐγγυτάτω πρὸς
ἀνδρῶν, ὅταν μὴ παῖδες ὦσιν, ὁ νόμος τὰς κληρονομίας ἀποδίδωσιν. οὗτοι δ᾽ ἐσμὲν
ἡμεῖς.

tire précisément une conséquence en sa faveur contre son
adversaire qui appartient à la même classe que lui, c'est-à-
dire à celle des descendants de frères et sœurs. Il y a donc
contradiction absolue entre l'affirmation du client de Démosthène et celle du client d'Isée dans le cas d'Apollodore. Or,
a priori, la première nous paraît mériter plus de créance que
la seconde, car elle est beaucoup plus nette, et la seconde, outre
qu'elle se trouve déjà en contradiction, comme nous l'avons dit,
avec les dispositions de la loi de succession citée dans le plaidoyer pour l'héritage d'Hagnias, apparaît comme un artifice
oratoire destiné à faire prévaloir les prétentions de Thrasyllos contre la revendication de Thrasybule. Ainsi que
Buermann [1] l'a victorieusement démontré, dans le texte
original de la loi περὶ ἀδελφοῦ χρημάτων, la règle κρατεῖν τοὺς
ἄρρενας se trouvait immédiatement après les dispositions
relatives à la classe des frères et sœurs et, par suite,
était applicable à cette classe de successibles comme
aux suivantes. Isée a transposé la citation de la règle en
en donnant lecture seulement après les dispositions concernant les droits des ἀνεψιοί, de manière à faire croire que la
règle n'était applicable qu'à partir de ces derniers. Cette
supposition se trouve confirmée par ce fait que, dans la loi
de succession citée dans le discours contre Macartatos, la
règle κρατεῖν τοὺς ἄρρενας se trouve placée immédiatement
après les dispositions relatives aux frères et sœurs ou descendants d'eux et avant l'indication des droits des ἀνεψιοί [2].
Le peu de valeur de l'argument tiré du plaidoyer d'Apollodore ressort enfin de ce fait qu'Isée lui-même, à plusieurs

---

(1) Buermann, *loc. cit.*, p. 362 et s.

(2) Nous ne croyons pas, en effet, qu'il faille combler la lacune existant avant
les mots ἐξ αὐτῶν κατὰ ταὐτὰ λαγχάνειν en y intercalant les mots ἀνεψιοὺς καὶ
τοὺς. La correction la plus plausible et la plus généralement adoptée est celle
qui consiste à intercaler les mots ἀδελφοὺς καὶ παῖδας (V. *supra*, p. 503 et s.).
La règle κρατεῖν τοὺς ἄρρενας se trouve bien alors placée entre l'énumération
des frères et sœurs ou descendants d'eux et celle des ἀνεψιοί, et, par conséquent,
se trouve forcément applicable aux premiers.

reprises, affirme que les parents maternels héritent κατὰ ταὐτά, c'est-à-dire suivant des règles analogues à celles qui sont suivies pour les parents paternels [1]. Or, l'allégation du plaidoyer d'Apollodore se trouve encore en contradiction directe avec cette règle, comme avec les indications résultant du plaidoyer contre Léocharès. En effet, ainsi que l'observe pareillement Buermann, si cette allégation était exacte, les frères et sœurs utérins, qui sont plus éloignés du *de cujus* que les ἀνεψιοὶ πρὸς πατρός, et qui sont, par conséquent, ἔξω ταύτης τῆς συγγενείας, seraient appelés à la succession d'une autre manière que les frères et sœurs consanguins; ils ne seraient point κατὰ ταὐτά, comme le veut Isée lui-même. C'est donc que cet orateur a volontairement commis une inexactitude dans le plaidoyer d'Apollodore.

Le plaidoyer sur l'héritage de Dicéogène paraît, il est vrai, appeler une nièce et un neveu concurremment à la succession de leur oncle [2]. Mais l'objection n'est point insurmontable. Il est fort douteux, en effet, que la sœur de Ménexène ait été réellement, comme le porte le § 9, expulsée par Dicéogène d'une part d'héritage qu'elle aurait recueillie en concours avec son frère Ménexène, dans la succession de son oncle également nommé Dicéogène. Peut-être Ménexène avait-il recueilli seul cette succession et, pour mettre plus en relief la spoliation commise par Dicéogène, a-t-il présenté sa sœur comme ayant été dépouillée d'une part de la succession par un tuteur sans pitié. On peut faire aussi cette autre réponse, qui, à notre avis, est plus décisive, c'est que, d'après le § 9 du plaidoyer, la femme de Céphisophon devrait être morte à l'époque où la fille du même

---

(1) Isée, *De Hagn. her.*, § 2. Cf. Démosthène, *C. Macart.*, § 51.

(2) Isée (*De Diceog. her.*, § 9), dit, en parlant de Dicéogène III : ἐξήλασε μὲν ἣν Κηφισοφῶντος τοῦ Παιανιέως θυγατέρα ἐκ τοῦ μέρους, ἀδελφιδῆν οὖσαν Δικαιογένου: τοῦ καταλιπόντος τὰ χρήματα. Il dit, d'autre part, au § 12: Μενέξενος γὰρ ὁ Κηφισοφῶντος υἱός, ἀνεψιὸς ὢν Κηφισοδότῳ τούτῳ καὶ ἐμοί, καὶ προσῄτει αὐτῷ τοῦ κλήρου μέρος ὅσον περ ἐμοί, ἐπεξῄει τοῖς καταμαρτυρήσασιν ἡμῶν.

individu aurait été expulsée par Dicéogène d'une part de succession qu'elle n'aurait pu recueillir qu'à défaut de sa mère. Or cette supposition se trouve contredite par d'autres passages du plaidoyer d'où il résulte que la succession de Dicéogène défunt a été recueillie par ses sœurs encore vivantes [1], y compris la femme de Céphisophon. On peut donc admettre qu'il y a une erreur dans la rédaction du § 5 et que le texte doit être lu ainsi : τὴν Κηφισοφῶντος τοῦ Παανιέως γυναῖκα.... ἀδελφὴν οὖσαν Δικαιογένους. La transposition, dans un manuscrit, du mot ἀδελφὴν ou ἀδελφιδήν a dû naturellement amener le copiste à remplacer le mot γυναῖκα par le mot θυγατέρα [2].

Quand bien même la correction que nous venons d'indiquer pour écarter l'objection tirée du plaidoyer de Dicéogène paraîtrait trop audacieuse [3], nous ne pensons point cependant qu'une telle objection soit de nature à faire hésiter sur la solution que nous avons admise concernant le caractère absolu de la règle κρατεῖν τοὺς ἄρρενας. Ce caractère est, en effet, conforme d'abord à l'idée, universellement reçue par es anciens, d'une préférence due à la postérité masculine parce que le culte domestique ne se transmet que de mâle en mâle. Aussi, non seulement dans la loi de succession du discours de Macartatos, mais encore dans d'autres passages des plaidoyers d'Isée ou de Démosthène, les orateurs, lorsqu'ils citent la règle κρατεῖν τοὺς ἄρρενας, le font-ils en des termes généraux et qui excluent toute restriction à certaines classes de successibles [4]. Nous nous prononcerons donc

---

(1) Isée, *ibid.*, § 16 : κατὰ δόσιν οὐδινὶ προσῆκε τοῦ κλήρου, κατ' ἀγχιστείαν δὲ ταῖς Δικαιογένους τοῦ ἀποθανόντος ἀδελφαῖς. Cf. §§ 18, 20 et 26.
(2) Cf. en ce sens, Buermann, *loc. cit.*, p. 358.
(3) Cf. Caillemer, p. 90, note 5.
(4) Isée, *De Hagn. her.*, § 17 : νόμω ὃς κελεύει κρατεῖν τοὺς ἄρρενας. Démosthène, *C. Macart.*, § 78 : ὁ δὲ νόμος κελεύει ὁ τοῦ Σόλωνος κρατεῖν τοὺς ἄρρενας καὶ τοὺς ἐκ τῶν ἀρρένων. *C. Leochar.*, § 62 : ὁ γὰρ νόμος κελεύει κρατεῖν τοὺς ἄρρενας καὶ τοὺς ἐξ ἀρρένων. Cf. *ibid.*, § 12, *supra cit.*, p. 513, note 1.

aussi pour l'application de cette règle non seulement à la parentèle de l'aïeul, mais encore à celle du père [1].

La loi de succession qui, dans le discours contre Macartatos, établit le privilège de masculinité, après avoir dit κρατεῖν τοὺς ἄρρενας καὶ τοὺς ἐξ ἀρρένων, ajoute cette phrase, qui a soulevé bien des difficultés : ἐὰν ἐκ τῶν αὐτῶν ὦσι καὶ ἐὰν γένει ἀπωτέρω. On s'est demandé si ces mots signifient que la préférence des parents mâles sur les femmes est subordonnée à l'absence de certaines conditions en l'absence desquelles hommes et femmes succédaient également. Tel est l'avis de certains auteurs qui, au surplus, ne sont point d'accord sur la nature de ces conditions. Ainsi d'abord, suivant Reiske [2], le privilège de masculinité s'applique ἐὰν ἄρρενες ἐκ τῶν αὐτῶν ὦσι ἐξ ὧν αἱ θήλειαι, c'est-à-dire que les hommes sont préférés aux femmes s'ils ont les mêmes ascendants que ces femmes. Schœmann [3] traduit le passage litigieux de la manière suivante : ἐὰν ἐκ τῶν αὐτῶν ἄρρενες ὦσι ἐξ ὧν ὁ τελευτήσας, et il enseigne alors que les hommes passent avant les femmes lorsqu'ils ont les mêmes ascendants, masculins et féminins, que le défunt, mais qu'ils viennent en concours avec les femmes quand ils ne se rattachent au défunt que par quelques-uns des ascendants, tandis que les femmes ont avec lui une entière communauté d'origine. Mais, dans cette interprétation, dès que la condition requise pour l'existence du privilège de masculinité se trouve remplie, peu importe que l'homme soit au même degré que la femme ou à un degré plus éloigné du défunt; même dans ce dernier cas, καὶ ἐὰν γένει ἀπωτέρω [1], le privilège peut s'exercer.

(1) Cf. en ce sens : Schneider, p. 16; Perrot, *loc. cit.*, p. 379; Schelling, p. 121; Buermann, *loc. cit.*; Hermann-Thalheim, p. 64, note 6, *inf.*; Caillemer, p. 87.

(2) Reiske, *Oratores attici*, t. VII, p. 173 : « Si parentes posteritatis masculinæ iidem sunt cum parentibus posteritatis a femellis descendentis. » *Appar. ad Demosth.*, t. III, p. 1460 : « Si sint ex eodem patre et ex eadem matre, quo excluduntur fratres ex diversis maribus. »

(3) Schœmann, sur Isée, p. 360 : « Ego quidem ad ἐκ τῶν αὐτῶν subaudio :

Cette interprétation a soulevé des critiques qui nous paraissent absolument fondées. Outre, en effet, qu'elle est obligée, pour justifier le sens qu'elle donne au texte, de le compléter plus ou moins arbitrairement, elle se trouve en contradiction avec d'autres règles du droit successoral dont l'existence est absolument certaine. Ainsi, dans l'opinion de Schœmann, pour que les frères du défunt fussent appelés avant les sœurs, il faudrait que les frères et sœurs eussent le même père que le défunt. Or cette communauté absolue d'origine n'est nullement nécessaire pour assurer la préférence des frères, car la loi de succession citée dans le plaidoyer sur l'héritage d'Hagnias appelle formellement les frères consanguins avant les sœurs consanguines. Cette même loi suffit pour renverser la théorie de Reiske, car elle établit que l'exclusion des sœurs par les frères ne suppose point nécessairement que ces sœurs soient des sœurs germaines. Or, comme on l'a très justement observé [1], si ces observations sont péremptoires pour les frères et sœurs, elles doivent avoir la même valeur pour les autres degrés de parenté. Donc lorsque le défunt laisse, par exemple, pour successibles, un cousin germain et une cousine germaine, frère et sœur, le cousin germain sera préféré à sa sœur, non seulement lorsqu'il aura le même aïeul et la même aïeule que le défunt, mais encore lorsqu'il aura le même aïeul, sans avoir la même aïeule [2].

ἰξ ὦν ὁ τελευτήσας, designarique eos v. c. ἀνεψιοὺς statuo, qui iisdem cum illo avio et avia, vel ἀνεψιαδοῦς, qui iisdem proavo et proavia oriundi sunt, ut opponantur iis, qui avos quidem vel proavos eosdem, avias autem vel proavias diversas habeant. Itaque legis sententia hæc erit, ut viri mulieribus tam demum præferantur, si ab eodem atque defunctus mare ac femina originem ducant, sin a diversis viri, ab iisdem mulieres, tam his illi ne præferantur. » Cf. toutefois Schœmann, Recension von Boor, loc. cit., p. 524.

(1) Caillemer, p. 93; Grasshof, p. 61.

(2) Plusieurs autres explications ont été proposées des mots ἐκ τῶν αὐτῶν. D'après Bensen (p. 35), « hæc verba ad eos spectant, qui iisdem utantur parentibus, veluti consobrini, filius et filia. » Mais, ainsi que l'observe Grasshof (p. 61), « hanc interpretationem quominus probemus, præter alia obstat quod sequitur

Parmi les autres explications qui ont été proposées, il en est une qui paraît très plausible et qui, pour rendre plus intelligible le texte de Démosthène, y introduit une légère correction empruntée à un texte d'Isée, tel du moins que la plupart des manuscrits l'ont conservé. Dans son plaidoyer pour l'héritage d'Apollodore, Isée reproduit les dispositions qui nous occupent mais en des termes légèrement différents. Il dit : κρατεῖν δὲ τοὺς ἄρρενας καὶ τοὺς ἐκ τῶν ἀρρένων, οἳ ἂν ἐκ τούτων (au lieu de ἐκ τῶν αὐτῶν) ὦσι κἂν γένει ἀπωτέρω τυγχάνωσιν ὄντες [2]. Il n'y a pas de raison, dit-on, pour ne pas accorder à ce texte la même valeur qu'à celui de Démosthène. Voici alors comment on pourrait ˊle traduire : « Les mâles et les descendants par les mâles seront préférés aux femmes lorsqu'ils appartiendront à l'une des parentés qui viennent d'être indiquées (frères, fils de frères, sœurs, fils de sœurs, si l'on

κἂν γένει ἀπωτέρω. Præter enim et soror non possunt alter altero nec propriores esse nec remotiores a defuncto. » D'après Platner (*Recension von Bunsen*, p. 1189, et *Recension von Boor*, p. 199), « hæc verba tum ad omnes eos referri, qui medii sunt inter defunctum et petitores, tum ad ambos parentes spectare, ut privigni excluderentur et ea ipsa nihil aliud significare videri nisi hominem cum alio ejusdem esse originis. » Il ajoute que tel est le sens de ces mots dans deux plaidoyers d'Isée, d'abord dans le plaidoyer sur l'héritage d'Apollodore, où il est dit, au § 11, en parlant d'Eupolis vis-à-vis du fils de son frère, qu'il est ἐκ τῶν αὐτῶν γεγονότα, et ensuite dans le plaidoyer sur l'héritage d'Aristarque où, au § 23, il est dit du fils de la sœur par rapport à son oncle qu'il est ἐκ τῶν αὐτῶν γεγεννημένον. Mais, comme le remarque encore Grasshof (p. 62), si l'on admet cette interprétation, « hæc verba supervacanea atque inutilia essent, aut certe conjuncte efferenda non erant, quasi unquam fieri posset, ut defunctus et consobrini ejus ἐκ τῶν αὐτῶν non essent. » Nous signalerons enfin l'explication proposée par de Boor (p. 7) et par Schneider (p. 9) : « ἐκ τῶν αὐτῶν (scil. ἐξ ὧν ὁ τελευτήσας) sunt omnes ii cognati, quorum lineæ, si defuncti et omnes cognatorum lineæ ad communia capita ducuntur, cum defuncti linea prius, quam ceteræ, ad commune caput referri possunt. »

(2) Isée, *De Apoll. her.*, § 20. Ainsi que l'observe très justement Schelling (p. 122), « verba ἐὰν ἐκ τούτων... ἀπωτέρω ideo objecta sunt, ut lector intelligeret principium de maribus ante feminas ad hereditatem vocandis ad omnes cognatos et eos qui jam nominatim significati, et eos quos lex jam designatura est, pertinere. Isæus autem in oratione de Apollodori hereditate, quam consilio suo id accommodatum sentiret, causidicorum more illud τούτων non ad omnes cognatos, quorum in antecedentibus lex mentionem fecerat, sed ad eos tantum,

comble la lacune existant avant les mots ἐξ αὐτῶν κατὰ ταὐτὰ λαγχάνειν par les mots ἀδελφὰς καὶ παῖδας, cousins germains et fils de cousins germains, si l'on comble cette même lacune par le mot ἀνεψιούς). La même règle s'appliquera aux successibles des parentés plus éloignées. » En d'autres termes, le privilège de masculinité a lieu que la succession soit déférée à des frères, à des descendants de frères, à des cousins, à des descendants de cousins ou même à des parents plus éloignés, ἔξω ταύτης τῆς συγγενείας [1]. Cette explication n'a qu'un défaut, c'est de reposer sur la comparaison avec un texte d'Isée dont on peut fortement critiquer la valeur, car il se rattache à une autre proposition formulée par le même orateur et dont nous avons précédemment démontré l'inexactitude [2]. On peut toutefois arriver au même résultat sans faire subir au texte de Démosthène aucune correction et en le traduisant de la manière suivante : « Les mâles et les descendants par les mâles l'emportent s'ils descendent des mêmes parents (que le *de cujus*) et s'ils sont plus éloignés par la parenté ». La première partie de la disposition (ἐὰν ἐκ τῶν αὐτῶν ὦσι) viserait ainsi la classe des frères et sœurs et de leurs descendants [3], tandis que la seconde (καὶ ἐὰν γίνει ἀπωτέρω) proclamerait l'application du principe à toutes les autres classes de successibles, même au-delà de l'ἀγχιστεία [4].

quorum commemoratio in lege a verbis χρατ. δ. τ. ἄρρ. proxime abesset, srilicet ad ἀνεψιούς καὶ παῖδας ἐξ αὐτῶν referebat, et ita legem Soloneam falso interpretatus principium de maribus ante feminas ad successionem vocandis non ad prolem, fratres sororesque defuncti, sed ad solos consobrinos et remotiores consobrinis pertinere affirmat. »

(1) Schelling, p. 113; Caillemer, p. 93-94.

(2) Cf. Buermann, p. 360 et s.

(3) Cf. Isée, *De Apollod. her.*, § 11 : Εὔπολις γὰρ αὐτῷ δυοῖν θυγατέρων οὐσῶν καὶ ἐκ τῶν αὐτῶν γεγονώς κτλ.

(4) Hermann-Thalheim, p. 64, note 6. Cette interprétation, ainsi que l'observe Lipsius (sur Meier et Schœmann, p. 586, note 275) ne soulève qu'une critique, c'est que le premier membre de phrase devrait commencer non point par ἐὰν mais par κἄν ou par ἐάν τι. Mais cette critique est bien légère, surtout

Nous croyons aussi, avec les partisans de cette explication, que le privilège de masculinité a une portée générale et s'applique à toutes les classes de successibles. Mais est-ce là seulement ce qu'a voulu dire la phrase dont nous recherchons le sens? Nous ne le pensons pas, et voici une dernière interprétation qui renferme également sa part de vérité. Elle consiste à dire que les mâles, qui ont une souche commune avec les femmes ou les descendants par les femmes (ἐκ τῶν αὐτῶν, *scil.* ἐκ τῶν αὐτῶν ἐξ ὧν αἱ θήλειαι καὶ οἱ ἐκ τῶν θηλειῶν εἰσιν), sont préférés à celles-ci et à leurs descendants, même s'ils sont plus éloignés d'un ou plusieurs degrés de la souche commune (κἂν γένει ἀπωτέρω [τυγχάνωσιν ὄντες]). Il en résulte que, par exemple, le fils du frère consanguin exclut la sœur consanguine, bien que celle-ci se trouve plus rapprochée de l'auteur commun. De même, le petit-fils du frère consanguin exclut la fille d'un autre frère, bien que pareillement, dans cette hypothèse, la personne exclue soit moins éloignée de l'auteur commun. Cette interprétation, qui a le mérite de concorder exactement avec le texte de Démosthène, apporte, sans doute, une dérogation aux principes de la représentation. Si, en effet, on appliquait rigoureusement ces principes, on devrait admettre, par exemple, que le petit-fils d'un frère consanguin, venant par représentation de ce frère, doit concourir avec la fille d'un autre frère venant également par représentation de ce dernier. Mais il ne faut pas oublier que la représentation n'était ni conçue ni appliquée dans le droit attique de la même manière que dans nos législations modernes. D'autre part, l'interprétation que nous indiquons a pour résultat de faire concorder la dévolution de la succession avec le droit de réclamer la main de la fille épiclère. Or, avec les idées des anciens sur l'épiclérat, et en tenant compte du lien intime qui existe,

quand il s'agit d'un texte dont la rédaction laisse à désirer non seulement en cet endroit mais encore en d'autres.

dans le droit attique, entre le κλῆρος et l'ἐπίκληρος, on peut
s'expliquer que la dévolution de l'un et de l'autre ait été
soumise aux mêmes règles [1].

Il ne faut point toutefois exagérer la portée du principe
qui donne la préférence aux mâles et aux descendants par
les mâles, même s'ils sont plus éloignés de l'auteur commun.
Ainsi l'on a prétendu que le petit-fils de la sœur consanguine exclut la fille d'une autre sœur [2]. Nous ne croyons
pas que l'on puisse aller jusque-là. Si les mâles et leurs
descendants excluent les femmes et leurs descendants, c'est,
à notre avis, sous la condition que les représentants originaires de chacune des deux branches rivales aient été
eux-mêmes de sexe différent. Si, par exemple, il s'agit de
la succession d'un frère, le frère consanguin survivant ou
ses descendants, s'il est prédécédé, seront préférés *in infi-*
nitum à la sœur consanguine ou à ses descendants, et
cela même si les descendants du frère se trouvent être plus
éloignés de l'auteur commun que la sœur ou ses descendants. La préférence accordée originairement au frère sur
sa sœur se continue indéfiniment dans ses descendants. Que
si maintenant nous supposons que la succession se trouve
dévolue à deux sœurs, ou à leurs descendants, le neveu né
de la sœur prédécédée n'exclura pas, en sa qualité de mâle,
la sœur survivante ou la fille de celle-ci. Il y aura concours, car le neveu ne peut invoquer que le droit de sa
mère, et celle-ci aurait été obligée de partager avec sa
sœur. Le neveu est donc également obligé de subir le
partage soit avec sa tante survivante, soi-même, croyons-

---

(1) V. en ce sens : Schœmann, *Recension von Boor*, p. 524; Lipsius, *in*
Burs. Jahresber., V, p. 348, et sur Meier et Schœmann, p. 585-586; Grasshof,
p. 64; Scellger, p. 179; Gans, p. 380; Mitteis, p. 313. Grasshof (*loc. cit.*) traduit
ainsi la loi de Démosthène : « Præferri viros virisque progaatos (scil. feminis iis-
que qui a feminis descendant), si ex iisdem sint (scil. e quibus feminæ et qui a
feminis descendant) etiamsi propinquitate sint remotiores (scil. quam feminæ et
qui a feminis descendant).

(2) Meier, Schœmann et Lipsius, p. 585.

nous, avec la fille de celle-ci, c'est-à-dire avec sa cousine
germaine. Nous avons un texte qui consacre formellement
ce résultat pour le cas où le *de cujus* laisse une sœur et un
neveu né d'une autre sœur prédécédée. La loi, au témoignage d'Isée, les ἰσομοίρους τῶν χρημάτων καθίστησι [1]. Or, ce n'est
là, à notre avis, que l'application du principe plus général
que nous avons formulé. Il est vrai que, si l'on s'en rapporte
à l'argumentation dont Isée fait suivre la citation de cette
loi, ce concours d'une sœur survivante avec le neveu d'une
sœur prédécédée n'aurait lieu que s'il s'agissait de la succession d'un frère, ἀδελφοῦ χρημάτων. Mais s'il s'agit de la
succession d'un ἀνεψός, à laquelle se trouvent appelés une
sœur et le neveu d'une sœur prédécédée, celui-ci, en sa qualité de mâle, exclut sa tante, celle-ci n'étant alors qu'une
ἀνεψιά par rapport au *de cujus*. On peut toutefois douter de
l'exactitude de cette affirmation, car pour la justifier, Isée se
réfère uniquement à cette autre proposition, dont nous
avons précédemment démontré la fausseté, que la règle
κρατεῖν τοὺς ἄρρενας ne s'applique qu'à partir des ἀνεψιοί [1].

Après ces explications sur la portée de la règle κρατεῖν τοὺς
ἄρρενας, nous devons revenir à la dévolution de la succession aux sœurs consanguines ou à leurs descendants, et nous
avons à rechercher si cette dévolution s'opère suivant les
mêmes règles que celles que nous avons indiquées à propos
des successions échues aux frères consanguins ou à leurs
descendants.

Il est un premier point certain, c'est que, dans le cas où
tous les successibles sont des sœurs, celles-ci partagent
également, sans qu'il puisse être question d'un privilège quelconque au profit de l'une d'elles, de l'aînée, par
exemple [2].

Nous avons vu que, lorsque le défunt laisse des frères et

---

(1) Isée, *De Apollod. her.*, § 19. V. *supra*, p. 502, note 2.
(2) Bunsen, p. 27 ; Caillemer, p. 96.

des neveux issus de frères encore vivants, les neveux sont certainement exclus par leurs pères. Cette solution est-elle applicable, *mutatis mutandis*, au cas où la succession est échue à des sœurs? La question est controversée, et l'on a soutenu que les sœurs sont obligées de subir le concours de leurs propres enfants [1]. C'est là une solution analogue à celle que nous avons précédemment réfutée, et d'après laquelle les filles viendraient à la succession de leur père en concours avec leurs propres enfants. Mais ce concours des enfants avec leur mère ne nous paraît pas plus fondé en ligne collatérale qu'en ligne directe. Pour le justifier, on a d'abord invoqué un argument tiré de la rédaction même de la loi de succession. Cette loi, dit-on, lorsqu'elle s'occupe de la dévolution de la succession aux frères, appelle les frères *ou* les enfants de frères, ἀδελφοὶ ἢ ἀδελφῶν παῖδες [2]. Lorsqu'au contraire elle s'occupe des sœurs, elle appelle les sœurs et leurs enfants, ἀδελφαὶ καὶ παῖδες οἱ ἐξ αὐτῶν [3]. Cette différence de rédaction est significative, et elle prouve que, tandis que les enfants de frères ne venaient à la succession que subsidiairement, en cas de prédécès de leur père, les enfants de sœurs étaient, au contraire, appelés concurremment avec leur mère. Cette solution, ajoute-t-on, se trouve confirmée par le plaidoyer d'Isée sur la succession de Dicéogène. Celui-ci, Dicéogène II, était mort sans enfants, laissant plusieurs sœurs et des neveux issus de celles-ci. Or le demandeur, fils de Polyaratos et d'une sœur de Dicéogène, parlant de ce qu'il a retiré personnellement dans la succession de son oncle Dicéogène, dit : « Ménexène, fils de Céphisophon notre cousin germain à Céphisodote et à moi, pouvait prétendre dans la succession à une part

---

(1) Bunsen, p. 27 et s.; Schœmann, sur Isée, p. 288.
(2) Démosthène, *C. Macart.*, § 51.
(3) Isée, *De Hagn. her.*, § 2.

égale à la mienne [1]. » Comme la mère de ce Ménexène vivait
encore et avait elle-même succédé, il fallait, pour que Ménexène pût parler de son propre lot, qu'il eût succédé concurremment avec sa mère. L'orateur raconte ensuite que sa
sœur a été mariée par Dicéogène III (le défendeur) à Protarchidès, et il ajoute : « Cette femme que Protarchidès a
épousée avait dans la succession une part égale à celle de
ma mère » [2]. C'est donc que la mère et la fille avaient succédé conjointement avec l'orateur lui-même, chacun ayant
une part égale dans la succession.

Il est facile, à notre avis, de réfuter cette argumentation.
En ce qui concerne d'abord le premier argument, fort subtil
en lui-même, qui est tiré de l'emploi de la conjonction καὶ au
lieu de ἤ, lorsqu'il s'agit du droit de succession des sœurs et de
leurs descendants, le peu d'importance qu'on pourrait être
tenté de lui attribuer se trouve écarté par ce fait qu'Isée
lui-même parle des frères *et* de leurs descendants. La loi
de succession citée dans le plaidoyer pour l'héritage d'Hagnias porte, en effet: ὁ νόμος περὶ ἀδελφοῦ χρημάτων πρῶτον
ἀδελφοῖς τε καὶ ἀδελφιδοῖς πεποίηκε τὴν κληρονομίαν [3]. De même,
la loi qui consacre le privilège de masculinité, porte: κρατεῖν
τοὺς ἄρρενας καὶ τοὺς ἐκ τῶν ἀρρενων [4], alors que cependant
elle aurait dû, si l'argument que nous critiquons était fondé,
dire ἤ τοὺς ἐκ τῶν ἀρρενων, puisque ceux-ci ne sont appelés
que subsidiairement. On ne saurait donc attribuer aucune
importance à l'emploi de καὶ au lieu de ἤ et en conclure que la
succession dévolue à des sœurs n'est pas soumise aux
mêmes règles que celle dévolue à des frères. L'argument

---

(1) Isée, *De Diceog. her.*, § 12 : προσῆκον αὐτῷ τοῦ κλήρου μέρος ὅσον περ
ἐμοί.

(2) *Ibid.*, § 26 : Πρωταρχίδῃ ἔδωκε Δικαιογένης τὴν ἀδελφὴν τὴν ἐμαυτοῦ...
ταύτῃ δὲ τῇ γυναικί, ἣν ὁ Πρωταρχίδης ἔχει, προσήκει τοῦ κλήρου μέρος ὅσον περ
τῇ μητρὶ τῇ ἐμῇ.

(3) Isée, *De Hagn. her.*, § 1.

(4) Démosthène, *C. Macart.*, § 51.

tiré du plaidoyer d'Isée sur la succession de Dicéogène n'est
pas plus décisif. Tout d'abord, lorsque Ménexène parle du lot
qu'il a eu dans la succession de son oncle, cela ne suppose
pas nécessairement qu'il a recueilli personnellement l'hérédité. Il peut simplement faire allusion au profit indirect qu'il
a retiré de l'ouverture de cette succession par suite de la
dévolution à sa mère d'un des lots qui la composaient, lot destiné à lui revenir un jour et dont, par conséquent, il a pu
déjà se dire par anticipation propriétaire. Quant à l'autre
argument fondé sur la situation de la femme de Protarchidès,
il repose sur une transcription inexacte du texte d'Isée. Le
discours de cet orateur porte, en effet, non point, comme on
le prétend dans la théorie que nous combattons, τὴν ἀδελφὴν
τὴν ἐμαυτοῦ [1], termes qui se réfèreraient à la sœur de l'orateur,
mais bien τὴν ἀδελφὴν τὴν ἑαυτοῦ. Il est vrai que cette seconde
version est généralement considérée comme vicieuse, car
Dicéogène III n'avait pas de sœur, et, comme on l'a dit [2],
les plaideurs se seraient bien gardés de reconnaître à cette
femme des droits qu'ils contestaient à son frère. Il ne peut
donc être question que d'une sœur ou d'une nièce de Dicéogène II. Sans entrer dans l'examen des diverses explications qui ont été proposées pour résoudre la difficulté, nous
nous bornerons à dire que la plus plausible consiste à voir
dans la femme de Protarchidès une sœur de Dicéogène II, veuve de Démoclès, que son frère a, en qualité de kyrios, mariée en secondes noces à Protarchidès [3]. On comprend alors
très bien que cette femme ait pu recueillir dans la succession une part égale à celle de sa sœur, mère du plaideur,
et il n'est plus nécessaire de supposer le concours de la
mère avec sa fille. Au surplus, il nous paraît inutile d'insis-

(1) Version proposée par Reiske.
(2) Caillemer, p. 100.
(3) Cf. en ce sens : Buermann, p. 359; Caillemer, p. 101. V. au surplus sur
l'explication de ce passage : Scheibe, *Isaei orationes*, p. 16 et s. ; Schœmann,
sur Isée, p. 283; Grasshof, p. 26 ; Platner, *Recension von Boor*, p. 104.

ter sur un argument tiré d'un plaidoyer aussi embrouillé.

Rien n'établit dès lors, dans les discours des orateurs, le concours que, dit-on, les sœurs étaient obligées de subir avec leurs propres enfants. La théorie que nous critiquons, théorie qui, *a priori*, paraît exorbitante et contraire à tous les principes, est, du reste, formellement condamnée par certains passages du plaidoyer d'Isée sur l'héritage de Pyrrhus [1]. A plusieurs reprises, l'orateur nous présente la sœur de Pyrrhus comme seule habile à succéder à son frère, bien qu'elle ait des enfants. Jamais il n'est question de la possibilité d'un concours de ceux-ci avec leur mère. Les enfants, au contraire, s'écartent devant elle et reconnaissent qu'elle seule a la qualité d'héritière : κληρονόμος τῶν τοῦ θείου ἡ ἡμετέρα κατέστη μήτηρ [2]. Notre conclusion est donc que les sœurs excluent leurs propres enfants et que ceux-ci ne peuvent venir à la succession de leur oncle que si leur mère est prédécédée [3].

(1) Outre l'argument que fournit le plaidoyer sur l'héritage de Pyrrhus, on a voulu en tirer un autre, dans le même sens, du plaidoyer sur la succession d'Apollodore, §§ 31 et 44. Apollodore II, a-t-on dit, laissait pour successibles : 1° une sœur mariée à Pronapis et qui avait plusieurs enfants ; 2° un neveu nommé Thrasybule. Or, la succession ne fut divisée qu'en deux parts, l'une pour la sœur, l'autre pour le neveu. C'est donc que les enfants de la sœur n'ont pas concouru au partage de la succession avec leur mère et leur cousin. Cf. Grasshof, p. 27, texte et note 89. Mais cet argument n'est nullement décisif, car il n'est point établi qu'à l'époque du décès d'Apollodore la femme de Pronapis avait déjà des enfants. Cf. Schœmann, *Recension von Boor*, p. 530; Meier, Schœmann et Lipsius, p. 583, note 272 ; Caillemer, p. 103, note 3.

(2) Isée, *De Pyrrhi her.*, §§ 3 et 5.

(3) V. en ce sens : Grasshof, p. 24 et s. ; de Boor, p. 46 ; Buermann, p. 355 et s.; Meier, Schœmann et Lipsius, p. 583, note 272 ; Caillemer, p. 96 et s. Robiou, p. 72, observe, à propos de la question que nous venons d'examiner, que, « à vrai dire, elle n'aurait pas eu un sens bien net dans l'esprit des Athéniens. Pour eux, le fils de la sœur était, en matière de biens-fonds, le véritable héritier, aussi bien que le fils de la fille; les femmes, perpétuellement mineures, n'étaient que le canal de transmission du patrimoine à leurs propres fils, quand ils avaient atteint leur majorité, et jusque-là il ne pouvait être question pour eux de prétendre même aux revenus. » Cette observation renferme une part de vérité, mais il ne faudrait pas aller jusqu'à dire que le fils de la sœur, exclu, comme

Mais alors se pose une question, celle de savoir comment,
dans ce dernier cas, la succession se partage, soit entre les
sœurs survivantes et les descendants des sœurs prédécédées,
soit entre ces derniers, lorsque leurs mères sont toutes mor-
tes avant le *de cujus*. D'après certains auteurs, la succession se partage par tête dans tous les cas. A l'appui de cette
manière de voir, on invoque le cas signalé dans le plaidoyer
pour l'héritage d'Apollodore, et où l'on voit le fils d'une sœur
prédécédée partager par moitié la succession avec une sœur
survivante [1]. Ce partage par moitié fut, dit-on, purement
accidentel et l'on doit présumer que, si la sœur prédécédée
avait eu plusieurs enfants, le partage *in capita* entre eux
et la sœur survivante n'en aurait pas moins eu lieu. On se
fonde, en outre, sur le § 26 du plaidoyer pour l'héritage de
Dicéogène [2], où l'on prétend alors lire, au lieu du texte vulgaire, τὴν ἀδελφὴν τὴν ἑαυτοῦ, les mots τὴν ἀδελφὴν τὴν τούτου,
c'est-à-dire la sœur d'un des enfants des sœurs de Dicéogène II *de cujus*, probablement de Céphisodote et dont la
mère était déjà morte. Dans cette hypothèse, la mère du
plaideur aurait alors eu dans la succession une part égale à
celle de la fille de sa sœur prédécédée, ce qui suppose un
partage *in capita* et non *in stirpes* [3].

Ces arguments n'ont, à notre avis, aucune valeur. En ce
qui concerne d'abord le plaidoyer sur l'héritage d'Apollodore, il peut fournir un argument aussi bien à l'appui de la
théorie du partage par souches qu'en faveur de celle du
partage par têtes [4]. Le neveu a, sans doute, recueilli, comme
sa tante, la moitié de la succession, mais rien ne démontre

nous l'avons admis, par sa mère, fût assimilé au fils de l'épiclère, au θυγατριδοῦς, et qu'il recueillit les biens de son oncle à l'époque de sa majorité.

(1) Isée, *De Apollod. her.*, § 19.

(2) V. *supra*, p. 526.

(3) De Boor, p. 37 ; Schœmann, sur Isée, p. 288 et s. et *Recension von Boor*,
p. 527 et s.

(4) C'est ce que reconnaît, du reste, un des partisans de la théorie adverse :
Schœmann, *Recension von Boor*, p. 531.

que ce soit par application de la règle du partage *in capita*. On peut aussi bien supposer que c'est par application
des principes de la représentation et du partage *in stirpes*
qui en est le corollaire. Quant à l'argument tiré du plaidoyer
de Dicéogène, il repose sur une simple conjecture et sur
une correction de texte purement arbitraire. Cette correction ne paraît même pas possible, car elle suppose que
l'une des sœurs du *de cujus* était déjà morte à l'époque de
l'ouverture de la succession. Or il résulte, au contraire, du
§ 9 du plaidoyer, que ses quatre sœurs vivaient toutes à
cette époque et que chacune d'elles a pris dans la succession
la part qui lui revenait [1]. L'argumentation tirée des plaidoyers d'Isée étant ainsi écartée, on est forcément amené
à se prononcer pour le partage *in stirpes*, soit par application des principes généraux en matière de succession, soit
par des motifs d'équité évidente. Il est certain, comme
nous l'avons vu [2], que la succession échue à des frères et à
des neveux issus de frères prédécédés se partage entre eux
in stirpes, les neveux venant par représentation de leur
père prédécédé et n'obtenant à eux tous que la part qu'aurait recueillie celui-ci s'il eût vécu. Or il n'y a aucun motif
pour qu'il en soit autrement lorsque la succession est dévolue à des sœurs et à des enfants de sœurs prédécédées.
D'une part, en effet, la loi de succession citée dans le plaidoyer sur l'héritage d'Hagnias établit en termes semblables
la vocation des frères et des fils de frères, et celle des
sœurs et des fils de sœurs. Elle dit, en parlant des premiers : πρῶτον ἀδελφοῖς τε καὶ ἀδελφιδοῖς πεποίηκε τὴν κληρονομίαν
et, en parlant des derniers : δεύτερον ἀδελφὰς ὁμοπατρίας καλεῖ
καὶ παῖδας τοὺς ἐκ τούτων. Cette similitude d'expressions autorise à dire que la dévolution au second ordre de successibles s'opère suivant les mêmes règles que la dévolution au

---

(1) Isée, *De Diceog. her.*, § 9 : τῶν δὲ λοιπῶν ἑκάστη τὸ μέρος ἐπεδικάσατο
τῶν Μενεξένου θυγατέρων.

(2) V. *supra*, p. 502.

premier ordre, car s'il avait existé une différence aussi importante que celle que l'on allègue, la loi y aurait fait certainement une allusion, si légère qu'elle fût. Cette interprétation se confirme si l'on admet, avec la majorité des auteurs, que la lacune qui existe, dans la loi de succession du
discours contre Macartatos, avant les mots ἐξ αὐτῶν κατὰ ταὐτὰ λαγχάνειν, doit être comblée par l'intercalation des mots
ἀδελφὰς καὶ παῖδάς [1]. Il en résulte alors que les sœurs et leurs
enfants doivent recueillir la succession κατὰ ταὐτὰ, c'est-à-
dire suivant les mêmes règles que les frères et leurs enfants dont il vient d'être parlé, et pour lesquels la loi pose
formellement le principe de la représentation et du partage
par souches, τὴν τοῦ πατρὸς μοῖραν λαγχάνειν. La solution que
nous combattons entraînerait enfin, de l'aveu même de l'un
de ses partisans [2], des conséquences d'une injustice excessive. Il en résulterait notamment que les enfants d'une sœur
encore vivante, s'ils sont par exemple au nombre de quatre,
alors que les enfants d'une sœur prédécédée sont en pareil
nombre, ne profiteraient que d'un cinquième des biens de la
succession, les quatre autres cinquièmes étant recueillis par
les enfants de la sœur prédécédée. Les neveux qui possèdent encore leur mère auraient ainsi intérêt au décès de
celle-ci pour que l'égalité pût se rétablir entre eux et
leurs cousins [3].

C. — Parentèle de l'aïeul paternel.

A défaut de successibles dans la parentèle du père, c'est-
à-dire des personnes se rattachant par un lien de descen-

(1) V. *supra*, p. 508.
(2) Schœmann, *loc. cit.*
(3) Cf. en ce sens : Hermann, *Recension von Boor*, p. 51 ; Naber, *in Mne-
mosyne*, 1852, I, p. 386; Baermann, p. 355 et s.; Grasshof, p. 26; Schneider,
p. 19; Platner, *Recension von Boor*, p. 204; Caillemer, p. 95 et s.; Meier,
Schœmann et Lipsius, p. 583, note 272 ; Hermann-Thalheim, p. 67.

dance au père du *de cujus*, la loi appelle la parentèle de l'aïeul, c'est-à-dire les successibles qui ont le même aïeul paternel que le défunt.

La première question qui se pose est celle de savoir si le chef de cette parentèle, l'aïeul paternel, est lui-même au nombre des successibles. La difficulté est la même que pour le père, et nous avons donné par anticipation les raisons qui nous portent à exclure l'aïeul aussi bien que le père [1]. Au surplus, les partisans du droit de succession de l'aïeul reconnaissent que ce droit ne peut se fonder sur aucun texte, et qu'il s'induit seulement par analogie du droit de succession du père [2].

L'aïeul paternel étant écarté, il s'agit de savoir quelles sont les personnes comprises dans sa parentèle qui pourront venir à la succession et l'ordre à suivre entre elles. De nouvelles difficultés se présentent. La première porte sur le point de savoir si l'on doit comprendre parmi les successibles les oncles, θεῖοι, et les tantes, τηθίδες du défunt. La raison de douter, c'est que la loi de succession citée dans le discours contre Macartatos, bien que mentionnant les cousins germains et leurs enfants, garde le silence sur les pères et mères de ceux-ci, c'est-à-dire sur les oncles et les tantes. La loi de succession citée dans le plaidoyer sur l'héritage d'Hagnias n'appelle également *in terminis* à la succession que les ἀνεψιοί et les νεψιῶν ἀπαίδες, et l'orateur ajoute même que seules les parentés par lui citées sont reconnues par le législateur. Certains auteurs ont cru, en conséquence, que les oncles et les tantes n'avaient point d'aptitude à succéder à leurs neveux. A l'appui de cette manière de voir on a allégué, en outre, une loi de Solon conservée par Diogène Laërce, et d'après laquelle celui qui est appelé à recueillir la succession du pupille est incapable d'être son tuteur [3].

(1) V. *supra*, p. 499.

(2) Cf. Giraud, p. 120 ; Caillemer, p. 105.

(3) Diogène Laërce, I, 56.

Or, dit-on, comme il y a de nombreux exemples de tute les
conférées à des oncles [1], on doit en conclure que l'oncle ne
pouvait pas succéder à son neveu. On pourrait aussi, dans
le même sens, faire valoir quelques-unes des considérations que nous avons exposées à propos des droits de succession du père, et dire qu'il n'est pas plus rationnel de faire
remonter la succession en ligne collatérale qu'en ligne
directe [2].

Cette doctrine est aujourd'hui généralement condamnée,
et avec raison, selon nous. Les arguments sur lesquels on a
voulu la fonder ne sont nullement décisifs. Le silence observé à l'égard des oncles dans la loi de succession de Démosthène aurait, sans doute, une certaine valeur, si cette loi
était complète et correctement rédigée. Mais, de l'avis général, il n'en est rien, et, sans aller jusqu'à nier l'authenticité
de la loi, on doit du moins admettre qu'il existe une lacune
avant les mots ἐξ αὐτῶν κατὰ ταὐτὰ λαγχάνειν. Ainsi, comme nous
l'avons vu, certains auteurs veulent intercaler avant ce passage les mots ἀδελφὰς καὶ παῖδας, ce qui paraît très raisonnable, puisque les sœurs et leurs enfants, bien que n'étant
point nommées dans la loi de Démosthène, pas plus que les
oncles et les tantes, sont certainement successibles. D'autres
vont plus loin, et comprenant que les cousins germains
et leurs enfants ne peuvent être considérés comme appelés
à la succession par la dernière phrase seulement de la loi
(ἐὰν δὲ μὴ ὦσι πρὸς πατρὸς μέχρι ἀνεψιῶν παίδων), ils proposent
la restitution suivante : ἐὰν δὲ μὴ ἀδελφοὶ ὦσιν ἢ ἀδελφῶν παῖδες,
ἀδελφὰς καὶ παῖδας ἐξ αὐτῶν λαγχάνειν· ἐὰν δὲ μὴ ἀδελφαὶ ὦσιν ἢ
παῖδες ἐξ αὐτῶν, ἀνεψιοὺς καὶ παῖδας ἐξ αὐτῶν κατὰ ταὐτὰ λαγχάνειν [3]. Or il nous semble que, sans trop d'arbitraire, on
pourrait, en maintenant de dernier texte, mettre simplement

(1) Cf. Lysias, C. Diogit., § 5; Isée, De Cleon. her., § 9 ; De Dicæog. her.,
§ 10 ; De Aristar. her., argum.
(2) W. Jones, p. 219; Gans, p. 377.
(3) Bunsen, p. 30, note 65.

à la place du mot ἀνεψιού; les mots ἀδελφοὺς τοῦ πατρὸς καὶ ἀδελφὰς [1]. Il y aurait ainsi une liste complète des successibles en ligne collatérale. Que si la loi de succession citée par Isée est également muette sur les oncles et les tantes, c'est que, dans la citation partielle qu'il fait de cette loi, l'orateur n'avait nullement besoin de parler des oncles. Nous ne pensons donc pas que l'on puisse attacher aux textes de Démosthène et d'Isée une importance telle que l'on doive en induire, par un argument *a contrario* décisif, l'exclusion des oncles et des tantes. Quant au motif tiré de la prétendue loi de Solon citée par Diogène Laërce, il n'a aucune valeur, car nous avons précédemment démontré le caractère apocryphe de cette loi [2]. Il y a, du reste, plusieurs exemples de frères tuteurs de leurs jeunes frères, et cependant nul n'a songé à soutenir, en présence de textes formels, qu'un frère ne pouvait pas succéder à son frère. La vérité, au contraire, c'est que, comme nous l'avons vu en exposant les règles de la tutelle légitime, le législateur, à Athènes comme à Rome, considère cette tutelle comme une charge corrélative au droit éventuel de succession, et qu'il appelle, en conséquence, à l'exercer les plus proches parents dans l'ordre légal, c'està-dire les successibles du pupille.

La vocation héréditaire des oncles et des tantes peut être justifiée, sinon directement par les textes, du moins par des arguments très sérieux empruntés aux principes du droit successoral athénien. L'un de ces principes, c'est que les vocations héréditaires sont réciproques, du moins ordinairement [3]. Or, les neveux succèdent à leurs oncles ; on doit

(1) Cf. Meier, Schœmann et Lipsius, p. 584, note 213, *in fine*.

(2) V. *supra*, t. I, p. 177 et t. II, p. 113.

(3) Ainsi que l'observe Caillemer (p. 105) la réciprocité de vocation n'est pas absolue. Ainsi, le neveu à la mode de Bretagne succédait à son oncle tandis que l'oncle à la mode de Bretagne ne succédait pas à son neveu. Mais cette exception provient de ce que le neveu à la mode de Bretagne descend de l'aïeul du défunt, tandis que l'oncle à la mode de Bretagne descend du bisaïeul du dé-

donc logiquement décider que, réciproquement, ceux-ci
sont appelés à succéder à leurs neveux. Ce raisonnement
se trouve même expressément formulé dans un plaidoyer
d'Isée ; il y est question, il est vrai, d'un oncle maternel,
mais l'argument n'en conserve pas moins toute sa valeur,
car la situation des oncles paternels doit manifestement
être au moins égale à celle des oncles maternels [1]. Or, dans
ce plaidoyer, les demandeurs disent formellement : « Quand
un homme a le droit d'hériter de nous, il est juste que nous
ayons le droit d'hériter de lui. Si Phérénicos ou l'un de ses
frères était mort, leurs enfants auraient hérité et non mon
adversaire. Mais si nous étions morts, c'est Cléonyme (notre
oncle maternel) qui aurait hérité de nous » [2]. Ils concluent
que, par réciprocité, l'héritage de Cléonyme doit leur revenir. Une autre considération, qui n'a pas moins de valeur,
c'est que l'oncle figure parmi les anchisteis qui ont le droit
de réclamer l'épiclère par voie d'épidicasie. Nous avons des
textes, en effet, d'où il résulte que l'épiclère peut être revendiquée non seulement par son oncle, le frère du *de cujus*, mais encore par son grand oncle, c'est-à-dire par
l'oncle du défunt, dont nous recherchons ici les droits [3]. Or,
comme la revendication de l'épiclère est admise au profit de
ceux qui, sans la présence de celle-ci, auraient recueilli la
succession dévolue à la fille, il en résulte que l'oncle doit
être compris parmi les successibles. Il est vrai que, pour
échapper à cet argument, on a prétendu que l'oncle pouvait
alors épouser sa nièce épiclère, mais que la succession lui
échappait pour être dévolue aux autres parents habiles à

funt; or la loi athénienne n'appelle à la succession que la parentèle de l'aïeul et
non celle du bisaïeul.

(1) On peut observer, en ce sens, que aux termes de la loi de succession citée
dans le discours contre Macartatos, les parents πρὸς μητρός recueillent la succession suivant les mêmes règles (κατὰ ταὐτά) que les parents πρὸς πατρός.

(2) Isée, *De Cleon. her.*, §§ 44, 45.

(3) Isée, *De Pyrrhi her.*, §§ 63 et 74. Platon (*Leges*, XI, p. 924 *e*) accorde également à l'oncle du défunt le droit de réclamer l'épiclère en justice.

succéder. Mais c'est là une théorie dont nous avons précédemment démontré l'inexactitude [1], et il est certain, au contraire, que l'oncle, de même que tout autre anchisteus, peut
se faire adjuger à la fois l'épiclère et la succession. L'apti-
titude des oncles à succéder à leurs neveux et nièces nous
paraît donc bien établie [2].

Nous avons jusqu'à présent raisonné presque exclusivement en nous référant à l'oncle du défunt. Mais il ne faut
pas hésiter à reconnaître la même vocation héréditaire à la
tante paternelle, sauf, bien entendu, l'application de la
règle κρατεῖν τοὺς ἄρρενας. Il est vrai que nulle part il n'est
question, en termes formels, de la tante. Mais, outre l'argument tiré de la réciprocité de la vocation héréditaire, et qui
s'applique à la tante aussi bien qu'à l'oncle, on peut dire,
pour justifier son aptitude à succéder, que les textes qui
parlent des cousins ne font aucune distinction entre les enfants de la tante et les enfants de l'oncle. Or comme les
cousins ne font que représenter les oncles ou tantes prédécédés, on doit en conclure que celles-ci aussi bien que ceux-
là ont le droit de succéder à leurs neveux [3]. On a soutenu,
il est vrai, que les oncles et tantes paternels sont exclus par
leurs enfants et qu'ils ne peuvent succéder que comme
membres du γένος, lorsqu'il n'y a, ni dans la ligne paternelle, ni dans la ligne maternelle d'héritiers possédant l'anchistie proprement dite [4]. Mais cette opinion est manifestement inexacte. La preuve que l'oncle passe avant son propre
fils résulte notamment de ce que le droit de revendiquer

(1) V. supra, t. I, p. 430.
(2) Schœmann, *De cognatorum qui collaterales dicuntur hereditatibus;* Platner, *Censura Bunsenii* in *Heidelb. Jahrb. d. Litterat.,* 1814, p. 1177; de Boor,
p. 50; Hermann, *Jur. dom. compar.,* p. 30; Van Stegeren, p. 111; Schneider,
p. 22; Grasshof, p. 67; Guiraud, p. 211; Hermann-Thalheim, p. 69; Caillemer,
p. 105; Meier, Schœmann et Lipsius, p. 584, note 273; Mitteis, p. 321.
(3) Cf. Grasshof, p. 69; Schneider, p. 22; Meier, Schœmann et Lipsius, p. 585;
Caillemer, p. 105; Guiraud, p. 220, note 8; Mitteis, p. 321.
(4) Bunsen, p. 39-40.

l'épiclère lui appartient incontestablement avant son fils.
C'est ainsi qu'Isée nous dit qu'Aristoménès, frère d'Aristarque, aurait eu le droit de réclamer d'abord pour lui la fille
épiclère de ce dernier, sinon de la faire épouser par son
fils, cousin de l'épiclère [1]. De même, Platon [2], lorsqu'il
règle la dévolution de l'épiclère, fait passer l'oncle de celle-
ci avant son fils [3].

A défaut de l'oncle ou de la tante, la succession est déférée
à leurs enfants et petits-enfants, cousins germains ou enfants
de cousins germains du *de cujus*. La loi de succession citée
dans le plaidoyer pour l'héritage d'Hagnias consacre formellement leur vocation : ἐὰν δὲ μὴ ὦσι (scil. ἀδελφαὶ ὁμομήτριαι
καὶ παῖδες ἐκ τούτων) τρίτῳ γένει δίδωσι τὴν ἀγχιστείαν ἀνεψιοῖς πρὸς
πατρὸς μέχρι ἀνεψιῶν παίδων. C'est ce que dit également, mais
sous une forme indirecte, la loi de succession citée dans le
discours contre Macartatos : ἐὰν δὲ μὴ ὦσι πρὸς πατρὸς μέχρι
ἀνεψιῶν παίδων, τοὺς πρὸς μητρὸς κτλ. Ainsi, non seulement le
cousin germain, ἀνεψιός, succède à son cousin germain, mais
encore celui que nous appelons le neveu à la mode de Bretagne succède à son oncle par représentation de son père,
le cousin germain prédécédé.

La loi paraît ne conférer la qualité de successible qu'au
neveu à la mode de Bretagne, venant par représentation de
son père. Il est probable cependant que la représentation
est admise à l'infini et que le petit-fils et l'arrière petit-fils
du cousin germain peuvent venir à la succession de l'ἀνεψιός
de celui-ci par représentation de leur aïeul ou bisaïeul. Il
n'y a, en effet, aucune raison pour ne pas le décider ainsi.
En un mot, tous les parents compris dans la parentèle de
l'aïeul peuvent venir à la succession, et le partage par souches est, comme pour les collatéraux compris dans la paren-

---

(1) Isée, *De Arist. her.*, § 5.

(2) Platon, *Leges*, XI, 924.

(3) Meier, Schœmann et Lipsius, *loc. cit.*; Caillemer, p. 107. Cf. les auteurs
cités *supra*, p. 535, note 3.

tète du père du défunt, le corollaire nécessaire du principe de la représentation [1].

Entre les divers successibles de la parentèle de l'aïeul on applique le principe κρατεῖν τοὺς ἄρρενας καὶ τοὺς ἐκ τῶν ἀρρένων, avec la portée que nous lui avons attribuée quand nous avons parlé des frères et sœurs et de leurs descendants. Nous rappellerons que c'est même plus spécialement pour les successibles de la parentèle de l'aïeul que le principe précité paraît avoir été posé.

A défaut d'aïeul paternel et de descendants de cet aïeul, faut-il appeler l'aïeule paternelle et ses descendants? On a soutenu la solution affirmative en disant qu'elle était commandée par la logique [2]. Nous éprouvons, au contraire, des doutes très sérieux à ce sujet. Il serait singulier, en effet, d'appeler l'aïeule paternelle et ses descendants à la succession avant la propre mère du défunt et ses descendants. L'aïeule et ses descendants sont encore, bien plus que ces derniers, étrangers à ce que l'on pourrait nommer la famille agnatique [3].

D. — Parentèle du bisaïeul paternel.

A défaut de successibles dans la parentèle de l'aïeul, la loi appelle-t-elle, avant de passer aux parents maternels, les parents compris dans la parentèle du bisaïeul paternel,

---

(1) Cf. Caillemer, p. 108.

(2) Caillemer, p. 108.

(3) Cf. Muler, Schœmann et Lipsius, p. 587, note 278. Grasshof (p. 71) comprend également parmi les successibles l'avia paterna et ii qui ab ea descendunt, mais il les intercale au milieu des bisaïeuls paternels après 1° le pater avi paterni defuncti; 2° la mater avi paterni defuncti, et avant 3° le pater aviæ paternæ defuncti et 4° la mater aviæ paternæ defuncti. Mais, comme l'observe Caillemer (p. 108, note 3), cet ordre est inadmissible si l'on admet, et c'est là également notre opinion, que tous les bisaïeuls sans exception sont exclus par les parents maternels.

c'est à-dire ceux qui se rattachent à ce bisaïeul par un lien
direct de descendance? Cette question n'a jamais été sérieusement examinée que pour l'un des parents compris dans
cette parentèle, à savoir pour le cousin issu de germain,
celui que les Romains nomment *sobrinus*. Comme la plupart
des documents concernant cette question sont relatifs, en
effet, au *sobrinus*, nous commencerons par résoudre la difficulté à l'égard de ce dernier, sauf à tirer ensuite, pour les
autres parents de la même parentèle, les corollaires que
comportera la solution que nous admettrons à l'égard du
sobrinus.

A l'appui de l'opinion qui reconnaît à ce dernier la qualité
de successible, on invoque d'abord la loi de succession citée
dans le discours contre Macartatos et dont les manuscrits
portent : ἐὰν δὲ μὴ ὦσι πρὸς πατρὸς μέχρι ἀνεψιαδῶν παίδων [1] τοὺς
πρὸς μητρὸς κτλ. La vocation des parents maternels paraît
ainsi subordonnée à l'absence des ἀνεψιαδοῖ, qui sont précisément les *sobrini* [2]. Un texte d'Isée paraît même aller
plus loin, et subordonne cette vocation à l'absence de προσήκων τοῦ πρὸς πατρὸς γένους [3]. C'est, ajoute-t-on, la solution qui
résulte de ce que nous savons relativement à la succession
d'Hagnias réclamée par Théopompe pour qui Isée composa
l'un de ses plaidoyers les plus intéressants, succession qui
est également l'objet du discours attribué à Démosthène
contre Macartatos. Théopompe était, de même qu'Hagnias II, arrière petit-fils de Bousélos, c'est-à-dire qu'ils
étaient parents dans la ligne collatérale au sixième degré,
en qualité de *sobrini*, et n'ayant pour auteur commun que

---

(1) Reiske lit, ce qui revient au même : μέχρι ἀνεψιαδῶν. Cf. Van Stegeren, p. 117.
Dans le discours de Démosthène contre Evergos et Mnésibule (§ 72) il est dit
également, en ce qui concerne l'obligation de poursuivre le meurtre, qu'elle incombe aux parents du défunt μέχρι ἀνεψιαδῶν.

(2) Les ἀνεψιοί du droit attique correspondent alors aux *consobrini* et les
παῖδες ἀνεψιῶν aux *consobrinorum filii*.

(3) Isée, *De Apollod. hon.*, § 22 : ἐὰν μὴ ὦσιν ἀνεψιοί μηδὲ ἀνεψιῶν παῖδες,
μηδὲ τοῦ πρὸς πατρὸς γένους ἢ προσήκων μηδείς.

leur bisaïeul [1]. Or nous savons par Démosthène que Théopompe gagna son procès [2]. C'est donc qu'il avait, quoique
simple *sobrinus*, la qualité de successible. Le plaidoyer de
Démosthène contre Léocharès peut également fournir un
argument dans le même sens. On y voit qu'Euthymaque laissa un fils aîné, nommé Midylidès, qui eut lui-même une fille
Clitomaque, mère du plaideur Aristodème. Euthymaque
avait eu un autre fils, nommé Archias, lequel mourut sans
enfants. Mais un de ses parents, Léocratès, se prévalant d'une
adoption posthume, recueillit sa fortune. Léocratès, usant
plus tard du droit que lui reconnaissait la loi, sortit de sa
famille adoptive en laissant à sa place son fils légitime Léostratos, lequel, usant à son tour du même procédé, se substitua son fils, Léocratès II [3]. Ce dernier étant mort sans enfants,
sa succession fut revendiquée par Aristodème, se présentant comme parent au degré successible dans la ligne paternelle et comme excluant, en conséquence, les parents de
la ligne maternelle. Or si Aristodème qui n'était, par
rapport à Léocratès II, que son cousin au septième degré,
pouvait ainsi réclamer sa succession, à plus forte raison
aurait-il pu recueillir celle de Léostratos avec qui il était
parent au degré dont nous nous occupons, c'est-à-dire
comme *sobrinus*. On a enfin invoqué en faveur de cette
théorie un argument tiré de l'Andrienne de Térence, où,
s'agissant de faits qui se passent à Athènes, on voit Criton affirmer qu'il peut succéder à Chrysis, et cependant il

(1) Il nous paraît indispensable, pour l'intelligence des explications qui vont
suivre de dresser ici le tableau de la parenté d'Hagnias II et de Théopompe

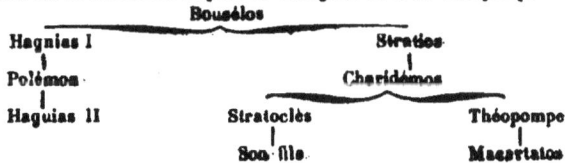

(2) Démosthène, *C. Macart.*, § 33.
(3) Cf. *supra*, p. 491 et s.

n'invoque que sa qualité de *sobrinus* [1]. C'est donc que les *sobrini* ont qualité pour se succéder respectivement [2].

Nous ne pouvons cependant admettre cette solution, car elle est contraire à des textes positifs et sur l'authenticité desquels aucun doute ne peut s'élever. Isée, lorsqu'il cite au § 2 de son plaidoyer sur l'héritage d'Hagnias la loi sur les successions collatérales, ne reconnaît l'anchistie dans le troisième ordre de successibles, avant les parents de la ligne maternelle, qu'aux ἀνεψιεῖς πρὸς πατρὸς μέχρι ἀνεψιῶν, παίδων, c'est-à-dire aux *consobrini* et aux *consobrinorum filii*. De même, au § 11, la loi qu'il cite textuellement et qui correspond exactement à celle du discours contre Macarta-tos, porte : ἐὰν δέ μηδεὶς ἦ πρὸς πατρὸς μέχρις ἀνεψιῶν παίδων, τοὺς πρὸς μητρὸς κτλ. Après cette citation, pour écarter toute équivoque de l'esprit de ses auditeurs, l'orateur a soin de faire remarquer que la loi n'appelle point les ἀνεψιαδῶν παῖ-δες, mais bien seulement les ἀνεψιῶν παῖδες [3]. Ailleurs encore, au § 22 du plaidoyer pour l héritage d'Apollodore, il ne parle que des ἀνεψιοί et des ἀνεψιῶν παῖδες. Il est vrai qu'alors il ajoute : μηδὲ τοῦ πρὸς πατρὸς γένους ἦ προσήκων μηδείς, mais ce n'est point pour étendre le droit de successibilité à la parentèle du bisaïeul, c'est seulement pour résumer la ci-tation qu'il a faite de tous les parents paternels appelés avant les parents maternels. Si, en effet, on devait attacher une importance quelconque à ces mots, il faudrait en conclure

(1) Térence, *Andria*, v. 796 et s. :
    In hac habitasse platea dictumst Chrysidem,
    Quæ sese inhoneste optavit parere hic ditias
    Potius quam in patria honeste pauper viveret ;
    Ejus morte ea ad me lege redierunt bona.
    Sed quos percontar video, salvete. MY. Obsecro,
    Quem video? est ne hic Crito sobrinus Chrysidis ?
    Is est.

(2) Schneider, p. 12 ; de Boor, p. 55; Van Stegeren, p. 120 ; Gans, I, p. 376 ; Klenze, *loc. cit.*, p. 147. Cf. Meier, *De bonis*, p. 22, note 52.

(3) Isée, *De Hagn. her.*, § 12 : ὁ νομοθέτης οὐκ εἶπεν ἐὰν μηδεὶς ἦ πρὸς πατρὸς μέχρι ἀνεψιῶν παίδων τοὺς τῶν ἀνεψιαδῶν εἶναι κυρίους.

que *tous* les parents paternels passent avant les parents
maternels, ce qui est manifestement faux. L'anchistie proprement dite est donc nettement limitée par Isée aux *consobrini* et aux *consobrinorum filii*. C'est d'ailleurs ce qui
résulte, abstraction faite des termes des lois citées par Isée,
de la manière même dont cet orateur présente les trois classes de successibles appelés par la loi en ligne collatérale [1].
Les deux premières comprenant les frères et sœurs et leurs
descendants, c'est-à-dire les successibles ayant pour auteur
commun le père du *de cujus*, on doit en conclure que la
troisième classe comprend les seuls successibles qui se rattachent par un lien direct de descendance à l'aïeul du *de
cujus*, c'est-à-dire les *consobrini* et leurs enfants, mais non
ceux qui descendent du bisaïeul du défunt, c'est-à-dire les
sobrini. On objecterait en vain que l'énumération d'Isée
n'étant pas complète, puisqu'elle ne comprend pas les petits-
fils des frères et sœurs, bien qu'ils soient appelés à succéder, on pourrait aussi bien suppléer les descendants du bisaïeul. Cette objection est sans valeur. D'abord, en effet, il
résulte du principe de la représentation admis par le droit
attique que les petits neveux sont implicitement appelés à
la succession. Il serait, d'autre part, beaucoup plus arbitraire d'ajouter à l'énumération d'Isée une classe nouvelle
et distincte de successibles que de compléter l'indication
des successibles compris dans une des classes mentionnées
par l'orateur.

Cette interprétation se trouve clairement confirmée par
ce que nous dit Platon lorsqu'il règle la dévolution des successions dans son *Traité des Lois*, en s'inspirant évidemment
des dispositions du droit positif athénien. Après avoir appelé
les frères et sœurs et leurs descendants, il défère la succession à l'oncle paternel, puis au fils de celui-ci, puis au
fils de la tante paternelle, et ajoute que, s'il n'y a pas de

(1) Isée, *De Hagn. her.*, §§ 1 et 2.

parents μέχρι μὲν ἀδελφοῦ υἱέων, μέχρι δὲ πάππου παίδων, celui
d'entre les citoyens que la fille choisira librement et que les
tuteurs agréeront, sera l'époux de la fille et l'héritier du
défunt [1]. La parenté légale n'existe donc, d'après cette paraphrase destinée à faire disparaître toute équivoque, qu'entre
ceux qui ont pour auteur commun le πάππος, l'aïeul paternel,
et il n'y a pas d'anchistie entre ceux dont le lien de parenté
n'existe qu'en remontant au πρόπαππος, au bisaïeul paternel.
Il n'y a pas dès lors de doute que, dans les nombreuses
dispositions du *Traité des Lois* où Platon limite μέχρι ἀνεψιῶν
παίδων certains effets de l'anchistie [1], il entende par là les
consobrinorum filii et non les *sobrini*.

Cela étant, on ne peut attacher aucune importance au
texte du discours contre Macartatos et au mot ἀνεψιαδῶν qui
se trouve dans les manuscrits. Ce mot est vraisemblablement
une glose que le possesseur d'un manuscrit avait inscrite, en
marge du livre, comme synonime d'ἀνεψιῶν παίδων. Un copiste
inintelligent l'aura prise pour une correction du mot ἀνεψιῶν
et l'aura introduite définitivement dans le texte [3].

---

(1) Platon, *Leges*, XI, p. 925, a.

(2) Ainsi Platon, *Leges*, VI, p. 766, décide que « si le tuteur d'un orphelin vient
à mourir, les parents et les alliés πρὸς πατρὸς καὶ μητρὸς μέχρι ἀνεψιῶν παίδων
devront nommer un autre tuteur dans le délai de dix jours. » *Ibid.*, IX, p. 877 :
« Si celui qui s'est rendu coupable du délit de blessures est sans enfants, ses parents paternels et maternels μέχρι ἀνεψιῶν παίδων, se réuniront et lui choisiront
un héritier. » *Ibid.*, IX, p. 878 : » Si un frère blesse son frère, les parents paternels et maternels, hommes et femmes μέχρι ἀνεψιῶν παίδων s'assembleront et
jugeront le coupable. » *Ibid.*, XI, p. 929 : « Le père qui veut abdiquer la puissance paternelle doit assembler ses parents et les parents maternels μέχρι
ἀνεψιῶν παίδων et leur exposer ses raisons. »

(3) C'est probablement par suite d'une erreur du même genre que le manuscrit du plaidoyer contre Évergos et Mnésibule (V. *supra*, p. 538, note 1) porte
ἀνεψιαδῶν au lieu de ἀνεψιῶν παίδες. Il est aujourd'hui démontré, grâce aux travaux qui ont été faits à l'occasion de la découverte faite à Athènes en 1843 de
la loi sur le meurtre gravée sur une table de marbre, que cette loi impose l'o-
bligation de poursuivre le meurtre à ceux ἐντὸς ἀνεψιότητος καὶ ἀνεψιοῦ, ἀνεψιοὶ καὶ ἀνεψιῶν παῖδις et, en outre, aux γαμβροὶ καὶ πενθεροὶ καὶ φράτερες. Cf.
Kœhler, *in Hermès*, II, 1867, p. 23; Philippi, *Jahns Jahrb.*, CV, 1872, p. 577 et

Cette explication, qui est aujourd'hui généralement admise, repose, avons-nous dit, sur la synonimie des deux expressions précitées. Sans doute, ordinairement, les Athéniens désignaient par le mot ἀνεψιαδοῖ les cousins issus de germains, les *sobrini*, οἱ ἐκ τῶν ἀνεψιῶν φύντες ἀλλήλοις ἀνεψιαδοῖ [1]. Mais quelquefois aussi ils appellent du nom d'ἀνεψιαδοῦς le neveu à la mode de Bretagne, celui qui est à proprement parler le παῖς ἀνεψιοῦ [2]. Il faut reconnaître, du reste, que si les neveux à la mode de Bretagne sont les seuls qui, rigoureusement, puissent être qualifiés de ἀνεψιῶν παῖδες, les *sobrini*, ou cousins au sixième degré, peuvent aussi, sans que le sens de l'expression paraisse forcé, être désignés par les mêmes mots, puisqu'ils sont également enfants d'ἀνεψιῶν. Cette absence d'une terminologie précise pouvait être une cause de confusion très fâcheuse dans les procès de succession, et un orateur habile, n'ayant en face de lui que des jurés peu au courant des lois successorales, pouvait abuser facilement de l'inexpérience des héliastes et arriver à faire consacrer par le tribunal populaire des solutions en contradiction manifeste avec les dispositions de ces lois [3].

Areopag., p. 71 et 335; Grasshof, p. 32-33; Caillemer, p. 113, note 5. V. *supra*, t. I, p. 15.

(1) Pollux, III, 28. Cf. Démosthène, *C. Steph.*, I, § 54 : ἔστι ἡ τούτου μήτηρ καὶ ὁ τῆς ἐμῆς γυναικὸς πατὴρ ἀδελφοί, ὥστε τὴν μὲν γυναῖκα τὴν ἐμὴν ἀνεψιὰν εἶναι τούτῳ, τοὺς δὲ παῖδας τοὺς ἐκείνου καὶ τοὺς ἐμοὺς ἀνεψιαδοῦς.

(2) Hésychius, v° ἀνεψιαδοῦς : ἐκ τοῦ ἀνεψιοῦ γεγονὼς ἢ ἐκ τῆς ἀνεψιᾶς. Bekker, *Anecd.*, I, p. 15 : ἀνεψιαδῆ᾽ ὅμοιόν ἐστι τῷ ἀδελφιδῆ. ἀνεψιοῦ καὶ ἀδελφοῦ θυγάτηρ. Dans le plaidoyer d'Isée sur la succession d'Astyphile, il est dit, au § 2, de Cléon, qu'il est ἀνεψιαδοῦς d'Astyphile, attendu que Cléon et Astyphile étaient ἀνεψιοί. De même, dans le plaidoyer de Démosthène contre Eubulide, § 67, le mot ἀνεψιαδοῦς, appliqué à Nicostrate, doit être traduit par *consobrini filius*. Cf. Grasshof, p. 33. Le mot ἀνεψιότης n'a pas non plus un sens bien arrêté. Tantôt il désigne, et c'est là son sens normal, la parenté *inter consobrinos*, tantôt, dans un sens plus large, la parenté qui unit les *consobrinorum liberi* aux *consobrini*, tantôt enfin celle qui existe *inter sobrinos*. Cf. Schol. ad Plat. *Leges*, IX, p. 871 *b*; Hésychius, v° ἀνεψιότης; Grasshof, p. 42-43.

(3) On aurait pu, il est vrai, prévenir cette confusion en mettant sous les yeux des juges des tableaux généalogiques. Mais les orateurs se gardaient de le faire,

C'est vraisemblablement à une confusion de ce genre que
Théopompe a dû de gagner son procès. Isée a profité habilement de l'équivoque qui existe sur le sens des mots ἀνεψιῶν
παῖδες. Sans doute, deux cousins issus de germains sont bien
entre eux, comme nous l'avons dit, παῖδες ἀνεψιῶν. Mais, au
sens de la loi, il faut, pour pouvoir hériter à titre d'ἀνεψιοῦ
παῖς, être fils d'un père qui était ἀνεψιός, cousin germain du
de cujus. Or, ainsi qu'il résulte du tableau généalogique
que nous avons précédemment dressé, Charidémos, le père
de Théopompe, n'était point cousin germain d'Hagnias II, le
de cujus, mais seulement de Polémon, le père d'Hagnias.
Démosthène, ou plutôt l'auteur du plaidoyer contre Macartatos, a donc raison lorsqu'il affirme que Théopompe ne se
rattachait point à Hagnias par un lien de parenté légale [1].
On doit le croire également lorsqu'il dit que c'est grâce à
une argumentation insidieuse, et en abusant de la distraction et de l'ignorance des juges, que Théopompe a réussi
par surprise à obtenir trois ou quatre voix de majorité [2].
C'est là, il est vrai, l'affirmation d'un adversaire ; mais il
est difficile de ne pas y ajouter foi, étant donné ce que
l'on sait de Théopompe, de son caractère processif, et de
son autre allégation, démentie par les nombreux témoignages de Démosthène, que Philomaché n'était point sœur germaine de Polémon [3]. Au surplus, le plaidoyer d'Isée fournit
lui-même la preuve des mensonges de Théopompe. Celui-ci
dit, au § 8, « Hagnias et moi, nous sommes ἐξ ἀνεψιῶν γεγονότες, car nos pères, Polémon et Charidémos étaient ἀνεψιοὶ
ἐκ πατραδέλφων. » Cette assertion est exacte, car ceux dont les

---

par cette raison, plus ou moins plausible, que le grand nombre des héliastes
n'aurait pas permis à ceux qui siégeaient sur les derniers bancs d'apercevoir
ces tableaux. Cf. Démosthène, *C. Macart.*, § 18. On se bornait, en conséquence,
à une exposition orale des liens de parenté.

(1) Cf. Moy, p. 260 et s.

(2) Démosthène, *C. Macart.*, § 27 : ὁ δέ γε Θεόπομπο·, ὁ τουτουὶ πατὴρ Μακαρ-
τάτου, οὐκ ἂν εἶχεν ὄνομα θέσθαι αὐτῷ τῶν ἐν τῷ νόμῳ εἰρημένων οὐδέν.

(3) *Ibid.*, § 33 : οὐκ ἐνίκησεν, ἀλλὰ παρεκρούσατο.

pères sont ἀνεψιοί peuvent être qualifiés indifféremment, dans leurs rapports respectifs, ἐξ ἀνεψιῶν γεγονότες, ou ἀνεψιῶν παῖδες, ou ἀνεψιαδοῖ, grâce à l'incertitude du langage juridique. Mais lorsqu'un peu plus loin, au § 10, Théopompe dit : λείπομαι δ'ἐγὼ μόνος τῶν πρὸς πατρὸς, ὢν ἀνεψιοῦ παῖς, il y a là une erreur manifeste destinée à tromper les juges. Lorsqu'en effet, il y a deux ou plusieurs successibles, on peut dire qu'ils sont respectivement ἀνεψιῶν παῖδες, du moment que leurs pères sont ἀνεψιοί entre eux. Mais on ne peut dire d'un parent qu'il soit ἀνεψιοῦ παῖς de l'autre, à moins que le père de celui-ci ne soit son ἀνεψιός. Or le père de Théopompe n'était point ἀνεψιός d'Hagnias mais de Polémon, père d'Hagnias [1]. Le plaidoyer même d'Isée suffit donc pour convaincre Théopompe de mensonge et, dès lors, on ne saurait songer à tirer un argument sérieux du succès qu'il a obtenu dans son procès.

Il est facile également de comprendre comment Aristodème pouvait réclamer la succession de Léocratès II, bien que n'étant que son cousin au septième degré. C'est qu'il faut tenir compte des principes sur l'adoption d'après lesquels l'enfant que se substitue le fils adoptif, lorsqu'il veut sortir de la famille adoptive pour rentrer dans sa famille naturelle, prend complètement la place de son père. Or si, dans le cas d'Aristodème, on tient compte des substitutions qui s'étaient successivement opérées, on voit que Léocratès II devait, en faisant abstraction des adoptions intermédiaires rétroactivement effacées, être considéré comme étant directement le fils adoptif d'Archiadès. Léocratès II n'était plus dès lors séparé d'Euthymaque, l'auteur commun, que par deux degrés de descendance, et légalement il était parent d'Aristodème au cinquième degré : aussi le plaideur fait-il observer qu'il est le fils d'un cousin germain du défunt [2]. Clitomaque,

---

(1) Cf. Schœmann, sur Isée, p. 457. Cf. le tableau généalogique, *infra*, p. 550, note 1.

(2) Démosthène, *C. Leoch.*, § 26 : ὄντες ἀνεψιαδοῖ ἐκείνῳ.

mère d'Aristodème, étant réputée ἀνεψιά de Léocratès II, considéré comme fils adoptif d'Archias, Aristodème se trouvait lui-même être vis-à-vis du défunt παῖς ἀνεψιοῦ et, dès lors, il pouvait parfaitement se prévaloir de la loi sur les successions [1].

Nous ne saurions enfin attacher aucune importance à l'argument tiré de l'Andrienne de Térence. On peut y faire une double réponse. La première, c'est que ni Chrysis, ni Criton n'étaient citoyens d'Athènes [2], et que leur succession devait être régie par les lois d'Andros, leur patrie, lois qui pouvaient différer de celles d'Athènes. La seconde, c'est que Ménandre, que Térence s'est presque borné à copier, se servait, dans la comédie grecque originale, du mot ἀνεψιαδοῦς ou peut-être du mot ἐξανέψιος [3], et comme le sens de ces mots était équivoque, même pour les Athéniens, il n'est pas étonnant que le poète latin les ait traduits par *sobrinus*. En définitive, la vocation héréditaire des *sobrini* ne se trouve établie par aucun texte. Dès lors, en présence de la loi qui limite les successibles privilégiés aux ἀνεψιῶν παῖδες, aux *consobrinorum filii*, on doit écarter sans hésitation les *sobrini* [4] [5].

(1) Le tableau suivant aidera à comprendre les explications ci-dessus.

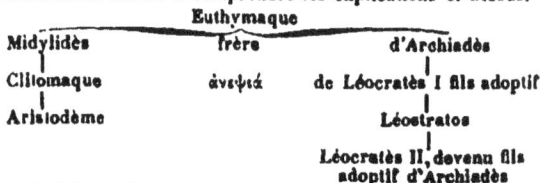

	Euthymaque	
Midylidès	frère	d'Archiadès
Cliomaque	ἀνεψιά	de Léocratès I fils adoptif
Aristodème		Léostratos
		Léocratès II, devenu fils adoptif d'Archiadès

(2) Térence, *Andria*, v. 802.

(3) Cf. Dziotsko, *in Rheinisches Museum*, t. XXXI, 1876, p. 240 et s.

(4) Schœmann, *De cognatorum qui collaterales dicuntur hereditatibus*, et sur Isée, p. 455 ; Hermann, *Jur. dom. et fam. compar.*, p. 26 et *Recension von Beor*, *loc. cit.*, p. 39 et s. ; Schelling, p. 122 ; Giraud, p. 120 ; Dareste, *Journ. des savants*, 1874, p. 623 et *Plaid. civ.*, I, p. 29 ; Philippi, *Johns Jahrb.*, CV, 1871, p. 597 et *Areopag und Epheten*, p. 72 ; Buermann, *Phil. Wochensch.*, 1885, p. 591 ; Seeliger, *loc. cit.*, p. 180 ; Moy, p. 262 ; Meier, Schœmann et Lipsius, p. 586 texte et note 276 ; Grasshof, p. 35 ; Hermann-Thalheim, p. 68, note 1 ; Robiou, p. 72 ; Caillemer, p. 113 ; Mitteis, p. 321. Cf. Dareste, Haussoulier et Reinach, p. 463, note 1.

(5) Il y a identité entre les personnes admises à pénétrer dans la maison mor-

Excluant ainsi les *sobrini*, qui font partie de la parentèle du bisaïeul, nous écarterons à plus forte raison le bisaïeul lui-même. Les raisons que nous avons données pour refuser tout droit de succession au père et à l'aïeul s'appliquent, en effet, avec plus de force encore, au bisaïeul [1]. Nous écarterons également le grand oncle paternel, *patruus magnus*, car on ne peut admettre l'exclusion du bisaïeul et celle des *sobrini* sans se prononcer également pour celle du grand oncle [2], de même aussi que celle de l'oncle à la mode de Bretagne qui servent d'intermédiaires entre le bisaïeul et les *sobrini*. En un mot, toute la parentèle du bisaïeul est écartée, et il n'y a plus de vocation héréditaire privilégiée pour les parents paternels du moment que, pour arriver au défunt, ils sont obligés de remonter à un ascendant plus éloigné que l'aïeul de celui-ci [3].

tuaire après l'enlèvement du corps et celles qui sont comprises dans l'ἀγχιστεία, et qui, comme telles, sont appelées à la succession. Cf. Démosthène, *C. Macart.*, § 62 : μηδ' εἰς τὰ τοῦ ἀποθανόντος εἰσιέναι, ὅταν ἐξενεχθῇ ὁ νέκυς, γυναῖκα μηδεμίαν, πλὴν ὅσαι ἐντὸς ἀνεψιαδῶν εἰσίν. Cette loi de Solon, ainsi que l'observe l'orateur, a pour objet d'imposer aux parents des obligations corrélatives aux droits de succession qu'elle leur confère, οὐ μόνον δίδωσι τὰ καταλειφθέντα, ἀλλὰ καὶ προστάγματα ποιεῖται τοῖς προσήκουσιν. Or il nous paraît résulter de la comparaison de la loi athénienne avec la loi funéraire d'Iulis (Dareste, Haussoulier et Reinach, p. 12, l. 28), que les termes employés par Démosthène, ἐντὸς ἀνεψιαδῶν, ne désignent que les *filiæ consobrinorum*, car la loi d'Iulis emploie l'expression non équivoque de θυγατέρας ἀνεψιῶν.

(1) Cf. Caillemer, p. 109. Grasshof, p. 71, appelle, au contraire, à la succession le bisaïeul et la bisaïeule. Il dit, à ce sujet : « Si nemo fuit qui ab avo defuncti paterno descendit, hereditas ad avi patrem vel defuncti proavum paternum, tum ad avi matrem vel defuncti proaviam paternam venit, si, id quod rarissime accidisse puto, in vivis fuerunt. Neque enim eos ab hereditate excludendos esse credo, non magis quam defuncti et patrem et avum paternum, aut ceteros ascendentes crederem, si ad eos progredi opus esse videretur... Si ex his nemo superfuit, eadem ratione, qua avi paterni parentibus, aviæ paternæ patri vel defuncti proavo paterno, tum aviæ paternæ matri vel defuncti proaviæ paternæ hereditas obvenit. » Il faut observer toutefois que, dans une autre partie de sa dissertation (p. 42), Grasshof écarte de la succession ceux qui ne se rattachent au défunt que par leur bisaïeul.

(2) Schneider (p. 23) affirme, mais sans en donner aucune preuve, que le *patruus magnus* succède avant les parents maternels.

(3) Cf. Caillemer, p. 109-110.

C. — Des collatéraux maternels.

(a). *Droits de la mère.*

Lorsque, dans la ligne paternelle, il n'existe aucun successible pouvant se rattacher au défunt par le père ou l'aïeul de celui-ci, la succession passe aux parents maternels. C'est ce que décide expressément la loi de succession citée dans le discours contre Macartatos : ἐὰν δὲ μὴ ὦσι πρὸς πατρὸς μέχρι ἀνεψιῶν παίδων, τοὺς πρὸς μητρὸς τοῦ ἀνδρὸς κατὰ ταὐτὰ κυρίους εἶναι. Cette disposition de loi est citée en termes presque identiques dans le § 11 du discours pour l'héritage d'Hagnias. Dans la paraphrase qu'il en fait au § 2 du même discours, Isée s'exprime ainsi : ἐὰν δὲ καὶ τοῦτ' ἐκλείπῃ (c'est-à-dire le troisième ordre de successibles collatéraux de la ligne paternelle), εἰς τὸ γένος πάλιν ἐπανέρχεται, καὶ ποιεῖ τοὺς πρὸς μητρὸς τοῦ τελευτήσαντος κυρίους αὐτῶν, κατὰ ταὐτὰ καθάπερ τοῖς πρὸς πατρὸς ἐξ ἀρχῆς ἐδίδου τὴν κληρονομίαν. Les parents maternels viennent ainsi dans le même ordre que les parents paternels.

La première question qui se pose en conséquence ici, comme pour la ligne paternelle, est de savoir si la loi appelle à la succession la mère du défunt, et à quel rang. Nous retrouvons à propos de la mère les mêmes controverses qu'à propos du père. On reconnaît généralement à la mère la qualité de successible et, pour justifier sa vocation, on fait valoir des arguments empruntés soit aux principes généraux, soit aux plaidoyers des orateurs. Ainsi d'abord, et c'est là une raison que l'on invoque également pour le père, ou allègue que les collatéraux maternels, les frères utérins, par exemple, ne se rattachent à leur frère *de cujus* que par l'intermédiaire de leur mère. Il est donc juste et rationnel à la fois d'en conclure que la mère doit, à plus forte

raison, avoir, comme les frères utérins, le droit de recueillir la succession. On ajoute que cet argument si simple
n'avait pas échappé aux jurisconsultes athéniens et qu'il se
trouve même formulé dans un vieil auteur [1].

Le droit de la mère, dit-on, se trouve en outre démontré par plusieurs passages d'Isée. Ainsi, dans le plaidoyer
pour la succession d'Hagnias, l'orateur, en parlant des prétendants à cette succession, prétendants qui, si même ils
obtenaient la délivrance des biens héréditaires, en seraient
promptement dépouillés, parce qu'il ne viennent pas en
rang utile, s'exprime ainsi: « Les parents maternels vier-
draient leur enlever la succession. Glaucon, le frère utérin du
défunt, la leur disputerait avec succès, car ils n'ont pas de
titres supérieurs aux siens, et il prouverait facilement qu'ils
sont en dehors de la parenté légale. Alors même que Glaucon ne voudrait pas accepter, il y aurait contestation de la
part de la mère du défunt; elle aussi a des droits légitimes
sur la succession de son fils (προσῆκον καὶ αὐτῇ τῆς ἀγχιστείας
τοῦ αὐτῆς υἱέος), elle poursuivrait les détenteurs, qui n'auraient à lui opposer aucun titre valable; elle vous montre-
rait avec évidence que vous devez lui adjuger la moitié de
la succession, puisqu'elle a pour elle la justice et les lois » [2].
Ce texte établit d'une manière décisive la vocation héridi-
taire de la mère. On ne saurait échapper à cet argument en
disant que la mère d'Hagnias, dans l'hypothèse prévue par
l'orateur, serait venue à la succession de son fils non point
en sa qualité de mère, mais en celle de cousine dans la ligne
paternelle, *proin et ipsa filii sui sobrina*, à défaut de successibles dans les ordres privilégiés des deux lignes pater-

(1) Théon, *Progymnasmata*, c. 13, § 10 : περὶ πλεονασμὸν δὲ γίνεται ἀσάφεια,
ὅταν δυνατὸν ᾖ πλέον τι τοῦ γεγραμμένου συλλογίζεσθαι, ὡς καὶ αὐτὸ δυνάμει
δηλούμενον· οἷον εἴ τις νομοθετήσειε κληρονομεῖν καὶ τοὺς πρὸς μητρὸς ἀμφισβητήσειε γὰρ ἂν καὶ ἡ μήτηρ, ὡς εἰ τοὺς πρὸς μητρὸς νόμος κληρονομεῖν καλεῖ,
πρότερον ἂν αὐτὴν τὴν μητέρα καλοίη.

(2) Isée, *De Hagn. her.*, §§ 29 et 30.

nelle et maternelle [1]. Mais cette objection est sans valeur,
et cela pour un double motif. Le premier, c'est que,
dans le passage précité, l'orateur s'occupe des parents maternels, οἱ πρὸς μητρὸς τοῦ τελευτήσαντος, et il met sur la même
ligne, pour son argumentation, le frère utérin et la mère [2].
Le second, c'est que l'orateur se serait bien gardé de présenter aux juges la mère d'Hagnias comme une *sobrina* du
défunt. Il s'efforçait, en effet, d'établir, contrairement à la
vérité et en équivoquant sur le sens des mots, qu'il était, lui
Théopompe, *consobrini filius* et non pas *sobrinus* du défunt [3]. Or il venait de reconnaître que la mère d'Hagnias
était parente du défunt au même degré que lui, mais qu'il
devait passer avant elle par application de la règle κρατεῖν
τοὺς ἄρρενας [4]. Théopompe ne pouvait donc songer à dire que
la mère d'Hagnias succédait comme *sobrina* sans se consi-

---

(1) Il résulte, en effet, de la généalogie d'Hagnias, telle qu'elle est établie par
le plaidoyer d'Isée et par celui de Démosthène contre Macartatos, que la mère
était cousine germaine de son fils au sixième degré (*sobrina*) dans la ligne paternelle. C'est ce que montre le tableau suivant

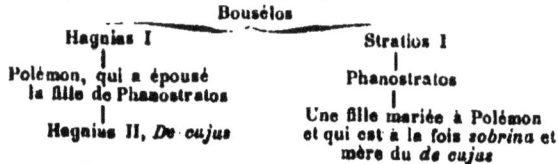

Bousélos

Hagnias I   Stratios I

Polémon, qui a épousé   Phanostratos
la fille de Phanostratos

Hagnias II, *De cujus*   Une fille mariée à Polémon
                   et qui est à la fois *sobrina* et
                   mère du *de cujus*

Voici quelles sont, d'autre part, les relations de parenté du plaideur Théopompe
avec la mère d'Hagnias.

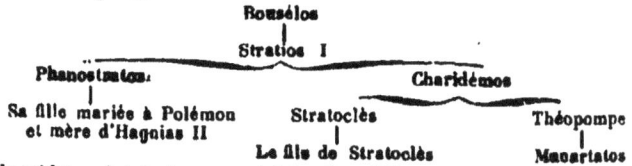

Bousélos

Stratios I

Phanostratos   Charidémos

Sa fille mariée à Polémon   Stratoclès   Théopompe
et mère d'Hagnias II

                 Le fils de Stratoclès   Macartatos

V. sur le tableau généalogique complet des Bousélides, Schæfer, *Demosth. u.
seine Zeit.*, t. III, 2, p. 228.

(2) Bunsen, p. 25; Caillemer p. 125.

(3) V. *supra*, p. 544.

(4) Isée, *De Hagn. her.*, § 17.

dérer en même temps comme *sobrinus* et sans s'exposer à perdre tout le bénéfice de son argumentation [1].

Le discours d'Isée sur la succession d'Haghias renferme, dit-on, un autre exemple de succession dévolue à la mère. Pyrrhus avait adopté Endius, fils de sa sœur. Après avoir possédé l'héritage de Pyrrhus pendant vingt ans, Endius meurt sans enfants. Xénoclès, au nom de sa femme, Philé, qu'il prétend être la fille légitime de Pyrrhus, réclame en justice l'héritage, que revendique de son côté la mère d'Endius, en contestant la légitimité de Philé. C'est donc que la mère peut succéder à son fils. On objecterait en vain que, dans l'espèce, la mère voulait succéder non pas en sa qualité de mère mais bien comme tante du défunt dans la famille adoptive, tous les liens de parenté naturelle ayant été brisés par l'adoption d'Endius. Cette objection repose sur une erreur concernant les effets de l'adoption. L'adopté devient, sans doute, aux yeux de la loi civile, étranger à la famille de son père naturel; mais là se borne l'effet de l'adoption relativement à la rupture des liens de famille, et l'enfant adoptif, malgré l'adoption, demeure toujours rattaché à sa mère naturelle, conformément à la règle μητρὸς δ'οὐδείς ἐστιν ἐκποίητος [2]. L'adoption d'Endius par Pyrrhus n'avait donc point rompu le lien de parenté civile qui le rattachait à sa mère et, dès lors, c'est bien en qualité de mère et non point en celle de tante que celle-ci réclamait la succession [3]. Les plaidoyers des orateurs sont d'accord avec les principes pour consacrer la vocation héréditaire de la mère, vocation en faveur de laquelle on peut, en outre, faire valoir certaines considérations d'équité que avons précédemment exposées à propos des droits du père [4].

---

(1) Schelling, p. 128, note 30; Caillemer, p. 125.
(2) Isée, *De Apollod. her.*, § 15. V. *supra*, t. II, p. 55.
(3) Caillemer, p. 125.
(4) Bunsen, p. 28; de Boor, p. 68; Schelling, p. 128; Hermann, *Griech. Antiq.*, 2ᵉ éd., III, § 64, notes 17 et 20; Grasshof, p. 72 et s.; Van Stegeren, p. 112, note

Nous estimons, au contraire, que la mère est, de même
que le père, exclue de la succession de ses enfants. La principale raison qui détermine notre décision c'est, ainsi que
nous l'avons déjà dit à propos du père, le silence gardé par
les lois athéniennes à l'égard de la mère. Il n'est question
de celle-ci ni dans la loi de succession citée par Démosthène
dans le discours contre Macartatos, ni dans la paraphrase
faite par Isée de cette loi dans le plaidoyer sur l'héritage
d'Hagnias. Ce silence, à notre avis, implique manifestement
exclusion de la mère. On a, il est vrai, voulu se soustraire
à cet argument en disant que la locution τοὺς πρὸς μητρός,
employée par les orateurs précités pour désigner les successibles de la ligne maternelle, comprend tout à la fois les
parents par la mère et la mère elle-même. Mais cette interprétation ne saurait se soutenir en présence d'un autre passage d'Isée dans le même plaidoyer, où, commentant précisément la loi qui attribue la succession aux parents de la
ligne maternelle à défaut des parents privilégiés de la ligne
paternelle, l'orateur s'exprime ainsi : ἀπέδωκε τοῖς πρὸς μητρὸς
τοῦ τελευτήσαντος τὴν κληρονομίαν ἤδη, ἀδελφοῖς καὶ ἀδελφαῖς καὶ παισὶ
τοῖς τούτων καὶ τοῖς ἄλλοις [1]. Ainsi, au témoignage d'Isée, il faut
entendre par les τοῖς πρὸς μητρός les frères et sœurs utérins
du *de cujus* ainsi que leurs enfants et petits-enfants, mais
il n'est nullement question de la mère. C'est donc qu'elle
n'hérite pas.

Cela résulte encore d'un autre passage non moins clair du
même plaidoyer où l'orateur affirme que la mère, bien qu'étant,
d'après le droit naturel, la plus rapprochée du défunt, ne
fait pas partie de son ἀγχιστεία [2] ou, en d'autres termes,
qu'elle n'est pas apte à recueillir sa succession, puisque

4 ; Giraud, p. 119; Maurocordato, p. 29; Robiou, p. 72 ; Caillemer, p. 121 et s.;
Moy, p. 266, note 2.

(1) Isée, *de Hagn. her.*, § 12.

(2) *Ibid.*, § 17 : ὁ συγγενέστατος μὲν ἦν τῇ φύσει πάντων, ἐν δὲ ταῖς ἀγχιστείαις ὁμολογουμένως οὐκ ἔστιν.

l'ἀγχιστεία confère cette aptitude. On objecte, sans doute,
que cette interprétation donne au texte d'Isée un sens absolu
qu'il n'a point en réalité. Tout ce que veut dire Isée, pré-
tend-on, c'est que le droit civil fait à la mère une situation
inférieure à celle qu'elle possède d'après le droit naturel.
D'après celui-ci, elle devrait venir au premier rang, tandis
que la loi positive fait passer avant elle plusieurs classes
de parents paternels. Comme on connaît la prédilection des
anciens pour les phrases elliptiques, on doit admettre que
la dernière partie du texte précité en est évidemment une
et qu'il faut lire : ἐν δὲ ταῖς ἀγχιστείαις οὐκ ἔστιν συγγενέστατον.
Ainsi la traduction du texte entier serait : « La mère est la
plus proche de tous d'après la nature ; mais, dans l'ordre
des successions, elle ne l'est pas ». L'orateur, ajoute-t-on,
aurait aussi bien pu, à la rigueur, affirmer que la mère
d'Hagnias n'était pas héritière, sans que cependant on fût
autorisé à en conclure qu'elle n'avait jamais le droit de
succéder. Elle n'était pas héritière, ἐν ταῖς ἀγχιστείαις, parce
que, dans l'espèce, elle ne pouvait venir en rang utile, la succession devant revenir en totalité à Théopompe dont, au
dire d'Isée, les droits étaient préférables [1]. Nous reconnaissons que le mot ἀγχιστεία peut avoir tantôt un sens relatif [2],
tantôt un sens absolu [3]. Mais nous croyons qu'ici c'est dans
ce dernier sens que ce mot a été employé par l'orateur.
C'est ce qui résulte d'un passage ultérieur du même plaidoyer où Théopompe allègue que précédemment il a gagné
un procès contre la mère d'Hagnias en établissant qu'il n'y
avait aucun rapport d'ἀγχιστεία entre cette femme et son fils [4].
Nous ajouterons que la correction proposée par certains

(1) Cf. Grasshof, p. 72, 73 ; Maurocardato, p. 29 ; Caillemer, p. 122.
(2) Comme dans ce passage du plaidoyer d'Isée pour l'héritage d'Apollodore,
§ 20 : προτέρους τοῖς ἄρρεσι τῶν θηλειῶν τὴν ἀγχιστείαν πεποίηκε.
(3) Comme dans la règle νόθῳ μὴ εἶναι ἀγχιστείαν.
(4) Isée, *De Hagn. her.*, § 19 : νενίκηκα τοῦτον τὸν τρόπον, ἐπιδείξας μηδὲν
Ἁγνία κατ' ἀγχιστείαν προσηκούσας.

auteurs et consistant à suppléer à la fin de la phrase le mot
συγγενέστατον, nous paraît inadmissible en raison de la place
qu'occupent dans le texte les mots μέν et δέ [1].

Quant aux passages d'Isée que citent à l'appui de leur
opinion les partisans des droits de la mère, ils ne nous paraissent nullement avoir l'importance qu'on leur prête.
Ainsi d'abord, quand Théopompe nomme la mère d'Hagnias
parmi les personnes qui auraient pu prétendre à la succession de ce dernier, rien ne prouve que ce soit plutôt en sa
qualité de mère qu'en celle de *sobrina*, qui lui appartenait
également, qu'elle ait pu avoir des droits à l'héritage. Il
semble même que ce soit plutôt en cette dernière qualité,
si l'on se refère aux termes mêmes par lesquels l'orateur
caractérise les droits de la mère : προσῆκον καὶ αὐτῇ τῆς ἀγχιστείας τοῦ αὐτῆς υἱέος. Théopompe semble, il est vrai, ranger ici
la mère parmi les parents maternels, τοῖς πρὸς μητρὸς τοῦ τελευτήσαντος, qui, d'après lui, devraient venir à la succession
avant ses adversaires. Mais, s'il en était ainsi, on ne voit pas
pourquoi il citerait la mère après le frère utérin du défunt
et ne lui accorderait de droit sur la succession qu'en cas de
répudiation préalable de la part de ce frère, εἰ μὴ ἐβούλετο οὗτος.
Ce serait, en effet, contraire au principe général qui gou-
verne la dévolution de la succession aux parents maternels,
dévolution qui, au témoignage de Démosthène et d'Isée, doit
s'opérer suivant des règles semblables à celles qui régissent
les parents paternels, κατὰ ταὐτά. Or nous avons vu que le
père, si on lui reconnaît la qualité de successible, doit venir en première ligne, avant les frères du défunt. Donc la
mère d'Hagnias aurait dû être citée par Théopompe avant
son fils Glaucon, frère utérin du défunt, et non pas seulement pour le cas où Glaucon n'aurait pas voulu accepter la

---

(1) Meier, Schœmann et Lipsius, p. 580, note 266. Graschof (p. 74), par exemple, pour donner au texte d'Isée un sens qui puisse se concilier avec la vocation
héréditaire de la mère, propose de le lire aussi : ὃ συγγενέστατον ἦν τῇ μὲν φύσει
πάντων, ἐν δὲ ταῖς ἀγχιστείαις ὁμολογουμένως οὐκ ἔστιν.

succession. Il y a là de la part de l'orateur, une inexactitude dont le but nous échappe, mais qui doit nous mettre en
garde contre toutes ses affirmations, en général. Nous avons
déjà vu, en examinant les droits des parents compris dans
la parentèle du bisaïeul, que Théopompe s'est manifestement rendu coupable de mensonge afin de persuader à ses
juges qu'il se trouvait au degré successible. Nous croyons
dès lors bien difficile de fonder un argument quelque peu
sérieux sur un plaidoyer qui, de l'aveu même de ceux qui
s'en servent [1], renferme nombre d'erreurs juridiques pré-
méditées, et surtout sur un passage où l'orateur commet une
erreur évidente concernant le rang qui doit appartenir à la
mère, à supposer qu'elle vienne à la succession parmi les
parents maternels.

L'argument que l'on a tiré du discours d'Isée sur l'héritage de Pyrrhus est encore moins probant. Nous reconnaissons très volontiers que l'enfant adoptif, malgré l'adoption,
continue toujours de se rattacher à sa mère naturelle. Mais
il n'en résulte nullement que, dans l'espèce, la mère
d'Endius ait dû succéder en sa qualité de mère plutôt qu'en
celle de tante qui lui appartenait également. La mère d'Endius, sœur de Pyrrhus, devait évidemment se prévaloir de
son titre le plus fort pour venir à la succession. Or elle
était plus proche héritière comme sœur de Pyrrhus que comme mère d'Endius. Les parents πρὸς μητρός ne sont appelés, en
effet, qu'après les collatéraux paternels privilégiés, au nombre desquels se trouvent les oncles et les tantes πρὸς πατρός
du défunt. Si donc la mère d'Endius avait des droits à faire
valoir sur la succession de celui-ci, c'étaient plutôt ceux de
tante πρὸς πατρός que ceux de mère, et l'on n'est nullement
autorisé à voir dans le plaidoyer en question un cas d'application de la vocation héréditaire de la mère.

Cette vocation n'est, en définitive, établie par aucun

(1) Caillemer, p. 127.

texte, et elle ne peut, comme celle du père, se justifier que
par des considérations générales dont nous avons précédemment démontré le peu de valeur [1]. Nous ajouterons
qu'en ce qui concerne spécialement la mère, son exclusion peut
sembler moins rigoureuse que celle du père, car elle a, pour
subvenir à ses besoins, la dot qui lui a été constituée lors de
son mariage, ou les aliments qui doivent lui être fournis par
le détenteur de sa dot. Il faut donc en prendre son parti et
reconnaître que la loi athénienne, pas plus que la loi de
Gortyne, ne reconnaît pas de succession déférée aux ascendants, qu'il s'agisse du père ou de la mère [2].

Faut-il du moins admettre, avec certains auteurs [3], qu'à
l'époque de Démosthène, d'autres idées tendaient à se faire
jour dans la jurisprudence et que l'on commençait à soutenir
que la loi, qui appelait à la succession les parents par la mère,
à défaut de parents par le père, appelait à plus forte raison
et implicitement la mère elle-même ? Cette manière de voir
nous semble fort douteuse. Elle ne résulte nullement, à notre
avis, des différents plaidoyers que nous venons d'examiner
et où les orateurs ne paraissent pas mettre en question la
possibilité pour la mère de succéder en sa seule qualité d'ascendante. On pourrait tout au plus la fonder sur le texte
du grammairien Théon que nous avons précédemment cité.
Mais, selon nous, il faut voir dans ce texte plutôt un exemple abstrait de raisonnement *a fortiori* qu'une allusion aux

---

(1) Nous rappellerons qu'à Rome, d'après le droit des Douze-Tables, jamais
une mère ne pouvait succéder à ses enfants en sa seule qualité de mère, mais seulement à titre d'agnate, par l'effet de la *manus*.

(2) W. Jones, *loc. cit.*; Gans, I, p. 371 ; Schœmann, sur Isée, p. 451 et *Recension von Boor*, p. 540 ; Mayer, II, p. 467 ; Lewy, p. 64 ; Dareste, *Journ. des
savants*, 1885, p. 269 ; Guiraud, p. 222. Cf. Meier, Schœmann et Lipsius, p. 580,
note 266. Schæfer, *Demosthenes u. seine Zeit*, III, 2, p. 230. Une des lois de
Mytilène attribuées à Pittacos, l'un des sept sages, paraît avoir donné à la
mère une part égale à celle du père dans la succession de ses enfants. Cf·
Théon, *Progymnasmata*, XIII, 8.

(3) Perrot, *Eloquence politique*, p. 378 ; Dareste, *Plaid. civ.*, t. I, p. XXVIII

controverses qui avaient pu s'élever dans la jurisprudence athénienne sur la vocation héréditaire de la mère [1].

Si l'on admet cette vocation, il faut déterminer le rang que doit occuper la mère parmi les parents πρὸς μητρός. Sur cette question subsidiaire, les partisans des droits de la mère sont loin d'être d'accord. Les uns, se fondant sur le plaidoyer d'Isée concernant l'héritage d'Hagnias, qui paraît subordonner la vocation de la mère à l'absence ou à l'abstention des frères utérins [2], placent en première ligne les frères utérins et leurs enfants, et en seconde ligne seulement la mère, qu'ils font concourir avec les sœurs utérines [3]. Dans une autre opinion, on fait passer la mère non seulement après les frères utérins, mais encore après les sœurs utérines. Sans doute, dit-on, Isée, dans le plaidoyer précité, semble ne donner la préférence sur la mère qu'au frère utérin. Mais s'il mentionne uniquement celui-ci, c'est qu'il n'avait pas besoin, pour son argumentation, de citer également les sœurs utérines. Si les frères utérins sont préférés à la mère, il n'y a pas de raison pour que la même préférence n'appartienne pas aux sœurs utérines. La mère ne vient donc qu'à défaut des frères et sœurs utérins [4]. Enfin, dans une dernière opinion, la mère du défunt est appelée la première parmi les parents πρὸς μητρός, même avant les frères utérins [5].

Si nous avions à choisir entre ces différentes opinions,

---

(1) D'après certains auteurs, la controverse relative aux droits de la mère serait, en réalité, dépourvue d'intérêt, car, dans les principes du droit successoral athénien, les femmes ne sont point, d'une manière générale, considérées comme héritières propres et directes, mais plutôt comme des intermédiaires destinées à transmettre l'héritage à leurs propres enfants. Cf. Schœmann, *Recension von Boor*, p. 542 ; Meier, Schœmann et Lipsius, p. 580, note 266 *in fine*. Mais cette observation ne nous parait pas exacte ; elle applique aux femmes héritières, en général, une règle qui, à notre avis, est spéciale aux épiclères, Cf. Grasshof, p. 78.

(2) Isée, *De Hagn. her.*, § 30.

(3) Bunsen, p. 39. Cf. Van Stegeren, p. 113.

(4) De Boor, p. 68 ; Schneider, p. 23.

(5) Grasshof, p. 78 ; Caillemer, p. 127.

c'est pour la dernière que nous opterions. Elle est conforme,
en effet, à la logique et aux textes. On peut dire, en premier
lieu, que le frère utérin ne se rattache à son frère défunt que
par l'intermédiaire de sa mère ; donc celle-ci doit rationnellement l'emporter sur son fils. C'est, du reste, le raisonnement que fait le grammairien Théon, dans le passage précédemment cité : « Si, dit-il, la loi appelle à succéder les
parents par la mère, elle appelle à plus forte raison avant
eux la mère elle-même » [1]. D'un autre côté, les lois de succession citées par Démosthène et par Isée appellent les parents maternels à succéder suivant les mêmes règles que
celles qui régissent la dévolution de la succession aux parents paternels, κατὰ τὰ αὐτὰ, ou καθάπερ τοῖς πρὸς πατρὸς ἐξ ἀρχῆς
ὁ νόμος ἐδίδου τὴν κληρονομίαν. Or si le père, en admettant qu'il
succède, doit, comme nous l'avons vu, venir en première
ligne avant les frères ou sœurs consanguins du *de cujus*,
la mère doit venir également par préférence aux frères ou
sœurs utérins [2].

(b). Des collatéraux maternels.

Si l'on admet, conformément à l'opinion que nous avons
adoptée, que la mère ne succède point à son fils, l'ordre à
suivre entre les collatéraux maternels doit être calqué sur
celui que nous avons indiqué pour les collatéraux paternels.
En première ligne donc viennent les frères et sœurs utérins
du *de cujus* et leurs enfants. C'est ce que dit formellement
Isée : ἀδελφοῖς καὶ ἀδελφαῖς (πρὸς μητρὸς) καὶ παισὶ τοῖς τούτων [3].
On applique seulement, dans les rapports respectifs de ces
successibles, les principes généraux que nous avons précé-

---

(1) V. *supra*, p. 549, note 1.
(2) Grasshof (p. 78) fait également valoir en ce sens un argument qu'il reconnaît toutefois *minus aptam*, et qu'il tire du discours d'Isée sur la succession
d'Aristarque : « Ibi enim, dit-il, Aristarchi I e filia nepos adultus hereditatem,
quæ cum matri suæ a Demochare fratre cessisset, cognati contra jus fasque jam
dudum fraudarant, sibi suæque familiæ repetivit. »
(3) Isée, *De Hagn. her.*, § 12.

demment établis, à savoir : 1° le principe κρατεῖν τοὺς ἄρρενας;
et 2° le principe de la représentation avec celui du partage
par souches qui nous semble en être le corollaire forcé [1].

A défaut de successibles se rattachant à la mère du
défunt par un lien de descendance, on appelle les parents
compris dans la parentèle de l'aïeul maternel, c'est-à-dire
les oncles et tantes maternels du défunt et leurs descendants. Ce sont ceux qu'Isée [2] vise par les mots ταῖς ἄλλοις.
La vocation héréditaire des oncles maternels est, comme nous
nous l'avons vu, formellement supposée par un autre texte
d'Isée [3].

Lorsqu'il ne se rencontre pas de successibles dans la parentèle de l'aïeul maternel, on ne peut, ainsi que nous l'avons
admis pour la ligne paternelle, remonter plus haut, c'est-à-
dire appeler la parentèle du bisaïeul maternel. La succession
est alors dévolue aux parents paternels non compris dans
l'anchistie et dont nous allons parler [4]. Il n'y a, en effet, aucune raison pour étendre, dans la ligne maternelle, la vocation héréditaire au delà des limites posées pour la ligne paternelle. C'est plutôt la solution inverse qui devrait prévaloir.

D. — Des successibles non compris dans l'anchistie

(a). — Des συγγενεῖς.

La loi de succession citée dans ce discours contre Macar-

(1) Cf. Meier, Schœmann et Lipsius, p. 587 ; Grasshof, p. 79 ; Caillemer,
p. 121.

(2) Isée, *loc. cit.*

(3) Isée, *De Cleon. her.*, §§ 45, 46. V. *supra*, p. 534. Cf. Meier, Schœmann et
Lipsius, p. 587 ; Caillemer, p. 121.

(4) Grasshof (p. 79) enseigne toutefois que, à défaut de frères et sœurs utérins : « Ad avum defuncti maternum et eos, qui ab eo descendunt, hereditas venit, tum ad avi materni patrem vel proavum defuncti maternum, tum ad avi
materni matrem vel proaviam defuncti maternam, tum ad aviam defuncti maternam, eosque qui ab ea descendunt, tum ad aviæ maternæ patrem vel proavum defuncti maternum, denique ad aviæ maternæ matrem vel proaviam defuncti maternam. » Cf. Seeliger, *loc. cit.*, p. 180. V. au surplus *infra*, p. 561,
note 1.

tatos, après avoir consacré les droits des divers successibles
de la ligne paternelle et de la ligne maternelle compris dans
les parentèles que nous avons indiquées, c'est-à-dire jusqu'à la parentèle de l'aïeul inclusivement, ajoute : ἐὰν δὲ
μηδετέρωθεν ᾖ ἐντὸς τούτων, τὸν πρὸς πατρὸς ἐγγυτάτω κύριον εἶναι.
Ainsi, d'après ce texte, lorsque la ligne maternelle n'a aucun
représentant jusqu'au degré de παῖς ἀνεψιοῦ du défunt inclusivement, on revient à la ligne paternelle et la succession
est déférée au parent le plus proche parmi ceux qui se rattachent au défunt par son bisaïeul, par son trisaïeul et ainsi
de suite.

Cette proposition n'est point toutefois généralement admise,
et l'on a mis en doute l'authenticité du texte de Démosthène
qui, dit-on, se trouve en contradiction avec les dispositions
de la loi de succession citée par Isée dans le plaidoyer sur
l'héritage d'Hagnias. Dans cette loi, l'orateur, après avoir
indiqué les divers ordres de successibles que nous connaissons, soit dans la ligne paternelle, soit dans la ligne maternelle, ajoute : ταύτας ποιεῖ τὰς ἀγχιστείας ὁ νομοθέτης μόνας. Il en
résulte, dit-on, que le législateur ne reconnaît pas d'autres
successibles. Ce qui, ajoute-t-on, doit contribuer à rendre
suspecte la règle posée dans le plaidoyer contre Macartatos,
c'est que l'auteur de ce discours, après avoir cité la loi de
succession, dit aux juges : διαρρήδην λέγει ὁ νόμος οἷς δεῖ τὴν
κληρονομίαν εἶναι [1]. L'expression διαρρήδην exclut, dit-on, la
possibilité d'une dévolution de la succession *in infinitum* aux
parents paternels des parentèles plus éloignées et qui re-
viendraient ainsi prendre rang après les parents maternels
privilégiés. L'anchistie, c'est-à-dire la faculté de succéder
est donc limitée, dans la ligne paternelle, à la parentèle de
l'aïeul. S'il en était autrement, et si les parents paternels
plus éloignés avaient pu venir à la succession, on ne voit
pas pourquoi, dans le plaidoyer sur l'héritage d'Hagnias, Théo-

(1) Démosthène, *C. Macart.*, § 52.

pompe aurait fait de tels efforts pour se faire passer aux yeux des juges comme un ἀνεψιοῦ παῖς, c'est-à-dire comme compris dans la parentèle de l'aïeul [1].

Ces considérations ne nous paraissent pas suffisantes pour ébranler l'autorité du texte de Démosthène. Ce texte peut parfaitement se concilier avec ce que nous dit Isée des successibles compris dans l'ἀγχιστεία. Celle-ci ne renferme, sans doute, que les parents indiqués par Isée, c'est-à-dire ceux qui soit πρὸς πατρός, soit πρὸς μητρός se rattachent au défunt au plus loin par son aïeul soit paternel, soit maternel. Mais la succession ne peut-elle être dévolue qu'à des parents compris dans cette ἀγχιστεία? La loi de Démosthène dit le contraire et admet les simples parents, les συγγενείς de la ligne paternelle, à succéder à défaut d'ἀγχιστείς maternels. Le texte d'Isée n'écarte point cette vocation subsidiaire des συγγενείς paternels, car il a pour objet uniquement de déterminer les différents ἀγχιστείς. On ne saurait prétendre évidemment que ce texte renferme une théorie complète de la dévolution des successions. La preuve en est, notamment,

(1) Seeliger, *loc. cit.*, p. 180 et s.; Grasshof, p. 19. Cf. Bunsen, p. 36. Seeliger se demande pourquoi les parents de la ligne maternelle n'hériteraient pas à un degré plus éloigné que celui de παῖς ἀνεψιοῦ, et il n'en trouve aucune raison. Le texte des lois successorales ne semble, d'autre part, apporter aucune restriction à leurs droits. Mais cette restriction résulte implicitement, à notre avis, des mots κατὰ ταὐτά employés par Isée et par Démosthène, et d'où il résulte que la vocation des parents maternels est gouvernée par les mêmes règles que celle des parents paternels. D'autre part, comme l'observe Buermann (*loc. cit.* p. 380), l'exclusion des parents πρὸς μητρός au-delà d'un certain degré est conforme à l'esprit général du droit successoral athénien. Nous avons vu, en effet, que, dans le cercle de l'ἀγχιστεία, les parents maternels sont dans une situation bien inférieure à celle des parents πρὸς πατρός, en ce sens qu'au lieu de concourir alternativement avec eux, ils ne viennent qu'à défaut des trois premières classes de successibles paternels. L'exclusion des parents maternels d'un degré plus éloigné peut n'être qu'un corollaire du même principe. Enfin, cette préférence générale accordée aux parents paternels peut se justifier, en fait, par la considération que l'héritage se compose pour la plus grande partie des biens provenant du père et du patrimoine familial, tandis que la dot de la mère n'en forme ordinairement qu'en partie relativement faible.

qu'Isée, dans ce passage, ne fait aucune allusion à la règle
κρατεῖν τοὺς ἄρρενας καὶ τοὺς ἐκ τῶν ἀρρενων, règle qui joue cependant un rôle si important dans la matière et que mentionne
le texte de Démosthène dont on suspecte l'authenticité. On ne
pourrait manifestement soutenir que cette règle doit être
bannie de ce dernier texte par cela seul qu'Isée ne la mentionne pas au début de son plaidoyer sur l'héritage d'Hagnias.
Pourquoi, dès lors, suspecter davantage l'authenticité de la
règle qui, à défaut d'anchisteis maternels, fait revenir la
succession aux simples cognats de la ligne paternelle ? Dire
que, par le mot διαρρήδην, dont l'orateur fait suivre la citation
de la loi de Solon, il a voulu dire que l'hérédité ne peut pas
être dévolue *in infinitum* dans la ligne paternelle, c'est
attacher une importance exagérée à ce mot. Dans la pensée
de l'orateur, il signifie seulement que le législateur a déterminé nettement les divers successibles, et c'est aussi ce
qu'il nous paraît avoir fait. La conduite de Théopompe ne
fournit non plus aucune objection sérieuse contre notre manière de voir. Si ce plaideur tenait tant à se faire passer pour
un ἀνεψιοῦ παῖς, c'était pour pouvoir venir dans l'ordre des
parents paternels privilégiés et avant certains parents maternels dont il avait à redouter les réclamations. Mais cela ne
prouve nullement que Théopompe n'eût été en aucune façon
successible, même s'il s'était trouvé, ce qui existait en réalité,
à un degré plus éloigné que celui de παῖς ἀνεψιοῦ. Aussi l'auteur du plaidoyer contre Macartatos, qui ne se gêne pas
pour dévoiler les fraudes de Théopompe, ne lui dénie point
absolument tout droit à la succession d'Hagnias, il affirme
seulement que son client doit venir par préférence à Théopompe, comme étant légalement plus rapproché du défunt.
Il dit, en conséquence, en parlant de trois fils de Bousélos,
qu'ils sont ἐν ταὐτῷ γένει Θεοπόμπῳ καὶ προσήκοντες ὁμοίως τῷ
Ἁγνίᾳ [1]. C'est donc que Théopompe appartient à un certain

---

(1) Démosthène, *C. Macart.*, § 20.

γένος, c'est-à-dire, à un certain ordre de successibles [1], mais qu'il est primé par un parent d'un ordre antérieur. Nous considèrerons donc comme authentique le texte du discours contre Macartatos qui, à défaut de parent au degré de παῖς ἀνεψιοῦ dans la ligne maternelle, fait revenir la succession aux autres parents paternels plus éloignés [2].

Ces parents ne sont point toutefois appelés suivant les mêmes principes que les ἀγχιστεῖς. Pour ceux-ci, comme nous l'avons vu, ce n'est pas la proximité du degré, mais la place dans telle parentèle qui détermine le rang. S'il s'agit, au contraire, de simples cognats, συγγενεῖς, c'est le plus proche par son degré qui passe avant les autres, τὸν ἐγγυτάτω κύριον εἶναι. Les parents les plus proches seront donc ceux qui se rattachent par un lien de descendance à l'aïeule paternelle du défunt, car, ainsi que nous l'avons dit, cette aïeule n'est point comprise dans la parentèle de l'aïeul [3]. Après viendraient ceux qui descendent du bisaïeul paternel, puisque, comme nous l'avons établi, la parentèle du bisaïeul n'est pas comprise dans l'anchistie. Puis, en troisième ordre, ceux qui sont compris dans la parentèle du trisaïeul et ainsi de suite, sans que cependant le fait d'appartenir à une parentèle plus rapprochée soit une cause de préférence si, en fait, on est à un degré plus éloigné du défunt [4].

A défaut de simples cognats paternels, la succession ne revient point une seconde fois à la ligne maternelle, c'est-à-dire aux συγγενεῖς de cette ligne. La loi est, en effet, muette

(1) C'est ce qui résulte de la comparaison de ce passage avec d'autres textes. Ainsi dans le plaidoyer de Démosthène contre Léocharès, § 14, il est dit : τὸν νόμον τὸν τοῖς γένεσι κληρονομίας ἀποδιδόντα. De même, dans le plaidoyer d'Isée sur l'héritage d'Hagnias, § 2, l'orateur s'exprime ainsi : τρίτῳ γένει δίδωσι τὴν ἀγχιστείαν.

(2) Cf. en ce sens ; Gans, I, p. 350 ; Klenze, loc. cit.; Caillemer, p. 119 ; Hermann-Thalheim, p. 68 ; Meier, Schœmann et Lipsius, p. 587 ; Buermann, loc. cit., p. 378 et s.; Guiraud, p. 222 ; Mitteis, p. 312, note 1.

(3) V. supra, p. 537. Cf. Meier, Schœmann et Lipsius, p. 587, note 178.

(4) Cf. Maurocordato, p. 30.

sur ce point, et elle pouvait très bien s'arrêter là. Il devait
être presque impossible que le *de cujus* n'eût pas d'héritiers
parmi tous les parents que nous avons signalés, et le plus
souvent, d'ailleurs, en l'absence de proches parents, le *de
cujus* devait avoir eu soin de pourvoir, par une adoption, à
la continuation de sa maison [1] [2].

Entre les parents appelés à titre de simples cognats faut-il
appliquer la règle κρατεῖν τοὺς ἄρρενας καὶ τοὺς ἐκ τῶν ἄρρενων ?
L'affirmative paraît conforme à l'esprit du droit successoral athénien, ainsi qu'aux termes généraux de la loi qui
établit le privilège de masculinité [3].

Les successibles non compris dans l'ἀγχιστεία et appelés
à titre de simples συγγενεῖς forment peut-être ceux qui étaient
désignés sous le nom générique de χηρωσταί, nom qui leur
avait été donné, d'après Hésychius [4], parce qu'ils recueil-
laient la succession lorsqu'il n'y avait point d'anchisteis
dans la maison [5]. De cette expression on a voulu conclure
que ces parents n'arrivent à la succession que lorsque la
maison est vide, χῆρος, et que, par suite, ils ne continuent
pas la maison du défunt. Dès lors, a-t-on dit, non seulement il ne saurait être question pour cette classe d'héritiers

---

(1) Cf. Meier, Schœmann et Lipsius, p. 587-588.

(2) La loi de Gortyne (V, 9 et s.), après avoir déféré la succession 1° aux descendants ; 2° aux frères et à leurs descendants ; 3° aux sœurs et à leurs descendants, appelle, en quatrième ligne les « ayants-droit » οἷς κ' ἐπιβάλλῃ ὅπω κ'
ἧι, c'est-à-dire les autres proches du défunt, mais elle n'entre dans aucun détail
au sujet du classement de ces ayants-droit. Doit-on admettre que la parentèle de
l'aïeul excluait celle du bisaïeul et ainsi de suite, ou bien que le plus proche en
degré excluait les plus éloignés ? Il nous paraît impossible de se prononcer sur
ce point. Cf. Bücheler et Zitelmann, p. 144; Dareste, Haussoulier et Reinach,
p. 463. Il y a même une autre interprétation de possible. V. *infra*, p. 568, note 2.

(3) Cf. Isée, *De Apollod. her.*, § 20.

(4) Hésychius, v° χηρωσταί· οἱ μακρόθεν κατὰ γένος, προσήκοντες δὲ, καὶ οἱ
χηρεύοντος τοῦ οἴκου τῶν ἀγχιστίων κληρονομοῦντες. Cf. Etymol. Magn., v° χηρωσταί : οἱ μακρόθεν τοῦ γένους κληρονόμοι, οἷον ἐπίτροπαι, αἱ τοῦ χήρου καὶ ἐρήμου
συγγενῶν οἴκου κληρονόμοι. Nous avons vu *supra* (t. II, p. 271), qu'un autre sens
est donné au mot χηρωσταί.

(5) Cf. Bunsen, p. 43, note ; Maurocordato, p. 30 ; Caillemer, p. 19; B. W.
Leist, p. 92.

de se mettre en possession de la succession par voie d'embateusis ni d'opposer la διαμαρτυρία μὴ ἐπίδικον εἶναι τὸν κλῆρον [1], mais encore on pourrait douter qu'ils aient eu la faculté de λῆξιν λαχεῖν, d'obtenir l'envoi en possession, puisqu'au
lieu de continuer la maison déserte, ils la dispersent.
Si toutefois ce fut là la situation primitive des χηρωσταί, il
faut reconnaître qu'elle a été modifiée par la loi de Solon
citée dans le discours de Macartatos. Cette loi, en effet,
énumère tous ceux à qui appartient la communauté des ἱερὰ
καὶ ὅσια [2], et qui ont, en conséquence, le droit de revendiquer l'épiclère ou, à son défaut, la succession elle-même.
Or, parmi ces successibles, elle comprend ceux que l'on nomma les χηρωσταί du côté paternel. D'un autre côté, elle emploie, pour désigner le droit qu'elle leur confère sur les
biens héréditaires, le même terme que celui dont elle se
sert pour les parents privilégiés, τὸν πρὸς πατρὸς ἐγγυτάτω
κύριον εἶναι. La situation des χηρωσταί a donc fini par être
la même que celle des autres successibles; ils ont pu, depuis
la loi de Solon, réclamer l'épiclère ou la succession, c'est-
à-dire, dans les deux cas, λῆξιν λαχεῖν [3]. Cette théorie, assez
séduisante, n'est toutefois qu'une simple conjecture. Peut-
être même accorde-t-elle trop d'importance à l'étymologie
du mot χηρωσταί. On peut dire, en effet, que leur vocation
ne suppose point nécessairement une maison éteinte, mais
seulement une maison privée d'anchisteis, de proches parents,
χηρεύοντες τῶν ἀγχιστέων, et on ne voit pas pourquoi les χηρωσταί n'auraient pas pu continuer la maison du défunt aussi
bien que les anchisteis, d'autant plus que les χηρωσταί pouvaient quelquefois se trouver en fait à un degré de parenté
plus rapproché du défunt que les anchisteis.

(1) V. *infra*, p. 596.
(2) Cela résulte de l'opposition que fait la dernière phrase de la loi entre les
νόθοι, à qui elle refuse cette communauté (νόθῳ δὲ μηδὲ νόθῃ μὴ εἶναι ἀγχιστείαν μηθ' ἱερῶν μηθ' ὁσίων), et les successibles énumérés dans la première partie
de la loi.
(3) Cf. B. W. Leist, p. 92-93.

(b). Droit du γένος *et de la phratrie. Successions en déshérence.*

Il devait être très rare qu'un citoyen d'Athènes mourût
sans laisser d'héritiers soit parmi ses anchisteis, soit parmi
les simples cognats. Quand il arrivait exceptionnellement
qu'un Athénien n'eût point de parents, il avait soin, pour
éviter ce que les anciens considéraient comme un grand
malheur, à savoir l'extinction de son culte domestique, de
se créer, sinon de son vivant, du moins par testament, un
continuateur de sa personne et de son culte au moyen d'une
adoption. Il pouvait cependant arriver, soit par négligence,
soit par toute autre cause exceptionnelle, que la mort sur-
prît un citoyen sans qu'il eût désigné son représentant. Que
vont alors devenir ses biens et son culte, les ἱερὰ καὶ ὅσια? La
succession va-t-elle tomber en déshérence et être recueillie
par le fisc? Le culte domestique va-t-il se trouver éteint ?
Le vœu du législateur, c'est qu'un pareil résultat ne se produise pas, car il est considéré comme funeste à la cité. C'est
ce que prouve la loi citée par Isée [1] et qui, pour prévenir
l'abandon d'un autel privé, charge l'archonte éponyme de
veiller soigneusement à ce que la maison ne reste pas déserte. Il s'agit donc de voir à quel procédé on va avoir
recours pour empêcher la déshérence de la succession.

Mais cela présuppose la solution d'une autre question,
celle de savoir si l'on ne doit pas admettre d'autres droits
de succession que ceux qui appartiennent, d'après la loi du
discours contre Macartatos, soit aux ἀγχιστεῖς soit aux συγγενεῖς.
On s'est demandé, en effet, si à défaut des héritiers que nous
venons de nommer, la succession n'est pas déférée au
γένος, à la *gens*, ou même à la phratrie. En ce qui concerne
d'abord la phratrie, bien que l'on ait affirmé l'existence de

---

(1) Isée, *De Apollod. her.*, § 31 : νόμῳ γὰρ τῷ ἄρχοντι τῶν οἴκων, ὅπως ἂν
μὴ ἐξερημῶνται, προστάττει τὴν ἐπιμέλειαν. Cf. Démosthène, *C. Macart.*, § 75 :
ὁ ἄρχων ἐπιμελείσθω τῶν οἴκων τῶν ἐξερημουμένων.

ses droits, subsidiairement, il est vrai, à ceux de la *gens*, [1]
nous ne croyons pas que l'on puisse sérieusement affirmer
sa vocation héréditaire, car elle ne repose sur aucun texte et,
d'autre part, aucun des motifs que nous allons indiquer pour
la *gens* ne s'applique à la phratrie. Les phratores sont, il est
vrai, énumérés parmi ceux à qui incombe le soin de venger
le meurtre du défunt [2], et l'on pourrait croire, en comparant
la loi sur le meurtre à la loi de succession, qu'il existe une
corrélation entre la vocation héréditaire et ce devoir de faire
punir l'homicide. Mais, comme nous l'avons établi [3], il n'y a
aucun lien nécessaire entre les deux choses. Le droit de
succession de la phratrie né saurait donc s'induire de la loi
sur le meurtre.

Quant au γένος, certaines considérations assez sérieuses
peuvent être présentées à l'appui de sa vocation héréditaire,
du moins antérieurement aux réformes de Clisthène. C'est
d'abord l'analogie du droit romain, où la loi des Douze-
Tables, en l'absence d'agnats, défère l'hérédité aux *gentiles* [4]. On peut observer aussi qu'il y avait entre les différents membres de la *gens* communauté de culte (πατρώων
θεῶν) et même de sépultures. Or la vocation héréditaire est,
dans les idées des anciens, intimement liée à cette communauté de culte et de tombeaux. Il paraît certain aussi que
primitivement le soin d'accomplir les cérémonies funèbres,
τὰ νομιζόμενα, appartenait à tous les membres de la *gens*, et
c'est à eux également qu'incombait, avant les phratores, le
soin de venger le meurtre du défunt. On peut enfin dire en
ce sens que rien n'est plus naturel que de reconnaître la
successibilité des gennètes, puisque ceux-ci ont avec

---

(1) Dareste, *Plaidoyers civils*, t. I, p. XXIX et *Science du droit*, p. 123. Cf.
Dubois, *Nouv. Rev. hist. du droit*, 1881, p. 136.

(2) Démosthène, *C. Macart.*, § 57.

(3) V. *supra*, t. 1, p. 15.

(4) Cf. Dareste, *loc. cit.*; Grasshof, p. 80; Meier, *De bonis*, p. 148 et s. et *De
gentilit.*, p. 33; Dubois, *loc. cit.* Cf. Loi des Douze-Tables, V, 5 : si adgnatus
nec escit, gentiles familiam habento.

le défunt une origine commune, quoique très éloignée, ce
qui fait qu'il n'est plus possible de reconnaître entre eux le
lien de parenté qui existe néanmoins [1].

Mais alors, à supposer que le γένος soit appelé à succéder,
comment s'opère à son profit la dévolution de la succession?
Les opinions varient. Dans un premier système, le droit de
la *gens*, au lieu d'être, comme celui des parents, ἀγχιστεῖς ou
συγγενεῖς, un droit de succession individuel, serait un droit
collectif, c'est-à-dire un droit du γένος en masse, et nullement
un droit héréditaire des individus compris dans le γένος. Ce
droit collectif serait, dit-on, un vestige du temps où, la propriété individuelle n'existant pas, il ne pouvait pas y avoir,
à proprement parler, de succession. La propriété collective
de la famille n'a pas dû être brusquement remplacée par
la propriété individuelle, et, par suite, par une vocation héréditaire individuelle des enfants ou autres parents, car dans
l'évolution juridique, comme dans toute autre évolution, les
transitions sont nécessaires. Il a dû subsister pendant un
temps plus ou moins long quelque chose du droit antérieur,
et ce qui a subsisté, c'est la succession collective de la gen-
tilité [2]. D'après un autre auteur [3], qui n'admet, du reste, la
vocation héréditaire du γένος qu'antérieurement aux réformes
de Clisthène, le droit des gennètes aurait consisté à
tirer au sort parmi eux l'héritier qui devrait continuer
la personne du défunt. Enfin suivant un auteur [4], pour

---

(1) Perrot, *loc. cit.*, p. 381.

(2) Dubois, *loc. cit.* La loi de Gortyne (V, 23) pourrait également paraître
appeler en bloc à la succession, à défaut des trois premiers ordres de successibles (descendants ou frères et sœurs), tous les « ayants-droit », ἐπιβάλλοντες,
hommes ou femmes, parents à un degré plus ou moins éloigné. Cf. Bûcheler et
Zitelmann, p. 144. Mais c'est là une interprétation purement conjecturale, et il
est plus probable qu'à défaut des deux premières parentèles, la succession était
dévolue successivement aux parentèles plus éloignées et, dans chaque parentèle, aux parents les plus proches. V. *supra*, p. 564, note 2.

(3) Meier, *De bonis*, p. 149.

(4) Grasshof, p. 80.

qui le droit du γένος a survécu aux réformes de Clisthène, voici dans quelles conditions ce droit s'exercerait :
Solon et Clisthène, dit-il, ont admis parmi les citoyens
nombre d'individus qui, tout en étant inscrits sur les
registres des tribus, des dèmes ou des phratries, ne l'é-
taient point sur ceux des *gentes*, et comme ensuite le droit
de cité fut souvent conféré par le peuple dans les mêmes
conditions, la phratrie comprenait non seulement des gennètes mais encore d'autres citoyens, ne faisant partie d'aucune
gens, et nommés ὀργεῶνες en raison de l'association religieuse particulière, θίασος, à laquelle ils appartenaient. Les
orgéons ont dû avoir le même droit de succession que les
gennètes et, dès lors, l'héritier qui devait continuer la personne du défunt devait être pris parmi ses gennètes, si le
de cujus faisait partie d'un γένος, ou parmi ses orgéons, s'il
appartenait seulement à un θίασος. Cet héritier n'était point
désigné par l'archonte, ainsi qu'on l'a prétendu, et voici suivant quel procédé on le choisissait. Dans le cas où le défunt
ne laissait aucun parent successible, le chef de la phratrie, le
φρατρίαρχος, ou l'un quelconque des phratores réclamait auprès
de l'archonte la succession au nom de l'association. Après
les publications légales, l'hérédité leur était adjugée si personne autre ne la réclamait ou si l'opposant avait été débouté
en justice de ses prétentions. Puis un certain nombre de
phratores réunis, soit qu'ils fussent pris, au nombre de
dix, parmi les plus dignes (εἰς ἀριστίνδην), soit qu'ils fussent
désignés par l'archonte lui-même, soit enfin, ce qui est plus
probable, qu'ils fussent élus par les juges, choisissaient celui
des membres de la phratrie qui devait succéder, en qualité
de fils adoptif, aux biens et au culte du *de cujus*. On invoque en ce sens l'analogie de la loi sur le meurtre qui confie,
en effet, à dix des membres de la phratrie choisis par les
Cinquante, le soin de poursuivre le crime [1].

(1) Grasshof, p. 80. Cf. Schulthess, p. 72, note 1.

La théorie que nous venons d'exposer suppose que le droit de succession du γίνος a survécu aux réformes de Clisthène. Des doutes très sérieux peuvent toutefois s'élever à cet égard. Ainsi d'abord, à l'époque des orateurs, la communauté des tombeaux de la *gens* a disparu, et l'on en perd toutes traces, sauf une peut-être, très incertaine [1]; on ne trouve plus, au contraire, que des tombeaux de famille. D'un autre côté, les νομιζόμενα dûs au défunt ne sont plus une obligation que pour les héritiers ou proches parents (προσήκουσι); c'est à eux qu'il incombe d'enlever le corps, de faire les funérailles et de purifier le dème [2], et les femmes, qui ont moins de soixante ans, ne peuvent entrer dans la maison mortuaire, ni suivre le convoi que si elles sont ἐντὸς ἀνεψιότητος [3]. De même, le banquet qui suit les funérailles (περίδειπνον) ne réunit plus que les parents du défunt [4]. L'antique solidarité de la *gens* a donc cessé d'exister et l'on peut se demander si, dans l'état social nouveau où la *gens* a continué de fonctionner, celle-ci, réduite au rôle d'une simple association religieuse, comme la phratrie, a conservé les droits d'ordre matériel qui avaient pu lui être anciennement reconnus, notamment le droit de succéder à l'un de ses membres [5]. L'analogie tirée du droit romain serait, dans tous les cas, insuffisante pour justifier l'existence d'un droit de succession au profit du γίνος attique, car rien ne prouve qu'il correspondait à la *gens* romaine, la notion exacte de la *gentilitas* à Rome étant, jusqu'à présent, fort incertaine.

Même en rejetant le droit de succession du γίνος et, à plus forte raison, celui de la phratrie, ce ne serait pas une raison pour dire que la succession de celui qui est mort sans laisser de parents successibles va tomber en déshérence et

---

(1) Démosthène, *C. Eubulid.*, § 39.
(2) Démosthène, *C. Macart.*, § 58.
(3) *Ibid.*, § 62.
(4) Cf. Hermann-Blümner, p. 371, note 4.
(5) Cf. Meier, *De gentilit.*, p. 36 ; Philippi, *Beitraege*, p. 196.

être acquise au fisc. Le maintien d'une maison et d'un culte
domestique a toujours paru plus désirable aux Athéniens
que le profit que le fisc pourrait retirer d'une succession en
déshérence et, même à l'époque où les besoins du Trésor
étaient urgents et où l'on cherchait, par des confiscations
multipliées, à subvenir aux dépenses publiques, l'idée qu'une
maison ne doit pas périr resta toujours en honneur [1]. Nous
sommes, en conséquence, disposé à admettre, sur le fondement du texte précité d'Isée [2], que l'archonte est chargé de
pourvoir, par une sorte d'adoption posthume, à la transmission de l'héritage et du culte menacé de s'éteindre. Il devait
d'ailleurs vraisemblablement choisir l'héritier parmi les gennètes ou les orgéons du défunt, bien que légalement, croyons-
nous, il n'y fût point obligé, et l'héritier ainsi désigné devait
s'engager à continuer le culte domestique du défunt [3] [4].

(1) Anaximène (Aristote), *Rhet. ad Alex.*, II, 8 : δεῖ δὲ πρὸς τούτοις καὶ περὶ
τοῦ μήτε χώραν ποιεῖν ἀνάδαστον μήτε δημεύειν τὰς οὐσίας τῶν τελευτώντων
ἰσχυροὺς κεῖσθαι νόμους, καὶ μεγάλας ἐπικεῖσθαι τιμωρίας τοῖς παραβαίνουσι ταῦτα. Cf. Hermann-Thalheim, p. 123, note 5.

(2) V. *supra*, p. 566, note 1.

(3) Cf. Schneider, p. 24; Wachsmuth, II, p. 177; Caillemer, p. 133; Guiraud,
p. 224. Dubois (*loc. cit.*, p. 137) fait observer que cet usage montre à Athènes
l'existence d'idées et de préoccupations semblables à celles qui firent établir a
Rome l'usucapion *pro herede*.

(4) La loi d'Héraclée sur les locations de terrains (I, 150, *in* Dareste, Haussoulier et Reinach, p. 208, § 15) semble prévoir un cas de succession en déshérence et acquise à l'État : « Si, dit-elle, l'un des preneurs meurt sans enfants *ab
intestat*, la cité aura droit à la totalité des fruits. » Cf. Meier, *De bonis*, p. 150.
Cet auteur dit, à ce sujet : « Quorsum haec, nisi alia aliarum rerum conditio fuis-
set quas quis sine testamentario et legitimo herede reliquisset ? an quis putet
ἄπαιδα non significare *sine legitimis heredibus et sine liberis*, ita ut cum alia
bona tum tantum ἀδέσποτα essent, cum quis nullum neque legitimum heredem
reliquisset, neque testamentarium, haec ἐκκαρπία jam tum tanquam bonum va-
cans in civitatem rediret, si modo ab intestato mortuus non liberos reliquisset ?
mihi hoc non probabile.» Cf. Hermann-Thalheim, p. 123, note 5. — La loi de Gortyne (V, 25-28) renferme, pour le cas où il n'y a pas de parents au degré successible, une disposition sur la portée de laquelle on n'est pas d'accord : « Si,
dit-elle, il n'y a point d'ayants-droit (ἐπιβάλλοντες), ceux qui constituent le
κλῆρος de la maison auront les biens. » Le κλῆρος était cette partie du patrimoine consistant dans le lot de terre tiré au sort par le conquérant dorien au

Ce n'était point d'ailleurs la présence du conjoint survivant
qui aurait pu faire obstacle aux droits soit des simples cognats, soit même du γένος ou du Trésor. Il est certain, en
effet, qu'à Athènes, la loi ne reconnaît aucun droit de succession au conjoint survivant, qu'il s'agisse du mari ou de
la femme. Pour celle-ci, le législateur croit avoir suffisamment pourvu à ses intérêts en lui assurant la restitution de
sa dot [1].

En dehors d'Athènes, on a prétendu attribuer à la femme
un droit sur la succession du mari. Ainsi on a voulu d'abord
faire résulter cette solution des actes d'affranchissement de
Delphes qui mentionnent l'approbation donnée par la femme,
conjointement avec ses enfants, à une vente fictive faite au
dieu par le mari [2]. On argumente aussi en ce sens des
actes où l'on voit une femme, vraisemblablement une veuve,
vendre un esclave au dieu avec l'approbation de ses enfants [3].
Mais ces actes, à notre avis, ne démontrent nullement la
vocation héréditaire de l'épouse survivante, car il n'y a

---

lendemain de la conquête et sur lequel sont établis les anciens maîtres du sol
réduits à l'état de serfs. Or, dans une interprétation, on décide que, en cas
d'extinction totale de la famille seigneuriale, la propriété du sol revient aux
anciens possesseurs (Bücheler et Zitelmann, p. 144; Dareste, Haussoulier et
Reinach, p. 463). Dans une autre théorie, on admet que la loi de Gortyne
s'occupe non pas du κλᾶρος, mais de l'autre catégorie des biens, χρέματα, meubles ou immeubles, qu'un citoyen crétois pouvait posséder et dont, à la différence du κλᾶρος, il avait la libre disposition. Lorsqu'alors la famille vient à
s'éteindre, ses biens sont livrés au groupe de serfs exploitant le κλᾶρος de la
famille disparue, mais sans être partagés entre eux, ni même sans leur être
attribués en propriété collective, car les serfs n'ont pas qualité pour posséder
le sol. Le κλᾶρος vacant faisait évidemment retour a l'Etat, qui l'assignait à
quelque autre citoyen, et alors les χρέματα, mis provisoirement sous séquestre
entre les mains des serfs, étaient dévolus au nouveau possesseur du κλᾶρος.
Schaube, in Hermès, XXI, p. 222; Guiraud, p. 225.

(1) Cf. Lewy, p. 65; Guiraud, p. 211.

(2) Wescher et Foucart, nos 177, 218, 352; Ballet. corresp. hellén., XVII,
no 35.

(3) Wescher et Foucart, nos 43, 44, 70, 76, 87, etc. Cf. Thalheim, Antiq. for.,
p. 10; Hermann-Thalheim, p. 65, note 7.

aucun lien nécessaire entre la mention faite par les actes
d'affranchissement des diverses personnes donnant leur
approbation à la vente, συνευδοκοῦντες, et leur vocation héréditaire [1]. Si, d'autre part, on voit des veuves procéder à des
affranchissements du consentement de leurs enfants, c'est
probablement qu'il s'agit d'esclaves apportés par elles en
mariage [2]. On ne saurait non plus reconnaître à la femme
survivante un droit de succession *ab intestat* à Erythrée,
ville ionienne. Car l'inscription que l'on a alléguée en ce sens
suppose manifestement une vocation testamentaire [3].

E. — Des successions extraordinaires.

(a). *Succession des affranchis.*

L'esclave, quand il est affranchi, ne peut avoir d'autre
famille légale que celle qu'il se crée par le mariage, c'est-
à-dire qu'il ne peut avoir légalement d'autres parents que
les descendants issus du mariage qu'il a contracté depuis
le jour où il est devenu libre. Il peut bien, d'après la nature,
avoir des ascendants et des collatéraux, lesquels ont eux-
mêmes été gratifiés de la liberté; mais la loi ne reconnaît
point la parenté qui peut exister entre l'affranchi et ses
ascendants et ses collatéraux, car elle procède d'un fait qui
s'est passé pendant l'esclavage et qui n'a aucune valeur pour
le législateur. Les descendants de l'affranchi sont donc seuls

(1) Cf. Foucart, *Mém. sur l'affranch.*, p. 8; Lewy, p. 56 et s.
(2) Lewy, p. 66-67.
(3) Cette inscription, de l'an 278 avant J.-C., porte : Ἀρισταγόρη Διονυσοδώρου
μετὰ τοῦ παιδὸς Διονυσοδώρου τοῦ Ἀριστομένου κληρονόμος οὖσα τῶν Ἀριστο-
μίνου τοῦ Μητροδώρου κατὰ διαθήκην διασυνίστησιν ἱερητείαν ἣν ἠγόρασεν
Ἀριστομένης. Dittenberger, *Syll.*, 370, v. 150. Les mots μετὰ τοῦ παιδός se
réfèrent vraisemblablement à l'*auctoritas* du fils en sa qualité de kyrios de sa
mère. Lewy, p. 11. Cette inscription prouve, d'autre part, qu'à Erythrée la mère
pouvait, à cette époque être instituée héritière par le père bien que celui-ci eût
un fils. Lewy, p. 66. Cf. toutefois Thalheim, *Antiq. for.*, p. 10.

aptes à recueillir la succession de leur père mort intestat
et, à défaut de descendants, la succession, par une sorte de
continuation de la puissance dominicale, revient au patron
de l'affranchi. Ces principes, qu'avait consacrés à Rome la
loi des XII Tables, sont également ceux du droit attique.
C'est ce qui est formellement attesté par un texte du rhéteur Anaximène [1]. De même, dans le plaidoyer d'Isée sur la
succession de Nicostrate [2], l'orateur nous montre, parmi les
prétendants à cette succession, deux citoyens, nommés
Ctésis et Cranaos, venant soutenir que Nicostrate, mort
sans enfants, était leur affranchi, et qu'ils avaient le droit de
lui succéder comme étant ses patrons [3].

A Rome, le droit de succéder à l'affranchi n'est point restreint au seul *manumissor*; il appartient également à ses
descendants. En est-il de même dans le droit attique, et les
héritiers du patron succèdent-ils à l'affranchi ? Il y a une
raison sérieuse d'en douter qui nous est fournie par le plaidoyer de Démosthène contre Evergos et Mnésibule. L'orateur
y parle d'une consultation qu'il a demandée aux ἐξηγηταί, ou
interprètes du droit divin et de la loi religieuse, et de laquelle
il résulte que le patron seul, le *manumissor*, a le droit de
poursuivre le meurtrier de son affranchi et que les descendants du patron ne sont point autorisés à le faire [4]. On
peut, dès lors, être tenté de refuser aux héritiers du patron
le droit de succéder à l'affranchi, quand on songe à la corrélation qui existe, dans le droit attique, entre le droit de

(1) Anaximène, *Rhetor. ad Alex.* I, 16 (Didot, *Aristoteles*, I, p. 414) : καθάπερ ὁ νομοθέτης κληρονόμους πεποίηκε τοὺς ἐγγυτάτω γίνους ὄντας τοῖς ἄπασιν
ἀποθνήσκουσιν, οὕτω καὶ τῶν τοῦ ἀπελευθέρου χρημάτων ἐμὲ νῦν προσήκει κύριον
γενέσθαι· τῶν γὰρ ἀπελευθερωσάντων αὐτὸν τετελευτηκότων ἐγγυτάτω γίνους εἰμὸς
ὢν καὶ τῶν ἀπελευθέρων δίκαιος ἂν εἴην ἄρχειν.

(2) Isée, *de Nicostr. her.*, § 9.

(3) Cf. Bunsen, p. 51; Büchsenschütz, p. 179; Grasshof, p. 84; Schomann,
sur Isée, p. 174; Guiraud, p. 145; Caillemer, p. 13g; Hermann-Thalheim,
p. 26.

(4) Démosthène, *C. Everg. et Mnésib.*, § 7.

succéder à une personne et l'obligation de venger sa mort
quand elle périssait de mort violente. Ce sont, en effet, les
parents successibles qui sont tenus de porter devant l'archonte-roi la γραφὴ φόνου. L'objection n'est cependant point
décisive, à notre avis du moins, car il n'est pas du tout
démontré que l'obligation de venger le meurtre du défunt
dérive de la successibilité plutôt que de la simple parenté [1].
D'autre part, le texte précité d'Anaximène attribue formellement, après la mort du *manumissor*, à ses parents les plus
rapprochés, ἐγγυτάτω γένους le droit de succéder à l'affranchi.
On ne saurait donc, sur une simple raison d'analogie douteuse, refuser aux descendants du patron et même, d'une
manière générale, à ses héritiers, le droit de recueillir la
succession de l'affranchi mort sans postérité [2].

Les enfants ou héritiers du patron succèdent-ils également au droit qu'a le *manumissor* d'exiger de l'affranchi
certains devoirs de respect ou de services? La question est
assez délicate. On pourrait, en faveur du droit des héritiers
du patron, argumenter de ce qui a eu lieu dans l'affaire d'Eumathès, banquier affranchi, pour lequel Isée, au dire de
Denys d'Halicarnasse, a composé un plaidoyer pour le
défendre contre l'attaque dont il était l'objet de la part de
l'héritier de son patron [3]. Il est toutefois assez difficile de
savoir quelle était précisément la nature de l'action intentée
contre Eumathès, car Harpocration [4], qui fait allusion plusieurs fois à ce plaidoyer d'Isée, en parle sous le titre ὑπὲρ
Εὐμάθους εἰς ἐλευθερίαν ἀφαίρεσις. Si, d'autre part, on se reporte
aux plaidoyers de Démosthène [5] où il est question des rap-

<hr>

(1) V. *supra*, t. I, p. 15-16.
(2) Cf. en ce sens, Caillemer, p. 137.
(3) Denys d'Halicarnasse, V, p. 596 (Didot, *Orat.*, II, p. 334, n° 62) : Εὐμάθους, μετοίκου τινὸς τῶν τραπεζιτευόντων Ἀθήνησιν, ὃν εἰς δουλείαν ἀγόμενον ὑπὸ
τοῦ κληρονομήσαντος τὸν ἀπελευθερώσαντα τῶν ἀστῶν ἀφαιρεῖται τις.
(4) Harpocration, v° ἄγει, ἐξαιρέσεως, ἐκεσκήψατο.
(5) Cf. Démosthène, *Pro Phorm.*, *passim* et C. *Steph.*, I, 1871 et s.

ports de l'affranchi Phormion avec Apollodore, fils de son ancien maître Pasion, on ne voit nulle part qu'Apollodore se prévale de certaines obligations dont Phormion serait tenu envers lui. Harpocration [1] fait mention, il est vrai, d'un plaidoyer d'Isée sous le titre d'ἀπολογία ἀποστασίου πρὸς Ἀπολλόδωρον ; mais on ne peut savoir s'il a été composé pour Phormion attaqué par ce même Apollodore. A ne consulter que les textes, la réponse à notre question reste donc fort douteuse [2].

On pourrait peut-être, à notre avis, proposer sur ce point la distinction suivante. S'il s'agit des devoirs dont l'affranchi est tenu, en vertu de la loi elle-même, ἃ κελεύουσιν οἱ νόμοι, ces devoirs ne sont probablement dus qu'au *manumissor* lui-même, car ils ont un caractère personnel de respect et de piété qui paraît s'opposer à leur transmissibilité au profit des héritiers du patron. S'il s'agit, au contraire, de services stipulés dans l'acte d'affranchissement, il nous semble qu'à moins d'une clause contraire, ces services peuvent être exigés par les héritiers du patron, car ils succèdent, d'une manière générale, à tous ses droits conventionnels. Les inscriptions de Delphes, dont nous allons parler, montrent tout le respect dont étaient entourées ces stipulations de l'acte d'affranchissement.

Les actes de Delphes relatifs à des affranchissements sous forme de vente à la divinité font très souvent allusion au droit de succession du patron. Celui-ci se réserve expressément le droit de succéder à son affranchi décédé sans postérité. Ainsi il est dit, dans un acte : « Si Sarapias vient à mourir laissant des enfants nés après l'archontat de Philocratès, fils de Xénon (c'est-à-dire après l'affranchissement), que ces enfants possèdent les biens de Sarapias ; mais si elle n'a pas d'enfants

---

(1) Harpocration, vᵉ πρὸς φυλήν et πολέμαρχος.
(2) Cf. en ce sens : Meier, *De bonis*, p. 36 ; Caillemer, *in* Daremberg et Saglio, vᵉ *Apeleutheros*, p. 302 ; Clerc, p. 286 ; Meier, Schœmann et Lipsius, p. 620, 621. Cf. Bunsen, p. 50.

que tous ses biens appartiennent à Artoxénos et à ses descendants » [1]. On peut se demander si cette réserve du droit
de succéder est bien nécessaire. Nous ne le croyons pas, car il
est inadmissible que dans des affranchissements par forme
de vente à la divinité, vente qui était très avantageuse pour
le maître, celui-ci n'eût pas les mêmes droits que lui confère
un affranchissement ordinaire d'après le droit attique. Si,
d'ailleurs, dans le silence de l'acte, on écartait le patron de
la succession de l'affranchi décédé sans postérité, on ne voit
pas qui aurait succédé à l'affranchi, si ce n'est l'Etat dont
l'intérêt, dans le droit antique, est toujours primé par celui
du patron.

Dans certaines inscriptions, il est seulement question du
droit de succession du patron, sans allusion au droit des
descendants ou autres héritiers du patron [2]. Nous estimons
cependant, conformément à la distinction que nous avons
précédemment posée, que cette omission est sans influence
sur le droit des héritiers du patron et que ceux-ci recueillent la succession de l'affranchi mort sans descendants [3].

Dans d'autres inscriptions, le droit du patron n'est point
textuellement subordonné à l'inexistence d'enfants de l'affranchi [4]. Faut-il dire qu'en pareil cas, le patron exclut les
descendants de l'affranchi? Cette interprétation serait, sans
doute, la plus conforme au texte même de l'acte d'affranchissement et à l'esprit égoïste dans lequel sont souvent conçues
les restrictions apportées par cet acte à la liberté de l'affranchi [5]. Nous avons peine cependant à admettre une pareille solution. Ce n'est point, comme on l'a dit [6], que nous

---

(1) Wescher et Foucart, n° 226. Cf. ibid., n°° 31, 53, 94, 152, 213, 432 ; Bulletin, XVII, n°° 38 et 59. V. Foucart, Mém. sur l'affranch., p. 24.
(2) Cf. Wescher et Foucart, n°° 31, 94, 213, 432.
(3) Cf. Caillemer, Successions, p. 137, note 2.
(4) Wescher et Foucart, n°° 31, 53, 94, 152.
(5) Cf. en ce sens : Foucart, loc. cit.
(6) Caillemer, loc. cit.

considérions l'argument *a contrario* qui sert de base à cette
solution, comme dépourvu de force probante parce qu'il con-
duirait à des résultats en opposition avec le droit commun. En effet, ce qui était le droit commun à Athènes pouvait ne pas l'être à Delphes. Mais nous pensons que la mention du droit des descendants de l'affranchi a été omise parce
qu'on la considérait comme inutile.

Quelquefois, et cette stipulation pouvait également, croyons-
nous, être insérée à Athènes dans les actes d'affranchissement, le maître qui vend son esclave à Apollon Delphien, se
réserve le droit de succession jusqu'à la deuxième génération, de telle sorte que si les enfants de l'affranchi meurent
eux-mêmes sans postérité, c'est au maître ou à ses descendants que revient l'héritage. On voit, en effet, dans un acte
d'affranchissement, que « Callicratéia n'aura pas le droit
d'aliéner ce qu'elle possède, si elle meurt sans postérité, et
qu'il en sera de même pour ses enfants s'ils meurent sans
postérité. » [1]. On ne voit pas l'intérêt qu'aurait eu le *manumissor* à interdire aux enfants de l'affranchi de disposer
librement de leurs biens, s'il n'avait pas eu l'espérance de
recueillir un jour ces biens [2].

Le droit de succession du patron est, comme nous venons
de le voir, garanti quelquefois par une clause spéciale de
l'acte d'affranchissement qui interdit à l'affranchi d'aliéner
tout ou partie de son patrimoine. Tantôt ce sont seulement
les aliénations à titre gratuit que l'affranchi ne pourra pas
faire au préjudice de son patron [3]. Tantôt l'interdiction est
plus étendue, et ou bien elle est conçue en termes généraux,
ou bien le patron vise formellement tout mode quelconque
d'aliénation (καθ' ὁποῖον τρόπον) [4]. L'acte peut enfin interdire

---

(1) Wescher et Foucart, n° 19.

(2) Foucart, *loc. cit.*, p. 24 ; Caillemer, p. 139 ; Guiraud, p. 145. Suivant Caillemer, lorsque l'affranchi laisse plusieurs enfants, le droit du patron ne s'ouvre
qu'à la mort du dernier.

(3) Wescher et Foucart, n°° 31, 94, 213, 226.

(4) *Ibid.*, n° 19 et 53.

à l'affranchi de se créer une famille par l'adoption qui, dans le droit grec, n'est qu'une forme de testament [1]. La sanction de ces différentes interdictions est très rigoureuse, conformément au principe général admis à Delphes pour les affranchissements sous condition résolutoire : c'est la nullité de la vente faite au dieu, c'est-à-dire la révocation de l'affranchissement [2].

Il est assez difficile de savoir quelles étaient sur ce point les règles du droit attique. Nous possédons cependant le testament de Théophraste [3], qui renferme une clause assez intéressante en faveur de deux de ses affranchis. Cette clause porte : « A l'égard de Pompylos et de Threpta qui depuis longtemps sont libres et m'ont rendu beaucoup de services, je veux qu'ils gardent et possèdent paisiblement (ἀσφαλῶς εἶμαι δεῖν αὐτοῖς ὑπαρχεῖν ταῦτα) tout ce qu'ils peuvent avoir reçu de moi, tout ce qu'ils peuvent avoir acquis par eux-mêmes, et les deux mille drachmes que je leur assigne sur les fonds dus par Hipparque. » [4] Cette clause est susceptible d'une double interprétation. On peut y voir d'abord une renonciation au droit éventuel de succession que la famille du patron a sur les biens de l'affranchi. Cette renonciation aurait, il est vrai, le caractère d'un pacte sur succession future. Mais il ne semble pas que le droit attique, autant du moins qu'on peut en juger par le cas de Philoctémon [5], ait prohibé les conventions sur des hérédités non ouvertes [6]. On peut aussi, et cette interprétation est, à notre avis, plus plausible, considérer la clause en question comme emportant au profit de l'affranchi le droit de disposer librement de ses biens, par dérogation à la règle, probablement reçue dans

(1) *Bulletin*, XVII, n° 38.
(2) Wescher et Foucart, n°° 53, 94, 213, 226. Cf. Foucart, *loc. cit.*, p. 24.
(3) Théophraste, né à Lesbos, avait à Athènes le droit de cité, ou, tout au moins, l'ἔγκτησις γῆς καὶ οἰκίας. Cf. Dareste, *Annuaire*, 1882, p. 11.
(4) Diogène Laërce, V, 2, 54. Cf. Dareste, *loc. cit.*, p. 9.
(5) Isée, *de Philoct. her.*, §§ 23 et 24.
(6) Cf. en ce sens : Caillemer, *Successions*, p. 140.

le droit attique comme à Delphes, qui interdit à l'affranchi
tout acte d'aliénation préjudiciable au patron. Cette manière
de voir est plus conforme aux termes mêmes du testament
de Théophraste [1].

(b). Succession des métèques.

Si, au point de vue politique, les métèques appartiennent,
comme nous l'avons vu, à la même classe que les affranchis,
leur situation, au point de vue du droit privé, est bien différente et elle est notablement supérieure à celle des affranchis.
Cette différence se manifeste spécialement en matière de
succession. Ainsi d'abord, comme le dit Aristote [2], confirmant
sur ce point les témoignages plus ou moins exacts des lexicographes et des scoliastes, le polémarque « instruit les envois
en possession de successions et de filles épiclères lorsqu'il
s'agit de métèques. » La cité charge donc un de ses plus hauts
magistrats de veiller sur les héritages et les héritières des
métèques, de même que sur ceux des citoyens, car les métèques ont une famille et une propriété reconnues par la loi.

La succession des métèques est, en conséquence, dévolue en première ligne à leurs descendants. Le droit de successibilité des filles est attesté non seulement par le texte précité d'Aristote, mais encore par une loi citée dans le second
plaidoyer contre Stéphanos [3], et qui met sur la même ligne
l'épiclère étrangère et l'épiclère citoyenne. La seule différence est que l'épidicasie de la fille étrangère rentre dans
la compétence du polémarque, tandis que celle de la fille
citoyenne appartient à l'archonte éponyme [4].

A défaut de descendants, la succession du métèque est
dévolue à ses autres parents. C'est là une différence avec
les affranchis, qui aux yeux de la loi, ne peuvent pas avoir

(1) Cf. Guiraud, p. 145.
(2) Aristote, Const. des Athén., c. 58.
(3) Démosthène, C. Steph., II, § 22.
(4) V. supra, t. I, p. 442.

d'autres parents que leurs enfants nés depuis l'affranchissement, tandis que les métèques peuvent très bien avoir légalement des ascendants et des collatéraux. Aussi Térence
nous montre-t-il un habitant d'Andros venant réclamer à
Athènes la succession de sa cousine Chrysis, comme lui
citoyenne d'Andros, mais établie en Attique [1].

A défaut de parents, la succession du métèque est-elle
dévolue à son prostate? On a soutenu l'affirmative en se
fondant surtout sur l'analogie qui existe entre le patron du
métèque et celui de l'affranchi. On a aussi allégué l'exemple
du droit romain. A Rome, a-t-on dit, les pérégrins entraient
quelquefois dans les liens de la clientèle pour jouir de la
protection du citoyen qu'ils choisissaient comme patron; or,
on admet généralement que ce dernier, qui ressemblait assez
au προστάτης athénien, acquérait des droits de successibilité
sur les biens de son client pérégrin [2]. On a enfin allégué en
ce sens deux textes empruntés à des plaidoyers d'Isée et
de Démosthène [3]. Cette solution nous paraît cependant fort
contestable. Elle repose sur une conception inexacte, à notre
avis, des fonctions de prostate des métèques. Sans doute, si
l'on en croit les lexicographes, le rôle du prostate aurait été
très actif. C'est par ses mains que les métèques auraient
payé le μετοίκιον, c'est lui qui leur aurait servi d'intermédiaire dans toutes les relations publiques, c'est-à-dire dans
leurs relations avec la cité, et dans leurs relations privées,
c'est-à-dire dans leurs relations avec les citoyens. Mais
cette théorie méconnaît complètement le rôle du prostate.

(1) Térence, *Andria*, V, 796 et s. (IV, 5): *Ejus morte ea ad me redierunt
bona.* Cf. Isocrate, *Eginet.*, § 12, où il est dit, dans un procès qui se déroule,
non point à Athènes, mais à Egine, où la législation était semblable à celle de
l'Attique : ἀνάγνωθι δή μοι καὶ τὸν νόμον τὸν Αἰγινητῶν· κατὰ γὰρ τοῦτον ἔδει
ποιεῖσθαι τὰς διαθήκας· ἐνθάδε γὰρ μετωκοῦμεν. Cf. Schneider, p. 24; Bunsen,
p. 50; Grasshof, p. 83; Caillemer, p. 141.

(2) V. Cicéron, *De oratore*, I, 39, § 177.

(3) Cf. en ce sens : Bunsen, p. 50-51 et Platner, *Recension von Bunsen*,
p. 1194; Caillemer, p. 141.

Ainsi que nous l'avons déjà observé [1], et comme Clerc l'a
très bien démontré [2], le prostate n'est pas un patron
dans le vrai sens du mot, c'est plutôt un parrain, dont le
rôle se borne à présenter le métèque au dème et à le faire
inscrire sur le registre des métèques ; une fois cette inscription opérée, les fonctions du prostate cessent absolument. Il
n'y a donc rien de commun entre le prostate du métèque et
le patron de l'affranchi. Le métèque, à la différence de l'affranchi, n'est tenu envers son patron d'aucune obligation ;
rien ne le rattache à lui et, dès lors, on ne conçoit pas sur
quelle base on pourrait *a priori* établir le droit du prostate de succéder au métèque qu'il s'est borné à présenter
au dème, tandis qu'au contraire le droit du patron de l'affranchi s'explique très bien par une sorte de survivance de la
puissance dominicale. L'argument d'analogie tiré du droit
romain ne nous paraît pas plus probant, d'abord parce qu'il
faut se défier, en principe, des arguments de ce genre lorsqu'il s'agit d'une question qui touche au droit public, et, en
second lieu, parce que le rôle du prostate athénien vis-à-vis
du métèque est bien différent de celui du citoyen patron
d'un client pérégrin. Quant aux textes d'Isée et de Démosthène que l'on allègue à l'appui des droits de succession du
prostate, ils sont tout à fait étrangers à la question. Ainsi
d'abord le texte d'Isée [3] parle, sans doute, d'un métèque,
mais d'un métèque affranchi ; ceux qui revendiquaient sa
succession n'ont pas seulement la qualité de prostate mais
encore celle de patron, et c'est en vertu de ce dernier titre
qu'ils réclament la succession de leur ancien esclave. Quant
au texte de Démosthène [4], il ne dit pas un mot des droits
du prostate, et tout ce que l'on pourrait en conclure, si l'on
devait y attacher quelque importance, c'est que les étran-

(1) V. *supra*, t. II, p. 512.
(2) Clerc, p. 260 et s.
(3) Isée, *De Nicostr. her.*, § 9.
(4) Démosthène, *C. Eubul.*, § 53.

gers pouvaient bien prétendre à la succession d'un de leurs
parents, étrangers comme eux, mais qu'ils ne pouvaient élever aucune prétention sur l'héritage d'un citoyen athénien,
fût-il leur parent. Toutefois cette déduction est encore, à
notre avis, assez incertaine. Notre conclusion est donc qu'à
défaut de parents au degré successible, la succession du
métèque est dévolue au fisc, comme succession en déshérence. Cette conclusion est conforme d'ailleurs à l'esprit
de cupidité bien connu des Athéniens à l'égard des métèques.
D'autre part, ceux-ci, ne faisant point partie de la cité, on
n'avait pas à se préoccuper, comme on le faisait pour les
citoyens, de l'extinction de leur famille, et aucun magistrat
n'était chargé de veiller à ce que, suivant l'expression
consacrée, « la maison d'un métèque ne devînt point déserte » [1].

Quant aux étrangers, proprement dits, ξένοι, c'est-à-dire
à ceux qui ne sont même pas compris parmi les métèques,
le texte de Démosthène [2], qui met sur la même ligne l'épiclère citoyenne et l'épiclère étrangère, est assez général
pour qu'il soit possible de l'appliquer aux étrangers proprement dits et de leur reconnaître le droit de transmettre leur
succession non seulement à leurs propres enfants, mais
encore à leurs autres parents. On peut seulement se demander si le rang des successibles doit être fixé conformément
aux principes de la loi athénienne, ou, au contraire, confor-
méme... à la loi personnelle de l'étranger. C'est là, du reste,
une question qui peut se poser également pour le métèque.
En ce qui concerne ce dernier, il semble que l'établissement
de son domicile à Athènes entraîne l'application de la loi
athénienne. Pour les simples étrangers, il y a plus de

---

(1) Cf. en ce sens : Meier, *De bonis*, p. 148; Robiou, p. 73; Meier, Schœmann
et Lipsius, p. 588. Grasshof (p. 83) se rallie également à cet avis qui lui paraît
probabilior.

(2) Démosthène, *C. Steph.*, II, § 22 : τὸν νόμον ὃς κελεύει ἐπ.δικασίαν εἶναι τῶν
ἐπικλήρων ἀπασῶν, καὶ ξένων καὶ ἀστῶν, κτλ.

doute. Cependant le texte prémentionné de Démosthène, en déclarant que toutes les épiclères, soit citoyennes, soit étrangères, seront l'objet d'une épidicasie, semble plutôt fournir un argument pour l'application de la loi athénienne. Il est probable, du reste, qu'à cette époque on ne devait guère être disposé à admettre un principe qui a encore tant de peine à prévaloir aujourd'hui, à savoir celui de l'application de la loi personnelle du *de cujus* à la dévolution de sa succession.

On pourrait également se poser la question de savoir si, lorsqu'un étranger ou un métèque laisse pour successibles à la fois des parents étrangers et des parents qui jouissent du droit de cité, la succession n'est pas dévolue à ces derniers à l'exclusion des premiers. Il est difficile de se prononcer sur ce point. Dans tous les cas, le texte de Démosthène [1] que l'on a cité pour justifier l'exclusion des parents étrangers, ne nous paraît nullement décisif [2].

A défaut de parents au degré successible, la succession d'un étranger tombe en déshérence et est recueillie par le trésor public. Cette solution, que nous avons admise pour les métèques, est applicable à plus forte raison aux simples étrangers [3].

(c). Succession au pécule des esclaves.

Les esclaves peuvent, pour des causes diverses et que nous avons précédemment indiquées [4], posséder un pécule dont ils ont, en fait, la jouissance, et qui peut même leur servir à racheter leur liberté. Le pécule, à la mort de l'esclave, passe-t-il à ses enfants ou bien est-il recueilli par le maître? Les auteurs sont divisés sur ce point. D'après les uns, le pécule passe aux enfants de l'esclave et, à défaut d'enfants

---

(1) Démosthène, *C. Eubul.*, § 53.
(2) Cf. Bunsen, p. 51, note 2 ; Caillemer, p. 142-143. V. *supra*, p. 438.
(3) Cf. Caillemer, p. 144.
(4) V. *supra*, p. 439.

il est recueilli par le maître [1]. D'après les autres, il ne saurait être question de succession même au profit des enfants de l'esclave et le pécule serait, dans tous les cas, dévolu au maître [4]. Cette seconde opinion est, à notre avis, la plus exacte, bien que tous les arguments sur lesquels on l'a fondée ne nous semblent pas avoir la même valeur. Ainsi on a voulu induire le droit du maître de la disposition de la loi athénienne qui charge le maître de rendre les devoirs funéraires à son esclave mort de mort violente et qui lui confie le soin de poursuivre le meurtrier [3]. Il y a, sans doute, une certaine corrélation entre l'obligation de poursuite du meurtre et le droit de succession, mais, ainsi que nous l'avons précédemment établi [4], cette obligation est juridiquement indépendante de la vocation héréditaire, puisqu'elle pèse sur des personnes qui n'ont point la qualité de successibles, comme les alliés. On ne peut donc tirer de la loi sur le meurtre aucun argument en faveur du maître. Mais il est, selon nous, des considérations décisives pour refuser aux enfants de l'esclave le droit de recueillir le pécule de leur père. La première, c'est qu'il ne peut exister de parenté légale entre ces enfants et leur père, car cette parenté ne peut découler que du mariage et, entre personnes de condition servile, il peut bien exister une union de fait, mais non un mariage reconnu par la loi. Donc la condition nécessaire de la vocation héréditaire fait ici défaut. D'autre part, la dévolution légale du pécule aux enfants de l'esclave serait difficilement conciliable avec ce que nous savons des droits du maître sur le pécule. Sans doute, comme nous l'avons vu, en fait, le maître ne touche pas ordinairement au pécule ; mais, en droit, il est entièrement libre de le retirer à son esclave, et

(1) Schneider, p. 25; Grasshof, p. 84 Hermann, *Griech. Antiq.*, III, 2e éd., §§ 13 et 59.
(2) Bunsen, p. 51 Caillemer, p. 144.
(3) Démosthène, *C. Macart.*, § 58.
(4) V. *supra*, t. I, p. 15-16.

même, dans l'usage, il ne se gênait pas pour réclamer le cas échéant à son esclave des contributions quelquefois onéreuses [1]. Dès lors, on ne saurait refuser au maître le droit de s'emparer, à la mort de l'esclave, de tous les biens qu'il peut laisser. Si quelquefois, souvent même, les enfants de l'esclave recueillent le pécule de leur père, ce ne peut être que par une concession tacite du maître, car celui-ci a le même intérêt à voir le pécule se développer entre les mains des enfants qu'en celles de leur père. Au surplus, comme les enfants nés d'une femme esclave sont, de même que le croît d'un troupeau, la propriété du maître de la femme, la succession n'aurait pu être dévolue aux enfants qu'en continuant d'appartenir au maître. La solution qui refuse aux enfants de l'esclave tout droit héréditaire sur le pécule de leur père est conforme, d'ailleurs, à l'esprit égoïste de l'ancien droit grec, et notamment à la solution que nous avons proposée, en matière d'affranchissement, et d'après laquelle l'affranchi ne conserverait pas son pécule [2]. Nous observerons enfin que, dans la théorie que nous admettons, il ne saurait être question d'une véritable succession au pécule pour le maître. Il le recueille plutôt *jure non decrescendi* que *jure successionis*.

Ce que nous venons de dire ne s'applique, du reste, qu'aux esclaves possédés par des particuliers. Les esclaves publics, δημόσιοι, se trouvaient à Athènes dans une situation bien supérieure à celle des esclaves privés. Capables de contracter mariage, d'être propriétaires, les δημόσιοι pouvaient, en conséquence, transmettre leurs biens par succession à leurs descendants [3]. Mais, à défaut de descendants, c'est-à-dire des seuls parents que légalement ces esclaves puissent avoir, leur succession est dévolue au fisc. Celui-ci a même un dou-

---

(1) V. *supra*, t. I, p. 448.
(2) V. *supra*, t. I, p. 498.
(3) V. *supra*, t. I, p. 462 et s.

ble titre pour la recueillir, puisqu'en théorie il est propriétaire de l'esclave [1].

§ III. — *De l'acquisition des successions.*

A. — De la distinction des héritiers en nécessaires et volontaires.

Cette distinction est-elle admise dans le droit attique et
rencontre-t-on, d'une part, des héritiers à qui s'impose la
dévolution de la succession, sans qu'ils puissent s'y soustraire, et d'autre part, des successibles auxquels l'hérédité
est simplement offerte et qui ont le choix entre l'acceptation
et la répudiation? La question est controversée, et elle se
pose pour les enfants légitimes ainsi que pour les enfants
adoptés entre-vifs. Quant aux autres successibles, y compris
les enfants adoptés par acte de dernière volonté [2], on est
d'accord pour dire qu'ils sont libres d'accepter l'hérédité
ou d'y renoncer.

On a, pour justifier l'existence d'une classe d'héritiers nécessaires dans le droit attique, invoqué d'abord des considérations tirées de l'organisation de la famille et qui ne sont
point, du reste, spéciales au droit athénien. Si le fils, a-t-on
dit, hérite des biens, c'est parce qu'il est le continuateur
naturel et obligé du culte. La règle d'hérédité n'est pas le
résultat d'une simple convention entre les hommes ; elle dérive de leurs croyances et de leur religion. Ce qui fait que
le fils hérite, ce n'est pas la volonté personnelle du père ;
celui-ci n'a pas besoin de faire un testament, car le fils
hérite de plein droit et nécessairement. Il n'a ni à accepter ni à refuser l'héritage, la continuation de la propriété

---

(1) Cf. Caillemer, p. 147.
(2) Cf. sur la distinction de l'adoption entre-vifs et de l'adoption testamentaire,
au point de vue qui nous occupe, *supra*, t. II, p. 58 et s.

comme celle du culte étant pour lui une obligation autant
qu'un droit. Accorder au fils la faculté de répudier l'héritage, c'eût été porter une atteinte funeste à la perpétuité
du culte domestique, à la religion privée qui était considérée comme une des bases les plus fermes de l'organisation
sociale. La nécessité de succéder resserrait en outre les liens
de la parenté. L'Etat y trouvait une garantie précieuse de la
continuation des charges ou services que les familles devaient à la cité, et c'était une des sources principales de la
richesse publique et de la force de l'Etat [1].

La preuve que le droit attique avait consacré ces principes résulte de cette règle si fréquemment citée par les orateurs et d'après laquelle le fils d'un débiteur du trésor public
devient, de plein droit, à la mort de son père, débiteur du
trésor et, par suite, est frappé d'atimie jusqu'à sa complète libération. De même, l'atimie encourue à l'occasion de
certains délits d'une gravité exceptionnelle, comme la haute
trahison, est transmise de plein droit aux enfants du condamné [2]. Si, dit-on, le fils avait eu la faculté de répudier la
succession paternelle, il n'aurait pas manqué d'en user aussitôt pour se soustraire aux graves déchéances encourues
par son père. Il était, au contraire, contraint par la loi de
rester sous le coup de ces incapacités, et il ne pouvait même,
du vivant de son père, conjurer le danger qui le menaçait
en sortant de sa famille naturelle pour entrer, par voie d'a-
doption, dans une autre famille. La loi, en effet, déclarait
nulle l'adoption du fils d'un ἄτιμος et elle allait même jusqu'à frapper d'atimie le citoyen qui, au mépris de la prohibition légale, consentait à admettre dans sa maison l'héritier
présomptif d'un condamné. C'est pour cela que le citoyen
qui se voyait à la veille d'être frappé d'atimie, se hâtait de

---

(1) Cf. Fustel de Coulanges, *Cité antique*, liv. II, c. 7 ; Giraud, p. 101-102.
(2) Démosthène, *C. Androt.*, § 34 : κληρονόμον γάρ σε καθίστησιν ὁ νόμος τῆς
ἀτιμίας τῆς τοῦ πατρός. *C. Timocr.*, § 201 : μέλλων κληρονομήσειν τῆς ἀτιμίας,
ἂν ὁ πατήρ τι πάθῃ.

faire sortir son fils de sa famille pour le soustraire aux conséquences de l'incapacité qui allait l'atteindre [1]. Mais aussi,
une fois qu'elle avait été encourue, l'atimie s'attachait forcément au fils du condamné après la mort de celui-ci. Ce qui est
vrai du fils légitime est, au surplus, également applicable
aux autres descendants, notamment au petit-fils [2]. Il en est
de même enfin pour le fils adopté entre vifs [3]. Donc les descendants que nous venons de citer ne peuvent renoncer à la
succession de leur père [4].

Cette théorie renferme, sans doute, une part de vérité en
ce sens qu'elle a pu être celle du droit attique et même du
droit grec, en général, à une époque où le régime de la propriété familiale était en vigueur en Grèce et où il n'y avait
pas, à proprement parler, de dévolution successorale. Alors
aussi régnaient dans toute leur force les idées religieuses
sur lesquelles reposait toute l'organisation de la famille, et
l'on pouvait considérer comme impossible la répudiation par
les enfants du culte paternel. C'est ainsi que, dans le droit
romain originaire, les descendants placés en la puissance immédiate du défunt sont héritiers siens et nécessaires, siens,
parce qu'ils héritent d'un patrimoine qui, en quelque sorte,
leur appartient déjà, et dont ils acquièrent moins la propriété que la libre disposition, et nécessaires par un corollaire

(1) V. *supra*, t. II, p. 47.

(2) Dans un cas où l'aïeul avait été débiteur du fisc, Démosthène dit que la
loi veut que le petit-fils hérite de son aïeul : τοῦ νόμου κελεύοντες κληρονομεῖν
τῶν κίκκου. C. *Theocrin.*, § 17.

(3) On induit cette solution pour le fils adoptif de la loi citée dans le second
plaidoyer de Démosthène contre Stéphanos, § 14 et portant : ὅσοι μὴ ἐπεποίηντο
ὥστε μήτε ἀπειπεῖν μήτε ἐπιδικάσασθαι. Cf. Hermann-Thalheim, p. 83,
note 7.

(4) Cf. en ce sens : Fustel de Coulanges, *loc, cit.*; Giraud, *loc. cit.*; Bunsen,
p. 86; Schulin, p. 17; Bücheler et Zitelmann, p. 145, note 37; Perrot, *Éloquence politique*, p. 375; Robiou, p. 44; Meier, Schoemann et Lipsius, p. 573,
note 272; Hermann-Thalheim, p. 83, note 7; Caillemer, p. 149 et s. Schneider,
p. 48, refuse le droit de répudiation aux héritiers testamentaires et aux héritiers
des débiteurs du fisc, mais il l'accorde aux autres.

de leur qualité de *sui*. Considérés comme copropriétaires
des biens de leur père vivant, ils n'auraient pu, sans
contradiction, se trouver dessaisis à son décès par l'effet
d'une répudiation. Il est possible, et même probable, que
les mêmes idées aient prévalu dans le très ancien droit
grec. Mais étaient-elles encore reçues à l'époque des orateurs ou bien, au contraire, n'avait-on pas fini par y substituer le principe beaucoup plus équitable que nul n'est
héritier qui ne veut ? C'est, à notre avis, ce principe qui a
prévalu dans le droit attique, ainsi que cela résulte soit des
textes, soit de la comparaison de la législation athénienne
avec d'autres législations. Il est d'abord un texte de Démosthène qui, selon nous, démontre nettement que le fils a la
faculté de renoncer à la succession de son père. Il est question dans ce texte de deux mineurs qui, arrivés à l'époque
de leur majorité, ont cité leur tuteur en justice, puis ont
consenti à une transaction; mais, plusieurs années après,
ils actionnent à nouveau un fils de leur tuteur. Le défendeur
oppose une fin de non-recevoir tirée de la transaction conclue avec son père, à quoi les demandeurs répliquent en
disant « qu'ils n'ont pas vendu la succession paternelle au
prix de ce qui leur a été remis, qu'ils n'ont pas non plus
renoncé à cette succession, et que, par conséquent, tout ce
qui leur a été laissé en créances, en mobilier et en valeurs
de toute espèce, leur appartient. » [1] Ce texte paraît consacrer formellement la faculté de répudiation. On a toutefois
essayé de se soustraire à l'argument qu'il fournit en l'interprétant de la manière suivante : « Au moment de la transaction qui intervint entre eux et leurs tuteurs, nos adversaires n'ont pas voulu vendre les biens de leur père; ils
n'ont pas voulu faire l'abandon de leur fortune à leurs
anciens tuteurs. » Le texte, ainsi entendu, devient étranger
au point qui nous occupe [1] et n'a plus trait à la répudiation

(1) Démosthène, *C. Nausim. et Xenop.*, § 7 : φασὶ γὰρ οὐκ ἀποδόσθαι τὰ
πατρῷα, ὧν ἐκομίζοντο χρημάτων, οὐδ' ἀποστῆναι τῶν ὄντων κτλ.

des successions [1]. Mais cette interprétation nous paraît inadmissible pour une double raison : c'est d'abord qu'elle méconnaît la signification de l'expression technique ἀποστῆναι τῶν ἐόντων, laquelle se réfère à une répudiation et non à une transmission. C'est, en second lieu, qu'elle aboutit à faire dire deux fois la même chose à l'orateur sous une forme différente [2].

La théorie des héritiers nécessaires non seulement se trouve clairement contredite par le texte que nous venons de citer, mais encore serait bien difficile à admettre en présence de ce que nous savons du droit crétois sur ce sujet. La loi de Gortyne consacre, en effet, à deux reprises différentes, la faculté de répudiation, soit pour les enfants adoptifs, soit pour les héritiers du sang. Elle décide d'abord que « l'adopté ne sera tenu ni d'acquitter les obligations de l'adoptant, ni de recueillir les biens qu'aura laissés celui-ci » [3]. Il ne paraît pas douteux, si l'on se réfère aux dispositions qui précèdent, qu'il s'agisse ici d'un enfant adopté entre-vifs [4], c'est-à-dire d'un de ceux auxquels, dans le droit attique, on veut dénier la faculté de renoncer à la succession [5]. Un autre passage de la même loi prouve que, même pour les héritiers du sang, y compris les descendants, l'ac-

---

(1) Cf. Caillemer, p. 153.

(2) Dareste, *Journal des savants*, 1885, p. 271.

(3) Loi de Gortyne, XI, 1-4.

(4) Caillemer (p. 130 et s. note et p. 150, note 3) veut voir dans l'ἄνπαντος dont parle la loi de Gortyne un héritier institué par testament. Mais cette supposition est démentie par ce qui est dit précédemment (X, 34 et s.), où l'on voit que l'adoption doit se faire sur l'agora, en présence des citoyens, et avec certaines formalités religieuses analogues à celles usitées à Athènes pour l'adoption entre-vifs.

(5) La loi citée par Démosthène (*C. Steph.*, II, § 14) ne prouve nullement que l'adopté ne pouvait pas renoncer à la succession du père adoptif. Nous avons vu, en effet (*supra*, t. II, p. 35 et s.) que les mots ὥστε μήτε ἀπειπεῖν μήτε ἐπιδικάσασθαι donnant lieu à des interprétations diverses et bien opposées et, dans celle qui nous paraît la plus plausible, les mots en question n'ont aucun rapport avec la question qui nous occupe.

ceptation de la succession est purement facultative [1]. Or on
ne peut guère supposer que la faculté de répudiation, reconnue aux enfants par la loi dorienne, leur ait été refusée à
Athènes, dans un pays où les liens de famille étaient plus
relâchés. La comparaison du droit romain fournit un argument
semblable. A Rome, en effet, si les descendants en puissance
ont été, pendant un certain temps, considérés comme héritiers siens et nécessaires, le préteur n'a pas tardé à venir à
leur secours en leur donnant le *jus abstinendi* qui, sans
avoir les effets absolus d'une répudiation, soustrait l'héritier
sien et nécessaire aux conséquences fâcheuses de l'hérédité [2]. Or, dirons nous encore, la famille romaine était bien
plus fortement organisée que la famille athénienne et, à Rome,
le lien qui rattachait le *paterfamilias* à ses enfants en puissance était beaucoup plus étroit qu'à Athènes. Il serait donc
bien étrange que les descendants eussent été liés plus rigoureusement à la succession dans le droit attique que dans
le droit romain. Le seul argument que l'on fasse valoir en
sens contraire est tiré du caractère forcément héréditaire
de l'atimie et spécialement des conséquences qu'entraînait
cette transmission de l'atimie à l'encontre des fils des débiteur du fisc. Mais, à notre avis, cette disposition du droit
attique constitue plutôt une dérogation au droit commun,

---

(1) Loi de Gortyne, XI, 31 et s. : « Lorsqu'une personne meurt étant débitrice d'une somme d'argent ou condamnée dans un procès, si les ayants-droit à la
succession veulent acquitter pour elle l'amende ou payer l'argent dû au créancier, ils auront les biens ; s'ils ne le veulent pas, les biens appartiendront à
ceux qui ont obtenu la condamnation ou à qui l'argent est dû et les ayants-droit
n'auront aucune autre charge à supporter. Pour les dettes du père, les créanciers ne prendront que les biens paternels, pour celles de la mère les biens maternels (Trad. Dareste, Haussoulier et Reinach, p. 389). » Il y a là une disposition analogue à notre bénéfice d'inventaire. Dareste, Haussoulier et Reinach
(p. 479, note 1) observent qu'il n'est pas question ici, comme dans le cas de
l'adopté, d'une dévolution d'un ordre d'héritiers au suivant. Il semble donc
que les héritiers du sang n'aient pas pu se soustraire, comme l'adopté, à la
charge des *sacra*. Cf. Bücheler et Zitelmann, p. 148.

(2) Gaïus, *Inst.* II, §§ 56-58., Cf. Accarias, t. I, n° 345.

dérogation qui se justifie, dans une certaine mesure, par des raisons d'intérêt politique ou fiscal, sans que l'on soit autorisé à en conclure que les simples créanciers pussent invoquer un privilège semblable à celui du Trésor public [1]. Nous conclurons en conséquence en disant qu'il faut effacer du droit attique, du moins à l'époque classique, la distinction des héritiers en nécessaires et volontaires [2].

Pour les successibles non compris dans l'ordre des descendants, et même pour les enfants adoptés par acte de dernière volonté, on est d'accord pour dire qu'ils sont entièrement libres d'accepter la succession ou d'y renoncer. La faculté de répudiation (τῆς κληρονομίας ἀφίστασθαι) est ainsi reconnue au frère lui-même, comme cela résulte d'un plaidoyer de Démosthène [3]. Mais pour qu'un successible puisse renoncer à la succession qui lui est déférée, il est nécessaire qu'il n'ait point manifesté la volonté de l'accepter, car l'acceptation est irrévocable : *semel heres, semper heres*. Cette manifestation de volonté peut, du reste, être tacite et résulter, par exemple, de la prise de possession des biens héréditaires [4].

(1) Dareste (*Journ. des savants*, 1885, p. 230) observe, à ce sujet que dans l'ancienne jurisprudence française, d'après l'article 16 de l'ordonnance de Roussillon de janvier 1563, les héritiers de comptables étaient tenus d'accepter ou de renoncer, mais ne pouvaient accepter sous bénéfice d'inventaire. La jurisprudence avait admis, par application du même principe, que la séparation de biens entre un comptable et sa femme ne pouvait être opposée au Roi par ledit comptable, à moins qu'elle n'eût été faite dans certaines formes protectrices des droits du roi.

(2) Cf. en ce sens : Dareste, *Plaid. civ.*, t. I, p. 29, et *Journ. des savants*, loc. cit.; Guiraud, p. 225.

(3) Démosthène, *C. Lacrit.*, §§ 4 et 44. Cf. Meier, Schœmann et Lipsius, p. 573, note 252; Caillemer, p. 153.

(4) Ainsi, dans le plaidoyer de Démosthène contre Lacritos (§ 4), l'orateur dit de ce dernier « qu'il ne peut alléguer aucune loi qui, lorsqu'il a appréhendé la succession de son frère, lorsqu'il en a disposé comme il lui a semblé bon, l'autorise à ne pas payer les dettes et à dire maintenant qu'il n'est pas héritier et et qu'il s'abstient. » Cf. Caillemer, p. 153.

B. — Des héritiers saisis. — De la saisine légale.

Si nous ne pouvons attribuer aux descendants légitimes
pas plus qu'aux enfants adoptés entre-vifs la qualité d'héritiers nécessaires, il faut reconnaître que les successibles de
cette catégorie se distinguent profondément des autres à un
point de vue fort important : ils sont, en effet, investis de ce
que nous appellerons la saisine légale, c'est-à-dire qu'aussitôt après l'ouverture de la succession, ils peuvent, sans
aucune formalité et sans avoir à recourir au magistrat, se
mettre en possession des biens paternels au moyen de ce
que l'on nomme une ἐμβάτευσις [1]. Les autres héritiers, au
contraire, c'est-à-dire les enfants adoptés par testament et les
collatéraux, doivent, avant de prendre possession des biens
héréditaires, s'adresser au magistrat compétent et se faire
autoriser par lui, au moyen de la procédure d'ἐπιδικασία, à
appréhender l'hérédité. La succession échue à des héritiers
saisis est, en conséquence, dite ἀνεπίδικος, tandis que celle
qui est échue à des héritiers non saisis est appelée ἐπίδικος [2].
Cette différence entre les héritiers saisis et les héritiers non
saisis s'explique vraisemblablement par cette idée, émise
par les jurisconsultes romains pour expliquer la dénomination des héritiers *siens*, à savoir que les descendants ne font
que continuer la possession d'un patrimoine dont ils étaient
déjà en quelque sorte copropriétaires du vivant de leur père :
« Itaque post mortem patris non hereditatem percipere
videntur, sed magis liberam bonorum administrationem con-

(1) Ἐμβατεύειν εἰς τὴν οὐσίαν, βαδίζειν εἰς τὰ πατρῷα. Cf. Isée, *De Pyrrhi
her.*, § 62; *De Astyph. her.*, § 3.

(2) Isée, *De Pyrrhi her.*, § 59 : ὅτῳ δὲ γόνῳ γεγόνασι γνήσιοι παῖδες, οὐδενὶ
ἐπιδικάζεσθαι τῶν πατρῴων προσήκει... ἅπαντες γὰρ ὑμεῖς... ἀνεπίδικα ἔχουσι τὰ
ἑαυτῶν ἕκαστοι πατρῷα. *De Ciron. her.*, § 34 : πάντες ὑμεῖς τῶν πατρῴων, τῶν
παππῴων, τῶν ἔτι περαιτέρω κληρονομεῖτε, ἐκ γένους παρειληφότες τὴν ἀγχιστείαν ἀνεπίδικον. Lexic. Seguer. (Bekker), p. 183, 26 : ἀνεπίδικα : ὅσα τις
κατέχει τοῦ τετελευτηκότος ὡς πατρῷα καὶ παππῷα. τὰ γὰρ ἐπιδικαζόμενα παρὰ τῶν
συγγενῶν ἐπίδικα καλοῦσιν. Cf. Suidas, v° ἀνεπίδικα.

sequuntur. » [1]. Cette raison justifie d'ailleurs la distinction
faite par le droit attique entre les enfants adoptés entre-vifs,
qui ont la saisine légale, et les enfants adoptés par testament,
qui ne l'ont pas.

Avant de rechercher quel est précisément le caractère de
la saisine légale dans le droit attique, nous devons, d'après
les textes, indiquer les droits qu'elle confère à l'héritier qui
en est investi. Cet héritier peut, avons-nous dit, se mettre
directement et de sa propre autorité en possession des biens
paternels. Si, dans cette prise de possession, il rencontre un
obstacle de fait, provenant d'une violence réelle ou simulée
exercée par un tiers (ἐξαγωγή) [2], il peut agir contre ce tiers
au moyen de la δίκη, ἐξούλης [3], action qui, d'une manière générale, a pour objet de réprimer tout empêchement à la jouissance du propriétaire, et qui constitue une sorte d'action de
dessaisine et de déguerpissement [4]. De plus, si l'héritier
saisi est un mineur ou une femme, l'auteur de la violence
peut être poursuivi par une εἰσαγγελία κακώσεως, action qui,
comme nous l'avons vu [5], est susceptible d'entraîner contre
lui des conséquences très graves [6].

Il se peut qu'un tiers s'oppose à la prise de possession
par l'héritier saisi en élevant lui-même des prétentions sur

(1) L. 11, D. De lib. et posth., XXVIII, 2 ; Gaius, Inst., II, 157. Cf. B. W.
Leist, p. 73.

(2) Bunsen (p. 83) a dénaturé le sens d'un texte d'Isée (De Pyrrhi her., § 62),
ainsi conçu : μηδεὶς οὖν ὑμῶν ὑπολαμβανέτω, εἰ ἐνόμιζε γνησίαν εἶναι τὴν ἑαυτοῦ
γυναῖκα Ξενοκλῆς, λαχεῖν ἂν ὑπὲρ αὐτῆς τὴν λῆξιν τοῦ κλήρου τοῦ πατρῴου, ἀλλ'
ἐβάδιζεν ἂν ἡ γνησία εἰς τὰ ἑαυτῆς πατρῷα καὶ εἴ τις αὐτὴν ἀφῃρεῖτο ἢ ἐβιάζετο,
ἐξῆγεν ἂν ἐκ τῶν πατρῴων, καὶ οὐκ ἂν ἰδίας μόνον δίκας ἔφευγεν ὁ βιαζόμενος,
ἀλλὰ καὶ δημοσίᾳ εἰσαγγελθεὶς πρὸς τὸν ἄρχοντα ἐκινδύνευεν ἂν περὶ τοῦ σώματος
καὶ τῆς οὐσίας ἁπάσης τῆς ἑαυτοῦ. Le sujet du verbe ἐξῆγεν n'est point, comme
le pense Bunsen, la femme de Xénoclès, mais le mot τις. Cf. Meier, Schœmann
et Lipsius, p. 603, note 323. V. supra, p. 404.

(3) V. supra, p. 396.

(4) Cf. Bunsen, p. 83 ; Meier, Schœmann et Lipsius, p. 602-604; Caillemer,
p. 155.

(5) V. supra, t. II, p. 264.

(6) Isée, De Pyrrhi her., § 62. V. supra, note 2.

la succession. En ce cas, l'héritier peut opposer à ce tiers une fin de non-recevoir, la διαμαρτυρία μὴ ἐπίδικον εἶναι τὸν κλῆρον, c'est-à-dire alléguer qu'il n'y a pas lieu à l'épidicasie de la succession, du moment qu'il se trouve un héritier saisi [1]. La διαμαρτυρία [2], c'est, comme l'indique son nom, une procédure incidente qui a pour base l'articulation d'un fait (celui que nous avons signalé) et l'énonciation des témoignages à l'appui. Cette procédure, dans les détails de laquelle nous n'avons pas à entrer, car elle n'est pas spéciale à notre hypothèse, offre, en matière de succession, une particularité curieuse, en ce sens qu'on y déroge au principe que nul ne peut être témoin dans sa propre cause. Ainsi d'abord, lorsqu'il s'agit d'une succession échue à une femme ou à un mineur, le tuteur de ces incapables, bien qu'agissant en justice au nom de ceux-ci, comme leur représentant, peut opposer lui-même la diamartyrie, c'est-à-dire affirmer personnellement que la revendication formulée contre lui n'est pas admissible, et qu'il n'y a pas lieu à épidicasie. C'est, dès lors, contre le tuteur que l'adversaire doit diriger l'accusation de faux témoignage [3]. Il y a plus, et l'on voit par un discours de Démosthène que celui-là même qui revendique pour lui personnellement une succession, peut de même

---

(1) C'est ce que fait, par exemple, Androclès, à propos de la succession de Philoctémon. Isée, *De Philoct. her.*, § 4. Ainsi que l'observe G. A. Leist (p. 73), lorsqu'il s'agit d'une succession déférée à des descendants, il n'y a pas lieu à un procès véritable, à ἀμφισβήτειν. Cf. Isée, *De Pyrrhi her.*, § 61 : τοῖς μὲν γὰρ, ὅτι γόνῳ γεγόνασιν, οὐδεὶς ἂν δήπου ἀμφισβητήσειε περὶ τῶν πατρῴων.

(2) En matière de succession il n'y a lieu qu'à la διαμαρτυρία et non à la παραγραφή, procédure analogue, mais où les rôles des parties sont renversés. Cf. Meier, Schœmann et Lipsius, p. 841-842.

(3) Ainsi, dans le plaidoyer d'Isée pour l'héritage de Pyrrhus (§§ 2 et s.), Xénoclès, en sa qualité de κύριος de Philé, sa femme, réclame au nom de celle-ci l'héritage litigieux, et comme la mère de l'orateur formait opposition, Xénoclès, d'après Isée, ἐτόλμησε διαμαρτυρῆσαι μὴ ἐπίδικον τὸν κλῆρον εἶναι, et c'est alors contre Xénoclès que la mère de l'orateur dirige l'accusation de faux témoignage. De même, dans le plaidoyer d'Isée pour la succession de Philoctémon, § 18, on voit Androclès, en sa qualité d'ἐπίτροπο; des enfants d'Alcé, réclamer

opposer une diamartyrie et témoigner ainsi dans sa propre cause [1].

Le tiers auquel l'héritier oppose une diamartyrie doit, s'il veut en triompher, prouver la fausseté des témoignages produits contre lui et intenter contre les témoins la δίκη ψευδομαρτυριῶν. La solution du procès principal est alors suspendue jusqu'à la décision sur cette accusation de faux témoignage [2]. Si l'héritier qui se prétend saisi triomphe sur cette accusation, tout est terminé et il n'y a pas lieu, dès lors, à la procédure de l'épidicasie, puisqu'il est établi qu'il existe un héritier saisi. Le tiers ainsi convaincu d'avoir indûment élevé des prétentions à la succession est condamné, s'il n'obtient pas le cinquième des suffrages de ses juges, à payer à l'héritier saisi l'indemnité nommé ἐπωβελία et égale au sixième de la valeur de la succession [3]. Si c'est, au contraire, le tiers qui triomphe sur la δίκη ψευδομαρτυριῶν, il est établi que l'hérédité est réellement, comme il le prétend, ἐπίδικος, et les tribunaux sont appelés, sur la procédure d'épidicasie, à examiner les droits respectifs des parties à la succession litigieuse. L'héritier qui a succombé sur la δίκη ψευδομαρτυριῶν, perd, du reste au profit de son adversaire, la somme qu'il a dû consigner (παρακαταβολή) en soulevant la diamartyrie [4], et qui est égale au dixième de la valeur de l'hérédité en litige [5].

Nous avons supposé jusqu'à présent que la saisine légale

l'héritage d'Euctémon et opposer une διαμαρτυρία à ses adversaires. Cf. M.ier, Schœmann et Lipsius, p. 847, note 226.

(1) Dans le plaidoyer de Démosthène contre Léocharès (§§ 1 et s.), on voit ce dernier, après avoir été inscrit par son père Léostratos comme fils adoptif d'Archiadès, soutenir qu'il n'y avait pas lieu à épidicasie parce qu'il existait dans la maison un fils adoptif, saisi de plein droit. Cf. Meier, Schœmann et Lipsius, p 847, note 227.

(2) Isée, *De Dicæog. her.*, § 17 : ἡ μὲν λῆξις τοῦ κλήρου διεγράφη, ἡ δὲ τῶν ψευδομαρτυριῶν δίκη εἰσῇει. Cf. Meier, Schœmann et Lipsius, p. 843.

(3) Isocrate, *C. Callim.*, § 11. Cf. Meier, Schœmann et Lipsius, p. 844.

(4) Isée, *De Philoct. her.*, § 12. Cf. Démosthène, *C. Leoch.*, § 34.

(5) Meier, Schœmann et Lipsius, p. 847 ; Caillemer, p. 156.

conférée aux descendants leur donne la faculté de se mettre en possession sans intervention de la justice. La plupart
des auteurs qui ont traité notre matière ne donnent aux expressions *saisine* ou *saisis de plein droit* d'autre sens, dans
le droit attique, que celui d'une simple faculté de prendre
possession [1]. Mais on peut se demander si la saisine ne confère pas quelque chose de plus à l'héritier qui en est investi, c'est-à-dire si elle n'emporte pas à son profit l'acquisition même de la possession, sans qu'il lui soit nécessaire
de faire aucun acte d'appréhension quelconque. Telle est,
aujourd'hui, la notion de la saisine dans notre droit civil
français. Pour soutenir que la saisine était également conçue
de cette manière à Athènes, notre regretté maître et collè-
gue Dubois [2] s'est fondé sur l'existence au profit de l'héritier
saisi de la δίκη ἐξούλης. Cette action, dit-il, est une véritable
action de trouble ou de dessaisine, analogue à l'interdit *unde
vi* du droit romain, une manière de recouvrer la possession
ou d'y être maintenu. Or, si l'enfant légitime peut exercer la
δίκη ἐξούλης par cela seul qu'il est héritier nécessaire, il y a là
une preuve que par cela seul il acquiert la possession. L'action ne saurait lui appartenir s'il n'y avait pas eu acquisition préalable de la possession à son profit. On pourrait également invoquer en ce sens les considérations que nous
avons déjà signalées, tirées des idées anciennes sur la copropriété de famille, et dire que le fils n'acquiert rien de
nouveau, pas plus la possession que la propriété des biens
compris dans la succession paternelle.

   Cette théorie est, sans doute, fort séduisante, mais il faut reconnaître qu'elle repose sur une notion assez délicate de la saisine, notion qui a fini par être consacrée par le droit moderne,
mais que les législateurs anciens n'avaient probablement

---

(1) Cf. Giraud, p. 104; Perrot, *loc. cit.*, p. 207, 386; Dareste, *Plaid. civ.*,
t. I, p. XXIX; Caillemer, p. 155.
(2) Dubois, *Nouv. Revue historique du droit*, 1881, p. 135.

point aperçue. Aussi les orateurs athéniens emploient-ils tou-
j rs, lorsqu'ils se réfèrent à des héritiers siens, des expressions (ἐμβατεύειν εἰς τὴν οὐσίαν, βαδίζειν εἰς τὰ πατρῷα) qui supposent plutôt de leur part une appréhension, une prise de possession, qu'une acquisition de la possession *ipso jure* par le
seul fait de l'ouverture de la succession. L'argument que tire
Dubois, de la δίκη ἐξούλης ne nous paraît nullement décisif.
Cette action, en effet, ainsi que cela paraît aujourd'hui bien
établi, correspond à l'*actio judicati* du droit romain [1].
Son but essentiel et originaire a été de faire respecter les
jugements. Puis on l'a étendue, par analogie, à un certain
nombre de cas pour la défense de divers droits que la loi
entoure d'une protection particulière en les dispensant d'être
portés devant les tribunaux, en les déclarant ἀνεπίδικα, c'est-
à-dire en les considérant comme s'ils avaient été préalablement consacrés par un jugement. Parmi ces droits se trouvent ceux de l'héritier sien, et l'on comprend très bien que
la loi favorise spécialement la délation de l'hérédité aux descendants. Mais de ce que l'enfant appelé à succéder à son
père peut se servir de la δίκη ἐξούλης, on n'est nullement
autorisé à conclure qu'il ait la saisine légale dans le sens
moderne du mot, c'est-à-dire qu'il soit investi de la possession sans aucun acte d'appréhension. Nous voyons, en effet,
la δίκη ἐξούλης accordée, par des considérations d'intérêt
public, à l'acquéreur des biens vendus par l'Etat [2]. Or, on
ne saurait soutenir que cet acheteur acquière *ipso jure,* par
le fait même de la vente, la possession de ces biens. Il est
donc impossible d'édifier la théorie de la saisine sur l'existence de la δίκη ἐξούλης au profit des descendants. Il ne faut
pas non plus abuser de l'idée de copropriété de famille. Si,
comme le dit le jurisconsulte Paul [3], « in suis heredibus ap-
paret continuationem *dominii...* », il est plus difficile d'ad-

(1) V. *supra,* p. 393 et s.
(2) Pollux, VIII, 59. V. *supra,* p. 33-34.
(3) L. 11, D. *De lib. et posth.*, XXVIII, 2.

mettre que le fils continue *ipso jure* la possession de son
père, car, du vivant de celui-ci, la possession n'appartenait
certainement qu'au père seul. Il nous paraît, en définitive,
plus prudent de ne pas transporter dans le droit attique la
théorie moderne de la saisine légale.

C. — Des héritiers non saisis. De l'épidicasie.

Les héritiers non saisis, c'est-à-dire les enfants adoptés
par acte de dernière volonté, les collatéraux et les ascendants, à supposer que ceux-ci aient une vocation héréditaire, ne peuvent point, comme nous l'avons dit, se mettre
de leur autorité privée, en possession de l'hérédité. Le principe est, au contraire, qu'ils doivent préalablement faire reconnaître leur droit par l'autorité judiciaire au moyen d'une
procédure spéciale, celle de l'ἐπιδικασία, qui correspond en
quelque sorte à la demande d'envoi en possession que sont
tenus de faire, dans notre droit français moderne, les héritiers
non investis de la saisine. L'hérédité est, à leur égard, qualifiée ἐπίδικος [1], et l'on formule alors le principe en disant :
οὐ δεῖ τὸν ἐπίδικον κρατεῖσθαι κλῆρον πρὸ δίκης [2]. Aussi, à l'occasion, les plaideurs reprochent-ils vivement à leurs adversaires d'avoir appréhendé directement, et sans en avoir obtenu
l'envoi en possession, une hérédité dont ils n'étaient point
saisis [3]. Il ne semble pas toutefois que cette violation des
principes ait entraîné pour celui qui s'en rendait coupable
une peine quelconque, ou un préjudice matériel. Le seul dé-
savantage possible pour celui qui a pris possession arbitrairement des biens héréditaires, c'est que, en cas d'épidicasie

---

(1) La même expression est, comme nous l'avons vu, appliquée à l'épiclère. V.
supra, t. I, p. 440.

(2) Isée, *in* Denys d'Halicarnasse, p. 613, Didot, fr. 6, p. 324.

(3) Cf. Isée, *De Astyph. her.*, § 3; *de Pyrrhi her.*, §§ 59 et s.; Démosthène,
C. Stephan., II, § 22.

de la succession, il est obligé de se porter opposant et doit
alors consigner la παρακαταβολή [1].

La demande d'envoi en possession, ou requête adressée
au magistrat compétent, se nomme λῆξις, et le fait de la formuler s'appelle λῆξιν λαγχάνειν τοῦ κλήρου, ou plus simplement
λαγχάνειν τοῦ κλήρου [2]. Aussi la succession est-elle elle-même
nommée quelquefois λῆξις [3]. On emploie relativement à celui
qui demande l'envoi en possession l'expression ἐπιδικάζεσθαι
τοῦ κλήρου, ou τῷ κλήρῳ [6], d'où la demande elle-même est
également nommée ἐπιδικασία τοῦ κλήρου [4].

Le magistrat compétent pour recevoir la demande d'envoi
en possession est l'archonte éponyme, s'il s'agit de la succes-
d'un citoyen, et le polémarque, s'il s'agit de la succession
d'un métèque ou d'un étranger [5]. Lorsque, parmi ceux qui
réclament la succession, se trouvent à la fois des citoyens
et des étrangers, la compétence du magistrat se détermine
d'après la condition du *de cujus* [6].

La demande d'envoi en possession peut être adressée à
l'archonte (ou au polémarque) à toutes les époques de l'année, si ce n'est pendant le mois de skirophorion, qui correspond à peu près à notre mois de juin et qui est le dernier

(1) Cf. Hruza, I, p. 101, note 23.

(2) Cf. Isée, *De Ciron. her.*, § 3; *De Hagn. her.*, § 10. Lorsqu'on ne réclame
que la moitié de la succession, on dit, en conséquence, λαγχάνειν τοῦ ἡμικληρίου.
Démosthène, *C. Dionys.*, § 20. Cf. Meier, Schœmann et Lipsius, p. 606 et 792.

(3) Isée, *De Dicæog. her.*, § 40 ; Démosthène, *C. Macart.*, § 7. Cf. Meier, Schœmann et Lipsius, p. 608, note 331.

(4) Isée, *De Pyrrhi her.*, §§ 41, 44 et 53; *De Hagn. her.*, § 15; Démosthène,
C. Macart., § 43; *C. Stephan.*, II, § 22. Ἐπιδικάζεσθαι τοῦ κλήρου τινί (Isée, *De
Arist. her.*, § 5) signifie alors demander l'envoi en possession au profit d'un
tiers et en son nom. Cf. Isée, *De Pyrrhi her.*, § 69. La forme active ἐπιδικάζειν
τὸν κλῆρον s'emploie pour désigner l'adjudication de la succession faite par l'archonte ou le tribunal au profit de l'héritier. Démosthène, *C. Dionysod.*, § 26 ;
Isée, *De Arist. her.*, § 26. Cf. Meier, Schœmann et Lipsius, p. 606-607, notes
331 et 332.

(5) Démosthène, *C. Stephan.*, II, § 22 ; Pollux, VIII, §§ 89, 91 ; Aristote,
Const. des Ath., c. 56, 58.

(6) V. *supra*, t. I, p. 442.

des mois de l'année attique [1]. Cette restriction se justifie, du reste, parfaitement, car si la demande avait pu être formulée pendant ce mois, il serait arrivé le plus souvent que l'affaire aurait été introduite devant le tribunal par un magistrat qui n'en avait pas fait l'instruction, ce qui eût été fâcheux [2].

La demande faite au magistrat consiste-t-elle dans une simple déclaration orale ou doit-elle, au contraire, être accompagnée d'un écrit avec les motifs à l'appui ? C'est là une question identique à celle que nous avons déjà examinée à propos de l'épidicasie des épiclères et, pour les mêmes raisons, nous dirons que la λῆξις tendant à obtenir l'envoi en possession d'un héritage doit être accompagnée d'une requête écrite [3].

La requête est portée à la connaissance du public par divers moyens destinés à avertir les intéressés et à provoquer leur opposition à la demande d'envoi en possession. Ainsi d'abord, comme toute autre action, elle est inscrite par le greffier sur le tableau placé dans la salle des audiences [4]. De plus, par une mesure spéciale de publicité, dans la κυρία ἐκκλησία qui suit, on donne lecture de la requête au peuple assemblé, « afin, dit Aristote, que nul n'ignore la vacance de biens quelconques [5] ». La publicité est enfin com-

---

(1) Démosthène, C. Steph.in., II, § 22 : κληροῦν δὲ τὸν ἄρχοντα κλήρων καὶ ἐπικλήρων, ὅσοι εἰσι μῆνις, πλὴν τοῦ σκιροφοριῶνος. La traduction de cette loi a donné lieu à des difficultés. Staeker (p. 23), traduit, d'après Meier, Schœmann et Lipsius (p. 606-608)« Archon prim.s ad quem omnes causæ hereditariæ (civium) deferendæ sent, partibus tempus destinato, quo causa agatur. » Cf. Dareste, Plaid. civ., t. II, p. 304; Hudtwalcker, p. 30.

(2) Staeker, p. 27.

(3) V. supra, t. I, p. 443.

(4) Isocrate, De permut., § 237. Cf. Meier, Schœmann et Lipsius, p. 677 et 800; Caillemer, p. 158.

(5) Aristote, Const. des Athén., § 43.Cf. Pollux, VIII, § 95. — Bunsen (p. 90) s'est complètement mépris sur le sens de cette formalité. Cf. Meier, Schœmann et Lipsius, p. 608, note 335. Wachsmuth (II, p. 177) enseigne qu'à chaque

plétée par une invitation faite par le héraut à tous ceux qui
voudraient contester la demande d'envoi en possession
d'avoir à faire valoir les droits qu'ils tiendraient de la naissance ou d'un testament : τοῦ κήρυκος κηρύττοντος εἴ τις ἀμφισβητεῖν ἢ παρακαταβάλλειν βούλεται τοῦ κλήρου ἢ κατὰ γένος ἢ κατὰ
διαθήκας [1]. On n'est point d'accord toutefois sur le moment
précis auquel s'accomplit cette dernière formalité. Les uns
veulent qu'elle ait lieu dans la κυρία ἐκκλησία, au moment même de la lecture de la λῆξις [2]. Dans une autre opinion, qui
nous paraît plus vraisemblable, bien qu'on ne puisse la fonder sur aucun texte, la proclamation du héraut est différée
à un autre jour fixé par la loi ou convenu entre les parties [3].
Dans tous les cas, nous n'hésitons pas à rejeter l'opinion de
ceux qui estiment que la proclamation a lieu après l'adjudication de l'hérédité par le magistrat [4]. La formalité en question ne présenterait plus alors aucune utilité réelle.

Si, dans le délai fixé par la loi ou par le magistrat, il ne
surgit aucune opposition, l'archonte adjuge la succession à celui qui a présenté la λῆξις. Cette adjudication est, du reste, le
fait de l'archonte seul, et il n'y a pas lieu d'obtenir ici une
décision du tribunal. C'est ce que nous avons déjà observé à
propos de l'épidicasie des épiclères [5]. Au surplus, pour celle
des successions, il y a un texte [6] qui paraît bien attribuer à
l'archonte exclusivement le droit d'adjuger la succession.

κυρία ἐκκλησία les magistrats annonçaient au peuple les successions qui s'étaient
ouvertes depuis la séance précédente. Mais cette proposition, qui repose sur cette
interprétation erronée des mots λήξεις τῶν κλήρων de Pollux (VIII, 95), est manifestement inadmissible. Cf. Caillemer, p. 158, note 2; Meier, Schœmann et Lipsius, p. 608, note 335.

(1) Démosthène, C. Macart., § 5.

(2) De Boor, p. 94 ; Schneider, p. 49. Cf. Hermann-Thalheim, p. 83,
note 8.

(3) Meier, Schœmann et Lipsius, p. 608; Caillemer, p. 158.

(4) Bunsen, p. 91 ; Schœmann, De Comit. Ath., p. 287.

(5) V. supra., t. I, p. 444.

(6) Démosthène, C. Olymp., § 16 : ἐπεδίκασεν ὁ ἄρχων τοῖς ἀντιδίκοις τοῖς
ἡμετέροις τὸν κλῆρον.

On doit admettre toutefois que, comme cela paraît résulter du texte en question, pour donner plus de solennité et de certitude à cette adjudication, c'est devant le tribunal assemblé que l'archonte la prononce [1]. Au surplus, cette adjudication par l'archonte à la suite d'une simple épidicasie devait être très rare, étant donné le caractère processif des Athéniens, et les discours des orateurs nous montrent qu'ordinairement c'était seulement à la suite de la procédure de diadicasie, dont nous allons parler, qu'avait lieu l'adjudication de l'héritage [2].

Lorsqu'au contraire il se produit une ou plusieurs oppositions dans le délai légal [3], il y a διαδικασία τοῦ κλήρου, comme

---

(1) Heffter, p. 385 ; Meier, Schœmann et Lipsius, p. 610.

(2) Caillemer (p. 159, note 1) dit que la loi de Gortyne pourrait laisser croire que l'héritier institué et les autres héritiers soumis à la nécessité de l'envoi en possession n'obtenaient cet envoi, dans le droit crétois, qu'après avoir acquitté les dettes et les legs. Cet auteur traduit, en effet, de la manière suivante un passage de la loi (XI, 1-6) : « L'adopté n'est pas obligé de payer les dettes de l'adoptant ni d'exécuter ses volontés relativement aux biens ; mais il ne peut auparavant faire adition, πρίν δὲ τὸν ἄνπαντομ μὴ ἐπικορέν. » Caillemer estime toutefois que cette interprétation serait exagérée, car on ne voit pas avec quels biens l'héritier ferait face aux charges de la succession, dettes et legs, si l'acquittement de ces charges devait précéder son entrée en possession. Tout au plus pouvait-on, avant d'adjuger l'hérédité, exiger du prétendant l'engagement solennel de payer les dettes et les legs du défunt. L'auteur précité ne se serait pas donné tant de mal s'il avait lu autrement la phrase en question : κλίυι δὲ τὸν ἄνπαντομ μὴ ἐπικορίν, et s'il avait traduit, en conséquence : « L'adopté ne pourra obtenir davantage. » Il y a là une disposition, inutile sans doute, qui confirme les règles précédemment établies par la loi concernant la part à laquelle l'adopté peut prétendre. Cf. Bücheler et Zitelmann, p. 164; Dareste, Haussoulier et Reinach, p. 387. Il y a, du reste, dans la traduction de Caillemer, une autre inexactitude, et le véritable sens du passage est le suivant : « L'adopté ne sera tenu ni d'acquitter les obligations de l'adoptant, ni de recueillir les biens qu'aura laissés celui-ci. » En d'autres termes, l'adopté n'est point un héritier nécessaire. V. supra, p. 591.

(3) L'opposition est possible de la part de quiconque veut en former une : εἴ τις βούλεται ἀμφισβητεῖν, porte la proclamation du héraut. Cf. Démosthène, C. Olympiod., § 9: οἱ γὰρ νόμοι κελεύουσι τὸν βουλόμενον ἀμφισβητεῖν. Mais ce n'est pas là une raison pour dire, avec Bunsen (p. 90), que les actions successorales ont une analogie quelconque avec les actions publiques. Cf. Meier, Schœmann et Lipsius, p. 610.

dans le cas où il se présente plusieurs prétendants à la
main de l'épiclère. Mais ici se présente une des questions
les plus délicates du droit successoral, celle de savoir si les
opposants ont ou non deux manières différentes de faire
valoir leurs prétentions, et, en cas d'affirmative, en quoi
diffèrent précisément les deux procédures. Le texte qui a
donné lieu à cette difficulté est ce passage de Démosthène
qui, se référant à la publication de la λῆξις par le héraut,
porte que celui-ci provoque les oppositions en disant : εἴ τις
ἀμφισβητεῖν ἢ παρακαταβάλλειν βούλεται [1]. Ce texte fait-il allusion
à deux procédures distinctes, l'ἀμφισβήτησις et la παρακαταβολή?
Ou bien ces deux expressions ne visent-elles qu'une même
procédure, applicable à toutes les oppositions formées contre la demande d'envoi en possession ? Bien des opinions
ont été proposées.

D'après certains auteurs, il n'y aurait aucune différence
entre ces deux expressions, et elles se référeraient à la même
hypothèse, c'est-à-dire que tous ceux qui contestent les
droits du prétendant à l'hérédité doivent s'opposer à l'envoi en possession (ἀμφισβητεῖν) et verser la consignation du
dixième exigée par la loi (παρακαταβάλλειν) et égale au dixième de la valeur de la succession en litige, somme qui
était perdue pour eux s'ils venaient à succomber [2]. Mais
cette manière de voir est généralement écartée. On lui objecte que, si elle était vraie, le texte en question porterait
ἀμφισβητεῖν καὶ (et non pas ἢ) παρακαταβάλλειν. L'emploi de la
disjonctive ἢ prouve, dit-on, qu'il s'agit ici de deux procédures différentes [3].

La plupart des auteurs sont d'avis, en conséquence, que
la proclamation du héraut vise deux hypothèses différentes.
Mais la difficulté est alors de les préciser, et les diverses

---

(1) Démosthène, *C. Macart.*, § 5. V. *supra*, p. 603.
(2) De Boor, p. 99; Heffter, p. 385; Westermann, *in* Pauly's *Realencykl.*, III.
p. 1199.
(3) Cf. Caillemer, *in* Daremberg et Saglio, v° *Amphisbétésis*.

explications proposées soulèvent toutes des critiques. Ainsi
d'abord on a enseigné que la procédure d'ἀμφισβήτησις est
applicable aux cas où l'opposition se produit quand il n'y a
pas encore eu d'envoi en possession. Si, au contraire, cet
envoi a déjà été prononcé, l'opposition doit nécessairement
se produire sous forme de παρακαταβολή. On allègue, en ce
sens, une loi citée par Démosthène [1] qui veut, en effet, que
si une succession a déjà été adjugée, celui qui la réclame
dépose la παρακαταβολή. On invoque également un texte d'Harpocration [2] d'après lequel la παρακαταβολή est dirigée contre
celui qui est saisi, κατὰ τοῦ λαβόντος [3]. Cette distinction nous
paraît inadmissible. Il eût été, en effet, tout à fait singulier d'in-
viter, par l'organe du héraut, les citoyens à contester les envois en possession antérieurement prononcés par le magistrat. Le texte précité de Démosthène impose, il est vrai,
l'emploi de la παρακαταβολή en cas de contestation formée
contre une adjudication antérieure de l'hérédité. Mais il
existe d'autres textes qui parlent expressément de la même
procédure à l'occasion d'hérédités non adjugées [4]. Aussi cor-
rige-t-on généralement le texte d'Harpocration en lisant
λαχόντος au lieu de λαβόντος, et cette rectification est d'autant moins contestable que les autres grammairiens ne
restreignent nullement la παρακαταβολή au cas d'une hérédité
déjà adjugée [5].

Dans une autre opinion [6], la différence entre l'ἀμφισβήτησις
et la παρακαταβολή serait fondée sur la qualité de l'opposant.

---

(1) Démosthène, C. Macart., § 16.

(2) Harpocration, v° ἀμφισβητεῖν. V. infra, p. 607, note 1.

(3) Bunsen, p. 92.

(4) V. les textes cités, infra, p. 607, note 1. C'est ainsi notamment que, dans le
plaidoyer d'Isée sur l'héritage de Nicostrate, § 4, on voit Chariadès élever, au
moyen de la παρακαταβολή, des prétentions sur cet héritage, bien qu'il n'ait encore été l'objet d'aucune décision judiciaire. Cf. Meier, Schœmann et Lipsius,
p. 818; Platner, Process, II, p. 311.

(5) Cf. Schneider, p. 52; Meier, Schœmann et Lipsius, p. 818, note 159; Caillemer, loc. cit.

(6) V. en ce sens : Meier et Schœmann, Att. Process, 1re éd., p. 464.

Si celui-ci invoque la qualité d'enfant légitime ou adoptif du *de cujus*, il y a lieu à l'ἀμφισβήτησις, tandis qu'au contraire, la παρακαταβολή doit être employée lorsque l'opposant invoque un titre moins respectable, comme un testament ou une parenté collatérale plus proche que celle du prétendant à l'envoi en possession. On invoque, en ce sens, les définitions de plusieurs grammairiens, qui font, en effet, entre les deux procédures, une distinction empruntée à la cause que nous venons d'indiquer [1].

Mais cette opinion, malgré les autorités sur lesquelles elle s'appuie, n'est évidemment pas admissible, par cette raison décisive que l'on rencontre plusieurs exemples d'enfants soit légitimes, soit adoptifs, procédant par voie de παρακαταβολή [2]. Les grammairiens qui ont présenté la distinction que nous critiquons pouvaient très bien ne plus saisir le sens des expressions qu'ils voulaient définir [3].

Voici enfin une dernière distinction, proposée par Platner et suivie par d'autres auteurs [4]. Celui qui veut s'opposer à

(1) Harpocration, v° ἀμφισβητεῖν καὶ παρακαταβάλλειν : οἱ τὸν κλῆρον ἐπιδικαζόμενοι ἀμφισβητεῖν ἢ παρακαταβάλλειν λέγονται, οἱ μὲν φάσκοντες ἐπίδικον εἶναι τὸν κλῆρον ὡς ὄντος παιδὸς τῷ τετελευτηκότι ἢ γόνῳ ἢ ποιήσει, οἱ δὲ ὡς ἄπαιδος τελευτήσαντος δικαιότερον λέγοντες ἔχειν αὐτοὺς τὸν κλῆρον τοῦ λαβόντος (λαχόντος), ἢ συγγενεῖς ὄντες ἢ κατὰ διαθήκας κληρονόμοι. οὕτω Δημοσθένης καὶ Ὑπερίδης περὶ τοῦ παρακαταβάλλειν διεσάφησαν. Pollux, VIII, 32 : ἀμφισβήτησις μὲν, ὅστις ἀμφισβητοῖ κλήρου κατὰ γένος ὡς οὐκ ὄντος υἱοῦ τῷ τεθνεῶτι, παρακαταβολὴ δὲ, ὅστις ἀντιλέγοι ὡς αὐτὸς δικαιότερος ἂν ἔχειν τὸν κλῆρον ἐξ ἀγχιστείας ἢ διαθηκῶν. Suidas, v° ἀμφισβητεῖν καὶ παρακαταβάλλειν, art. 2 : ὅταν τελευτήσας τις ἄπαις εἶναι δοκῇ, φάσκῃ δέ τις ἑαυτὸν ἐκείνου υἱόν, οὗτος ἀμφισβητεῖν τοῦ κλήρου λέγεται, εἰ δὲ παῖδα μὲν τοῦ θανόντος ἑαυτὸν μὴ εἰσάγει, λέγει· δὲ ἄλλως κατὰ γένος αὐτῷ προσήκειν τὸν κλῆρον, παρακαταβάλλειν αὐτὸν οἱ νόμοι κελεύουσιν. Cf. Lexic. Seguer., (Bekker), p. 197, 9.

(2) Ainsi, dans le plaidoyer de Démosthène contre Léocharès, § 34, Léostratos παρακαταβάλλει ὡς υἱὸς Ἀρχιάδου, comme fils adoptif de celui-ci. De même, dans le plaidoyer d'Isée sur la succession de Philoctémon, il est dit, au § 12 : οὗτοι παρακατέβαλον ὡς ὑπὲρ γνησίων ὄντων, comme fils légitimes.

(3) Cf. Schneider, p. 53; Caillemer, *loc. cit.*; Meier, Schœmann et Lipsius, p. 609.

(4) Platner, *Process*, II, p. 312; Steigerthal, *De vi et usu* παρακαταβολῆς *in causis Atheniensium hereditariis*, p. 8 et s.; Schneider, p. 50 et s.; Caillemer, *oc. cit.* et *Successions*, p. 159.

l'envoi en possession peut, dit-on, agir, à son choix, par la
voie de l'ἀμφισβήτησις, ou par celle de la παρακαταβολή. La première voie est plus accessible et moins périlleuse car, d'une
part, l'opposant n'est point soumis à la nécessité de consigner
dès le début de l'instance une somme qui quelquefois peut être
assez forte, et, d'autre part, il n'est point exposé, en cas d'insuccès, à la perte de la somme consignée. La procédure de
la παρακαταβολή, malgré les inconvénients et les dangers qu'elle
entraîne pour celui qui y recourt, obligé de faire la consignation
en question et exposé à la perdre en cas d'insuccès, présente
cependant de sérieux avantages. En effet, en affrontant les
conditions rigoureuses de cette procédure, l'opposant prouve
qu'il a une grande confiance dans son bon droit, et le seul fait
d'user de la παρακαταβολή suffit à établir un préjugé en sa faveur. D'un autre côté, en consignant la somme prescrite
par la loi, l'opposant met son adversaire, le prétendant à
l'envoi en possession, dans l'obligation de faire de son côté
la même consignation, de telle sorte que le refus par ce
dernier de déposer la παρακαταβολή devait être considéré
comme un désistement. La παρακαταβολή est donc, en définitive, une ἀμφισβήτησις plus solennelle que l'ἀμφισβήτησις ordinaire et à laquelle les intéressés ne recourent que lorsqu'ils
ont une grande confiance dans le succès de leur cause [1]. On
a fait observer également, en ce sens, que la παρακαταβολή
ayant ainsi le caractère d'une *sponsio*, on peut trouver une
certaine analogie entre la procédure attique et la procédure
romaine, car dans celle-ci le demandeur peut également
agir, à son choix, *per formulam petitoriam* ou *per sponsio-
nem*, la *sponsio* toutefois n'étant point pénale mais seulement préjudicielle.

Cette dernière théorie, bien que très séduisante, est cependant, à notre avis, purement conjecturale, car elle ne trouve

---

(1) Schneider, *loc. cit.*, dit à cet égard : « Paracatabolia forma gravior est,
ἀμφισβήτησις levior. »

aucun fondement, dans les textes. Sans aller jusqu'à dire,
comme dans la première des opinions ci-dessus exposées,
que les mots ἀμφισβητεῖν et παρακαταβάλλειν sont entièrement
synonymes, nous serions plutôt disposé à admettre que
tout opposant doit, dans tous les cas, déposer la παρακαταβολή et qu'il n'y a ainsi qu'une seule procédure qui lui soit
ouverte. L'option que l'on veut, dans l'opinion précédente,
accorder à l'opposant entre les deux voies plus ou moins
périlleuses, outre qu'elle serait peu vraisemblable dans le droit
attique, se trouverait en contradiction avec un passage de
Démosthène où l'orateur, en parlant de Théopompe, père
de son adversaire Macartatos, dit que, sur la proclamation du héraut : οὐκ ἐτόλμησε παρακαταβάλλειν [1]. Si Théopompe
avait eu le libre choix entre l'ἀμφισβήτησις et la παρακαταβολή,
Démosthène n'aurait certainement pas pu s'exprimer ainsi. Si
l'on songe, d'un autre côté, que le but de la παρακαταβολή est
de supprimer autant que possible les contestations successorales peu sérieuses, on comprend difficilement que le législateur, qui l'a exigée pour tous les cas de diamatyrie [2], ne l'ait
pas prescrite également pour toutes les hypothèses où l'on
forme opposition à une demande d'envoi en possession. Le seul
motif de quelque valeur que l'on puisse donner pour établir
les différentes distinctions précédemment exposées, c'est que
la proclamation du héraut invite les intéressés à ἀμφισβητεῖν ἤ
παρακαταβάλλειν. Mais ce texte ne signifie point nécessairement
que les opposants aient le choix entre deux procédures
distinctes. La rédaction s'explique par le sens très large
qui appartient au mot ἀμφισβητεῖν, qui peut désigner toute
sorte de contestation élevée à l'occasion d'une succession, et
même des oppositions qui ne supposent point une prétention
quelconque à cette succession [3]. Le mot ἀμφισβήτησις contient

---

(1) Démosthène, C. Macart., § 5.
(2) V. supra, p. 597.
(3) Cf. par exemple, Lysias, Pro inval., § 14 : ὁ μὲν γὰρ ὥσπερ ἐπικλήρου τῆς
συμφορᾶς οὔσης ἀμφισβητήσων ἥκει.

bien, dans sa généralité, la παρακαταβολή [1], mais il était nécessaire de préciser, et voilà la raison pour laquelle, à notre avis,
le héraut, après avoir provoqué les intéressés à ἀμφισβητεῖν,
spécifie en indiquant la voie à laquelle ils doivent recourir et
ajoute : ἢ παρακαταβάλλειν, que nous traduirons « c'est-à-dire à
user de la παρακαταβολή ». Nous conclurons donc en disant que
c'est par la voie de la παρακαταβολή que doit se manifester
toute opposition contre une demande d'envoi en possession
de la succession [2].

L'opposition une fois formée, il s'engage entre l'opposant
ou les opposants et celui qui a présenté la λῆξις un procès
véritable, que l'on nomme διαδικασία τοῦ κλήρου [3]. Ce procès
est instruit par le magistrat saisi de la λῆξις, l'archonte en
principe, le polémarque par exception, et, quand l'instruction est terminée, il est déféré par lui au tribunal des héliastes. La procédure de cette instance comporte toutefois certaines particularités que nous devons signaler. Ainsi d'abord,
à la différence de ce qui a lieu dans les procès ordinaires, il
n'y a, dans la diadicasie, à proprement parler, ni demandeur, ni défendeur, car aucun des plaideurs n'est saisi des
biens héréditaires et tous les prétendants sont sur un pied
d'égalité [4]. Il en serait autrement si, la succession ayant été
antérieurement adjugée, on formait contre l'adjudicataire une
action en pétition d'hérédité [5].

---

(1) C'est ainsi que, dans le plaidoyer de Démosthène contre Olympiodore, bien
que la succession ait été précédemment adjugée aux adversaires (§ 26) et que,
par conséquent, il y ait nécessairement lieu à la παρακαταβολή (v. infra, p. 626),
l'orateur dit, en parlant du procès qu'il engage (§ 31): τὰς ἀμφισβητήσεις
ἀντεγραψάμεθα... πᾶσιν ἡμῖν τοῖς ἀμφισβητοῦσι.

(2) Meier, Schœmann et Lipsius, p. 608 et s.; Hasler, p. 45, note 1. Cf. Dareste,
Plaid. civ., t. II, p. 28 et p. 52, note 7.

(3) On ne saurait, ainsi que nous l'avons précédemment observé à propos des
épiclères (t. I, p. 445, note 2), restreindre la διαδικασία au cas où l'opposition
est formée après une première adjudication de l'héritage.

(4) V. supra, p. 387 et s.

(5) Meier, Schœmann, et Lipsius, p. 610; Caillemer, in Daremberg et Saglio,
v° Diadicasie et Successions, p. 160.

De cette situation respective des parties dérivent, au point de vue de la procédure, les deux conséquences suivantes : 1° Il n'y a pas lieu ici à la πρόσκλησις, ou ajournement par lequel le demandeur, dans les procès ordinaires, assigne rendez-vous à son adversaire devant le magistrat compétent. La λῆξις présentée par celui qui a demandé l'envoi en possession est, en effet, dirigée contre tous ceux qui prétendraient avoir des droits à la succession, et ceux-ci se trouvent virtuellement sommés, par la publicité donnée à la λῆξις, d'avoir à se présenter devant l'archonte dans le délai fixé par ce magistrat. La πρόσκλησις aurait été non seulement inutile, mais encore impossible [1]. 2° Chacune des parties jouant le même rôle dans le procès, les écrits présentés par chacun des plaideurs dans l'instruction de l'affaire et dans lesquels ils indiquent les titres sur lesquels ils fondent leurs prétentions, en un mot, ce que nous appelons aujourd'hui leurs conclusions, portent indifféremment le nom d'ἀντιγραφή, expression qui, dans les procès ordinaires, est réservée aux conclusions du défendeur [2].

L'instruction terminée, le débat (ἀγών) devant le tribunal suit immédiatement [3]. C'est l'archonte qui appelle devant le tribunal les prétendants [4]. Toutefois celui d'entre eux qui se trouve dans l'impossibilité de comparaître, peut réclamer un ajournement du débat en indiquant, avec serment, le motif de son empêchement (ὑπωμοσία). L'adversaire peut répliquer par une ἀνθυπωμοσία et, s'il obtient gain de cause

---

(1) Meier, Schœmann et Lipsius, p. 609 et 788 ; Caillemer, *Successions*, p. 160, note 1 ; Hafter, p. 49.

(2) Harpocration, v° ἀντιγραφή : Ἰδίως μὲν ἐπὶ ταῖς τῶν κλήρων διαδικασίαις ἀντιγραφὴ καλεῖται, ὅταν τις ὡς ἄπαιδος ὄντος τοῦ τετελευτηκότος ἑαυτῷ φάσκῃ προσήκειν τὸν κλῆρον κατὰ γένος ἢ κατὰ δόσιν. Cf. Suidas et Hésychius, v° ἀντιγραφή ; Lexic. Seguer., (Bekker), p. 200, 9, 410, 8 ; Pollux, VIII, 33. V. Meier, Schœmann et Lipsius, p. 611 et 881 ; Hafter, p. 50 ; Caillemer p. 160.

(3) Démosthène, *C. Olympiod.*, § 23 : ἐπειδὴ ἀνεκρίθησαν πρὸς τῷ ἄρχοντι ἅπασαι αἱ ἀμφισβητήσεις καὶ ἔδει ἀγωνίζεσθαι ἐν τῷ δικαστηρίῳ.

(4) Démosthène, *loc. cit.*, § 25. Cf. Hafter, p. 50.

sur cet incident, la demande du prétendant défaillant est
rayée purement et simplement du rôle, et le procès poursuit
son cours devant le tribunal [1].

Conformément à la règle générale posée pour le débat
oral, la durée des plaidoiries est rigoureusement limitée par
la clepsydre pour chacun des prétendants. Mais, dans les
procès de succession, qui soulèvent ordinairement des
questions assez compliquées, la mesure paraît avoir été
relativement plus large. Démosthène nous dit, à ce sujet,
que dans le procès sur la succession d'Hagnias, l'archonte
accorda à chacune des parties une amphore pour son plaidoyer principal et trois conges, c'est-à-dire une demi-am-
phore pour la réplique [2]. On s'est demandé, à ce sujet, si
ces mesures sont applicables à tous les procès de succession,
ou bien si, au contraire, le magistrat peut, en considération
des complications particulières de la cause, ou, à l'inverse,
de sa simplicité, augmenter ou diminuer la mesure d'eau versée dans la clepsydre. Le texte de Démosthène paraît, au
premier abord, imposer à l'archonte l'obligation d'accorder
la mesure indiquée dans toutes les διαδικασίαι héréditaires, et
c'est en ce sens qu'on l'interprète dans une opinion [3]. Mais
cette interprétation ne nous paraît point nécessaire. Suivant
d'autres auteurs, dont l'explication nous paraît assez plausible, les mots du texte précité ἐξ ἀνάγκης γὰρ ἦν τῷ ἄρχοντι se réfèrent non point à ἀμφορία ἐγχέαι mais à ἑκάστῳ τῶν ἀμφισβητούντων,
c'est-à-dire que le magistrat est bien contraint d'accorder
une mesure égale à chacun des plaideurs, mais rien ne
l'oblige à faire une mesure identique pour tous les procès
de succession, sans aucun égard à leur complication ou à
leur importance [4]. Tout ce que l'on peut induire du texte

(1) Démosthène, loc. cit., §§ 25 et 26. Cf. Hafter, p. 50.
(2) Démosthène, C. Macart., § 8 : ἐξ ἀνάγκης γὰρ ἦν τῷ ἄρχοντι ἀμφορία
ἑκάστῳ ἐγχέαι τῶν ἀμφισβητούντων, καὶ τρεῖς χόας· τῷ ὑστέρῳ λόγῳ.
(3) Caillemer, p. 161.
(4) De Boor, p. 102 ; Schneider, p. 57.

de Démosthène c'est que, dans l'usage, le temps accordé
pour la réplique n'était que la moitié de celui qui était donné
pour le discours principal. Au surplus, l'égalité que le législateur se proposait de maintenir ainsi entre les plaideurs
n'était qu'apparente. Il résulte, en effet, du plaidoyer de
Démosthène, que l'attribution de la mesure d'eau a lieu par
tête de plaideur et non par intérêt distinct. Ainsi, dans le
procès sur la succession d'Hagnias, il y avait cinq prétendants, mais deux avaient le même intérêt et invoquaient les
mêmes moyens. Les juges n'avaient donc à se prononcer
qu'entre quatre prétentions distinctes, et néanmoins une
amphore fut accordée à chacun des cinq plaideurs. Or, avec
ce système, les plaideurs dont l'intérêt était identique pouvaient s'entendre pour se partager l'exposition des moyens
qu'ils possédaient et, réunis ainsi, ils avaient, pour le développement de leurs prétentions, un temps bien supérieur à
celui de leurs adversaires, obligés d'exposer tous leurs
moyens dans le même délai [1].

Les plaidoiries terminées, les juges vont aux voix. A cet
effet, des urnes (καδίσκοι) en nombre égal à celui des plaideurs
ayant un intérêt distinct sont placées devant le tribunal.
Quand plusieurs plaideurs ont le même intérêt ou plutôt
lorsque leurs prétentions sont conjointes (τοῖς κατὰ ταὐτὰ ἀμ-
φισβητοῦσιν), comme dans le cas où chacun d'eux réclame
la moitié de l'héritage en se fondant soit sur un même testament, soit sur une même parenté avec le *de cujus*, il n'y a
pour eux tous qu'une seule urne, « de telle façon, dit Isée,
qu'il est impossible que l'un soit vaincu, tandis que l'autre
est vainqueur, car ils doivent nécessairement avoir le même
sort » [1]. Lorsqu'au contraire les intérêts sont distincts, chacun a son urne spéciale. Ainsi, dans le procès sur l'héritage d'Hagnias, où il y avait cinq prétendants, mais dont

(1) De Boor, p. 102; Caillemer, p. 162.
(2) Isée, *De Hagn. her* , § 21.

deux seulement avaient un intérêt identique, quatre urnes
seulement furent apportées devant les juges [1]. Pour la votation même, deux modes sont possibles. Ou bien les juges
reçoivent autant de bulletins (des pierres blanches ou plei-
nes, noires ou percées) qu'il y a d'urnes, un seul de ces
bulletins, d'une forme particulière (la pierre blanche ou
pleine) devant servir à marquer les préférences du juge,
tandis que les autres (les pierres noires ou percées) ne servent qu'à contrôler le vote et à en assurer le secret. Ou bien,
au contraire, chaque juge ne reçoit qu'un bulletin qu'il jette
dans l'urne de la partie à qui il accorde la victoire, ne s'in-
quiétant pas des autres urnes. Le premier de ces votes paraît plus conforme au principe du scrutin secret, en vigueur
dans les tribunaux athéniens. Toutefois le second mode est
favorisé par un passage de Démosthène où, en parlant du
procès sur la succession d'Hagnias, il nous dit que l'on trouva dans l'urne de Théopompe trois ou quatre bulletins de
plus que dans celle de Philomaché [2]. Si l'on avait suivi le
premier mode de votation, Démosthène se serait exprimé
autrement et aurait dit que l'on avait trouvé dans l'urne de
Théopompe plus de pierres blanches ou entières que dans celle
de Philomaché. La solution nous paraît assez douteuse [3]. Dans
tous les cas, si l'on se prononce pour le second mode de
votation, il n'est pas nécessaire que les bulletins de vote
soient de formes différentes. Le vote terminé et les suffrages
comptés, l'archonte, en sa qualité de président du tribunal,
proclame la décision de celui-ci et adjuge l'héritage à
celui ou à ceux qui ont recueilli le plus grand nombre de
voix.

(1) Démosthène, *C. Macart.*, § 10. Cf. Platner, *Process*, II, p. 315; Schœmann,
sur Isée, p. 466; De Boor, p. 103; Meier, Schœmann et Lipsius, p. 611 ; Caillemer, p. 163.
(2) Démosthène, *C. Macart.*, § 10.
(3) Cf. Meier, Schœmann et Lipsius, p. 942; Szanto, *in Wiener Studien*,
1881, p. 27; Caillemer, *Successions*, p. 164, et *in* Daremberg et Saglio, v° *Dikas-
tai*, p. 197.

Il nous reste, à propos de toute cette procédure d'épidicasie, compliquée ordinairement de diadicasie, à rechercher
à quel moment précis s'opère l'acquisition de l'hérédité par
l'héritier non saisi, soit que sa demande ait été approuvée
directement par l'archonte, soit qu'en cas de litige ses
prétentions n'aient été consacrées que par le tribunal. Nous
nous sommes servi, jusqu'à présent, d'une expression qui
pouvait laisser supposer que l'héritier n'acquiert l'hérédité
qu'en vertu de la décision de l'archonte ou du tribunal, car
nous disions que la succession lui était *adjugée* par cette
décision. C'est, en effet, l'expression dont les auteurs se
servent généralement pour désigner le résultat de la procédure d'épidicasie [1] et, sans avoir examiné, ni même soupçonné, pour la plupart [2], la question que nous allons étudier,
ils paraissent considérer cette *adjudicatio* par l'archonte ou
par le tribunal comme entraînant au profit de l'héritier acquisition d'une hérédité à laquelle il est jusque-là resté étranger. La situation des héritiers non saisis dans le droit attique correspondrait ainsi à celle des *bonorum possessores* du
droit romain, successeurs à qui l'hérédité est sans doute
déférée en vertu de l'édit du préteur, mais qui ne l'acquièrent qu'en vertu d'un acte du magistrat. Le fait par l'héritier
athénien d'ἐπιδιχάζεσθαι ferait songer, en conséquence, à l'*ad-
gnitio* de la *bonorum possessio*, et l' ἐπιδιχάζειν, la décision du
magistrat, à la *datio* de cette *bonorum possessio*. Dans cette
théorie, la λῆξις apparaît simplement comme le premier acte
de la procédure qui doit aboutir à l'*adjudicatio*, et elle n'entraîne, par elle même, aucun effet spécial. Ce qui peut favoriser cette manière de voir, c'est que plusieurs textes emploient,
en parlant soit de l'archonte, soit du tribunal, l'expression

---

(1) Cf. Bunsen, p. 89 et 92 ; Van den Es, p. 10 ; Schneider, p. 49 ; Guiraud,
p. 220 ; Caillemer, *Successions*, p. 40 et 159 ; Ciccotti, p. 24. On trouve, dans
les auteurs allemands, l'expression correspondante *Zusprach*. Cf. Gans, I,
p. 339 ; Hafter, p. 44 ; Meier, Schœmann et Lipsius, p. 610.

(2) V. toutefois Platner, *Process*, II, p. 258.

ἐπιδικάζει [1], qu'il est difficile de traduire autrement que par
« adjuge ». Les orateurs aussi, semblent bien croire,
dans leurs plaidoyers, que ce sont les juges eux-mêmes
qui donnent la succession à celui qui la réclame. Ainsi Isée,
en parlant de la διαμαρτυρία μὴ ἐπίδικον εἶναι τὸν κλῆρον soulevée par Androclès, dit qu'elle a empêché les juges τοὺς κυρίους
γενέσθαι ὅντινα δεῖ κληρονόμον καταστήσασθαι [2]. C'est dans le
même sens que les orateurs disent, en parlant des juges,
διδόναι ou ψηφίζεσθαι τὸν κλῆρον [3]. On pourrait donc croire que
la succession n'est acquise à l'héritier non saisi que par la
décision du magistrat ou du tribunal qui fait droit à sa
λῆξις.

Ce serait là cependant une erreur, et Hruza [4] qui, à
notre connaissance, a le premier approfondi la question,
nous paraît avoir très bien démontré que la décision de l'archonte ou la sentence du tribunal ont un effet purement
déclaratif et que la succession est acquise à l'héritier par
le seul fait de la présentation de la λῆξις. Cette solution
est conforme d'abord à la terminologie même qui est
employée en matière de demande d'envoi en possession.
On dit, en effet, de l'héritier qui forme une pareille demande, lorsqu'il la présente au magistrat, λῆξιν λαγχάνειν
τοῦ κλήρου. Or, comme le reconnaissent eux-mêmes des
auteurs [5] qui parlent de l'adjudication de l'hérédité par le
magistrat ou par le tribunal, le sens originaire de cette expression, c'est : obtenir la succession, le sens ultérieur et

---

(1) Démosthène, C. Olymp., § 26 : ἐπεδίκασε ὁ ἄρχων τὸν κλῆρον. Cf. Harpocration, v° ἐπεδίκασε καὶ ἐπεδικάσαντο : Δημοσθένης ἐν τῷ κατ' Ὀλυμπιοδώρου.
τὸ μὲν ἐπιδικασίν ἐστιν οἷον προέκρινε, τὸ δὲ ἐπεδικάσαντο οἷον ἔπεισαν τοὺς δικασ-
τὰς ἑαυτοῖς προσνεῖμαι τὸν κλῆρον. La même expression se retrouve dans le plaidoyer d'Isée pour l'héritage d'Apollodore, § 51, appliquée aux juges.
(2) Isée, De Philoct. her., § 4.
(3) Isée, De Dicæog. her., § 37 ; De Apollod. her., § 42 ; Démosthène, C.
Macart., §§ 6 et 30.
(4) Hruza, I, p. 100 et s.
(5) Meier, Schœmann et Lipsius, p. 794.

dérivé, c'est : procéder à l'acte au moyen duquel on ob-
tiendra la succession, et comme cela se fait par une
requête à l'archonte, on a appelé cette requête λῆξις, et
λῆξιν λαγχάνειν le fait de la présenter. Cela étant, nous ne
voyons pas de motif pour ne pas nous en tenir à la signification primitive et fort claire de cette expression, au lieu
de mettre au premier plan son sens dérivé et non exempt
d'équivoque. Aussi le mot λαγχάνειν est-il employé par les
lexicographes comme équivalant manifestement à κληρονομεῖν [1], et le mot λῆξις est également pris par eux comme synonyme de κλῆρος [2]. Ils n'auraient évidemment pas pu s'exprimer ainsi si la λῆξις, si le fait de λαγχάνειν avaient simplement correspondu à la présentation d'une requête à l'archonte, et si l'hérédité n'avait été acquise que par l'*adjudicatio*
du magistrat ou du tribunal. Le langage des orateurs con-
corde également avec celui des grammairiens, et l'on voit
que, dans leur pensée, l'acquisition de la succession se
rattache à la λῆξις elle-même et non point à la décision
de l'autorité. C'est ainsi que l'expression ἔχειν τὸν κλῆρον
ἐπιδικασάμενος est employée par eux comme synonyme de λαγχάνειν τοῦ κλήρου [3]. Tel est aussi le sens que le législateur
paraît attacher à la λῆξις, comme cela résulte notamment
de la loi citée dans le plaidoyer contre Macartatos concernant la revendication d'une hérédité contre une personne
qui en a déjà obtenu l'envoi en possession. Si l'on réfléchit,
en effet, que le verbe ἐπιδικάζεσθαι, au moyen, se refère au fait
de former la demande d'envoi en possession, de procéder à
la λῆξις, on voit clairement que dans ce texte le législateur

---

(1) Lexic. Seguer. (Bekker), p. 155, v° λαγχάνω : ἐπειδὴ δὲ ἀνὴρ ἐγενόμην, λαγχάνω πατρὸς τοῦ κλήρου, ἀντὶ τοῦ κληρονομῶ. Ce passage est d'autant plus si-
gnificatif qu'il est ici question d'un fils, d'un héritier saisi, et que par conséquent
il n'y a même pas lieu à épidicasie. Cf. Hruza, I, p. 104. note 27.

(2) Harpocration, v° ληξιαρχικὸν γραμματεῖον : λήξεις δ' εἰσιν οἵ τε κλῆροι καὶ
αἱ οὐσίαι. Pollux, VIII, 104 : ἡ δὲ πατρῴα οὐσία καὶ λῆξις ἐκαλεῖτο.

(3) Isée, *De Nicostr. her.*, § 25. Cf. Isée, *De Pyrrhi her.*, § 74.

considère l'hérédité comme acquise par le seul fait de la λῆξις [1]. Le plaidoyer d'Isée sur l'héritage d'Hagnias nous paraît enfin démontrer très nettement que l'hérédité est acquise par le seul fait de la demande d'envoi en possession. On y voit, en effet, que Théopompe invoque, pour écarter son neveu, fils de Stratoclès, de la succession d'Hagnias, la règle *hæreditas non adita non transmittitur* [2], disant que Stratoclès est mort avant d'avoir acquis la succession. Or, voici dans quels termes il s'exprime : Stratoclès et moi, l'hérédité étant ἐπίδικος au profit des plus proches parents, nous nous préparions à λαγχάνειν, mais Stratoclès est mort πρὶν γενέσθαι τὰς λήξεις. C'est donc que, suivant Théopompe, si Stratoclès était mort après la λῆξις, sa part d'héritage lui aurait été acquise et il l'aurait transmise à son fils. On ne peut dire plus clairement que l'acquisition de l'hérédité résulte du seul fait de la λῆξις [3].

On ne saurait tirer une objection sérieuse des textes d'après lesquels l'archonte ou le tribunal ἐπιδικάζει l'hérédité. Le mot ἐπιδικάζειν ne suppose pas plus un acte constitutif (et non point simplement déclaratif) de droits que les expres-

---

(1) Démosthène, C. *Macart.*, § 16 : ἐὰν δ'ἐπιδεδικασμένου ἀμφισβητῇ τοῦ κλήρου ἢ τῆς ἐπικλήρου, προσκαλείσθω τὸν ἐπιδεδικασμένον πρὸς τὸν ἄρχοντα, καθάπερ ἐπὶ τῶν ἄλλων δικῶν. παρακαταβολὰς δ' εἶναι τῷ ἀμφισβητοῦντι. ἐὰν δὲ μὴ προσκαλεσάμενος ἐπιδικάσηται· ἀτελὴς ἔσται ἡ ἐπιδικασία τοῦ κλήρου. ἐὰν δὲ μὴ ζῇ ὁ ἐπιδικασάμενος τοῦ κλήρου, προσκαλείσθω κατὰ ταὐτὰ ᾧ ἡ προθεσμία μήπω ἐξήκῃ· τὴν δ' ἀμφισβήτησιν εἶναι τῷ ἔχοντι καθότι ἐπεδικάσατε, οὗ ἂν ἔχῃ τὰ χρήματα. Ainsi que l'observe très justement Hruza (I, p. 105, note 29) on peut difficilement admettre que, dans le même article de loi, le même mot soit employé dans deux sens différents. Il paraît dès lors certain que le mot ἐπιδεδικασμένου de la première phrase se rapporte à la même chose que le mot ἐπιδικασία employé un peu plus loin. Le premier est la forme passive par rapport à la forme moyenne, tandis que le dernier désigne l'acquisition de l'hérédité. Bunsen (p. 93 et 94) et Telfy, nº 1416, traduisent inexactement la loi précitée lorsqu'ils disent : « Si quis litem intendat ei, qui hereditatem aut filiam hereditariam *adjudicatam* tulerit, hunc cui *adjudicata sit*, etc.. » Cf. Dareste, *Plaid. civ.*, t. II, p. 31 et Caillemer, p. 165 qui traduisent cette loi à peu près de la même manière.

(2) V. *infra*, p. 621.

(3) Isée, *De Hagn. har.*, § 10.

sions analogues διχάζειν, χαταδιχάζειν, χαταδιχιτᾶν. Si les orateurs
se réfèrent quelquefois à l'homologation formelle du magistrat ou du tribunal plutôt qu'à l'acte même qui, à notre avis,
entraîne acquisition de l'hérédité, c'est uniquement par dé-
férence pour les juges. C'est par un motif semblable que
s'explique le langage des orateurs lorsque, s'adressant aux
juges, ils semblent leur dire que ce sont eux qui donnent la
succession au réclamant. On comprend qu'une pareille manière de voir se soit fait jour dans le système d'organisation judiciaire athénien, où les tribunaux avaient, en fait, un
pouvoir illimité, grâce surtout aux obscurités et aux lacunes
de la loi, et où ils statuaient presque sans appel. Nous savons par de nombreux témoignages combien les héliastes
faisaient peu de cas des dispositions de la loi, surtout en matière de succession et de testament. Néanmoins le langage
même des orateurs démontre que c'est de la loi directement
et non de la décision du tribunal que procède le droit de l'héritier sur l'héritage dont il réclame l'envoi en possession. Ainsi,
dans le passage précité d'Isée relatif à la diamartyrie soulevée
par Androclès, l'orateur dit que les juges doivent instituer héritier ὅντινα δεῖ, c'est-à-dire le successible désigné par la loi.
D'autres passages sont encore plus formels. Un texte de
Démosthène dit que c'est le législateur qui donne l'ἀγχιστεία
et la κληρονομία [1], et un texte d'Isée [2] dit même, à propos de
l'hérédité déférée au fils, que c'est la loi qui donne à celui-
ci les biens paternels. Le titre de tout héritier, saisi ou non
saisi, se trouve donc dans la loi elle-même. L'héritier saisi
acquiert la succession *ipso jure*, par le fait même de son
ouverture, et cela parce qu'il est *suus*, qu'il ne fait en quelque sorte que continuer une propriété à laquelle il partici-

(1) Démosthène, *C. Macart.*, § 50 : οἷς γὰρ δίδωσιν ὁ νομοθέτης τὴν ἀγχιστείαν
καὶ τὴν κληρονομίαν, τούτους ἀναγνώσεται ὑμῖν τοὺς νόμους. Cf. Démosthène, *C.
Leoch.*, §§ 12, 14; Isée, *De Astyph. her.*, § 23 ; *De Hagn. her.*, §§ 2, 50, 10 et s.
(2) Isée, *De Philoct. her.*, § 28 : διότι ὁ νόμος αὐτὸς ἀποδίδωσι τῷ υἱεῖ τὰ τοῦ
πατρός.

pait déjà virtuellement du vivant de son père. L'héritier non
saisi, au contraire, est obligé de faire adition, de manifester
sa volonté d'acquérir l'hérédité. Or, cette manifestation de
volonté résulte de l'acte solennel et judiciaire qui est la λῆξις,
et il n'y a pas de motif pour reculer l'acquisition de la succession à une époque ultérieure, jusqu'après la décision du
magistrat ou du tribunal. Cette décision n'a qu'un effet purement déclaratif; c'est une simple homologation de la λῆξις et
non point une adjudication de la succession. L'intervention de l'autorité judiciaire est une sage garantie édictée par
le législateur athénien pour assurer la régularité de la transmission héréditaire, mais elle n'implique pas plus une *datio*
de l'hérédité par cette autorité que, dans notre droit français moderne, l'intervention des tribunaux dans la demande
d'envoi en possession formée par les successeurs irréguliers
non saisis. C'est donc à tort que l'on a voulu comparer l'é-
pidicasie attique à la *bonorum possessio* romaine. Il y a entre
les deux institutions une différence profonde tenant à ce que,
à Athènes, c'est la loi elle-même qui défère la succession à
l'héritier non saisi, tandis qu'à Rome c'est le préteur qui crée
le droit du *bonorum passessor :* dès lors, il est tout naturel
que le magistrat adjuge à ce dernier une succession que,
sans cela, il n'aurait aucun titre pour appréhender. Si l'on
veut chercher une analogie dans le droit romain, c'est à l'*heres extraneus* qu'il faut comparer l'héritier non saisi du droit
attique, en disant que, pour ce dernier, la présentation de
la λῆξις correspond à la *cretio* que le droit romain exige du
premier. Rappelant donc la solution que nous avons admise
par anticipation à propos du mariage de l'épiclère, nous dirons que l'acquisition de l'hérédité, de même que la formation de ce mariage, résultent du seul fait de la présentation
de la λῆξις par l'ayant-droit.

La décision de l'archonte ou du tribunal qui homologue
la λῆξις confère par cela même au requérant une saisine
judiciaire dont les effets sont identiques à ceux de la sai-

sine légale accordée aux héritiers siens. Celui qui a obtenu
l'envoi en possession peut, en conséquence, recourir à la
δίκη ἐξούλης pour triompher des résistances qu'un tiers lui
oppose. Mais les conséquences rigoureuses qu'entraîne
cette action contre celui qui succombe devaient décider le
plus souvent le tiers usurpateur à restituer spontanément
les biens de la succession [1].

L'envoi en possession ou plutôt, à notre avis, la présentation de la λῆξις, produit un autre effet très important au
profit de l'héritier non saisi, c'est de fixer sur sa tête la
succession à laquelle il est appelé, de façon à transmettre
à ses propres héritiers les droits qu'il vient ainsi d'acquérir
sur cette succession. Le droit attique paraît, en effet, avoir
admis le principe du droit romain que *hœreditas non adita
non transmittitur*. Si donc l'héritier non saisi meurt avant
d'avoir fait l'adition qui, selon nous, résulte du fait de présenter la λῆξις, son droit s'éteint avec lui ; les continuateurs
de sa personne ne peuvent l'exercer de son chef, et ils sont
alors exposés à être exclus par d'autres successibles qui
auraient été obligés de subir le concours de leur auteur,
s'il avait vécu et fait adition. C'est ce qui résulte du plaidoyer d'Isée sur la succession d'Hagnias. Celui-ci était mort
en laissant, entre autres parents, trois cousins au sixième
degré, Stratios, Stratoclès et Théopompe, ces deux derniers
étant frères. Or Stratios et Stratoclès moururent avant
d'avoir demandé l'envoi en possession, πρὶν γενέσθαι τὰς λήξεις [2], et en laissant des enfants. Mais Théopompe, le seul
survivant, n'eut jamais l'idée de partager avec les représentants de ses anciens cohéritiers. On le voit, au contraire,
affirmer, sans la moindre hésitation, que le décès de Stratios et de Stratoclès avant la présentation de la λῆξις l'a
constitué seul héritier, et que la succession d'Hagnias doit

(1) Cf. Démosthène, *C. Olymp.*, § 27.
(2) Isée, *De Hagn. her.*, § 10.

lui appartenir toute entière, comme étant le parent le plus rapproché du *de cujus* [1]. Un fils de Stratoclès vint, il est vrai, réclamer à son oncle Théopompe la moitié de la succession, mais celui-ci triompha de la prétention de son neveu. Quant aux enfants de Stratios, ils ne songèrent point à se prévaloir des droits de leur père, vraisemblablement parce que ces droits n'avaient pu se fixer sur la tête de Stratios, mort avant la λῆξις, et Théopompe [2] affirme également que les enfants de Stratios ne pouvaient élever aucune réclamation [3] [4].

IV. — De l'action en pétition d'hérédité.

L'héritier non saisi qui, à la suite d'une procédure d'épidicasie ou de diadicasie, s'est fait envoyer en possession, n'est point pour cela assuré de conserver irrévocablement la succession. Il en est de même de l'héritier saisi qui a pris possession de l'héritage par voie d'embateusis sans rencontrer d'opposition ou après avoir triomphé de celles qui ont surgi. Toute personne, en effet, qui croit avoir des droits préférables à ceux du possesseur de l'héritage, peut les faire valoir contre lui au moyen d'une action que l'on a nommée très justement pétition d'hérédité [5]. L'exercice de cette action est autorisé et réglé par une des lois citées

(1) *Ibid.* : λείπομαι δ' ἐγὼ μόνος τῶν πρὸς πατρὸς ὧν ἀνεψιοῦ παῖς, ᾧ μόνῳ κατὰ τοὺς νόμους ἐγίνετο ἡ κληρονομία, πάντων ἤδη τῶν ἄλλων ἐκλελοιπότων, οἳ ταὐτὸν ἐμοὶ τῇ συγγενείᾳ προσήκοντες ἐτύγχανον.

(2) *Ibid.*, § 15 : οἱ Στρατίου παῖδες... οὐδὲν αὑτοῖς ἐνόμιζον προσήκειν τούτων ὧν χρημάτων.

(3) Cf. Caillemer, *Successions*, p. 174-177.

(4) Giraud (p. 104) dit, « qu'après l'envoi en possession, les héritiers étaient conduits dans la phratrie du défunt, pour y être admis à la participation des *sacra* et que, dès lors, la transmission héréditaire était complète à leur égard. » Cette proposition est, à notre avis, complètement inexacte.

(5) Caillemer, p. 165.

dans le plaidoyer de Démosthène contre Macartatos [1].

Quelles sont précisément les personnes qui peuvent ainsi revendiquer l'hérédité ? Ce sont d'abord évidemment celles qui n'ont pas figuré dans la procédure d'envoi en possession, car on ne saurait leur opposer une épidicasie à laquelle elles sont demeurées étrangères [2]. Ce principe est formellement affirmé par Isée dans son plaidoyer sur l'héritage de Nicostrate, § 25. Il dit que, même après l'homologation par les juges de la λῆξις présentée par un parent sur le fondement de sa seule parenté, les autres parents peuvent agir ultérieurement et démontrer qu'ils sont plus proches en degré. Que si, au contraire, l'envoi en possession a été prononcé sur le fondement d'un testament produit par le requérant, tous les parents sont ainsi écartés, et il ne leur servirait à rien de venir ensuite établir une parenté plus ou moins rapprochée avec le défunt, car ils seront toujours primés par l'héritier testamentaire, à moins qu'ils ne démontrent la fausseté du testament.

Ceux qui ont figuré dans la procédure d'épidicasie, ou plutôt de diadicasie, peuvent aussi, mais exceptionnellement, former ultérieurement une pétition d'hérédité contre le possesseur. Il en est ainsi, en premier lieu, lorsque l'envoi en possession a été prononcé par défaut. Les successibles condamnés par défaut peuvent, dans la mesure où l'opposition est autorisée par le droit attique [3], remettre en question ce qui a été jugé au profit de l'envoyé en possession. Le plaidoyer de Démosthène contre Olympiodore en offre un exemple. Une nouvelle action est possible, en second lieu, même si l'envoi en possession a été prononcé contradictoirement, lorsque les juges ont été déterminés par de faux

---

(1) Démosthène, C. Macart., § 16. V. supra, p. 618, note 1, le texte de cette loi.

(2) Meier, Schœmann et Lipsius, p. 612; Caillemer, p. 166.

(3) Cf. sur l'opposition : Meier, Schœmann et Lipsius, p. 973 et s. ; Reinach, in Daremberg et Saglio, v° Erêmos dikè.

témoignages. En pareil cas, celui qui a été écarté de la succession sur le fondement de ces témoignages, peut non seulement agir par la ψευδομαρτυριῶν δίκη contre les faux témoins, ou par la κακοτεχνιῶν δίκη contre l'adversaire qui a présenté ces témoins, mais encore obtenir l'anéantissement du jugement qui l'a exclu. Comme ici le dommage résultant du jugement fondé sur ces faux témoignages et consistant dans la perte des droits de famille n'aurait pu être couvert par une réparation pécuniaire, la loi accorde exceptionnellement à la partie lésée le droit d'obtenir, par ce que l'on nomme l'ἀνάδικος κρίσις [1], la nullité du jugement vicieux [2]. Le successible évincé une première fois peut alors, dans une nouvelle instance, établir que ses titres sont bien en réalité supérieurs à ceux de son adversaire envoyé en possession [3]. La pétition d'hérédité est enfin possible, même de la part de celui qui a été vaincu dans une précédente diadicasie, lorsqu'il fonde son action sur une cause nouvelle, qu'il n'a pas déduite devant les premiers juges. L'autorité de la chose jugée ne s'oppose point alors à la recevabilité de la nouvelle action, car c'est un principe de droit et de raison en même temps que, du moment qu'il n'y a pas identité de cause entre deux actions, la chose jugée sur la première ne peut pas avoir d'autorité sur la seconde. Ce principe trouve, du reste, sa confirmation en notre matière spécialement, comme cela résulte de plusieurs plaidoyers. C'est ainsi que Glaukos et Glaukon, qui avaient succombé dans la revendication qu'ils avaient faite de l'héritage d'Hagnias en se fondant sur un testament, vinrent plus tard réclamer cette succession en se présentant comme héritiers *ab intestat*, sans que leur adversaire leur opposât une fin de non-rece-

---

(1) Schol. sur Platon, *Leges*, XI, 14, p. 937 c.
(2) Cf. Gide et Caillemer, *in* Daremberg et Saglio, v° *Anadikia;* Meier, Schœmann et Lipsius, p. 978 et s.
(3) Cf. Isée, *De Dicœog. her.*, § 14. Meier, Schœmann et Lipsius, p. 612.

voir tirée du jugement rendu dans la première instance [1].
La situation inverse pourrait également se présenter. On
devrait de même considérer comme un titre différent, pouvant donner lieu à une nouvelle action, un testament distinct
de celui sur lequel on avait fondé sa première réclamation [1].

Mais une nouvelle action ne serait pas recevable de la
part du plaideur antérieurement débouté, si elle était fondée sur une cause identique. On a toutefois prétendu le
contraire, et l'on a dit que si la loi de Solon précédemment
citée ne permettait pas de renouveler le débat en se fondant sur la même cause, la jurisprudence avait fini cependant par autoriser ces nouveaux litiges, et l'on prétend justifier cette dérogation aux principes de la chose jugée en
alléguant le souci qu'avaient les Athéniens de maintenir la
succession dans la famille naturelle ou civile et d'en écarter
les étrangers [2]. Mais, à notre avis, cette jurisprudence, dont
on est forcé de reconnaître le caractère étrange et même
illégal, ne résulte nullement des plaidoyers invoqués pour
l'établir. Ainsi, dans le plaidoyer de Démosthène contre
Macartatos, si Glaukos et Glaukon peuvent soulever un nouveau débat, c'est, comme nous l'avons précédemment observé,
en se présentant la seconde fois comme héritiers *ab intestat*, alors que, dans la première instance, ils s'étaient pré-
valus d'un testament. Quant au plaidoyer du même orateur
contre Olympiodore, on y voit que celui-ci et son beau-
frère Callistrate se sont désistés lors du premier débat et
que, par suite, la succession de Conon a été adjugée à leurs
adversaires à la suite d'une simple épidicasie, sans qu'il y

(1) Démosthène, *C. Macart.*, §§ 4 et s.

(2) C'est ainsi que Dicéogène III, après s'être fait adjuger le tiers de l'héritage
de Dicéogène II sur le fondement d'un premier testament, réclama, douze ans
après, la totalité de l'héritage en produisant un second testament et gagna sa
cause. Isée, *De Dicæog. her.*, §§ 14 et s. Cf. Heffter, p. 344, Meier, Schœsman et
Lipsius, p. 612, note 350; Caillemer, p. 167.

(3) Heffter, *loc. cit.*

eût diadicasie véritable et jugement rendu par le tribunal [1]. On ne pouvait donc, lorsqu'ils ont renouvelé leurs réclamations, leur opposer l'exception de chose jugée. Il n'y a dès lors aucune raison suffisante pour dire que la jurisprudence avait, dans notre matière, fait échec aux principes sur l'autorité de la chose jugée [2].

L'action en pétition d'hérédité diffère, à certains égards, de la revendication qui se produit dans la diadicasie. Dans celle-ci, comme nous l'avons vu, il n'y a ni demandeur, ni défendeur, puisque aucun de adversaires n'a la possession de la succession. Lorsque au contraire que l'envoi en possession a été prononcé et que l'action en pétition d'hérédité est formée, il y a un demandeur et un défendeur, ce dernier étant celui qui se trouve en possession. Le demandeur doit, en conséquence, assigner son adversaire dans la forme ordinaire, προσκαλεῖσθαι εἰς διαδικασίαν, et la loi décide même expressément que l'archonte ne doit pas recevoir la demande qui n'a pas été précédée de la πρόσκλησις [3]. Il n'y a, d'autre part, aucune raison dans l'action en pétition d'hérédité pour ne plus réserver spécialement aux conclusions du défendeur la qualification d'ἀντιγραφή.

La pétition d'hérédité est, au surplus, une véritable διαδικασία κλήρου et le législateur, pour garantir les situations acquises et consacrées déjà par la justice contre des réclamations trop fréquentes, exige que le demandeur consigne préalablement la παρακαταβολή, et, s'il succombe, il perd au

---

(1) La preuve en est que la succession a été adjugée par l'archonte. Démosthène, *C. Olymp.*, § 36.

(2) De Boor, p. 105 et s.; Meier, Schœmann et Lipsius, p. 612, note 350; Caillemer, p. 167-168. Ce dernier auteur observe encore que si Philomaque, dont les prétentions ont été repoussées par un tribunal arbitral, plaide plus tard pour la même succession devant un tribunal d'héliastes, on peut dire que les héliastes sont saisis comme juges d'appel autorisés à réformer la sentence de l'arbitre. Cf. Isée, *De Pyrrhi her.*, § 58.

(3) Démosthène, *C. Macart.*, § 16. Cf. Bunsen, p. 92; Platner, *Process*, t. II, p. 314; Hafter, p. 51; Meier, Schœmann et Lipsius, p. 613 et 789.

profit de son adversaire la somme ainsi consignée et qui est égale au dixième de la valeur de la succession [1].

L'action en pétition d'hérédité se prescrit par cinq ans, comme les autres actions en général. Il y a, sur ce point, un texte formel d'Isée ainsi conçu : ὁ δὲ νόμος πέντε ἐτῶν κελεύει διχάσασθαι τοῦ κλήρου, ἐπειδὰν τελευτήσῃ ὁ κληρονόμος [2]. S'il n'y a pas de doute sur le délai de la prescription, une difficulté assez sérieuse s'élève, au contraire, sur le point de départ de ce délai. Si l'on s'en tient au texte d'Isée, les cinq ans ne commencent à courir qu'après la mort de l'héritier, c'est-à-dire que la prescription est suspendue pendant la vie de l'héritier qui a été le premier envoyé en possession, et elle ne commence à courir qu'après sa mort, lorsque les biens héréditaires ont été recueillis par ses représentants. Il y a à une disposition qui, au premier abord, paraît assez étrange. On ne voit pas, en effet, comment le décès de l'héritier peut influer sur la durée de la prescription. D'autre part, rationnellement, la prescription doit commencer à courir du jour où l'action à laquelle elle s'applique a pu être exercée. Or ceux qui prétendent avoir des droits à la succession peuvent évidemment agir pendant la vie de celui qui a été envoyé en possession, et, du moment qu'ils peuvent agir, il n'y a pas, semble-t-il, de motifs qui justifient la suspension de la prescription en leur faveur. Aussi certains auteurs ont-ils proposé de corriger le texte d'Isée en substituant le mot κληροδότης au mot κληρονόμος, de sorte qu'il est alors permis de dire que le délai de cinq ans court à partir de la mort du *de cujus*. Cette correction, dit-on, permet seule de donner un sens raisonnable à l'argumentation de l'orateur. Il s'agit en effet, de l'héritage de Pyrrhus qui est mort en constituant pour fils adoptif son neveu Endios. Vingt ans se sont écoulés, Endios vient lui-même à décéder et sa

---

(1) Démosthène, *loc. cit.* Cf. Meier, Schœmann et Lipsius, p. 6ı3.
(2) Isée, *De Pyrrhi her.*, § 58.

mère réclame à son tour la succession en qualité de sœur
de Pyrrhus. Mais Philé la réclame également en alléguant
qu'elle est fille légitime de Pyrrhus. L'orateur lui oppose alors
le raisonnement suivant : ou bien elle devait réclamer d'Endios ce qu'elle considérait comme son héritage paternel, ou
bien, après le décès d'Endios, réclamer la succession en
qualité de sœur de ce dernier. Or l'orateur serait manifestement en contradiction avec lui-même si la loi qu'il cite
faisait courir la prescription à partir du décès de l'héritier
et non à partir du décès du *de cujus*, car au moment du
procès il ne s'était pas encore écoulé cinq années depuis la
mort de Pyrrhus, le *de cujus* [1].

Cette opinion n'a point prévalu, car elle se heurte non seulement au texte précité d'Isée, mais encore à la loi relatée
dans le discours contre Macartatos sur l'action en pétition
d'hérédité, et elle se trouve contredite par les nombreux
exemples que nous offrent les plaidoyers d'actions intentées
bien plus de cinq ans après la mort du *de cujus*. Ainsi les
neveux de Dicéogène réclament contre le prétendu fils adoptif de leur oncle une succession qu'il possède depuis vingt-
deux ans au moins après la mort de Dicéogène [2]. De même,
le discours de Démosthène contre Léocharès, détenteur de
l'hérédité d'Archiadès, a été prononcé longtemps après l'envoi en possession de Léocratos [3]. Pareillement encore, l'auteur du plaidoyer sur la succession d'Aristarque, pour prévenir l'étonnement que pourraient éprouver certains des
juges en voyant qu'il est resté si longtemps sans attaquer
l'envoyé en possession, leur dit qu'ils n'ont pas à se préoc-

(1) Reiske, sur Isée, *loc. cit.*; Platner, *Process*, II, p. 327; Telfy (n° 1583,
p. 405) traduit également en ce sens la loi d'Isée : « Petens hereditatem alicu-
cujus intra quinquennium ab ejus excessu petat. » Cf. Guiraud, p. 310.

(2) Isée, *De Diceog. her.*, §§ 7 et 35. Guiraud (p. 310, note 3) prétend que
le récit d'Isée ne prouve rien, car on était sous le gouvernement des Trente et la
loi a dû manifestement être violée.

(3) Démosthène, *C. Leoch.*, § 20 : πολλὰ ἔτη ἐκληρονόμει Λεωκράτης.

cuper de savoir si l'action est intentée plus ou moins tardi-
vement, que son long silence n'est pas une raison suffisante
pour lui faire perdre son procès et que les juges doivent
seulement examiner si sa réclamation est fondée ou non [1].
On a enfin tout lieu de supposer que plus de cinq ans se
sont écoulés depuis l'ouverture de la succession de Conon
quand Callistrate prononce son discours contre Olympiodore [2]. Il y a là une série de faits qui, selon nous, démontrent que l'action en pétition d'hérédité n'était point prescrite cinq ans après la mort du *de cujus* [3]. La loi citée dans
le discours contre Macartatos [4] vient, au surplus, confirmer
le texte d'Isée, tel qu'on l'interprète généralement sans correction. Cette loi, en effet, après avoir dit que celui qui veut
revendiquer une succession contre celui qui a été envoyé en
possession, l'ἐπιδεδικασμένος, doit l'assigner devant l'archonte,
comme cela a lieu dans les autres procès, ajoute : « Mais si
l'envoyé en possession ne vit plus, le revendiquant assignera
son héritier suivant les mêmes règles, pourvu que la prescription ne soit pas encore accomplie (ᾧ ἡ προθεσμία μήπω
ἐξήκη). » Il y a, dans la loi, une antithèse frappante entre le
cas où l'action est dirigée contre l'envoyé en possession lui-
même et celui où elle est formée contre ses représentants.
Dans le premier cas, il n'est pas question de prescription
que le possesseur puisse opposer au demandeur, tandis
qu'au contraire, dans le second cas, l'action peut être écartée par une fin de non recevoir tirée de la prescription, c'est-
à-dire de la prescription quinquennale dont parle Isée. Aussi,

---

(1) Isée, *De Aristar. her.*, §§ 18 et 21.

(2) Démosthène, *C. Olympiod.*, § 30.

(3) De Boor (p. 110) prétend trouver un autre exemple dans le plaidoyer contre Macartatos. Le *de cujus*, dit-il, était mort avant 361 et l'envoyé en possession est encore troublé en 343, c'est-à-dire plus de dix-huit ans après le décès
du *de cujus*. Mais, comme on l'a observé, les deux dates alléguées peuvent être
l'une et l'autre contestées. Cf. Caillemer, p. 170, note 4 ; Schæfer, *Demosth. u.
seine Zeit*, III, 2, p. 235.

(4) V. *supra*, p. 618, note 1.

pour infirmer l'argument que nous tirons du texte de Démosthène, est-on obligé de l'interpréter de la manière suivante : l'action ne sera recevable que s'il s'est écoulé moins de cinq ans, non pas depuis la mort du premier héritier, mais depuis la décision qui l'a envoyé en possession. Mais cette interprétation nous paraît forcée, et l'on ne voit plus alors l'utilité de cette mention spéciale de l'action dirigée contre les représentants de l'envoyé en possession, si le délai de la prescription est le même dans tous les cas. Nous estimons donc qu'il faut s'en tenir au texte d'Isée sans essayer de le corriger, et admettre que la prescription ne commence à courir qu'à partir de la mort de l'envoyé en possession [1]. Mais comment alors justifier cette disposition de la loi athénienne ? On a dit que le premier envoyé en possession, possédant au mépris de droits supérieurs aux siens, doit toujours être considéré comme un possesseur de mauvaise foi, et, par conséquent, rester indéfiniment exposé à l'action du véritable héritier [2]. Mais cette explication est évidemment inadmissible, car on pourrait donner la même raison contre les représentants de l'envoyé en possession qui, eux aussi, possèdent au mépris des droits du véritable héritier, et, dès lors, la prescription devrait être impossible vis-à-vis d'eux, de même que vis-à-vis de leur auteur. Les autres explications que l'on a fournies ne nous paraissent pas plus acceptables [3]. Faut-il alors, avec certains auteurs [4], dé-

---

(1) Cf. en ce sens : De Boor, p. 110; Wachholtz, *De litis instr.*, p. 33; Bunsen, p. 94; Schœmann, sur Isée, p. 257 et 432; Schilling, p. 37; Schneider, p. 55; Dareste, *Plaid. civ.*, t. I, p. XL; Meier, Schœmann et Lipsius, p. 613 et 838; Hermann-Thalheim, p. 84, note 2; G. A. Leist, p. 29; Caillemer, *Prescription*, p. 13 et *Successions*, p. 168; Hruza, I, p. 107, note 30, 3e. Platner, *Recension von Boor*, loc. cit., p. 213, a abandonné l'opinion qu'il avait émise dans son *Attische Process*, loc. cit.

(2) Hermann, *Privatalterthümer*, 2e éd., § 71, 6.

(3) V. notamment l'explication de Boor, p. 111 et la critique qu'en fait Caillemer, *Successions*, p. 172.

(4) Dareste, loc. cit. ; Caillemer, loc. cit.

sespérer de trouver une raison quelconque à la loi citée par Isée ? Nous ne le pensons pas, et nous croyons que la suspension de la prescription pendant la vie de l'envoyé en possession peut s'expliquer suffisamment par le désir des Athéniens de garantir le droit du véritable héritier contre toute usurpation et de prévenir autant que possible l'intrusion dans les familles d'étrangers sans droits. Comme, d'autre part, on avait senti la nécessité d'assurer le respect des situations acquises et de mettre un terme aux procès, on a décidé qu'après une première transmission de l'héritage la prescription commencera à courir et viendra, au bout de peu de temps, consolider des droits qui n'ont point été contestés par les intéressés [1].

E. — Effets de l'acquisition de la succession.

1° *Droits de l'héritier.* — L'héritier, quand une fois il a accepté la succession, et nous avons admis que cette acceptation est facultative dans tous les cas, devient activement et passivement le continuateur de la personne du défunt ; il succède, en principe, à tous les droits mais aussi, par contre, à toutes les obligations de son auteur.

Succédant aux droits du défunt, l'héritier peut, comme nous l'avons vu, agir par la δίκη ἐξούλης contre ceux qui s'opposent à sa prise de possession des biens héréditaires. Il peut aussi intenter contre les débiteurs du défunt les mêmes actions que celui-ci aurait pu exercer [2].

Il faut d'ailleurs, pour que l'héritier succède aux droits

(1) Heffter (p. 293) interprète la loi d'Isée en ce sens que le délai de cinq ans court du jour où le dernier héritier de la famille est mort sans postérité. Mais cette explication est tout à fait arbitraire. Cf. Caillemer, *Prescription*, p. 14, note 2.

(2) Le plaidoyer de Démosthène contre Timothée est consacré à soutenir l'action d'un héritier contre le débiteur de son père.

de son auteur, que non seulement ces droits se soient ou-
verts au profit de celui-ci, mais encore qu'ils se soient fixés
sur sa tête. Tel est le cas que nous avons précédemment
cité où une succession s'ouvre au profit d'un héritier non
saisi, et où celui-ci meurt avant la λῆξις : les descendants de
cet héritier ne peuvent alors invoquer les droits héréditaires de leur père pour écarter d'autres héritiers plus rapprochés d'un degré [1].

D'autre part, un droit, même d'ordre pécuniaire, peut
par exception être intransmissible aux héritiers, si par sa
nature ou d'après la convention des parties, il doit être
considéré comme ayant un caractère exclusivement personnel. Un droit ayant ce caractère par sa nature, c'est celui
d'usufruit. Comme exemple de droit intransmissible d'après
la volonté présumée des parties, nous citerons le droit du
locataire, du moins en cas de bail rural. On a bien enseigné
que l'héritier du fermier pouvait se substituer à lui dans son
bail et dans ses droits. Mais c'est là une conjecture qui,
comme nous le verrons en exposant les règles du contrat
de louage, n'est nullement justifiée [2].

Si tous les droits pécuniaires du *de cujus* sont, en principe, transmissibles à l'héritier, il n'en est pas de même
des distinctions honorifiques qui ont pu être accordées au
défunt, même si elles comportent un avantage matériel. Ces
distinctions sont, en règle, attachées à la personne de celui
qui en a été l'objet et se trouvent éteintes par sa mort. Il
peut toutefois en être autrement lorsque le décret du peuple
confère expressément la distinction au citoyen et à ses enfants. Parmi les honneurs ainsi transmissibles héréditairement se trouve le droit, si recherché des Athéniens, de prendre chaque jour ses repas dans le Prytanée aux frais du
Trésor public. Cette faveur, d'abord concédée très rarement

---

(1) V. *supra*, p. 621. Cf. Platner, *Process*, II, p. 332.
(2) V. *infra*, liv. III, tit. I, chap. II, sect. II, Du louage.

dans des cas tout à fait exceptionnels, comme par exemple,
aux héritiers d'Harmodios et d'Aristogiton [1], devint ensuite
assez fréquente, et nombre de citoyens reçurent, pour prix
des services qu'ils avaient rendus à la cité, la σίτησις ἐν Πρυτανείῳ pour eux καὶ ἐκγόνων τῷ πρεσβυτάτῳ ἀεί [2]. En pareil cas,
la σίτησις était transmissible de mâle en mâle et par ordre
de primogéniture. Le titulaire qui décédait en laissant des
enfants et des frères se trouvait remplacé par l'aîné de ses
enfants et non par l'aîné de ses frères [3]. Mais la faveur en
question n'est point transmissible aux filles, même lorsque
celles-ci héritent à défaut de fils, car des raisons de décence
publique interdisaient aux femmes de venir s'asseoir à la table du Prytanée. La cité pouvait seulement, lorsque la fille
ou la descendante d'un citoyen illustre se trouvait dans la misère, lui fournir des secours ἐκ τοῦ Πρυτανείου, comme elle le
fit en dotant les filles d'Aristide et une petite-fille d'Aristogiton [4]. Une autre distinction honorifique qui, tout en étant en
principe personnelle [5], peut exceptionnellement être concédée
héréditairement au profit de l'aîné des enfants, est la προεδρία
ou droit à certaines places d'honneur dans les cérémonies
ou spectacles publics [6]. Enfin l'ἀτέλεια, ou privilège consistant dans l'exemption de certains impôts pesant sur les habitants de l'Attique, qui est ordinairement viagère, peut également être concédée aux héritiers, ainsi qu'elle le fut aux
héritiers d'Harmodios et d'Aristogiton [7]. On rencontre, du
reste, en dehors de l'Attique, cette transmissibilité de
l'exemption de certains impôts. Ainsi une inscription de

---

(1) Cf. Schœll, in Hermes, VI, 1872, p. 31.
(2) Cf. Corp. inscr. attic., II, nos 331, 275, 276, 300 ; Pseudo-Plutarque, Vitæ
X orat., 10, p. 851 d.
(3) Schœll, loc. cit.; Caillemer, Successions, p. 188.
(4) V. supra, t. I, p. 273.
(5) Corp. inscr. attic., II, nos 251, 335, 441.
(6) Ibid., n° 410; Pseudo-Plutarque, loc. cit., p. 850, e.
(7) Démosthène, C. Leptin., § 29. Cf. les autres cas cités dans ce plaidoyer,
§§ 29, 46, 71, 75 et 79.

Delphes [1] nous dit que l'immunité τῆς χορηγίας καὶ τοῦ ἰατρικοῦ fut accordée à un citoyen et à sa postérité. De même, une inscription de Chypre [2] concède l'ἀτελείη τῶν ἱερῶν à un bien-faiteur du temple de Neptune et à ses descendants [3].

     2° *Obligations de l'héritier.* — L'héritier, s'il recueille tous les droits du défunt, succède, par contre, passivement à toutes ses obligations et il en est tenu comme l'aurait été le *de cujus* lui-même. Il doit, en conséquence, respecter tous les actes faits par le défunt. Ainsi que le dit Démosthène dans un de ses plaidoyers, « il serait infâme de se présen-ter comme le fils d'une personne et d'oser attaquer les actes faits par cette personne de son vivant, τολμᾶν δ'ἄκυρα ποιεῖν ἃ ἐκεῖνος ἔπραξε ζῶν » [4].

Par un corollaire de cette dernière proposition, et comme nous le verrons spécialement en exposant les règles relati-ves à la transmission des obligations [5], l'héritier est tenu de toutes les obligations de son auteur. Les créanciers de ce dernier peuvent donc s'adresser à l'héritier pour lui deman-der le remboursement de ce qui leur est dû, et cela quelle que soit l'origine de la dette. Il y a lieu toutefois, comme nous le montrerons, de combiner cette règle avec cet autre principe de justice admis par le droit pénal attique que les fautes sont personnelles et qu'un fils ne peut pas être pour-suivi à raison des délits commis par son père.

Néanmoins, par une dérogation notable à ce dernier prin-cipe, les Athéniens décidaient que l'atimie prononcée contre les débiteurs du fisc ou contre ceux qui s'étaient rendus cou-pables de certains crimes d'une gravité exceptionnelle, était transmissible à la postérité du condamné [6]. Cette rigueur

---

(1) Wescher et Foucart, n° 16.
(2) Le Bas-Waddington, *Asie-Mineure*, n° 2779.
(3) Cf. Caillemer, p. 185-189; Meier, Schœmann et Lipsius, p. 600, note 312.
(4) Démosthène, *C. Bœotum*, I, § 21.
(5) V. *infra*, liv. III, tit. III, chap. II.
(6) V. *supra*, p. 588 et t. I, p. 358.

qui, comme nous l'avons dit, ne peut se justifier que par des
considérations d'intérêt politique ou fiscal, ne paraît applicable, d'après les orateurs, qu'aux héritiers de la ligne descendante, enfants ou petits-enfants, car ils supposent toujours que celui qui avait été frappé d'atimie était le père ou
le grand-père de celui qui doit succéder à cette atimie [1].
Un texte de Démosthène est, il est vrai, conçu en termes
plus généraux, et il décide que ceux qui seront en retard de
payer les fermages des bois sacrés de la déesse, des autres
dieux et des héros éponymes, seront frappés d'atimie, καὶ
αὐτοὺς καὶ γένος καὶ κληρονόμους τοὺς τούτων [2]. On en a conclu que l'atimie passait du défunt non pas seulement à ses
descendants, mais à tous ses héritiers indistinctement. Mais,
à notre avis, cette manière de voir est inadmissible, car elle
se trouverait en contradiction avec tous les autres passages
des orateurs où, parlant du caractère héréditaire de l'atimie, ils visent seulement les descendants du coupable. Le
texte de Démosthène ne comporte point, du reste, nécessairement la généralité qu'on lui prête, et on peut le traduire
en disant que l'atimie frappera les coupables eux-mêmes
ainsi que leurs enfants (καὶ γένος) et les héritiers de ceux-ci,
c'est-à-dire les petits-enfants [3].

Lorsqu'il y a plusieurs héritiers, les dettes se divisent
entre eux proportionnellement à leur part héréditaire. C'est
là un point sur lequel nous aurons à revenir en étudiant le
partage des successions.

(1) Démosthène, *C. Androt.*, § 33; *C. Timocr.*, § 201; *C. Theocr.*, § 17; *C. Neær.*, § 6.

(2) Démosthène, *C. Marcart.*, § 58.

(3) Caillemer, *Successions*, p. 189, qui se trouve du reste en contradiction
avec son argumentation antérieure (p. 151) sur les héritiers nécessaires.

(4) Cf. en se sens : Bœckh, t. I, p. 462 ; Platner, *Process*, t. II, p. 331 ;
Meier, Schœmann et Lipsius, p. 559 ; Schulthess, p. 39 ; Hermann-Thalheim,
p. 83, note 7. Lelyveld, *De infamia*, p. 246, enseigne, en se fondant sur le
second plaidoyer de Démosthène contre Aphobos, § 2, que l'atimie se transmettait au gendre du débiteur du fisc. Mais le texte précité ne nous semble pas
entraîner cette conclusion.

L'héritier est tenu des dettes du défunt, non seulement
sur les biens héréditaires, mais encore sur ses biens propres. L'acceptation d'une succession insolvable (ὑπόχρεως)
pouvait donc entraîner un grave préjudice pour l'héritier et
compromettre sa fortune personnelle [1]. Aussi, voyons-nous
dans une inscription qu'un citoyen, du nom de Sopolis,
exposé à la confiscation de toute sa fortune pour avoir accepté la succession de son frère mort débiteur des arsenaux
de l'Etat, ne peut conjurer l'expropriation qu'en donnant en
paiement une partie de sa fortune personnelle [2]. Le droit
attique ne paraît pas avoir connu le bénéfice d'inventaire,
institution qui ne fit d'ailleurs son apparition que très tard
dans la législation romaine.

Outre les obligations dont nous avons parlé, et qui sont
la contre-partie des droits pécuniaires auxquels il succède,
l'héritier est tenu envers le défunt de certaines obligations
d'ordre religieux ou moral. Ainsi d'abord l'héritier, non seulement est tenu de donner au défunt une sépulture convenable, mais il doit en outre accomplir ce que l'on nomme τὰ
ἐναγίσματα ou τὰ νομιζόμενα, c'est-à-dire faire à la tombe du
défunt les visites prescrites par l'usage et offrir chaque année
à ses mânes, ainsi qu'à ceux de ses ancêtres, le repas funè-
bre et les libations destinés à assurer le repos et le bonheur
des morts [3]. L'accomplissement des rites funèbres est, dans
les idées des anciens, indissolublement liée à la transmission de l'héritage. C'est ainsi qu'Isée, s'adressant aux juges,
leur demande s'ils doivent reconnaître pour héritier tel individu, « si c'est lui qui doit faire des libations et célébrer des
rites funèbres aux monuments des ancêtres de la famille »,

(1) Isée, De Arist. her., § 10, ζημιωθήσασθαι μεγάλα. Cf. § 17, ibid. V. Caillemer, loc. cit., p. 180.
(2) Bœckh, Urkunden über das Seewesen, p. 534, l. 112 et s.
(3) Isée, De Astyph. her., § 7 ; De Cleon. her., § 10. Cf. les textes cités dans
Schœmann, sur Isée, p. 222. Meier, Schœmann et Lipsius, p. 598, note 307.
V. sur les rites funèbres : Becker (Hermann), Chariklès, t. 3, p. 120 et s.;
Robiou, p. 31 et s. ; Hermann-Blümner, p. 372.

ou si ce n'est pas plutôt le fils de la sœur de Philoctémon [1]. Aussi les orateurs ne négligent-ils point de tirer à l'occasion, en faveur de leurs clients, un argument de ce fait qu'ils ont accompli les devoirs funèbres envers le défunt ou que leurs adversaires ont négligé de s'en acquitter. « Il y a, dit encore Isée, la plus grande scélératesse à réclamer l'hérédité d'une personne à qui l'on a négligé de rendre les devoirs funèbres prescrits par l'usage » [2].

Les visites et les offrandes à la tombe du défunt sont rigoureusement obligatoires pour l'héritier, sans que l'absence, la maladie ou l'âge puissent l'en dispenser. Il doit, en conséquence, s'il est absent ou malade, être remplacé par un de ses parents ou par ses amis [3]. Si l'héritier est mineur, c'est, comme nous l'avons vu, son tuteur qui doit accomplir à sa place et en son nom les νομιζόμενα [4].

Pour mieux assurer l'accomplissement des cérémonies funèbres et se prémunir contre la négligence de ses héritiers, le mourant peut charger un de ses affranchis du soin d'accomplir les νομιζόμενα. Les actes d'affranchissement de Delphes témoignent des préoccupations des maîtres à cet égard. On y voit souvent le *manumissor* imposer à l'esclave, comme condition de la liberté qu'il lui donne, l'obligation de lui rendre après sa mort tous les honneurs funèbres prescrits par l'usage [5]. Quelquefois, le maître ajoute à ces honneurs certaines obligations spéciales, comme de couronner son image de laurier tressé deux fois par mois [6] ou de couvrir de fruits chaque année son tombeau [7]. Pour être sûr

---

(1) Isée, *De Philoct. her.*, § 51.
(2) Isée, *De Nicostr. her.*, § 19. V. Isée, *De Ciron. her.*, § 21 ; *De Astyph. her.*, §§ 4 et 32 ; Démosthène, *C. Macart.*, § 65. Cf. Schœmann, sur Isée, p. 384; Meier, Schœmann et Lipsius, p. 601.
(3) Isée, *De Astyph. her.*, § 4.
(4) V. *supra*, t. II, p. 220.
(5) Wescher et Foucart, n°° 24, 60, 131, 136, 142.
(6) *Ibid*, n° 136.
(7) *Ibid*, n° 110.

que l'affranchi ne se dispensera pas non plus de ces devoirs,
le maître lui impose l'obligation de demeurer à Delphes, à
proximité de son tombeau [1]. L'affranchi avait tout intérêt à
se conformer aux clauses de l'acte d'affranchissement, car
sa liberté était, comme nous l'avons vu, subordonnée à l'accomplissement des conditions qui y avaient été apposées.
Les héritiers étaient, de leur côté, intéressés à veiller à ce
que l'affranchi remplît exactement ses devoirs envers les
mânes du défunt, car la révocation de l'affranchissement
faisait retomber sur eux la charge des νομιζόμενα. Il est vrai
que, par compensation, ils recouvraient l'esclave et les biens
que son maître avait pu lui donner pour stimuler son zèle [2].

Parmi les obligations morales de l'héritier se trouve celle
de venger le meurtre du défunt. Mais, ainsi que nous l'avons
précédemment établi, cette obligation pèse sur lui moins en
sa qualité de successible qu'en celle de parent du *de cujus* [3].

§ V. — *Du partage des successions.*

1° *Généralités. De l'indivision.* — Le partage des successions donnait lieu, à Athènes, à de nombreuses contestations
et, sous la pression de cet esprit processif et intéressé qui
soulevait tant de litiges en matière de successions, les cohéritiers se comportaient souvent en ennemis plutôt qu'en parents. Aussi Plutarque a-t-il pu comparer des frères qui se
disposent à partager la succession de leurs parents à des
guerriers marchant contre l'ennemi et invoquant à leur aide
la déesse des combats [4]. Les orateurs nous ont également
conservé le souvenir des rixes violentes auxquelles donnait lieu parfois le partage de la succession paternelle [5].

(1) *Ibid*, n° 420.
(2) Cf. Foucart, *Mém. sur l'affranch.*, p. 29; Caillemer, p. 183.
(3) V. *supra*, t. I, p. 15-16.
(4) Plutarque, *De fraterno amore*, 11.
(5) Isée, *De Astyph. her.*, § 17.

Pour prévenir les dissensions entre ses descendants, le père de famille peut faire lui-même, de son vivant, le partage de sa fortune. Il y a là une sorte de démission de biens dont on trouve des exemples dans les orateurs. Tels sont les cas que nous avons précédemment mentionnés [1], du partage opéré par Bousélos entre ses fils et de ce père de famille qui partage entre ses enfants les biens qu'il a lui-même reçus de son père [2]. Le père de famille peut également opérer par testament le partage de son avoir entre ses successeurs. La démission de biens n'est, au surplus, dans le droit attique, qu'une faculté pour le père de famille et jamais elle ne peut lui être imposée. A Górtyne, au contraire, probablement pour empêcher que la famille entière ne fût responsable et victime des fautes commises par l'un de ses membres, la loi autorise, dans un cas exceptionnel, un enfant à exiger le partage anticipé du patrimoine paternel : c'est celui où l'un des enfants a été frappé d'une condamnation pécuniaire ; il doit alors être apportionné dans les limites de sa part future [3].

Les cohéritiers ont la faculté de rester dans l'indivision. Les orateurs athéniens nous signalent plusieurs cas de frères vivant en communauté et conservant ἀνέμητον l'héritage paternel. Ainsi nous voyons dans le plaidoyer d'Eschine contre Timarque que le grand-père de celui-ci avait

---

(1) V. *supra*, p. 127.

(2) Le plaidoyer de Démosthène contre Evergos et Mnésibule fait également allusion à un partage d'ascendant entre-vifs. Cf. Hermann-Thalheim, p. 63, note 2.

(2) Lysias, *De bon. Aristoph.*, § 37. — La loi sur la colonisation à Naupacte, B, l. 11-12 (Dareste, Haussoulier et Reinach, p. 182) semble décider que le père peut procéder de son vivant au partage de ses biens entre ses enfants, ou du moins en doter quelques-uns de manière à les exclure de sa succession. Cf. les auteurs précités, p. 190, note 2.

(3) Loi de Gortyne, IV, 29-31. Cf. Dareste, Haussoulier et Reinach, p. 462 ; Bücheler et Zitelmann, p. 180. Les lois indiennes autorisent également, dans certains cas assez élastiques, les enfants à exiger le partage malgré l'opposition du père. V. *Journal des Savants*, 1875, p. 509.

trois fils, Eupolémos, Arizélos et Arignotos. Eupolémos
étant mort à une époque où le patrimoine paternel était
indivis, l'indivision continua de subsister, et comme Arignotos se trouvait, par suite de ses infirmités, dans l'impossibilité d'administrer sa part, Arizélos gérait la totalité de la
fortune paternellle en remettant périodiquement à son frère
la somme convenue pour son entretien [1]. Le plaidoyer de
Démosthène contre Léocharés nous apprend également
qu'Archiadès et Midylidès, fils d'Euthymaque, ont laissé indivise la succession paternelle, et que Midylidès, résidant
dans l'Attique, tandis qu'Archiadès, habitant Salamine administrait la totalité de la fortune et transmettait à son frère
sa part dans les revenus [2]. De même, après la mort du banquier Pasion, sa fortune demeure indivise entre ses deux
fils Apollodore et Pasiclès [3]. Pareillement enfin, dans le plaidoyer de Démosthène contre Evergos et Mnésibule, le créancier demandeur prend soin, avant de pratiquer une saisie
sur les biens de son débiteur, de s'informer si la succession
échue à celui-ci a été partagée avec les autres enfants ou si
elle est restée indivise [4]. Si l'on rapproche ces textes du
passage de Démosthène dont nous allons bientôt parler et
qui est relatif aux κοινωνικά, on peut en conclure que l'état
d'indivision était assez fréquent à Athènes. On le rencontre
également dans d'autres cités grecques [5], et l'on peut con-

---

(1) Eschine, C. Timarch., § 102.

(2) Démosthène, C. Leochar., §§ 10 et 18.

(3) Démosthène, Pro Phorm., § 8.

(4) Démosthène, C. Everg. et Mnes., § 34. Suivant Caillemer, p. 36, note 3, ce
texte autorise à penser qu'il y avait dans les lois athéniennes une disposition
analogue à celle de l'article 2205 de notre Code civil.

(5) Ainsi, à Delphes, on voit deux frères affranchir simultanément trois esclaves qui vraisemblablement provenaient d'un héritage. Cf. Wescher et Foucart,
n° 108. A Hyettos, une terre confinait, du côté de l'est, aux héritiers d'Epaphra ; une autre avait pour voisins les héritiers de Callisté au nord, ceux d'Arrskon Holmonios à l'ouest et ceux de Nicostratos au midi. Cf. Inscr. Græc.
septent., n° 2808.

jecturer que ce qui se passait à Athènes avait également lieu dans le reste de la Grèce.

L'état d'indivision ainsi maintenu entre les héritiers pouvait faire naître certaines difficultés en ce qui concerne l'acquittement des charges publiques. Démosthène, dans l'énumération qu'il fait des biens dispensés de contribuer aux charges de la triérarchie, cite les κοινωνικά [1]. Or par ces biens communs, Harpocration [2], dont l'opinion, bien qu'exprimée sous une forme dubitative, est généralement adoptée, entend ceux qui sont possédés indivisément par des frères [3]. Il pouvait arriver qu'un homme, dont la fortune était assez considérable pour qu'il fût soumis aux liturgies, mourût en laissant plusieurs enfants qui convenaient de rester dans l'indivision. L'Etat ne pouvait alors, comme le dit Harpocration, se prévaloir de cette convention vis-à-vis des héritiers pour dire que l'unité du patrimoine n'étant point rompue, les charges publiques qui pesaient sur lui avant le décès de son propriétaire devaient continuer à peser sur les représentants de ce dernier. Le législateur, mû par une pensée de justice, décidait, au contraire, que l'on devait procéder, au point de vue des liturgies, comme si le partage avait été réellement effectué. Si donc les biens personnels de chacun des enfants, joints à la part idéale qu'ils avaient dans le patrimoine paternel encore indivis, se trouvait en dessous du taux fixé par la loi pour la contribution aux charges publiques, l'en-

---

(1) Démosthène, *De class.*, § 16 : τῶν ἐπικλήρων καὶ τῶν ὀρφανῶν καὶ τῶν κληρουχικῶν καὶ τῶν κοινωνικῶν καὶ εἴ τις ἀδύνατος ἀφαιρεθέντων.

(2) Harpocration, v° κοινωνικῶν : Δημοσθένης ἐν τῷ περὶ τῶν συμμοριῶν, κοινωνικοὺς ἂν λέγοι τάχα μὲν τοὺς ἀνέμητον οὐσίαν ἔχοντας ἀδελφούς, ὧν ὁ μὲν πατὴρ ἐδύνατο λειτουργεῖν, οἱ δὲ γ᾽ ἡρονόμοι τῶν ἐκείνου καθ᾽ ἕνα τριηραρχεῖν οὐκ ἐξήρκουν.

(3) Bœckh, I, p. 633 ; Thumser, *De civium atheniensium muneribus*, p. 119 ; Caillemer, *Successions*, p. 34. Lipsius (sur Meier et Schœmann, p. 602, note 321) voit, au contraire, dans les κοινωνικά les biens des corporations qui, tout en étant soumis à l'eisphora, ne le sont pas aux charges de la triérarchie.

fant en était dispensé [1]. Mais, dans le cas contraire, il y était
soumis.

Au surplus, en aucun cas, l'indivision n'était obligatoire,
même entre frères, et les cohéritiers avaient pour en sortir
des moyens que nous avons maintenant à exposer [2].

2° *Des actions en partage.* — Les cohéritiers pouvaient
procéder au partage amiable de la succession. Les plaidoyers
des orateurs nous offrent plusieurs exemples de partages
de ce genre [3]. Mais très souvent aussi il s'élevait entre eux
des contestations qui nécessitaient l'intervention des magistrats ou des tribunaux. Il faut, à cet égard, au point de vue
de la compétence et de la procédure, distinguer suivant la
nature des contestations. Il peut arriver d'abord, que celui
contre qui se poursuit le partage de la succession s'y refuse
en contestant l'existence même des droits prétendus indivis,
en déniant au demandeur la qualité de cohéritier. Dans ce
cas, le litige est, en réalité, une pétition d'hérédité et l'action
doit être soumise aux tribunaux ordinaires. C'est seulement
quand ceux-ci ont reconnu les droits du demandeur qu'il
peut être question d'une action en partage proprement dite,
de l'εἰς δατητῶν αἵρεσιν dont nous parlerons. Cette dernière
action, avec sa compétence et sa procédure spéciales, est
également étrangère au cas où l'une des parties prétend qu'il
n'y a pas lieu à partage, par exemple, parce qu'il n'y a pas
indivision ou parce que les héritiers sont convenus de rester
pendant un certain temps dans l'indivision. Ce sont alors les
tribunaux ordinaires, les héliastes, qui se prononcent sur le
point de savoir s'il y a lieu ou non au partage par suite du
motif indiqué [4]. Mais si nous supposons que les héritiers ne

---

(1) Cf. les auteurs cités *supra*, p. 641, note 5.

(2) Les frères qui avaient procédé au partage de la succession paternelle et
qui, par suite, vivaient séparément, s'appelaient χωρὶς οἰκοῦντες.

(3) Lysias, *C. Diogit.*, § 4 ; Démosthène, *Pro Phorm.*, § 8 ; *C. Olympiod.*,
§ 12.

(1) Cf. Caillemer, *Successions*, p. 197 et *in* Daremberg et Saglio, v. *Datétai*.

méconnaissent pas l'existence de leurs droits réciproques,
qu'ils n'invoquent, d'autre part, aucun moyen soulevant une
question préjudicielle au partage, mais que les uns se bornent à refuser le partage qui est réclamé par les autres, ou
que le désaccord porte sur la manière d'opérer le partage,
il y a lieu alors à une action spéciale que les textes appellent δατητῶν αἵρεσις [1], ou plus exactement εἰς δατητῶν αἵρεσιν
δίκη, et qu'Harpocration définit de la manière suivante : εἶδος
τι δίκης ἐστίν· ὁπότε γὰρ κοινωνεῖέν τινες ἀλλήλοις, καὶ οἱ μὲν βού-
λοιντο διανέμεσθαι τὰ κοινὰ οἱ δὲ μή, ἐδικάζοντο οἱ βουλόμενοι· τοῖς μὴ
βουλομένοις προσκαλούμενοι εἰς δατητῶν αἵρεσιν [2]. Harpocration se
réfère ensuite à un discours de Lysias contre Alexidémos,
qui malheureusement ne nous est point parvenu, et qui nous
aurait sans doute fourni des renseignements sur une action
dont, sur plusieurs points, la théorie reste assez incertaine.

L'action εἰς δατητῶν αἵρεσιν n'est point spéciale au cas du
partage d'une succession. Elle est également applicable au
cas où l'indivision qu'il s'agit de faire cesser provient d'une
société ou de toute autre cause. Elle correspond ainsi non
seulement à l'action *familiæ erciscundæ* du droit romain
mais encore à l'action *communi dividundo*. Certains auteurs
vont même jusqu'à dire que la δίκη εἰς δατητῶν αἵρεσιν est
applicable dans le cas où, à Rome, il y aurait eu lieu d'exercer l'action *finium regundorum* [3], mais cette proposition est
plus douteuse. Il est probable que notre action n'avait lieu
originairement qu'au cas de partage d'une succession, et
qu'elle a été étendue dans la suite aux autres cas d'indivision.

---

(1) Bekker, *Anecd.*, I, p. 235, 26. Le lexicographe, par une erreur manifeste,
emploie le mot διαιτητῶν pour δατητῶν. Cf. Meier, Schœmann et Lipsius, p. 483,
note 21 ; Caillemer, *Successions*, p. 197, note 3. V. *infra*, p. 645.

(2) Harpocration, v° δατεῖσθαι. Cf. Suidas, *eod. v°* ; Lexic. Cantab., 667, 18 ;
Pollux, IV, 176, VIII, 89.

(3) Platner, *Process*, II, p. 333 ; Hudtwalcker, p. 89.

Une première question se pose relativement à l'action εἰς δατητῶν αἵρεσιν, celle de savoir quel est le magistrat dans la compétence duquel elle rentre. Lorsqu'il s'agit du partage d'une succession, il n'y a pas de doute : le magistrat compétent est l'archonte éponyme, s'il s'agit de la succession d'un citoyen, et le polémarque s'il s'agit de la succession d'un étranger. Mais si l'on veut faire cesser une indivision provenant d'une autre cause, par exemple d'une société, actuellement dissoute, et formée pour l'exploitation d'un commerce, par exemple, ou d'une mine, la compétence doit alors appartenir, d'après certains auteurs, non plus à l'archonte éponyme, mais au magistrat à l'hégémonie duquel appartient l'objet de l'association, c'est-à-dire, dans les cas que nous venons de citer, aux thesmotètes ou aux nautodices [1]. Cette opinion ne nous paraît pas admissible, car elle est en contradiction avec les affirmations formelles des lexicographes et d'Aristote qui attribuent, dans tous les cas, notre action à l'archonte éponyme (ou au polémarque). On pourrait sans doute hésiter, si nous n'avions à ce sujet que le témoignage de Pollux [2] ou l'allusion que faisait le Lexicon Cantabrigiense [3] au traité d'Aristote sur la Constitution des Athéniens. Mais la découverte du texte original de ce traité ne permet pas, à notre avis, de mettre en doute la compétence générale de l'archonte éponyme. Aristote, en effet, attribue à ce magistrat l'action εἰς δατητῶν αἵρεσιν, ἐάν τις μὴ θέλῃ κοινὰ τὰ ὄντα νέμεσθαι [4], et cela sans distinguer entre les différentes causes de l'indivision.

Quel que soit le magistrat compétent, les parties, du moins

(1) Platner, *Process*, II, p. 334 ; Meier, cité par Lipsius, *Attische Process*, p. 483 ; Caillemer, *Contrat de Société*, p. 6 et *in* Daremberg et Saglio, *loc. cit.*

(2) Pollux, VIII, 89 : ὁ δὲ ἄρχων... δίκαι δὲ πρὸς αὐτὸν λαγχάνονται... εἰς διαιτητῶν αἵρεσιν.

(3) Lexic. Cantab., 607, 28.

(4) Aristote, *Constit., des Ath.*, c. 56.

dans l'opinion générale, s'adressent à lui pour lui demander
de désigner (αἱρεῖσθαι) les experts chargés de procéder au
partage (δατεῖσθαι) et de composer les lots qui doivent ensuite être répartis entre les intéressés par voie de tirage au
sort [1]. Un auteur a toutefois observé que le nom de l'action,
δίκη εἰς δατητῶν αἵρεσιν, conviendrait mieux à une action par
laquelle l'une des parties aurait sommé son adversaire de
se mettre d'accord avec elle pour le choix des δατηταί [2]. Au
surplus, dans la pratique, les deux interprétations abou-
tissent au même résultat, car si les parties ne s'accordent
pas sur la désignation des experts, il faut bien, en définitive
recourir au magistrat [3].

Comment le magistrat procède-t-il à la désignation des
experts ? Dans une opinion, il tire au sort quelques noms
sur la liste des arbitres publics, des διαιτηταί, toutes les fois
du moins que le partage ne présente pas de difficultés dont
la solution exige des connaissances techniques tout à fait
spéciales [4]. Mais cette solution paraît difficilement conciliable avec le nom même de l'action, qui suppose un choix,
αἵρεσις, à faire par le magistrat. Du moment que l'on reconnaît
à celui-ci le droit de choisir les δατηταί dans certains cas spéciaux, il est difficile de ne pas le lui accorder d'une manière
générale, car la distinction entre les deux modes de désignation des experts serait tout à fait arbitraire et dépen-
drait entièrement de l'appréciation du magistrat [5]. Il est
toutefois vraisemblable que les experts devaient être ordinairement choisis parmi les arbitres publics, et c'est même
ce qui explique la confusion que l'on rencontre chez les
grammairiens et les lexicographes [6], lorsqu'ils désignent

---

(1) Platner, *Process*, II, p. 333 ; Meier, Schœmann et Lipsius, p. 484 ; Caillemer, *Successions*, p. 198, et *Contrat de Société*, p. 6.
(2) Meier, *Schiedsrichter*, p. 29.
(3) Caillemer, *in* Daremberg et Saglio, *loc cit.*
(4) Meier, Schœmann et Lipsius, p. 484.
(5) Cf. Caillemer, *Successions*, p. 198 et *in* Daremberg et Saglio, *loc. cit.*
(6) Bekker, *Anecd.*, I, p. 235, 26, p. 311, 17 ; Pollux, VIII, 89.

notre action par les mots διαιτητῶν αἵρεσιν; et qu'ils appliquent
aux experts chargés de procéder au partage le mot διαιτηταί,
qui sert à désigner les arbitres publics.

Les διαιτηταί, quel que soit le mode de leur désignation,
entendent les parties, statuent sur leurs contestations et
procèdent à la composition des lots. En un mot, ils dirigent
ex æquo et bono toutes les opérations du partage, cumulant
ainsi le caractère d'arbitres avec celui d'experts. On a pu
les comparer très justement aux arbitres nommés par le
préteur romain *ad erotum ciendum* [1].

Les textes ne fournissent aucun renseignement sur la procédure de la δίκη εἰς διαιτητῶν αἵρεσιν. On en est réduit à des
conjectures. Ainsi d'abord il est probable que les parties
n'avaient point ici à payer l'épobélie, ou peine des plaideurs
téméraires, car la situation de toutes les parties est égale
et il n'y a pas, à proprement parler, de partie perdante. Il
est également vraisemblable qu'il n'y avait pas lieu dans
notre action de consigner les prytanies, car celles-ci n'étaient
dues que lorsque l'affaire était de nature à être portée par
le magistrat devant un tribunal; or, ici c'est le magistrat qui
statuait lui-même. Mais on doit admettre que la παράστασις,
ou drachme affectée aux honoraires des experts-arbitres,
devait être consignée par toutes les parties en cause [2].

Les textes sont également muets sur le point de savoir si
les διαιτηταί statuaient souverainement, ou si l'on pouvait, au
contraire, appeler de leur décision devant le tribunal des
héliastes. La dernière solution paraît la plus vraisemblable [3][4].

(1) Hudtwalcker, *loc. cit.* ; Meier, Schœmann et Lipsius, p. 484 ; Caillemer,
Successions, p. 198 et *in* Daremberg et Saglio, *loc. cit.*

(2) Meier, Schœmann et Lipsius, p. 484; Caillemer, *Contrat de Société*, p. 7,
Successions, p. 199 et *in* Daremberg et Saglio, *loc. cit.*

(3) Cf. en ce sens, Caillemer, *Contrat de Société*, p. 7, et *in* Daremberg et
Saglio, *loc. cit.*

(4) D'après la loi de Gortyne (v. 28-34) lorsque, parmi les ayants-droit, les
uns veulent sortir de l'indivision tandis que les autres s'y refusent, le juge

D'autres actions peuvent concourir avec la δίκη εἰς δατητῶν αἵρεσιν pour le règlement des contestations que provoque un partage. Les parties peuvent, par exemple, le cas échéant, recourir à la δίκη πρακός. C'est ainsi que, pour résoudre les difficultés que soulève le partage de la succession de Polyeucte, l'orateur du plaidoyer de Démosthène contre Spoudias intente la δίκη πρακός par laquelle il demande : 1° à prélever sur la masse une maison affectée par son beau-père Polyeucte à la garantie de ce qui lui reste dû sur la dot de sa femme ; 2° que Spoudias fasse rapport à la masse de diverses sommes dont il est débiteur envers la succession, et 3° que Spoudias contribue pour sa part aux dépenses faites dans l'intérêt commun [1].

3° *Des opérations du partage.* — En prévision des difficultés que provoquaient ordinairement ces opérations, les parties, avant de les commencer, s'engageaient parfois par un serment solennel à répartir loyalement et équitablement tous les biens déjà connus du défunt, à rechercher d'un commun accord les biens qui avaient pu leur échapper, à ne prendre aucune mesure sans s'être concertées préalablement sur son utilité et à maintenir l'égalité entre les lots des copartageants [2]. Mais, comme le prouve le cas même d'Olympiodore, ces serments n'étaient point un obstacle aux fraudes et aux procès qui en étaient la conséquence.

Les opérations du partage se ramènent, à Athènes comme ailleurs, aux trois suivantes : 1° composition de la masse partageable ; 2° formation des lots ; 3° attribution des lots.

---

attribue provisoirement la jouissance des biens aux premiers, jusqu'à ce que les seconds cèdent. Toute atteinte à cette jouissance est punie comme la complicité d'un étranger dans les détournements de l'épouse divorcée. D'autre part, d'après la même loi (V, 39-44) si, parmi les objets à partager, il s'en trouve qui soient sujets à dépérissement, fruits, animaux, vêtements, meubles, le juge peut procéder d'autorité au partage sous la foi du serment. Cf. Bücheler et Zitelmann, p. 145 ; Dareste, Haussoulier et Reinach, p. 406.

(1) Cf. Meier, Schœmann et Lipsius, p. 484.
(2) Démosthène, *C. Olympiod.*, §§ 9 et 10.

(a). *Composition de la masse.*

La masse à partager se compose de tous les biens meubles et immeubles possédés par le défunt au moment de sa mort. Le droit attique où, du moins à l'époque des orateurs, les institutions politiques et sociales sont empreintes d'un caractère profondément démocratique, ne fait aucune différence juridique entre les divers éléments du patrimoine, et tous les biens, quelle que soit leur nature ou leur origine, sont distribués entre les successibles. Dans certains Etats aristocratiques, au contraire, il arrivait qu'une portion déterminée du patrimoine demeurât toujours en dehors du partage. Ainsi, à Sparte, le κλῆρος ou μοῖρα ἀρχαῖα, terre que chaque citoyen spartiate tenait du partage primitif, était vraisemblablement indivisible [2]. En Crète, le κλῆρος, c'est-à-dire le lot que chaque conquérant dorien a tiré au sort le lendemain de la conquête, est également indivisible. C'est du moins ce que l'on peut induire de la disposition de la loi de Gortyne [3] qui exclut du partage entre les fils les habitations rurales occupés par des serfs. Comme il paraît difficile de séparer les maisons ainsi occupées par les anciens habitants asservis de la terre comprise dans le domaine rural, on peut en conclure que l'indivisibilité des premières entraînait forcément l'indivisibilité du sol lui-même [4]. Il est probable que cette même institution se retrouvait dans les autres cités de la Grèce où, au témoignage d'Aristote, la loi prescrivait τοὺς παλαιοὺς κλήρους διασώζειν [5]. La conservation de ces lots pri-

---

(1) D'après certains auteurs, les immeubles auraient été considérés comme la substance de la succession. Cf. Bunsen, p. 75 ; Gans, p. 398. Mais cela n'est plus vrai à l'époque des orateurs. Cf. Meier, Schœmann et Lipsius, p. 598, note 306.

(2) Guiraud, p. 228 ; Fustel de Coulanges, *Nouvelles recherches*, p. 96 ; Houssaye, *in Annuaire*, 1884, p. 161, note 2. *Contra*, Jannet, *Instit. soc. à Sparte*, p. 78.

(3) Loi de Gortyne, IV, 33-35.

(4) Guiraud, p. 228.

(5) Aristote, *Politique*, II, I, 44.

mitifs ne pouvait, en effet, être assurée par leur seule inaliénabilité ; il fallait de plus que leur indivisibilité les proté-
geât contre des démembrements qui, plusieurs fois répé-
tés, auraient fini par les réduire à rien [1].

Doit-on comprendre, dans la masse à partager les créances qui appartenaient au défunt? Il faut, en principe, répondre négativement, car ces créances se divisent de plein
droit entre ses héritiers [2]. Toutefois, rien n'empêche, dans
le partage, d'attribuer à l'un des héritiers exclusivement
l'une de ces créances, en accordant en compensation à
ses cohéritiers soit d'autres créances, soit des biens corporels.

La composition de la masse partageable peut être facilitée
par l'examen des livres et papiers du domestique défunt. Aussi
Phormion, dans son plaidoyer contre Apollodore, observe-t-il
que « jamais un citoyen, au moment de partager les biens de
son père, n'a négligé de consulter les actes écrits (γράμματα)
à l'aide desquels on peut connaître la fortune laissée par le
défunt » [3]. Il est probable, du reste, que pour prévenir toute
incertitude sur la consistance des biens laissés par le défunt,
les héritiers dressaient un inventaire immédiatement après
le décès. Mais on ne saurait, en tout cas, l'induire du texte
précité [4].

La masse ne comprend pas seulement les biens en nature ;
elle s'augmente de certains rapports auxquels sont tenus
les héritiers. Ceux-ci doivent d'abord rapporter à la masse
εἰς τὸ κοινὸν ἀναφέρειν, ἐπανεφέρειν, les sommes dont ils sont débiteurs envers le défunt. C'est ainsi que, dans le plaidoyer
contre Spoudias, le client de Démosthène demande que
Spoudias fasse rapport à la succession, 1° de 200 drachmes

---

(1) Guiraud, p. 228.
(2) Caillemer, p. 205. Cf. Démosthène. *C. Nausim. et Xenop.*, § 2.
(3) Démosthène, *Pro Phormione*, § 19.
(4) Schulthess, p. 119. *Contra :* Caillemer, *Successions*, p. 199 ; Guiraud,
p. 230.

dues à Polyeucte le *de cujus* pour le prix d'un esclave ;
2° de 1800 drachmes dues à la femme de Polyeucte, qui est
elle-même décédée, et l'orateur se prévaut de sa propre conduite, disant qu'il s'est empressé de rapporter lui-même
tout ce dont il était débiteur envers Polyeucte [1]. Les héritiers
sont tenus non seulement au rapport des sommes dont ils
étaient débiteurs envers le défunt, mais encore à celui des
sommes dont ils ont pu devenir les débiteurs envers la succession elle-même, par exemple, en dissipant des choses
héréditaires [2].

Les héritiers doivent, en second lieu, rapporter à la masse
les objets qu'ils ont reçus en don. Ainsi, dans ce même plaidoyer, l'orateur demande à Spoudias de rapporter à la
masse un vase avec divers objets d'orfèvrerie qu'il avait reçus de la femme de Polyeucte, ainsi qu'une tente qu'il possédait encore quand la donatrice mourut [3]. On a contesté, il
est vrai, l'argument tiré de ce texte en disant qu'il ne parle
pas de donations en règle [4]. Mais cette objection ne nous
paraît pas fondée, et la règle du rapport des dons est trop
conforme à l'égalité qui doit régner dans les partages pour
qu'on ne l'applique pas à tous les objets donnés par le *de
cujus* à l'un de ses successibles, à moins que, comme nous
disons dans le droit moderne, il n'y ait eu dispense expresse
ou tacite de rapport [5].

La masse se diminue, à l'inverse, par les effets de certains prélèvements que les cohéritiers peuvent être admis à
exercer avant qu'on ne procède à la formation des lots. Si
d'abord l'un des héritiers a une créance personnelle contre
le défunt, il est autorisé à en prélever le montant sur l'actif

---

(1) Démosthène, *C. Spudiam*, § 9. Cf. Meier, Schœmann et Lipsius, p. 602,
note 322 ; Caillemer, p. 200 ; Guiraud, p. 230.
(2) Cf. Démosthène, *Pro Phorm.*, § 8.
(3) Démosthène, *C. Spud.*, § 11.
(4) Guiraud, p. 230.
(5) Cf. Meier, Schœmann et Lipsius, p. 602, note 322 ; Caillemer. p. 200.

de la succession ou à en exiger le payement de ses cohéritiers, déduction faite de la part pour laquelle il représente
le défunt [1]. Ainsi, dans ce même plaidoyer contre Spoudias,
le gendre du défunt prétend prélever sur la succession une
somme de 1000 drachmes qui n'avaient pas encore été payées
sur la dot promise à sa femme [2]: Il demande également que
son beau-frère prenne à sa charge la moitié d'une somme
d'une mine que la même fille du défunt avait prêtée à son
père [3]. Un héritier est encore autorisé à prélever les sommes ou objet dont il a pu être avantagé par préciput dans le
testament du défunt, par exemple les πρεσβεῖα accordés au
fils aîné [4].

(b). *Formation et attribution des lots.*

La masse héréditaire étant composée suivant les règles
que nous venons d'indiquer, on la répartit en autant de lots
qu'il y a d'héritiers. Dans la formation de ces lots on ne tient
pas compte seulement du revenu que peuvent produire les
biens héréditaires ou de leur valeur vénale, mais encore, et
surtout, de leur solidité. Ainsi, dans le partage de la succession de Pasion, le lot pris par Apollodore comprenait
une fabrique de boucliers qui ne rapportait qu'un talent par
an, alors que l'autre lot renfermait une banque dont les bénéfices s'élevaient annuellement à cent mines. Mais l'égalité
n'existait pas moins car, comme l'observe l'orateur, « la
fabrique est une propriété qui n'est sujette à aucun risque,
tandis que les profits des opérations de banque sont exposés
à toutes sortes de chances, par cette raison qu'on opère
avec l'argent d'autrui » [5].

Il est probable que l'on faisait entrer dans chaque lot la

(1) Meier, Schœmann et Lipsius, p. 602 ; Caillemer, p. 201 ; Guiraud, p. 280.
(2) Démosthène, *C. Spudiam*, § 5.
(3) *Ibid.*, § 11.
(4) Démosthène, *Pro Phorm.*, § 34.
(5) Démosthène, *ibid.*, § 11.

même quantité de meubles et d'immeubles. Cette règle
n'est, il est vrai, consacrée par aucun texte dans le
droit attique, mais elle est est trop conforme à l'équité pour
ne pas y avoir été admise [1]. Elle paraît, du reste, avoir été
reçue à Ténos, où le registre des ventes immobilières signale des individus qui vendent la moitié ou le quart d'un
immeuble [1]. Ces parts ne proviennent point toutes nécessairement d'un héritage, mais on peut supposer que quelques-
unes avaient une semblable origine [2].

Si parmi les biens héréditaires il s'en trouve de difficilement partageables en nature, on recourt à la licitation et le
partage porte sur le prix. Ce procédé n'est, sans doute,
mentionné par aucun texte, mais il est formellement consacré par la loi de Gortyne [3], et il devait également être pratiqué à Athènes. On peut user pareillement de la licitation
lorsqu'il y a dans la succession des biens dont l'attribution
à l'un des héritiers entraînerait pour lui un grand aléa,
comme par exemple, une maison de banque. On a dit qu'en
pareil cas, pour ne pas laisser un seul héritier exposé à
toutes les éventualités d'un partage aléatoire, on mettait provisoirement ces bien en dehors du partage, qu'ils continuaient
à être la propriété commune, leurs revenus étant répartis
entre les successibles à des époques déterminées [4]. Mais, à
notre avis, le texte [5] d'où l'on a induit cette solution n'est
nullement décisif. Si, dans le partage de la succession de
Pasion, la banque et la fabrique ont été laissées dans l'indivision et gérées par Phormion à titre de locataire, le bail de
celui-ci lui avait été consenti par le *de cujus* et non par
les héritiers. Nous reconnaissons toutefois que l'on pouvait

(1) Cf. Dareste, *Plaid. civ.*, t. I, p. XXX.
(2) V. toutefois Guiraud, p. 231.
(3) Loi de Gortyne, V, 44-51.
(4) Caillemer, p. 204.
(5) Démosthène, *Pro Phorm.*, § 9.

recourir à l'occasion à un semblable procédé qui, du reste, n'était que provisoire.

Les héritiers peuvent procéder conjointement et d'accord à la formation des divers lots. Ils peuvent aussi, et c'est là le moyen qui paraît avoir été le plus communément employé, confier à l'un d'eux le soin de faire les lots et les autres les choisissent [1]. On pouvait être à peu près sûr d'arriver ainsi autant que possible à une égalité parfaite, car celui qui composait les lots étant obligé de garder pour lui le lot dont ses cohéritiers ne voulaient pas, avait un intérêt évident à leur donner à tous exactement la même valeur [2].

Lorsque les héritiers ne peuvent arriver à se mettre d'accord sur la formation et l'attribution des lots, ceux-ci sont alors formés par les δατηταί et attribués par la voie du sort [3]. C'est même par suite de la fréquence de ce tirage au sort que le mot κλῆρος est devenu, dans le langage du droit grec, synonyme d'hérédité.

On a prétendu que le droit de composer les lots et de les répartir entre les cohéritiers était un privilège réservé par la loi à l'aîné des enfants. Mais nous avons précédemment démontré que rien n'établit l'existence d'un semblable privilège [4]. Tout ce que l'on peut admettre, c'est que la mission de composer les lots pouvait ordinairement, si les héritiers étaient d'accord sur ce point, être confiée de préférence à l'aîné.

4° *Effets du partage.* — Dans certaines législations modernes, le partage a un effet déclaratif, en ce sens que chacun des cohéritiers est censé avoir succédé seul et directement aux effets compris dans son lot. Le droit attique a-t-il reconnu un semblable effet au partage ? Il est difficile de se

(1) Démosthène, *C. Olymp.*, § 13.
(2) Cf. Dareste, *Plaid. civ.*, t. 2, p. 20, note 9 ; Caillemer, p. 203.
(3) Cf. Inscription de Mylasa, *in* Dareste, Haussoulier et Reinach, p. 244, B, l. 3.
(4) V. *supra*, p. 454.

prononcer à cet égard dans le silence des textes. On doit toutefois plutôt présumer qu'à Athènes le partage avait un caractère translatif, car l'effet déclaratif est une fiction qui présuppose un développement du droit qui ne paraît pas avoir été atteint à Athènes. Le caractère translatif du partage est, du reste, plus conforme à la nature même des choses ; aussi lui était-il attribué par le droit romain [1].

Le partage de l'actif héréditaire entraîne *ipso jure* la répartition entre les cohéritiers, proportionnellement à leur part héréditaire, des dettes dont était tenu le défunt [2]. Le plaidoyer de Démosthène contre Nausimaque et Xénopithe renferme un exemple de cette division des dettes se combinant avec la division des créances héréditaires. On y voit que Nausicrate était créancier d'Aristechme pour une somme de quatre talents ; le créancier et le débiteur sont morts tous les deux laissant le premier deux et le second quatre enfants. Par suite de la division des créances et des dettes, il se trouve y avoir huit actions différentes lorsque les héritiers du créancier agissent plus tard contre les héritiers du débiteur, et le montant de chacune de ces demandes n'est alors que d'un demi talent [3].

On pourrait croire cependant, d'après un plaidoyer de Lysias, que le créancier du défunt peut poursuivre l'un des héritiers pour la totalité de la dette. L'orateur rapporte, en effet, qu'après la mort de son débiteur Eraton, le créancier s'adressa à Erasistratos, l'un des trois enfants de ce dernier ; il lui demanda la totalité de la somme qui lui était due (λαχὼν παντὸς τοῦ συμβολαίου Ἐρασιστράτῳ), et les juges accueillirent sa prétention. Mais on voit que le créancier lui-même n'est pas convaincu de la régularité de ses poursuites, et il les explique en disant que les deux autres frères se trouvaient à l'étranger et qu'Erasistratos pouvait être

(1) L. 31, D. *De usu et usuf.*, XXXIII, 2.
(2) Caillemer, p. 205 ; Platner, *Process*, II, p. 332.
(3) Démosthène, *C. Nausim. et Xenop.*, § 2.

considéré comme leur représentant. Il va même plus loin ; il reconnaît que les juges ne pouvaient statuer que sur le tiers de la dette dont Erasistratos était tenu comme ayant succédé au tiers seulement de l'héritage, et il renonce à invoquer le jugement pour les deux autres tiers [1]. On ne peut donc pas dire qu'une poursuite *in solidum* ait été possible contre les héritiers [2].

Le partage, pour produire ses effets, n'est soumis à aucune formalité spéciale. La loi de Gortyne décide qu'il doit être fait en présence de trois témoins, majeurs et libres, ou davantage [3]. Mais on ne rencontre aucune disposition semblable dans le droit attique : les règles ordinaires sont donc applicables à la preuve du partage [4].

Le partage peut quelquefois n'être que partiel. Ainsi, dans un plaidoyer de Lysias, l'orateur nous dit que deux frères n'ont partagé d'abord que ce que l'on nommait les biens non apparents et qu'ils sont restés dans l'indivision pour les biens apparents [5]. De même les fils de Pasion ont laissé en dehors d'un premier partage qu'ils avaient fait entre eux une banque et une fabrique louées à Phormion [6]. En pareil cas, un partage complémentaire est nécessaire et on doit lui appliquer les mêmes règles qu'au partage primitif.

Lorsqu'un des cohéritiers est, postérieurement au partage, troublé dans la jouissance des biens compris dans son lot ou qu'il subit une éviction, il doit avoir contre ses cohéritiers une action en garantie analogue à la βεβαιώσεως δίκη qui

---

(1) Lysias, *De pec. public.*, §§ 3, 5 et 6.

(2) Cf. Platner, *loc. cit.* ; Meier, Schœmann et Lipsius, p. 599, note 308 ; Caillemer, p. 206 ; Schulthess, p. 238.

(3) Loi de Gortyne, V, 52 et s.

(4) Dans une inscription de Naxos (Dareste, Haussoullier et Reinach, p. 118, n° 86) l'acte de partage, désigné par le mot δασμός, est déposé chez un tiers. Cf. Dareste, Haussoullier et Reinach, p. 242.

(5) Lysias, *C. Diogit.*, § 4 : τὴν μὲν ἀφανῆ οὐσίαν διείλοντο, τῆς δὲ φανερᾶς ἐκοινώνουν. V. *supra*, p. 14 et s.

(6) Démosthène, *Pro Phorm.*, § 9.

est accordée à l'acheteur contre son vendeur. Cette solution,
bien qu'elle ne soit confirmée par aucun texte, est conforme au caractère commutatif qui appartient au partage.

L'exécution des obligations dont les copartageants sont
tenus les uns envers les autres peut être garantie par une
hypothèque sur leurs biens personnels. C'est ce que démontre
une inscription de Naxos, dont la portée est toutefois controversée [1].

SECTION III

Des testaments [2].

§ I. — *Conditions requises pour la confection, la modification ou la révocation des testaments.*

A. — Confection du testament.

La loi attique, beaucoup plus spiritualiste que la loi romaine, ne prescrit aucune forme solennelle pour la confection du testament. Il suffit, pour qu'un testament soit valable, que le testateur ait manifesté sa volonté d'une manière
certaine. Peut-être qu'à l'origine, quand la liberté de tester
fut admise, la pratique du testament fut entourée, dans
l'intérêt de la famille, de quelques formalités difficiles à
remplir et l'on a pu, par exemple, exiger la présence de

---

(1) Dareste, Haussoulier et Reinach, p. 118, n° 66 et p. 142. V. *supra*,
p. 655, note 4.

(2) Les expressions employées pour désigner le testament dans le droit attique sont celles de διαθήκη et δόσις, la dernière étant prise quelquefois dans un
sens plus large et s'appliquant à toute libéralité, même entre-vifs. Le fait de
tester est désigné par les mots διατίθεσθαι ou δοῦναι, entre lesquels existe une
semblable différence. Le testateur se nomme διαθέμενος et l'héritier testamentaire κληρονόμος κατὰ διαθήκας. Cf. Bunsen, p. 54 ; Schneider, p. 26 ; Meier,
Schœmann et Lipsius, p. 589 ; Schulin, p. 6.

l'archonte [1]. En tout cas, il ne reste plus trace de ces exigences à l'époque des orateurs, et les formalités suivies pour la confection des testaments sont seulement conseillées par l'usage mais nullement prescrites par la loi [2].

N'est-il pas du moins nécessaire que le testament soit rédigé par écrit ? On l'a soutenu, en disant que dans le droit grec on ne rencontre aucune trace du testament oral. Ainsi le testament même d'Hercule, dont parle Sophocle, est considéré comme un acte écrit, παλαιὰν δέλτον ἐγγεγραμμένην ξύνθημάτα [3]. Aussi les testaments dont nous avons connaissance sont-ils tous écrits [4]. Nous ne croyons pas cependant à la nécessité d'un écrit. Le testament est rangé, en effet, parmi les συμβόλαια [5] et, dès lors, il ne doit, pas plus qu'aucun autre contrat, exiger la formalité d'un écrit. Si nous n'avons eu connaissance que de testaments écrits, cela se comprend facilement, d'abord en raison du caractère fugitif des testaments oraux, et aussi en raison de leur peu d'importance, car un testateur prudent devait toujours faire un testament écrit du moment que ses dispositions présentaient un intérêt sérieux. Il est possible, d'ailleurs, de trouver dans un plaidoyer de Démosthène un cas de disposition de dernière volonté purement orale [6].

Le testateur est donc libre d'employer pour son testament

---

(1) Fustel de Coulanges, *Nouvelles recherches*, p. 136.

(2) Cf. Perrot, *Eloquence politique*, p. 372 ; Dareste, *Plaid. civ.*, t. 1, p. XXX ; Schulin, p. 7 ; Guiraud, p. :52.

(3) Sophocle, *Trachin.*, v. 157, 158.

(4) Cf. en ce sens Schulin, p. 7.

(5) Isée *De Nicostr. her.*, § 12. On peut rapprocher de l'expression συμβόλαια συγγράφεσθαι celle διαθήκα; συγγράφεσθαι. Gneist, p. 445.

(6) Meier, Schœmann et Lipsius, p. 595. D'après Lipsius (note 298), la disposition faite par Polyeucte en mourant au profit de l'orateur du plaidoyer de Démosthène contre Spoudias, et par laquelle il lui donne une hypothèque pour garantir les dix mines qui restent encore dues sur la dot de sa fille, a très probablement été faite oralement, ainsi que cela résulte du récit de l'orateur. Cf. § 16.

la forme qui lui paraît la plus propre à assurer l'exécution de ses dernières volontés ou qui se concilie le mieux avec les circonstances dont il se croit obligé de tenir compte. La forme généralement suivie est la suivante. Le testateur présente à un certain nombre de témoins convoqués dans ce but l'écrit où sont consignées ses dispositions, en le désignant comme son testament. Les témoins sont pris parmi les parents, les phratores, les démotes, ou même parmi les amis du testateur [1]. Aucun nombre minimum de témoins n'est prescrit, mais la prudence commande au testateur d'en convoquer le plus possible [2], afin de prévenir les difficultés de preuve qui pourraient s'élever ultérieurement. Aussi la coutume était-elle d'appeler un grand nombre de témoins. C'est ainsi que les divers exemplaires du testament de Théophraste, que nous a conservé Diogène Laërce, sont certifiés par des témoins différents. Quelquefois cependant, lorsqu'il ne voulait pas donner trop de publicité à ses dispositions, le testateur se contentait d'un petit nombre de témoins. Ainsi le père de Démosthène, lorsqu'il fait son testament, n'y convoque, outre les trois amis qu'il nomme comme tuteurs à ses enfants, qu'un quatrième témoin [3].

La présence de témoins n'est même nullement nécessaire. Lorsque le testateur veut dissimuler pendant sa vie, non seulement le contenu de ses dispositions testamentaires, mais le fait même de son testament, il peut tester seul et le testament ne mentionne alors la présence d'aucun témoin [4]. Mais ce

---

(1) Isée, *De Astyph. her.*, § 8 : μὴ ἄνευ τῶν οἰκείων τῶν ἑαυτοῦ τὰς διαθήκας ποιεῖσθαι· ἀλλὰ πρῶτον μὲν συγγενεῖς παρακαλέσαντα, ἔπειτα δὲ φράτορας καὶ δημότας, ἔπειτα τῶν ἄλλων ἐπιτηδείων ὅσους δύναιτο πλείστους· οὕτω γὰρ εἴτε κατὰ γένος εἴτε κατὰ δόσιν ἀμφισβητοίη τις, ῥᾳδίως ἂν ἐλέγχοιτο ψευδόμενος. Cf. Isée, *De Nicostr. her.*, § 12.

(2) Isée, *De Astyph. her.*, § 8, ὅσους δύναιτο πλείστους. V. *supra*, note 1.

(3) Démosthène, *C. Bœot.*, II, § 15. Cf. Schneider, p. 32 ; Schulin, p. 7.

(4) C'est ce que dit Isée dans le plaidoyer pour l'héritage d'Astyphile, § 12 : εἰ μὲν ὁ Ἀστύφιλος μηδένα ἐβούλετο εἰδέναι ὅτι τὸν Κλέωνος υἱὸν ἐποιεῖτο μηδ'

mode de tester devait être rarement employé, car, plus que
tout autre, il pouvait exposer le testament à des attaques de
la part des héritiers légitimes.

Lorsque le testateur appelle des témoins à la confection
de son testament, et c'est là ce qui a lieu d'ordinaire, ces
témoins n'ont point à apposer leur signature au bas de l'acte
qu'il leur présente, ni même sur l'enveloppe du testament.
Si, en effet, les témoins avaient signé eux-mêmes l'acte à
l'intérieur ou à l'extérieur, Isée ne pourrait pas dire, en parlant d'eux, qu'ils peuvent seulement témoigner sur le point
de savoir s'il a été fait ou non un testament par le défunt,
mais qu'ils ne peuvent savoir si l'acte pour lequel ils ont été
appelés est le même que celui qui est produit dans le procès [2] : s'ils l'avaient signé, ils reconnaîtraient leur signature
et, par suite, l'identité de l'acte [3]. Mais les noms des témoins sont inscrits par le testateur lui-même, ou par une
autre personne, sur son ordre, à l'intérieur du testament,
afin que les héritiers puissent les connaître et invoquer, au
besoin, leur témoignage en cas de procès [4]. On a prétendu
que l'indication du nom des témoins se trouvait également
sur l'enveloppe du testament (ἐπιγράφεσθαι) [5]. Mais on ne
rencontre dans les textes aucune trace d'un semblable
usage. On y voit, au contraire, les noms des témoins
ἐγγράφεσθαι ἐν τῷ γραμματείῳ [6], ce qui indique une mention

ὅτι διαθήκας καταλίποι, εἰκὸς ἦν μηδὲ ἄλλον μηδένα ἐγγεγράφθαι ἐν τῷ γραμματείῳ μάρτυρα· εἰ δ' ἐναντίον μαρτύρων φαίνεται διαθέμενο· κτλ.

(1) Schneider, p. 31 ; Caillemer, *in Annuaire*, 1875, p. 173, note 2 ; Meier,
Schœmann et Lipsius, p. 595 ; Platner, *Process*, t. II, p. 318 ; Schulin, p. 7.

(2) Isée, *De Nicostr. her.*, § 13. V. *infra*, p. 660, note 5.

(3) Schœmann, sur Isée, p. 413 ; Schulin, p. 7 ; Meier, Schœmann et Lipsius,
p. 595. V. toutefois Platner, *Process*, t. II, p. 318.

(4) Cette solution résulte du passage précité d'Isée (*De Astyph. her.*, § 12,
supra, p. 658 note 4) et de l'opposition manifeste qui existe entre les deux
phrases : εἰκὸς ἦν μηδὲ κτλ. Cf. Meier, Schœmann et Lipsius, p. 595, note 299 ;
Schœmann, sur Isée, p. 413 ; Philippi, *Symbolæ*, p. 8.

(5) Héraut, *Animadv. ad. I.* II, 5, 16, 20 ; Bunsen, p. 67.

(6) Isée, *De Astyph. her.*, § 12.

à l'intérieur et non à l'extérieur du testament [1]. Ce qui peut seulement se rencontrer sur l'enveloppe, c'est une mention indiquant brièvement le contenu de l'acte, comme celle dont il est question dans un plaidoyer de Démosthène, « Testatament de Pasion » [2].

Il n'est pas nécessaire, d'autre part, que le testateur écrive lui-même ses dispositions, ni même qu'il appose sa signature sur l'acte qui les renferme [3]. Aussi voit-on dans les plaidoyers de Démosthène contre Stéphanos que lorsqu'Amphias apportait une copie du testament de Pasion, il la donnait bien comme fidèle et exacte, mais sans affirmer qu'elle émanait de Pasion lui-même [4].

Par suite de cette absence de signature du testateur et des témoins, ceux-ci, lorsqu'ils étaient plus tard cités en justice, ne pouvaient attester qu'une seule chose, le fait même de la confection d'un testament, mais non la conformité des clauses contenues dans l'acte produit au procès avec les dispositions réellement prises par le testateur. Ainsi que l'observe très justement Isée, rien n'empêchait les intéressés de substituer d'autres tablettes à celles que le *de cujus* avait présentées aux témoins et de dénaturer ses volontés par d'autres écritures [5]. Aussi, comme cela résulte notamment des plaidoyers du même orateur, les parties s'inscrivaient-elles fréquemment en faux contre les testaments fabriqués de toutes pièces par des adversaires malhonnêtes. Un des cas les plus curieux est celui dont il est question dans

---

(1) Schœmann, sur Isée, p. 413 ; Philippi, *Synbolæ*, p. 8.

(2) Démosthène, *C. Steph.*, I, § 18.

(3) Meier, Schœmann et Lipsius, p. 595 ; Schulin, p. 7-8.

(4) Dareste, *Plaid. civ.*, t. 2, p. 308 note 10.

(5) Isée, *De Nicostr. her.*, § 13 : ἔτι δὲ καὶ τῶν διατιθεμένων οἱ πολλοὶ οὐδὲ λέγουσι τοῖς παραγιγνομένοις ὅ τι διατίθενται, ἀλλ' αὐτοῦ μόνου τοῦ καταλιπεῖν διαθήκας μάρτυρας παρίστανται, τοῦ δὲ συμβαίνοντός ἐστι καὶ γραμματεῖον ἀλλαγῆναι καὶ τἀναντία ταῖς τοῦ τεθνεῶτο; διαθήκαις μεταγραφῆναι· οὐδὲν γὰρ μᾶλλον οἱ μάρτυρις εἴσονται, εἰ ἐφ' αἷς ἐκλήθησαν διαθήκαις, αὗται ἀποφαίνονται.

le discours de cet orateur sur l'héritage de Dicéogène [1]. On y voit qu'après la mort de Dicéogène I, deux testaments sont présentés : le premier, produit par Proxénos, père de Dicéogène II, conférait l'adoption à celui-ci avec le tiers de l'héritage ; le second, produit beaucoup plus tard par Dicéogène II lui-même, l'instituait légataire universel. L'un de ces deux testaments devait nécessairement être annulé par le tribunal. Ils le furent tous les deux. Le fils démontra la fausseté du testament produit par le père, et les témoins qui avaient attesté l'authenticité de l'acte mis au jour par le fils furent condamnés pour faux témoignage [2].

Pour prévenir non point la fabrication de toutes pièces d'un testament alors qu'il n'a point testé en réalité, mais l'altération de ses dispositions ou la substitution d'un autre acte à celui qu'il a fait, voici les moyens auxquels le testateur a la faculté de recourir. Il peut d'abord donner lecture aux témoins des dispositions contenues dans l'acte qu'il leur présente, de manière à ce qu'ils puissent plus tard en témoigner si l'on produit un acte tout différent. Mais ce procédé est rarement employé, ainsi que le déclare Isée [3], et cela se comprend, car le secret du testament n'est plus assuré [4]. On peut dire que la forme la plus ordinaire du testament attique correspond à celle que nos codes nomment la forme mystique.

Un autre moyen pour le testateur d'empêcher les falsifications consiste à sceller de son sceau le document [5]. Comme nous l'apprend Aristophane, le sceau ainsi apposé sur

---

(1) Isée, *De Dicæog. her.*, § 15.

(2) Cf. le cas de faux testament présenté par Glaucos et par Glaucon lors de l'ouverture de la succession d'Hagnias et dont il est question dans le plaidoyer de Démosthène contre Macartatos, § 4.

(3) Isée, *De Nicostr. her.*, § 13 : τῶν διατιθεμένων οἱ πολλοὶ οὐδὲ λέγουσι τοῖς παραγιγνομένοις. V. *supra*, p. 662, note 5. Cf. Démosthène, *C. Stephan.*, II, § 28 : τούτου γὰρ ἕνεκα καταλείπουσιν οἱ διατιθέμενοι, ἵνα μηδεὶς εἰδῇ ἃ διατίθενται.

(4) Cf. Schulin, p. 8.

(5) Isée, *De Appollod. her.*, § 1 : διέθετο τὴν οὐσίαν ἑτέρῳ καὶ ταῦτ' ἐν γράμμασι κατέθετο παρά τισι σημηνάμενος. Cf. la formule finale du testament de Théophraste, conservé par Diogène Laërce, V, 53 et s.

le testament était habituellement conservé dans une κόγχη [1]. L'apposition du sceau sur l'acte paraît même avoir fait foi beaucoup plus que l'écriture ou la signature du testateur [2]. Mais les témoins n'ont pas eux-mêmes à sceller le testament, pas plus qu'ils n'ont à le signer [3].

Pour plus de sécurité, le testateur peut déposer l'acte ainsi scellé entre les mains d'une personne sûre, d'un parent ou d'un ami. C'est ainsi que Diodotos, partant pour la guerre, remet à son frère le testament par lequel il le nomme tuteur de ses enfants [4]. Par une mesure de prudence plus grande encore, le testateur peut rédiger plusieurs exemplaires de son testament et les remettre entre les mains de différentes personnes. Il est vrai que l'orateur du second plaidoyer d'Apollodore contre Stéphanos affirme que, si l'on fait des copies d'un contrat pour que les parties connaissent leurs engagements et s'abstiennent d'y contrevenir, on n'en fait

---

(1) Aristophane, Veṣp., v. 585 et s.

κἂν ἀποθνήσκων ὁ πατὴρ τῷ δῷ καταλείπων παῖδ' ἐπίκληρον,
κλάειν ἡμεῖς μακρὰ τὴν κεφαλὴν εἰπόντες τῇ διαθήκῃ
καὶ τῇ κόγχῃ τῇ πάνυ σεμνῶς τοῖς σημείοισιν ἐπούσῃ,
ἔδομεν ταύτην, ὅστις ἂν ἡμᾶς ἀντιβολήσας ἀνακείσῃ.

Le scholiaste a ajouté : ὡς κόγχας ἐπιτιθέντων ταῖς σφραγῖσιν ἀσφαλείας ἕνεκα.

(2) Perrot, *Éloquence politique*, p. 372. Comme le dit cet auteur, dans toute l'antiquité, c'est l'empreinte de l'anneau sur la cire qui a été le symbole de la volonté souveraine du citoyen ou du prince, la garantie et le signe de l'authenticité.

(3) Lipsius, sur Meier, Schœmann, p. 596, note 301 ; Philippi, *Symbolæ*, p. 9. On s'est fondé, pour soutenir le contraire (Schœmann, *De lit. Att.*, p. 661), sur le passage suivant du second plaidoyer de Démosthène contre Aphobos, § 5 : ἀλλ' ἐχρῆν, ἐπειδὴ τάχιστ' ἐτελεύτησεν ὁ πατήρ, εἰσκαλέσαντα; μάρτυρας πολλοὺς παρασημμήνασθαι κελεῦσαι τὰς διαθήκας. Mais il ne s'agit nullement dans ce texte de témoins qui auraient apposé leur sceau sur le testament au moment de sa confection. L'orateur reproche seulement à ses adversaires de ne pas s'être préoccupés, après la mort de son père, de garantir le testament contre les falsifications en le faisant sceller par de nombreux témoins, « afin, dit-il, que s'il était survenu quelque doute, on eût pu se reporter à l'écriture et trouver ainsi la vérité sur chaque point. » V. *infra*, p. 664.

(4) Lysias, *C. Diogit.*, § 5. Cf. d'autres exemples de dépôt entre les mains d'un parent ou d'un ami : Isée, *De Philoct. her.*, § 7 ; *De Astyph. her.*, § 5 ; Démosthène, *C. Aphob.*, I, § 40 ; *C. Steph.*, I, § 18.

jamais d'un testament [1]. Mais des exemples nombreux prouvent qu'il ne faut nullement prendre cette proposition à la lettre. La formule finale du testament de Théophraste, conservé par Diogène Laërce [2], montre notamment que cet acte avait été fait en trois originaux déposés chez trois personnes différentes en présence de témoins dont les noms sont indiqués [3]. Aussi voit-on, dans un des plaidoyers même de Démosthène contre Stéphanos [4], qu'une copie du testament litigieux avait été produite par l'adversaire d'Apollodore, et c'est seulement parce que cette copie lui est défavorable que ce dernier l'accuse de fausseté. On ne peut donc ajouter foi à ce que dit Apollodore contre la possibilité d'une rédaction en plusieurs exemplaires. Tout ce qu'il est permis d'en induire, c'est que l'on évitait pendant la vie du testateur de tirer des copies de l'acte qui auraient pu compromettre le secret du testament [5].

Un dépôt qui offre plus de garantie encore que celui qui est fait entre les mains d'un ami, est celui qui a lieu παρὰ τῇ ἀρχῇ. Ainsi le plaidoyer d'Isée sur l'héritage de Cléonyme nous montre ce dernier appelant l'astynome [6] dépositaire de son testament, et cela, soit pour le révoquer, soit pour le confirmer, point discuté entre les parties [7]. Il ne

(1) Démosthène, *C. Steph.*, II, § 28 : διαθηκῶν οὐδεὶς πώποτε ἀντίγραφα ἐποιήσατο.

(2) Diogène Laërce, V, 53 et s. Le même auteur nous apprend qu'Arcésilas, chef de la moyenne Académie, avait pris une précaution semblable et avait fait son testament en trois exemplaires déposés en trois villes différentes (*Arcesilas*, c. 19).

(3) V. également : Isée, *De Apollod. her.*, § 1 ; Lysias, *C. Diogit.*, § 7.

(4) Démosthène, *C. Steph.*, I, § 23.

(5) Platner, *Process*, II, p. 318 ; Bunsen, p. 67, note 48 ; Schneider, p. 33 ; Becker, *Chariklès*, I, p. 259 ; Meier, Schœmann et Lipsius, p. 596-597, texte et note 802 ; Caillemer, *in Annuaire*, 1875, p. 170, note 3 ; Schulin, p. 8 ; Hermann-Thalheim, p. 73, note 1. V. toutefois Rœder, *Beitraege sur Erklaerung u. Kritik des Isaios*, p. 8.

(6) Ce magistrat correspondait à l'édile romain. Cf. Meier, Schœmann et Lipsius, p. 105 et s. ; Caillemer, *in* Daremberg et Saglio, v° *Astynomoi*.

(7) Isée, *De Cleon. her.*, §§ 3, 14, 15, 18 et 25.

s'agit point là cependant d'une attribution spéciale à ce magistrat, et le but poursuivi par le testateur qui déposait son testament περὶ τῇ ἀρχῇ pouvait également être atteint par la remise de cet acte entre les mains de tout autre magistrat investi du pouvoir de juridiction, comme l'archonte éponyme ou le polémarque [1]. Si, dans l'espèce, Cléonyme s'est adressé à l'astynome, c'est soit par suite de la confiance spéciale que lui inspirait ce magistrat, soit par d'autres raisons de convenances personnelles [2] [3].

D'autres personnes que le testateur peuvent avoir intérêt à empêcher une falsification ou une substitution du testament, ou même à se mettre à l'abri de tout soupçon de faux. Aussi lorsque le testateur avait négligé de prendre lui-même les mesures que nous venons d'indiquer, ces personnes pouvaient y recourir elles-mêmes aussitôt après la mort du *de cujus* et faire sceller le testament en présence de témoins [4]. La loi athénienne ne prescrivait, en effet, aucune mesure d'ordre public pour l'ouverture des testaments.

---

(1) Guiraud (p. 253) estime que, dans le cas de Cléonyme, c'était un archonte qui détenait le testament. Cléonyme a appelé un astynome ; mais était-ce pour signifier à ce fonctionnaire l'intention d'annuler l'écrit antérieur ou pour le prier d'amener l'archonte ? On ne peut le savoir au juste d'après le texte d'Isée.

(2) Cf. Caillemer, *loc. cit.* ; Platner, *Process*, II, p. 319 ; Meier, Schœmann et Lipsius, p. 596 ; Schulin, p. 8. Ce dernier auteur fait observer, avec raison, que l'on ne peut invoquer, pour prouver l'existence du dépôt παρὰ τῇ ἀρχῇ, le premier plaidoyer de Démosthène contre Stéphanos (§§ 8 et 17), où il est question d'un testament conservé dans l'ἐχῖνος. Il ne s'agit point là, en effet, des archives de l'archonte, mais d'un portefeuille où sont renfermées les pièces de la procédure. Ce n'était point le testateur qui avait déposé l'acte dans l'ἐχῖνος, mais une des parties en cause.

(3) Cette intervention des magistrats dans la conservation des testaments se rencontre également dans d'autres localités. Ainsi une inscription d'Amorgos nous signale un testament déposé dans le temple d'Aphrodite, chez un archonte et chez un thesmotète ; ce testament contenait, il est vrai, un legs en faveur de la déesse. Cf. Dittenberger, *Sylloge*, 437 ; Dareste, Haussoulier et Reinach, p. 110, n° 24.

(4) Démosthène, *C. Aphob.*, II, § 5. Cf. Meier, Schœmann et Lipsius, p. 596, note 301 ; Philippi, *Symbolæ*, p. 9; Schulin, p. 9.

C'était donc au testateur et aux parties intéressées à prendre les mesures nécessaires pour prévenir la suppression ou
l'altération du testament [1].

Les modes de tester que nous venons d'exposer sont les
seuls pratiqués à Athènes. Le testament par acte public y
est complètement inusité, car les Grecs n'ont point d'officiers
ministériels semblables à nos notaires [2]. On pourrait croire,
il est vrai, en se référant à un texte d'Harpocration [3], qu'un
testament ou une donation peuvent se faire par devant l'archonte [4]. Mais ce serait une erreur, car les Athéniens n'a-
vaient point accordé à leurs magistrats une juridiction volontaire semblable à celle dont étaient investis les magistrats
romains [5]. Quant au texte d'Harpocration, on peut très bien
l'expliquer en disant que l'héritier institué par le testament
n'acquiert l'hérédité que par suite de l'adjudication qui lui
en est faite soit par l'archonte, soit par le tribunal que préside ce magistrat, διὰ τῶν ἀρχόντων [6]. L'intervention du magistrat, quand elle est sollicitée par les parties, se limite donc à
la conservation du testament [7].

Quel que soit le procédé qu'il emploie, le testateur n'est
tenu de suivre aucune formule sacramentelle dans la rédaction de ses dernières volontés. L'usage paraît toutefois avoir

(1) Cf. Dareste, *Pluid. civ.*, t. 2, p. 290, note 11.

(2) C'est là du moins l'opinion générale que nous nous réservons de vérifier
ultérieurement.

(3) Harpocration, v° δόσις : ἰδίως μὲν λέγεται παρὰ τοῖς ῥήτορσι συμβόλαιον
γραφόμενον, ὅταν τις τὰ αὑτοῦ διδῷ τινι διὰ τῶν ἀρχόντων, ὡς παρὰ Δεινάρχῳ.

(4) V. en ce sens : Perrot, *Eloquence politique*, p. 376. Cf. Valesius, sur
Harpocr.: « Neque vero donationes solum ac testamenta interventu magistratuum fiebant, sed et venditiones emptionesque et manumissiones, et foenebris
pecuniae dationes, et caeterae obligationes interventu magistratuum fieri solebant
apud Graecos. »

(5) Meier, Schœmann et Lipsius, p. 50-52.

(6) Rœder, *loc. cit.*, p. 7.

(7) Une inscription de la ville dorienne de Petilia signale, à propos d'un testament, l'intervention d'un magistrat local, nommé le δαμιοργός (Cauer, *Del.*,
p. 99). Mais il est probable que le rôle de ce magistrat se bornait, comme à
Athènes, à assurer la conservation du testament. Cf. Schulin, p. 44.

été de commencer le testament par ces mots : ἔσται μὲν εὐ· ἐὰν δέ τι συμβαίνῃ, τάδε διατίθεμαι : tout ira bien, mais s'il m'arrive malheur, je dispose ainsi qu'il suit [1]. Le testateur terminait par des imprécations contre ceux qui méconnaîtraient ses dispositions [2].

Les modes de tester suivis à Athènes pouvaient, comme nous l'avons déjà observé, donner lieu à bien des faux, et cela même avec les précautions supplémentaires prises par le testateur, notamment par la lecture qu'il donnait aux témoins de ses dispositions. La preuve testimoniale était loin d'avoir la même valeur dans les questions de testament que dans les autres procès, car, ainsi que le remarque Isée [3], le contrôle des témoignages, qui est déjà difficile quand l'auteur de l'acte est en vie, devient à peu près impossible quand il n'existe plus. De là ces nombreux procès soulevés sur le fondement d'un faux testament et dont parlent à chaque instant les plaidoyers des orateurs. On hésitait d'autant moins à réclamer un héritage auquel on n'avait aucun droit, que, à notre avis du moins, celui qui produisait un faux testament ne courait d'autre risque, si son faux était dévoilé, que d'être débouté de ses prétentions. On a enseigné, il est vrai [4], qu'un passage d'Isée permet de supposer que la fabrication d'un faux testament était un crime public passible du dernier supplice. Dans ce passage, l'orateur, qui reproche à la partie adverse de produire un faux testament, dit, en terminant: « Si mes clients aimaient à franchir le cercle de leurs intérêts privés et s'ils ressemblaient sous ce rapport à un grand nombre de vos concitoyens, peut-être qu'au lieu de

(1) Testaments d'Aristote et de Théophraste cités par Diogène Laërce, V, 11, 51. Cf. Isée, De Apollod. her., § 1 ; De Cleon. her., § 9 ; Démosthène, C. Stephan., I, § 28 ; Schœmann, sur Isée, p. 356 ; Schneider, p. 32. Cf. sur les formules usitées dans les testaments de la basse époque, Mitteis, p. 178 et 163.

(2) Démosthène, Pro Phormione, § 52. Cf. Hermann - Thalheim, p. 71, note 1.

(3) Isée, De Nicostr. her., § 12,

(4) Thonissen, p. 394.

plaider une affaire de succession, Chariadès aurait à défendre sa tête, ὑπὲρ τοῦ σώματος ἠγωνίζετο [1] ». Mais ce texte n'a nullement, croyons-nous, la portée qu'on lui prête. L'orateur vient de rappeler les tristes antécédents de son adversaire, de citer tous les méfaits dont il s'est rendu coupable, et il ajoute que ses clients, qui se bornent à revendiquer l'héritage, ne veulent pas se préoccuper des autres délits commis par leur adversaire et qui pourraient entraîner contre lui une condamnation capitale [2]. Plusieurs autres plaidoyers démontrent que le faussaire n'est point, pour le seul fait du faux, passible d'une action publique. Ainsi, dans le plaidoyer de Démosthène contre Macartatos, nous voyons que Glaucos et Glaucon, qui avaient produit un faux testament pour se faire adjuger la succession d'Hagnias, perdirent simplement leur procès, quand le faux fut reconnu, et « de plus se virent éconduits par le tribunal avec la réputation de fripons [3] ». De même, dans Isée, le frère d'Astyphile, quand il a démontré la fausseté du testament produit par Cléon, se borne à demander d'être envoyé en possession de l'héritage, sans conclure à l'application d'une peine contre ses adversaires [4]. Pareillement enfin, Proxénos, quand il a été convaincu de faux par son fils Dicéogène, est tout simplement éconduit [5]. Si celui qui produit un faux testament en est quitte, lorsque le faux est dévoilé, pour perdre son

---

(1) Isée, *De Nicostr. her.*, § 30.

(2) On ne saurait argumenter du plaidoyer d'Isée où l'orateur dit que, pour remédier à l'impudence des hérédipètes, on devrait non seulement κατὰ τὸ τέλος ζημιοῦσθαι ceux qui revendiquent une succession en se fondant sur un testament, κατὰ δόσιν, et sont déboutés de leurs prétentions, mais encore les condamner à une somme égale à la valeur de la succession injustement réclamée (*De Nicostr. her.*, § 11). Les mots κατὰ τὸ τέλος font simplement allusion à la perte de la παρακαταβολή par le plaideur qui succombe et non à une amende qui lui serait infligée par le magistrat. Cf. Platner, *Process*, II, p. 326 ; Schœmann, sur Isée, p. 275.

(3) Démosthène, *C. Macart.*, § 4.

(4) Isée, *De Astyph. her.*, § 27.

(5) Isée, *De Dicœog. her.*, §§ 15 et 16.

procès [1], il en est autrement des témoins qui sont venus attester l'existence du faux testament. Ceux-ci peuvent être poursuivis pour faux témoignage au moyen de la δίκη ψευδο-μαρτυριῶν. C'est ainsi que les témoins qui sont venus certifier l'authenticité du testament fabriqué par Dicéogène, sont condamnés pour faux témoignage [2]. De même c'est par l'action ψευδομαρτυριῶν qu'Apollodore demande raison à Stéphanos de toutes les manœuvres dont il prétend que Phormion est l'instigateur [3].

B. — Modification et révocation du testament.

Le testateur est entièrement libre de modifier ses dispositions. Lorsqu'il veut y apporter des changements ou des additions, il peut, s'il a déposé son testament chez un particulier ou s'il l'a confié à un magistrat, réclamer du dépositaire la restitution du document et corriger ensuite cet acte suivant ses nouvelles intentions. Si le testateur ne veut point laisser soupçonner les modifications qu'il apporte à son testament, il peut les consigner dans un écrit séparé, correspondant à ce que nous appelons un codicille (γραμματεῖον), en observant pour celui-ci les mêmes formalités que pour le testament proprement dit [4].

(1) V. en ce sens : Glotz, *in* Daremberg et Saglio, v° *Falsum*, p. 964.

(2) Isée, *De Dicæog. her.*, §§ 14 et s.

(3) Démosthène, *C. Steph.*, I, § 39. Cf. sur la δίκη ψευδομαρτυριῶν : Glotz, *loc. cit.* ; Meier, Schœmann et Lipsius, p. 485 et s.

(4) Dans le plaidoyer d'Isée sur l'héritage de Cléonyme, celui-ci veut retirer le testament qu'il a confié au magistrat, et cela, suivant l'orateur, pour le révoquer, tandis que, d'après l'adversaire, c'est simplement pour le corriger et le confirmer, ἐπανορθῶσαι καὶ βεβαιῶσαι σφίσιν αὐτοῖς τὴν δωρεάν (§ 18). L'orateur objecte alors (§ 25) que ἔτι δὲ καὶ εἴ τι προσγράψαι τούτοις ἐβούλετο, διὰ τί οὐκ ἐν ἑτέρῳ γράψας αὐτὰ γραμματείῳ κατέλιπεν, ἐπειδὴ τὰ γράμματα παρὰ τῶν ἀρχόντων οὐκ ἐδυνήθη λαβεῖν ; ἀνελεῖν μὲν γὰρ, οὐχ οἷός τ' ἦν ἄλλο γραμματεῖον ἢ τὸ παρὰ τῇ ἀρχῇ κείμενον· γράψαι δ' ἐξῆν εἰς ἕτερον εἴ τι ἐβούλετο, καὶ μηδὲ τοῦθ' ἡμῖν ἀμφισβητήσιμον ἐᾶν. Cf. Perrot, *loc. cit.*, p. 373 ; Meier, Schœmann et Lipsius, p. 597 ; Schulin, p. 9 ; Guiraud, p. 253 ; Hermann-Thalheim, p. 73.

Le testateur a également toute liberté pour révoquer entièrement (ἀνελεῖν, λῦσαι) son testament. Mais ici le droit attique n'a point admis d'une manière absolue le principe reçu
en droit romain, comme dans les législations modernes, de
la rupture du testament par la confection d'un testament
postérieur. Sans doute, lorsque le testateur, même après
avoir appelé des témoins à la confection de son testament,
a gardé l'acte qui renferme ses volontés, il est libre de
substituer d'autres tablettes à celles qu'il a présentées aux
témoins, s'il n'a pas donné lecture à ceux-ci de leur contenu. Mais ce n'est pas ainsi que les choses se passent
habituellement et, comme nous l'avons vu, le testateur, pour
plus de sécurité, ou bien a fait connaître aux témoins ses
dispositions, ou bien a déposé l'acte chez un ami ou chez un
magistrat. Dans ce dernier cas, la loi attique ne semble pas
permettre au testateur de se déjuger en quelque sorte à la
sourdine, par un simple codicille, sous l'empire peut-être
d'une rancune puérile ou de motifs inavouables. Elle lui
impose, pour révoquer ses dispositions, certaines démarches
destinées à lui donner le temps de réfléchir et à le garantir
contre des surprises qui devenaient plus à craindre à mesure qu'il avançait en âge [1]. En conséquence, le testateur
qui veut révoquer le testament déposé par lui chez un
tiers, doit en réclamer la restitution à celui ou à ceux
qui en sont dépositaires, et, s'il ne peut obtenir cette
restitution, déclarer, en présence des personnes qui ont
assisté à la confection du testament ou, à défaut d'elles,
en présence d'autres témoins, qu'il révoque ses premières
dispositions, ὡς οὐκέτ' αὐτῷ κέοιτο ἡ διαθήκη. Les plaidoyers
d'Isée nous offrent des exemples de cette procédure.
Ainsi Cléonyme, qui a déposé son testament chez un
astynome, réclame à ce magistrat la restitution de l'acte

_____

(1) Cf. Perrot, *Éloquence politique*, p. 374, 375 ; Rœder, *loc. cit.*, p. 12.

afin de pouvoir révoquer les dispositions qu'il renferme [1]. De même Euctémon qui, après avoir fait son testament, l'a déposé chez son parent, Fythodore de Céphèse, lorsqu'il veut plus tard l'annuler, ne se contente pas d'en faire un autre, ni même de demander à Pythodore de lui remettre l'acte de la main à la main ; il l'assigne devant l'archonte et le somme de produire la pièce. Pythodore se déclare prêt à le faire en ce qui concerne l'un des intéressés, Phanostrate, présent à la procédure, mais demande un délai en ce qui concerne la fille de Chéréas, un des gendres d'Euctémon, jusqu'à ce que celle-ci, orpheline et mineure, ait été pourvue d'un tuteur qui pût la représenter et consentir en son nom à la remise de l'acte et, par suite, à la révocation du testament. Devant cette opposition, Euctémon n'insiste plus pour ressaisir la pièce, mais il déclare, en présence de l'archonte, de ses assesseurs et de nombreux témoins, qu'il révoque le testament dont Pythodore est dépositaire, et il se retire après cette déclaration [2].

Les circonstances ainsi rappelées par Isée à propos de la révocation du testament d'Euctémon ont fait naître une difficulté sur le point de savoir si la validité de cette révocation n'est pas subordonnée à l'assentiment des héritiers institués dans le testament. On pourrait être tenté de le croire quand on voit Pythodore se refuser à la restitution du testament en disant que le tuteur de la fille de Chéréas pourrait seul consentir à la révocation de l'acte. On pourrait alléguer dans le même sens ce fait que Cléonyme, lorsqu'il veut abolir son testament, envoie, pour réclamer au magistrat la restitution de l'acte, Posidippos et Dioklès, ceux-là même qu'il avait institués ses héritiers [3]. L'impossibilité de révoquer

<hr />

(1) Isée, *De Cleon. hér.*, §§ 14 et s. V. *supra*, p. 663-664.

(2) Isée, *De Philoct. hér.*, §§ 31 et s. Dans cette affaire, l'intervention de l'archonte constitue un acte de juridiction contentieuse plutôt que de juridiction gracieuse. Cf. Meier, Schœmann et Lipsius, p. 51.

(3) Isée, *De Cleon. hér.*, § 32.

un testament sans le concours des héritiers institués pourrait enfin paraître conforme à l'idée exprimée par certains
textes [1] que le testament est un contrat, συμβόλαιον [2]. Cette
opinion nous paraît cependant inadmissible. Nous observerons d'abord que si les testaments sont quelquefois compris
au nombre des συμβόλαια, il faut entendre ce mot non point
dans un sens étroit, c'est-à-dire dans le sens de contrat proprement dit, mais plutôt dans le sens d'acte en général [3]. Si
l'on voulait assimiler le testament à un contrat véritable, il faudrait aller jusqu'à dire que l'adoption qu'il renferme est parfaite par le testament même, conséquence dont nous avons
précédemment démontré l'inexactitude [4]. Quant aux faits
cités par Isée, ils n'établissent nullement la nécessité du concours des héritiers à la révocation. La conduite de Cléonyme peut parfaitement s'expliquer par d'autres motifs que
celui d'obtenir l'assentiment des héritiers par lui institués
dans l'acte qu'il voulait révoquer ou confirmer, car ce point
était discuté [5]. D'autre part, la résistance opposée par Pythodore à Euctémon et la nécessité du consentement des
héritiers se comprennent très bien si l'on réfléchit que le
testament en question ne renfermait pas seulement des dispositions de dernière volonté, mais avait en outre le
caractère d'une transaction. Euctémon, en effet, y avait insé-
ré les conditions sous lesquelles avait été consentie entre lui
et son fils Philoctémon la reconnaissance de l'enfant d'Alcé, présenté par Euctémon à la phratrie comme son propre
fils, τὰ πρὸς τὸν υἱὸν οἱ πεπραγμένα, ἐφ' οἷς εἰσήγαγε τὸν παῖδα [6].

(1) Isée, *De Nicostr. her.*, § 12 ; Platon, *Leges*, XI, 6, p. 922 b.
(2) Cf. en ce sens : Gans, I, p. 393 ; Rœder, *loc. cit.*, p. 14. Bunsen (p. 72)
admet cette solution lorsque le testament renferme une véritable adoption, mais
il autorise la révocation des simples legs, δωρεαί, par la seule volonté du testateur.
(3) Meier, Schœmann et Lipsius, p. 595, note 297.
(4) V. *supra*, t. II, p. 22.
(5) Cf. Schœmann, sur Isée, p. 174.
(6) Isée, *De Philoct. her.*, § 27.

La révocation du testament constituait donc, en réalité, celle
d'une transaction, et l'on conçoit parfaitement que l'archonte
ait exigé pour sa validité le consentement de toutes les parties contractantes [1].

Nous avons supposé jusqu'à présent que le testateur voulait révoquer un testament déposé par lui chez un tiers. Une
autre garantie qu'il pouvait prendre consistait, comme nous
l'avons vu, dans la lecture des dispositions aux témoins. Si,
en pareil cas, le testateur a gardé l'acte entre ses mains,
il nous semble qu'il ne peut en révoquer les dispositions
qu'en déclarant soit aux mêmes témoins, soit à d'autres, ses
nouvelles volontés. La simple substitution de nouvelles tablettes aux anciennes serait insuffisante, car, en cas de procès, il y aurait contradiction entre le nouveau testament et
les dépositions des témoins, et le nouvel acte aurait de grandes chances de ne produire aucun effet, étant donné que,
dans le droit attique, le testament, même écrit et scellé par
le testateur, ne fait pas foi en justice dans une plus large
mesure que les autres documents, et que, comme l'observe Isée, il ne peut guère déterminer la conviction des
juges sans un certificat oral [2].

§ 2. — De la testamenti factio.

A. — Testamenti factio activa — Quotité disponible.

Les explications que nous avons à fournir en ce qui tou-

---

(1) Meier, Schœmann et Lipsius, p. 598 ; Schulin, p. 9. — Schneider, p. 34,
résout de la manière suivante les difficultés que soulèvent les plaidoyers précités
d'Isée : « Hæc discrepantia optime conjungi possunt, si statuimus testatorem tes-
tamentum tollere potuisse non solum heredibus, qui præterea sine dubio sæpis-
sime se esse heredes nesciebant, nescientibus, sed etiam heredibus de hac re
certioribus factis, minime autem heredibus consentientibus. »

(2) Isée, De Nicostr. her., § 1 : ταῖς μὲν διαθήκαις διὰ μαρτύρων ὑμᾶς δεῖ
πιστεύσαι.

che les conditions de capacité requises chez le testateur seront singulièrement facilitées par ce que nous avons dit précédemment concernant les conditions requises chez l'adoptant pour la validité de l'adoption. La capacité du testateur
et celle de l'adoptant sont, en effet, soumises aux mêmes
règles par suite de l'étroite corrélation qui existe entre
l'adoption et le testament.

Le testateur, de même que l'adoptant, ne doit donc se
trouver dans aucun des cas d'incapacité soit de fait, soit de
droit, que nous avons indiqués à propos de l'adoption. Ainsi
d'abord il doit être sain d'esprit et en pleine possession de
lui-même au moment où il téste [1]. Il faut, en second lieu,
que le testateur ne soit pas incapable en raison de son âge
ou de son sexe, c'est-à-dire qu'il soit mâle et majeur, car
les mineurs sont absolument incapables de tester et les femmes ne peuvent faire un testament qu'avec l'assistance de
leur kyrios [2]. Le testateur ne doit non plus être frappé
d'aucune des incapacités spéciales qu'édicte la loi athénienne, comme celles qui atteignent les comptables qui n'ont
pas rendu leurs comptes ou les enfants adoptifs.

Il n'y a point toutefois identité complète entre l'incapacité
d'adopter et celle de tester. Ainsi nous avons admis que
l'étranger ni même le métèque ne sont capables de faire une
adoption. Il faut dire, au contraire, qu'un étranger est
capable de faire un testament, si du moins l'on admet qu'il
peut y avoir des testaments non accompagnés d'adoption et
se réduisant, comme nous dirions aujourd'hui, à une simple
institution d'héritier ou de légataire. Le droit de propriété de
l'étranger est reconnu et protégé par la loi athénienne ;
l'étranger peut transmettre ses biens par voie de succession
ab intestat non seulement à ses enfants, mais même à ses
parents les plus éloignés. On ne voit donc pas pourquoi il
ne pourrait pas en disposer par testament. Si, à Rome, la

(1) V. *supra*, t. II, p. 38.
(2) V. *supra*, t. II, p. 37 et 364.

capacité de tester suppose la jouissance du droit de cité, c'est
que les formes du testament impliquent une certaine solennité et ne sont accessibles qu'aux citoyens romains. Mais il
en est autrement à Athènes où, comme nous l'avons vu, la
loi reconnaît la validité du testament par cela seul que le
testateur a manifesté sa volonté d'une manière certaine. Il
n'y a qu'un seul cas où peut-être un métèque soit incapable
de tester, c'est quand ce métèque est un affranchi. Il ne
peut alors avoir d'autres héritiers *ab intestat* que ses enfants, et, à défaut de ceux-ci sa succession revient à son
patron. On pourrait en conclure, mais par voie de simple
supposition, que l'affranchi est incapable de tester au préjudice des droits de son patron [1].

À supposer que le testateur ne se trouve dans aucun des
cas d'incapacité que nous venons d'indiquer, son testament
ne peut cependant produire d'effet que s'il ne laisse pas
d'enfant du sexe masculin. C'est la disposition formelle
d'une loi de Solon fréquemment citée par les orateurs [2].
Nous avons précédemment exposé comment le but même de
l'adoption s'opposait à ce qu'un citoyen qui avait déjà un
fils pût s'en donner un autre au moyen d'un testament. Nous
avons montré également comment l'on doit entendre cette condition de n'avoir pas de fils, et nous avons dit que l'on ne
doit pas considérer comme ayant un fils légitime le père qui
a donné son fils en adoption à un autre Athénien ni le père
qui a abdiqué la puissance paternelle au moyen de l'ἀποκή-
ρυξις.

Il nous reste à examiner une question fort délicate, celle
de savoir si, lorsqu'un père citoyen a des fils légitimes, la
prohibition de tester qui le frappe est tellement rigoureuse
que sa fortune soit absolument indisponible, qu'elle doive
être entièrement réservée à ses enfants et que ceux-ci doivent

<hr/>

(1) Cf. Meier, Schœmann et Lipsius, p. 594.
(2) V. *supra*, t. II, p. 28.

la partager également sans que le père puisse en distraire la moindre partie soit au profit de l'un d'eux, soit au profit d'un étranger. La règle, en apparence absolue, posée par Solon, est, en effet, difficilement conciliable avec une série de textes qui nous montrent un citoyen faisant un testament . !able, bien qu'il soit le père de fils légitimes encore vivants.

Un père peut d'abord tester pour partager également ses biens entre ses enfants et prévenir ainsi les difficultés que le partage de sa succession pourrait soulever entre eux [1]. Il n'y a là cependant, en réalité, aucune dérogation à la loi de Solon ; ce n'en est plutôt que l'application. Mais nous avons aussi, dans un plaidoyer de Démosthène, un exemple d'un père qui teste pour déroger au droit commun et pour assigner à chacun de ses enfants une part inégale. Le banquier Pasion avait deux fils et, comme nous l'avons vu en étudiant la vocation héréditaire *ab intestat* des enfants, il donna à l'aîné, par son testament, à titre de préciput, πρεσβεῖον, une maison située à Athènes [2]. Cette maison n'avait, sans doute, qu'une valeur minime si on la comparait à la fortune entière de Pasion. Mais rien n'oblige à interpréter d'une manière étroite le texte de Démosthène, et on ne voit pas pourquoi Pasion n'aurait pas pu faire un legs préciputaire plus important. Il est certain, d'autre part, comme nous l'avons observé, que l'avantage ainsi accordé au fils aîné aurait aussi bien pu être fait au profit du fils puîné, car il n'existe à Athènes aucun privilège de primogéniture [3].

Dans d'autres textes, nous voyons un citoyen faisant des legs à un parent ou à un étranger bien qu'il soit père d'un ou de plusieurs fils. Ainsi ce même Pasion, père de deux

(1) Démosthène, *C. Macart.*, § 19. Il s'agit là d'un partage d'ascendant entrevifs, mais le partage aurait pu également se faire par testament.

(2) Démosthène, *Pro Phorm.*, §§ 34 et 35.

(3) V. *supra*, p. 450 et s.

fils, lègue à sa femme Archippé, à titre de dot, une somme
de deux talents, une exploitation rurale de cent mines, des
servantes, des joyaux d'or et tout le mobilier qui se trouve
dans sa maison. C'est là un legs d'une valeur relativement
beaucoup plus élevée que le préciput accordé par Pasion à
son fils aîné [1]. Le père de Démosthène, dans le testament
qu'il fait peu avant sa mort, donne à Thérippide, son ami,
l'usufruit de soixante-dix mines jusqu'à la majorité de son
fils, à Démophon sa fille et deux talents, à Aphobos sa
femme avec une dot de quatre-vingts mines, ainsi que l'usufruit de sa maison et de son mobilier [2]. Nous verrons que
ce legs correspondait au moins au tiers de la fortune du
testateur. Lysias nous dit également que le célèbre Conon,
bien qu'ayant un fils, fit plusieurs legs fort importants, l'un
de cinq milles statères en faveur d'Apollon Delphien et
d'Athèna, un autre de dix mille drachmes au profit de l'un
de ses neveux, et un troisième de cinq talents en faveur de
l'un de ses frères [3]. Le testateur absorbe, par ces libéralités, plus de la moitié de son patrimoine. Le même orateur
nous montre Diodotos, père de deux fils, au moment de
partir pour la guerre, faisant un testament où il dispose
que, s'il meurt pendant l'expédition, il entend laisser à sa
femme un talent et le mobilier de la maison, à sa fille un
talent, et à un nommé Cysikénos vingt mines et trente statères, le reste devant revenir à ses fils [4]. Nous pouvons
citer pareillement le cas d'Aristote, si l'on admet, avec certains auteurs, qu'Herpyllis était son épouse légitime et que,
par suite, Nicomaque était son fils légitime. Le testament
du philosophe montre que la présence de Nicomaque n'a
pas empêché Aristote de faire plusieurs legs [5]. C'est enfin

(1) Démosthène, *C. Steph.*, I, § 28.
(2) Démosthène, *C. Aphob.*, I, § 5.
(3) Lysias, *De bon. Aristoph.*, §§ 39-41.
(4) Lysias, *C. Diogit.*, §§ 5-6.
(5) Diogène Laërce, V, 11. Cf. Dareste, *in Annuaire*, 1882, p. 4 et s.

ordinairement par acte de dernière volonté que le père dis
pose au profit de ses enfants naturels, dans la limite assez
étroite où la loi lui permet de les gratifier [1].

Les différents textes que nous venons d'énumérer établissent, d'une manière incontestable, le droit d'un citoyen de
faire des legs bien qu'il ait un ou plusieurs fils légitimes. On
a prétendu, il est vrai, que si l'on rencontre plusieurs exemples de legs, on ne peut pas en conclure que ces legs fussent valables aux yeux de la loi : il n'y avait dans ces dispositions que de simples fidéicommis, garantis uniquement
par la probité et l'honneur du grevé [2]. Mais cette opinion
nous paraît inadmissible. Rien, en effet, dans les termes des
testaments que nous avons cités, ne laisse supposer que le
testateur considérait les legs qu'il faisait comme abandonnés
au bon vouloir de ses héritiers légitimes, de ses enfants.
On ne comprendrait point, d'autre part, que les tribunaux
eussent été saisis de procès concernant ces testaments, si
ces actes s'étaient trouvés en contradiction formelle avec la
loi et n'avaient réellement eu aucune valeur juridique. De
plus, si le père de famille avait été absolument incapable
de tester, Démosthène, dans sa lutte contre ses tuteurs,
n'aurait pas manqué de se prévaloir de cette prohibition pour
réclamer la nullité des legs faits par son père à ses tuteurs.
Il en reconnaît, au contraire, implicitement la validité et se
borne à demander la restitution de ce qui lui revient sur
l'héritage paternel, défalcation faite de ces legs. On pour-

(1) Suidas, v° ἐπίκληρος : νόμος ἦν ἀττικὸς τοῖς νόθοις μέχρι πέντε μνῶν καταλιμ '
πίνειν. Ce dernier mot prouve que le père naturel non seulement pouvait donner à son fils naturel de la main à la main, τἀργύριον διὰ χειρὸς, comme le dit
Suidas, (eod. v°) mais qu'il pouvait aussi lui donner les νοθεῖα par acte de
dernière volonté.

(2) Schœmann, sur Isée, par 251 : « Quodsi qua offeruntur ejus modi legato-
rum exempla, non eo hæc valere possunt, ut per leges hæc licita fuisse demons-
trent, sed eo tantum, ut nonnunquam defunctorum voluntatem, etiamsi non
propter leges, at propter pietatem heredum, ratam fuisse credamus. »

rait objecter [1] qu'Apollodore, dans un de ses plaidoyers contre Stéphanos, se prévaut de la règle de Solon interdisant le testament à celui qui a des fils légitimes pour demander la nullité des legs faits par son père Pasion [2]. Mais il est difficile d'accorder une grande autorité aux moyens plaidés par Apollodore, quand on voit que l'un de ces moyens, celui qui est tiré de l'incapacité prétendue des étrangers naturalisés de laisser un testament, ne repose que sur une équivoque [3]. Le moyen tiré par Apollodore de la loi de Solon peut très bien ne pas être mieux fondé, le plaideur négligeant intentionnellement d'indiquer les dérogations que la jurisprudence avait apportées à la rigueur primitive. Au surplus, il faut observer qu'Apollodore paraît avoir peu confiance dans ce moyen, car il ne s'en contente pas et il plaide en outre la fausseté du testament et l'insanité d'esprit du testateur.

Comment donc concilier la faculté de faire des legs, qui nous paraît incontestable, d'une part, avec la règle de Solon qui est plusieurs fois citée par les orateurs, interdisant à celui qui a des fils légitimes de faire un testament, d'autre part, avec la loi qui ordonne le partage égal des biens du père entre tous ses fils ? Il est un point qui, tout d'abord, doit être mis hors de doute, c'est que la prohibition de Solon reste toujours rigoureusement applicable à l'adoption testamentaire. Du moment, en effet, qu'un citoyen avait dans ses fils légitimes des continuateurs de sa personne et de son culte, il n'y avait pas de motif pour lui permettre de se donner encore par testament un autre fils adoptif ; l'adoption n'aurait pu avoir de but, ou du moins le but qui justifiait l'existence de cette institution dans le droit attique.

Faut-il aller plus loin et dire qu'un père de famille est également incapable de disposer à titre universel en faveur

(1) Cf. Platner, *Process*, II, p. 3a4.
(2) Démosthène, *C. Steph.*, II, §§ 14 et s.
(3) V. t. II, p. 41.

de l'un de ses enfants ou d'un étranger quelconque ? On l'a
enseigné, non d'ailleurs sans une certaine hésitation [1]. Le
père, a-t-on dit, n'avait pas le droit de dépouiller par testament ses enfants de leur qualité d'héritiers. Or cette qualité reste entière alors même que le patrimoine est diminué
par des legs particuliers, mais elle serait atteinte si le *de
cujus* avait fait une disposition à titre universel. Cette solution nous paraît toutefois beaucoup plus douteuse. On pourrait l'admettre, s'il était établi que le droit attique a connu
et appliqué ce principe du droit moderne que la succession
à une quote part de l'*universum jus defuncti* emporte continuation de la personne du défunt dans une mesure proportionnelle. Mais il n'en est rien : alors même que le *de cujus*
avait légué le tiers ou le quart de sa fortune à un étranger,
ce légataire, par suite de son titre universel, continuait-il
également la personne du testateur pour le tiers ou pour le
quart, et la représentation du défunt, dans le sens le plus
élevé du mot, n'appartenait-elle point exclusivement à ses
fils légitimes, seuls continuateurs de son culte ? Cette notion
du culte domestique est complètement étrangère aux législations modernes : pour celles-ci, l'hérédité qui *sustinet per-
sonam defuncti*, c'est seulement un ensemble de droits et
d'obligations pécuniaires, et dès lors toute transmission d'une
fraction de cette hérédité emporte continuation partielle de
la personne du défunt. Dans le droit ancien, au contraire,
on peut très bien concevoir que la succession à une fraction
des biens n'emporte point succession à la personne du défunt, du moment que les *sacra* se trouvent en dehors de ces
biens et sont exclusivement réservés aux enfants. Nous serions donc disposé à admettre que le père de famille pouvait,
à Athènes, sans porter atteinte au titre d'héritiers de ses
enfants, faire un legs à titre universel, pourvu qu'il ne dé-
passât point les limites de la quotité disponible.

---

(1) Caillemer, *Droit de tester*, p. 36 ; Boissonade, p. 51-52.

Quant à la loi dont parlent les orateurs et qui κελεύει
ἅπαντας τοὺς γνησίους ἰσομοίρους εἶναι, nous estimons qu'elle ne
s'applique qu'au partage de la succession *ab intestat* [1]. Mais
le père reste libre d'y déroger par testament, pourvu qu'il
reste dans les limites de la quotité disponible. L'exemple du
banquier Pasion le prouve. Isée nous dit, sans doute, que
« personne ne fait par testament un legs à quelqu'un de ses
enfants légitimes, parce que c'est la loi elle-même qui remet
au fils les biens de son père et qu'elle ne permet à aucun
homme, ayant des fils légitimes, de disposer de ses biens [2] ».
L'orateur veut simplement dire, à notre avis, qu'un père
n'a pas besoin de rédiger un testament pour faire arriver ses
biens à ses enfants légitimes, la loi se chargeant elle-même
de ce soin. Mais on ne saurait conclure du texte en question
à l'impossibilité absolue d'un legs spécial fait par un père à
son fils et en déduire, *a fortiori*, l'interdiction de faire un
legs à un étranger. On a proposé, pour concilier le texte
d'Isée avec ce que rapporte Démosthène relativement au
banquier Pasion, de dire que, dans l'intervalle des deux
procès, une loi était peut-être intervenue qui autorisait
l'abandon à l'aîné, à titre de préciput, de la demeure de
famille (συνοικία), dont la vente ou la location forcée pour
maintenir l'égalité pouvait entraîner des inconvénients graves
concernant une exploitation commencée [3]. Mais cette hypothèse, fort peu plausible, ne nous paraît nullement nécessaire, surtout si l'on réfléchit à l'intérêt qu'avait un logo-
graphe aussi habile qu'Isée à exagérer la portée de la loi à
laquelle il faisait allusion.

Voici, en définitive, l'explication qui nous semble la plus
vraisemblable. A l'origine, quand le droit de tester, longtemps interdit, venait d'être introduit par Solon dans la légis-

(1) V. toutefois Boissonade, p, 49.
(2) Isée, *De Philoct. her.*, § 28.
(3) Robiou, p. 49.

lation athénienne, son exercice ne paraissait se justifier que
par la nécessité de créer au *de cujus* un fils adoptif et, dès
lors, le testament devait être rigoureusement interdit, comme
le décidait la loi, à celui qui avait déjà des enfants légitimes
capables de continuer sa personne et son culte. D'autre part,
l'esprit familial qui avait fait prohiber le testament pendant
des siècles, et qui était encore très puissant, devait s'opposer à ce qu'un citoyen, ayant plusieurs fils, pût tester pour
troubler entre eux l'égalité du partage. Mais cette indisponibilité absolue du patrimoine devenait tous les jours moins
compatible avec l'esprit d'individualisme qui pénétrait les
mœurs et la législation et qui tendait à faire reconnaître à
l'individu un pouvoir de disposition plus large. Pour concilier alors les anciennes lois avec les idées nouvelles, la jurisprudence fut amenée à reconnaître au citoyen, père d'un ou
de plusieurs fils, le pouvoir de tester, soit en faveur de l'un
de ses enfants, soit au profit d'un étranger [1]. Par contre,
elle sauvegarda toujours les intérêts des enfants en consacrant leur droit à ce que nous nommons aujourd'hui une réserve, ou, en d'autres termes, en limitant la quotité disponible. Le droit attique nous offre ainsi en cette matière une
évolution inverse de celle que l'on rencontre dans le droit
romain. Tandis qu'à Rome on était parti du principe de la
liberté absolue du *pater familias*, de tester (*uti legassit,
jus esto*) et, par suite, d'exhéréder ses enfants, pour apposer
ensuite des ..strictions à la faculté d'exhérédation et aboutir
à la théorie des testaments inofficieux, à Athènes, ce fut l'inverse : à l'indisponibilité absolue du patrimoine établie originairement dans l'intérêt des enfants, se substitua progres-
sivement un certain pouvoir de disposition qui, comme dans
les législations modernes, conciliait l'intérêt de la famille
avec la liberté de l'individu.

(1) Schulin, p. 15. Cf. Hermann-Thalheim, p. 73 ; Meier, Schœmann et Lipsius, p. 591.

Nous avons maintenant à rechercher quelles sont les
limites apportées au droit de disposition du père de famille,
ou, suivant l'expression consacrée, quelle est la quotité disponible. Il est un premier point qui nous semble certain,
c'est que le droit attique ne permet pas l'exhérédation des
enfants. On a bien soutenu le contraire, mais r .as fourr..r
aucun argument à l'appui [1]. La faculté d'exhérédation, à
laquelle il n'est nulle part fait allusion dans les plaidoyers
des orateurs, ni dans les autres sources, serait incompatible
avec les textes qui rappellent l'interdiction de tester prononcée par Solon contre celu; qui a des fils légitimes. L'impossibilité pour le père de famille d'exhéréder ses enfants sub-
sista même très longtemps, car les Athéniens reprochaient
encore à Hérode Atticus comme une chose inhumaine d'avoir
déshérité son fils au profit d'étrangers [2]. Un citoyen n'a
qu'un moyen pour enlever à ses fils tout droit dans sa succession, c'est en rompant, de son vivant, le lien de famille
au moyen de l'apokéryxis qui, comme nous l'avons vu, rend
désormais l'ἀποκήρυκτος étranger au culte et au patrimoine
paternel [3]. L'exclusion résultant de l'apokéryxis n'est point
du reste sans recours, car elle ne peut, comme nous l'avons
admis, être prononcée sans une cause légitime. L'enfant
injustement abdiqué par son père a donc une sorte de *querela inofficiosæ abdicationis* [4].

Le père qui n'a point, de son vivant, abdiqué son fils, est
donc tenu de lui laisser son patrimoine, sauf la partie dont
il a la libre disposition. Mais de quoi précisément peut-il
disposer ? On a prétendu, en se fondant sur un passage

---

(1) Cf. Meursius, *Them. Att.*, II, 1 3 ; Boissonade, p. 43 ; Dareste, *Plaid. civ.*,
t. I, p. XXXI.

(2) Philostr. vit. soph., II, 1, 23 (Westernann) : τελευτῶν δὲ.... ἐς ἑτέρους....
κληρονόμους τὸν ἑαυτοῦ οἶκον μετέστησεν, ἀλλ' Ἀθηναίοις ἀπάνθρωπα ἐδόκει ταῦτα.

(3) Cf. Maurocordato, p. 31 ; Gide, *in* Daremberg et Saglio, vᵒ *Apokéryxis* ;
Schulin, p. 22; Meier, Schœmann et Lipsius, p. 538 et 590 ; Mitteis, p. 154 et 337 ;
Robiou, p. 48.

(4) V. *supra*, t. II, p. 139 s.

d'Isée [1], que tout legs portant sur un immeuble ou sur un autre élément de la fortune ostensible (οὐσία φανερά) du testateur n'est point valable, tandis qu'une libéralité ayant pour objet de l'argent ou tout autre objet faisant partie de la fortune inostensible (οὐσία ἀφανής) devrait être maintenue [2]. Il est vrai que le legs fait par Pasion à l'un de ses fils a pour objet un immeuble, une συνοικία, mais tous les autres legs mentionnés dans les textes sont en numéraire et, par suite, ont pour objet une part de la fortune qu'il était toujours possible de soustraire frauduleusement aux prescriptions de la loi, si celle-ci n'avait pas autorisé ou toléré ces dispositions [3]. Cette distinction entre les meubles et les immeubles ne nous paraît pas admissible. Le texte d'Isée n'a nullement la portée qu'on lui prête. L'orateur nous montre les adversaires conseillant à Euctémon d'anéantir son testament, lui disant qu'il est inutile aux enfants, « que les immeubles ne pouvaient revenir à sa mort qu'à ses filles et à leurs enfants, mais que si, par des ventes, il convertissait son avoir en argent, les enfants d'Alcé l'auraient sûrement ». Ce langage s'explique par ce fait que le testament contenait les conventions intervenues entre Philoctémon et son père, et que le fils, en retour des concessions qu'il faisait, avait probablement stipulé que le père ne vendrait aucun immeuble. Aussi Euctémon veut-il révoquer ce testament pour convertir ses immeubles en argent et pour pouvoir en dissiper le prix plus facilement au profit de ses bâtards, incapables de rien recevoir au-delà des νοθεῖα. Mais il ne résulte nullement du texte que le droit de disposition ait été limité aux objets

---

(1) Isée, *De Philoct. her.*, § 30 : τῆς γὰρ φανερᾶς οὐσίας οὐδένα κύριον ἔσεσθαι τελευτήσαντος Εὐκτήμονος ἄλλον ἢ τὰς θυγατέρας καὶ τοὺς ἐκ τούτων γεγονότας, εἰ δὲ ἀποδόμενός τι τῶν ὄντων ἀργύριον καταλίποι, τοῦτο βεβαίως ἕξειν αὐτούς.

(2) Il n'y a pas identité, comme nous l'avons vu, entre la distinction des biens en ostensibles (φανερὰ οὐσία) et inostensibles (ἀφανὴς οὐσία) et celle des biens en meubles et immeubles. V. *supra*, p. 13 et s.

(3) Bunsen, p. 60-61 ; Mayer, t. 2, p. 699 ; Robiou, p. 49.

mobiliers. Cette restriction n'eût d'ailleurs constitué pour
les enfants qu'une garantie illusoire, puisque, comme le
montre précisément le cas d'Euctémon, il eût suffi au
père de famille de vendre ses immeubles et de les transformer en argent pour anéantir le droit de ses héritiers
réservataires. Au surplus, les textes montrent que les immeubles peuvent faire l'objet d'un legs. Le cas de la συνοικία
léguée par préciput au fils aîné de Pasion n'est point un cas
exceptionnel, s'expliquant par le caractère de l'objet légué,
car on voit ce même Pasion léguer à sa femme Archippé
une maison valant cent mines [1]. Le père de Démosthène
lègue également à Aphobos un usufruit immobilier, c'est-
à-dire un immeuble par l'objet auquel il s'applique [2]. On
doit donc renoncer à trouver dans la distinction des meubles et des immeubles le critérium de la limitation au droit
de disposition du père de famille [3].

C'est dans la valeur même de la chose léguée que doit se
trouver ce critérium. Mais alors quelle est la limite que le
testateur ne peut franchir? On a cherché à l'induire des plaidoyers de Démosthène contre ses tuteurs. Dans son troisième
discours contre Aphobos, l'orateur soutient que celui qui a un
enfant et qui fait des legs doit laisser à l'enfant une somme
au moins égale à celle qu'il épuise en libéralités : « Quand,
dit-il, il fut reconnu par Aphobos que notre père en mourant
avait laissé tant d'argent à chacun d'eux, ceux qui nous jugeaient alors trouvèrent dans ces aveux une présomption pour
établir la valeur totale des biens. En effet, celui qui donnait
sur sa fortune quatre talents et trois mille drachmes de dons
et de legs, celui-là ne devait pas évidemment avoir une for-
ne médiocre. Les biens qu'il me laissait après ces prélèvements devaient s'élever au moins au double. Il n'avait pas ap-

(1) Démosthène, C. Stephan., I, § 28.
(2) Démosthène, C. Aphob., I, § 5.
(3) Platner, Process, II, p. 314, note ; Caillemer, Droit de tester, p. 37 ;
Meier, Schœmann et Lipsius, p. 592, note 289 ; Hermann-Thalheim, p. 73, note 4.

paremment l'intention de me laisser pauvre, moi son fils,
ni le désir d'enrichir encore ces hommes qui étaient déjà
riches ». [1] On a conclu de ce passage que lorsque le testateur n'avait qu'un enfant, il pouvait épuiser en legs la moitié
de sa fortune sans que son héritier fût admis à se plaindre [2].
Il est vrai, ajoute-t-on, que cette mesure fut un peu dépas-
sée par le testament de Conon, car celui-ci, qui avait une
fortune de quarante talents environ, n'en laissa que dix-sept
à son fils [3]; mais cet écart n'est pas considérable et il pouvait tenir à des erreurs d'évaluation [4].

Quelque vraisemblable que paraisse cette interprétation,
nous ne croyons pas cependant que la loi athénienne ait fixé
une quotité disponible quelconque. Caillemer, qui soutient
que cette quotité s'élevait au plus à la moitié, ne traduit pas
très exactement le passage de Démosthène sur lequel il s'appuie : οὐκ ἀπὸ μικρᾶς οὐσίας, ἀλλὰ πλίον ἢ διπλασίας ἧς ἐμοὶ κατέλιπε ταῦτ' ἀφεῖλεν. La traduction proposée par cet auteur est
la suivante : « Il n'a pas tiré un legs d'une fortune modique,
mais d'un patrimoine valant au moins le double *de ce qu'il*
distribuait ». Or le véritable sens est « d'un patrimoine
valant au moins le double de celui qu'il me laissait », ce qui
change singulièrement la portée de la phrase. Aussi s'expli-
que-t-on que, dans son testament, Conon ait distribué en legs
plus de la moitié de sa fortune. Si l'exemple de Conon prouve que la quotité disponible pouvait dépasser la moitié, à

(1) Démosthène, *C. Aphob.*, III, §§ 44-45, trad. Dareste, *Plaid. civ.*, t. 2,
p. 60.

(2) La quotité disponible serait égale pour ce cas à celle que fixe l'article 913,
c. civ.

(3) Les legs faits par Conon pourraient être différemment évalués selon que
l'on considère comme des statères d'or ou des statères d'argent les 5000 statères légués aux dieux représentant 100000 drachmes, s'ils sont en or, et
50000 seulement s'ils sont en argent. Mais il est clair, d'après la somme totale
énoncée par Lysias, que les statères légués sont des statères d'or, et ainsi le
montant des legs dépasse de 4 à 5 talents la part d'héritage laissée à Timothée, fils de Conon. Cf. Robiou, p. 47.

(4) Caillemer, p. 37-38 ; Boissonade, p. 53

plus forte raison ne peut-on pas dire qu'elle était seulement
du tiers.

A notre avis, la loi athénienne n'avait fixé aucune limite
précise à la quotité disponible. L'établissement même d'une
pareille quotité étant l'œuvre de la jurisprudence et non de
la loi, on devait laisser à la jurisprudence le soin d'en déterminer le taux suivant les cas, notamment en considération
de la fortune du défunt, de la situation des enfants et du caractère des legs. Cette solution est conforme à l'esprit général de la législation solonienne qui, dans cette matière des
successions, était de confier aux tribunaux un large pouvoir d'appréciation. L'argumentation de l'orateur dans le
troisième plaidoyer contre Aphobos suppose, du reste, qu'il
n'y avait aucune limitation légale au pouvoir de disposition
que l'on avait fini par reconnaître au père de famille [1].

Nous venons de dire que le caractère du legs pouvait influer sur la fixation de la quotité disponible. Ainsi les legs
pieux, faits aux dieux, c'est-à-dire aux temples, pouvaient
être vus plus favorablement que les legs faits à des particuliers,
à des parents et surtout à des étrangers. C'est ce qui explique comment Conon a pu léguer plus de la moitié de sa fortune, car la plus forte partie de ses libéralités s'adressaient
aux dieux [2].

La loi de Gortyne renferme, à la différence de la loi athénienne, des règles précises sur la quotité disponible. Elle
permet au père de famille de diminuer la part héréditaire
de ses enfants légitimes en adoptant un autre fils, mais
celui-ci ne peut alors obtenir dans la succession paternelle
qu'une part de fille, c'est-à-dire une part correspondant à la
moitié de celle que prennent les enfants légitimes [3]. D'un au-

(1) Cf. en se sens : Schulin, p. 15 ; Hermann-Thalheim, p. 73, note 4 ; Guiraud, p. 160 ; Meier, Schœmann et Lipsius, p. 592 ; Dareste, *Science du
droit*, p. 118.

(2) Cf. Robiou, p. 49.

(3) Loi de Gortyne, X, 48 et s.

tre côté, cette loi fixe à douze statères le maximum de libéralités que peuvent se faire le mari et la femme à titre de
κόμιστρα [1], et à cent statères le maximum des autres libéralités [2]. Par le mot δόμεν (δοῦναι) dont elle se sert pour les
désigner, on doit probablement entendre les donations
testamentaires ou à cause de mort, aussi bien que les donations entre-vifs [3]. La liberté de tester ne paraît pas non
plus avoir été absolue en Béotie, même à l'époque de décadence dont parle Polybe. Si les Béotiens avaient alors la
couuume, contrairement à ce qui était primitivement admis
chez eux, de léguer la plus grande partie de leur fortune à
leurs compagnons de plaisir, au mépris des droits de leurs
parents les plus proches, ce n'était cependant, au témoignage de Polybe, que dans le cas où ils n'avaient pas
d'enfants [4], d'où l'on peut induire que le droit d'exhérédation n'existait pas plus chez eux qu'à Athènes [5]. Le testatament d'Epictéta, rédigé dans l'île dorienne de Théra, et par
lequel la testatrice institue une fondation, est fait avec le
concours et l'assentiment de sa fille [6]. Mais est-ce parce
que le legs n'aurait été valable que du consentement de
celle-ci, ou parce que la fondation imposait des charges
particulières à la fille de la testatrice ? Cette dernière solution est la plus probable [7].

---

(1) Loi de Gortyne, III, 37-40. Cf. Dareste, Haussoullier et Reinach, p. 459 ;
Bücheler et Zitelmann, p. 128.

(2) Loi de Gortyne, X, 14-20. Cf. Dareste, Haussoullier et Reinach, p. 483 ;
Bücheler et Zitelmann, p. 125.

(3) Cf. Guiraud, p. 260.

(4) Polybe, XX, 6 : οἱ μὲν γὰρ ἄτεκνοι τὰς οὐσίας οὐ τοῖς κατὰ γένος ἐπιγε-
νομένοις τελευτῶντες ἀπέλειπον, ὅπερ ἦν ἔθος παρ' αὐτοῖς πρότερον, ἀλλ' εἰς
εὐωχίας καὶ μέθας διετίθεντο, καὶ κοινὰς τοῖς φίλοις ἐποίουν.

(5) Cf. Milteis, p. 366. Contra, Guiraud, p. 259, qui méconnaît le sens du
texte de Polybe.

(6) Corp. inscr. graec., 2448, l. 3 : τάδε διέθετο... Ἐπικτήτα .. συνευαρεστούσας
καὶ τᾶς θυγατρὸς Ἐπιτελείας τᾶς Φοίνικος.

(7) Cf. Dareste, in Nouvelle Revue histor. du droit, 1883, p. 249 et s. — Suivant Boissonade (p. 40), à Sparte, l'organisation de la famille est trop contraire

B. — Testamenti facto passiva.

Si, comme nous l'avons vu, les règles concernant la capacité du testateur se confondent, en général, avec celles qui gouvernent la capacité de l'adoptant, à l'inverse, la capacité de l'institué est, en principe, la même que celle de l'adopté [1]. Cela n'est vrai toutefois que pour les testaments qui renferment en même temps l'adoption de l'institué. Mais la capacité de recevoir de simples legs, ou même tout le patrimoine du *de cujus* si l'on n'est pas en même temps adopté, est beaucoup plus large.

Ainsi nous avons vu que, pour pouvoir être adopté, il faut avoir la jouissance du droit de cité, car autrement un étranger aurait pu être introduit dans la cité sans les formalités et les garanties de la naturalisation. Mais ce danger n'est plus à craindre lorsqu'il s'agit d'une simple transmission de biens, et l'étranger a pleine capacité pour recevoir par testament des meubles et même des immeubles, pourvu que, dans ce dernier cas, il ait obtenu l'Ἔγκτησις γῆς καὶ οἰκίας [2]. De même, on doit dire qu'un enfant naturel, s'il ne peut être adopté

à la nature pour qu'il soit possible d'y trouver une réserve héréditaire, une portion légitime en faveur des enfants : « Ce n'est point, dit-il, l'étendue du pouvoir paternel qui les prive d'un tel droit, car le citoyen, absorbé dans l'État, n'a pas d'autorité réelle sur ses enfants, c'est le peu de respect pour le lien conjugal (quoique le mariage soit presque obligatoire), c'est l'éducation des enfants faite en commun et confiée à la cité, qui exclut l'idée de droits respectifs entre le père et les enfants : une véritable constitution de la famille est impossible en l'absence des sentiments qui doivent présider à sa formation et des intérêts légitimes qui la resserrent et la perpétuent ; enfin la suprématie de la cité qui concentre tout dans ses mains, donne à la propriété immobilière un caractère précaire, en même temps que l'égalité presque absolue des biens entre les citoyens s'oppose à la formation des patrimoines privés, par l'impossibilité de les transmettre au gré du possesseur. »

(1) Cf. Meier, Schœmann et Lipsius, p. 594.
(2) Cf. Platner, *Process*, II, p. 325.

parce qu'il n'aurait pas la qualité de citoyen, a du moins pleine de capacité pour être institué légataire par toute autre personne que son père, car celui-ci ne peut lui léguer que les νοθεῖα.

Nous avons admis également, d'après un texte d'Eschine, qu'un comptable ne peut être adopté tant qu'il n'a pas rendu ses comptes. Mais il peut très bien recevoir des legs, car la loi le déclare seulement incapable de ἐκποίητον γενέσθαι [1]. Pareillement encore, les motifs religieux qui avaient fait interdire l'adoption d'un fils unique dans une maison étrangère [2], ne s'opposent plus à ce que cet enfant soit institué légataire ou même héritier sans adoption.

Il est enfin des personnes qui, incapables d'être adoptées, le sont parfaitement de recevoir des legs, à savoir les personnes morales, comme l'Etat et les temples. Les textes nous montrent assez fréquemment une personne consacrant sa fortune aux temples, καθιερῶν τὴν οὐσίαν [3], ce qui, du reste, était interdit, de même que l'adoption, aux comptables qui n'avaient pas encore rendu leurs comptes.

Le droit romain distingue soigneusement, en ce qui concerne l'institué, la *factio testamenti*, ou capacité d'être institué, du *jus capiendi*, ou capacité de recueillir le bénéfice d'une disposition testamentaire. S'il est impossible de posséder le *jus capiendi* sans avoir d'abord la *factio testamenti*, plusieurs ont, au contraire, la *testamenti factio* sans avoir le *jus capiendi*. Mais cette distinction, à laquelle s'attache un intérêt pratique assez grand [4], paraît avoir été complètement étrangère au droit attique, et il semble qu'à

---

(1) Eschine, *C. Ctesiph.*, § 21. Cf. Schulin, p. 16, note 33.

(2) V. *supra*, t. II, p. 46.

(3) V. Lysias, *De bon. Aristoph.*, § 39; Démosthène, *C. Timoth.*, § 66; Isée, *De Nicostr. her.*, § 9. Cf. sur ce dernier cas, Schœmann, sur Isée, p. 273; Schulin, p. 16, note 38. V. en dehors d'Athènes : Cauer, *Del.*, n° 19 ; Wescher et Foucart, n° 436 ; *Corp. insc. Græc.*, n°⁵ 1755 et 2448 ; *Corp. inscr. Græc. sept.*, I, 190. Cf. Plutarque, *V. Nic.*, 3 ; Platon, *Leges*, XII, p. 955, e.

(4) Cf. Accarias, t. 1, n° 336.

Athènes on doive, dans tous les cas, se placer au jour du décès du testateur pour rechercher la capacité de l'institué.

Lorsque le légataire est incapable, on devrait logiquement admettre que le testateur ne peut pas lui laisser indirectement ce qu'il lui est interdit de léguer directement. Aussi les législations modernes annulent-elles les libéralités faites à des incapables d'une manière déguisée ou par personnes interposées [1]. En est-il de même à Athènes? La concubine du testateur, par exemple, doit-elle être considérée comme une personne interposée, de telle sorte qu'elle soit incapable de recevoir un legs supérieur aux νοθεῖα qui seuls peuvent être laissés à l'enfant naturel? Nous voyons dans le testament d'Aristote [2] que le philosophe lègue à Herpyllis, dont il avait eu un fils, nommé Nicomaque, une somme d'un talent, trois servantes et une maison, legs dont la valeur dépasse de beaucoup les νοθεῖα [3]. Or si l'on admet, comme cela nous paraît plus probable [4], qu'Herpyllis était la concubine et non l'épouse légitime du philosophe, on doit conclure de ce testament que les présomptions d'interposition de personnes ne sont pas admises dans le droit attique [5].

Le principe du droit moderne d'après lequel, pour pouvoir succéder, il faut être au moins conçu lors de l'ouverture de la succession, principe qui, comme nous l'avons vu [6], n'est point rigoureusement appliqué dans le droit attique pour la dévolution des successions *ab intestat*, l'est encore moins, d'après certains auteurs, en matière de succession testa-

---

(1) Cf. *Code civil*, art. 911.

(2) Diogène Laërce, V, 11. Cf. Dareste, *in Annuaire*, 1882, p. 4.

(3) Le testament indique qu'Herpyllis avait antérieurement reçu des dons d'Aristote.

(4) V. *supra*, t. II, p. 62, note 1.

(5) *Contra*, Guiraud, p. 259, qui enseigne à tort, selon nous, que c'est par voie de fidéicommis qu'Herpyllis a reçu le legs en question.

(6) V. *supra*, p. 440.

mentaire. Le testateur peut laisser sa fortune à un enfant à naître aussi bien qu'à une personne déjà existante, ou du moins ordonner que le fils à naître de tel mariage sera plus tard considéré comme un enfant adoptif et, par suite, recueillera sa succession. Ainsi Isée déclare que Pyrrhus aurait pu léguer tous ses biens à sa fille légitime en stipulant que l'un des fils qu'elle aurait lui fût attribué à lui-même comme fils adoptif [1]. Ce résultat, qui peut paraître singulier, provient, dit-on, de ce que l'adoption d'une femme n'était à Athènes, qu'un moyen d'adopter le fils de celle-ci [2]. Mais nous avons fait précédemment nos réserves contre cette théorie et indiqué quelle est, suivant nous, la véritable signification de l'adoption d'une femme [3]. Dans tous les cas, en dehors de cette hypothèse spéciale, nous estimons que le légataire doit être né ou tout au moins conçu à l'époque du décès du testateur.

§ 3. — *Des dispositions contenues dans les testaments.*

A. — Des testaments avec ou sans adoption.

Le testament peut d'abord, et c'est là son but originaire, renfermer une adoption. Dans ce cas, l'héritier institué par le testament succède non seulement aux biens du *de cujus*, mais encore à son culte, à son nom, à ses dignités et à ses honneurs, car l'adoption testamentaire produit, en principe, les mêmes effets que l'adoption entre-vifs. L'adoption testamentaire n'est possible, du reste, que si le testateur n'a pas de fils légitime, et cela même lorsque le *de cujus* ne lègue à celui qu'il institue que ce dont il pourrait disposer au pro-

(1) Isée, *De Pyrrhi her.*, § 73.
(2) Van den Es, p. 89 ; Guiraud, p. 254.
(3) V. *supra*, t. II, p. 43.

lit d'un étranger [1]. Lorsque, d'autre part, l'adoption testamentaire est possible, le testateur n'est point forcé d'instituer héritier universel celui qu'il adopte. Il peut ne lui laisser qu'une partie de sa succession, et nous avons déjà
indiqué les effets de cette adoption partielle et vu ce qui
distingue alors l'adopté des légataires qui recueillent le
reste de la succession [2].

Nous avons exposé précédemment l'étroite association qui,
dans le droit attique, existe entre l'adoption et le testament,
et nous avons vu que le testament sous forme d'adoption
paraît avoir été la règle primitive. Cette forme fut-elle toujours obligatoire à Athènes, ou bien, au contraire, ne finit-
on point par admettre la possibilité d'un acte de dernière
volonté dégagé de toute idée d'adoption, et ayant pour objet
exclusif d'assurer la transmission de tout ou partie des
biens du testateur à des personnes de son choix? Il est certain qu'à l'époque des orateurs les testaments ne sont souvent que des adoptions par acte de dernière volonté. Isée
et Démosthène nous en montrent plusieurs exemples dans
leurs plaidoyers. Un texte d'Isée peut même laisser croire
qu'il n'est pas possible de disposer de ses biens par testament sans réaliser en même temps une adoption [3]. Aussi
certains auteurs enseignent-ils que le droit attique n'a autorisé l'institution d'héritier que sous forme d'εἰσποίησις [4].

Nous estimons, au contraire, que, grâce à l'atténuation progressive du sentiment religieux qui avait exercé une si profonde influence sur le droit primitif de la Grèce, grâce aussi
à la tendance de plus en plus grande des esprits à envisager

(1) V. *supra*, t. II, p. 28 et s.
(2) V. *supra*, t. II, p. 60.
(3) Cf. Isée, *De Arist. her.*, § 9 : οἶμαι τοίνυν πάντας ὑμᾶς εἰδέναι ὅτι κατὰ
διαθήκας αἱ εἰσαγωγαὶ τῶν εἰσποιήτων γίνονται. δ.δόντων τὰ ἑαυτῶν καὶ υἱεῖς
ποιουμένων, ἄλλως δὲ οὐκ ἔξεστιν.
(4) Bunsen, p. 55; Gans, I, p. 387; Schneider, p. 26. Cf. Summer-Maine,
L'ancien droit, trad. Courcelle-Seneuil, p. 184 et s.

la propriété comme un droit purement personnel, la notion
du testament se rétrécit, et que l'on avait déjà admis à l'époque des orateurs la faculté de séparer le testament de l'adoption, de telle sorte que l'héritier institué ne succède plus
qu'aux biens du défunt. Dans les plaidoyers des orateurs on
trouve, en effet, déjà nettement indiquée l'opposition entre le
testament avec adoption et la simple institution d'héritier.
Ainsi, dans le plaidoyer sur l'héritage de Pyrrhus, l'orateur
s'exprime de la manière suivante : οὔτε γὰρ διαθέσθαι οὔτε
δοῦναι οὐδενὶ οὐδὲν ἔξεστι τῶν ἑαυτοῦ ἄνευ τῶν θυγατέρων [1]. Cette
opposition est encore mieux caractérisée dans un autre passage du même plaidoyer où il est dit : μετὰ τῶν θυγατέρων ἔστι
δοῦναι καὶ διαθέσθαι τὰ ἑαυτοῦ· ἄνευ δὲ τῶν γνησίων θυγατέρων οὐχ
οἷόντε οὔτε ποιήσασθαι οὔτε δοῦναι οὐδενὶ οὐδὲν τῶν ἑαυτοῦ [2]. On
lit de même, dans le plaidoyer sur l'héritage d'Astyphile : ὡς
οὔτε ἐποιήσατο ἐκεῖνος υἱὸν ἑαυτῷ, οὔτ' ἔδωκε τὰ ἑαυτοῦ, οὔτε
διαθήκας κατέλιπε [3]. Pour transmettre ses biens aux héritiers de
son choix, le testateur a donc l'option entre ces deux moyens
qu'Isée caractérise, d'un côté, par les mots διαθέσθαι ou ποιήσασθαι, c'est-à-dire le testament sous forme d'adoption, et,
d'un autre côté, par le mot δοῦναι c'est-à-dire le simple legs
universel, à titre universel ou à titre particulier. On ne peut
s'expliquer autrement le langage d'Isée, car il n'est pas dans
les habitudes de l'orateur de se livrer à des répétitions inutiles.
Il fallait bien, du reste, que le droit attique admît une forme
nouvelle de testament sans adoption, du moment qu'il reconnaissait à un citoyen le droit de tester, dans les limites de
la quotité disponible, même s'il avait des fils légitimes. Dans
ce cas, l'adoption était légalement impossible et, de plus, elle
n'aurait pas eu de but. C'était donc seulement par un testament sans εἰσποίησις que le père de famille pouvait disposer

---

(1) Isée, *De Pyrrhi. her.*, § 42.
(2) *Ibid.*, § 68.
(3) Isée, *De Astyph. her.*, § 1.

soit au profit de l'un de ses enfants, soit en faveur d'un étranger. Tels sont les cas précédemment cités du banquier Pasion, donnant un préciput à son fils aîné en faisant en même temps un legs à sa femme, du père de Démosthène testant au profit des tuteurs de son fils, et de Conon faisant des legs importants en faveur des dieux et de plusieurs de ses parents. Dans ces diverses hypothèses, le testateur, père d'un ou de plusieurs fils, ne pouvait faire d'adoption, même sous la forme testamentaire et, dès lors, son testament n'était qu'un simple acte de transmission de biens. On peut encore ranger dans la même catégorie le testament d'Aristote, si l'on admet qu'Herpyllis était l'épouse du philosophe et Nicomaque son fils légitime.

Les testaments des autres philosophes conservés par Diogène Laërce, testaments dont, il est vrai, plusieurs sont plus récents et du iiiᵉ siècle seulement, sont également dégagés de toute idée d'adoption [1]. Ainsi le testament de Platon, qui n'est guère qu'un inventaire, renferme certaines dispositions de dernière volonté, mais sans aucune adoption, le testateur étant d'ailleurs père d'un fils. Les testaments de Théophraste, de Straton, de Lycon et d'Epicure dans lesquels le *de cujus* épuise tout son patrimoine en libéralités diverses, ne renferment non plus aucune εἰσποίησις. On a prétendu, sans doute, que l'on ne pouvait tirer de ces testaments aucune conclusion sûre pour le droit attique [2]. Mais cette objection ne nous paraît pas fondée, car Epicure était citoyen d'Athènes, et Théophraste avait probablement aussi le droit de cité à Athènes [3].

Le testament sans εἰσποίησις nous paraît d'ailleurs avoir fait son apparition dans le droit attique antérieurement à

---

(1) V. Dareste, *in Annuaire*, 1882, p. 1 et s.

(2) Cf. Wilamowitz-Mœllendorf, *in Philos. Unters.*, IV, p. 263 et s.; Meier, Schœmann et Lipsius, p. 590, note 287.

(3) Schulin, p. 32; Bruns, *in Zeitsch. der Savigny-Stiftung*, Rom. Abth., I, p. 1 et s.

l'époque où ont été rédigés les testaments des quatre derniers philosophes. Nous avons déjà cité à l'appui de cette
manière de voir certains textes d'Isée. On pourrait pareillement alléguer d'autres cas où le testament n'a point
été, selon toute vraisemblance, accompagné d'adoption.
Tel est celui d'Eupolis qui affirmait simplement être le
légataire universel de son frère Mnéson, φάσκων αὐτῷ δοῦναι τὸν ἀδελφόν [1], mais sans que les termes employés par
l'orateur laissent supposer une adoption préalable par le
testateur. Il est probable également qu'il n'y avait qu'une
simple institution d'héritier dans le testament dont il est
question dans le plaidoyer sur l'héritage de Cléonyme et
dont les bénéficiaires prétendaient qu'en réclamant cet acte
au magistrat, le testateur voulait seulement ἐπανορθῶσαι καὶ
βεβαιῶσαι σφίσι αὐτοῖς τὴν δωρεάν [3]. Notre conclusion est donc
que le testament est devenu d'assez bonne heure indépendant de toute adoption, qu'il en était déjà ainsi à l'époque
des orateurs et que cette transformation dans le caractère
du testament a dû probablement s'opérer en même temps
que l'on reconnaissait au père de famille le droit de disposer d'une partie de son patrimoine [4]. Elle permit, en outre,
au testateur de transmettre sa fortune à des personnes
qu'il ne pouvait adopter, comme un étranger ou un métèque.

Y a-t-il une terminologie spéciale pour désigner les deux
sortes de testament qui, à partir d'une certaine époque, ont
ainsi coexisté dans le droit attique? On l'a prétendu, en
disant que les mots δίδωμι ou δοῦναι sont spécialement réser-

---

(1) Isée, *De Apollod. her.*, § 6.
(2) Cf. Meier, Schœmann et Lipsius, *loc. cit.*
(3) Isée, *De Cleon. her.*, § 18. Cf. Schulin, p. 32. V. toutefois Meier, Schœmann et Lipsius, *loc. cit.*
(4) Cf. en ce sens : Schœmann, sur Isée, p. 250; Schulin, p. 25 et s.;
Hermann-Thalheim, p. 72, note 2 ; Mitteis, p. 341. Cf. Meier, Schœmann et Lipsius, *loc. cit.*

vés pour désigner les simples legs, les expressions διαθήκη et διαθίσθαι se référant alors au testament avec adoption [1]. Nous ne croyons pas cependant que sur ce point, comme sur beaucoup d'autres, le langage juridique ait été rigoureusement fixé. Les textes précités d'Isée opposent bien, et cette opposition est pour nous très caractéristique, le mot διαθίσθαι au mot δοῦναι. De même, dans son testament, qui ne renferme point d'adoption, Théophraste ordonne la plupart de ses legs en se servant de l'expression δίδωμι. Lycon se sert pareillement de ce mot à propos des legs qu'il fait de choses *in genere*. Enfin les legs à titre universel faits par Epicure résultent d'une disposition où le testateur emploie le mot δίδωμι [2]. L'usage de ce mot ne nous paraît point cependant un criterium décisif pour reconnaître une institution d'héritier sans adoption. Le mot διδόναι, en effet, bien qu'opposé plusieurs fois par les orateurs au mot διαθίσθαι, est également appliqué par eux à celui qui, à proprement parler, a dû διαθίσθαι. Cela résulte notamment du plaidoyer d'Isée sur l'héritage d'Astyphile où l'orateur dit, au § 35 : ἐπίδειξα ὑμῖν ὡς οὐδενὶ ἐκεῖνος δίδωκε τὰ ἑαυτοῦ, alors qu'il venait d'exposer les prétentions de son adversaire, au § 34, en disant : φησι τὸν υἱὸν τὸν ἑαυτοῦ Ἀστυφίλῳ εἰσποιηθῆναι, καὶ ταῦτ' ἐκεῖνον διαθίσθαι. Le même orateur pour désigner les biens transmis à l'enfant adopté par testament, se sert également des mots τὰ δοθέντα [3]. A l'inverse, les mots διαθίσθαι et διαθήκη sont employés dans des hypothèses où, à notre avis, il n'y a point d'adoption, mais simple legs [4]. On ne peut donc établir aucune distinction certaine sur le fondement des expressions usitées par les orateurs [5]. Tout ce que l'on peut

---

(1) Cf. Schulin, p. 31.

(2) Straton, dans son testament, se sert du mot καταλείπω pour les legs de corps certains. Pour les legs de choses *in genere*, dont il impose l'exécution aux ἐπιμεληταί qu'il nomme, il emploie le mot δότωσαν.

(3) Isée, *De Pyrrhi her.*, § 69.

(4) Démosthène, *C. Steph.*, II, §§ 13, 14 ; *C. Aphob.*, III, § 43.

(5) Cf. en ce sens : Schœmann, sur Isée, p. 353 ; Meier, Schœmann et Lipsius,

admettre, c'est que le mot δωριά se réfère plus spécialement aux simples legs [1].

B. — Des différentes dispositions contenues dans le testament [2].

(a) *Des legs et des exécuteurs testamentaires.*

Le droit romain, par un chef-d'œuvre d'analyse, qui n'était peut-être pas en même temps un chef-d'œuvre de logique, avait divisé les divers legs que peut contenir un testament en quatre classes, suivant la formule employée par le testateur, et en attribuant à chaque classe de legs sa nature propre et ses effets spéciaux. Le droit attique, beaucoup moins formaliste que le droit romain, ainsi que nous l'avons vu en cette matière même à propos des formes du testament, a admis immédiatement la règle qui ne fut posée que très tard à Rome, à savoir que, pour déterminer le caractère et les effets d'un legs, il faut examiner uniquement l'intention du testateur sans s'attacher aux expressions employées par lui.

Ce n'est point à dire pour cela que l'on ne rencontre pas dans le droit grec différentes formes de legs. Ainsi, dans le testament de Théophraste, les libéralités faites par le testateur se réalisent de diverses manières. L'affranchi Pompylos reçoit une habitation dans le κῆπος du *de cujus* au moyen de cette formule : Πομπύλον τοῦτον ἐποικοῦντα, ce qui

p. 590, note 287. Schulin qui attache, au contraire, une importance décisive à l'emploi du mot δίδωμι est, en conséquence, obligé de voir une forme intermédiaire de testament dans les actes où le *de cujus* se sert de la formule suivante : δίδωμι τὰ ἐμαυτοῦ ἅπαντα τῷ δεῖνι καὶ υἱὸν αὐτὸν ποιοῦμαι. Cf. Isée, *De Philoct. her.*, § 3 ; *De Arist. her.*, § 9.

(1) Démosthène, *C. Aphob.*, III, § 41. Cf. Hermann-Thalheim, p. 73, note 3.
(2) Nous ne parlons point ici des adoptions testamentaires, dont nous avons précédemment exposé les effets. V. *supra*, t. II, p. 51 et s.

peut correspondre à un legs *per vindicationem*. Les 3,000
drachmes que le défunt lègue à Callinos lui sont attribuées
au moyen de cette formule : δότω δ' Ἵππαρχος (un des exécuteurs testamentaires, débiteur du testateur) Καλλίνῳ τριχιλίας
δραχμάς, où l'on peut voir quelque chose d'analogue au legs
per damnationem. Aux affranchis Pompylos et Threpta,
Théophraste donne deux mille drachmes qu'il leur assigne
sur les fonds dus par Hipparque, καὶ ἃ νῦν παρ' Ἱππάρχου αὐτοῖς συντέταχα, δισχιλίας δραχμάς ἀσφαλῶς οἶμαι δεῖν αὐτοῖς ὑπάρχειν ταῦτα, ce qui n'est pas sans analogie avec le legs *sinendi
modo*. Le testateur fait enfin un legs de libération au profit
d'Hipparque dans les termes suivants : Ἵππαρχον ἀπηλλάχθαι
τῶν συμβολαίων τῶν πρὸς ἐμὲ πάντων, καὶ εἴ τι ἐπὶ τοῦ ἐμοῦ ὀνόμα-
τος συμβέβληκεν Ἵππαρχος ἐν Χαλκιδι, Ἱππάρχου τοῦτό ἐστιν. Dans
le testament de Straton on trouve de même soit des legs
directs, lorsqu'il s'agit de corps certains, soit des legs mis à
la charge des exécuteurs testamentaires (ἐπιμεληταὶ δότωσαν),
lorsqu'il s'agit de choses *in genere*, soit enfin un legs de
libération. Dans le testament d'Epicure, où sont institués deux
légataires universels, toutes les autres libéralités sont mises
à la charge de ceux-ci *per damnationem* [1].

Pour obtenir la délivrance de son legs, le légataire a
certainement une action contre l'héritier soit institué, soit
légitime. Mais les textes sont absolument muets sur le caractère et les effets de cette action [2]. Il est probable que
s'il s'agit d'un corps certain, le légataire, devenu propriétaire par l'effet du testament, peut intenter les actions qui
servent à garantir le droit de propriété. Dans aucun cas,
d'ailleurs, le légataire, même s'il est universel ou à titre universel, ne peut se mettre directement en possession des
biens légués par voie d'embateusis. Nous avons vu, en
effet, que la saisine légale est refusée même aux enfants

(1) Cf. Schulin, p. 31-32 ; Dareste, *in Annuaire*, 1882, p. 1 et s.
(2) Cf. Meier, Schœmann et Lipsius, p. 592.

adoptés par acte de dernière volonté. Donc, à plus forte raison, ne peut-elle appartenir à de simples légataires.

Le testateur est libre d'épuiser tout son actif par des legs particuliers. Mais il est clair qu'en pareil cas il n'aura pas d'héritier *ab intestat*, car aucun de ses parents ne sera tenté de se porter héritier d'une succession dont l'adition n'entraînerait que des inconvénients sans le moindre profit. Le testateur doit donc alors songer au paiement des dettes qu'il peut avoir, car s'il ne l'assurait pas d'une manière convenable, il s'exposerait à ce que ses créanciers, frappant de saisie les biens de la succession, entravassent l'exécution du testament. Il peut d'abord, dans ce but, nommer un ou plusieurs exécuteurs testamentaires, ἐπιμεληταί, chargés de veiller à l'exécution des dispositions du testament, notamment de délivrer les legs et aussi de payer les créanciers. Il peut en outre, en même temps qu'il donne ses biens aux différents légataires, imposer à ceux-ci l'obligation de payer une quote-part proportionnelle des dettes héréditaires [1].

Nous trouvons dans les testaments des philosophes grecs que nous a conservés Diogène Laërce dans ses *Vies des philosophes*, plusieurs applications de ce double procédé. Les testaments de Théophraste, de Straton, d'Epicure et de Lycon ne renferment aucune institution d'héritier sous forme d'adoption, et cependant le testateur épuise dans tous les cas son actif par des legs particuliers. Théophraste nomme sept exécuteurs testamentaires, qu'il désigne par l'expression bien caractéristique de ἐπιμεληταὶ τῶν ἐν τῇ διαθήκη ἐπιγεγραμμένων [2], et dont quatre sont également des légataires. Ces exécuteurs, bien que le testateur ne le dise pas expressément, car c'était inutile, sont chargés du paiement des dettes, et le testament indique où ils devront prendre les

---

(1) Schulin, p. 29-30.
(2) Diogène Laërce, V, 56.

fonds nécessaires à cet effet, à savoir chez Hipparque, banquier de Théophraste [1]. Hipparque doit également fournir des fonds aux exécuteurs pour toutes les dépenses inscrites dans le testament, et au moment où chaque paiement devra être effectué. Il doit enfin payer sur les fonds qu'il détient certains legs particuliers. Straton [2] nomme dans son testament neuf ἐπιμεληταί, chargés expressément d'assurer l'exécution des dispositions testamentaires, ainsi que d'accomplir d'une manière convenable les funérailles du testateur, et chargés implicitement de payer les créanciers du défunt. Le testament indique également les fonds qui devront servir dans ce but, τὸ Ἀθήνησιν ὑπαρχὸν ἀργύριον [3].

Dans son testament, Lycon [4] ne nomme pas d'ἐπιμεληταί, mais il charge expressément ses légataires, en qui il a pleine confiance, de payer ses dettes. Ainsi Astyanax et Lycon, ses neveux, légataires de tout ce qui est dans la maison du testateur, τὰ ἐν οἴκῳ, doivent là-dessus acquitter tout ce dont le défunt est débiteur à Athènes à raison d'objets quelconques, soit qu'ils se trouvent encore en sa possession, soit qu'il les ait aliénés, et ce qui aura été dépensé pour les funérailles et autres cérémonies prescrites par la loi. Le testateur donne spécialement à son neveu Lycon ce qui se trouve en ville ou à Egine, τὰ ἐν ἄστει καὶ ἐν Αἰγίνῃ, et sur les objets qui se trouvent en ville le légataire doit payer tous les créanciers qui ont fait des avances au testateur depuis son départ. Il va de soi d'ailleurs que Lycon paiera, sur les biens

---

(1) Τὰ παρ' Ἱππάρχου συμβεβλημένα, c'est-à-dire les valeurs, obligations ou billets que Théophraste tient d'Hipparque et dont les titres sont en dépôt chez lui. Cf. Dareste, *Les testaments des philosophes grecs*, in *Annuaire*, 1882, p. 11 ; Bruns, *Die Testamente der griechischen Philosophen*, in *Zeitschrift der Savigny-Stiftung für Rechtsgeschichte*, t. I, Romanistische Abtheilung, I, p. 1-53.

(2) Diogène Laërce, V, 61 et s.

(3) Cf. Schulin, p. 30 ; Schulthess, p. 61.

(4) Diogène Laërce, V, 69-74.

situés à Egine, toutes les dettes que le défunt pourrait avoir dans l'île [1].

Le testament d'Epicure [2] présente un caractère particulier. Le testateur commence par donner tous ses biens à Amynomaque et à Timocrate, conformément à la donation [3] qu'il a faite à l'un et à l'autre et qui est transcrite au Métrôon. Suivent un certain nombre de charges imposées aux deux légataires, mais il n'est pas question du paiement des dettes, et le testateur ne désigne aucun exécuteur testamentaire. On a pu en conclure qu'il n'y avait point en réalité, dans ce testament, d'exécuteur testamentaire, et que les deux légataires désignés par Epicure étaient implicitement et nécessairement chargés du paiement des dettes dans la proportion indiquée en la donation [4]. Bien que cette interprétation paraisse conforme aux termes mêmes de l'acte, nous serions disposé à voir un exécuteur testamentaire dans le philosophe Hermarque, dont le testament parle à chaque instant, et à qui il paraît bien confier le contrôle général de toutes les dispositions prises par Amynomaque et Timocrate. C'est ainsi que les légataires doivent s'entendre avec Hermarque afin de fixer la somme qui devra être employée annuellement pour la nourriture de certains enfants auxquels Epicure s'intéresse. « Les légataires, dit le testateur, partageront avec Hermarque le droit de disposer de ces revenus, afin que chaque chose se fasse avec le concours de l'homme qui a vieilli avec moi dans la philosophie et que j'ai laissé pour chef à ceux qui philosophent avec moi ». De même, les légataires doivent se concerter avec Hermarque pour fournir la dot de la fille de Métrodore, en prenant sur les biens du défunt une somme convenable. Le testateur

---

(1) Cf. Schulin, p. 30 ; Schulthess, p. 62 ; Bruns, p. 46.

(2) Diogène Laërce, X, 20.

(3) Κατὰ τὴν δόσιν. V. sur la portée de cette expression : Dareste, *loc. cit.*, p. 20 ; Bruns, *loc. cit.*, et *infra*, p. 708.

(4) Schulin, p. 31 ; Dareste, *loc. cit.*, p. 11.

termine en disant : « S'il arrive malheur à Hermarque avant
que les enfants de Métrodore soient en âge, Amynomaque et
Timocrate donneront tout ce qui sera nécessaire pour pourvoir aux besoins de ces enfants dans la mesure du possible.
Ils prendront, à cet effet, sur les revenus que je laisse. Ils veil-
leront aussi à l'exécution de toutes mes autres dispositions,
en sorte qu'elles soient toutes remplies convenablement [1] ».
Les légataires paraissent donc toujours, dans l'exécution des
dispositions du testament, subordonnés à Hermarque, et on
peut en conclure que celui-ci, bien que n'étant point formellement qualifié d'ἐπιμελητής, n'en joue pas moins le rôle de
principal exécuteur testamentaire [2].

Si, dans les testaments de Théophraste et de Straton, les
ἐπιμελητκί désignés par le testament ne peuvent être que des
exécuteurs testamentaires, attendu que le testateur ne laisse
point d'héritiers mineurs, le rôle de ceux qui sont désignés,
au nombre de cinq, dans le testament d'Aristote [3], n'apparaît point très clairement au premier abord. Nous avons
précédemment exposé les difficultés qui s'élèvent sur ce
point [4]. De même, dans le testament de Platon [5], les sept
ἐπίτροποι désignés par le testateur ne sont peut-être pas exclusivement des tuteurs, et on peut aussi les considérer, ou
du moins certains d'entre eux, comme des exécuteurs testamentaires.

Lorsqu'il ne se présente aucun héritier, légitime ou testamentaire, il faut bien cependant que les créanciers de la succession arrivent à se faire payer. On doit supposer que le
droit grec, qui a admis une *missio in possessionem universo-
rum bonorum* pour assurer l'exécution des jugements [6], a éga-

(1) Traduction Dareste, *loc. cit.*
(2) Cf. Bruns, p. 52 ; Schulthess, p. 62.
(3) Diogène Laërce, V, 11-16.
(4) V. *supra*, t. II, p. 164 et s.
(5) Diogène Laërce, III, 43.
(6) Cf. Platner, *Process*, II, p. 313. V. *supra*, p. 224 et s.

lement admis un envoi en possession *rei servanda causœ* dans l'intérêt des créanciers d'un débiteur qui vient à décéder, lorsque ce débiteur n'a pas d'héritier ou que son héritier est inconnu ou suspect. Il y avait lieu d'appliquer une procédure réglée par la loi et qui ne nous est pas connue. Dans tous les cas, il paraît à peu près certain que les créanciers ne pouvaient se mettre arbitrairement et sans aucune autorisation préalable en possession des biens laissés par leur débiteur. C'est ce que l'on peut induire de la loi citée plusieurs fois par les orateurs qui charge l'archonte de veiller sur les maisons abandonnées : ὁ ἄρχων ἐπιμελείσθω τῶν οἴκων ἐξερημουμένων [1], ainsi que de ce passage d'Isée [2], relatif également au cas d'une maison déserte, et où il est dit: καὶ οὐ μόνον ἰδίᾳ ταῦτα γινώσκουσιν, ἀλλὰ καὶ δημοσίᾳ τὸ κοινὸν τῆς πόλεως· οὕτω ταῦτ᾽ ἔγνωκε· νόμῳ γὰρ τῷ ἄρχοντι τῶν οἴκων, ὅπως μὴ ἐξερημῶνται, προστάττει τὴν ἐπιμέλειαν. L'archonte devait donc intervenir, d'une manière ou d'une autre, pour protéger la succession contre les usurpations des créanciers [3].

(b). Des substitutions et des fidéicommis.

Le droit attique admet plusieurs espèces de substitutions. Le testament peut d'abord renfermer ce que l'on nomme une substitution vulgaire, c'est-à-dire une institution d'héritier subordonnée à la condition que l'héritier institué en première ligne ne pourra ou ne voudra pas recueillir la succession. Le plaidoyer d'Isée sur l'héritage d'Hagnias nous en offre un exemple. On y voit, au § 8, qu'Hagnias adopte par son testament la fille de sa sœur et, pour le cas où elle viendrait à mourir, lui substitue son frère utérin Glaucon, εἰ δέ τι καὶ αὐτὴ πάθοι, Γλαύκωνι τὰ ἐνόντα ἰδίδου. C'est aussi, comme nous l'avons précédemment observé, un cas d'adop-

(1) Démosthène, *C. Macart.*, § 75.
(2) Isée, *De Apollod. her.*, § 30.
(3) Schulin, p. 29, note 76.

tion conditionnelle [1]. De même, dans son testament, Philoctémon subordonne la vocation de Chérestrate, qu'il adopte,
à la condition que sa femme ne lui donnera pas d'enfants [2],
ou, en d'autres termes, substitue vulgairement Chérestrate
à ses enfants à naître. On rencontre, du reste, en dehors
d'Athènes d'autres exemples de substitutions vulgaires.
Ainsi, d'après une inscription laconienne, un nommé Xou-
thias dépose dans un temple de Tégée une somme de 600
mines, en stipulant que, s'il ne la réclame pas lui-même
avant sa mort, elle appartiendra d'abord à ses fils légitimes,
puis, en cas de prédécès de ceux-ci, à ses filles légitimes,
si celles-ci prédécèdent elles-mêmes, à ses enfants naturels
et enfin, à défaut de ces derniers, à ses proches parents [3]. Il y a bien là un testament, car le déposant inter-
vertit l'ordre de la dévolution normale, en faisant passer ses
enfants naturels avant ses collatéraux [4]. De même, au témoignage de Diogène Laërce, le philosophe Cratés aurait remis de l'argent en dépôt à son banquier avec ordre de le
délivrer à ses fils, pour le cas où ceux-ci ne voudraient pas
se livrer à l'étude de la philosophie, et de le distribuer au
peuple pour le cas inverse où ils voudraient être philosophes, par la raison, disait-il, qu'un philosophe n'a besoin de
rien [5]. Les termes de ce dépôt impliquent encore une substitution vulgaire.

Le testament peut contenir, en second lieu, une disposition semblable à la substitution pupillaire du droit romain

---

(1) V. *supra*, t. II, p. 30. Cf. Guiraud, p. 256. Dareste (*Science du droit*,
p. 130, note 1) y voit, au contraire, un cas de substitution pupillaire.

(2) Isée, *De Philoct. her.*, § 7.

(3) Rœhl, *Inscr. græc. antiq.*, 68, B : εἰ μέν κα ζώη, αὐτὸς ἀνελόσθω, αἰ δέ κα
μὴ ζώη, τοὶ υἱοὶ ἀνελόσθω τοὶ γνήσιοι... εἰ δέ κα μὴ ζῶντι, ταὶ θυγατέρες ἀνελόσθω
ταὶ γνήσιαι, εἰ δέ κα μὴ ζῶντι, τοὶ νόθοι ἀνελόσθω, εἰ δέ κα μὴ νόθοι ζῶντι, τοὶ
ἄσσιστα κόθικες ἀνελόσθω.

(4) Cf. Guiraud, p. 255.

(5) Diogène Laërce, VI, 5, 88.

Nous avons antérieurement indiqué le but et les effets de
cette disposition en étudiant la capacité de l'adoptant [1].

Le droit attique a connu, d'autre part, les fidéicommis. Nous
en avons un exemple dans un plaidoyer d'Isée où l'orateur
nous dit qu'un nommé Polyarque avait, dans son testament,
recommandé à son fils Cléonyme, s'il mourait sans enfants,
de laisser ses biens à ses neveux [2]. On voit de même, à
Amorgos, un citoyen, nommé Nausicratès, léguer à sa femme
les biens qui étaient affectés à la garantie de sa dot en la
priant de les donner à Aphrodite. La veuve réalise le vœu
de son mari et le constate dans une inscription [3]. Les dispositions de ce genre n'avaient cependant, malgré la conduite
de la femme de Nausicratès, aucun caractère obligatoire
pour le grevé. C'est ce que démontre le plaidoyer d'Isée qui
nous a fourni l'autre exemple de fidéicommis. Isée nous
apprend, en effet, que malgré la volonté exprimée par son
père, Cléonyme ne laissa point à ses neveux les biens qu'il
tenait de son père. Les neveux intentèrent en conséquence
un procès aux héritiers de Cléonyme. Mais il ne songent
point à se prévaloir du caractère impératif du fidéicommis ;
ils le mentionnent comme un simple fait, pour témoigner
des dispositions bienveillantes de Polyarque à leur égard.
Leur argumentation est basée sur d'autres considérations
notamment sur ce fait que Cléonyme a voulu, pendant sa
dernière maladie, révoquer le testament qui les deshérite et
qu'il n'en a été empêché que par la violence de son entou-
rage. Si le fidéicommis de leur aïeul avait été de nature à
enchaîner Cléonyme, ils n'auraient pas manqué de l'invoquer

(1) V. *supra*, t. II, p. 30.
(2) Isée, *De Cleon. hœr.*, § 4 : Πολύαρχου, τοῦ πατρὸς τοῦ Κλεωνύμου, πάππου
δ' ἡμετέρου, προστάξαντος, εἴ τι πάθοι Κλεώνυμος ἄπαις, ἡμῖν δοῦναι τὰ αὐτοῦ.
(3) Dittenberger, *Sylloge*, n° 437. Guiraud (p. 257) voit également un fidéicommis dans les dispositions prises par Aristote en faveur de sa concubine
Herpyllis (Diogène Laërce, V, 1, 13 et 14). Mais il y a là, à notre avis, un véritable legs.

et ils auraient même pu se borner là. Les fidéicommis, à
Athènes, avaient donc le caractère qu'ils possédèrent originairement à Rome, c'est-à-dire celui d'un simple vœu
adressé à la bonne foi du grevé [1]. Le fidéicommis pouvait,
au surplus, servir, à Athènes comme à Rome, à éluder certaines incapacités de recevoir, par exemple à faire parvenir
à un enfant naturel une somme supérieure aux νόθεια [2].

Les testaments des philosophes, rapportés par Diogène
Laërce, nous font connaître un mode particulier de disposition
tenant à la fois du fidéicommis et de la fondation. Théophraste [2], le premier, dans son testament, « donne le verger, la promenade et toutes les maisons attenantes au verger, à ceux de
ses amis qu'il désigne et qui voudront s'y réunir pour s'en-
tretenir et philosopher ensemble ». Il ajoute que ces amis,
au nombre de dix, « ne pourront l'aliéner, et qu'aucun d'eux
ne pourra se l'approprier, mais ils le posséderont en commun, comme chose sacrée, et ils en règleront l'usage entre
eux, comme entre parents et amis, ainsi qu'il est convenable ». Théophraste, au lieu d'instituer une corporation, pour
la création de laquelle il aurait fallu une loi spéciale, crée une
copropriété entre les personnes qu'il désigne, avec défense
d'aliéner. Bien que le testament ne parle pas d'accroissement entre les survivants, la disposition a dû être exécutée
comme si elle comportait accroissement, car nous voyons
que l'une des personnes qui y sont désignées, Straton, devenu
seul propriétaire de la totalité, renouvelle à son tour, dans

---

(1) Guiraud, p. 258. On peut rapprocher des fidéicommis dont nous venons de
parler la disposition suivante qui, au témoignage de Lucien, se trouvait dans
le testament d'un pauvre Corinthien : « Je lègue ma mère à Arétœos, pour
qu'il la nourrisse et qu'il ait soin de sa vieillesse. Je lègue ma fille à Charexé-
nos, pour qu'il lui constitue la plus grosse dot qu'il pourra. Si l'un de mes amis
meurt, l'autre aura sa part de charges. » (Lucien, *Toxar.*, 22-23). A supposer qu'il y ait là autre chose qu'une simple fantaisie, on ne peut y voir que
l'expression d'un simple vœu abandonné entièrement à la générosité de la personne à qui il est adressé.

(2) Guiraud, *ibid.*

son testament, le fidéicommis, en léguant cette fois non plus
à dix personnes, mais à une seule, au philosophe Lycon. Celui-ci, reprenant la forme adoptée par Théophraste, continue
également le fidéicommis et laisse la promenade avec ses
dépendances à dix personnes désignées [1].

On rencontre pareillement en dehors d'Athènes des cas
de fondations analogues. Ainsi des inscriptions nous montrent
des individus léguant à leur cité des fonds de terre dont le
produit sera employé soit à la réparation des remparts,
soit à la célébration d'une cérémonie religieuse, soit à des
distributions d'argent [2]. Dans son testament, Epictéta de
Théra crée une corporation chargée à perpétuité de son culte, mais au lieu de lui léguer un capital, elle lui donne une
rente payable tous les ans par sa fille, avec garantie hypothécaire sur les biens héréditaires [3].

(c). *Dispositions diverses.*

Le testament, outre les dispositions relatives à la transmission du patrimoine, peut renfermer des stipulations accessoires de nature diverse. Telles sont, par exemple, les nomi-
nations de tuteurs aux enfants du testateur, clauses qui,
tout en ayant trait directement à la personne de ces enfants,
se rattachent cependant d'une manière assez étroite au patrimoine du *de cujus*, surtout lorsque celui-ci indique la manière dont les tuteurs devront administrer les biens de leurs
pupilles [4].

Le testament peut également contenir des affranchissements, actes qui intéressent aussi le patrimoine, car ils le

---

(1) Cf. Dareste, *in Annuaire*, 1882, p. 11, 14 et 17.
(2) Lebas-Waddington, *Inscrip. d'Asie-Mineure*, 1033 A, 1766, 1611 ; *Bulletin*, X, p. 381.
(3) Cauer, *Del.*, 148, I, l. 30 et s. Cf. Dareste, *in Nouvelle Revue histor. du
droit*, 1883, p. 249 et s.
(4) V. *supra*, t. II, p. 159 et s.

diminuent et constituent de véritables legs au profit des esclaves affranchis [2].

Le testament peut de plus renfermer une constitution d'un gage ou d'une hypothèque. Tel est le cas de Polyeucte qui, ayant marié sa fille en lui constituant une dot de 4000 drachmes, dont trois mille seulement avaient été payées lors du mariage, donne en mourant à son gendre comme garantie une hypothèque sur sa maison pour le paiement des 1000 drachmes qui restent dues. C'est bien par un testament de Polyeucte que cette hypothèque a été constituée, car l'orateur se sert, pour désigner l'acte, de l'expression τελευτῶν διέθετο qui est employée pour désigner le testament, et d'autre part, pour établir l'existence de cette hypothèque, il invoque le témoignage des personnes présentes à la confection du testament, ταῖς διαθήκαις παραγενομένους [1]. Il est possible d'ailleurs que le testament de Polyeucte n'ait point contenu d'adoption, car Démosthène n'y fait aucune allusion. Le testament d'Epictéta de Théra renferme un autre exemple de constitution d'hypothèque par acte de dernière volonté. La testatrice, comme nous l'avons dit précédemment [3], garantit par une hypothèque sur les biens de la succession la rente de 210 drachmes qu'elle lègue à la corporation qu'elle institue et dont elle impose le paiement à sa fille [4]. L'hypothèque naît directement du testament et non point d'une constitution de gage consentie ultérieurement par l'héritière [5].

Le testament d'Epicure sert au philosophe à confirmer une donation universelle qu'il a faite antérieurement au profit d'Amynomaque et de Timocrate. On a prétendu, il est vrai, que par les mots κατὰ τὴν δόσιν le testateur vise un

---

(1) V. *supra*, t. II, p. 472.
(2) Démosthène, *C. Spud.*, §§ 6 et 10. Cf. Hitzig, p. 54 ; Schulin, p. 29.
(3) *Supra*, p. 707.
(4) Cauer, *loc. cit.* : ὃ δωμι δραχμὰς τρισχιλίας... ὥστε ὀφείλεσθαι αὐτὰς ἐπὶ τοῖς ὑπάρχουσί μου αὐτοκτήτοις χωρίοις.
(5) Hitzig, *loc. cit.*

codicille indiquant dans quelle proportion ses biens seront partagés entre chacun des héritiers institués [1]. Mais cette interprétation nous paraît inexacte, et nous estimons qu'il s'agit d'une donation à cause de mort faite antérieurement et, comme le dit ce testament, transcrite au Métrôon, conformément à la loi qui ordonne la transcription des actes translatifs de propriété [2].

[1] Bruns, *loc. cit.*, qui invoque l'analogie de la loi romaine « ex qua parte codicillis Titium heredem scripsi heres esto. » L. 36, D. *De her. inst.*

[2] Dareste, *in Annuaire*, 1882, p. 20-21.

CHAPITRE II

Le principe de l'inviolabilité de la propriété, bien qu'admis par le·droit grec, et à Athènes notamment [2], n'empêchait point que la confiscation générale des biens d'un condamné fût très souvent prononcée, soit comme peine principale, soit comme peine accessoire [3]. Les δημιόπρατα formaient même, ainsi que nous l'avons vu, un des principaux éléments du domaine public. Aussi, comme le montrent les plaidoyers des orateurs, la répression des fautes commises par les accusés n'était plus d'une fois qu'un prétexte et le but poursuivi par les accusateurs était le plus souvent de remplir les caisses du trésor [4].

(1) Cette institution, de même que celle de l'antidosis, étant principalement de droit public, nous ne les étudierons qu'au point de vue des effets de droit privé qu'elles peuvent comporter, spécialement, en ce qui concerne la transmission du patrimoine.

(2) La confiscation était appliquée dans toute la Grèce. C'est ce que nous savons notamment, mais sans posséder de détails à ce sujet, pour Sparte (Plutarque, *Amat. narr.*, V, § 3), Argos (Thucydide, V, 6o) ; Phlionte (Xénophon, *Hist. gr.*, V, 2, § 10) et Sicyone (*ibid.*, VII, 1, § 46 ; 3, § 8).

(3) V. *supra*, p. 29.

(4) V. Aristophane, *Vesp.*, v. 657 et *Schol.*, *ibid.* ; Xénophon, *Hist. gr.*, II, 3 ; Lysias, *De bon. Aristoph.*, § 11 ; *C. Eratosth.*, § 6. Cf. Caillemer, *in* Daremberg et Saglio, v° *Démioprata*, p. 63 ; Thonissèn, p. 123.

Comme peine accessoire, la confiscation générale était attachée non seulement aux condamnations pour crimes de droit commun les plus graves, tels que le meurtre volontaire, l'empoisonnement, l'incendie, le vol accompagné de circonstances aggravantes, mais encore aux condamnations pour crimes politiques, comme la trahison, la corruption, et ce délit si élastique que l'on nommait l'ἀδικία πρὸς τὸν δῆμον. La confiscation atteignait également ceux qui se rendaient coupables d'infractions aux lois sur les mariages entre citoyens et étrangers [1]. D'une manière générale, la confiscation de tous les biens était la conséquence nécessaire des condamnations à mort, au bannissement, à la servitude et, dans la plupart des cas, à l'atimie totale [2]. La confiscation générale pouvait, d'autre part, être prononcée d'une manière principale, indépendamment de toute autre peine, notamment contre ceux qui ne payaient pas les contributions de guerre, ou qui détournaient tout ou partie des biens appartenant au fisc [3].

La condamnation à la confiscation générale une fois prononcée [4], il s'agissait de faire l'inventaire des biens du condamné, afin d'en assurer la transmission au fisc et aux polètes chargés de les vendre. Cet inventaire se nomme ἀπογραφή, et le fait d'y procéder ἀπογράφεσθαι ou ἀπογράφειν τὰ χρήματα [5]. L'ἀπογραφή est dressée le plus souvent par celui qui a joué le rôle d'accusateur dans le procès à la suite duquel a été prononcée la confiscation [6]. Quelquefois plusieurs ci-

---

(1) V. *supra*, t. I, p. 203 et s.

(2) Cf. Hermann-Thalheim, p. 125-126.

(3) V. pour le détail des cas où la confiscation générale était encourue, Thonissen, p. 121 et s.; Caillemer, *loc. cit.*

(4) Dans le cas de confiscation prononcée contre un débiteur du fisc, il fallait attendre l'expiration du délai accordé au condamné pour s'exécuter. Cf. Meier, *De bonis*, p. 201.

(5) Lysias, *C. Agorat.*, § 65; Démosthène, *C. Androt.*, § 54; Harpocration, v° ἀπογραφή. Cf. Meier, *loc. cit.*, p. 201, note 145.

(6) Ainsi Callistrate, qui s'était porté accusateur d'Antimaque, ἐδήμευσε (id

toyens se réunissent pour rédiger l'ἀπογραφή, comme dans le
cas d'Eraton dont parle Lysias [1]. Ou bien encore l'accusateur, s'il ne voulait pas se soumettre lui-même aux conséquences avantageuses ou désavantageuses de l'ἀπογραφή, pouvait charger un de ses amis de la faire [2]. On confiait aussi le
soin de dresser l'inventaire soit au démarque [3], soit, dans
des cas extraordinaires, à des fonctionnaires institués
spécialement à cet effet, et nommés συλλογεῖς [4] ou ζητηταί [5].

L'ἀπογραφή, lorsqu'elle était l'œuvre d'un particulier, ce
qui était le cas ordinaire, entraînait pour son auteur des
avantages sérieux, mais aussi, par contre, pouvait l'exposer
à de graves inconvénients. Ainsi d'abord la loi lui accordait
à titre de récompense une certaine part des biens par lui
dénoncés, les trois quarts, ainsi que cela résulte d'un plaidoyer de Démosthène [6]. Ce sont d'ailleurs les trois quarts
non point seulement, comme on l'a prétendu [7], des biens

est ἀπίγραψι) τὰ Ἀντιμάχου. Démosthène, C. Timoth., § 47. De même Apollodore, qui avait accusé Aréthousios ψευδοκλητείας et l'avait fait condamner à
une amende d'un talent, ἀπογράφει τὴν οὐσίαν Ἀρεθουσίου, lorsque celui-ci, ne
pouvant payer l'amende, encourt la confiscation. Démosthène, C. Nicostr., arg.
et § 1.

(1) Lysias, De pec. publ., § 4 : τρεῖς γὰρ καὶ τίσσαρες ἕκαστα ἀπογεγράφασι.

(2) Démosthène, C. Nicostr., § 2 : οὐδ' αὖ οὕτως ἄπορος ἦν, οὐδ' ἄφιλος, ὥστ
οὐκ ἂν ἐξευρεῖν τὸν ἀπογράψαντα.

(3) Lexic. Seguer. (Bekker), 199, 5 : ὁ δήμαρχος σὺν τοῖς βουλευταῖς τούτου
εἰσπράττει καὶ ἀπογράφεται αὐτοῦ τὴν οὐσίαν. Cf. Meier, loc. cit., p. 304, note
154; Meier, Schœmann et Lipsius, p. 305, note 308.

(4) Lexic. rhet., (Bekker), 304, 4 : συλλογεῖς· ἄρχοντες ὑπὸ τοῦ δήμου χειροτο-
νητοί, οἵτινες ἀπεγράφοντο τὰς οὐσίας τῶν ὀλιγαρχικῶν. Cf. Meier, loc. cit.,
p. 206 ; Meier, Schœmann et Lipsius, p. 125.

(5) Lexic. rhet., (Bekker), 261, 4 : ζητηταί· ἀρχή τις Ἀθήνησίν ἐστι, κατὰ
καιροὺς καθισταμένη, πρὸς ἣν ἐμηνύοντο οἱ ὀφείλοντες τῇ πόλει χρήματα καὶ μὴ
ἀποδιδόντες. Cf. Photius, Suidas, Harpocration, vo ζητηταί ; Pollux, VIII, 115.
V. Meier, De bonis, p. 206 ; Meier, Schœmann et Lipsius, p. 126.

(6) Démosthène, C. Nicostr., § 2 : ἀπογράψας δὲ ἐὰν ἀποδείξω τἀνδράποδα
Ἀρεθουσίου ὄντα, οὗπερ ἐγέγραπτο εἶναι, τὰ μὲν τρία μέρη, ἅ ἐκ τῶν νόμων τῷ
ἰδιώτῃ τῷ ἀπογράψαντι γίγνεται. Cf. Meier, De bonis, p. 206 ; Thonissen, p. 125,
note 3 ; Dareste, Plaid. civ., t. 2, p. 189.

(7) Bœckh, t. 1, p. 467.

que le condamné pouvait chercher à dissimuler et que le
dénonciateur a révélés, mais de tout le patrimoine sujet à
confiscation, car le texte de Démosthène ne comporte aucune distinction de ce genre [1]. Cet avantage, qui peut paraître excessif, se comprend cependant si l'on songe que
l'auteur de l'ἀπογραφή est ordinairement l'accusateur ou son
mandataire, de sorte que cette prime lui est attribuée en récompense de l'accusation aussi bien que de l'inventaire. Le
révélateur était, par contre, exposé à certains dangers. Si,
en effet, il avait porté sur l'inventaire des biens n'appartenant point au condamné mais à un tiers, et s'il succombait
dans l'action en distraction formée par ce tiers, et nommée
également ἀπογραφή, il était condamné à une amende de 1,000
drachmes et déchu du droit d'intenter désormais une accusation criminelle en son propre nom [2]. Lorsque l'ἀπογραφή
était l'œuvre d'un magistrat qui y avait procédé d'office, les
conséquences favorables ou défavorables que cette procédure peut entraîner pour l'auteur de l'ἀπογραφή ne se produisaient naturellement point. Aussi Démosthène parle-t-il
seulement de l'attribution des τρία μέρη τῷ ἰδιώτῃ τῷ ἀπογράψαντι [3].

Les citoyens condamnés à la confiscation ou qui se
voyaient menacés de cette peine essayaient naturellement
de soustraire à l'ἀπογραφή le plus d'objets qu'ils pouvaient.
Pour les biens meubles, ce pouvait être assez facile; on
pouvait les cacher chez un ami ou les transporter à l'étranger [4]. Ainsi Lysias nous dit qu'un nommé Ergoclès, qui
possédait certainement trente talents, avait réussi à les dissimuler sans qu'il en restât aucune trace [5]. Pour les immeu-

(1) Meier, *loc. cit.*, p. 207 ; Meier, Schœmann et Lipsius, p. 312, note 321.
(2) Démosthène, *C. Nicostr.*, § 1 ; Bekker, *Anecd.*, I, 188, 17 ; Harpocration, vᵒ ἀπογραφή. Cf. Meier, *De bonis*, p. 209.
(3) Démosthène, *loc. cit.*, *supra*, p. 712, note 6. Cf. Meier, Schœmann et
Lipsius, p. 311-312 ; Caillemer, *in* Daremberg et Saglio, vᵒ *Apographè*.
(4) Lysias, *C. Philocr.*, § 2.

bles, c'était plus difficile. Dans les villes où les mutations de propriété étaient transcrites sur des registres officiels, on n'avait pas de peine à connaître le nom du propriétaire de chaque maison ou de chaque parcelle de terre.
Dans les autres localités où il n'existait pas de semblables
registres, la tâche du dénonciateur était moins aisée, mais
il pouvait trouver des éléments d'information dans la notoriété publique, contrôlée par les magistrats locaux. Toutefois, comme la confiscation n'avait lieu que sous la réserve
des droits acquis aux tiers antérieurement au jugement, le
condamné pouvait, pour frustrer le fisc, simuler des aliénations ou faire élever par des parents ou des amis complai-
sants des prétentions exagérées sur telle ou telle portion
de ses biens. Mais l'Etat n'était point complètement désarmé
contre ces diverses manœuvres frauduleuses et plusieurs
actions nommées γραφὴ κλοπῆς δημοσίων χρημάτων, φάσις, ὑφήγησις
ou ἀπογραφή pouvaient servir à les réprimer [1]. L'Etat n'avait
point, du reste, à se défendre seulement contre les fraudes
ainsi commises dans l'intérêt du condamné ; il se trouvait
aussi obligé de lutter contre les mauvaises passions du
peuple qui n'hésitait pas quelquefois à piller entièrement les
maisons des condamnés, emportant tout ce qui était susceptible d'être déplacé et allant même jusqu'à enlever les portes
de ces maisons [2].

L'inventaire, une fois rédigé par de simples citoyens ou
par les fonctionnaires qui en étaient chargés, était publié
par les soins des autorités compétentes au moyen d'une lecture ἐν ταῖς κυρίαις ἐκκλησίαις [3], et probablement aussi affi-

---

(1) V. supra, p. 417 et s.
(2) Lysias, De bon. Aristoph., § 31.
(3) Lexic. Cant., 672, 9 : Ἄμεινον οὖν Ἀριστοτέλης τὰς γὰρ ἀρχὰς ἐν ταῖς
κυρίαις ἐκκλησίαις φησίν... τὰς ἀπογραφὰς τῶν δημευομένων ἀναγιγνώσκειν. Pollux, VIII, 95 : ἡ κυρία... ἐν ᾗ... καὶ τὰς ἀπογραφὰς τῶν δημευομένων ἀναγινώσ-
κουσιν οἱ πρὸς ταῖς δίκαις. Cf. Aristote, Constit. des Ath., § 43. Sur le sens
des mots οἱ πρὸς ταῖς δίκαις, cf. Meier, De bonis, p. 210. Heffter (p. 398)
enseigne que cette lecture avait lieu plusieurs fois. Mais la leçon du texte

ché [1]. Il était nécessaire, en effet, de porter à la connaissance des tiers la liste des biens qui allaient être vendus, car l'adjudication purgeait tous les droits réels existant sur la chose vendue, même ceux du véritable propriétaire [2].

La confiscation ne porte point atteinte aux droits réels. que les tiers peuvent avoir acquis sur les biens confisqués antérieurement à la condamnation, et même, d'une manière plus générale, elle n'a lieu que sous la réserve de tous les droits que les tiers pouvaient faire valoir contre le condamné antérieurement à cette époque. Le fisc se trouve ainsi dans la situation d'un héritier qui ne recueille le patrimoine de son auteur qu'avec les charges que le grevaient entre les mains de ce dernier [3]. En conséquence, la femme du condamné peut, malgré la confiscation, réclamer la restitution de sa dot [4]. De même, les créanciers peuvent demander le payement de leurs créances régulièrement constatées. A plus forte raison l'Etat est-il tenu de restituer les dépôts, ou les gages qui se trouvent en la possession du condamné.

Les réclamations des tiers se produisent au moyen d'une procédure que les lexicographes nomment ἐνεπίσκημμα, et dont l'emploi est désigné par le mot ἐνεπισκήψασθαι [5]. La pro-

---

de Démosthène sur laquelle il se fondait (*C. Nicostr.*, § 22 : ὅτι ἡ πρώτη ἀνάγνωσις ἦν) est aujourd'hui corrigée et on est d'accord pour lire : ὅτι ἡ πρώτη ἀνάκρισις ἦν. Cf. Meier, Schœmann et Lipsius, p. 306, note 311.

(1) Heffter, p. 389.

(2) V. *supra*, p. 31.

(3) Il en était de même en droit romain. L. 1, § 1 et l. 11, D. *De jure fisc.*, XLIX, 14.

(4) V. *supra*, t. I, p. 322 et s. Dans le plaidoyer de Démosthène contre Nicostrate, § 28, on voit la mère d'Aréthousios, dont les biens ont été confisqués, réclamer sa dot, ou du moins les aliments qui lui étaient dus sur sa dot par son fils. Cf. Dareste, *Plaid. civ.*, t. 2, p. 203, note 30. Nous avons vu (*supra*, t. I, p. 305) que la confiscation de la dot parmi les biens du mari n'implique point que le mari devienne propriétaire des biens dotaux. Nous avons admis, d'autre part, que la femme ne peut vraisemblablement réclamer sa dot contre le fisc pendant un temps aussi long que contre son mari (*ibid.*, p. 31).

(5) Lexic. rhet. (Bekker), 250, 14 : ἐνεπίσκημμα καὶ ἐνεπισκήψασθαι· προφώνη-

cédure employée en pareil cas est aussi désignée sous le nom de διαδικασία [1] et Lysias, dans un de ses plaidoyers, en désigne l'objet par le mot διαδίκασμα [2]. Cela n'a rien d'étonnant, si l'on songe qu'ici, comme dans d'autres cas où elle est employée, la diadicasie constitue en quelque sorte un *prœjudicium* sur le point de savoir si tel objet fait ou non partie du patrimoine sujet à confiscation [3]. La procédure de l'ἐνεπίσκημμα est applicable, du reste, non seulement au cas où le tiers se présente comme créancier, cas que paraissent viser exclusivement certains lexicographes [4], mais encore à celui où il se prétend propriétaire d'un des biens confisqués. Pollux dit, en effet, d'une manière générale : ἐνεπισκήψασθαι δ'ἦν ὁπότε τις ἐν τοῖς δημευθεῖσιν ἑαυτῷ τι ὀφείλεσθαι ἢ προσήκειν λέγει [5].

La loi prenait certaines précautions pour sauvegarder les droits du fisc contre les prétentions souvent fictives des tiers. Ils devaient, s'ils se présentaient comme créanciers, produire un état indiquant le montant et la date de leurs créances, et fournir en même temps des cautions de la sincérité de leurs allégations : c'était l'ἐγγύης καταβολή [6]. L'épouse, créancière à raison de sa dot,

σεις γυναικὸς καὶ δανειστοῦ δημευομένης οὐσίας, περὶ προικὸς καὶ χρέους ὀφειλόντων αὐτὰ ἐξ αὐτῆς λαμβάνειν. Cf. Harpocration et Suidas, *eod.* v° ; Etymol. Magn. p. 740 ; Pollux, VIII, 61.

(1) Lexic. rhet. (Bekker), p. 236, 16 : διαδικασία : οὐχ ἁπλῶς πᾶσα δίκη διαδικασία καλεῖται, ἀλλ' ἐν αἷς περί τινος ἀμφισβήτησίς ἐστιν, ὅτῳ προσήκει μᾶλλον. σημειωτέον δὲ ὅτι διαδικασία λέγεται καὶ ὅταν δημευθῇ(σῃ)· οὐσίας δικάζηταί τις πρὸς τὸ δημόσιον, ὡς ὀφειλομένων αὐτῷ χρημάτων ἐν τῇ δημευθείσῃ οὐσίᾳ.

(2) Lysias, *De pecun. publ.*, § 10.

(3) Cf. Meier, *De bonis*, p. 220, note 214 ; Platner, *Process*, II, p. 124 ; Heffter, p. 391 ; Meier, Schœmann et Lipsius, p. 399 et 472-473 ; G. A. Leist, p. 18-19.

(4) Lexic. rhet., *supra*, cit., p. 715, note 5. Cf. Harpocration, v° ἐνεπίσκημμα : ὁπότε δημευθείη τινὸς ἡ οὐσία. ἐξῆν προσελθεῖν τῷ φάσκοντι δανειστῇ γεγονέναι τούτου τοῦ ἀνδρὸς καὶ λέγειν ὅτι ἐνοφείλεται αὐτῷ χρέος ἐν τῇ οὐσίᾳ.

(5) Pollux, VIII, 61. Cf. Meier, Schœmann et Lipsius, p. 473, note 5 ; G. A. Leist, p. 19.

(6) Etymol. magn., p. 343 : καταδικασθέντων τινῶν δημοσιοῦσθαι τὰς οὐσίας εἰ λέγοιέν τινες, ὡς εἴησαν δανεισταὶ τῶν δημευομένων, ὑπογράφεσθαι τούτους

devait, comme les autres créanciers, produire des actes ou faire entendre des témoins [1]. L'existence d'un ὅρος sur l'immeuble du condamné ne suffisait même pas pour établir la réalité d'une créance hypothécaire [2]. Toute personne qui élevait une réclamation contre le fisc à l'occasion des biens confisqués devait, d'autre part, consigner préalablement une somme égale au cinquième de la valeur de l'objet litigieux, somme qu'elle recouvrait en cas de succès, mais qu'elle perdait si ses précautions étaient repoussées. Cette consignation ou παρακαταβολή nous paraît, du reste, exigée dans tous les cas. On a prétendu la restreindre au cas où la réclamation du tiers est fondée sur un droit personnel comme dans le cas de prêt consenti au condamné [3]. Mais cette distinction nous paraît arbitraire, car les textes [4] où il est question de la παρακαταβολή sont conçus en termes généraux et visent toutes les actions exercées contre le fisc à l'occasion des biens confisqués, qu'elles soient fondées sur un droit réel ou sur un droit personnel [5].

Dans ce concours entre les divers ayants-droit qui élèvent des prétentions sur les biens confisqués, la préférence appartient naturellement à ceux qui peuvent se prévaloir d'un droit réel, c'est-à-dire que celui qui établit son droit de propriété sur l'un des biens confisqués passe avant ceux qui ne peuvent invoquer qu'un droit de créance. Entre créanciers,

---

ἐκέλευον, πότε καὶ πόσον ἐδάνεισαν ἀργύριον· ὅπερ ὀλίγον ἐνεπίσκημμα καὶ ἐναπισκήψεσθαι, εἰ μέντοι γε καρίστων ἐγγυητὰς τοῦ μὴ ἂν διαψεύσασθαι περὶ τοῦ δανείσματος οἱ δανείσαντες, τοῦτο ἐγγύης καταβολὴν ἔλεγον.

(1) Meier, De bonis, p. 212 ; Dareste, Haussoulier et Reinach, p. 139.

(2) V. supra, p. 357.

(3) Platner, Process, t. 2, p. 126-127. Cf. Dareste, Plaid. civ., t. 2, p. 231, note 26.

(4) Démosthène, C. Timoth., § 46 : καὶ μὲν ἐνεπισκηψάμενός γε οὔτ' ἂν παρακαταβολῆς ἠπόρησεν. Harpocration, v° παρακαταβολή καὶ παρακαταβάλλειν· οἱ ἀμφισβητοῦντες χρημάτων τινῶν δεδημευμένων πρὸς τὴν πόλιν... ἐπὶ μὲν οὖν τῶν πρὸς τὸ δημόσιον ἀμφισβητήσεων δῆλόν ἐστιν ὅτι ἰ μέρος τοῦ ἀμφισβητουμένου κατετίθετο.

(5) Meier, Schœmann et Lipsius, p. 473, note 5. Cf. Hermann-Thalheim, p. 126, note 4 ; Hermann-Thumser, p. 572, note 4.

la préférence appartient à ceux qui ont une hypothèque sur ceux qui sont simplement chirographaires. La femme, ayant ordinairement une hypothèque sur les biens de son mari en garantie de la restitution de sa dot, passera donc le plus souvent en première ligne, mais elle ne viendra qu'après les créanciers qui auraient une hypothèque antérieure sur les mêmes biens. Il est vrai que, d'après un passage de l'Etymologicum magnum, la préférence appartiendrait dans tous les cas à la femme sur les autres créanciers [1]. Toutefois, à notre avis, il ne s'agit point ici d'une hypothèque privilégiée que la loi reconnaîtrait à la femme, mais d'un simple privilège, analogue à celui qui, dans le droit romain de l'époque classique, appartenait à la femme pour la reprise de sa dot [2] et, par conséquent, opposable aux créanciers chirographaires seulement ou, tout au plus, aux créanciers hypothécaires postérieurs au mariage [3]. Cette faveur était, du reste, le plus souvent illusoire.

C'est qu'en effet les tiers créanciers du condamné obtenaient rarement satisfaction dans la diadicasie ou dans l'ἐνεπίσκημμα qu'ils formaient contre le fisc. Lorsque les coffres de l'Etat étaient vides, les réclamations même les plus légitimes risquaient d'être écartées. Ainsi, dans le plaidoyer de Lysias *De pecuniis publicis*, l'orateur, dont le grand-père avait prêté deux talents à Eraton, condamné à la confiscation et dont les biens valaient encore plus d'un talent, se déclare satisfait si on lui alloue seulement quinze mines [4]. Le demandeur devait ainsi sacrifier plus d'une fois une partie, souvent fort importante, de sa créance pour se faciliter le recouvrement du surplus [5]. De même, malgré la faveur qui

---

(1) Etymol. magn., 340, 44 : ἐξῆν δὲ τῇ γυναικὶ πρῶτον τὴν ὀφειλομένην προῖκα ζητεῖν, καὶ τῷ δανειστῇ τὸ ὄφλημα.

(2) L. 12, pr. C. *Qui pot.*, VIII, 18.

(3) Cf. Dareste, Haussoulier et Reinach, p. 140, note 1.

(4) Lysias, *De pec. publ.*, 89 2 et 7.

(5) Cf. Caillemer, *Restitution de la dot*, p. 34.

s'attachait à la créance dotale, la femme ne recouvrait point intégralement sa dot, même en fournissant les preuves les plus certaines de sa constitution. Ainsi l'épouse d'Aristophane, loin d'obtenir la restitution de sa dot de 40 mines, compromit gravement par sa demande le père et le frère du condamné [1]. Le parti le plus sage était donc quelquefois de ne soulever aucune réclamation contre le fisc, si l'on ne voulait s'exposer à quelque grave accusation [2].

La loi romaine décidait que si le condamné avait des enfants naturels ou adoptifs appelés à lui succéder dans l'ordre des *sui heredes*, une moitié des biens sujets à confiscation leur serait attribuée [3]. Cette règle, bien qu'étant une conséquence de la copropriété du père et des enfants, admise également par le droit attique, ne paraît pas avoir été reçue à Athènes, du moins comme disposition légale. Mais les orateurs ne manquaient pas à l'occasion de faire appel à la générosité du peuple athénien en faveur soit des orphelins ou des filles épiclères que la confiscation des biens de leur père allait laisser sans ressources, soit des ascendants dont le condamné était le soutien et auxquels il devait fournir des aliments [4]. Un passage de Démosthène pourrait laisser croire que les juges prenaient toujours en pitié la femme et les enfants du condamné et qu'ils leur laissaient une part des biens [5]. Mais quelquefois aussi le désir d'enrichir le trésor public étouffait tout sentiment de pitié, et nous

(1) Lysias, *De bonis Aristoph.*, § 9.
(2) Caillemer, *loc. cit.*
(3) L. 1, §§ 1 et 2, D. *De bon. damn.*, XLVIII, 20.
(4) Démosthène, *C. Nicostr.*, § 29 : οὐδέποτ' ἔσται ἀπορία τῶν ἀμφισβητησόντων ὑμῖν περὶ τῶν ὑμετέρων, ἢ γὰρ ὀρφανοὺς ἢ ἐπικλήρους κατασκευάσαντες ἀξιώσουσιν ἐλεεῖσθαι ὑφ' ὑμῶν, ἢ γήρας καὶ ἀπορίας καὶ τροφὰς μητρὶ λέγοντες, καὶ ὀδυρόμενοι δι' ὧν μάλιστ' ἐλπίζουσιν ἐξαπατήσειν ὑμᾶς, πειράσονται καὶ ἀποστερῆσαι τὴν πόλιν τοῦ ὀφλήματος.
(5) Démosthène, *C. Aphob.*, I, § 65 : ὑμεῖς μὲν οὐδὲ τῶν εἰς ὑμᾶς ἁμαρτανόντων, ὅταν τινὸς καταψηφίσησθε, οὐ πάντα τὰ ὄντα ἀφείλεσθε, ἀλλ' ἢ γυναῖκας ἢ παιδί' αὐτῶν ἐλεήσαντες, μέρος τι κἀκείνοις ὑπελείπετε.

voyons, par exemple, que l'aïeul maternel des enfants d'Aristophane avait été obligé de les nourrir, car le peuple ne leur avait rien laissé sur les biens de leur père [1].

Une partie des biens confisqués peut enfin, dans certains cas, revenir au condamné lui-même. Cela a lieu lorsque la confiscation est prononcée contre un débiteur de l'État qui retarde à l'excès l'acquittement de sa dette. L'excédent du prix de la vente des biens sur le montant de la dette est remis au condamné ou à ses représentants, ainsi que cela résulte formellement d'un plaidoyer de Démosthène [2]. La confiscation a plutôt alors le caractère d'une mesure d'exécution que celui d'une véritable peine [3].

La compétence pour toutes les réclamations qui pouvaient être formées relativement aux biens confisqués appartenait aux σύνδικοι à l'époque où fonctionnaient ces magistrats. C'est, en effet, à la pitié des σύνδικοι que fait appel celui qui prétend retirer des biens d'Eraton une somme de trois talents que son aïeul avait prêtée au condamné [4]. A une autre époque, ces contestations ont dû rentrer dans l'hégémonie des Onze [5].

Les biens confisqués étaient quelquefois distribués directement au peuple et donnés à des citoyens en récompense des services rendus à la République [6]. Mais c'était là l'exception et, en règle [7], les biens du condamné, une fois que

(1) Lysias, *De bon. Aristoph.*, §§ 31 et s. Cf. Meier, *De bonis*, p. 225-226.
(2) Démosthène, *C Bœot.*, II, § 20 : δημευθείσης τῆς τοῦ Παμφίλου οὐσίας:... τὰ περιγενόμενα χρήματα ὁ πατὴρ ὁ ἐμὸς ἔλαβεν ἐκ τοῦ βουλευτηρίου. Cf. *ibid.*, § 23.
(3) Heffter, p. 391 ; Hermann-Thalheim, p. 124-125.
(4) Lysias, *De pec. publ.*, § 10.
(5) Etymol. magn., p. 338, 35 ; Aristote, *Constit. des Athén.*, § 52 : τοὺς ἕνδεκα... τὰ δόξαντα δημόσια εἶναι παραδώσοντας τοῖς πωληταῖς. Cf. Meier, *De bonis*, p. 209 et 272 ; Caillemer, *loc. cit.*, p. 32, 34 ; Meier, Schœmann et Lipsius, p. 124 et 310.
(6) V. Lysias, *Pro sacra olea*, § 4.
(7) Une partie du produit de la vente des biens confisqués recevait ordinairement une destination religieuse. V. *supra*, p. 26. Aristote proposait même

leur consistance avait été définitivement établi· étaient remis aux πωληται, magistrats spéciaux qui, sous le contrôle
du Sénat, étaient chargés d'affermer ou de vendre les
biens confisqués [1]. Les adjudications se faisaient souvent à
vil prix, lorsque la confiscation avait un caractère politique,
en raison du danger d'éviction que courait l'acquéreur [2].
Mais autrement, ainsi que nous l'avons vu précédemment,
les adjudications des biens confisqués, comme du reste toutes
les aliénations des biens du domaine public, présentaient cet
avantage spécial pour l'acquéreur de purger tous les droits
réels existant sur la chose vendue, notamment ceux du véritable propriétaire d'une chóse indûment comprise dans la
confiscation, sauf peut-être le recours en indemnité de ce
dernier contre l'Etat [3].

L'acquéreur d'un bien confisqué était tenu de payer, en
sus de son prix d'acquisition, un droit nommé ἐπώνιον, analogue, sinon identique à l'ἐχατοστή payée dans les ventes ordinaires [4].

d'attribuer aux dieux la totalité des biens confisqués, « afin, disait-il, que
le peuple fût moins empressé à condamner et les dénonciateurs moins enclins
à chercher des victimes lorsqu'il n'y aura aucun profit à espérer de la confiscation. » *Polit.*, VI, 3, 2.

(1) Harpocration, v° πωληται : διοικοῦσι δὲ τὰ πιπρασκόμενα ὑπὸ τῆς πόλεως
πάντα, τίλη καὶ μέταλλα καὶ μισθώσεις καὶ τὰ δημευόμενα. Cf. Pollux, VIII, 99 ;
Aristote, *Const. des Ath.*, c. 47 et 54.

(2) L'acquéreur évincé n'avait aucun recours contre l'Etat, car il avait acheté
à ses risques et périls, souvent à vil prix. On rencontre dans l'histoire de
Phlionte un décret qui, au contraire, en rappelant les bannis dont les biens
avaient été confisqués, décidait que les acheteurs évincés par suite de la restitution faite aux bannis pourraient réclamer une indemnité au trésor. Xénophon,
Hist. gr., V, 2, § 10.

(3) V. *supra*, p. 33.

(4) V. sur les rapports de l'ἐχατοστή avec l'ἐπώνιον, *infra*, liv. III, tit. I,
chap. II, sect. I, Contrat de vente.

CHAPITRE III

DE L'ANTIDOSIS [1].

Le droit attique a-t-il admis, à côté des successions et de la confiscation, un troisième mode de transmission du patrimoine, résultant de l'ἀντίδοσις? La question est fort délicate. On a proposé sur la nature et les effets de cette institution si originale du droit athénien, deux théories bien divergentes dont nous allons présenter les traits essentiels.

Dans un premier système, que Bœckh [2] a établi et qu'ont adopté après lui la plupart des auteurs [3], l'antidosis constitue un mode de transmission et d'acquisition universelle et voici à la suite de quelle procédure. Tout citoyen chargé d'une liturgie, comme la triérachie, la chorégie ou la gymnasiarchie, et qui se croyait injustement désigné ou qui trouvait la liturgie au-dessus de ses forces, pouvait rejeter le fardeau sur un autre citoyen dont la fortune était supérieure à la sienne et qui cependant était exempt de toute

(1) Nous faisons, à propos de l'antidosis, la même observation qu'à propos de la confiscation et, pour les mêmes motifs, nous nous bornerons à des notions générales. V. *supra*, p. 710, note 1.

(2) Bœckh, t. 1, p. 673 et s.

(3) Vollbrecht, *De antidosi* ; Heffter, p. 378 ; Dareste, *Plaid. civ.*, t. 1, p. 181 ; Illing, *De antidosi* ; Caillemer, *in* Daremberg et Saglio, v° *Antidosis* ; Gilbert, t. 1, p. 404 ; Müller-Busolt, IV, I, p. 194 ; Platner, *Process*, t. II, p. 106 ; Meier, Schœmann et Lipsius, p. 737 et s. ; Thalheim, *in Jahrb. f. Philol.*, 1877, p. 613 et s., et *in Hermes*, XIX, p. 80 et s. ; Schœmann, *in Philologus*, I, p. 725 ; Schœmann-Galuski, t. 1, p. 528 ; Hermann-Thumser, p. 705 ; Cartelier et Havet, *Le discours d'Isocrate sur lui-même*, p. CV.

charge [1]. Il lui adressait en conséquence, à une date fixée par la loi , une sommation de prendre sa place et de supporter désormais les dépenses occasionnées par la liturgie. Si le défendeur accédait à la sommation et voulait bien accepter la liturgie, tout était terminé. Mais s'il refusait, ce qui devait être très fréquent, il s'engageait alors un procès, rentrant dans la catégorie des διαδικασίαι et dont voici sommairement la marche. Le demandeur saisissait les biens du défendeur, mettait les scellés sur sa maison, établissait des gardiens sur les immeubles. Le défendeur pouvait, de son côté, prendre les mêmes précautions relativement à la fortune du demandeur. Les deux parties s'engageaient ensuite par serment à remettre chacune dans les trois jours, sous la formule d'un nouveau serment, un inventaire exact et détaillé de tous leurs biens, sauf de ceux qui ne devaient pas être compris dans l'échange et que nous indiquerons ultérieurement. Ces pièces étaient déposées devant les magistrats compétents, c'est-à-dire devant ceux dans les attributions desquels rentrait la liturgie en question, les stratèges, par exemple, s'il s'agissait de la triérarchie. Les magistrats instruisaient l'affaire et la portaient devant le tribunal compétent. Les juges, par la comparaison des deux inventaires, décidaient quel était celui des deux adversaires qui avait la fortune la plus considérable et qui devait la liturgie. S'ils se prononçaient en faveur du défendeur, ils renvoyaient purement et simplement le demandeur, lorsque celui-ci leur paraissait être de bonne foi, mais le demandeur était alors déchu du droit d'introduire, relativement à la même liturgie, une seconde demande d'antidosis contre un autre citoyen. Si, au contraire, les juges se prononçaient contre le défendeur, celui-ci se

---

(1) Solon serait l'inventeur de ce moyen : Démosthène, C. Phænip., § 1. Cf. Schelling, p. 70.

(2) Démosthène, loc. cit., § 5. Cf. Meier, Schœmann et Lipsius, p. 788, texte et note 746 ; Caillemer, loc. cit.

trouvait obligé ou de prendre la place du demandeur en se chargeant de la liturgie ou d'échanger avec lui sa fortune.

Parmi les auteurs qui croient que l'antidosis peut aboutir à un échange des patrimoines, quelques-uns apportent cependant un tempérament fort important à la théorie que nous venons d'exposer. L'échange, suivant eux, serait bien possible avant la décision judiciaire, mais il ne le serait plus après, car la sentence du tribunal a pour objet exclusif d'attribuer la liturgie à l'une des parties. C'est, en effet, ce que dit Isocrate dans un plaidoyer sur l'antidosis [1]. Nulle part, dans les discours des orateurs, l'échange n'est indiqué comme pouvant être le résultat du jugement. Tout ce que l'on peut admettre, c'est que les parties ont, jusqu'à la fin des débats, le droit de prévenir la sentence en acceptant l'échange à l'amiable [2].

Dans une seconde théorie, enseignée par des auteurs plus récents [3], l'antidosis est considérée simplement comme une sommation judiciaire par laquelle les parties se renvoient l'une à l'autre le payement de la liturgie. Puis, par une extension du sens primitif, l'antidosis désigna la procédure engagée sur le refus du défendeur de déférer à la sommation du demandeur, procédure entraînant les mesures que nous avons indiquées, c'est-à-dire la mise sous séquestre des deux patrimoines et la suspension pour les deux propriétaires de tous leurs droits jusqu'à ce que le tribunal, sur la foi des inventaires et des autres preuves qu'on peut lui fournir, ait imposé la liturgie au plus riche. Mais cette sentence des juges n'a point pour résultat indirect un échange des patri-

---

(1) Isocrate, *De antid.*, § 5 : ἔγνωσαν ἐμὴν εἶναι τὴν λειτουργίαν.

(2) Cf. Meier, Schœmann et Lipsius, Thalheim, Gilbert, Hermann-Thumser, *loc. cit.*

(3) Dittenberger, *Ueber den Vermœgenstausch und die Trierarchie des Demosthenes*, Rudolstadt, 1872 ; Frankel, *in Hermes*, XVIII, p. 442 et s. ; Blaschke, *De antidosi* ; Lécrivain, *in Revue historique*, XL, 1889, p. 276 et s.

moines, et il ne saurait non plus être question d'un semblable
échange avant le jugement. Toute la procédure de l'antidosis
tend exclusivement au payement de la liturgie. Cette théorie
n'exclut point cependant, dans la pensée de ses partisans, la
possibilité d'une transaction et, jusqu'à l'ouverture des débats, le défendeur peut arrêter la poursuite par l'offre d'une
indemnité [1].

La théorie généralement admise, que l'on peut appeler la
théorie classique de l'antidosis, repose sur des arguments
très sérieux. Elle a d'abord pour elle le témoignage des
scholiastes et des lexicographes qui voyaient dans l'antidosis
un échange réel des patrimoines, ou du moins la possibilité
d'un tel échange [2]. Certains passages des orateurs eux-mêmes

(1) Dans une étude récente et fort approfondie (*L'antidosis en droit athénien*, extrait du t. LI, des *Mémoires couronnés et autres mémoires* publiés
par l'Académie royale de Belgique, 1895), Francotte a proposé un nouveau
système, qui emprunte, du reste, à chacune des deux autres théories soutenues
jusqu'à présent. Ce système peut se résumer dans les propositions suivantes :
1° L'offre d'échange, sans être obligatoire en vertu d'une loi formelle, est d'un
usage général. Le demandeur en antidosis y recourt ordinairement comme à
un moyen de plaidoirie ou dans l'espoir d'arriver à une entente, ou simplement
comme à une mesure d'instruction ; 2° Elle n'est pas nécessairement intégrale ;
le demandeur n'est pas tenu d'offrir intégralement son patrimoine contre celui
du défendeur, l'offre peut n'être que partielle ; le demandeur est libre de désigner les objets qu'il présente et ceux qu'il prétend recevoir ; 3° Une fois le
jugement prononcé, l'offre ne peut plus être acceptée. Cf. l'analyse et la critique du travail de Francotte par Declareuil, *in Nouvelle Revue historique du
droit*, 1896, p. 330-332.

( ) Cf. Schol. ad Demosth., p. 50, 20 (or. IV, § 36) : ἀντίδοσις : τὸ τῆς ἀντιδόσεως ὂν παλαιὸν Ἀθηναίοις τοιοῦτόν τι ἦν. Πολλάκις τις ἐχειροτονεῖτο εἰς λειτουργίαν τινὰ καὶ προεφασίζετο μὴ δύνασθαι ταύτην ὑποφέρειν. Ἀνίστατο τις ἀντιδιδοὺς αὐτῷ τὴν ἑαυτοῦ οὐσίαν καὶ φάσκων ὅτι πρόφασις εἴη τὰ παρ' αὐτοῦ λεγό-
μενα. Εἰ δέ φησιν, ὅτι οὐ δύναται ἡ αὐτοῦ οὐσία ταυτὶ λειτουργῆσαι, λαβὼν ταύτην
ἐγὼ καὶ ἀντιδιδοὺς ἐκείνῳ τὴν ἐμὴν δύναμαι ποιεῖν. Ἐκ τούτου ἠναγκάζετο ἢ δοῦναι
τὴν οὐσίαν ἢ λειτουργεῖσθαι. Suidas, v° ἀντίδοσις : τοὺς εἰς λειτουργίαν τινὰ χειρο-
τονουμένους καὶ μὴ βουλομένους λειτουργεῖν ἐπὶ προφάσει πενίας ἀντεδίδουν ἕτεροι
τὰς ἑαυτῶν οὐσίας λέγοντες, εἰ λάβωσι τὰς ἐκείνων λειτουργεῖν. ἐξ ὧν ἠναγκάζετο
ἢ διδόναι τὰς οὐσίας οἱ προστατ τόμενοι ἢ λειτουργεῖν. τὸ οὖν ἀντιδόναι τινὰς τὰς
ἑαυτῶν οὐσίας καὶ λαμβάνειν τὰς ἑτέρων τῶν προστατ τομένων λειτουργεῖν ἐλέγετο
ἀντίδοσις. Lexic. rhet., (Bekker, p. 197, 8) : ἀντίδοσις : τὸ τὴν οὐσίαν δοῦναι

semblent également démontrer que ceux-ci considéraient
l'antidosis comme un véritable échange [1]. C'est d'abord,
dit-on, ce qui résulte des discours de Démosthène où celui-
ci parle de la demande d'antidosis qui lui avait été intentée
par Thrasyloque pour la triérarchie. Il avait commencé par
poursuivre ses tuteurs, formé ses plaintes devant l'archonte
et le procès allait être jugé quand Thrasyloque, prête-nom
de ses tuteurs et pour conjurer le danger qui les menaçait, intenta cette demande d'antidosis contre Démosthène.
Celui-ci se trouvait alors réduit à l'alternative suivante, qu'il
indique dans son second plaidoyer contre Aphobos : « Si
j'acceptais la réquisition d'échange, je ne pouvais plus
plaider contre eux (les tuteurs), car ces actions appartenaient désormais à l'autre échangiste. Si je n'en faisais
rien, je me ruinais sans ressource, en supportant les liturgies avec une fortune insuffisante » [2]. De même, dans son
plaidoyer contre Midias, Démosthène montre Thrasyloque
faisait irruption dans sa maison et en brisant les portes,
pendant qu'il disait : « qu'elle était bien à lui par l'effet
de l'échange » [3]. Dans le discours de Lysias De anti-

τινά τινι εὐπορωτέρῳ πρὸς τὸ τὴν δοθεῖσαν λειτουργίαν, δαπανηρὰν οὖσαν, ἐκείνον
λειτουργεῖν, ἢ οὐ θέλοντα ἐκείνον λειτουργεῖν, ἀντιδοῦναι τὴν ἑαυτοῦ καὶ τοῦτον
ἀντιλαβόντα λειτουργεῖν. C'est également en ce sens que l'auteur de l'argument
grec du discours de Démosthène contre Phénippe entend l'antidosis : τὴν οὐσίαν
ἀντιδόσεων.

(1) La principale source de la matière est le discours de Démosthène contre
Phénippe περὶ ἀντιδόσεως. D'autres plaidoyers du même orateur ont pareillement
trait à l'antidosis : C. Aphob., II, § 17 ; C. Leptin., § 40; C. Mid., §§ 78 et s. ;
Isocrate a écrit également un discours περὶ ἀντιδόσεως, à propos d'une action
qui lui avait été intentée relativement à une triérarchie. Mais il n'y a pas
grand chose à tirer de ce plaidoyer pour l'étude de l'institution qui nous occupe.
Cf. Meier, Schœmann et Lipsius, p. 787 ; Caillemer et Havet, loc. cit. Cf. Lysias,
C. Sim., § 20.

(2) Démosthène, C. Aphob., II, § 17 : ἀντίδοσιν ἐπ᾽ ἐμὲ παρεσκεύασαν, ἵν᾽, εἰ
μὲν ἀντιδοίην, μὴ ἐξείη μοι πρὸς αὐτοὺς ἀντιδικεῖν ὡς καὶ τῶν δικῶν τούτων τοῦ
ἀντιδόντος γιγνομένων.

(3) Démosthène, C. Midiam., § 79 : καὶ πρῶτον μὲν κατέσχισεν τὰς θύρας τῶν
οἰκημάτων ὡς αὐτῶν ἤδη γιγνομένας κατὰ τὴν ἀντίδοσιν.

dosi, il est également question d'objets qui, par l'effet de l'ἀντίδοσις, doivent changer de propriétaire [1]. Démosthène suppose bien encore un échange réel des patrimoines dans son discours contre Leptine, lorsqu'il dit que, si l'on supprime les immunités du roi Leucon, celui-ci sera exposé à l'antidosis tout comme un simple citoyen, et alors ou il devra payer la liturgie, ou perdre les biens qu'il possède à Athènes [2]. On peut citer dans le même sens un passage du discours de Lysias *Pro invalido* où l'orateur nous montre un pauvre impotent qui, menacé de perdre le secours qu'il recevait de la ville, se plaint dans les termes suivants de la méchanceté de son accusateur, un riche Athénien : « Si je le provoquais à l'antidosis pour une chorégie, plutôt que de subir l'antidosis une seule fois, il aimerait mieux être chorège dix fois de suite » [3]. Cette plaisanterie ne se comprend que dans la supposition d'un échange des patrimoines, échange qui serait très préjudiciable à l'adversaire en raison de la grande inégalité des fortunes [4]. On a enfin voulu induire la possibilité d'un échange réel de deux passages du plaidoyer de Démosthène contre Phénippe qui porte tout entier sur une question d'antidosis. Au § 19, l'orateur dit aux juges : « J'ai déjà offert à Phénippe et aujourd'hui encore je lui donne en pur don et lui abandonne avec tout le surplus de mes biens, les intérêts que je puis avoir dans les mines, s'il me livre seulement son domaine, franc et quitte, dans l'état où il se trouvait quand je m'y rendis pour la première fois avec des té-

(1) Lysias, *De antid.*, § 1 : τὸ μὲν ζεῦγος καὶ τὰ ἀνδράποδα καὶ ὅσα ἐξ ἀγροῦ κατὰ τὴν ἀντίδοσιν ἔλαβε.

(2) Démosthène, *C. Leptin.*, § 40 : ἐάν τις ἐπ' αὐτὰ (i. e. τὰ τοῦ Λεύκωνος χρήματα) ἔλθῃ, ἢ στερήσεται τούτων, ἢ λειτουργεῖν ἀναγκασθήσεται.

(3) Lysias, *Pro invalido*, § 9 : εἰ γὰρ ἐγὼ κατασταθεὶς χορηγὸς τραγῳδοῖς προσκαλεσαίμην αὐτὸν εἰς ἀντίδοσιν, δεκάκις ἂν ἕλοιτο χορηγῆσαι μᾶλλον ἢ ἀντιδοῦναι ἅπαξ.

(4) On a allégué aussi dans le même sens un autre texte de Lysias, *C. Simon.*, § 20. Mais cet argument est abandonné par les partisans les plus récents de la théorie classique. Cf. Hermann-Thumser, p. 707, note 1.

moins. » [1]. L'orateur offre bien un échange des deux patrimoines. Au § 27, l'adversaire de Phénippe dit que, vis-à-vis
de sa mère, sa situation restera la même, « soit que j'aie le
patrimoine de Phénippe ou le mien » [2]. C'est donc qu'il peut
y avoir échange des patrimoines.

Cette théorie, dont nous venons de résumer les principaux arguments, soulève des objections très sérieuses. Il
est difficile de concevoir un échange réel des patrimoines
avec tous les éléments qu'ils comportent, c'est-à-dire non
seulement les biens corporels, mais encore les créances, les
dettes, les procès, les actions judiciaires. Cette substitution
de l'un des titulaires à l'autre, et qui doit être absolue s
l'on veut qu'elle soit juste, entraînerait des difficultés consi
dérables, ainsi que nous le verrons à propos de la transmission des droits et des obligations pécuniaires. D'autre part,
si l'on tient compte des idées des Athéniens, comme, du
reste, de tous les peuples anciens, on imagine difficilement
une pareille substitution d'une famille à une autre dans tous
ses droits et dans tous ses devoirs. Le patrimoine étant intimement lié au culte domestique, comprendrait-on qu'il fût
l'objet d'une transmission distincte ? Enfin, au point de vue
pratique, l'antidosis, telle qu'on l'entend généralement, pourrait entraîner des résultats déplorables en installant, par
exemple, un laboureur dans une fabrique, ou un banquier
dans une exploitation agricole.

La théorie classique de l'antidosis est-elle du moins solide-
ment établie sur les textes ? Nous ne le pensons pas, et
abstraction faite de ceux qui sont empruntés aux lexicographes et aux scholiastes, les textes que l'on a cités peuvent
très bien s'expliquer sans admettre un échange réel des fortunes. Ainsi d'abord l'interprétation que l'on donne du § 17

---

(1) § 19 : δίδωμι αὐτῷ δωρεὰν καὶ ἀφίσταμαι μετὰ τῆς ἄλλης οὐσίας καὶ τῶν ἐν
τοῖς ἔργοις, ἐάν μοι τὴν ἐσχατιὰν μόνην ἐλευθέραν παραδῷ.

(2) § 27 : ἄν τε τὴν Φαινίππου ἄν τε τὴν ἐμαυτοῦ ἔχω οὐσίαν.

du second plaidoyer contre Aphobos est fort contestable.
On peut, en effet, entendre les mots ὡς καὶ τῶν δικῶν τούτων τοῦ
ἀντιδόντος γιγνομένων comme se référant non point à un
échange, à une cession des actions, mais seulement à la suspension provisoire des droits de l'orateur, par suite de l'antidosis formée contre lui. Or cette suspension lui était fort
préjudiciable, car elle le privait de ses titres, de ses moyens
de défense contre ses tuteurs; elle pouvait aussi l'exposer
à une condamnation ou entraîner la remise du procès. C'est
pour éviter ces conséquences fâcheuses, ἵνα μὴ στερηθῶ τῶν
δικῶν, comme il le dit un peu plus loin, que Démosthène se
décide à payer la liturgie, car « il tenait à ce que ses actions
contre ses tuteurs arrivassent devant les juges immédiatement ». Le plaidoyer contre Midias n'implique pas davantage qu'il ait pu y avoir un échange réel dans le cas de
Démosthène, car l'orateur se plaint précisément des usurpations de Thrasyloque, disant que celui-ci a affecté de se
considérer comme le maître de biens qui étaient simplement
sous séquestre. Le plaidoyer contre Phénippe ne suppose
pas non plus un échange réel. L'offre faite par l'orateur ne
peut être sérieuse, car il s'efforce d'établir la grande dispro-
portion qui existe entre les deux patrimoines. La proposition qu'il fait au § 19 n'est vraisemblablement qu'une plaisanterie destinée à mettre davantage en relief la différence
des fortunes, et le but de l'orateur est d'installer Phénippe
non point dans ses biens, mais à sa place, parmi les trois
cents tenus aux liturgies. Il ne faut pas oublier d'ailleurs
que cette offre de l'orateur se produit devant le tribunal et
que celui-ci n'a certainement pas à se prononcer sur l'é-
change, mais sur l'attribution de la liturgie. Le § 27 du
même plaidoyer, ainsi que nous le montrerons ultérieure-

(1) L'apposition des scellés (σημεῖον, probablement le cachet de la partie
poursuivante), comme l'observe Lécrivain (p. 281) pouvait paraître constituer
en faveur de l'adversaire une sorte de droit de propriété provisoire.

ment, n'est pas plus décisif dans le sens de la théorie classique. Quant au discours contre Leptine, il ne suppose pas nécessairement un échange réel, et l'on peut tout aussi bien l'interpréter en ce sens que si Leucon refuse de payer la liturgie après une sentence des héliastes qui la lui a attribuée, ses biens seront confisqués. L'argument tiré du discours de Lysias sur l'antidosis n'a pas plus de valeur. On ne peut savoir, en effet, s'il s'agit dans ce plaidoyer de l'antidosis dont nous nous occupons ou d'un simple échange entre deux particuliers. En admettant même qu'il y ait là une véritable antidosis, il n'est pas nécessaire de supposer un échange véritable, et l'on peut voir dans la paire de bœufs, les esclaves et les instruments aratoires, une indemnité reçue, à titre de transaction, par celui qui a payé la liturgie. Enfin le plaidoyer de Lysias *Pro invalido* peut très bien s'expliquer autrement que par un échange réel. Ce que veut dire l'orateur, c'est que « devant la provocation d'un misérable, son adversaire se résignerait à payer dix fois les frais de la chorégie plutôt que de subir les désagréments de cette procédure, le séquestre de sa fortune, la suspension de ses droits et la comparution devant un tribunal souvent mal disposé pour les riches [1]. »

L'opinion générale ne repose donc, en définitive, que sur les témoignages des grammairiens et des scholiastes, et ceux-ci, nous le reconnaissons, considèrent l'antidosis comme pouvant aboutir à un échange réel. Mais on peut contester *a priori* leur autorité, car ils écrivaient à une époque assez éloignée de la législation dont ils prétendent nous expliquer les termes. Ils n'ont fait le plus souvent qu'une œuvre d'interprète et, pour établir leurs définitions, ils ont sans doute ici, comme en d'autres matières, commenté à leur façon les textes des orateurs que nous avons cités. Les lexicographes et les scholiastes ont bien pu créer un préjugé, mais on a le

(1) Lécrivain, *loc. cit.*, p. 285.

droit, en remontant aux sources mêmes où ils ont puisé, de rechercher s'ils les ont bien comprises.

Il nous reste, pour terminer l'examen rapide que nous faisons de la question, à concilier avec notre manière de voir l'expression ἀντίδοσις qui, à première vue, paraît impliquer un échange de biens entre les adversaires. Nous observerons d'abord que, dans le plaidoyer contre Phénippe où il parle des règles imposées par Solon aux deux adversaires, Démosthène appelle ceux-ci τοὺς ἀντιδεδωκότας [1]. Or, ainsi qu'on l'a très exactement remarqué, on ne saurait sous-entendre après ce mot l'expression τὴν οὐσίαν ou une autre équivalente pour désigner ceux qui *devront* échanger leurs patrimoines, car il faudrait alors un participe futur et non un participe passé. L'emploi de ce dernier se comprend très bien, au contraire, si l'on voit dans τοὺς ἀντιδεδωκότας ceux qui se sont offerts réciproquement la liturgie litigieuse [2]. Comme on peut l'induire par comparaison des expressions διδόναι ὅρκον et ἀντιδιδόναι ὅρκον, déférer et référer le serment, l'antidosis doit s'entendre de la sommation réciproque que se font les parties au sujet de la liturgie dont aucune ne veut accepter le fardeau. Dans les textes relatifs à notre matière, on doit sous-entendre naturellement après ἀντιδιδόναι le mot liturgie, et comme le dit encore Lécrivain, « ce n'est pas par une déviation du sens primitif que, dans plusieurs textes [3], au mot ἀντιδιδόναι est joint le mot qui désigne la liturgie. On ne saurait donc arguer ni de l'étymologie ni du sens grammatical en faveur de la réalité de l'échange » [4].

En supposant que l'antidosis ait pu aboutir à un échange réel des patrimoines, il est certain que cet échange a dû s'effectuer très rarement en pratique. Les partisans de l'opi-

(1) Démosthène, C. Phænip., § 1 : τι πρῶτον δεῖ ποιεῖν τοὺς ἀντιδεδωκότας.
(2) Lécrivain, loc. cit., p. 280.
(3) Xénophon, Econom., VII, 3 : ὅταν γέ μι εἰς ἀντίδοσιν καλῶνται τριηραρχίας ἢ χορηγίας. Démosthène, C. Midiam., § 78 : ἀντιδόντες τριηραρχίαν.
(4) Lécrivain, loc. cit., p. 280. Cf. Illing, p. 17.

nion générale reconnaissent eux-mêmes que l'échange, bien
que possible en droit, est devenu de moins en moins fréquent
en fait, alors qu'il ne portait plus seulement, comme à
l'origine, sur des objets corporels et immobiliers, mais qu'il
devait en outre comprendre des meubles, si faciles à dissimuler, et aussi, par suite de la complication des relations
économiques, des droits et des obligations multiples et va-
riés. On enseigne, en conséquence, qu'en dernier lieu, la procédure de l'antidosis n'avait plus pour but que de préparer
la décision du tribunal dans le cas où les parties n'avaient
pu se mettre auparavant d'accord sur le jugement de la liturgie. C'est qu'aussi les textes que nous avons précédemment examinés, sauf celui qui est tiré du plaidoyer de Lysias *De antidosi* et dont le sens est, du reste, fort incertain,
ne renferment aucune trace d'échange réel ; même avec l'interprétation qu'on leur donne dans la théorie dominante, ils
se réfèrent seulement à la possibilité d'un échange. Nulle
part non plus dans les anciens auteurs on ne voit l'antidosis invoquée comme un *justus titulus* de possession de même que la vente ou l'épidicasie ¹.

Quelle que soit l'opinion que l'on adopte sur la portée de
l'antidosis, il faut dire que certains biens n'étaient point compris dans cette procédure, c'est-à-dire ni dans l'inventaire,
ni dans l'échange, à supposer qu'il ait eu lieu. C'étaient, en
premier lieu, les mines possédées à titre emphytéotique, par le
motif que cette espèce de biens, soumise à des taxes spéciales, n'était pas tenue de contribuer aux liturgies ². C'étaient
peut-être, en second lieu, les lots de clérouques qui, de même que les mines, étaient exempts de certaines liturgies ³.

---

(1) Cf. Schœmann-Galuski, t. I, p. 529 ; Meier, Schœmann et Lipsius, p. 741 ;
Illing, p. 15 ; Caillemer, *loc. cit.*

(2) Démosthène, *C. Phœnip.*, § 18 ; Bœckh, t. 1, p. 675 et *Kleine Schriften*,
V, 31 ; Hermann-Thumser, p. 705 ; Caillemer, *loc. cit.*

(3) Démosthène, *De classibus*, § 16. Cf. Hermann-Thumser, p. 705 ; Caillemer, *loc. cit.* ; Lécrivain, p. 277.

On a voulu enfin faire une troisième exception pour les biens indivis, par ce motif que Démosthène [1] les énumère parmi les biens dispensés de contribuer aux charges de la triérarchie [2]. Cette exception ne nous paraît pas admissible. En effet, comme nous l'avons précédemment démontré à propos du partage des successions [3], les biens indivis, κοινωνικά, ne sont point dispensés absolument de contribuer aux charges publiques, mais seulement en tant que la part de chacun des cohéritiers dans ces biens, jointe à sa fortune personnelle, se trouve être au-dessous du taux fixé par la loi pour la contribution aux charges publiques [4].

Nous avons maintenant, en nous plaçant par hypothèse dans l'opinion générale, à examiner certains incidents ou certaines difficultés que peut faire naître la réquisition d'échange. On a dit d'abord qu'au début de la procédure le défendeur, avant de prendre un parti définitif, pouvait demander que tel élément de son patrimoine, spécialement désigné, fût exclu de l'échange et lui demeurât propre. Tel serait le cas de Démosthène qui, poursuivi en antidosis par Thrasyloque, se déclara prêt à acquiescer à la sommation de son adversaire sous la condition que son action en dommages-intérêts contre ses tuteurs lui serait réservée et ne passerait pas à Thrasyloque [5]. On comprend, du reste, parfaitement une semblable réserve. Lorsqu'en effet une des parties se trouve avoir engagé une action importante, dont il n'est pas possible de prévoir le résultat, on ne saurait procéder à une évaluation exacte de la valeur respective des deux patrimoines et voir si l'échange est ou non avantageux. Ainsi Démosthène pouvait ou bien se trouver réduit à une fortune modeste ou, au contraire, se voir à la tête d'un

(1) Démosthène, loc. cit.
(2) Schoemann, Antiq. jur. pub. Graec., p. 329.
(3) Supra, p. 641.
(4) Cf. Caillemer, loc. cit.
(5) Démosthène, C. Aphob., II, § 17.

patrimoine considérable suivant que son action de tutelle
serait rejetée ou admise par les juges. Il ne pouvait donc
apprécier avec certitude les avantages ou les inconvénients
d'un échange général. Aussi se déclare-t-il prêt à abandonner toute sa fortune actuelle et liquide, mais en se réservant
les chances favorables ou défavorables de son procès de
tutelle. Il y avait lieu, en conséquence, à une nouvelle diadicasie pour régler cette question préjudicielle, mais on ne
peut déterminer les principes que devaient suivre les juges
sur ce point [1].

La possibilité d'un pareil incident est fort contestable. On
ne la fonde que sur le § 17 du plaidoyer de Démosthène. Or
ce paragraphe peut recevoir une interprétation bien différente de celle que nous venons d'indiquer. Thrasyloque venait de former une antidosis qui entraînait pour Démosthène, comme nous l'avons déjà dit, une suspension provisoire de ses droits fort dangereuse. L'orateur essaye alors
d'obtenir immédiatement la diadicasie pour l'antidosis. C'est
à cela que se réfère la phrase de son plaidoyer où il dit
ἀντέδωκα μέν, ἀπέκλεισα δ'ὡς διαδικασίας τευξόμενος, phrase que l'on
peut traduire ainsi: « J'acceptai la sommation et je mis de
mon côté les scellés (ἀπέκλεισα) sur les biens de Thrasyloque,
espérant obtenir la diadicasie ». » Cette diadicasie dont parle
Démosthène est donc celle qui doit avoir lieu sur l'antidosis
et non sur un incident spécial, sur une sorte de demande en
distraction formée par le défendeur. Celui-ci n'a pu cependant obtenir un jugement immédiat, comme il le désirait,
probablement parce que les stratèges n'ont pas voulu soumettre l'antidosis au tribunal avant que le procès de tutelle
ne fût tranché. On ne pouvait, en effet, raisonnablement apprécier la fortune de Démosthène en faisant abstraction de

---

(1) Cf. Platner, *Process*, t. II, p. 18-19 ; Bœckh, t. 1, p. 677 ; Caillemer, *loc.
cit.* ; Meier, Schœmann et Lipsius, p. 740, texte et note 751.

(2) Lécrivain, *loc. cit.*, p. 282.

ses revendications contre ses tuteurs, car leur admission ou
leur rejet devait avoir pour résultat de modifier du tout au
tout la consistance de son patrimoine. C'est donc parce qu'il
n'a pas pu faire juger immédiatement la diadicasie sur l'antidosis que Démosthène s'est décidé à payer la liturgie afin
de recouvrer aussitôt la poursuite de ses droits et de se présenter devant le tribunal contre ses tuteurs [1].

Dans l'opinion générale, lorsque le défendeur opte pour
l'échange, il doit, à l'exception des biens que nous avons indiqués, remettre tout son actif au demandeur et il reçoit, par
contre, la fortune entière de celui-ci. Cette transmission de
l'actif ne soulève aucune difficulté lorsqu'elle porte sur des
objets corporels, mobiliers ou immobiliers. Mais la question
est assez délicate lorsqu'il s'agit des droits incorporels, des
créances. On peut se demander aussi ce que deviennent les
obligations qui pesaient sur les coéchangistes. Il s'agit de savoir si, dans le cas de Démosthène, par exemple, à supposer que l'échange eût été accepté, les débiteurs de Démosthène seraient devenus *ipso jure* les débiteurs de Thrasyloque et si, à l'inverse, les créanciers de l'orateur auraient
eu désormais pour seul débiteur Thrasyloque sans pouvoir
s'adresser à Démosthène. On a proposé à cet égard la distinction suivante : les droits ou obligations exclusivement
attachés à la personne ne seraient point compris dans la
transmission, tandis qu'au contraire ceux qui se rattachent
principalement à la fortune passeraient au coéchangiste.
Les plaidoyers de Démosthène renferment, dit-on, une double
application de ces principes. Ainsi, l'action que l'orateur possédait contre ses tuteurs et qui avait un caractère essentiellement pécuniaire, devait, par l'effet de l'échange, passer à
Thrasyloque avec les autres éléments du patrimoine, ὡς καὶ
τῶν δικῶν τούτων τοῦ ἀντιδόντος γιγνομένων [2], et c'est pour cela

---

(1) Cf. Vollbrecht, *loc. cit.*
(2) Démosthène, *C. Aphob.*, II, § 17.

que Démosthène veut se les réserver. Mais si l'on suppose que l'une des parties soit tenue d'une obligation alimentaire envers un de ses parents, sa mère par exemple, il s'agit là d'une obligation attachée à la personne, tenant à la qualité même de celle-ci, et dont le débiteur originaire ne peut être déchargé par l'antidosis pour que cette obligation grève désormais le coéchangiste. C'est ce que l'on voit dans le plaidoyer contre Phénippe, où l'adversaire de celui-ci dit formellement : « Ma situation à l'égard de ma mère restera toujours la même, que je devienne possesseur de la fortune de Phénippe ou que je conserve la mienne [1]. »

Cette distinction est, sans doute, assez rationnelle, bien qu'elle paraisse inspirée par des théories modernes, probablement inconnues des anciens, sur les obligations exclusivement attachées à la personne. Mais outre qu'en pratique elle aurait pu soulever de nombreuses difficultés sur le caractère de telles ou telles obligations, nous ne pensons pas qu'elle soit établie par le plaidoyer contre Phénippe. Le raisonnement de l'orateur nous paraît plutôt être le suivant : « Phénippe, pour diminuer fictivement sa fortune, inscrit à son passif la dot de sa mère, malgré la loi qui lui en reconnaît, sinon la propriété absolue, du moins la propriété de fait, et lui ordonne de la faire figurer à son actif; moi, au contraire, je ne considère pas la dot de ma mère comme étant au nombre de mes dettes et je ne cherche pas à tromper les juges par ce moyen, mais de même qu'auparavant, *je laisse ma mère jouir avec moi de tous mes biens*, quelle qu'en soit la consistance, qu'elle soit ou non supérieure à celle des biens de Phénippe ». L'orateur compare ainsi son patrimoine actuel, dont il a établi le peu d'importance, au patrimoine de Phénippe, sans se préoccuper de celui qu'il pourrait avoir par l'effet d'un échange dont il n'est point

(1) Démosthène, *C. Phœnip.*, § 27 : ἀλλ' ἐῶ μετέχειν τοῦ ἐμαυτοῦ τὴν μητέρα, ἄν τε τὴν Φαινίππου, ἄν τε τὴν ἐμαυτοῦ ἔχω οὐσίαν. Cf. Caillemer, *loc. cit.*

question [1]. A supposer d'ailleurs que le texte en question se réfère à un échange réel, il prouverait plutôt que Phénippe, en recevant la dot de la mère de son adversaire, succéderait en même temps à l'obligation alimentaire qui est une conséquence de la propriété de la dot. Il ne serait pas juste, en effet, de faire une distinction entre les divers éléments dont se composent, au point de vue passif, les patrimoines sujets à échange. Mais, d'autre part, on comprend difficilement cette substitution d'un débiteur à un autre pour des obligations qui ont un caractère aussi intime et personnel que les obligations alimentaires. Aussi est-ce, à notre avis, une raison de plus pour douter de l'exactitude de la théorie classique qui admet la possibilité d'un échange réel.

(1) Cf. Blaschke, p. 15-17 ; Lécrivain, p. 278.

FIN DU TOME TROISIÈME

TABLE DES MATIÈRES

LIVRE II

DROIT DE PROPRIÉTÉ

TITRE VI

DE LA TRANSMISSION DU PATRIMOINE.

Imprimerie de l'Ouest, E. SOUDÉE, Mayenne.

Supplément au Catalogue (Novembre 1896)

A. BAUDOIN. — La chasse dans ses rapports avec la loi. Code du chasseur. Un joli vol. in-18, ... **1 fr. 50**

BEAUCHET (Ludovic)

Professeur à la Faculté de droit de Nancy
Ancien membre (hors cadre) de l'École Française d'Athènes

HISTOIRE DU DROIT PRIVÉ
DE LA RÉPUBLIQUE ATHÉNIENNE

Tomes I et II. Droit de famille — Tome III. Droit de propriété.
Tome IV. — Droit des obligations.

L'ouvrage complet formant 4 forts vol. in-8º . . . . **36 fr.**

Le droit privé chez les Romains a inspiré d'innombrables ouvrages ; mais, bien plus rares sont les auteurs qui ont entrepris de remonter plus haut, et se sont préoccupés du droit grec. Ce fait ne doit pas surprendre, étant donnée la somme d'érudition, de science vraie que nécessite une telle étude.

Un éminent professeur de la Faculté de Nancy, qui est aussi distingué polyglotte que savant jurisconsulte, vient de publier un vaste travail sur le droit privé de la République Athénienne. Ce grand ouvrage, dont la place est marquée dans toutes les bibliothèques, expose dans tous ses détails la condition des personnes dans le droit grec ancien. Cette étude, pour laquelle l'auteur a réuni sur place les renseignements nécessaires, est un véritable monument de science, aussi remarquable par la clarté de l'exposition que par l'abondance des documents, l'exactitude et le nombre des sources, et l'usage merveilleusement habile qui en a été fait.

W. BLACKMAR. *Professeur d'histoire et de sociologie à l'Université du Kansas.* — La législation sur les boissons fortes aux États-Unis. (Extrait de la *Revue du Droit public et de la Science politique en France et à l'Étranger*). Une brochure in-8º raisin. . . . . **1 fr.**

J. CAILLAUX
Inspecteur des Finances
Maître de Conférences à l'École libre des Sciences politiques

A. TOUCHARD
Ancien Inspecteur des Finances

G. PRIVAT-DESCHANEL
Inspecteur des Finances

LES IMPÔTS EN FRANCE
TRAITÉ TECHNIQUE
CONTRIBUTIONS DIRECTES, ENREGISTREMENT, DOMAINE ET TIMBRE

Tome premier. Un vol. in-8º . . . . **7 fr. 50**
Tome second . . . . (*sous presse*)

Cet ouvrage, conçu et rédigé par des hommes dont les fonctions garantissent la compétence, comble une véritable lacune de la bibliographie juridique. Nous n'avions pas, jusqu'ici, de traité général des impôts. Les renseignements théoriques ou pratiques, concernant cette matière si délicate, et si importante pour tous, sont épars dans des ouvrages, ou trop élémentaires, ou trop anciens, ou spécialisés à une branche quelconque des contributions qui figurent au budget. Un livre embrassant notre régime fiscal dans son ensemble, précisant la nature des différentes taxes, en montrant le fonctionnement, définissant exactement le sens des termes employés, dégageant les principes sur lesquels reposent et les droits du Trésor et ceux des particuliers, est une œuvre plus qu'utile : comment n'a-t-elle pas été publiée plus tôt? Sans doute à raison des difficultés qu'elle présente : nous en devons être d'autant plus reconnaissants aux savants fonctionnaires du ministère des finances que ces difficultés n'ont pas rebutés.

CODE DE PROCÉDURE CIVILE. — (Principauté de Monaco).
Un vol. in-8° . . . . **4 fr.**

E. COLMET DE SANTERRE
Doyen de la Faculté de Droit de Paris

MANUEL ÉLÉMENTAIRE
DE

DROIT CIVIL

Troisième édition, mise au courant de la législation

TOME I (1er examen) programme nouveau. Un vol. in-18. . **4 fr. 50**
II (2e examen) programme nouveau. Un vol. in-18. . **4 fr. 50**

Cette édition a été entièrement refondue pour se conformer au nouveau programme des cours, établi par l'arrêté ministériel du 24 juillet 1895. Le tome III, comprenant les matières du troisième examen, sera remanié suivant le même programme, pour permettre aux étudiants, de suivre l'ordre des matières du droit civil telles qu'elles sont maintenant réparties entre les examens des trois années de la licence en droit.

Cette édition ne supprime pas l'ancienne, qui continuera à être recherchée par ceux qui, n'ayant pas à se plier aux exigences des examens, préféreront étudier les articles du Code civil dans l'ordre même où les a placés le législateur.

CONTRIBUTION à l'Étude de l'Ame des Foules. — La Panique.
Une brochure in-12. . . . . **50 cent.**

H. DEGAND
Docteur en droit, avocat à la Cour d'appel de Douai

TRAITE THÉORIQUE ET PRATIQUE
DE LA SUCCESSION ENTRE ÉPOUX
Commentaire de la loi du 9 mars 1891 et des lois accessoires
d'après la jurisprudence et la législation les plus récentes
MIS EN HARMONIE AVEC LA LOI DU 25 MARS 1896
SUR LES DROITS DES ENFANTS NATURELS

Un vol. in-8° raisin. . . . . **6 fr.**

Après avoir rapidement esquissé le système romain sur les droits du conjoint survivant, M. Degand étudie dans ses détails le régime établi par le Code civil,

LIBRAIRIE MARESCQ aîné, 20, rue Soufflot, Paris

dont il montre aisément les défauts; au cours de ce chapitre, il rappelle les tentatives qui ont été faites à diverses époques pour obtenir l'abrogation des textes excluant le conjoint de la succession de son époux prédécédé.

Puis il consacre tout son livre II à l'étude des dispositions de la loi de 1891 : conditions du droit de succession qu'elle établit; nature, étendue et effets des droits reconnus au conjoint; extinction du droit héréditaire du conjoint; créance alimentaire du conjoint pauvre; enfin, régime fiscal. Le livre III s'occupe des droits successifs régis par des lois spéciales : succession aux droits d'auteur; succession aux individus ayant subi la relégation ou la transportation, etc. Enfin, un dernier livre renferme des notions de droit international privé.

Au cours des différentes parties de son ouvrage, M. Degand examine d'une façon très complète, et résout avec une grande sûreté de doctrine les questions fort délicates que soulève l'application de la loi de 1891. Aidé de la jurisprudence, et des écrits antérieurement publiés, il discute et commente la loi de la façon la plus pratique. Ses développements sont remarquables par leur clarté, par leur précision : de nombreux exemples en facilitent l'intelligence.

DEJEAN (OSCAR)
Ancien magistrat

TRAITÉ
THÉORIQUE ET PRATIQUE
DES

EXPERTISES
EN MATIÈRES CIVILES
ADMINISTRATIVES ET COMMERCIALES
MANUEL DES EXPERTS
TROISIÈME ÉDITION
REVUE ET MISE AU COURANT DE LA LÉGISLATION ET DE LA JURISPRUDENCE
PAR
C. FLAMAND et EDOUARD PELTIER
Avocats à la Cour d'appel de Paris

Un vol. in-8° . . . . **10 fr.**

Dans cette 3° édition, toutes les décisions rendues jusqu'en 1896 en matière d'expertise ont été citées ou résumées. Les questions qu'ont pu soulever les lois parues depuis la dernière édition ont reçu leur solution. La partie de l'ouvrage relative aux expertises en matière administrative a été l'objet d'une transformation presque complète, en raison des changements apportés à la législation antérieure par la loi du 22 juillet 1889 sur la procédure à suivre devant les Conseils de préfecture, et par celle du 29 décembre 1892, sur les dommages causés à la propriété privée par l'exécution des travaux publics.

Les formules ont été mises en harmonie avec les modifications apportées par ces lois. En un mot, tout en conservant à l'ouvrage son cadre primitif, il a été rajeuni et les lacunes comblées.

Nous ne doutons pas que cette édition n'obtienne le même succès que celles qui l'ont précédée.

A. CHEVALIER-MARESCQ et Cⁱᵉ, éditeurs

DELVINCOURT (Auguste)
Docteur en droit, Avocat à la Cour d'appel de Paris.

LA LUTTE
CONTRE LA CRIMINALITÉ
DANS LES TEMPS MODERNES

Un vol. in-8°. . . . . **7 fr.**

Dans la première partie de cet ouvrage, l'auteur s'occupe des mesures préventives et répressives concernant l'enfance abandonnée ou coupable. Dans la seconde, de la répression du crime chez les adultes, et des moyens de prévenir la récidive : loi Bérenger, régime pénitentiaire, libération conditionnelle, patronage, réhabilitation, relégation, etc.

A l'égard de chacune de ces mesures, l'auteur expose les principes qui ont guidé le législateur, et il recherche les résultats produits par elle. Cette étude, très complète et très bien conduite, est faite non seulement au point de vue de la législation française, mais encore au point de vue des législations étrangères. M. Delvincourt passe en revue les mesures de toutes sortes prises au sujet de la récidive dans les différents pays, les rapproche de celles qui sont édictées chez nous, et compare les résultats obtenus à l'étranger avec ceux qui se produisent en France.

On conçoit aisément qu'une telle étude présente un vif intérêt pour le lecteur: et cet intérêt est d'autant plus grand que l'ouvrage, très bien documenté, est écrit dans un excellent style clair et élégant.

E. DESTRUELS
Avocat à la Cour d'appel

TRAITÉ PRATIQUE
DE
LÉGISLATION ANGLAISE
SUR LES
SOCIÉTÉS ANONYMES « LIMITED »
SUIVIE D'UNE NOTICE CONCERNANT
LA BOURSE DE LONDRES

Un volume in-8° carré . . . . **3 fr.**

Avec une méthode et une clarté, qui rendent son ouvrage accessible même aux personnes étrangères aux questions juridiques, M. Destruels a résumé les nombreux textes sur les *Sociétés anonymes, limited*, et indiqué les diverses formalités prescrites pour leur *constitution*, leur *administration* et leur *dissolution*.

Ce travail est complété par un résumé de la situation des Sociétés étrangères en France, tant au point de vue fiscal qu'au point de vue juridique.

Il y a ajouté une notice intéressante concernant la réglementation de *La Bourse de Londres* et la manière dont s'y traitent toutes les opérations, soit au comptant, soit à terme.

Nous ne saurions trop recommander cet ouvrage indispensable non seulement aux hommes, qui s'occupent de droit international, mais encore aux banquiers et même aux porteurs de valeurs anglaises.

DUCOS (Armand)
Licencié en droit
Petit-neveu des Girondins Ducos et Fonfrède

A PROPOS DU MONUMENT DES GIRONDINS

LES TROIS GIRONDINES
Madame Roland, Charlotte de Corday, Madame Bouquey

ET

LES GIRONDINS
ÉTUDE DE CRITIQUE HISTORIQUE

Un beau vol. in-8° raisin de 330 pages, illustré de 21 grav. hors texte.   3 fr

Cet ouvrage accompagné du martyrologe complet des Girondins, hors texte, de quatorze portraits de l'époque, dont deux inédits, de vues de lieux historiques, de fac-similé d'autographe et de nombreux documents en grande partie inédits, dont deux lettres in extenso de VERGNIAUD, une de BRISSOT et deux de GRANGENEUVE, ainsi que du programme et de la description, avec gravure, du monument des Girondins par son auteur même, est le plus exact commentaire du monument des Girondins.

FABREGUETTES. — De la protection de la personne et de l'autorité du Président de la République. Une brochure in-8°. . . . 1 fr.

A. CHEVALIER-MARESCQ et Cⁱᵉ, éditeurs

P. FABREGUETTES

Conseiller à la Cour de Cassation
Membre de l'Académie des Sciences, Inscription et Belles-Lettres
et de l'Académie de Législation de Toulouse

SOCIÉTÉ.
ÉTAT. PATRIE.

ÉTUDES HISTORIQUES, POLITIQUES,
PHILOSOPHIQUES, SOCIALES ET JURIDIQUES

*Multa renascentur quæ jam cecidere, cadent que
Quæ nunc sunt in honore.. sic voluit usus.*

Tome premier. Un vol. in-8. . . . . **9 fr.**
Tome second . . . . *(sous presse)*

Sous ce titre M. le conseiller Fabreguettes, déjà si connu par ses nombreuses
études de morale sociale, publie le 1er volume d'une œuvre importante, consacrée à l'examen psychologique des sociétés modernes. Après avoir comparé et
apprécié au point de vue purement philosophique, l'individualisme et l'état de
société, après avoir mis en lumière les principes de la vraie morale, il examine,
avec la sûreté de jugement et le talent d'écrivain qui le caractérisent, les étapes
de la liberté et de l'égalité à travers les âges, et sous les diverses constitutions
qui ont successivement régi notre pays. Cette œuvre d'un penseur, si différente
de la plupart des publications superficielles et hâtives qui paraissent chaque jour
retiendra certainement l'attention.

G. FÉOLDE

Ingénieur des arts et manufactures
Docteur en droit, avocat à la Cour d'appel de Paris

CODE ANNOTÉ

DE LA

CONVENTION INTERNATIONALE DE BERNE DU 14 OCTOBRE 1890

SUR LE

TRANSPORT DE MARCHANDISES

PAR CHEMINS DE FER

Entre l'Allemagne, l'Autriche-Hongrie, la Belgique, le Danemark, la France,
l'Italie, le Luxembourg, la principauté de Lichtenstein, la principauté de
Monaco, les Pays-Bas, la Russie et la Suisse.

Un vol. in-8° raisin. . . . . **4 fr. 50**

LIBRAIRIE MARESCQ aîné, 20, rue Soufflot, Paris

H. FERRAND
Avocat à la Cour d'appel de Paris.

LES

RECENSEMENTS
CHEZ
LES MARCHANDS EN GROS
ENTREPOSITAIRES, DISTILLATEURS, LIQUORISTES
DÉNATUREURS D'ALCOOL, VINAIGRIERS

Avec les lois et leur commentaire juridique et pratique

Un volume in-18. . . . . **4 fr.** »

Cet ouvrage contient l'énoncé des lois, avec un commentaire juridique et pratique, en sorte que, d'une part, le jurisconsulte, et, de l'autre, le commerçant, peuvent y trouver, étudiées et résolues, les espèces qui soulèvent des débats d'autant plus fréquents que leur sujet est plus inconnu.

Les droits de l'administration, ceux des assujettis, négociants, propriétaires, ou industriels, dans les diverses phases de leurs rapports avec la Régie, les moyens de défense des contribuables, avant, pendant, et après le recensement, sont les principales questions traitées dans l'ouvrage.

L'auteur y a joint un résumé de la procédure fiscale, soit civile, soit correctionnelle, conséquence naturelle des réclamations administratives. Un grand nombre d'arrêts de cassation et des cours, et de jugements de première instance, complètent et éclairent l'exposé doctrinal.

C'est un livre pratique dans la véritable acception du mot, et qui sera certainement bien accueilli de tous ceux que leur situation appelle à s'occuper de ces matières.

J. GAURE, *avocat.* — **Les droits et les devoirs des Bailleurs, Locataires, Fermiers, Métayers et Domestiques.** — Enregistrement des baux, privilège du bailleur, saisie-gagerie, saisie-revendication, sous-baux et cession de baux, responsabilité des locataires en cas d'incendie, congés, tacite réconduction, vente de la chose louée, réparations locatives, baux de meubles et d'appartements meublés. Nouvelle loi sur le métayage, privilèges des domestiques, etc. Une brochure. In-8° . . . . **1 fr.**

— **Le Manuel de la Chasse,** du chasseur et du propriétaire en matière de chasse et de gibier. — Comment on devient propriétaire du gibier, chasse aux chiens courants sur le terrain d'autrui, entrée du chasseur chez un tiers pour y prendre le gibier tué ou blessé, délivrance des permis de chasse, chasse dans un terrain clos attenant à une habitation, oiseaux de passage, gibier d'eau, chasse en temps de neige et pendant la nuit, vente et transport du gibier en temps prohibé, peines applicables aux délits de chasse, agents verbalisateurs, saisie et confiscation des armes, responsabilité des parents en matière de chasse, gardes particuliers, etc. 1 brochure in-8°. **1 fr.**

A. CHEVALIER-MARESCQ et Cⁱᵉ, éditeurs

GODIN (JULES)

Sénateur, ancien Avocat au Conseil d'État et à la Cour de Cassation
Conseiller honoraire de la Cour d'appel de Paris.

COMMENTAIRE THÉORIQUE ET PRATIQUE

DE LA

LOI DES FRAIS DE JUSTICE

(Art. 4 à 25 de la loi du 26 janvier 1892)

TROISIÈME ÉDITION

**Comprenant le commentaire de la loi du 29 avril 1893
ainsi que les solutions judiciaires et administratives sur la loi
des frais de justice**

Un vol. in-8°, ... **6 fr.**

Cette 3e édition contient le texte de la loi du 29 avril 1893, modifiant celle du 26 janvier 1892, avec les documents les plus récents intervenus pour son application.

G. GRASSO. *Professeur à l'Université de Gênes.* — **De l'interdiction des
ports d'un État aux navires étrangers pour motifs sanitaires.**
(Extrait de la *Revue du Droit public et de la Science politique en France
et à l'Étranger*). Une brochure in-8° raisin. . . . . **1 fr.**

GUIBOURG (LÉON)

Ancien juge de paix, Juge suppléant au Tribunal civil de Provins

TABLES PRATIQUES

DES

DÉCLARATIONS RELATIVES A LA NATIONALITÉ

Loi des 26 juin 1889 et 22 juillet 1893

Une brochure in-4°. . . . . **2 fr. 50**

La loi du 26 juin 1889 a énuméré et précisé les cas dans lesquels la qualité de français pourrait être acquise réclamée par voie de simple déclaration ou celle répudiée, et un règlement d'administration publique du 13 août 1889 a déterminé les formes à remplir pour obtenir la naturalisation de faveur ou pour répudier la nationalité française.

Depuis, la loi du 1889 a été modifiée par la loi du 22 juillet 1893 qui l'a complétée.

M. Guibourg, se plaçant avant tout à un point de vue essentiellement pratique, a groupé dans un ordre logique et rationnel les cas d'application des règles éparses dans ces différents textes, en indiquant pour chacun d'eux les condi-

LIBRAIRIE MARESCQ aîné, 20, rue Soufflot, Paris

tions légales à réunir, les formes à observer et les pièces justificatives à produire.

Tous ces renseignements sont très habilement coordonnés dans des tableaux faciles à consulter, et ils sont, en outre, accompagnés de modèles de déclarations.

Ce sont bien là, ainsi que l'indique le titre de l'ouvrage de M. Guibourg, des *Tables pratiques* d'un maniement commode et d'une incontestable utilité pour tous ceux qui ont à consulter les lois récentes sur la nationalité.

H. LAMACHE. *Professeur à la Faculté libre de droit de Lille.* — **De la Transformation des Sociétés civiles,** spécialement des sociétés minières, en vertu de la loi du 1er août 1893 combinée avec les lois fiscales. (Extrait de la *Revue de la législation des mines*). Une brochure in-8°. . . . . **2 fr.**

MAINIÉ (Ferdinand)

Avocat à la Cour d'appel de Paris

NOUVEAU TRAITÉ

DES

BREVETS D'INVENTION

COMMENTAIRE THÉORIQUE ET PRATIQUE

**De la loi du 5 juillet 1844 sur les Brevets d'invention
et de la Convention internationale d'union
pour la protection de la propriété industrielle
du 20 mars 1883**

COMPRENANT

*Un tableau analytique des législations étrangères,
L'index de tous les termes techniques contenus dans l'ouvrage,
Un répertoire alphabétique détaillé des matières.*

Deux forts volumes in-8° contenant plus de 2.000 pages. . . . **24 fr.**

L'ensemble de cet ouvrage, constitue un traité complet de la propriété et de la contrefaçon des inventions industrielles et, à ce titre, il intéresse les jurisconsultes, les inventeurs, les ingénieurs.

A. CHEVALIER-MARESCQ et Cie, éditeurs

Très familiarisé avec tout le droit industriel, à l'étude duquel il s'est consacré depuis de longues années, M. Ferdinand **Mainié** a su résumer sous une forme précise tout ce qui a trait à la brevetailté des inventions, à la rédaction et au dépôt des demandes de brevets, à leur délivrance, aux cessions et aux licences d'exploiter, à la propriété, à la déchéance et à la nullité des brevets, enfin à la contrefaçon, à l'usurpation du monopole de l'inventeur. Les questions de procédure et de compétence relevant de cette matière sont examinées avec soin. Les législations étrangères sont analysées avec détail et le droit international est l'objet d'une étude spéciale. On se rend compte de suite à la lecture des discussions doctrinales de ce qui est admis à titre certain et de ce qui est controversé.

Huit cents jugements et arrêts, qui n'avaient pas encore été cités dans les ouvrages de ce genre, ont été recueillis par l'auteur ; ce seul fait montre qu'il s'agit d'un traité très approfondi et bien documenté ; les décisions les plus récentes y ont trouvé place au fur et à mesure de l'impression. Des tables détaillées facilitent les recherches et dans un vocabulaire figurent près de deux mille cinq cents termes des métiers, des arts mécaniques chimiques ou autres noms de procédés ou d'instruments industriels avec renvois au numéro de l'ouvrage et par là aux décisions de jurisprudence rendues à leur égard.

MARÉCHAL (Constantin)

Ancien avocat à la Cour d'appel de Paris, Officier d'Académie,
Lauréat de la Société pour le développement de l'instruction et de l'éducation populaire

TRAITÉ PRATIQUE

DE LA

PROCÉDURE DES FAILLITES

ET DES

LIQUIDATIONS JUDICIAIRES

Un volume in-8°. . . . . **5 fr.**

Le *Traité pratique de la procédure des faillites et des liquidations judiciaires* de M. Constantin Maréchal s'adresse, ainsi qu'il a pris soin de le dire dans sa préface, aux commerçants et à ceux qui sont appelés à les assister de leurs conseils. C'est essentiellement un livre de pratique, dans lequel l'auteur s'est attaché à prévoir tous les cas qui peuvent intéresser les créanciers, les faillis ou les liquidés, et dans lequel il a donné la formule des actes qu'ils peuvent être appelés à faire pour la protection de leurs intérêts.

L. MICHOUD. *Professeur de droit administratif à la Faculté de droit de Grenoble.* — **De la Responsabilité de l'État à raison des fautes de ses Agents.** (Extrait de la *Revue du droit public et de la Science politique en France et à l'Étranger.*) Une brochure in-8° raisin. **3 fr.**

LIBRAIRIE MARESCQ aîné, 20, rue Soufflot, Paris

MOYSEN (Paul)
Avocat à la Cour d'appel de Paris.

LA FEMME

DANS LE

DROIT FRANÇAIS

RÉSUMÉ DU COURS DE DROIT USUEL ET PRATIQUE
Fait aux jeunes filles à la Société pour l'instruction élémentaire
PUBLIÉ AVEC LA COLLABORATION
De M. HUGON DE SCŒUX
Avocat à la Cour d'appel de Paris

Un volume in-8. . . . . **4 fr. 50**

Cet ouvrage est un résumé du cours de droit usuel et pratique professé aux jeunes filles à la *Société pour l'instruction élémentaire*. L'auteur a successivement étudié la situation juridique de la femme citoyenne, de la femme mineure, de la femme majeure non mariée, de la femme mariée, de la mère de famille, de la femme commerçante, de la femme industrielle et artiste, et il termine par un aperçu de la condition de la femme étrangère en France. Nous recommandons la lecture de ce livre d'où sont exclues les théories abstraites et les controverses, mais où l'on trouvera les principes de droit usuel et pratique que, de nos jours, il n'est pas permis à une femme d'ignorer.

M. MUNIER JOLAIN
Avocat à la Cour d'appel

LA PLAIDOIRIE

DANS LA LANGUE FRANÇAISE

COURS LIBRE PROFESSÉ A LA SORBONNE

PREMIÈRE ANNÉE, XVe, XVIe, XVIIe Siècles. 1 volume in-8   6 fr.
DEUXIÈME ANNÉE, XVIIIe Siècles 1 volume in-8 . . . . .   6 fr.

L'éloquence de la chaire et l'éloquence politique possèdent en France leur histoire. L'éloquence judiciaire restait seule ignorée. Dans ces volumes, M. Munier Jolain fait connaître ce que fut la plaidoirie chez nous aux xve, xvie, xviie et xviiie siècles.

Bien préparé à cette tâche par des études antérieures, l'auteur fait connaître la plaidoirie scolastique qui florissait au xvie siècle, alors que l'orateur s'épuisait en combinaisons systématiques et en démonstrations rigoureuses, puis le changement qui se produisit à la Renaissance : la rapidité et la clarté dans l'exposition du fait, la substitution de la pensée individuelle à l'appel à la Bible, la simplification du plan. Il montre à la fin du xviie siècle la rhétorique envahissant le prétoire mais variant avec les orateurs, avec Antoine Loysel et les avocats au

A. CHEVALIER-MARESCQ et Cie, éditeurs

Parlement de Paris, avec Barnabé Brisson, avec le chancelier Guillaume du Vair ;
il termine en indiquant le remplacement de l'éloquence emphatique qui a régné
de 1570 à 1630 par la plaidoirie classique des Le Maistre, des Patru, dans laquelle
l'équilibre est parfait, tout est merveilleusement juste à point, l'élégance du style
discrète et noble.

CH. MUTEAU, *Docteur en droit, conseiller honoraire à la Cour d'appel de
Paris*. — **L'Assistance Hospitalière et le Secret Professionnel.**
Rapports présentés à la Société internationale pour l'étude des ques·
tions d'assistance, les 22 novembre 1895 et 24 février 1896. (Une brochure grand in-8°. . . . . **2 fr.**

ROLIN (Albéric)

Professeur à l'Université et avocat à la Cour d'apdel de Gand
Membre et ancien vice-président de l'Institut de droit international.

PRINCIPES
DU DROIT INTERNATIONAL PRIVÉ
ET
APPLICATIONS AUX DIVERSES MATIÈRES DU CODE CIVIL
(CODE NAPOLEON)

Tome I. — Principes généraux — Tomes II et III. — Applications.
Trois vol. in-8°. . . . . **27 fr.**

L'ouvrage que M. Rolin vient de publier constitue un traité très complet de
droit international privé. Bien que l'auteur déclare lui-même s'en tenir aux con-
flits de législation relatifs au Droit civil, il est amené, par la force des choses, à
étudier nombre de questions de droit commercial, de procédure, etc. Autant que
la sûreté de la doctrine et l'étendue des développements, le plan général adopté
par M. Rolin contribue à imprimer à l'ouvrage un caractère essentiellement pratique. La théorie proprement dite est exposée, dans son ensemble, dans le premier volume, réservé aux « Principes généraux » ; les tomes II et III sont
consacrés tout entiers aux applications : ils passent en revue les questions de
droit international qui peuvent se soulever dans toutes les matières réglées par
le Code civil, en suivant l'ordre même de ce Code.

ROLLAND (Hector de)

Docteur en droit, conseiller d'État et vice-président du Tribunal supérieur

PRINCIPAUTÉ DE MONACO
PROJET DE REVISION
DU CODE DE PROCÉDURE CIVILE
Élaboré d'après les ordres de S. A. S. le PRINCE SOUVERAIN
RAPPORT AU PRINCE ET EXPOSÉ DES MOTIFS
Trois fascicules, formant un fort volume in-8° . . . . **8 fr.**

LIBRAIRIE MARESCQ aîné, 20, rue Soufflot, Paris

TOURTOULON (Pierre de)
Docteur en droit

ÉTUDES SUR L'ENSEIGNEMENT DU DROIT ROMAIN
DANS LE MIDI DE LA FRANCE

PLACENTIN
LA VIE — LES ŒUVRES
I

Un vol. grand in-8°.......................... 5 fr.

Les œuvres de ce genre ne s'analysent pas : la nomenclature des chapitres ne saurait donner une idée de l'abondance des matériaux employés, non plus que de l'usage fort habile qui en a été fait. Aussi nous contenterons-nous de dire que, après une introduction dans laquelle l'auteur examine l'enseignement du droit romain au moyen âge avant Placentin, les deux parties du livre sont consacrées, l'une à la vie de Placentin, et l'autre à ses écrits.

Tous les romanistes apprécieront hautement le premier volume des *Etudes* que vient de publier M. de Tourtoulon : nous ne doutons pas que la suite de l'œuvre soit digne du début.

A. TYPALDO BASSIA
Juge suppléant, Agrégé de l'Université
Délégué officiel du Gouvernement hellénique au Congrès pénitentiaire,
Membre et Lauréat de plusieurs Académies et Sociétés savantes.

LA RÉCIDIVE
ET LA
DÉTENTION PRÉVENTIVE
THÉORIE ET COMMENTAIRE
Des lois postérieures au Code pénal
MÉMOIRE COURONNÉ PAR LA FACULTÉ DE DROIT ET L'ACADÉMIE
DE LÉGISLATION

AVEC UNE INTRODUCTION
De M. ARTHUR DESJARDINS
Membre de l'Institut, Avocat général à la Cour de cassation

Ouvrage recommandé et honoré d'une souscription par le ministère de la justice de Grèce

Un vol. in-8°.......................... 5 fr.

Vade-Mecum à l'usage des Magistrats Consulaires dans les Liquidations judiciaires et les Faillites. Une brochure in-8°. . 1 fr.

A. CHEVALIER-MARESCQ et Cie, éditeurs

QUATRIÈME ET CINQUIÈME VOLUMES

DE LA

REVUE [1]

DU

DROIT PUBLIC

ET DE LA

SCIENCE POLITIQUE

EN FRANCE ET A L'ÉTRANGER

(3ᵉ année)

Directeur : M. F. LARNAUDE

Professeur de droit public général à la Faculté de droit de Paris

ABONNEMENT ANNUEL

France . . . . **20 fr.** | Union postale . . . . . . **22 fr. 50**

LA LIVRAISON . . . . **4 fr.**

SOMMAIRE DES MATIÈRES CONTENUES DANS LE QUATRIÈME VOLUME

1. Voir notre catalogue général, page 78.

LIBRAIRIE MARESCQ aîné, 20, rue Soufflot, Paris

liers s'abstiennent de réprimer les délits commis sur leur territoire, par G.-H. BALDWIN. — II. Chronique économique, par M. P. CAUWÈS. — III. Chronique politique, par MM. STEVENSON (Angleterre), ZANICHELLI (Italie), LOPEZ SELVA (Espagne), HAMILTON (Pays scandinaves : Suède et Norvège). — IV. Analyses et comptes rendus. — Revue des Périodiques. — VI. Variétés. — VII. Actes et Documents officiels. — VIII. Bibliographie.

A. CHEVALIER-MARESCQ et Cie, éditeurs

TREIZIÈME ET QUATORZIÈME ANNÉES

DE LA

REVUE (1)

DES

GRANDS PROCÈS CONTEMPORAINS

PARAISSANT MENSUELLEMENT

Abonnement d'un an : **15 fr.** — Étranger : **16 fr. 50**

PROCÈS PUBLIÉS EN 1895 ET EN 1896

1. Voir notre catalogue général, page 114.

Envoi franco de notre catalogue général contre demande affranchie

IMP. NOISETTE ET Cⁱᵉ, 8, RUE CAMPAGNE-PREMIÈRE, PARIS.

CODES FRANÇAIS
ET LOIS USUELLES
DÉCRETS, ORDONNANCES ET AVIS DU CONSEIL D'ÉTAT
QUI LES COMPLÈTENT OU LES MODIFIENT
CONFORMES AUX TEXTES OFFICIELS
AVEC UNE
CONFÉRENCE DES ARTICLES BASÉE PRINCIPALEMENT SUR LA JURISPRUDENCE
ET ANNOTÉS
DES ARRÊTS DE LA COUR DE CASSATION
ET DES CIRCULAIRES MINISTÉRIELLES
PAR
H.-F. RIVIÈRE
Docteur en droit, Conseiller à la Cour de Cassation
AVEC LE CONCOURS DE MM.

Faustin HÉLIE | **Paul PONT**
Membre de l'Institut, Vice-Président du Conseil d'État. | Membre de l'Institut, Président honoraire à la Cour de Cassation.

PUBLICATION CONTINUÉE PAR MM.
André WEISS
Professeur à la Faculté de Droit de Paris, associé de l'Institut de Droit international
Avec la collaboration pour le Code civil de
M. PONCET.
Vice-Président du Tribunal civil de la Seine.

Une nouvelle édition, refondue et augmentée des nouvelles lois paraît chaque année dans le courant d'octobre

Un très fort volume in-8°, **25 fr.** broché;
Relié en un volume, **28 fr.**; — En deux volumes, **31 fr.**;
LES MÊMES DANS LE FORMAT DE POCHE (in-32 colombier)
Suivis des textes de l'ancien droit mis en rapport avec la législation en vigueur
Prix : **6 fr.** broché; **7 fr. 50**, relié en 1 vol., et **9 fr.**, relié en 2 vol.

ON VEND SÉPARÉMENT :

Dans le format in-8°		Dans le format in-32	
Codes français	18 fr. »	Codes français	8 fr. 50
Lois usuelles	18 fr. »	Lois usuelles	8 fr. 50
Code civil et Lois constitutionnelles		Code civil et Lois constitutionnelles	
	5 fr. »		1 fr. 50
Code de procédure civile et tarifs		Code de procédure civile et tarifs	
	8 fr. 50		1 fr. 50
Code de commerce	5 fr. »	Code de commerce	1 fr. 50
Codes d'instruction criminelle et pénal, tarifs criminels et lois de la presse		Codes d'instruction criminelle et pénal, tarifs criminels et lois de la presse	
	5 fr. »		1 fr. 50
Code forestier	1 fr. 50	Code forestier	0 fr. 75

Cartonnage des Codes séparés, in-32 . . . . » 50

AVIS IMPORTANT

Chaque exemplaire in-8° contient quatre bons permettant de retirer, gratuitement, pendant quatre ans les suppléments publiés chaque année à la fin d'octobre et destinés à mettre les Codes au courant des dernières dispositions législatives.

www.ingramcontent.com/pod-product-compliance
Lightning Source LLC
Chambersburg PA
CBHW030017220326
41599CB00014B/1836